dtv

INGE DEUTSCHKRON

Ich trug den gelben Stern, und was kam danach?

Deutscher Taschenbuch Verlag

Von Inge Deutschkron
sind im Deutschen Taschenbuch Verlag erschienen:
Ich trug den gelben Stern (dtv 30000)
Mein Leben nach dem Überleben (dtv 30789)

Auf der Website www.dtv.de findet sich ein Personenregister
zum vorliegenden Band.

Aktualisierte und überarbeitete Neuausgabe
Oktober 2009
Deutscher Taschenbuch Verlag GmbH & Co. KG,
München
www.dtv.de

Umschlagkonzept: Balk & Brumshagen
Redaktion und Satz: Lektyre Verlagsbüro, Olaf Benzinger, Germering
Gesetzt aus der Bembo 10,5/13˙
Druck und Bindung: Druckerei C. H. Beck, Nördlingen
Gedruckt auf säurefreiem, chlorfrei gebleichtem Papier
Printed in Germany · ISBN 978-3-423-34563-7

Inhalt

Meine Eltern – Rast am Ende eines langen, schweren Weges.

I
»Du bist Jüdin«

»Du bist Jüdin«, hörte ich die Stimme meiner Mutter. »Du musst den anderen zeigen, dass du deshalb nicht geringer bist als sie.«

Was war das, eine »Jüdin«? Ich fragte nicht danach, denn meine Aufmerksamkeit galt dem, was sich auf der Hufelandstraße im Berliner Nordosten abspielte, auf die ich aus dem Fenster meines Zimmers schaute. Das tat ich gerne, denn obgleich die Hufelandstraße nur eine stille Nebenstraße war, gab es für ein zehnjähriges Mädchen viel zu beobachten. Ich sah anderen Kindern beim Spielen zu. Meine Eltern hatten mir untersagt, auf der Straße zu spielen. Sie meinten, dort lauerten zu viele Gefahren für ein kleines Mädchen. Das Verbot erschien mir sehr hart. Obgleich ich alle Kinder bei ihrem Namen kannte, konnte ich an ihren Spielen nur aus der Ferne meines Beobachtungspostens teilnehmen. Das war bitter.

Meine Mutter bemühte sich darum, mir verständlich zu machen, was sie gesagt hatte. Ich weiß heute nicht mehr, welche Erklärung sie mir gab. Ich weiß nur, dass ich sie nicht verstand. Aber auch zu einem späteren Zeitpunkt unterließ ich es, auf dieses Thema zurückzukommen und auf eine Erläuterung zu drängen. Ich fühlte, dass ich damit für sie wie für mich Konflikte heraufbeschworen hätte. Ich hatte zu diesem Zeitpunkt – Anfang des Jahres 1933 – andere Probleme, die mich viel unmittelbarer berührten. Der Übergang in die höhere Schule stand bevor.

Der Direktor des Königstadt'schen Oberlyzeums in Berlin NO, den meine Eltern mit mir aufgesucht hatten, um mich anzumelden, war offensichtlich überrascht gewesen zu erfahren, dass ich die ersten vier Schuljahre in einer weltlichen Schule im Norden Berlins absolviert hatte, in der Religion nicht auf dem Lehrplan stand und der Unterricht in einer Form gehalten wurde, die viel freier und moderner war als zu jener Zeit üblich. So hatte er nicht ohne Sarkasmus festgestellt: »Ach was, eine weltliche Schule hat Ihre Tochter besucht?!« Nach diesem Gespräch hatte meine Mutter mir gesagt: »Du musst es ihnen zeigen, dass eine weltliche Schule eine ebenso gute, ja eine bessere Schule ist als die anderen.« Diese mütterliche Mahnung war mir sehr viel verständlicher als die Enthüllung, dass ich Jüdin sei.

Ich wusste, dass meine Eltern Sozialisten waren, und ich identifizierte mich mit ihren Anschauungen wie jedes Kind, das in einem harmonischen Familienleben heranwächst. Mein Vater war Funktionär der SPD, und seine Freizeit – über die er als Lehrer reichlich verfügte – gehörte ebenso selbstverständlich der Partei, wie es selbstverständlich war, in allen Lebensäußerungen ein bewusstes und kompromissloses Bekenntnis zum Sozialismus abzulegen, etwa Mitglied der Volksfürsorge zu sein, beim Konsum einzukaufen usw.

Die politische Überzeugung meiner Eltern teilte sich mir nicht nur mit, sie machte mich selbstbewusst und stolz. Es mag seltsam klingen, aber zu meinen schönsten Kindheitserinnerungen gehört nicht irgendeine Ferienreise oder ein kindliches Vergnügen, sondern die Tatsache, dass ich gemeinsam mit den Erwachsenen in einem verräucherten Hinterzimmer einer Berliner Kneipe sitzen und helfen durfte, Wahlflugblätter zu falten. Auch die Teilnahme am sogenannten Symbolbummel, bei dem sich Sozialdemokraten auf verkehrsreichen Straßen »zufällig« begegneten und einander mit dem Ruf »Freiheit« grüßten, war für mich ein stolzes Vergnügen. Die Kundgebungen am 1. Mai im Berliner Lustgarten ließen mich die Begeisterung spüren, die politisch engagierte Menschen beseelt und stark und einig machen kann.

Natürlich war mir die Zuspitzung des politischen Kampfes zu Beginn der dreißiger Jahre nicht entgangen. Dieser Atmosphäre konnte sich keiner entziehen, der an den politischen Vorgängen jener Zeit teilnahm. Nachdrücklich hatten sich mir die verschiedenen marschierenden Kolonnen eingeprägt: Die Kommunisten mit ihren roten Fahnen, die Schalmeien ihrer Spielmannszüge klangen mir sehr anmutig; die Männer vom Reichsbanner Schwarz-Rot-Gold gehörten zu uns, das machte sie mir sympathisch; die militärisch exakt ausgerichteten braunen Kolonnen der SA waren mir unheimlich. Der Anblick eines tödlich verletzten Kommunisten, der, seiner Sinne nicht mehr mächtig, die Straße entlangtorkelte, in der Kommunisten und Nazis aufeinandergestoßen waren, hat sich mir unauslöschlich eingeprägt. Er verband sich für mich mit den Berichten über Straßen- und Saalschlachten, die sich die politischen Gegner – auch Kommunisten und Sozialisten – in jenen Jahren lieferten und über die ich in der Zeitung las.

Wer die Nazis waren, was sie taten und wollten, erfuhr ich aus den Äußerungen meines Vaters: »Hitler – das bedeutet Terror, Diktatur, Krieg!« Im letzten freien Wahlkampf vor der Machtübernahme Hitlers gönnte er sich keine Rast. »Berlin bleibt rot!«, rief er beschwörend in Wahlversammlungen und spontanen Straßenkundgebungen Teilnehmern und Passanten zu. Sein Engagement ließ auch nicht nach, als ein Miteinwohner im Flur unseres Hauses von einer Kugel verletzt worden war, die meinem Vater gegolten hatte.

Obgleich ich Einzelheiten und Zusammenhänge nicht kannte und übersehen konnte, spürte ich doch die Spannung, die damals mein Elternhaus und auch die Straße beherrschte. Als anlässlich der Reichstagswahl am 5. März 1933 das Leuchtplakat »Wählt Liste I« an unserem Balkon durch Steinwürfe zerfetzt wurde, begriff ich intuitiv, dass wir, auch ich, in den Kampf miteinbezogen waren.

An jenem Abend des 31. März 1933 schaute ich von meinem Fensterplatz nicht wie sonst spielenden Kindern zu. Es fiel mir schwer, mich zu konzentrieren. Mich beunruhigte das unbestimmte Gefühl der Gefahr. Ich wusste, dass die Nazis für den morgigen Tag, den 1. April, den Boykott jüdischer Geschäfte als erste öffentliche Maßregelung von Juden geplant hatten. Immer wieder blickte ich in die Richtung der Kneipe an der Ecke Esmarchstraße und Pasteurstraße, die ich von meinem Fenster aus nicht sehen konnte. Ich wusste, dass dieses Lokal von Nazis bevorzugt wurde. Unwillkürlich lauschte ich auf den schnellen Schritt meines Vaters, der längst hätte zu Hause sein müssen. Auch meine Mutter war beunruhigt. Ich hörte, wie sie wiederholt die Wohnungstür öffnete und in das Treppenhaus und die mit Marmor getäfelte Eingangshalle lauschte. Dann trat meine Mutter ins Zimmer, zog mich vom Fenster fort und hieß mich, barscher, als sie gewiss wollte, mit unserem Mädchen Lotte Domino spielen. Sie selber blieb am Fenster zurück und starrte wie zuvor ich auf die dunkle Straße.

Ich saß bei unserem Mädchen und nahm lustlos die Dominosteine auf. Da schrillte die Glocke der Wohnungstür. Meine Mutter erschien im Türrahmen und schaute mit starrem Blick auf unser Mädchen. Lotte saß regungslos da. In diesem Augenblick schien unsere Angst Gestalt anzunehmen und das Zimmer erdrückend auszufüllen. Dann sagte meine Mutter sehr beherrscht: »So öffnen Sie doch.« Lotte ging zur Tür. Kaum hatte meine Mutter die Stimme eines unserer politischen Freunde gehört, stürzte sie in den Flur und zog ihn in ein anderes Zimmer. Alles, was ich noch hören konnte, waren die Worte: »Ihr Mann muss sofort verschwinden!«

Der Besucher blieb nur wenige Minuten. Dann sah ich, dass auch meine Mutter sich zum Ausgehen bereit machte. Die Angst schnürte mir die Kehle zu. Aber ich fragte nichts. Es war, als sähe meine Mutter mich gar nicht. Sie erklärte, scheinbar völlig ruhig, sie wolle meinen Vater aufsuchen, der gewiss noch mitten in der Abiturientenprüfung stecke. Sie werde bald wieder zurück sein. Ohne ein weiteres Wort der Mahnung oder der Erklärung schloss sie die Wohnungstür hinter sich. Lotte hatte stumm genickt. Sie mag nicht älter als 18 Jahre gewesen sein. Ich weiß nicht, wer von uns beiden damals mehr Angst gehabt hat. Wir wandten uns wieder dem Domino zu, aber wir konnten uns nicht auf das Spiel konzentrieren. Immerzu horchten wir auf jeden Schritt im Treppenhaus und sahen uns verstört an, wenn es nicht der Klang eines gewöhnlichen Halbschuhs zu sein schien.

Ich weiß nicht, wie lange wir so gesessen hatten. Ich weiß nur, dass es längst Nacht geworden war, als meine Mutter zurückkehrte. Wieder schien sie ganz ruhig, als sie uns erzählte, mein Vater würde die Nacht bei Freunden verbringen. Eine Begründung dafür gab sie nicht, und ich begriff, dass es besser wäre, keine weiteren Fragen zu stellen. Ohne Widerspruch ließ ich mich zu Bett schicken. Aus meinem Zimmer konnte ich aber noch hören, wie sie unserem Mädchen sagte: »Dr. Ostrowski ist verhaftet worden und auch Herr Weber. Keiner weiß, was noch alles kommen mag. Ich werde einen Koffer mit den nötigsten Sachen bereit machen. Es wird besser sein, wenn wir alle morgen nicht hier schlafen.«

Zum ersten Mal waren zwei Männer aus dem engeren Freundeskreis meiner Eltern verhaftet worden, und auch mein Vater war offensichtlich gefährdet. »Die Nazis weisen heute Abend ständig auf Ihre Wohnung«, hatte der Besucher meiner Mutter gesagt. Jeder kannte uns in dieser Gegend und unsere politische Einstellung.

Verhaftungen – das Wort hatte ich die letzte Zeit oft genug gehört und gelesen, aber es war doch ein abstrakter Begriff geblieben. An diesem Abend erhielt es für mich eine beängstigende Wirklichkeit. Damals galten die Maßnahmen der Nazis noch in erster Linie ihren politischen Gegnern und erst in zweiter den Juden. Die meisten Juden in Berlin waren politisch nicht aktiv. Das politische Engagement meines Vaters wurde von den wenigen jüdischen Freunden, die er noch aus seiner Studienzeit hatte, nicht verstanden und geringschätzig belächelt. Gelegentlich äußerten sie auch die Ansicht, dass allein Hitler Ordnung in das politische Durcheinander der Weimarer Republik bringen könnte. Die Verhaftungen jener Tage bezeichneten sie als »Übergriffe«.

Die Nacht zum 1. April verlief ruhig. Am nächsten Morgen kehrte mein Vater zurück. Mir fiel nichts Ungewöhnliches an ihm auf. Er schien heiter, und fast übermütig erzählte er, dass ihm der Vater einer Schülerin aus Freude darüber, dass seine Tochter das Abitur bestanden hatte, ein Nachtquartier angeboten hätte, als ihm die Sorgen meiner Eltern bekannt wurden. Es war ein unpolitischer jüdischer Arzt, der meinem Vater sein Sprechzimmer für die Nacht zur Verfügung stellte. Wir mussten bei seiner Erzählung über das unbequeme Lager auf der Untersuchungscouch, umgeben von ärztlichen Instrumenten und einem Skelett, das seltsame Schatten geworfen hatte, herzlich lachen. Was sich damals drohend andeutete, hatte für uns alle noch allzu sehr den Anschein des Einmaligen, des Unwirklichen, ja des Kuriosen. Keiner von uns konnte ahnen, dass wir eines Tages für eine solche Unterkunft von Herzen dankbar sein würden.

Draußen marschierten sie »… mit ruhig festem Tritt …«. Demonstrativ zerrissen sie in unserer Straße die schwarzrotgoldene Fahne der Weimarer Republik in kleine Fetzen. Andere trugen Spruchbänder und Schilder mit den Parolen: »Deutsche, kauft nicht bei Juden. Das Weltjudentum will Deutschland vernichten. Deutsches Volk, wehr dich …!« Das konnte ich aus dem Fenster unserer Wohnung mit ansehen. Auf die Straße gingen wir an diesem Tag nicht. Meine Eltern hatten Wichtigeres zu tun. Die Türen der beiden schweren Bücherschränke im sogenannten Herrenzimmer standen weit aufgerissen. Auf dem gewaltigen schwarzen Schreibtisch, an dem mein Vater die Hefte seiner Schüler korrigierte, türmten sich Broschüren, Papiere und Bücher in wüstem Durcheinander. Schonungslos lichtete meine Mutter die Reihen der Bücher, während mein Vater ein wenig hilflos und unglücklich danebenstand. Bücher gehörten zu den heiligsten Besitztümern meiner Eltern. Ein Buch war das erste Stück gewesen, das sie sich nach ihrer Heirat gemeinsam angeschafft hatten. Noch blieben die Werke der politischen Klassiker wie Marx und Engels von der Aussortierung unberührt. Sie erhielten lediglich andere Plätze, an denen sie nicht sogleich ins Auge fielen. Damals meinten auch meine Eltern noch, dass die Existenz dieser Werke und ihre Lehren doch nicht einfach geleugnet werden könnten. Wichtiger schien es, jene Broschüren mit militantem politischem Inhalt, die Aufforderungen zum Kampf gegen den Nationalsozialismus enthielten, und die provokatorischen Reden, die mein Vater in säuberlich gebündelten Manuskripten aufbewahrte, zu beseitigen. Um jedes Pamphlet gab es so etwas wie einen kleinen Kampf zwischen meinen Eltern. Wenn mein Vater ein bereits zur Vernichtung verdammtes Bändchen aufnahm, noch einmal darin blätterte und zweifelnd fragte: »Meinst du wirklich?«, dann konnte meine Mutter, die stets die Aktivere von beiden war und ein fein entwickeltes Gespür für Gefahren hatte, geradezu unwirsch reagieren.

In unregelmäßigen Abständen erschien Lotte mit einem gewaltigen Waschkorb im Herrenzimmer, um einzusammeln, was meine Mutter aussortiert hatte. Bücher und Schriften, die von meinen Eltern stets sorgsam bewahrt worden waren, packte Lotte nun rücksichtslos und warf sie in ihren Korb. Während meine Eltern nach der Radikalrevision der Bücherschränke den Inhalt des Schreibtisches einer ebenso rigorosen Prüfung unterzogen und damit einige Stunden beschäftigt waren, musste sich Lotte um die Vernichtung der Bücher und Manuskripte bemühen. Das wäre in der Waschküche, die sich im Keller des Mietshauses befand, gewiss ein Leichtes gewesen, aber das hätte sowohl bei der Portiersfrau wie auch bei den Nachbarn unweigerlich Verdacht erregt.

Über Nacht hatte sich das Misstrauen in unser Leben eingeschlichen. Wie unsere Nachbarn dachten, das wussten wir nicht. Über einen unverbindlichen Gruß im Treppenhaus hinaus hatte es keine Kontakte gegeben. Konnten wir sicher sein, dass aus so indifferenten Nachbarn über Nacht nicht überzeugte oder opportunistische Anhänger der neuen Ordnung geworden waren? Dann aber bedeuteten sie eine Gefahr für uns, deren Gegnerschaft zum Nationalsozialismus nie geleugnet worden war. Früher hatten wir uns nicht darum gekümmert, wes Geistes Kind der Nachbar war. Nun beobachteten wir unwillkürlich, ob in seinen Bewegungen, seinen Blicken etwas entdeckt werden konnte, was auf seine Einstellung schließen ließ.

Nein, es war undenkbar, die unumgängliche Vernichtung der aussortierten Bücher und Schriften gewissermaßen vor dem Forum aller Nachbarn in der Waschküche vorzunehmen. Das konnte und musste in unserem Küchenherd bewältigt werden. Er war diesen Papiermassen nicht gewachsen. In kürzester Zeit war unsere Küche vom Qualm erfüllt. Das ergab ein neues, unerwartetes Problem. Wir konnten nicht wagen, den Qualm durch unser Küchenfenster in den Hof abziehen zu lassen. Die Bewohner der Hinterhäuser hätten Verdacht geschöpft und uns Polizei oder Feuerwehr ins Haus geschickt. Diese Hinterhäuser, die als Seitenflügel und Quergebäude den engen Hof umschlossen, hatte ich nie betreten. Ich wusste nur, dass dort arme Leute lebten, ohne dass der Begriff Armut recht klar war. An diesem Tag erschienen die Hinterhäuser mit Leben erfüllt. Aus Rundfunkgeräten dröhnten Marschmelodien in den Hof. In den Treppenhäusern herrschte geschäftiges Kommen und Gehen.

Lotte scheuchte mich vom Küchenfenster fort, das nur einen Spalt offenstand, um wenigstens einen Teil des Rauches unauffällig abziehen zu lassen. Wie eine Hexe aus dem Märchen stand Lotte am Herd, Gesicht und Hände geschwärzt vom Ruß und verzweifelt darum bemüht, den Papierberg zu »verarbeiten«. Ich verließ die Küche mit der strengen Mahnung von Lotte, ja nicht wiederzukommen oder die Küchentür offenstehen zu lassen. Es war äußerst ungemütlich für ein kleines Mädchen, das an dem geschäftigen Treiben der Erwachsenen nicht teilnehmen durfte und ihnen im Wege stand, das aber auf seine Weise sich vor dem Unbestimmten fürchtete, das diese unverständlichen und unheimlichen Aktivitäten veranlasste. Wer hätte mir damals erklären können, was 1933 in Deutschland vor sich ging? Warum Menschen wegen ihrer dunklen Hautfarbe, ihres Glaubens oder ihrer politischen Überzeugung verfolgt, erniedrigt und gepeinigt wurden? Habe ich es später verstanden? Ich glaube nicht.

Als die Flammen im Kochherd erloschen und das letzte Papier zu Asche verglommen war, atmeten wir auf. Meine Mutter überlegte bereits, was als Nächstes getan werden musste. »Sobald es dunkel wird, fahren wir nach Spandau«, entschied sie. Das hörte ich gerne. In Spandau wohnte Tante Elsa Hannes, eine Schwester meines Vaters, mit ihrem Mann. Sie hatten selber keine Kinder und verwöhnten mich bei jeder Gelegenheit. Die Hannes waren wohlhabende Leute, denen in Spandau ein Herren- und Knabenbekleidungshaus gehörte. Bei ihnen gab es im Überfluss, was in unserem sparsamen Beamtenhaushalt nur selten auf den Tisch kam.

Am Abend dieses 1. April verließen wir das Haus. Wir vermieden jedes laute Geräusch. Fast schlichen wir uns davon. Nach dem Lärm des Tages, nach Trommeln, Querpfeifen und Marschmusik war die Stille des Abends fast spürbar. Wir trafen nur wenige Menschen auf der Straße. An einigen jüdischen Geschäften waren Spuren des Geschehens zu erkennen. Ein Davidstern in weißer Ölfarbe auf eine Schaufensterscheibe gemalt oder Glasscherben auf dem Pflaster vor einem Geschäft, die darauf hindeuteten, dass es hinter den herabgelassenen Rollläden keine Scheiben mehr gab. Das war alles, was wir an diesem Abend sehen konnten. Ich bin überzeugt, dass meine Eltern sich angesichts dieses friedlichen Abends fragten, ob wir nicht auch hätten zu Hause bleiben können und ob alles, was wir in den letzten Tagen erlebt hatten, nicht mehr als ein böser Spuk war, der so schnell, wie er gekommen war, wieder verschwinden würde.

Was wir in Spandau zu hören bekamen, wirkte ebenfalls beruhigend. Gewiss, SA-Posten hatten vor dem Geschäft von Onkel Hannes gestanden. Einer dieser SA-Männer hatte sich sogar entschuldigt: »Es ist nur so eine Maßnahme …« Gute Kunden hatten, ohne belästigt zu werden, das Geschäft betreten können. Es herrschte eine seltsame Stimmung an jenem Abend. Es war, als hätte die Hoffnung, dass alles doch noch gut werden könnte, ein Stückchen Wirklichkeit gewonnen.

Nach diesem Ausflug nach Spandau, der mehrere Tage gedauert hatte, waren wir wieder in unsere Wohnung zurückgekehrt. Mir schien es dennoch nicht mehr das gleiche »Zuhause« zu sein. Mit ihm verband sich nicht mehr das einstige Gefühl der Geborgenheit. Immer wieder horchte ich auf Schritte im Treppenhaus, als könnten sie eine nahende Gefahr ankündigen. Meine Eltern schienen nicht mehr so besorgt zu sein. Einige unserer Freunde waren aus der Gestapo-Haft in der Prinz-Albrecht-Straße entlassen worden. Ich hörte nur Bruchstücke ihrer Berichte: »… da war ein langer Gang, durch den ich rennen sollte, und als ich ihrem Befehl nicht schnell genug folgte, schlugen sie aus allen Richtungen auf mich ein, bis ich wie bewusstlos dahintorkelte …« Andere schwiegen über ihre Erlebnisse, und wieder andere gelangten nie mehr in die Freiheit. Sie wurden sofort in ein Konzentrationslager eingewiesen, und nur die wenigsten von ihnen überlebten. Der Begriff Konzentrationslager hatte damals noch nicht die Bedeutung erlangt wie heute. Hinter vorgehaltener Hand wurden Namen genannt: Oranienburg oder Dachau.

Eine Woche später erhielt mein Vater ein Schreiben des Provinzialschulkollegiums. Es enthielt die Mitteilung, dass das erste von der neuen Reichsregierung gegen ihre politischen Gegner und gegen Juden erlassene Gesetz auch gegen meinen Vater angewandt wurde. Ich sehe ihn noch heute vor mir, wie er erblasste und jeden Satz, jedes Komma dieses Schreibens genau studierte, als könnte er in ihm doch noch einen anderen Sinn finden. Der Text war eindeutig. Das Gesetz zur Wiederherstellung des Berufsbeamtentums bestimmte die Entlassung all derer aus dem Staatsdienst, deren »politische Betätigung nicht die Gewähr dafür bot«, dass sie jederzeit rückhaltlos für den Nationalstaat eintreten würden, und solcher, die nichtarischer Abstammung waren, sofern sie nicht als Frontsoldaten im Ersten Weltkrieg gedient hatten. Mein Vater hatte als Freiwilliger am Ersten Weltkrieg teilgenommen. Mit Stolz hatte meine Großmutter stets erwähnt, dass ihre drei Söhne ihre Pflicht gegenüber dem »Vaterland« erfüllt hätten. Auf meinen Vater traf also jene Bestimmung des Gesetzes nicht zu, die sich gegen »nichtarische« Beamte richtete. Seine politische Einstellung und Betätigung waren der Grund seiner Entlassung. Diese gesetzliche Maßnahme bedeutete für die davon Betroffenen praktisch die Vernichtung ihrer beruflichen Existenz. Von einem Tag zum anderen waren sie ihrer Posten enthoben und wurden damit zunächst arbeitslos. Drei Monate wurden ihnen noch die vollen Bezüge belassen, danach sollte denjenigen, die über zehn Jahre im öffentlichen Dienst gestanden hatten, das Recht auf drei Viertel ihrer Pension zugestanden werden. Ob und wie sie wieder in den Arbeitsprozess eingegliedert werden sollten, blieb völlig offen.

Unsere jüdischen Freunde, die nicht von den neuen Gesetzen betroffen waren, klopften meinen Eltern auf die Schulter und meinten, es würde sich schon irgendeine Lösung aus der Misere finden lassen. Jemand wie Hitler hätte schließlich kommen müssen, um der Arbeitslosigkeit und der Ausbeutung Deutschlands durch die Alliierten ein Ende zu machen. So hätte es doch nicht weitergehen können. Sie zitierten dann das Beispiel Mussolinis und die Trockenlegung der Pontinischen Sümpfe. So und nicht anders würde es mit Hitler auch werden.

Dass auch unter Mussolini Menschen ihrer Gesinnung wegen hatten sterben müssen, wurde in diesem Zusammenhang nicht erwähnt. Für diejenigen, die schon damals Deutschland verließen, weil ihnen die neuen Gesetze keinerlei Existenzmöglichkeiten boten, hatten die meisten Juden in Berlin nur ein mitleidiges Lächeln übrig. Wie konnte man sich nur so von Panik erfassen lassen! Auch meinen Eltern erschien der Gedanke an eine Auswanderung absurd. »Ich bin schließlich preußischer Beamter, der nicht einfach alles im Stich lassen kann«, meinte mein Vater.

Die Hoffnung, dass sich in nicht allzu ferner Zeit alles wieder zum Besseren wenden könnte, war keineswegs erloschen. Überdies galt auch für die Juden in Deutschland das Gesetz der Gewöhnung. Man gewöhnte sich an die Tatsache, als Jude diskriminiert zu werden. Man nahm es hin und richtete sich ein. Der Grundsatz, dass Juden, die im Ersten Weltkrieg gedient hatten, nicht zu maßregeln seien, sofern sie nicht politisch antinationalsozialistisch engagiert waren, wurde im Wesentlichen eingehalten. Um die »privilegierte« Stellung dieser Juden zu betonen, wurde ihnen noch im August 1935 »im Namen des Führers und Reichskanzlers« das von Hindenburg gestiftete Ehrenkreuz für Frontkämpfer zur Erinnerung an den Ersten Weltkrieg überreicht. Auch mein Vater wurde aus diesem Anlass auf unser Polizeirevier in der Grolmannstraße bestellt. Es war eine groteske Situation: Vor ihm, dem wegen seiner politischen Einstellung gemaßregelten Juden, salutierten die diensthabenden Polizeibeamten, um ihm für seinen Einsatz im Ersten Weltkrieg zu danken. Mit Handschlag gratulierten sie ihm zu der Ehrung, die sie im Auftrag des Führers und Reichskanzlers vornehmen durften. Die vom Polizeipräsidenten Berlins unterzeichnete Ehrenurkunde befindet sich noch heute im Nachlass meines Vaters. Allerdings galt diese Sonderstellung der ehemaligen Frontkämpfer nicht für die Provinz, wo Ausschreitungen auch vor ehemaligen Frontkämpfern nicht haltmachten.

Die politischen Parteien und die Gewerkschaften waren zerschlagen, ihre Führer verhaftet. Widerstand Einzelner gegen die Übermacht des Staates schien sinnlos zu sein. Der Massenrausch der Sieger hielt an. Der 1. Mai 1933 war für uns besonders schwer zu ertragen. Gewaltige Marschblöcke von HJ, SA, SS zogen durch Berlin. Spielmannszüge begleiteten sie mit Marschmusik. Immer wieder von neuem brandete Gesang auf: »Es zittern die morschen Knochen …« oder » … wenn's Judenblut vom

Messer spritzt, dann geht's noch mal so gut ...« Wir schlossen an diesem 1. Mai die Fenster, um nicht zu hören, wie dieser Tag von den neuen Machthabern politisch verwandelt und geschändet wurde.

Die durch die vorzeitige Pensionierung erzwungene Untätigkeit war für meinen Vater eine schwer erträgliche psychische Belastung. Ihm waren zwar drei Viertel seines Ruhegehalts zugebilligt worden, aber es reichte nicht aus, den Lebensunterhalt zu bestreiten. Was sollte er tun? Er konnte sich nicht in dieser neuen Situation zurechtfinden. Freunde, die sich in einer ähnlichen Lage wie er befanden, holten ihn aus seinen Grübeleien. Überdies konnte es nachteilig sein, sich ständig zu Hause aufzuhalten. So verlagerte sich unser Leben im Sommer 1933 in eine jener zahlreichen Berliner Schrebergartenkolonien. Freunde meiner Eltern, der einstige Gewerkschaftsfunktionär und Metallarbeiter Kurt Hähnel und der einstige Stadtrat und Drucker Hans Weber, besaßen eine solche Laube mit dazugehörigem Gartenland. Dort traf sich ein kleiner Kreis jener, die wie meine Eltern wegen ihrer politischen Betätigung vom sogenannten Dritten Reich ausgeschieden worden waren. Dazu gehörte der Tischler Paul Garn, ein großer, kräftiger Mann mit gütigen Augen. Auch er war wegen seiner Aktivität für die SPD arbeitslos geworden. Für ihn war damit eine Welt zusammengebrochen. An Hans Weber erinnere ich mich nur als an einen hageren, ergrauten Mann, der selten lachte. Er schien über die Ereignisse und Vorgänge, deren Zeuge er geworden war, mehr zu meditieren, als dass er entschlossen Stellung bezogen hätte. Meine ganze Sympathie gehörte dem hünenhaften Kurt Hähnel und seiner Frau. Beide waren wohl die Jüngsten in diesem Kreis und fanden trotz ihrer eigenen Sorgen immer wieder auch ein gutes Wort für mich. Aber das war es nicht allein, was sie mir so sympathisch machte. Von ihnen gingen Energie und Bereitschaft zum Kampf aus, während die anderen sowie auch mein Vater resignierten. An Wochenenden erweiterte sich dieser Kreis ehemaliger Kampfgefährten aus der SPD. Ich erinnere mich besonders an den Sattler Jakob Hein und an die Familie Richard Junghans, weil unsere Verbindung zu ihnen auch später nicht abriss. Die Männer beschäftigten sich mit Gartenarbeit oder spielten Skat. So verging der Sommer 1933 in den Lauben von Webers und Hähnels.

Natürlich beherrschten die politische Lage und ihre Entwicklung alle Gespräche in diesem Kreis. Jeder der Betroffenen war der Überzeugung, dass der nationalsozialistische Spuk im Höchstfall drei Monate dauern könnte. Auch das war die seltsame Blüte einer irrealen Hoffnung, denn die gleichen Menschen hatten zuvor ihre deutschen Mitbürger vor Hitler gewarnt: »Hitler bedeutet Krieg!« Nun war Hitler an der Macht, und nichts deutete zunächst darauf hin, dass ihm diese Macht genommen werden könnte.

Meine Eltern beschlossen, in eine Gegend Berlins umzuziehen, in der sie und ihre politische Einstellung nicht bekannt waren. In einem Gartenhaus in der Uhlandstraße im Westen Berlins fanden sie eine kleinere Wohnung. Der Zufall wollte es, dass ein auch aus politischen Gründen suspendierter Rektor einer weltlichen Schule, Walter Rieck, in dem gleichen Haus in der Uhlandstraße eine Wohnung über uns bezog. Durch seine Vermittlung konnte bald darauf einer seiner Kollegen, Dr. Thaus, dem das gleiche Schicksal widerfahren war, ebenfalls in eine Wohnung dieses Hauses einziehen. Für unsere drei Familien brachte das erhebliche Vorteile mit sich. Allein die neue Nachbarschaft von Gesinnungsgenossen war in diesen schwierigen Zeiten von großem Wert. Alle drei Familien hatten zunächst mit wirtschaftlichen Schwierigkeiten zu kämpfen, denn die Dreiviertel-Pension bot keine ausreichende materielle Basis. Dr. Thaus übernahm Adressenschreiben als zusätzliche Einnahmequelle. Wir alle halfen bei dieser mühseligen Arbeit, sobald wir Zeit dazu fanden. Ich tat es im Unterschied zu den Erwachsenen gern. Frau Jenny Rieck begann wieder zu schneidern und ernährte damit ihre Familie. Mein Vater gab Ausländern Deutschunterricht. Zu seinen Schülern gehörten vornehmlich chinesische Studenten, die zu jener Zeit in großer Zahl an der Berliner Universität studierten. Als er später eine andere Beschäftigung fand, übernahm Dr. Thaus diese Nachhilfestunden.

Den Mitbewohnern unseres Hauses konnte der enge Kontakt dieser drei Familien nicht entgehen. Es verging kein Tag, an dem wir nicht in einer der drei Wohnungen zusammenkamen. Dabei wurden natürlich in erster Linie die innen- und außenpolitischen Vorgänge und Ereignisse diskutiert. Als der Röhm-Putsch am 30. Juni 1934 bekannt wurde, schien sich der Zusammenbruch des Hitler-Regimes anzukündigen. Im engsten Kreis um Adolf Hitler hatte die Selbstzerfleischung offensichtlich begonnen.

Uns störte es nicht, dass die enge Beziehung zwischen diesen drei Familien von anderen im Haus beobachtet wurde. Die neue Umgebung, in der uns niemand kennen konnte, hatte uns die Gefahren vergessen lassen, die mit einer politischen Gegnerschaft gegen das neue Regime verbunden waren. Wir wurden sehr unsanft daran erinnert, als eines Morgens zwei Beamte der Geheimen Staatspolizei erschienen und einen Haussuchungsbefehl vorwiesen. Meine Mutter und ich waren allein zu Hause.

Ich wurde in die Küche geschickt und vertiefte mich in ein Buch. So geschah es, dass ich die Gefahr nicht spürte, in der sich meine Mutter befand. Wenn ich daran denke, schäme ich mich noch heute, damals »versagt« zu haben. Als die Beamten schließlich unsere Wohnung verlassen hatten, fragte meine Mutter, warum ich nicht Riecks über das Erscheinen der Gestapo bei uns informiert hätte. Da wurde mir mein Versäumnis mit einem Schlage bewusst. Ich war elf Jahre alt, aber ich empfand es als schweren Makel, auf die Gefahr nicht reagiert zu haben.

Die beiden Gestapo-Beamten hatten eine Stunde lang in allen Schubfächern und Schränken unserer Wohnung gewühlt. Was sie schließlich als Ergebnis ihrer Aktion beschlagnahmten, waren zwei Broschüren: ›Marx und die Juden‹ und ›Heinrich Heine‹.

Wie sich herausstellte, hatten sie erwartet, bei uns und bei Riecks, die anschließend ebenfalls eine Haussuchung mit ähnlichem Ergebnis über sich ergehen lassen mussten, belastendes Material über unsere konspirative Arbeit zu finden. Sie machten kein Hehl daraus, dass wir und Riecks von den unter uns wohnenden Mietern angezeigt worden waren. Die in diesem Zusammenhang geäußerten Verdächtigungen zeugten von einer geradezu grotesken Phantasie. Dr. Thaus, der auf Reisen war, sollte danach den Riecks Nachrichten und Meldungen übermittelt haben, die gegen das Hitler-Regime ausgewertet werden konnten. Einige Briefe von Dr. Thaus an Riecks, die »unverständliche« Bemerkungen enthielten, wurden aus diesem Grunde auch zunächst beschlagnahmt. Wie die Denunzianten angegeben hatten, sollten diese Nachrichten von uns auf Matrize geschrieben worden sein. »Die Schreibmaschine wäre unentwegt in Betrieb gewesen.« Tatsächlich hatte mein Vater zu jener Zeit sehr viele Briefe zu schreiben, da er, um unseren Lebensunterhalt zu verbessern, noch eine Hausverwaltung übernommen hatte. Das Geräusch der elektrischen Nähmaschine von Frau Rieck war nun in der Phantasie der Denunzianten von einem Vervielfältigungsapparat verursacht worden, auf dem Flugblätter abgezogen wurden. Diese Flugblätter hätte die Tochter Rieck, die oftmals mit einem Koffer das Haus verließ, zu einer auswärts gelegenen Verteilungsstelle gebracht.

Ursel Rieck, die als Krankenschwester arbeitete, konnte nicht regelmäßig zu Hause übernachten. Das war der Grund, warum sie die Wohnung gelegentlich mit einem Koffer in der Hand verließ. Selbst die beiden misstrauischen und wachsamen Gestapo-Beamten konnten nichts ermitteln, was diese aus der Luft gegriffene Denunziation auch nur in Ansätzen hätte bestätigen können. So blieben diese Haussuchungen ohne jede Folge. An dem engen Kontakt zwischen uns und der Familie Rieck und der Familie von Dr. Thaus änderten sie nichts. Die Denunzianten straften wir mit ostentativer Verachtung. Die Tatsache, dass diese unsinnige Anzeige von keiner Stelle gegen uns ausgenutzt wurde, schien uns Beweis dafür zu sein, dass es in Deutschland noch Gerechtigkeit gab.

2
Wechselvolle Schulzeit

Ungeachtet aller politischen Ereignisse und der Bedeutung, die sie für meine Eltern hatten, war für mich der Übergang in die höhere Schule ein wichtiger Einschnitt in meinem Leben. Die weltliche Schule, die ich vier Jahre lang besucht hatte, war nach der Machtübernahme Hitlers sofort geschlossen worden, und die Lehrer hatte man entlassen. Keine meiner früheren Klassenkameradinnen war im Königstadt'schen Oberlyzeum angemeldet worden. Ich kannte keine meiner neuen Mitschülerinnen. Außer mir besuchten noch fünf jüdische Mädchen dieselbe Klasse. Das wusste ich natürlich nur durch den Religionsunterricht, der uns von der jüdischen Religionslehrerin Fräulein Katz erteilt wurde. Mit meinen jüdischen Mitschülerinnen verband mich im Grunde genommen nichts, außer der Tatsache, dass ich gelegentlich für sie eintrat. Da in der weltlichen Schule Jungen und Mädchen gemeinsam unterrichtet wurden, hatte ich gelernt, wie man sich wirkungsvoll zur Wehr setzt. Ich hatte Gelegenheit, das auch jetzt in der neuen Klasse zu beweisen, wenngleich mich keine meiner Mitschülerinnen je angegriffen hat, obschon sie wussten, dass ich Jüdin bin. Ich erinnere mich aber an zwei jüdische Klassenkameradinnen, die kleiner und schwächer waren als die anderen Mädchen. Sie rannten immer davon, wenn sie gehänselt wurden, und provozierten damit natürlich noch mehr Spott und Aggression.

Jeden Mittag begleitete mich eine meiner Klassenkameradinnen nach Hause. Erika Seidel war ein richtiges deutsches Mädchen mit langen blonden Zöpfen. Sie trug eine braune Kletterweste als Zeichen ihrer Zugehörigkeit zum Bund Deutscher Mädel (BDM). Und jedes Mal, wenn sie sich von mir verabschiedete, grüßte sie mit erhobener Hand und »Heil Hitler«. Ich weiß nicht, ob es ihr auffiel, dass ich ihr stets nur »Auf Wiedersehen« zurief. Ich tat es sehr bewusst. Auf solch kleine »Beiträge« politischer Opposition war ich stolz. Das galt besonders für die immer wieder neue und keineswegs leichte Überwindung, die es mich jedes Mal kostete, nicht einen Pfennig in eine der vielen Sammelbüchsen zu stecken, mit denen damals für alle möglichen nationalen und sozialen Zwecke gesammelt wurde. Das Klimpern der Münzen in diesen Sammelbüchsen hörte ich zu gerne, und natürlich waren die für eine Spende gebotenen bunten Abzeichen außerordentlich attraktiv und verlockend für ein Kind. Dennoch widerstand ich dem Wunsch, es den anderen Kindern gleichzutun.

Das Königstadt'sche Oberlyzeum besuchte ich nur kurze Zeit. Unser Umzug in die Uhlandstraße hatte zwangsläufig für mich auch einen Schulwechsel zur Folge. Als meine Mutter mich deswegen im Königstadt'schen Oberlyzeum abmelden musste, äußerte derselbe Direktor, der den Wert des Unterrichts in einer weltlichen Schule bei meiner Anmeldung so offenkundig angezweifelt hatte, lebhaftes Bedauern, dass ich seine Schule nunmehr verlassen wollte. Wir konnten nicht feststellen, ob er damit mein Verhalten und meine Leistungen in seiner Schule loben oder auf diese Weise sein Missfallen gegenüber den antijüdischen Maßnahmen des neuen Regimes zum Ausdruck bringen wollte. Die Gegnerschaft zur NS-Diktatur fand viele subtile Ausdrucksformen.

In der Fürstin-Bismarck-Schule, die ich nach unserem Umzug in den Berliner Westen besuchte, herrschte eine völlig andere Atmosphäre. Die Hälfte meiner Klassenkameradinnen kamen aus jüdischen Elternhäusern. Es waren in der Mehrzahl Kinder alteingesessener und wohlhabender Familien aus Westberlin. Die Lehrer, die nach 1933 gezwungen waren, bei ihrem Eintritt in die Schulräume mit »Heil Hitler« zu grüßen, taten dies in dieser Schule mit offensichtlicher Abneigung. Unsere Klassenlehrerin hatte beim Eintritt stets beide Hände voll und war dadurch nicht in der Lage, die Hand zum Gruß zu heben. Sie machten auch keinerlei Unterschied zwischen uns und den nichtjüdischen Kindern meiner Klasse. Lediglich die Tochter eines hohen SA-Führers war in dieser Beziehung eine Ausnahme, denn sie durfte ungeachtet ihrer eindeutig erwiesenen mangelnden Schulbegabung nicht sitzenbleiben. Auch das Landschulheim der Fürstin-Bismarck-Schule, die von allen Schülerinnen geliebte »Hütte« bei Ferch, hieß weiterhin »Robula« nach dem zwar bereits ausgewanderten, aber doch noch ganz offen verehrten langjährigen Direktor dieser Schule Robert Burg, der Halbjude war und seinerzeit den Erwerb dieses Landschulheimes veranlasst hatte. In der Schule unterrichteten auch noch einige jüdische Lehrerinnen, und nie habe ich dort ein böses Wort gegen die Juden gehört.

Aber auch die Fürstin-Bismarck-Schule konnte ich nur verhältnismäßig kurze Zeit besuchen. Als die Schulbehörde verfügte, dass jüdische Schulkinder nicht mehr an Ausflügen teilnehmen, nicht mehr Landschulheime besuchen dürften und auch dem Schwimmunterricht fernzubleiben hatten, beschloss mein Vater, mich auf eine jüdische Schule zu schicken, um mich dieser Art Diskriminierung nicht auszusetzen. Er hielt die jüdische Mittelschule für geeignet, weil sie noch eine der wenigen staatlich anerkannten jüdischen Schulen war. Ihr Besuch beziehungsweise Abschluss hätte mir die Möglichkeit geboten, »nach dem Nazireich« wieder auf eine staatliche höhere Schule zurückzukehren. Am gleichen Tag, an dem meine Eltern ihren Entschluss der Schulleitung der Fürstin-Bismarck-Schule mitteilten, rief meine Klassenlehrerin bei uns an, um meinen Eltern zu versichern, wie sehr sie meinen Abgang bedauere, die Gründe, die ihn veranlassten, jedoch nur zu gut verstehen könne.

Wie alle jüdischen Schulen in Berlin war auch die jüdische Mittelschule in der Großen Hamburger Straße zu jener Zeit überfüllt. Das war nicht immer so gewesen. Vor 1933 hatten nur jene jüdischen Eltern Wert darauf gelegt, ihren Kindern jüdischen Schulunterricht zuteil werden zu lassen, die bewusst ein Judentum in Deutschland erhalten wollten. Das war sicher nicht die Mehrheit der damals in Deutschland ansässigen Juden. Den Statistiken dieser Zeit lässt sich entnehmen, dass weniger als ein Viertel aller jüdischen Kinder in Deutschland jüdische Schulen besuchte. Dabei ist zu berücksichtigen, dass zu diesem Zeitpunkt bereits alle jüdischen Kinder, deren Väter nicht Frontkämpfer des Ersten Weltkrieges gewesen waren, zum Besuch einer jüdischen Schule gezwungen wurden. Selbst orthodoxe jüdische Eltern vertraten oftmals die Ansicht, dass der Besuch einer nichtjüdischen Schule eine bessere Vorbereitung für das Leben ihrer Kinder in Deutschland wäre. Die jüdische Schule erzog ihre Schüler in erster Linie für ein Leben in einer jüdischen Gemeinschaft, wie sie in Berlin vornehmlich von den jüdischen Einwanderern aus Polen aufrechterhalten wurde.

Als nun Partei und Staat im Dritten Reich immer rigoroser begannen, die Juden in Deutschland zu isolieren, sie aus dem öffentlichen Leben auszuschalten und vom Umgang mit anderen Deutschen fernzuhalten, setzte ein Ansturm auf die wenigen jüdischen Schulen ein. Zwar wurden einige neue jüdische Schulen errichtet, aber ihre Zahl blieb dennoch weit hinter dem Bedarf dieser ersten Jahre zurück. Die staatlich anerkannte Mittelschule hatte natürlich den stärksten Zulauf. Während sie 1932 von 470 Schülern besucht wurde, waren es 1934 bereits 1025 Schüler.

Wenn ich an meinen ersten Schultag in dieser Schule zurückdenke, empfinde ich noch heute die Verwirrung, in die mich die große Zahl meiner Mitschülerinnen stürzte. In den beiden Schulen, die ich vorher besucht hatte, war der Klassendurchschnitt auf etwa 30 Kinder begrenzt gewesen. In der jüdischen Mittelschule waren wir nie weniger als 50 Kinder in einer Klasse. Ein geordneter Lehrbetrieb war unter diesen Verhältnissen kaum möglich. Unter Schülern und Lehrern herrschte ein ständiges Kommen und Gehen. Einige wanderten aus, andere kamen aus deutschen Schulen hinzu. 1935 mussten alle jüdischen Beamten, also auch jüdische Lehrer an staatlichen Schulen, aus dem öffentlichen Dienst ausscheiden. Die ständige Ungewissheit ließ keinen zu rechter Besinnung kommen. Ein konzentrierter und kontinuierlicher Unterricht war unmöglich. Die gleichen Probleme beherrschten das Dasein der Lehrer wie auch die Atmosphäre der Elternhäuser. Sollte man auswandern? Sollte man bleiben? War ein menschenwürdiges Dasein in Deutschland überhaupt noch möglich? So war es nicht verwunderlich, dass uns oftmals Lehrkräfte gegenüberstanden, die – nervös bis zur Hysterie – unfähig waren, uns Sachwissen zu vermitteln, geschweige denn, pädagogisch auf uns einzuwirken. Andere wieder verfügten über eine bewundernswerte innere Ruhe und Haltung, die auch auf ihre Umgebung ausstrahlte.

Auf den Schulbetrieb dieser jüdischen Mittelschule wirkte sich natürlich auch die Tatsache aus, dass die meisten Kinder in einer Atmosphäre aufwachsen mussten, die keine Sicherheit und Geborgenheit kannte. Auch war die Zusammensetzung der Schüler dieser Schule keineswegs einheitlich. Das soziale und damit auch intellektuelle Gefälle der Elternhäuser wirkte sich zwangsläufig auch auf den Unterricht nachteilig aus. Aber ungeachtet all dieser Beeinträchtigungen und Unbilden haben wir in dieser Schule etwas gelernt. Vielleicht nicht das, was auf einer Mittelschule in normalen Zeiten an Schulwissen vermittelt werden kann, aber doch das, was in der damaligen Zeit für uns von Nutzen sein konnte.

Der Lehrplan war darauf zugeschnitten, Wissen zu vermitteln, das auch bei einer Auswanderung einen Sinn haben würde. So hatten Fremdsprachen, insbesondere Englisch und Hebräisch, den Vorrang. In den letzten beiden Schuljahren wurde auch Unterricht in Stenographie und Schreibmaschine erteilt. Je eine Stunde in der Woche war dem kaufmännischen Englisch und Französisch gewidmet. Schüler, die eine hauswirtschaftliche Ausbildung vorzogen, hatten Gelegenheit, sich im Kochen und Nähen ausbilden zu lassen. Ein solches Unterrichtsprogramm musste natürlich auf Kosten der traditionellen Schulfächer wie Geschichte, Mathematik, Chemie oder Physik gehen, von Literatur oder anderen schöngeistigen Fächern ganz zu schweigen.

Die Bemühungen dieser Schule, aber auch anderer jüdischer Schulen, ungeachtet der Ausnahmesituation, in der sie sich befanden, ihre Aufgabe optimal zu lösen, waren beachtlich. Da es jüdischen Kindern verboten war, mit anderen Kindern denselben Sportplatz oder die Umkleidekabinen zu benutzen, erwarben alle jüdischen Schulen in Berlin gemeinsam einen Sportplatz im Grunewald. Dort wurden Sportfeste abgehalten, bei denen jede Schule um den Sieg kämpfte. Das waren Ereignisse, die uns völlig in Anspruch nahmen und denen wir entgegenfieberten. Vielleicht ist die Erinnerung an diese Stunden auf dem Sportplatz Grunewald die einzige wirklich angenehme Erinnerung an meine Schulzeit. Alles Bedrückende, das auf uns auch in der Schule lastete, war dort wie weggeweht. Wenn wir allerdings zur Rückfahrt in den S-Bahn-Zug einstiegen, war diese gelöste Atmosphäre ebenso schnell wieder verflogen. Es ist gewiss nicht zufällig, dass ich mich nicht an einen einzigen dummen Schülerstreich aus jener Zeit erinnere. Ich bin auch sicher, dass wir keine nennenswerten Dummheiten begangen haben. Natürlich nannten wir auch einige unserer Lehrer mit Spitznamen, aber sie waren nicht von uns geprägt und erfunden worden, sondern von unseren Vorgängern. Von wenigen Ausnahmen abgesehen, erscheint mir diese Schulzeit in der Erinnerung grau und trübe. Dazu trug auch das düstere massive Schulgebäude in der Großen Hamburger Straße, einer ärmlichen Gegend um den Hackeschen Markt, bei. Aber auch wenn ich mich an bestimmte Szenen zu erinnern suche, dann scheint es mir, als wäre der Himmel alle Tage verhangen gewesen. Nie hat sich in meiner Erinnerung ein Ereignis an einem Sonnentag abgespielt.

Sicherlich waren wir keine Musterkinder, aber gewiss auch nicht so unbefangen und kindlich, wie Kinder unseres Alters im Allgemeinen zu sein pflegen. Unser Übermut war, wenn auch völlig unbewusst, doch gehemmt. Wenn ich mit meinen Kameradinnen mit der S-Bahn mittags nach Hause fuhr, dann achteten wir sorgsam und nicht ohne Ängstlichkeit darauf, kein Aufsehen, geschweige denn Anstoß zu erregen. Wenn eine von uns zu laut auflachte, dann wurde sie von den anderen zurechtgewiesen. Auch wenn wir nicht darüber sprachen, wir ahnten doch, dass wir von Mitreisenden als jüdische Kinder erkannt und angepöbelt werden könnten. Mir ist jedoch nie etwas Derartiges zugestoßen.

Wenn ich an diese Zeit zurückdenke, fällt mir auf, dass wir Kinder untereinander nie über unser Schicksal sprachen. Wenn eine sich verabschiedete, weil sie auswanderte, dann beneideten wir sie natürlich, aber nicht, weil sie das bisher mit uns geteilte Los gegen ein Dasein in Sicherheit eintauschte, sondern um das Abenteuer, das ihr bevorstand. Dass unser Dasein ein immer gefährlicheres Abenteuer zu werden begann, war uns und vielfach auch unseren Eltern keineswegs bewusst. Nur flüsternd gaben wir einander die Nachricht weiter, wenn der Vater einer Mitschülerin verhaftet worden war. Wir konnten das in der Regel feststellen, wenn die Betreffende einige Tage dem Unterricht fernblieb und eine Freundin sie aufsuchte, um den Grund ihres Fehlens zu erfahren. Es geschah ohne Absicht, aber wiederholte sich wie ein unbewusstes Ritual, dass eine solche Mitschülerin nach ihrem Wiedererscheinen in der Klasse die ersten Tage isoliert blieb, als wäre sie von einem besonderen Schicksal gezeichnet. Danach schien diese Kennzeichnung verblasst. Wir vergaßen, was wir erfahren hatten. Vielleicht ahnten wir auch, dass jeder von uns ein ähnliches Leid widerfahren konnte.

So blieb uns Kindern auch die erste größere Verhaftungswelle im Juni 1938 nicht verborgen. Von ihr wurden 1500 Juden erfasst. Es handelte sich dabei um »Vorbestrafte«, Juden, die von den Behörden als »Asoziale« und »arbeitsscheue Elemente« bezeichnet wurden. Ein Vetter von mir gehörte zu diesen Opfern, weil er in einen Autounfall verwickelt gewesen und verurteilt worden war. Ungeachtet dieses Sachverhaltes erschien uns das Wort »vorbestraft« doch so gewichtig, dass es auch Zweifel an der Persönlichkeit des Betroffenen rechtfertigte. Obgleich wir uns über die Unrechtmäßigkeit dieser Aktion empörten, so berührte uns das Ereignis doch nicht unmittelbar.

Viel härter berührte mich ein anderes, scheinbar bedeutungsloses Ereignis. Ich saß beim Fotografen. Wie jedes sechzehnjährige Mädchen war auch ich eitel. Als der Fotograf mich anwies, das Haar hinter das linke Ohr zu streichen, war ich völlig verstört und den Tränen nahe. Die Bemerkung des Fotografen war sachlich und ohne jeden Hohn geäußert, ein geschäftsmäßiger Hinweis, nicht mehr. Und dennoch empfand ich die Demütigung wie einen Peitschenhieb, aber ich hatte Disziplin gelernt. Dieses Foto von mir sollte nicht verraten, was in mir vorging. Dennoch wusste ich schon damals, dass es mir nicht gelang, dass es nicht Härte, sondern Bitterkeit, Trotz und Tränen erkennen lassen würde.

An der Form des linken Ohres würde die Rassenzugehörigkeit erkennbar. Das war eine Entdeckung der nationalsozialistischen Rassenforscher. Eines Juden linkes Ohr verriet demnach die semitische Abstammung. Aus diesem Grunde mussten die Passfotos von Juden so aufgenommen werden, dass die Form des linken Ohres deutlich sichtbar war. Diese Fotografien waren für die Kennkarten bestimmt, die jeder über 15 Jahre laut Gesetz vom 22. Juli 1938 bei sich zu tragen und »jeder Amtsperson unaufgefordert« sofort vorzulegen hatte. Diese Kennkarten waren für Juden zudem mit einem großen »J« auf der Außenseite und einem gelben »J« auf der Innenseite kenntlich gemacht, so dass keinerlei Zweifel über die Abstammung des Inhabers möglich waren.

Ich habe in jenen Tagen oft versucht, an den Ohren meiner Mitbürger in Berlin, denen ich im Autobus oder in der Untergrundbahn nahe kam, festzustellen, was ihr linkes Ohr wohl von dem meinen unterschied. Ich konnte nichts entdecken. Mein Ohr, im Spiegel hundertmal überprüft, glich dem der Arier von Berlin.

Meinen Eltern erzählte ich nichts von dem, was ich beim Fotografen empfunden hatte. Ich fürchtete, ausgelacht zu werden. Sie amüsierten sich über die damals in Berlin kolportierte Begebenheit, wie im Rahmen einer NS-Veranstaltung ein Teilnehmer aus dem Publikum auf das Podium gebeten worden war, um am Beispiel seines Ohres die rein arische Abstammung zu verdeutlichen. Der NS-Propagandaredner ahnte nicht, dass der Herr, den er zum Podium gebeten hatte, Jude war. Aus begreiflichen Gründen legte der keinen Wert darauf, sich vor dieser NS-Gemeinde zu offenbaren, und so wurde das Ohr eines Juden zum arischen Demonstrationsobjekt.

Ob sich diese Begebenheit tatsächlich ereignet hat, danach fragte damals niemand in Berlin. Man erzählte sie weiter. Man lachte über die primitive Einfalt, und dieses Lachen verhalf gewiss manchem dazu, die Demütigung dieser 1938 erlassenen Anordnung zu überwinden. Um das »Kriminelle« als Wesensmerkmal des Juden hervorzuheben, musste die Kennkarte nicht nur mit dem vorschriftsmäßigen Foto, sondern auch mit den Fingerabdrücken versehen sein. Linker Zeigefinger, rechter Zeigefinger … Ich weiß noch genau, wie der Polizeibeamte unseres Reviers in der Grolmannstraße meine beiden Finger behutsam, fast zärtlich von der schwarzen Farbe säuberte. Trog mich mein Instinkt? Mir schien, als wäre ihm die ganze Prozedur peinlicher als mir.

Als ich diesen Ausweis ausgehändigt erhielt, musste ich zum ersten Mal mit dem Zusatznamen »Sara« unterzeichnen. Ich hieß nun Ingeborg Sara Deutschkron. Laut Gesetz vom 17. August 1938 erhielten alle männlichen Juden den Zusatznamen Israel, die weiblichen den Zusatznamen Sara. Dieser Zusatzname musste zwischen Vor- und Nachname eingefügt werden und ab 1. Januar 1939 auf allen Ausweisen, Urkunden und dergleichen aufgeführt sein. »Zuwiderhandlungen«, also das Weglassen dieses Zusatznamens bei Unterschriften, wurden mit bis zu einem Monat Gefängnis bestraft.

Ich bewundere die Charakterstärke meiner Eltern, die es zumindest mir gegenüber vermochten, diese anmaßende Schikane mit heiterer Ironie abzutun. Mein Vater sprach nun von den zwei Zores, in Abwandlung des Namens Sara, die er nun hätte. Zores, das auch in den deutschen Sprachgebrauch übergegangen ist, oder Zaroth, wie es auf Hebräisch heißt, bedeutet Sorgen.

Die Verordnungen, die im Jahr 1938 gegen die Juden in Deutschland erlassen wurden, ließen den Schluss zu, dass es dem NS-Regime mit der Ankündigung, die »Judenfrage« zu lösen, ernst war. Beihilfen und Steuernachlässe für die in der Wirtschaft tätigen Juden wurden gestrichen. Besonders einschneidend wirkte sich die Verordnung über die Anmeldung des Vermögens der Juden vom 26. April 1938 aus. Danach musste das gesamte in- und ausländische Vermögen jedes Juden, sofern es 5000 Reichsmark überstieg, angemeldet werden. Damit erhielten die NS-Behörden eine vollständige Übersicht über das gesamte jüdische Vermögen im Deutschen Reich. Meine Eltern waren von dieser Verordnung nicht betroffen. Die Familie eines Beamten verfügte in der Regel nicht über ein solches Vermögen. Ich erinnere mich jedoch noch genau der Unruhe, die auch bei uns und in unserem engsten Freundeskreis ausgelöst wurde, Onkel und Tante Hannes aus Spandau kamen ratsuchend zu meinem Vater. Die Freunde meiner Eltern, die Hitler zu Beginn der Machtübernahme als notwendigen Ordnungsfaktor begrüßt hatten, schwiegen nun betreten.

Im Juni mussten dann aufgrund einer weiteren Verordnung jüdische Gewerbebetriebe öffentlich als solche gekennzeichnet werden. Ich sah, wie am Kurfürstendamm emsige Maler die Namen der jüdischen Geschäftsinhaber mit großen Lettern auf die Scheiben der Schaufenster malten. Natürlich mit dem entsprechenden Zusatznamen »Israel« oder »Sara«. Im Juli erfolgte der Entzug der Approbation für jüdische Ärzte und im September der für jüdische Anwälte. Einige durften als »Krankenbehandler« bzw. »Konsulenten« weiterpraktizieren.

Am 28. Oktober 1938 wurden 15000 bis 17000 in Deutschland ansässige polnische Juden und solche, denen nach 1933 die nach dem Ersten Weltkrieg angenommene deutsche Staatsangehörigkeit abgesprochen worden war, von SS und Polizei in einer Nacht-und-Nebel-Aktion gewaltsam aus ihren Wohnungen geholt und an die polnische Grenze gebracht. Sie durften nur 10 Reichsmark mitnehmen und die Kleidungsstücke, die sie auf dem Leib trugen. An der deutsch-polnischen Grenze irrten diese Menschen längere Zeit im Niemandsland umher, weil die polnischen Behörden ihre Aufnahme zunächst verweigerten. Um die in Deutschland verfolgten polnischen Staatsangehörigen jüdischen Glaubens nicht wiederaufnehmen zu müssen, hatte die polnische Regierung vorsorglich verfügt, dass der polnische Pass seine Gültigkeit verliert, wenn der Inhaber länger als fünf Jahre außerhalb Polens gelebt hat.

Am Morgen des 28. Oktober blieben viele Schulbänke in meiner Klasse leer. Als unsere Klassenlehrerin die Namen der Schülerinnen einzeln aufrief, meldeten sich viele nicht mehr. Wortlos legte sie dann das Schulheft der Betreffenden beiseite. Selten wohl war es so mucksmäuschenstill in einem Klassenzimmer wie an diesem Morgen. Wir waren schon alt genug und hatten genügend gehört und gesehen, um uns vorstellen zu können, was in der Nacht zwischen dem 27. und 28. Oktober in jenen Straßen Berlins vor sich gegangen war, in denen vornehmlich jüdische Familien aus dem Osten gewohnt hatten.

Das alles waren Kennzeichen einer Entwicklung, die den Juden in Deutschland praktisch jede Existenzgrundlage entzog. Sie wurden überdies mit allen Mitteln staatlicher Macht schikaniert und gedemütigt. Die wenigen jüdischen Handwerker in Berlin schienen noch am besten dran zu sein. Das galt auch für ihre beruflichen Möglichkeiten im Falle einer Auswanderung. Sie waren plötzlich zur Aristokratie unter den deutschen Juden geworden. Und dennoch: Ich erinnere mich noch genau daran, wie lächerlich uns das alles erschien. Onkel Hannes begann in entsprechenden Kursen der Jüdischen Gemeinde die Herstellung von Konfekt zu erlernen und musste unendlich viel Spott über sich ergehen lassen. Mein Vater, handwerklich so ungeschickt, dass er zu Hause nicht einmal einen Nagel in die Wand einschlagen konnte, wandte sich dem Schuhmacherhandwerk zu und ging bei einem jüdischen Schuster in der Pariser Straße in Berlin-Wilmersdorf in die Lehre. Das geschah wohl mehr, um sich selber keiner Unterlassungssünde bezichtigen zu müssen und für den Notfall nicht völlig ungerüstet zu sein, und gewiss sehr viel weniger mit der Absicht, eine solche Tätigkeit auch einmal beruflich auszuüben. Eine kaum benutzte Lederschere erinnerte noch lange Zeit in unserem Haushalt an dieses Zwischenspiel. Schließlich hatte mein Vater in der Theodor-Herzl-Schule, einer jüdischen Privatschule, einen Arbeitsplatz gefunden.

Die Theodor-Herzl-Schule, die zunächst noch den Namen Schule am Kaiserdamm geführt hatte, war eine Volksschule mit der Genehmigung, Unterricht in Sprachen zu erteilen. In dieser Schule wurden die Schüler bewusst im zionistischen Sinn erzogen.

Für meinen Vater bedeutete dies eine gewaltige Umstellung. Er, der ehemalige Oberstudienrat, der sehr weltliche Ideale und Vorstellungen vertrat, war alles andere als ein überzeugter Anhänger des Zionismus. Sein bemerkenswertes pädagogisches Talent hat ihn diese Schwierigkeiten überwinden lassen. Um seinen Wirkungsbereich in der Schule zu erweitern, beschloss er, sich in Abendkursen zum Religionslehrer ausbilden zu lassen.

Dabei kam ihm zugute, dass er aus einer orthodoxen jüdischen Familie stammte. Der äußere Druck, die Anfeindung und der aktive Antisemitismus des Dritten Reiches ließen ihm sein Judentum wieder bewusst werden, zu dem er sich rückhaltlos bekannte. Außerdem begann er, Buchführung und Schreibmaschineschreiben zu lernen, was ihm nicht leichtfiel, denn für beide Fächer hatte er wenig Begabung. Aber mit der ihm eigenen

Energie und Konzentration schaffte er schließlich auch diese Aufgabe, die er sich selber gestellt hatte.

Als Religionslehrer ist er dann zwar nie tätig gewesen, aber bald erhielt er Gelegenheit, die neu erworbenen Kenntnisse der Büroarbeit anzuwenden. Die Theodor-Herzl-Schule, in der er nun aufgrund seiner pädagogischen Befähigung und seines Organisationstalentes zum Assistenten der Schulleitung aufgerückt war, übertrug ihm nach dem Lehrverbot, das auch für jüdische Schulen galt, die Verwaltung der Schule. Durch eine zusätzliche Hausverwaltung, für die er an freien Abenden und Sonnabenden tätig war, konnte der Lebensunterhalt der Familie gesichert werden. Zwar war er so mit Arbeit eingedeckt, dass ich ihn kaum zu sehen bekam, und auch meine Mutter, die vor ihrer Heirat als Prokuristin gearbeitet hatte, wurde mit eingespannt. Unser Leben hatte eine Form angenommen, in der die Sorge um das wirtschaftliche Wohlergehen im Vordergrund allen Denkens stand. Auch unseren politischen Freunden erging es nicht viel anders. Herr Rieck und Herr Thaus fanden ebenfalls Arbeitsmöglichkeiten, die den Lebensunterhalt sicherten.

Die politischen Tagesereignisse traten demgegenüber in den Hintergrund. Es schien auch so sinnlos, mit einem baldigen Ende des NS-Regimes zu rechnen. Ihm war gelungen, was die Demokratie in den Jahren der Weimarer Republik nicht erreicht hatte: Das Ausland respektierte das Dritte Reich. Die Arbeitslosigkeit war beseitigt worden. Der Versailler Vertrag gehörte der Vergangenheit an.

3
Der 9. November

Es war Abend. Wir saßen im Dunkeln. Die Wohnungstür knarrte. Jemand musste sie ganz leise aufgeschlossen haben. Meine Mutter zuckte zusammen, sprang auf und lief in den Flur.

»Martin, was willst du hier?«, rief sie meinem Vater zu, der müde, bleich und ganz verloren in der Tür stand. Er schien mir noch kleiner als sonst. Verwirrt und ratlos sah er meine Mutter an.

»Bist du denn wahnsinnig, hierherzukommen?«, rief sie noch erregter.

»Ich dachte, ich müsste mich wohl stellen«, sagte mein Vater sehr langsam und sehr leise, »schließlich bin ich doch noch immer preußischer Beamter, und wenn die Polizei mich abholen will, dann kann ich mich doch nicht einfach verstecken.«

»Das ist doch heller Wahnsinn!« Meine Mutter reagierte entsetzt und verzweifelt. Dann ließ sie sich von meinem Vater erzählen, dass er den Tag wie immer in der Theodor-Herzl-Schule am Kaiserdamm verbracht hatte.

»Auch nach meinem Anruf?«, fragte meine Mutter ungläubig. Wohin hätte er sich denn sonst wenden sollen? Und nun gedachte er, die Nacht zu Hause zu verbringen. Morgen würde man weitersehen.

Am Morgen jenes 10. November hatten sich die Nachrichten überschlagen. Auf den Straßen Berlins war die Hölle los. Mit Äxten, Beilen und Knüppeln hatten SA-Männer in der Nacht des 9. November die Fensterscheiben der durch ihre Kennzeichnung leicht auszumachenden jüdischen Geschäfte eingeschlagen und eine heillose Zerstörung angerichtet. Auf dem Kurfürstendamm lagen besudelte Schaufensterpuppen inmitten von Glasscherben. Aus leeren Fensterhöhlen flatterten Kleiderfetzen im Wind. Plünderer hatten das Bild der Zerstörung und der Gewalt noch vervollständigt. In den Geschäften lagen herausgerissene Schubladen, verstreute Wäschestücke, zertrümmerte Möbel, zerschlagenes, zertretenes Porzellan, verbeulte Hüte. Dichte Rauchschwaden hingen über der Fasanenstraße, dort, wo die Synagoge stand. Wir wagten uns nicht näher heran. Wir wussten schon, dass alle Synagogen von der »spontanen« Volkswut, wie es im Rundfunk geheißen hatte, angezündet und niedergebrannt worden waren. Polizei und Feuerwehr hatten untätig dabeigestanden und sich darauf beschränkt, die Schaulustigen von den Brandstellen fernzuhalten.[1]

Wir hatten uns davon überzeugen wollen, was unsere Freunde am Telefon berichtet hatten, und waren am frühen Morgen auf die Straße gegangen. Meine Eltern blickten wie versteinert auf das angerichtete Unheil. Plötzlich rief ein Friseur, der in seinem weißen Kittel vor seinem Laden stand und uns beobachtet haben musste, meinem Vater zu: »Telech man, du Jude, telech man!« Sein fettes grinsendes Gesicht drückte Schadenfreude aus. Mein Vater war herumgefahren, hatte meine Mutter am Ärmel gefasst, um schleunigst mit uns davonzueilen.

Meine Mutter indes, die keine Angst kannte, fuhr den verdutzten Friseur an: »Sie verfluchtes Schwein!«

Mein Vater wurde kreideweiß vor Angst: »Um Gottes willen, schweig!«, rief er. Aber meine Mutter riss sich von ihm los, und auf den in seinen Laden zurückweichenden Friseur zugehend, schrie sie ihn noch mal an: »Sie verfluchtes Schwein!« Als sie schließlich von dem Friseur abgelassen hatte, wandte sie sich wieder meinem Vater zu und sagte, nun ganz ruhig: »Man darf sich schließlich nicht alles gefallen lassen.«

Der Ausbruch der »spontanen Volkswut«, der Berichten zufolge in der Provinz durch Übergriffe auf die Privatwohnungen jüdischer Mitbürger noch schlimmere Formen angenommen hatte als in Berlin, war der harmlose Auftakt einer »Vergeltung«, wie es hieß, für den »feigen Mord« des Polen Herschel Grynszpan an dem deutschen Diplomaten Ernst vom Rath in der Deutschen Botschaft von Paris. Der siebzehnjährige Grynszpan hatte sich für das Leid seiner Familie rächen wollen, die wenige Tage zuvor von den Nazis aus Hannover an die polnische Grenze verschleppt worden war. So wenigstens hörten wir es nach dem Krieg. Damals wurde auch von einem homosexuellen Verhältnis des Herrn vom Rath mit Grynszpan gemunkelt. Andere hatten andere Erklärungen. »Das Weltjudentum reißt die Maske vom Gesicht«, so hieß es in Schlagzeilen von Morgenausgaben der Zeitungen. Es folgten spaltenlange Schilderungen der Verdienste und des Lebenslaufs des Herrn vom Rath. Grynszpan war am 7. November in die Deutsche Botschaft in Paris eingedrungen und hatte Botschafter von Welczeck zu sprechen verlangt. Legationsrat vom Rath empfing ihn. Grynszpan, der ihn wohl irrtümlich für den Botschafter hielt, schoss auf vom Rath und verletzte ihn schwer. Zwei Tage lang rang vom Rath mit dem Tode. Im Rundfunk wurde alle Stunde ein ärztliches Bulletin über sein Befinden verlesen. Damals hat ganz gewiss nicht nur die Mutter für das Überleben ihres Sohnes gebetet.

»Wenn der bloß nicht stirbt ...«, mit diesem Satz begannen alle Gespräche, die Juden damals in der berechtigten Furcht führten, dass der Mord an vom Rath den Nazis sehr gelegen käme. Am Nachmittag des 9. November starb er. Wenige Stunden später rief uns ein Freund erregt an und teilte mit, dass einer meiner Onkel, ein reicher Geschäftsmann, soeben in seiner Wohnung von der Gestapo verhaftet und vermutlich in ein Konzentrationslager abtransportiert worden sei. Genaueres wisse niemand. Die Beamten hätten jede Angabe von Gründen verweigert. Wenige Minuten später erhielten wir eine ähnliche Nachricht. Dieses Mal betraf es einen der engsten Freunde meiner Eltern, einen Frauenarzt im Norden Berlins.

Und so ging es während der folgenden Stunden weiter. Das Telefon klingelte, erregt sagte jemand mit knappen Worten eine Hiobsbotschaft durch und hängte sofort wieder ein. Nun begannen auch meine Eltern, Freunde anzurufen, von denen sie noch nichts gehört hatten. Aber wo immer sie anriefen, antwortete entweder niemand oder sie hörten die beklommene Stimme der Ehefrau: »Mein Mann ist eben von der Gestapo abgeholt worden.« Sehr bald fiel uns auf, dass es sich im Wesentlichen um intellektuelle und wohlhabende Personen handelte, die von dieser Aktion betroffen waren.[2]

Sehr bedrückt hatte mein Vater an jenem Morgen des 10. November das Haus verlassen und war wie immer zur Schule gefahren. Mich allerdings hieß er, zu Hause zu bleiben. Meine Eltern verabredeten, in regelmäßigen Abständen miteinander zu telefonieren.

Meine Mutter begann wie immer mit der Hausarbeit, die sie, seit sie ohne Hilfe war, nach einem genau festgelegten Plan vornahm. So tat sie es auch an jenem 10. November. Gegen 10 Uhr vormittags klingelte es kurz und energisch. An den Augen meiner Mutter erkannte ich, dass sie genauso verängstigt war wie ich. Sie öffnete. Vor ihr standen zwei Männer in Zivil, groß, feist, mit leeren, unbestimmbaren Gesichtern. Sie sagten, sie seien von der Gestapo, und wünschten, eingelassen zu werden. Meine Mutter forderte, ihre Ausweise zu sehen. Sie zeigten sie vor. Dann traten sie ein, gingen meiner Mutter voran ins Herrenzimmer. Dort nahm einer von ihnen sofort hinter dem Schreibtisch meines Vaters Platz. »Wo ist Ihr Mann?«, herrschte er meine Mutter an, die an der anderen Seite des Schreibtisches stand und sich mit beiden Händen an der Kante festhielt.

»Ich habe keine Ahnung«, sagte sie scheinbar ganz ruhig. »Er ist wie immer aus dem Hause gegangen. Ich nehme an, zur Arbeit. Aber ich bin ein bisschen unruhig, denn ich kann ihn an seiner Arbeitsstelle nicht erreichen.«

Von mir nahmen die beiden Männer keine Notiz. Ich stand in der Tür und hatte unsagbare Angst.

»Also sagen Sie Ihrem Mann, wenn er nach Hause kommt, dass er sich sofort bei seinem Polizeirevier zu melden hat, verstanden?«, befahl energisch und kalt der Zweite, der stehen geblieben war, als wollte er die Situation besser überschauen.

»Natürlich«, erwiderte meine Mutter ruhig und geleitete die »Herren« zur Tür. Kaum war sie geschlossen und die Schritte im Treppenhaus verhallt, da stürzte meine Mutter ans Telefon. Sie zitterte am ganzen Körper.

»Pass auf, ob die vielleicht zurückkommen!«, rief sie mir zu. Und während ich die Wohnungstür einen Spalt öffnete, um lauschen zu können, wählte sie hastig die Nummer der Schule, in der mein Vater arbeitete.

»Verschwinde so schnell wie möglich, sie sind hinter dir her!« So rief sie ins Telefon, als sich offensichtlich mein Vater am anderen Ende der Leitung gemeldet hatte, und hängte wieder ein. Dann warf sie sich in einen Sessel und begann laut nachzudenken. Man müsste Ostrowski benachrichtigen; vielleicht könnte er meinen Vater verstecken. Aber das wusste mein Vater gewiss ebenfalls. Vielleicht würde er jetzt zu ihm gehen. Man müsste abwarten. Sie könnte nun nichts mehr tun. Dann begann sie, ihre Hausarbeit wieder aufzunehmen. Aber das gelang ihr nicht so recht. Die Unruhe machte sie unaufmerksam. Ich stand ihr auch im Weg, in dem sehr verständlichen Wunsch, ihr nahe zu sein. Schließlich beschloss sie, mit mir einkaufen zu gehen. Es wäre am besten, meinte sie, so zu tun, als wäre nichts geschehen. Vor sich selber und vor den anderen.

Im Nebenhaus wehten aus dem Schaufenster des Kleidergeschäfts Gardinenfetzen, Stoffe lagen herum. Wir schauten an den von den Nazi-Horden geplünderten Läden vorbei – so wie die anderen Fußgänger auch, die es an jenem Tag sehr eilig zu haben schienen, als wollten sie nicht Zeugen oder gar Hehler werden.

Bei Frau Gesche, der Inhaberin des Kolonialwarenladens in der Uhlandstraße, war alles wie immer; vielleicht eine Spur herzlicher als sonst in unserem seit Jahren bestehenden guten Verhältnis zueinander. Andeutungen über das nächtliche Geschehen wurden gemacht. »Was soll das nur?« Kopfschütteln, das Unverständnis ausdrückte. Die Gesches hatten in ihrem langen Kaufmannsleben viel Umgang mit Juden gehabt. In der Gegend rund um den Kurfürstendamm wohnten viele vermögende Juden, die ihre Kunden waren. »Gute Kunden«, wie sie immer betonte, »Kunden, die immer nur Qualität kauften«, sagte die füllige Frau, »und vor allem vergaßen sie nie ihre Hausangestellten. Die ›anderen‹«, sie schüttelte missbilligend den Kopf, »das Billigste ist gerade gut genug für das Mädchen.«

Meine Mutter und ich kehrten mit gefüllten Einkaufstaschen zu unserem Haus zurück. Als meine Mutter aufschließen wollte, entdeckte sie, dass sie den Schlüssel vergessen hatte. »Um Gottes willen, wenn Papa jetzt anruft!« Sie erschien ganz verloren in jenem Augenblick. Ein paar Minuten war sie ratlos, der Verzweiflung nahe, fasste sich dann aber schnell wieder: »Da hilft ja nun alles nichts.« Und mit der ihr eigenen Energie ging sie, als wäre nichts Besonderes, zur Portiersfrau und bat lachend um Hilfe.

»Wie dumm von mir«, meinte meine Mutter entschuldigend. So etwas käme doch alle Tage vor, sagte die Portiersfrau und bat uns, ein wenig zu warten. Ihr Mann sei für ein paar Minuten aus dem Haus gegangen. Wir sollten es uns in ihrer Küche bequem machen, während sie ihren Hausfrauenpflichten in den anderen Zimmern nachginge. Da saßen wir nun auf harten Küchenstühlen und schauten gebannt durch die offene Tür in den viereckigen Hof mit seinem kärglichen Rasenplatz und den Eingängen zum Keller. Wie gut man von hier aus alles übersehen konnte! Auch die Menschen, die das Haus betraten. Ob sie wohl Bescheid wusste über den Besuch der Gestapo? Mit keiner Silbe hatte die junge Portiersfrau sich etwas anmerken lassen.

Plötzlich zischte meine Mutter mich an: »Was machst du denn da?« Ich hatte es fast unbewusst getan. An der Wand neben dem Küchenbord mit den Porzellankrügen hatte ich das Konterfei Adolf Hitlers entdeckt. Nur so groß wie eine Postkarte, aber immerhin an einem gut sichtbaren Platz, als sei der »Führer« der Beschützer des Hauses. Meine Mutter hatte mich dabei ertappt, wie ich dem Bild die Zunge rausstreckte. Wir lachten. Die Spannung löste sich. Eigentlich waren wir bei der Portiersfrau sicherer als in unserer Wohnung. Schließlich kam der Portier. Auch er tröstete meine Mutter über das Missgeschick, das so vielen Leuten zustoße. Dann ging er voraus die Treppe hinauf und öffnete unsere Wohnungstür mit einer Drehung seines Dietrichs. Wie gut war es, wieder in der eigenen Wohnung zu sein, obwohl sie längst nicht mehr den Schutz zu bieten vermochte wie einst.

Den ganzen Tag über hörten wir nichts von meinem Vater. Meine Mutter hatte sich Wäsche zum Ausbessern vorgenommen. Ich hockte ihr zu Füßen oder lief hin und her, horchte ins Treppenhaus oder schaute aus dem Fenster. Als es dunkelte, wagten wir nicht, Licht zu machen. Immer wieder fragten wir uns, wo mein Vater wohl sei. Meine Mutter mochte nicht noch einmal in der Schule anrufen; der Apparat könnte überwacht werden, sowohl unserer als auch der in der Schule. Ja, und nun stand mein Vater vor uns.

Meine Mutter lief zum Telefon. Ich hörte nur, wie sie Dr. Ostrowski zu kommen bat. »Nun lass ihn entscheiden, ob du dich stellen sollst oder nicht«, sagte meine Mutter. Mein Vater ging unruhig auf und ab. Noch immer war Ostrowski, ehemals Bürgermeister von Finsterwalde, später des Bezirks Prenzlauer Berg im Norden Berlins und nun von den Nazis als SPD-Funktionär gemaßregelt, für meine Eltern eine anerkannte Autorität.

»Sind Sie verrückt geworden, Deutschkron?«, rief er aus, als er kurz darauf mit seiner Freundin Grete Sommer vor uns stand. »Sie fahren sofort mit Grete zu ihren Eltern nach Neukölln!« Die Sommers waren uns aus Finsterwalde gut bekannt. Sie hatten ein Lebensmittelgeschäft in Neukölln, Thüringer Straße 20. Auch das war eine Art Tarnung, denn Bernhard Sommer war Gewerkschaftsfunktionär gewesen und hatte in Finsterwalde nicht bleiben können, da seine politische Vergangenheit in der kleinen Stadt beim Aufbau einer neuen Existenz hinderlich gewesen wäre. Niemand wollte einen von den Nazis »Gemaßregelten« in seinem Betrieb beschäftigen, und das oft mehr aus Angst vor den Nachbarn als aus eigener Überzeugung. In Berlin aber kannte ihn niemand. »Und auch ihr beide solltet nicht zu Hause bleiben«, meinte Ostrowski zu meiner Mutter und mir. »Was, wenn die Gestapo noch einmal kommt und Fragen stellt?«

So fuhren wir in zwei Taxis in entgegengesetzter Richtung davon. Ostrowski brachte uns zu Frau Giese, einer älteren Dame; sie war Sozialdemokratin und einstige Rektorin einer weltlichen Schule in Berlin. Sie war alleinstehend und verfügte über eine Zweizimmerwohnung in einem Gartenhaus in der Brandenburgischen Straße 36. Ostrowski hatte sie telefonisch in Andeutungen vorbereitet. Obgleich es inzwischen spät geworden war, hatte sie sich sofort bereit erklärt, uns aufzunehmen. Zwei Wellensittiche, Nikki und Pippa, waren die einzige Gesellschaft der Frau Giese, die wir übrigens bis dahin nur dem Namen nach gekannt hatten. Die beiden Vögel waren gewohnt, des Nachts frei im Zimmer umherzufliegen. Die Einquartierung von meiner Mutter und mir erregte sie. Offensichtlich empfanden sie uns als

Eindringlinge. Während wir uns mit Hilfe einiger Sessel eine Art Bett zurechtmachten, flatterten die Vögel aufgeregt um uns herum, so dass meine Mutter fürchtete, sie würden sich in ihrer Frisur verfangen. Gewiss nicht nur wegen der Vögel konnte sie die ganze Nacht kein Auge zutun.

Die folgenden Nächte wurden die beiden in ihrem Bauer eingesperrt, was sie als unerhörten Eingriff in ihre Freiheit empfanden und mit einem fürchterlichen, nicht enden wollenden Gezeter quittierten. Dennoch haben diese beiden Vögel dafür gesorgt, dass die Erinnerung an unseren fast zweiwöchigen Aufenthalt bei Frau Giese nicht in Vergessenheit geriet. Bald pflegte sich nämlich einer von ihnen an die Gardinenstange zu krallen und, den kleinen Körper hin und her schwingend, laut und deutlich im Tonfall meiner Mutter zu rufen: »Martin, bist du wahnsinnig?«

Mein Vater war gelegentlich aus seinem »Exil« in Neukölln zu uns gekommen, um die Lage zu besprechen und darüber nachzudenken, was nun geschehen sollte. Wir konnten ja nicht ewig in einem Versteck bleiben, obwohl es uns im Grunde genommen noch gutging. Die wenigen Male, die wir uns im Schutz der Dunkelheit auf die Straße gewagt hatten, konnten wir Männer und Frauen beobachten, die sich, offenbar in ähnlicher Lage wie wir, in Hausfluren trafen, hastig einige Worte wechselten, Pakete tauschten und sich ebenso rasch wieder voneinander trennten.

Frau Rieck, die unser Versteck natürlich kannte, hatte uns wissen lassen, dass ihrer Meinung nach die Gestapo noch einmal da gewesen sei. Sie habe sich im Treppenhaus aufgehalten, als sie zwei Männer vor unserer Wohnungstür entdeckte. »Suchen Sie die Deutschkrons?«, hatte sie gefragt. Als die Männer bejahten, habe sie auf die zahlreichen Milchflaschen vor unserer Wohnungstür gewiesen und gesagt: »Sie sehen doch, dass die Deutschkrons verreist sind.« Dann seien die Männer wieder abgezogen.

»Meinst du nicht doch, dass ich mich stellen muss?« Mein Vater fragte es immer wieder. Er konnte nicht fassen, dass es rechtens wäre, dieser neuen staatlichen Autorität und ihren kriminellen Gesetzen mit Mitteln zu trotzen, die »illegal« waren. Immer wieder kam es zu Diskussionen zwischen meinen Eltern, die meine Mutter, energisch und kämpferisch, zu so drastischen Ausrufen verleiteten, die der eine Wellensittich schließlich übernahm.

Ohne das ständige Zureden von Ostrowski wäre mein Vater meiner Mutter wohl kaum gefolgt. In den Gesprächen meiner Eltern war auch gelegentlich von Auswanderung die Rede. Man müsste den Verwandten schreiben, hörte ich meine Eltern sagen, doch wurde dies bis zur Rückkehr in die Wohnung aufgeschoben. Es gab da eine Kusine meines Vaters in England. Sie war dort geboren, da schon ihre Eltern nach England eingewandert waren. Wir hatten nur einmal im Jahr Kontakt zu ihr und ihrer Familie, wenn gute Wünsche zum Jahreswechsel ausgetauscht wurden. Jetzt war das anders geworden. Wir hatten ihnen von Zeit zu Zeit Berichte über das Geschehen in Deutschland geschickt, die von Freunden, die ins Ausland fuhren, mitgenommen und dort eingesteckt worden waren. Vielleicht konnte mein Vater nach England?

Diese Möglichkeit erschien zum ersten Mal fast verlockend. Später, nach ungefähr vierzehn Tagen, als wir wieder zusammen waren und den Eindruck gewonnen hatten, die Gestapo habe ihre judenfeindlichen Aktionen zunächst abgebrochen, wurde bekannt, dass England bereit wäre, Männer aufzunehmen, die in jenen Novembertagen ins KZ gebracht worden waren.

»So muss man also erst ins KZ kommen, um gerettet zu werden!« Mein Vater sagte es mit Bitterkeit. Tatsächlich waren einige der verhafteten Männer aus den KZ entlassen worden, weil sie, wie sie sagten, konkrete Auswanderungspläne vorweisen konnten. Wie sahen diese Männer aus! Die Köpfe kahl geschoren, einige hatten erheblich an Gewicht verloren, andere waren von Schlägen ganz entstellt. Die meisten schienen verstört. Kaum einer von ihnen sprach über das Erlebte, und das nicht nur, weil sie bei der Entlassung eine Erklärung hatten unterschreiben müssen, sie seien gut behandelt worden. Dass es auch viele Todesfälle gegeben hatte, und dies nicht nur unter den alten und kranken Verhafteten, wurde nur hinter vorgehaltener Hand erzählt.

Dem physischen Leiden der Juden folgten nun Gesetze und Strafen. Eine Milliarde Reichsmark als Buße für den Tod des Diplomaten vom Rath, zahlbar in vier Raten, mussten die Juden in Deutschland auf Beschluss der Reichsregierung vom 11. November 1938[3] aufbringen. Weiter wurde angeordnet, dass die Juden für die Behebung der Schäden in Geschäften und Wohnungen allein aufzukommen hätten. Deren sofortige Wiederherstellung war ebenfalls Pflicht. Entschädigung durch Versicherungen für die an Gebäuden entstandenen Schäden wurde den Juden nicht zugesagt. In einem Kommuniqué hieß es, die Schäden seien auf die Abneigung des deutschen Volkes gegenüber der Agitation des internationalen Judentums gegen das nationalsozialistische Deutschland am 8., 9. und 10. November zurückzuführen. Dann folgte ein Verbot, Museen, Parks, Konzertsäle, Theater zu besuchen. Am 23. November 1938 verkündete der ›Völkische Beobachter‹ in einem Leitartikel, das deutsche Volk sei zur »endgültigen und unweigerlich kompromisslosen Lösung des Judenproblems aufgebrochen«.[4]

Zögernd begannen die deutschen Juden, die Wirklichkeit zu begreifen. Für viele war es zu spät, denn die Auswanderungsmöglichkeiten wurden immer geringer. Immer mehr Staaten schlossen ihre Pforten oder stellten unerfüllbare Bedingungen – hohe Geldsummen, Verwandte ersten Grades als Bürger und Bürgen.

Wie viele deutsche Juden hatten noch frei verfügbare Mittel oder Angehörige im Ausland, die als Garanten in Frage kamen? Das Klirren der Scheiben am 9. November hatte das Ausland nicht dazu veranlasst, seine Einwanderungspolitik auch nur um ein Jota zu ändern. Für die deutschen Juden, auch die deutschesten unter ihnen, wurden die Geschehnisse des 9. November zum Alarmsignal. Manche meinten, es sei nun in der Tat fünf Minuten vor zwölf. Tatsächlich aber war es für die meisten von ihnen bereits fünf Minuten nach zwölf – zu spät.

4
England antwortet nicht

Ganz klein und aschfahl im Gesicht, so sah ich meinen Vater an jenem 19. April 1939 am Fenster des Eisenbahn-Coupés stehen. Mit beiden Händen hielt er sich am Griff des Fensters fest, als brauchte er einen Halt. Meine Mutter rief ihm auf dem Bahnsteig stehend wohl zum zehnten Mal immer den gleichen Satz zu: »Nicht wahr, du wirst versuchen, uns so schnell wie möglich nachzuholen! Es ist ganz gleich, wie – als Hausmädchen, als Köchin – nur raus hier!«

Mein Vater nickte immer nur. Er schien mir mutloser und hilfloser als jemals. Er blickte auf seine beiden Schwestern, seinen Bruder und ihre Familien, die mit uns auf dem Bahnsteig des Lehrter Bahnhofs am Zug nach Ostende standen. Das geschäftige Leben und Treiben in der hohen, dunklen Halle dieses Bahnhofs berührte uns nicht; wir sahen nichts davon. Meines Vaters älteste Schwester schluchzte herzzerreißend. Die anderen wischten stumm ihre Tränen.

Während meine Mutter und ich damals nicht daran zweifelten, dass wir in Kürze meinem Vater nach England folgen würden, hatte keines seiner Geschwister eine reale Möglichkeit dazu. Die älteste Schwester war mit einem Invaliden aus dem Ersten Weltkrieg verheiratet, der bettlägerig war. Sie hatte ein schweres Leben hinter sich. Ihre erste Ehe war zerbrochen, weil sie, wie man sagte, ein »unstetes Leben« geführt hatte. Zur damaligen Zeit galten in jenen gutbürgerlichen jüdischen Kreisen sehr strenge Sitten. Und eine Frau, die noch dazu sehr schön war und es angeblich mit der Treue nicht sehr genau nahm, war bald eine Art »outcast«. Die zweite Ehe mit dem nicht sehr vermögenden Invaliden wurde als eine Art Strafe angesehen, eine »arrangierte Ehe« natürlich, wie es damals noch in jüdischen Familien Anfang des zwanzigsten Jahrhunderts üblich war und für die sie quasi noch dankbar zu sein hatte. Die andere Schwester war mit einem sehr viel älteren Mann verheiratet. Diese Ehe – ebenfalls nach Gut und Geld und nicht nach Zuneigung zustande gekommen – bestand nur noch auf dem Papier und wurde »wegen der Leute« aufrechterhalten. Auch dieser Mann hätte kaum noch körperliche Arbeit leisten können und war damit zu jener Zeit von einer Auswanderung ausgeschlossen. Nur der Bruder meines Vaters träumte noch von einer Auswanderung. Er war eine Spielernatur. Man sagte ihm unreelle Geschäftspraktiken nach und nahm ihn eigentlich nicht recht ernst. Seine Geschwister waren immer in Sorge, dass er den Namen seiner Familie in Misskredit bringen könnte. Und so nahmen sie ihn auch nicht sonderlich ernst, wenn er von Auswanderungsplänen sprach. Aber genau wie er, so hofften damals viele Juden auf ein Visum für einen afrikanischen oder asiatischen Staat, von dem Gerüchte besagten, dass er bereit wäre, Flüchtlinge aufzunehmen.

»Vielleicht könnte man hierhin oder auch dorthin …« Und die Finger wanderten unruhig auf der Landkarte hin und her. Oder: »Was ist eigentlich mit Paraguay?« – »Hast du schon Neuseeland probiert?« – »Ich habe gehört, dass der X ein Visum für Panama bekommen hat.« – »Zehntausend Mark soll ein Visum nach Venezuela kosten . . .«

Diese Gespräche waren wie ein Gesellschaftsspiel, das nie zu Ende gespielt werden konnte. Denn ein Staat nach dem anderen verschloss sich der Aufnahme von Juden aus Deutschland. Der eine früher, der andere später. Sie waren nicht bereit und wohl oft auch nicht in der Lage, den Unterhalt von Einwanderern zu übernehmen. Doch das Nazi-Regime erlaubte ihnen nur zehn Reichsmark ins Ausland mitzunehmen. Also waren die Auswanderer, wenn keine reichen Verwandten im Hintergrund bereit standen, auf staatliche Unterstützung angewiesen.

Eines der grausamsten Beispiele für die Art, wie ein Land nach dem anderen seine Tore verschloss, ist die Irrfahrt der »St. Louis«, ein Schiff, das am 13. Mai 1939 mit 930 Flüchtlingen an Bord aus Deutschland nach Kuba auslief. Sie alle glaubten, im Besitz gültiger Papiere zu sein, die sie für viel Geld erworben hatten, und wussten bei ihrer Einschiffung noch nicht, dass der kubanische

Präsident kurz zuvor diese Visa für ungültig erklärt hatte. Als die »St. Louis« am 27. Mai in kubanische Gewässer einlief, verweigerte ihr die kubanische Regierung die Anlegeerlaubnis. Nach quälenden Verhandlungen musste das Schiff am 2. Juni wieder Kurs auf Europa nehmen. Die kubanische Kriegsmarine hatte Anweisung, Gewalt anzuwenden, wenn der deutsche Kapitän, der für seine jüdischen Passagiere in beispielhafter Weise eintrat, die kubanischen Gewässer nicht verlassen sollte. Wie viele von diesen 930 Menschen überlebt haben können, von denen einige in England und Holland, andere in Belgien und Frankreich Asyl fanden, vermag man lediglich zu schätzen.[5]

Mein Vater hatte sehr viel Glück. Während er noch bis zu jenen Novembertagen im Jahre 1938 eine Auswanderung für ein nicht notwendiges Risiko gehalten hatte, begriff er schließlich in jenen Stunden der Verfolgung und des Untertauchens, dass auch er in Deutschland nicht mehr in Frieden und Sicherheit würde leben können. Aber wohin fliehen? In Amerika lebte ein Onkel meiner Mutter, von dem wir immer gemeint hatten, dass er reich sei, weil er bei seinen Besuchen in Europa stets mit großartigen Gesten aufgetreten war. Als eine Cousine meiner Mutter frühzeitig nach Amerika auswanderte, stellte sie fest, dass dieser Onkel auf seinen Europareisen nur eine Schau geboten hatte. Ohne den Nachweis von Verwandten, die notfalls Hilfe leisten konnten, vergab die amerikanische Regierung keine Einwanderungserlaubnis. Aber selbst wenn solche Garantien vorlagen, gab es noch Quoten, die die Einwanderung in Grenzen hielten.[6]

In ihrer Verzweiflung versuchten viele deutsche Juden bei jenen Hilfe zu finden, die selber vor wenigen Jahren ausgewandert waren und Berichten zufolge auch schon Fuß gefasst hatten. Sie müssten doch besser als alle anderen unsere Situation begreifen und wissen, wie dringend unsere Auswanderung geworden ist, so hieß es damals in vielen Gesprächen. Aber auch dort war oft nur wenig Verständnis zu finden. Ich erinnere mich noch, wie groß die Enttäuschung unserer Freunde Blumenthal war, die ihre Geschwister in Brasilien gebeten hatten, ihnen auf irgendeine Weise zur Auswanderung zu verhelfen. »Wir wollen noch ein zweites Geschäft einrichten; danach werden wir Eure Einreise nach hier beantragen.« Solche Briefe – und es waren nicht wenige dieser Art, die damals in Deutschland eintrafen – empfanden die Empfänger wie Keulenschläge. Phantastische Überlegungen, die Scheinehen mit unbekannten Ausländern und Betrug nicht ausschlossen, wurden angestellt, nur um Deutschland verlassen zu können.

Mein Vater hatte vor Jahren einen Antrag auf Einwanderung nach Palästina gestellt, obgleich er sich im Klaren darüber war, dass die von England verfügte Einwanderungsbegrenzung die Erteilung eines Visums auf Jahre hinaus völlig unwahrscheinlich sein ließ.[7] Meinen Eltern gab dieser Antrag jedoch Sicherheit. Sie hatten etwas unternommen, obwohl sie niemals ernsthaft an die Möglichkeit einer Auswanderung gedacht hatten. Überdies waren sie keine Zionisten, sondern Juden, die durch äußere Umstände auf ihre Zugehörigkeit zum Judentum hingewiesen worden waren. Aber Judentum war auch in jenen Jahren nicht gleich Zionismus. In der sozialistischen Ideologie war die Judenfrage als Problem stets heruntergespielt worden. Sie würde sich von selbst erledigen, wenn der Sozialismus gesiegt und die Klassenunterschiede, die wesentlich den Antisemitismus verursachten, aus der Welt geschafft hätte. Wer, wie meine Eltern, mit diesen Ideen verbunden war, konnte schwerlich über Nacht Zionist werden. Schon die Rückkehr zum Judentum war ihnen nicht leichtgefallen. Ich hatte Klassenkameradinnen, für die ein Leben in »Erez Israel« das höchste Glück bedeutete. So jedenfalls äußerten sie sich in ihren Schwärmereien. Ich fand das ein wenig albern und kam mir sehr viel erwachsener und ausgeglichener vor, indem ich die Argumente meiner Eltern akzeptierte, dass das alles vorübergehen würde und wir gewiss eines Tages wieder in Ruhe und Frieden in Berlin leben könnten. Es galt halt, die Nazizeit irgendwie zu überstehen.

Darum bedrückte meine Eltern auch nicht sonderlich, was ein enger Freund meines Vaters über die angeblich haarsträubenden Verhältnisse in Palästina berichtete, als er, nach kurzem Aufenthalt dort, wieder nach Berlin zurückgekehrt war. Ich höre ihn noch, wie er die Plage mit den zahlreichen Insekten schilderte, die schmutzigen Ecken des Hafenviertels von Haifa, die »seltsamen« Menschen, die ihm dort begegneten. Alles schien ihm in

Deutschland – selbst im Nazi-Deutschland – so viel besser. Aber meines Vaters Wahl war ja ohnehin nur aus sehr praktischen Erwägungen auf Palästina gefallen. Das Deutsche Reich transferierte nämlich Staatspensionen nach Palästina. Das Arrangement sah vor, dass die in Palästina sesshafte Tempelgesellschaft Investitionsgüter für ihre landwirtschaftlichen Siedlungen aus Deutschland beziehen und in Palästina bezahlen konnte. Aus diesem Fonds wurden die Gelder in Palästina an jene ausgezahlt, die in Deutschland das Recht auf Transfer hatten. Meines Vaters Pension, so klein sie auch war, wäre schließlich eine gute Grundlage für einen neuen Anfang in einem fremden Land gewesen, hätte es denn sein müssen …

Natürlich begrenzte die englische Einwanderungspolitik auch diese Möglichkeit. Immerhin erleichterten die Engländer nach jenen Novembertagen des Jahres 1938 die Einwanderung in ihr eigenes Land für solche, die im KZ gewesen waren oder Verwandte in England hatten und Anträge auf Auswanderung in andere Länder vorweisen konnten. Mit anderen Worten: England war bereit, einigen Menschen vorübergehend Asyl zu gewähren. Der Name »Richmond Camp«, in dem diese Menschen zunächst untergebracht waren, hatte bald einen legendären Klang für uns. Später erfuhren wir, dass die Baracken in diesen Aufnahmelagern von den ersten Ankömmlingen bewohnbar gemacht werden mussten. Aber ganz gewiss hat diese Möglichkeit der Übergangsauswanderung zur Rettung vieler Menschen beigetragen. England und Schweden öffneten ihre Tore auch für Kinder ohne Eltern. Wenn auch jene jüdischen Kinder auf diese Weise physisch gerettet worden sind, so haben viele von ihnen, wie sich später herausstellte, doch psychische Schäden erlitten, da ihnen die elterliche Führung in den entscheidenden Entwicklungsjahren fehlte. Ich lehnte die Überlegung meiner Eltern, eventuell ohne sie auszuwandern, mit Entschiedenheit ab, und meine Eltern drängten mich auch nicht dazu.

Ich bin sicher, dass meine entschiedene Ablehnung auch durch ein Erlebnis mitbestimmt worden ist, dessen unfreiwillige Zeugin ich geworden war. Es geschah in den Sommermonaten des Jahres 1936. Wir warteten auf die Abfahrt unseres Zuges am

Anhalter Bahnhof, um in die Ferien zu fahren. Damals war es noch möglich, ins Ausland zu reisen, und wer irgend konnte, nahm die Gelegenheit wahr, um sich von der mit latenter Spannung geladenen Situation in Deutschland zu erholen. In Ferienstimmung schlenderten meine Eltern und ich am Zug entlang. Da sahen wir, dass dem Zug einige Waggons nach Genua angehängt wurden. Aus den Fenstern der Abteile lehnten junge Menschen, die offenbar auf dem Weg nach Palästina waren. Auf dem Bahnsteig standen ihre Mütter und Väter. Die schmerzliche Verzweiflung des Abschieds, die sich in den Gesichtern dieser Menschen spiegelte, war so ergreifend und beeindruckend, dass ich diese Szene nie vergessen habe. Ich schämte mich, dass wir so vergnügt in den Urlaub fuhren. Weder meine Eltern noch ich sprachen ein Wort über das, was wir gemeinsam gesehen hatten. Die Erinnerung daran blieb über alle Jahre lebendig.

Da erhielten wir plötzlich die Nachricht, dass die Cousine meines Vaters in England bereit sei, meinen Vater aufzunehmen. Sie könne dies nur für ihn tun, da für jeden Einwanderer eine hohe Garantiesumme hinterlegt werden müsse, die die englische Regierung von einer möglichen Belastung befreie. Der Antrag auf ein Zertifikat nach Palästina erleichterte überdies die Möglichkeit der zeitlich begrenzten Einwanderung nach England.

Meinen Eltern fiel offensichtlich ein Stein vom Herzen, gab es doch auf diese Weise auch eine Hoffnung, dass meine Mutter und ich meinem Vater nach England folgen könnten – als Hausgehilfinnen, die England nötig zu brauchen schien, wie ihre Visa-Politik bewies. England, das erschien uns nicht so weit, war sogar ein erstrebenswertes Aufnahmeland im Hinblick auf seine damalige Stellung in der Welt und im Vergleich zu anderen Auswanderungsmöglichkeiten wie etwa Shanghai oder Aleppo; das waren die letzten Häfen vor dem Krieg, die deutsche Juden in ihrer Verzweiflung anstrebten, da sie für Einwanderer noch nicht verschlossen waren. Ich erinnere mich, wie mein Vater das Lexikon zu Hilfe genommen hatte, um festzustellen, was über dieses Aleppo mitgeteilt wurde. Eine Stadt in Syrien, hieß es da. Die Aleppobeule, eine ansteckende Hautkrankheit, sei nach ihr benannt. Uns dreien grauste bei dem Gedanken, dorthin zu müssen oder zu den

Chinesen, von denen wir eigentlich ebenso wenig wussten, außer dass dort ständig Krieg und eine für Europäer unbegreifliche Armut herrschte. England, das war etwas ganz anderes.

Wir hatten unsere Wohnung bereits mehr oder weniger zwangsweise aufgegeben. Wohnungsvermieter hatten damals zwar noch keine besondere rechtliche Handhabe, ihren jüdischen Mietern zu kündigen, aber doch ausreichende Möglichkeit dazu. Unser Hauswirt machte davon auch unverzüglich Gebrauch. Aber da mein Vater bereits vor der Auswanderung stand und wir ihm bald zu folgen hofften, schien es uns ohnehin sinnlos, eine Wohnung halten zu müssen. Und so beschlossen meine Eltern, alles, was für die Auswanderung sinnvoll schien, in einen Lift zu packen und ihn im Hamburger Freihafen abrufbereit zu lagern. Ich erinnere mich noch genau daran, wie meine Eltern jedes Stück ihres Besitzes prüften, ob es des Mitnehmens wert sei. Kleinmöbel, so hatte man ihnen geraten, seien überall unterzubringen. Wir mussten damit rechnen, dass der Wohnraum, den wir uns beim Aufbau einer neuen Existenz im neuen Lande erlauben könnten, sehr begrenzt sein würde. So begann das Überlegen: »Der Schreibtisch muss weg, und wir brauchen natürlich auch keine Schlafzimmermöbel.« Wiederum siegten die Entschiedenheit und der praktische Sinn meiner Mutter über das Zögern und Bedauern meines Vaters. Jedes Möbelstück hatte doch eine besondere Bedeutung, war doch alles unter Opfern angeschafft worden. Am schwersten war die Entscheidung über den Inhalt des Bücherschrankes. War es 1933 noch um die politisch geächteten Titel gegangen, so ging es jetzt um Meter von Büchern – was sie enthielten, war völlig gleichgültig. Es musste alles verkauft und verschleudert werden. Wir übertrugen diese unsympathische Aufgabe einem »Spezialisten«, der sich dieser routiniert und ohne jegliche Gefühlsregung unterzog. Dann kamen die Käufer, die Händler.

»Die Meißner Vase wollen Sie mitnehmen? Das ist doch nur Ballast für Sie.« – »Schöne Vorhänge haben Sie da. Wollen Sie die auch mitnehmen?«

»Nur drei Meter Bücher für diesen Preis? Na, da legen Sie mal noch einen halben dazu!« Die Käufer waren wie Aasgeier. Niemand dachte daran, dass es uns schmerzte, erleben zu müssen, wie unsere einstige Heimstatt ausgeschlachtet wurde. Für sie war es eine günstige Gelegenheit, sich billig einzurichten. Von dieser Gier wurden auch gebildete oder wohlhabende Leute befallen.

Endlich war unsere Habe so weit reduziert, dass sie verpackt werden konnte – ein kompakter Bestand des Notwendigsten. Ein hölzerner Container, wie man ihn in jenen Tagen in den Straßen Berlins häufig sehen konnte, nahm alles auf, während ein Beamter vom Foreign Exchange Office jedes Stück prüfte – vom Kochherd bis zum Aschenbecher –, ob es auch auf der Liste verzeichnet war und nicht unbefugt »herausgeschmuggelt« werden sollte. Der Lift enthielt auch ein paar Dinge aus meiner Kinder- und Jungmädchenzeit. Einige Puppen, von denen ich mich auch als Halbwüchsige nicht trennen wollte, der Teddybär, die Schlittschuhe, der Tennisschläger . . .

Der mit einem »J« versehene Reisepass war meinem Vater bereits ausgehändigt worden. Die sogenannte Reichsfluchtsteuer,[8] eine der sadistischen Steuern, die für jene Juden galt, die zur Auswanderung gezwungen wurden, war ebenfalls entrichtet. Dennoch hatte mein Vater den Termin seiner Abreise immer wieder hinausgezögert. Eines Tages setzten die Nazis diesen Termin indirekt für ihn fest.

Mein Vater erhielt eine Vorladung zur Gestapo. Sie war auf einen Sonnabend, 9 Uhr früh, terminiert. Da wir nicht religiös sind, traf uns diese Schikane nicht. Als mein Vater wenige Minuten vor 9 Uhr das auf der Vorladung angegebene Zimmer betrat, war der zuständige Beamte hinter seinem Schreibtisch in die Lektüre des ›Völkischen Beobachters‹ vertieft. Als er das Öffnen der Tür hörte, schob er die Zeitung beiseite, sah meinen Vater an und schrie: »Wann sind Sie bestellt, Sie Jude?«

»Um 9 Uhr«, antwortete mein Vater.

»Dann kommen Sie gefälligst um 9 Uhr. Machen Sie, dass Sie rauskommen!«

Mein Vater verließ den Raum und wanderte im Gang auf und ab. Als es Punkt 9 Uhr war, betrat er erneut den Raum. Der Beamte war nun für ihn bereit.

»Sie heißen Deutschkron?«

Ohne die Antwort abzuwarten, brüllte er: »Ein Jude hat kein Recht, einen Namen zu tragen, in dem das Wort deutsch vorkommt!«

Und mit schneidender Stimme fragte er nach den Mädchennamen der beiden Großmütter meines Vaters.

»Russ und Besser«, antwortete mein Vater.

»Also wählen Sie zwischen diesen beiden Namen!«

Mein Vater pflegte zu erzählen, Russ sei ihm gänzlich unpassend erschienen, da er Deutschkron heiße. Also wählte er den Namen Besser. Er unterschrieb ein vorbereitetes Formular, mit dem er »freiwillig« auf den Namen Deutschkron verzichtete und den Wunsch aussprach, nunmehr Besser heißen zu dürfen. Dieser Zwischenfall sorgte dafür, dass selbst meinem Vater die Abreise nunmehr als dringend geboten erschien, da sein Pass mit dem englischen Visum auf den Namen Deutschkron ausgestellt war. Wenige Wochen nach der Abreise meines Vaters wurden meine Mutter und ich ebenfalls zur Gestapo bestellt, um gleichfalls die »freiwillige« Änderung unseres Namens zu beantragen. Die Angelegenheit ist nach Kriegsausbruch wegen Personalmangels selbst bei der Gestapo nicht mehr weiterverfolgt worden.

Nach der Abreise meines Vaters mietete meine Mutter ein möbliertes Zimmer für uns beide in Schönebergs Hohenstaufenstraße. Es schien uns ziemlich unwichtig, ob es schön oder bequem war. Es sollte schließlich nur eine Bleibe »auf Zeit« sein.

Das Zimmer war groß und mit vielen alten Möbeln vollgestopft. Das Bad und die Küche waren, wie wir später entdeckten, wegen des schlechten Augenlichts der Wohnungsinhaberin nicht unbedingt sauber. Es war eine der typischen großen Wohnungen Berlins mit langem Korridor, knarrenden Dielen und dunklen, großen sogenannten Berliner Zimmern, deren Fenster auf einen viereckigen Hof hinausgingen. Wir wählten das angebotene Zimmer eigentlich nur, weil wir in einem der anderen möblierten Zimmer dieser Wohnung, die alle vermietet waren, Freunde entdeckten: Max und Lily Blumenthal. Für meine Mutter bedeutete es eine große Hilfe und Ermutigung, sie in nächster Nähe zu wissen, da sie nun allein ohne meinen Vater fertig werden musste.

Lily und Max wohnten schon lange in einem möblierten Zimmer. Anders als wir, lebten sie völlig ziellos. Er, ein ehemaliger erfolgreicher Bankier, hatte es bereits im Ausland versucht und war enttäuscht mit seiner tuberkulosekranken Frau nach Deutschland zurückgekehrt. Damals schien es immer noch besser, in der Heimat Not zu leiden als im Ausland, wo es so wenig Möglichkeiten für einen Menschen gab, der physische Arbeit nicht gewohnt war. So verzehrten sie in Deutschland die Reste ihres einstigen Vermögens und warteten auf irgendein Wunder, das ihnen aus ihrer Misere helfen würde.

Meines Vaters Briefe waren interessant. Er entdeckte eine neue Welt. Aber die Arbeitsmöglichkeiten schienen auch für ihn sehr gering zu sein. Eine entsprechende Erlaubnis wurde ihm nicht erteilt. Dennoch gehörte er für uns zu den Glücklichen, zumal aus den deutschen Zeitungen immer deutlicher zu entnehmen war, dass Hitler auf einen Krieg zusteuerte. Damals ging es ihm um Danzig und den polnischen Korridor. Es konnte doch nicht sein, dass die Westmächte abermals seinen Forderungen nachgeben würden. Meine Mutter schrieb meinem Vater drängende Briefe, in denen sie forderte, dass er schleunigst etwas unternähme, um uns aus Deutschland herauszuholen. »Liest Du denn keine Zeitungen?«, schrieb sie ihm, da offene Hinweise auf die politische Situation in Auslandsbriefen gefährlich waren und als Spionage ausgelegt werden konnten. Sie rang die Hände vor Verzweiflung, wenn er in seinen Antworten entweder nicht darauf einging oder sie vertröstete. Sie fürchtete, mein Vater könne, wie so viele andere, nachdem sie in Freiheit waren, die Lage in Deutschland nicht mehr richtig einschätzen. Briefe von Ausgewanderten klangen oft so, als hätten sie beim Grenzübertritt alles vergessen, was sie erlebt hatten. Dass es tatsächlich nicht so leicht war, eine Anstellung für meine Mutter und mich in einem englischen Haushalt zu finden – die einzige Möglichkeit, meinem Vater nach England zu folgen –, das wollte meine Mutter nicht wahrhaben. Ich habe es noch im Ohr, wie sie beschwörend auf Paula Fürst einsprach, meinem Vater die Lage in Deutschland und die Kriegsgefahr in den düstersten Farben zu schildern. Paula Fürst, ehemals Leiterin der Theodor-Herzl-Schule in Berlin am Kaiserdamm, sollte am 3. August 1939 einen Kindertransport nach England begleiten. Zur Überraschung ihrer Freunde kehrte sie nach Deutschland zurück, weil sie nicht so recht gewusst hätte, was sie in England anfangen sollte. In Berlin hatte sie ihre Wohnung, ihre Pension, ihre Freunde. Im Ausland aber? So wie sie haben viele deutsche Juden gedacht.

Frau Fürsts Schilderung der Verhältnisse in Deutschland und der drohenden Kriegsgefahr schien auf meinen Vater nicht ohne Wirkung geblieben zu sein. Kurz nach ihrer Rückkehr erreichte uns endlich die gute Nachricht, dass meine Mutter und ich im Haushalt eines Professors in Glasgow arbeiten könnten – meine Mutter als Köchin und ich als ihre Hilfe. Unserer baldigen Abreise aus Deutschland schien nun nichts mehr im Wege zu stehen.

Nur wenige Wochen später, am 23. August, erschreckte uns die Nachricht vom Freundschaftspakt der Sowjetunion mit dem Dritten Reich. Wir konnten sie zunächst überhaupt nicht begreifen; sie schien uns ein unglaublicher Verrat der Sowjetunion an der freien Welt, den natürlichen Verbündeten im Kampf gegen die Nazis, zu sein. Dann wieder schien uns, als würde dieses Bündnis die Kriegsgefahr – wenigstens fürs Erste – bannen. Dennoch beobachteten wir mit Argwohn junge Männer mit Rucksack und Pappkarton in den Straßen Berlins – offensichtlich Reservisten, die insgeheim eingezogen worden waren. Es folgten außerdem in regelmäßigen Abständen Aufrufe im Rundfunk und in den Zeitungen an die Berliner Bevölkerung, die Luftschutzkeller bereitzuhalten und die Gasmasken auf ihre Funktionsfähigkeit zu prüfen.

Wir hatten zu jener Zeit nicht sehr viel Kontakt zu unseren früheren politischen Freunden. Nur einmal waren wir zu Gast bei Dr. Ostrowski. Er hatte meinem Vater vor seiner Abreise versprochen, sich unser, wenn nötig, anzunehmen. Er war damals ungewöhnlich demoralisiert. Dieser 23. August war für alle Sozialisten und Kommunisten eine herbe Enttäuschung. »Die Hakenkreuzflagge zu Ehren Ribbentrops in Moskau – Hitler, mit der Sowjetunion im Freundschaftspakt verbunden, kann jetzt alles wagen.« Er sprach, als ob er es immer noch nicht fassen könne.

Die Paradoxie der Gesinnungslage jener Deutschen bestand darin, dass sie einen Weltkrieg herbeisehnten, weil sie ganz sicher waren, dass Hitler ihn verlieren würde. Und nur auf diese Weise konnte Deutschland von den Nazis befreit werden. Die Sowjetunion und Polen auf der einen Seite, England und Frankreich mit Amerika auf der anderen – einem Zweifrontenkrieg konnte Hitler nicht gewachsen sein. Dieser Pakt schien die Möglichkeit eines solchen Krieges zunächst auszuschließen und damit die Existenz des Unrechtsregimes in Deutschland zu verlängern.

Am 27. August verteilte die Portiersfrau Lebensmittelkarten. Die unseren waren bereits mit einem »J« gekennzeichnet. Die praktische Bedeutung erfuhren wir erst später. Sie schloss uns von allen Sonderzuteilungen und dem Kauf nichtrationierter Lebensmittel aus. Meine Mutter war entsetzlich unruhig, denn die Formalitäten unserer Auswanderung nahmen kein Ende. In jener Zeit schlief sie wenig. Ich war ihr sicherlich keine große Hilfe, unsere Freunde Blumenthal aber umso mehr. Jede neue Phase, jede Nuance in der Entwicklung besprachen wir mit ihnen auf dem Balkon ihres Zimmers. Ich sah das sehr gern, denn ich mochte Max Blumenthal. Er war der erste erwachsene Mann, der von mir Notiz nahm. Mir, der Siebzehnjährigen, bedeutete der gutaussehende Mann mit dem dichten schwarzen Haar, den dunklen Augen und der hohen Stirn mit der Zeit immer mehr, was ich natürlich nicht verriet. Er tanzte manchmal mit mir oder führte mich zu einer Tasse Kaffee aus. Er lehrte mich Lieder von Schubert und Hugo Wolf lieben. Ich hörte sie von einer der wenigen Schallplatten, die die Blumenthals noch besaßen. Das waren – so unwahrscheinlich es klingen mag – Höhepunkte im Leben eines jungen Mädchens, das keine Gelegenheit hatte, junge Männer kennenzulernen, und auch gar nicht wusste, dass dies normal gewesen wäre.

»Genau wie damals, genau wie 1914«, sagte meine Mutter vor sich hin und wies auf die Pferde, die, von Soldaten geführt, auf unserer Straße vorbeitrabten. Wir ahnten, dass Hitler den Krieg vorbereitete. Der Pakt mit der Sowjetunion sicherte ihm die Möglichkeit, getrost und ohne Einmischung aus dem Osten befürchten zu müssen, den Westen provozieren zu können. Die

Gräuelgeschichten über »Untaten der Polen an Volksdeutschen« füllten ganze Zeitungsseiten. Vor der Konferenz von München im Jahre 1938 war es ähnlich gewesen. Damals galt die »Sorge« des Führers den Sudetendeutschen, die unter den schrecklichen Verfolgungen durch die Tschechen gelitten haben sollten.

Und dann kam die Nachricht: Am 1. September hatten deutsche Truppen in breiter Front die polnische Grenze überschritten. »Das ist der Krieg.« Meine Mutter sagte es tonlos. England hatte nun, da es mit Polen verbündet war, keine Wahl. Es musste eingreifen. Wir versuchten, mit meinem Vater zu telefonieren. »Fräulein, so versuchen Sie es doch noch einmal«, sagte meine Mutter beschwörend.

»England antwortet nicht«, sagte das Fräulein vom Amt kurz. Und so blieb es sechs schreckliche Jahre lang.

5
In Berlin gehen die Lichter aus

An jenem 1. September 1939 schien es, als würde in Deutschland Krieg gespielt. Nachmittags gab es in Berlin Fliegeralarm. Bis zum heutigen Tag weiß ich nicht, ob er begründet war. Es hatte den Anschein, als wollte die Reichsregierung der Bevölkerung begreiflich machen, dass es tatsächlich einen bösen Feind gab. Die Menschen zogen dann auch diszipliniert mit Luftschutztasche, die nach Vorschrift eine Flasche Trinkwasser, ein paar Lebensmittel und Medikamente enthalten musste, und umgehängter Gasmaske in den Keller. Das alles wirkte ein bisschen komisch. Die Leute saßen artig auf ihren Plätzen, horchten in die Stille hinaus und spekulierten in flüsternden Gesprächen, was es wohl mit diesem Alarm auf sich habe. Draußen, »über Tage«, war es unheimlich still. Der Luftschutzwart in seiner neuen grauen Uniform kontrollierte anhand seiner Liste, wer von den Hausbewohnern anwesend war, und tat sich wichtig, indem er Anweisungen gab, was im Ernstfall zu tun, wo das Wasser zum Feuerlöschen und wo der Notausgang zu finden sei. Uns Juden wies er eine Ecke im Keller an, in der wir schweigend saßen und unsere »arischen« Hausgenossen nicht anzusehen wagten. Als es nach etwa 30 Minuten völliger Stille Entwarnung gab, warteten wir »respektvoll«, bis die »Arier« den Keller verlassen hatten.

Es folgte der erste Abend mit verdunkelten Fenstern. Gesetzestreue Bürger brüllten Drohungen zu allen jenen hinauf, aus deren Fenster ein Lichtstrahl drang. Hunderte von Berlinern machten sich bei Dunkelheit auf, um Berlin ohne Lichter und die bekannten Leuchtreklamen zu sehen – etwa das regelmäßig aufflammende Sarotti-Mohrchen und den ins Glas perlenden Deinhard-Sekt am Kurfürstendamm/Ecke Joachimsthaler Straße. Was für ein Bild! An jenem Abend war es noch Sensation. Der Mond und die Sterne beherrschten die nächtliche Szene. Die

Gedächtniskirche, das hässliche Wahrzeichen des Berliner Westens aus jenen Tagen, wirkte fast schön; das Mondlicht stilisierte es zur zarten Silhouette.

Die Nazis nahmen den Beginn des Krieges zum Anlass, eine Vielzahl einschneidender Verordnungen zu erlassen. Rücksicht auf ausländische Kritiker war hinfällig geworden. Die härteste Verordnung dieser Art für Nichtjuden war das Verbot, ausländische Sender abzuhören. Zuwiderhandlungen wurden unter Strafe gestellt, später sogar mit der Todesstrafe geahndet. Die Regierung appellierte an die Bevölkerung, alle jene der Polizei zu melden, die diesem Gesetz zuwiderhandelten. Für viele Nazigegner waren die Sendungen ausländischer Rundfunkstationen seit 1933 von ungeheurer Bedeutung, vermittelten sie doch Informationen, die von den Nazimedien nicht verbreitet wurden: etwa über die politische Entwicklung im Ausland, Reaktionen auf Maßnahmen des Dritten Reiches, aber auch einiges über Ereignisse in Deutschland, über die wir nichts erfahren durften, wie Verhaftungen von Nazigegnern, Ausschreitungen gegen Juden, Widerstände in der deutschen Wehrmacht usw. Für die meisten Nazigegner waren diese Rundfunksendungen von so großer Wichtigkeit, dass sie das neue Gesetz missachteten und lediglich noch vorsichtiger wurden.

»Ich habe ja noch meine Kopfhörer«, sagte Franz Gumz triumphierend. Er war Inhaber einer Wäscherei und Plätterei in der Knesebeckstraße 17, in der seit Jahren unsere Wäsche gewaschen wurde. Wenn er sie holte oder brachte, setzte er sich zu uns und politisierte. Die Nazis hasste er, denn er gehörte zu den Zeugen Jehovas,[9] die im Dritten Reich ebenfalls verfolgt wurden. Franz Gumz war ein schlichter und naiver Mann, der sich seine Meinung und seine Lebensanschauung aus Büchern zusammengeklaubt hatte. Nun saß er, wie so viele damals, jeden Abend vor dem Rundfunkgerät und bemühte sich, die Sendungen der BBC zu empfangen und aus ihnen Ermutigung und Hoffnung zu beziehen. Das war nicht leicht, denn diese Sendungen wurden gestört. Es war außerordentlich irritierend, wenn nur einzelne Worte zu verstehen waren und der Zusammenhang unverständlich blieb. Kopfhörer ließen sich in Berlin schon nach kurzer Zeit nicht mehr auftreiben. Der Versuch, sie in einem Geschäft zu verlangen, in dem man nicht bekannt war, wurde in der Regel als zu riskant unterlassen. Wer ausländische Sender abhörte, der hielt sich streng an die Regel, nach Empfang die Sendeskala zu verstellen. Nicht selten erlebte ich bei Freunden einen regelrechten Ehekrach, wenn der Hausherr in der Erregung über das Gehörte jene eiserne Regel, die übrigens später vom Ansager der BBC am Ende jeder Sendung wiederholt wurde, zu befolgen vergaß.

Für die Juden wurde in den folgenden Monaten eine Vielzahl von Ver- und Anordnungen erlassen, um sie, wie es hieß, an »staatsfeindlichen Handlungen« zu hindern. Juden mussten ihre Radiogeräte abliefern. Ihre Telefonanschlüsse wurden abgeschaltet. Juden durften zwischen 20 und 5 Uhr ihre Wohnungen nicht verlassen, im Sommer ab 21 Uhr. Sie mussten bis zur Entwarnung im Luftschutzkeller bleiben, um dem Feind keine Leuchtsignale geben zu können. Jeder Mieterschutz wurde für Juden aufgehoben. Juden mussten Pelze, Feldstecher, Fotoapparate, elektrische Geräte einschließlich Bügeleisen abliefern. Getreu unserer Gewohnheit ignorierten meine Mutter und ich solche Anweisungen so weit wie möglich. Ein Rundfunkgerät besaßen wir seit der Auflösung unserer Wohnung ohnehin nicht mehr. Andere Geräte und Sachen lieferten wir nicht ab. Immer mehr Gegenstände nahmen die Riecks zu sich. Sie waren unsere »Aufbewarier«, wie man diese Menschen scherzhaft zu nennen pflegte. Fast jeder Jude hatte einen solchen guten nichtjüdischen Freund, der ihm diesen Liebesdienst erwies. Und oftmals lagen kostbare Perserteppiche jahrelang in Berliner Gartenlauben, wertvolle Musikinstrumente in feuchten Kellern, Pelzmäntel in luftdicht verschlossenen Mottensäcken auf Hängeböden, weil den arischen Freunden der Platz fehlte. Juden sollten schließlich weder Theater noch Konzertsäle oder Kinos betreten dürfen. Parks und öffentliche Anlagen wurden für sie gesperrt. Selbst das Sitzen auf dort einst für Juden mit einem Judenstern gekennzeichneten Bänken wurde untersagt. Einige Gebiete Berlins wurden zu Sperrgebieten für Juden erklärt: Das Regierungsviertel gehörte dazu.

Gewiss war es meiner Jugend zuzuschreiben, dass ich meiner Mutter unbekümmert erklärte, ich dächte nicht daran, mich an diese Vorschriften zu halten. Ich brauchte den gelegentlichen Theaterbesuch, ich brauchte Musik oder den Spaziergang im Grunewald. Ich hielt es in der Enge der jüdischen Gesellschaft, die nun ganz auf sich angewiesen war, nicht aus. Ihre Gespräche drehten sich nur noch um Schikanen, die die Nazis bereits angeordnet hatten, oder solche, die noch erwartet werden mussten. Angst und depressive Ahnung klangen aus diesen Diskussionen. Man marterte sich selbst:

»Ich habe von einem zuverlässigen Freund gehört, der wiederum hat es direkt aus dem Propagandaministerium, dass die Nazis dies und jenes planen.« Was dann folgte, ging über die von uns so genannte JMAG, Jüdische Mundfunk AG, von Haus zu Haus und ängstigte und plagte die ohnehin besorgten Menschen.

Es gelang mir sogar, meine Mutter zu kulturellen Veranstaltungen zu überreden, die zu jener Zeit auf hohem Niveau standen, da die Nazis mit finanziellen Zuwendungen für kulturelle Aktivitäten nicht sparten, um die Bevölkerung in »Stimmung« zu halten. Viele davon sind mir bis zum heutigen Tag in Erinnerung geblieben. Dazu gehören das herrliche Ballett aus ›Die Fledermaus‹ in der Berliner Oper, eine jedes Silvester aufgeführte Galavorstellung, oder auch Hans Albers' unvergessliche Rolle des Münchhausen in dem mit viel Aufwand zum 25. Jubiläum der Ufa hergestellten gleichnamigen Film.

Verboten wurde uns schließlich auch, Wäsche in Wäschereien waschen zu lassen oder ein Friseurgeschäft zu betreten. Nun hat es sicherlich keinen Juden gegeben, der alle diese Verordnungen eingehalten hätte. Wäre es nach den uns zugeteilten Lebensmittelrationen gegangen, hätte sicher keiner von uns auch nur annähernd die Kraft aufgebracht, die sehr bald eingeführte Zwangsarbeit in Berliner Fabriken, auf Kohlenhalden oder bei der Müllabfuhr durchzuhalten.

Die jüdische Bevölkerung Berlins hatte fast ausnahmslos alles, was ihr nach den Lebensmittelkarten versagt bleiben sollte. Berliner Mitbürger sorgten dafür. Da waren zunächst die Inhaber der Lebensmittelgeschäfte, die ihren alten Stammkunden die

»Extras« zusteckten. Meine Mutter und ich fuhren einmal in der Woche zu Richard Junghans, einem ehemaligen Sozialdemokraten und Freund meines Vaters, der Am Knie (heute: Ernst-Reuter-Platz) ein Lebensmittelgeschäft aufgemacht hatte, nachdem er 1933 seinen Posten bei der Gewerkschaft verloren hatte. Er versorgte uns mit Obst und Gemüse, als sei das das Selbstverständlichste von der Welt. Ähnlich war es mit unserem Fleischer Krachudel, der auf dem Wochenmarkt am Wittenbergplatz seinen Stand hatte und bei dem meine Mutter über 15 Jahre lang eingekauft hatte. Nun gab er meiner Mutter die gleiche Menge Fleisch, die unsere Familie in jenen vielen Jahren pro Woche zu verbrauchen pflegte, ohne dass wir auch nur eine einzige Lebensmittelmarke hätten abgeben können.

»Wie immer, etwas zum Kochen, etwas zum Braten und etwas zum Schmoren?« Frau Krachudels Frage kam ganz automatisch und so höflich wie eh und je.

Die Versorgung der Juden Berlins war zwar komplizierter geworden, aber das galt ja auch für die nichtjüdische Bevölkerung. Das »Hohelied« dieser braven Menschen, die ungeachtet der Gefahr, von Nazi-Mitbürgern denunziert zu werden, ihren jüdischen Kunden wenigstens auf diese Weise zur Seite standen, wird nie geschrieben werden, weil diejenigen, die es tun könnten, nicht mehr am Leben sind. Man erzählte sich damals, dass eine Jüdin Zitronen und Äpfel von ihrem Balkon auf die Straße geworfen habe, weil sie die Gestapo vor ihrer Wohnungstür vermutete und ihre Lieferanten nicht gefährden wollte – eine durchaus glaubhafte Geschichte.

Von meinem Vater trafen die ersten Briefe über das Rote Kreuz ein. 25 Worte durften auch wir einmal im Monat auf vorgedrucktem Formular schreiben. Wir brüteten oft stundenlang über der Formulierung. Wir wollten ihn nicht mehr beunruhigen als unerlässlich. Zugleich aber wünschten wir, ihm und damit der Außenwelt so viel wie möglich über unser Leben in Berlin mitzuteilen. Wir taten dies in Andeutungen und in Umschreibungen und vergaßen dabei, dass Menschen, die in Freiheit leben, eine derartig verklausulierte Sprache nicht zu lesen verstehen, selbst wenn sie sie einmal verstanden hatten. Meines

Vaters Rote-Kreuz-Briefe, deren Empfang und Inhalt allen Freunden und Verwandten mitgeteilt wurde, trafen unregelmäßig ein.

Je länger der Krieg währte, je heftigere Zerstörungen die Bombenangriffe auf beiden Seiten anrichteten, umso seltener wurden sie. Aber wenn sie eintrafen, verursachten sie Freudenausbrüche. Dann wurden die 25 meist nüchternen Worte hin und her gedeutet, besprochen und ausgelegt, als wären es 25 Seiten. Einige wenige »richtige« Briefe meines Vaters erreichten uns zunächst auch über das neutrale Ausland – über Freunde in Amerika oder gar über Shanghai. Sie waren oft Wochen, ja Monate alt. Nichts bewies uns eindringlicher als diese Briefe, dass wir gefangen waren und ohne Ausweg festsaßen.

Wenigen, von uns sehr beneideten Menschen gelang es noch, kurz nach Kriegsbeginn auszuwandern. Auf den seltsamsten Umwegen, um die Kriegsgebiete zu umgehen, gelangten einige in die USA, andere nach Shanghai, und wieder andere riskierten eine illegale Auswanderung mit kostspieligen falschen Papieren auf zweifelhaften Schiffen nach Palästina. Nicht alle trafen dort ein.

Die Ereignisse an der polnischen Front überraschten uns nicht, höchstens die Schnelligkeit dieses Krieges. Die Siegesfanfaren, die der deutsche Rundfunk nach jeder siegreichen Schlacht erklingen ließ, schmerzten in unseren Ohren. Was sich im Westen abspielte, war uns unverständlich. »Die Maginot-Linie muss sie doch aufhalten.« Das suggerierten wir uns selbst Hunderte von Malen, bis sich dieser Schutzwall wie von selbst aufzulösen schien. Gelegentlich gab es Fliegeralarm in Berlin, aber lange Zeit fiel nicht eine Bombe. Als schließlich die erste fiel, war das Ereignis Stadtgespräch. Hunderte pilgerten zur Carmerstraße, nahe dem Savignyplatz, um sich den Schaden anzusehen.

Am 1. April 1939 hatte ich meine Schulzeit beendet. Das war nicht freiwillig geschehen. Die Nazis hatten die jüdischen Schulen geschlossen. Immerhin hatte ich das »Einjährige«, das als abgeschlossene Schulbildung galt. Wir Mädchen feierten den Abschluss auf unsere Art, indem wir miteinander tanzten. Wir hatten einander das Tanzen in den Pausen beigebracht. Tanzstunden, wie sie seinerzeit für »höhere Töchter« üblich waren, hatte es für Juden natürlich nicht gegeben. Auch das Treffen mit gleichaltrigen Jungen war kaum möglich. Die Angst, in einem Café oder einem Park von einem Nazi erkannt und angepöbelt zu werden, erstickte selbst die Freude an einem Flirt.

Ein junger Mann aus meiner Parallelklasse namens Gert, der ein Auge auf mich geworfen hatte, fuhr jeden Mittag mit mir in der Stadtbahn, obwohl er in einem anderen Stadtteil Berlins zu Hause war. Dort wenigstens gab es Gelegenheit, unbeobachtet ein paar Worte zu wechseln und die gegenseitige Zuneigung an den Augen abzulesen.

Die Frage, was ich wohl bis zur Auswanderung tun könnte, war nicht schwer zu beantworten. Viel Auswahl gab es nicht. Ich hätte in einem jüdischen Haushalt oder in einer Fabrik arbeiten können. Ausbildungsstätten für Juden waren selten. Aus mir unerklärlichen Gründen blieb das Jüdische Kindergärtnerinnen-Seminar in Berlin-Grunewald zunächst erhalten und war sogar staatlich anerkannt. Dort begann ich einen einjährigen Kurs als Kinderpflegerin. Ich war überzeugt, ihn nicht abzuschließen, weil meine Auswanderung früher möglich sein würde. So betrachtete ich diese Ausbildung als Übergangslösung. Das tat auch die Mehrzahl meiner Kolleginnen, die in normalen Zeiten sicherlich studiert hätten. Die Leiterin des Seminars, Dr. Leonore Fraenkel, die nichtjüdische Ehefrau eines ausgewanderten Juden, wie ich später erfuhr, leitete das Seminar so, als gäbe es nichts Wichtigeres auf der Welt, als junge Mädchen ins Berufsleben einzuführen. Bald machte mir diese Ausbildung Freude. Unser Unterricht, zumal in Psychologie und Pädagogik, erschloss mir eine neue Welt. Was wir lernten, ging sicherlich über das hinaus, was wir als Kindergärtnerinnen wissen und können mussten. So war es nicht verwunderlich, dass das Niveau unseres Kurses ungewöhnlich hoch war, wie selbst der bei Prüfungen anwesende »Nazi-Kulturpapst« Hans Hinkel zugeben musste.

Meine ersten Versuche in der Kindererziehung unternahm ich in einem jüdischen Kindergarten in der Grolmannstraße. Die Kindergärtnerinnen waren zwar aus Sorge um ihr eigenes Schicksal nervös, und die Eltern, die ihre Kinder morgens brachten, waren es noch mehr; dennoch unterschied sich dieser Kindergarten nicht von anderen: Kleine Geschöpfe mit blonden oder braunen Haaren, mit dunklen oder hellen Augen, verspielt und fröhlich, belebten die Räume mit ihren hellen Stimmen. Meine praktische Ausbildung schloss die Arbeit in Familien ein. Ich wurde zunächst einer Familie Keil zugeteilt, die im Armenhaus der Jüdischen Gemeinde wohnte, einer typischen Mietskaserne im dunklen Hinterhof der Synagoge in der Pestalozzistraße.

Sie erhielten ihre Mahlzeiten aus der im Haus befindlichen Großküche, die für jüdische Bedürftige eingerichtet worden war. Die Keils waren wohlhabende Leute gewesen. Sie hatten in Berlin einige Schuhbesohlanstalten besessen. Aber 1933 war Herr Keil aus mir nicht erinnerlichen Gründen verhaftet worden. Seine Geschäfte wurden enteignet. Als er aus dem KZ entlassen wurde, war er bettelarm und leidend. Schwere Erfrierungen an Händen und Füßen behinderten ihn sehr. Solange ich ihn kannte, war er arbeitslos und erhielt von der Jüdischen Gemeinde eine bescheidene Unterhaltshilfe, denn der Staat gewährte Juden keine Fürsorge mehr.

Als ich zur Familie Keil kam, war die Frau schwanger. Sie hatten bereits zwei Kinder. Die Wohnung in der Pestalozzistraße bestand aus einem dunklen, großen Raum ohne Vorhänge, in dem nur ein paar eiserne Bettstellen standen, ein einfacher Küchentisch und ein paar Holzstühle. In einer winzigen Kammer daneben schlief der siebenjährige Sohn. Ich sollte der Frau beim Saubermachen helfen und auf das dreijährige Mädchen aufpassen. Diese Arbeit mochte ich nicht. Die armseligen Verhältnisse bedrückten mich. Überdies war mir die unter ihrer Schwangerschaft leidende Frau unheimlich. Sie ließ sich gehen; ihr Gesicht war stets von Schmerzen gezeichnet. Ich war froh, wenn ich nach Hause gehen und der bedrückenden Atmosphäre des Armenhauses, in dessen Nähe sich stets verhärmte und offensichtlich notleidende Menschen aufhielten, entfliehen konnte. Außerdem fürchtete ich, dass die Geburt beginnen würde, während ich dort war. Ehe das Baby zur Welt kam, bekam ich aber eine ähnliche Aufgabe im Norden Berlins, in der Nähe der Frankfurter Straße, zugewiesen.

Es war eine Arbeitergegend. Die meisten Häuser hatten viele Hinterhöfe, in die die Sonne nie Eingang fand; Badezimmer oder Toiletten gehörten nicht zu den Wohnungen. Ein kalter, dunkler Verschlag mit einem WC auf jeder Etage diente allen, die dort wohnten. Die Familie, der Ehemann war im KZ, bestand aus einer resoluten jungen Frau mit grobem Gesicht und einem mehrere Monate alten Baby, das ich zu betreuen hatte. Die Armut dieser Familie war nicht von den Nazis verursacht. Zum ersten Mal erfuhr ich, dass es unter den Juden Berlins auch arme Leute gab. Die Einzimmerwohnung war muffig, dunkel und kalt. Das Plüschsofa und die übrigen Möbel, vermutlich aus einem Altwarenladen, waren schadhaft und schmutzig. Dazwischen krabbelte ein kleiner Junge herum, freundlich und rund. Zum größten Ärger der Mutter war er noch nicht sauber. Das Waschen der Windeln war ihr lästig. Wenn sie bei unserer Rückkehr von einem Spaziergang feststellte, dass die Windeln feucht waren, schlug sie den Kleinen mit einem Stock auf den Bauch. Es gelang mir nicht, sie davon abzuhalten. Die Schreie des kleinen Jungen verfolgten mich noch auf dem Nachhauseweg. Das Kind war dieser Frau ganz offensichtlich ein Gräuel.

Später wurde ich für einfache Hausarbeiten zwei sehr betagten Damen, zwei Schwestern, im alten Teil Charlottenburgs zugewiesen. Sie lebten in ihrer Einzimmerwohnung wie auf einer Insel. Niemand sprach mit ihnen. Sie hatten keine Familie. So lebten sie still vor sich hin und warteten auf irgendetwas, was unweigerlich kommen musste. Sie hielten sich und ihre Wohnung sehr sauber, so gut sie das allein konnten, und waren dankbar für jede Hilfeleistung. Ihre Gesichter waren grau. Ihre freundlichen Augen gaben nie preis, was sie litten oder ob sie einst bessere Tage gesehen hatten.

Kurz nach Ausbruch des Krieges sperrten die Nazis die Pension meines Vaters mit der Begründung, dass er im feindlichen Ausland lebe und wir daher keinen Anspruch auf das Geld hätten. Wir mussten uns einschränken, obwohl zu jener Zeit nicht viel Geld ausgegeben werden konnte. Der Kauf von Lebensmitteln war begrenzt. Kleiderkarten zum Bezug von Textilien erhielten Juden nicht. Wir zogen in ein bescheideneres Zimmer im

Hansaviertel. Krzcesnys, unsere Vermieter, waren freundliche Leute, schon im Pensionsalter, mit einer tuberkulosekranken Tochter, einem blonden, sehr attraktiven Mädchen, das alles, was ihm Glück und Freude versprach, suchte und auch fand. Es ist übrigens noch vor der Deportation aus Mangel an Medikamenten und Lebensmitteln gestorben. Die Familie hatte vergebens auf die Einreise nach Australien gewartet. Ihre älteste Tochter hatte sie nachholen wollen. Wir wohnten gerne bei ihnen. Es waren gütige Menschen, die mit uns teilten, was sie hatten, und uns in ihre Familie aufnahmen.

Wir lebten damals wie in Trance. Es war Krieg. Nach dem Fall Polens geschah nicht viel. Gelegentlich gab es Fliegeralarm. Aber die damaligen »Angriffe« englischer Bomber waren so harmlos, dass die meisten Berliner nicht einmal das Bett verließen, wenn die Sirene ertönte. Die Engländer hätten einen »Silberblick«, meinten die Berliner ironisch, was so viel hieß, dass sie schielten, denn ihre wenigen Bomben fielen meist daneben oder auf unwesentliche Objekte. Es war alles so anders, als wir uns den Krieg vorgestellt hatten. Den Krieg, von dem wir erhofft hatten, dass Hitler ihn sehr schnell verlieren würde. Ganz im Gegensatz dazu begann Hitler, die Angriffe auf England zu verstärken. Ständig ertönte im deutschen Rundfunk: »... denn wir fahren, denn wir fahren, denn wir fahren gegen Engeland« und »Heute gehört uns Deutschland und morgen die ganze Welt«. Für uns Juden war das alles unheimlich; Furcht erfüllte uns. Was sollte geschehen, wenn Hitler wider Erwarten den Krieg gewinnen würde? Die kleine Frau Oppenheimer, ihr Mann einst Anwalt und Freund meines Vaters, sagte es meiner Mutter im Gespräch auf der Straße: »Wir werden das nicht erleben. Für uns wird es kein Überleben geben.« Es ist schwer zu sagen, woher sie den Mut nahm, auszusprechen, was wir alle nicht wissen, nicht wahrhaben wollten. Ihren Sohn hatten sie noch vor Kriegsausbruch, dreizehnjährig, nach England geschickt. Die Oppenheimers haben sich später, unmittelbar vor ihrer Deportation, das Leben genommen – getreu ihrer Devise: »Uns kriegen sie nicht!«

Mehr durch Zufall erfuhr ich zu jener Zeit sehr viel mehr als andere über das, was zwischen der Jüdischen Gemeinde und der

Gestapo vorging. Ich arbeitete als sogenannte Haustochter bei der Familie von Dr. Conrad Cohen. Nach Beendigung des einjährigen Kurses der Ausbildung als Kinderpflegerin hatte ich keine andere Wahl, Geld zu verdienen. Die Arbeit als Haustochter war immer noch angenehmer als die in einer Fabrik. Das waren die einzigen Arbeitsmöglichkeiten, die uns zugestanden wurden.

Cohens bewohnten eine Fünfzimmerwohnung in der Lietzenburger Straße 8. Vier davon hatte ich sauberzuhalten, das fünfte Zimmer wurde von den Eltern Dr. Cohens bewohnt. Ich musste Fenster putzen, Hemden waschen und mich der elfjährigen Tochter Marianne annehmen. Meine Arbeitszeit dauerte von früh 7 Uhr bis in den späten Abend. Von einem Stubenmädchen unterschieden mich nur der Titel »Haustochter« und die Tatsache, dass ich am Tisch mit der Familie essen durfte.

Der Haushalt der Cohens hatte seit der Zeit ihrer Hochzeit keine Veränderung erfahren. Alles ließ Wohlstand erkennen. Perserteppiche, kostbare Bilder, alte Stiche, antike Möbel, herrliches Silbergeschirr und Kristall. Im Gegensatz zu allen anderen jüdischen Haushalten hatte sich bei Cohens nichts verändert. Nichts war verkauft oder vor einem möglichen Zugriff der Nazis in Sicherheit gebracht worden. Conrad Cohen, einst ein angesehener Anwalt in Breslau, bestand darauf, den gewohnten Lebensstil auch unter den so bedrohlichen Zeitumständen weiterzuführen. Anders könne er nicht existieren, behauptete er. Gäste, die ich bedienen musste, wurden stets an der reich mit Silberbestecken und gediegenen Leuchtern gedeckten Tafel bewirtet. Manchmal wirkte dieser Aufwand geradezu gespenstisch, da er so völlig im Gegensatz zu unserer Lage stand, dem Zerfall, der seelischen Not und der Ungewissheit. Zu meinem Leidwesen pflegte Dr. Cohen auch noch täglich sein Hemd zu wechseln, ein Luxus, den sich außer den Angehörigen der tonangebenden Gesellschaftskreise wohl kaum noch jemand erlauben konnte. Er erhielt auch alle Delikatessen und Lebensmittel, die zu jener Zeit schon schwer erhältlich und darum besonders wertvoll waren, ohne Widerrede der übrigen Familienmitglieder, zumal seiner Eltern.

Der Vater, Sanitätsrat Dr. Cohen, war ein freundlicher alter Herr, der sich alles gefallen ließ. Die Mutter machte sich dagegen durch ständige Zänkereien unbeliebt. Die alte Dame war auf das Wohl ihres Sohnes ebenso bedacht wie darauf, jede Gelegenheit wahrzunehmen, der Schwiegertochter Leonore boshaft deutlich zu machen, dass sie trotz ihres eigenen reichen Elternhauses der Ehre nicht würdig sei, die Frau des Conrad Cohen zu sein. Die Familienatmosphäre war alles andere als angenehm. Kein Wunder, dass die elfjährige Marianne von allen verwöhnt und verzogen wurde und immer erreichte, was sie sich in den Kopf gesetzt hatte.

Ich arbeitete so hart, dass ich kaum Zeit hatte, zu mir zu kommen oder nachzudenken. Manchmal weinte ich vor Erschöpfung, die überdies noch zusätzlich durch die vielen Nächte verursacht wurde, die wir stundenlang im Luftschutzkeller verbringen mussten, ohne dass auch nur eine Bombe fiel. Ich litt auch Hunger, denn die Ernährung reichte nicht aus, die physische Arbeitsleistung zu ermöglichen. Einmal naschte ich von einer Eierspeise, die ich für den Hausherrn zubereiten musste. Dabei wurde ich ertappt und schämte mich unsagbar.

Leonore Cohen, die junge Hausfrau, war eine auffallend schöne Frau. Ihre Gesichtszüge waren fein und ebenmäßig, ihre Gestalt schlank und hochgewachsen. Sie fiel auf, wo immer sie erschien. Sie war sich ihrer Wirkung auf Männer wohl bewusst und gefiel sich in kleinen, harmlosen Flirts. Ihren Mann sah sie ohnehin selten. Cohen war zu jener Zeit Leiter der Abteilung »Fürsorge« bei der Reichsvereinigung der Juden in Deutschland. Dieses Arbeitsgebiet umfasste die Betreuung der offenen und geschlossenen Fürsorgeanstalten der Juden in Berlin, die ausnahmslos den Nazibehörden unterstellt waren. Conrad Cohen, überaus intelligent und geistreich, sprach zu Hause nicht viel über seine berufliche Tätigkeit. Manchmal wussten wir von seinen Besuchen bei der Gestapo: »Das ist jedes Mal wie ein Tanz auf dem Trapez«, sagte er einmal. Er war nie sicher, ob er nach einer solchen Unterredung wieder nach Hause gehen würde. »Ein fehlendes Stück Seife kann mir das Genick brechen.« Was das bedeutete, war uns klar.

Im gleichen Haus, eine Treppe tiefer, wohnten Moritz Henschel und seine Frau. Er war Vorsitzender der Berliner Jüdischen

Gemeinde. Cohen und ihn verband die gemeinsame Arbeit, die zu jener Zeit nur noch in dem ständigen Bemühen bestand, das Los der jüdischen Menschen in Berlin so weit wie möglich zu mildern. Viele waren in Not geraten. Da gab es Menschen, die durch den Ausbruch des Krieges von ihren Familienmitgliedern getrennt worden waren, andere, die ihrem Beruf nicht mehr nachgehen durften und der schweren Zwangsarbeit nicht gewachsen waren. Die Funktionäre der Jüdischen Gemeinde und der Reichsvereinigung wurden zu jener Zeit von den meisten in Berlin wohnenden Juden beneidet, denn sie schienen so viel mehr Möglichkeiten, ja sogar Macht zu haben. Ein trügerischer Schein zwar, der von diesen führenden Funktionären zunächst auch bewusst aufrechterhalten wurde. Tatsächlich vermittelte mir die oftmals üppige und anspruchsvolle Gastlichkeit des Hauses Cohen den Eindruck, als seien die daran Teilnehmenden die beneidenswerten unter den vielen unglücklichen Menschen dieser Stadt.

Zu den Gästen gehörten die Lilienthals, er ehemals Richter an einem Berliner Landgericht, dann Generalsekretär der Reichsvereinigung. Eine Auswanderung hatten Lilienthals noch 1939 abgelehnt, weil sie der Ansicht waren, »aushalten« zu müssen. Auch andere, wie Paula Fürst, Hanna Kaminski, Franz-Eugen Fuchs, die ebenfalls bei der Reichsvereinigung tätig waren, meinten, »in Berlin noch gebraucht zu werden«. Später begriff ich, dass sie sich ihrer Selbsttäuschung bewusst waren, wenn sie zusammensaßen und über Heine sprachen, Goethe zitierten und Diskussionen um Kant und Hegel führten, so als sei ihre Welt völlig in Ordnung. Damals erschien mir dies Verhalten unheimlich. Ich fühlte mich dort zu Hause, wo man der Wirklichkeit näher war. Dieser Wirklichkeit konnte man sonst nirgends entgehen.

Die wohlhabende Schwester meines Vaters war mit ihrem Mann in ein kleines, enges Zimmer eingewiesen worden. Sie wagten sich kaum jemals auf die Straße. In dem kleinen Spandau, wo sie ihr Geschäft gehabt hatten, kannte sie jeder. Anpöbeleien blieben nicht aus. Wenige wagten, ihrer Sympathie Ausdruck zu geben. Das Geschäft hatten sie zwangsweise zu einem Spottpreis dem jahrelang bei ihnen angestellten Verkäufer übereignen müssen. Die andere Schwester meines Vaters arbeitete in einem jüdischen Altersheim, um sich und ihren kriegsinvaliden Mann zu ernähren. Der Bruder und seine Familie verfielen immer mehr der Armut und lebten in einer ihnen zugewiesenen engen Behausung.

Meine Mutter übernahm eine Arbeit in einem Wohlfahrtsamt der Jüdischen Gemeinde, das sich damals vor Antragstellern nicht retten konnte. Da ich zunächst nicht bei ihr wohnte, zog sie zu einer Freundin, die ebenfalls aus Köslin stammte. Sie verfügte über eine große Wohnung in der Innsbrucker Straße 58, die sie hätte räumen müssen, wenn sie nicht Zimmer vermietet hätte. »Tante Olga« war die typische Dame der guten Gesellschaft der Jahrhundertwende. Mit dem Pincenez auf der Nase und ihren von einem Netz gehaltenen, hoch aufgebauschten Haaren bewegte sich die Siebzigjährige in ihren Räumen wie in einem Palast. Sie liebte große Gesten und große Worte. »Meine fabelhafte Nichte! Eine großartige Frau! Was für ein herrlicher Mensch!«

Sie sprach nur in Superlativen. In ihrer Wohnung gab es noch einige schöne alte Möbel. Sie war gezwungen gewesen, ihren Besitz nach und nach zu verkaufen, um ihren Lebensunterhalt bestreiten zu können. Die Geste der Großartigkeit, mit der sie dies tat, ließ sie selbst glauben, dass alles ihrem Wunsch und Willen entspreche. Sie lebte weiter wie auf einer Wolke des Glücks, spielte Rommé, suchte Gesellschaft, war großzügig zu ihren Mitmenschen, lachte gerne und oft und ignorierte jede schlechte Nachricht. Sie verstand es, mit Menschen umzugehen, und fand selbst in jener Zeit stets Wohlwollen.

Mit ihrer Nachbarin Elsa Becherer pflegte sie einen regen freundschaftlichen Verkehr, der natürlich nur »konspirativ« über die Hintertreppe stattfinden durfte. Er führte dazu, dass von jedem im Haus Becherer gebackenen Kuchen ein Teil zu uns gelangte. Elsa Becherer war eine überzeugte Hitlergegnerin. Für sie war jede Deutung des »Dritten Reiches«, die sie aus den BBC-Sendungen heraushörte, eine Bestätigung ihrer Wünsche und Ansichten. Sie glaubte überdies an Astrologie und las aus den Konstellationen der Sterne, dass Hitler nur eine Übergangserscheinung sei und nicht mehr lange leben würde. Sie vermochte es auch, diese Erkenntnisse überzeugend zu begründen. Frau Becherers Mann war eingezogen worden. Bei ihr lebte ein Halbjude, der vom Militärdienst befreit war, als Untermieter. Zu ihrem großen Bekanntenkreis gehörte kein Nazi. Wann immer ich abends bei ihr anklopfte, wurde ich aufgefordert einzutreten. Sie stellte mich dann ganz unbefangen ihren Gästen vor. Ich genoss diese Abende, denn in diesem Kreis wurde über andere Dinge als Auswanderung oder die Sorgen des nächsten Tages gesprochen. Einer ihrer jüdischen Freunde war Walter Skolny, blond und blauäugig, Kaufmann von Beruf. Er liebte das leichte Leben und begriff lange nicht, was die Nazis gegen ihn hatten. Frau Schroeder, eine typische Berliner Portiersfrau »mit Schnauze und Herz«, die alles über jeden im Hause und im näheren Umkreis wusste, war die Dritte im Bunde. Die große, massive Frau, die sich nur schwerfällig über die Treppen bewegte, hatte einen scharfen, prüfenden Blick, der aber milde und geradezu liebevoll wurde, wenn sie mit uns sprach. Furcht schien sie nicht zu kennen. Manchmal ließ sie sich dazu hinreißen, ihre wahre Meinung ungeniert zu äußern, die sie mit einem »Heil Hitler« zu beenden pflegte. Einmal nur entdeckte ich Furcht in ihrem Gesicht. Es läutete eines Abends laut und heftig bei uns. Draußen stand ein Polizist, hinter ihm Frau Schroeder.

»Bei Ihnen ist die Verdunklung nicht dicht genug«, sagte er, und näher tretend flüsterte er Tante Olga zu: »Sie sind doch Juden.« Diese Tatsache war seit einiger Zeit an den Wohnungstüren durch einen Stern vermerkt worden.

»Um Himmels willen, machen Sie sofort dicht. Wenn mein Kollege das entdeckt, hat er einen Grund, Sie zu verhaften. Bitte, tun Sie es ganz schnell!«

Danach verschwand er eilig. »Die Schroeder« kam schimpfend selber in die Wohnung, um die nun einwandfreie Verdunklung zu kontrollieren. Als sie fort war, tat Tante Olga, als sei es lediglich ein belangloser Vorfall gewesen.

»Wie dumm von mir, das zu vergessen«, meinte sie leichthin und dann zu meiner Mutter gewandt: »Ella, hast du die Rommékarten bereit?«

6
Blindenwerkstatt Otto Weidt

»Bitte, Ali, bitte, sag doch! Kommt der Peter wieder?« Eva Diemensteins blaue Augen waren voller Tränen. Kurz nach ihrer Hochzeit war ihr Mann verhaftet worden. Der Grund war unbekannt, und niemand wusste, wohin man ihn gebracht hatte. Die Polizeibeamten zuckten die Schultern. Die Gestapo ließ sie nicht vor. Ali, oder Alice Licht, eine kleine, rundliche junge Frau Ende zwanzig, die ihr schönes Gesicht mit den dunkelbraunen Augen durch ihr in der Mitte gescheiteltes und im Knoten gehaltenes schwarzes Haar noch unterstrich, streichelte Eva und sagte: »Aber natürlich, der Peter kommt wieder.« Wir anderen schwiegen betreten. Jeder von uns wusste, dass Ali log. Wer einmal verhaftet war, kam nicht wieder.

Wir standen vor dem »Arbeitsamt für Juden« und warteten darauf, abgefertigt zu werden. Im April 1941 war es Juden verboten worden, Hausgehilfinnen zu beschäftigen. Ich musste die Cohens verlassen und sollte wie alle anderen Juden zur Zwangsarbeit in einer Fabrik eingezogen werden. Zur Arbeitsvermittlung von Juden war dieses Amt geschaffen worden. Dr. Cohen hatte mir zu einer Arbeit in einer »guten Fabrik« verhelfen wollen, obwohl es streng verboten war, sich selber eine Arbeitsstelle zu suchen. Es war zum Beispiel in Berlin bekannt, dass Siemens und AEG »ihre Juden« gut behandelten, im Gegensatz zu den IG-Farben. Dr. Cohen schickte mich zu einer Frau Prochownik in der Jüdischen Gemeinde. Sie fragte nicht viel, sondern gab mir ein Empfehlungsschreiben an einen Otto Weidt in der gleichnamigen Blindenwerkstatt, Rosenthaler Straße 39.

Im Seitenflügel des Hinterhauses stieg ich eine wacklige Holztreppe hinauf und trat in einen kärglich eingerichteten Büroraum. Dort sah ich Weidt, schlank, ja eigentlich hager. Er hielt sich sehr aufrecht, seine großen Hände wie tastend vorgestreckt, über dem zerfurchten Gesicht glattes, farbloses Haar, das er oft nervös zurückstrich. Seine blauen Augen waren fahl. Dennoch hatte ich den Eindruck, als sähe er mich durchdringend an. Otto Weidt war nahezu völlig blind. Er konnte nur Konturen erkennen und war berechtigt, eine Blindenbinde zu tragen.

Er hieß mich setzen und fragte mich kurz über meine Familie und meines Vaters politische Tätigkeit aus. Während er zuhörte, griff er mehrmals nach einem Inhaliergerät und pumpte sich Luft zu. Schließlich sagte er kurz: »Gut, seien Sie übermorgen vor dem Arbeitsamt für Juden. Dort werden noch andere auf mich warten. Wir werden sehen, was sich machen lässt.« Ich war schon an der Tür, als er mir nachrief: »Und übrigens, wundern Sie sich nicht, wenn ich dort nicht so nett mit Ihnen spreche.« Ich lachte und verabschiedete mich von ihm wie von einem guten Freund.

Da stand ich nun mit Eva, Ali, einer Schwester der Frau Prochownik und einigen mir unbekannten Männern. Wir warteten geduldig. Weidt, die Blindenbinde am Arm, hatte uns kurz und unhöflich begrüßt und uns beschworen, nur zu reden, wenn wir gefragt würden. Dann war er in dem barackenähnlichen Bau verschwunden. Nach einer Viertelstunde öffnete sich die Tür und heraus stolperte ein kleiner Mann. Die kurzen Beine waren seinem Tempo kaum gewachsen. Wütend rannte er auf uns zu und brüllte:

»Ich werde euch Mores lehren, Judenpack!«

Ich ahnte nur, dass dies Eschhaus, der berüchtigte Leiter des Arbeitsamtes für Juden, war. Vor Jahren hatte er, wenig erfolgreich, bei einem jüdischen Textilhändler gelernt. Seitdem hasste er Juden und behandelte sie entsprechend. Dies war seine einzige Qualifikation als Leiter des Arbeitsamtes für Juden.

Es ging alles sehr schnell. Er blieb plötzlich vor der Schwester von Frau Prochownik stehen und schrie schon: »Wie kommen Sie eigentlich zur Firma Weidt?«

Ruhig und wahrheitsgetreu antwortete sie: »Durch die Jüdische Gemeinde.« Das war fatal, da dies streng verboten war.

Eschhaus schrie noch schriller: »Was denkt ihr euch eigentlich, ihr Gauner?« Eine Flut von Verwünschungen ging auf uns nieder. Wir wussten nicht, was geschehen war. Weidt sahen wir nirgends. Offenbar hatte irgendetwas nicht funktioniert, irgendjemand ihn verraten. Ein auf das Geschrei von Eschhaus herbeigeeilter Beamter wurde angewiesen, uns die schwerstmögliche und schlechteste Arbeit zuzuweisen. Wir sollten dafür bestraft werden, dass wir uns selber eine Arbeit suchen wollten.

»Euch werde ich lehren …«, wütete Eschhaus. Ali und ich wurden zur IG-Farben vermittelt, und zwar in deren Seidenspinnerei für Fallschirme, ACETA, in Lichtenberg. Sehr kleinlaut und bedrückt fuhren wir dorthin. Eva Diemenstein und ihren Peter hatten wir über diesen Zwischenfall und unsere Sorgen schon vergessen.

Im Büro der IG-Farben wurden wir kurz und unfreundlich abgefertigt. Während irgendjemand unsere Papiere durchsah, standen wir schweigend da. Dann drückte uns jemand Arbeitspapiere in die Hand und einen »Judenstern«, der am Arbeitskittel zu befestigen war. »Wehe, wenn ihr den vergesst …«, hieß es. Amtlich war diese Kennzeichnung noch nicht verordnet, aber bereits von der IG-Farben eingeführt. Tatsächlich wurden wir weitgehend isoliert. Wir erhielten einen eigenen Frühstücksraum zugewiesen, in dem zwar ein Tisch stand, aber Sitzgelegenheiten fehlten. Eine arische Vorarbeiterin, groß, dick und mürrisch, führte uns in die Arbeit ein: Zehn Stunden mussten wir aufpassen, dass sich der Faden auf den rotierenden Spindeln nicht verhedderte, abriss oder dass die Spindeln nicht leer liefen. Der Raum war heiß, die Arbeit hart und mühselig. Der Lärm machte jedes Gespräch mit den Kollegen unmöglich. Während der Pause im Frühstücksraum gab es nur ein Thema: »Wie kommen wir hier wieder raus?« Frauen, die schon länger dort arbeiteten, berichteten von Schikanen, denen sie ausgesetzt waren. Einigen sei es gelungen, entlassen zu werden. Unterleibskrankheiten waren ein Grund, der akzeptiert wurde, hörten wir; sie machten stundenlanges Stehen an der Maschine unmöglich. Ali besann sich mit Erfolg auf ihr Magengeschwür. Sie wurde sehr bald entlassen.

Wir blieben den jungen jüdischen Mädchen in diesem Werk, die offensichtlich aus dem Arbeitermilieu stammten, fremd und unverständlich wie sie uns. Wir fanden keine gemeinsame Sprache. Es offenbarte sich, wie behütet wir im Berliner Westen aufgewachsen waren, ohne zu wissen, dass es auch unter den Berliner Juden Proletarier gab. Ich weiß noch, wie fassungslos ich war, als mich eine von ihnen, kaum 18 Jahre alt, grob, wie es ihre Art war, fragte: »Haste schon ‘nen Kerl?«

Auch ich wäre dieser Fabrik gerne entronnen, aber ich ahnte nicht, wie das anzustellen wäre. Ich war sehr jung, gesund, und eine Krankheit, die mich von IG-Farben hätte befreien können, fiel mir nicht ein, obgleich ich immerzu darüber grübelte. Wie ich auf die rettende Idee kam, kann ich heute nicht mehr sagen. Eines Morgens zog ich zur Arbeit Schuhe mit den höchsten Absätzen an, die ich je in meinem Leben getragen habe. Zehn Stunden stand ich an der Maschine, drei in der Straßenbahn von und zur Arbeitsstelle. Juden war das Sitzen in öffentlichen Verkehrsmitteln untersagt. Die hohen Absätze wurden zu einer Tortur. Nach drei Tagen konnte ich mein rechtes Knie nicht mehr bewegen. Meine Mutter war außer sich. Sie fürchtete, ich könnte der Sabotage verdächtigt werden. Ich musste zum Arzt. Mir war klar, dass ein jüdischer Arzt Bedenken haben würde zu bescheinigen, dass ich Arbeit nicht stehend leisten könnte. Riecks, unsere Freunde, empfahlen mir einen »arischen« Arzt am Kurfürstendamm, Dr. Damm, der ihnen einen guten Eindruck gemacht habe. Obgleich ein ausführlicheres Gespräch mit ihm nicht möglich gewesen sei, sei offensichtlich gewesen, dass er keine Sympathien für Hitler hegte. Zu jener Zeit war es Juden noch erlaubt, nichtjüdische Ärzte zu konsultieren. Als ich Dr. Damm daraufhin aufsuchte, meinte er nach einer kurzen Untersuchung lediglich: »Natürlich können Sie nicht stehend arbeiten. Ich gebe Ihnen ein Attest.« Außerdem schrieb er mich krank.

Zunächst geschah nichts. Ich erhielt Krankengeld von den IG-Farben, einen geradezu lächerlichen Betrag, da Juden ohnehin nur der niedrigste Lohn zustand und zusätzlich zu den üblichen Steuern noch eine Juden- und Zigeunersteuer einbehalten wurde. Nach einigen Wochen musste ich mich beim Betriebsarzt melden. Meine Mutter hatte entsetzliche Angst. Ich dachte eigentlich nur an sie, als ich stundenlang im Wartezimmer saß.

Dann endlich – ich war »auffälligerweise« die Letzte, die aufgerufen wurde – durfte ich eintreten.

»Ziehen Sie Ihren Schlüpfer aus«, sagte der Arzt und wies auf einen Untersuchungsstuhl. Ich bemerkte höflich, dass es sich um mein Knie handele. Er gab mir mit einer in Richtung des Stuhls weisenden Handbewegung zu verstehen, dass ihn das nicht interessierte.

»Hatten Sie schon einmal Geschlechtsverkehr?«, wollte er wissen. Die Frage wie die recht peinliche und keineswegs schmerzlose Untersuchung hatten nichts mit dem Grund meiner Arbeitsunfähigkeit zu tun. Mein Knie sah er sich überhaupt nicht an. Dennoch empfahl er meine Entlassung, da, wie er ausführte, die der IG-Farben eigene Krankenkasse nicht gewillt sei, weiter für mich Krankengeld zu zahlen. Trotz der Demütigung war ich selig. Ich war entlassen. Ich rannte nach Hause. Dort fand ich meine Mutter völlig verzweifelt vor. Sie hatte Stunden auf mich warten müssen, und ihre Angst war übermächtig geworden.

Als Nächstes ging ich natürlich zu Weidt und Ali, die lange vor mir entlassen worden war. Weidt strahlte. Das war so recht nach seinem Sinn. Er hatte etwas von einer Spielernatur. Er riskierte gerne und kämpfte zäh und verbissen, bis er zum Erfolg gelangte. Er schlug vor, dass wir in Kürze noch einmal den Versuch unternehmen sollten, meine Anstellung in seiner Werkstatt zu erwirken. Wie die Anstellung von Ali gezeigt hatte, war der einstige Vorfall von Eschhaus offenbar längst vergessen, oder Weidt hatte an jenem Tag die von Frau Eschhaus oder seiner Freundin bevorzugte Parfümsorte getroffen.

Viele Nazifunktionäre waren so bestechlich, dass sie auch ihre Prinzipien verkauften. Weidt erhielt Wehrmachtsaufträge. Das machte seine Werkstatt zum »wehrwichtigen Betrieb«, denn auch in der Wehrmacht brauchte man Besen und Bürsten. Dafür wurden ihm Rohmaterialien zugeteilt wie Rosshaar oder Kunstfaser und natürlich auch Arbeiter. Gelegentlich führte er einen Teil dieser Arbeiten auch aus. Aber meist nur auf Drängen der Wehrmachtsdienststellen. Das ihm zugeteilte Material benutzte er für »andere« Geschäfte. Besen und Bürsten waren ebenso knapp wie alle anderen Waren in Deutschland. Sie eigneten sich hervorragend als Tauschobjekte. Es gab kaum ein größeres Warenhaus in Berlin, mit dem Weidt nicht derartige Geschäfte tätigte – Rosshaarbesen gegen Parfüm, gegen Pullover, Kleider, Schirme oder Lebensmittel. Natürlich reichte das ihm zugeteilte Material nicht aus, diesen großen Interessentenkreis zu befriedigen. Aber es gab noch andere Quellen. Polizeioffiziere des der Werkstatt gegenüberliegenden Polizeireviers lieferten Weidt Schwänze der Polizeipferde, die sie abgeschnitten hatten. Soldaten brachten Rosshaar aus den besetzten Gebieten. Für Schwarzmarktpreise kaufte Weidt ein. In seiner Zurichterei, in der »sehende« jüdische Facharbeiter beschäftigt waren, wurden diese Materialien aufbereitet. Die Blinden, etwa dreißig Männer und einige Frauen, fertigten dann die begehrten Waren. Ohne diese »schwarz« erworbenen Rohmaterialien hätte Weidt seine Arbeiter, die bis auf drei alle Juden waren, kaum beschäftigen können. Diese blinden Juden, von denen einige zudem taubstumm waren, lebten, sofern sie keine sehenden Ehefrauen hatten, im jüdischen Blindenheim in Berlin-Steglitz. Ihr Schicksal war unterschiedlich; einige waren blind geboren, einer hatte sich aus Liebeskummer in jungen Jahren in den Kopf geschossen und war erblindet, andere hatten ihre Sehfähigkeit durch einen Unfall eingebüßt. Weidt beschäftigte auch in seinem Büro Juden, obgleich das streng untersagt war. Ali wurde seine sehr tüchtige Sekretärin, Werner Basch ein zuverlässiger Buchhalter. Beide waren als »Arbeiter« bei ihm und den Behörden eingetragen. Auch ich sollte schließlich in seinem Büro beschäftigt werden.

Weidt bestimmte einen Tag, an dem er noch einmal einen Versuch bei Eschhaus wagen wollte, um meine Anstellung zu erwirken. Er legte seine Blindenbinde an, nahm seinen Stock. Ich machte einen dicken Verband ums Knie und stützte mich ebenfalls auf einen Stock. So hinkte ich bescheiden hinter Weidt her. Eschhaus erwartete uns bereits. Weidt wandte sich barsch an mich: »Warte draußen.« Er hatte die Tür zum Zimmer von Eschhaus bereits geöffnet, als er sich noch einmal umwandte und zu Eschhaus' Sekretärin sagte: »Bringen Sie doch der Jüdin einen Stuhl. Die kann nämlich nicht stehen.« Ich saß klopfenden Herzens auf meinem Stuhl, das Bein demonstrativ geradegestreckt. Nach einer Weile kam Weidt wieder. Sein Gesicht drückte Zufriedenheit aus. Eschhaus eilte hinter ihm her. Beflissen streckte er Weidt zum Abschied die Hand entgegen, und mit einem kurzen Blick auf mein verbundenes Bein sagte er: »Wir sind Ihnen, Herr Weidt, wirklich zu Dank verpflichtet, dass Sie uns immer die Menschen abnehmen, die wir anderweitig nicht einsetzen können.« Weidt lächelte großmütig. Als wir ein Stück vom Arbeitsamt entfernt waren, brachen wir beide in schallendes Gelächter aus. Er nahm seine Blindenbinde ab, ich spielte lässig mit meinem Stock. Das war so eine Art Demonstration gegen die Wirklichkeit, denn so, wie er fast blind war, so hatte ich in den folgenden Jahren ständig Schmerzen im Knie. Aber das war damals so unwichtig.

Im Büro eröffnete mir Weidt, dass er im Augenblick keine Arbeit für mich habe. Doch wäre er bereits mit einem Kollegen übereingekommen, der mich in der Ferienzeit als Aushilfe beschäftigen würde. Dies wäre natürlich nur eine Übergangslösung. Ich bliebe selbstverständlich Angestellte der Firma Weidt und sei sozusagen nur ausgeborgt.

Die Blindenwerkstatt Kniepmeyer, in der Ritterstraße nahe beim Halle'schen Tor gelegen, stellte ebenfalls Besen und Bürsten her. Da Sommer war und zu der Zeit Betriebsferien, ergab sich dort kein Kontakt mit den Angestellten. Die Sekretärin wies mich vor ihrer Abreise in die Arbeit ein. Sie bestand lediglich in der Beantwortung von Telefongesprächen und der Erledigung von dringender Post. Die Sekretärin hatte keine Ahnung von meiner wahren Identität. Nur der Chef, Kniepmeyer, war informiert. Er begegnete mir korrekt, wenn auch wortkarg. Weidt hatte ihm einen Gefallen getan, als er mich ihm ausborgte, denn »überzähliges« Personal, das Aushilfsarbeiten übernehmen konnte, gab es zu jener Zeit nicht.

In den ersten Tagen langweilte ich mich sehr. Nach einer Stunde war die Post durchgesehen. Das Telefon klingelte nur selten. Ich war mutterseelenallein in diesem Büro, hinter dem eine große, nun verwaiste Werkstatt lag. Kniepmeyer selbst kam nur kurz ins Büro, um nach dem Rechten zu sehen. Ich bemerkte nach einiger Zeit, dass seine Blicke mir gegenüber wohlwollender wurden. Eines Tages rief er mich in sein Büro.

Kniepmeyer war ein großer, schwerer Mann, der sich wegen seiner Leibesfülle hinter dem Schreibtisch gewichtig ausnahm. An der Wand hinter dem Schreibtisch hing ein großes Führerbild. Gelegentlich trug Kniepmeyer das Hakenkreuz am Rockaufschlag. Er ließ mich Platz nehmen. Dann meinte er, er habe mich einige Zeit beobachtet und sei zu der Überzeugung gekommen, dass ich ganz anders sei als alle anderen Juden. Er begann, mich nach meinen Eltern auszufragen, wie lange unsere Familie in Deutschland sei und woher wir eigentlich kämen. Ich antwortete ihm sehr ruhig, dass unsere Familie meines Wissens seit Generationen in Deutschland ansässig sei, jedenfalls, so weit ich dies verfolgen könnte. Nach einer Weile schüttelte er fast unmerklich den Kopf. Diese erste Fühlungnahme beendete ein Telefongespräch. Ich wusste nicht recht, was ich davon halten sollte.

Am nächsten Tag bat er mich wiederum in sein Büro und wollte Näheres über unsere Lebensumstände wissen. Was ich ihm berichtete, schien ihn zu erschrecken. Die Deutschen, die nicht wissen wollten, was um sie vorging, hatten in der Tat keine Ahnung davon, wie wir in ihrer Mitte lebten. Als er erfuhr, dass wir nur wenige Lebensmittel zugeteilt erhielten, kam er am folgenden Tag mit einem Korb Früchte. Sie wüchsen in seinem Garten, erzählte er mir. Mehr könne er mir leider nicht bringen, ohne dass seine Frau etwas davon merke. Er traue sich nicht, ihr von mir zu erzählen. Kaffee könne er vielleicht noch unter dem Vorwand bringen, dass er ihn im Büro trinken wolle.

Unsere Gespräche wurden immer freundschaftlicher. Ich versuchte vorsichtig, auch politisch auf ihn einzuwirken. Wir diskutierten über den Krieg und Hitler. Ich beschwor ihn, mir zu glauben, dass Hitler den Krieg nicht gewinnen würde. Er lauschte mir ungläubig.

Eines Tages bat er mich, ihn in die Werkstatt zu begleiten, die so viel moderner sei als die von Weidt und darum für mich sicher von Interesse sein würde. Ich ahnte nichts. In der Expedition zwischen Besen und Bürsten kam er, sehr vorsichtig zwar, aber doch mit eindeutiger Absicht, auf mich zu. Eine schreckliche

Angst erfasste mich; ich wehrte mich. Aber wie hätte ich wagen können, ihn energisch von mir zu stoßen. Überdies hatte ich auch keinerlei Erfahrung auf diesem Gebiet. Er verstand und wurde nicht gewalttätig. Fast scheu gestand er mir, es sei das erste Mal, dass er in engeren Kontakt mit einer Jüdin gekommen sei. Ich sei hübsch, intelligent, sympathisch und begehrenswert. Auf jeden Fall so ganz anders, als er sich eine Jüdin vorgestellt habe. Er ließ schließlich von mir ab. Aber als er sich mit einem Kuss auf die Stirn von mir verabschiedete, war ich völlig verzweifelt. Wie sollte ich die nächsten zwei Monate durchhalten? Ich wagte nicht, darüber zu sprechen, nicht mit meiner Mutter und auch nicht mit Weidt, der bereits so viel für mich getan hatte. Ich wollte ihm keine Last sein. Mit Zögern und Zagen ging ich den nächsten Tag ins Büro. Wieder begann Kniepmeyer sein Werben. Es gelang mir, ihn fernzuhalten. Aber ich spürte, dass meine Abwehr ihn gerade reizte.

Eines Tages erschien im Büro ein junger Mann, groß, schlank, 19 Jahre alt. Er hatte natürlich keine Ahnung, wer ich war. Sein Vater hieß uns, gemeinsam einen Auftrag auszuführen. Er war ein natürlicher, offener Junge, mit dem ich mich gut verstand. Wir waren gleichaltrig. Am nächsten Morgen kam er wieder ins Büro. Ich war froh darüber, denn nun brauchte ich nicht mehr mit dem Vater allein zu sein. Aber der merkte sehr bald, dass er nun nicht mehr allein um mich warb. Mit dem Lächeln des unschlagbaren Siegers meinte er: »Mein Sohn hat in der Tat einen guten Geschmack«, und wurde das erste Mal zudringlich. Noch einmal kam ich davon. An jenem Tag rief ich Weidt an. Der war ganz außer sich und schalt, dass ich ihn nicht früher informiert hätte. »Damit muss sofort Schluss sein. Ich werde eine Ausrede finden und ihm sagen, dass ich dich dringend benötige.« So kam es dann auch. Ich durfte nur noch einmal hingehen, um mich zu verabschieden.

Weidt übergab mir die Expedition und das Telefon – keine Aufgaben, die eine volle Arbeitskraft erfordert hätten. Ich tat mein Möglichstes, um mich dankbar zu erweisen und mein Gehalt zu verdienen. Das war nicht leicht. Ali hatte mittlerweile nicht nur das Büro Weidt erobert, das sie vorbildlich führte, sondern auch den Mann. Weidt war etwa 60 Jahre alt und stammte aus kleinen Verhältnissen. Nie hatte er einen ähnlichen Wohlstand erlebt wie in jenen Kriegsjahren, in denen er mit viel Geschick durch »schwarz« hergestellte Waren viel Geld verdiente. Ali war ihm eine gute Beraterin. Seine Frau Else genoss den unerwarteten Reichtum auf ihre Weise, indem sie ständig auf Reisen war und in eleganten Hotels abstieg, die ihr ein Leben lang verschlossen geblieben waren. Er gab ihr gern die Mittel dazu.

Ich bewunderte Weidt. Er war für mich eine Art Vaterersatz. Sein kämpferischer Geist imponierte mir, da ich durch mein Elternhaus kämpfen gewohnt war. Ali sah das nicht unbedingt gern. Die etwas gespannte Atmosphäre änderte sich schlagartig, als Hans Rosenthal in mein Leben trat.

Hans Rosenthal, einst Ingenieur bei Osram, war nun Materialverwalter der Jüdischen Gemeinde und zugleich ihr Einkäufer. Er kaufte und bekam natürlich Bürsten und Besen, die Weidt keinem anderen gegeben hätte. Weidt war nur einer unter vielen Großhändlern Berlins, die dem Juden Rosenthal Ware zusteckten, die sie keinem anderen mehr gaben. Seine Stellung war selbst bei der Gestapo anerkannt, die er gelegentlich mit Waren versorgen musste, da sie unter ihrem eigenen Firmennamen nicht mehr viel erhielten. »Ham wa nich!« – Wer konnte das Gegenteil beweisen? Hans, der mit seiner Mutter zusammenlebte, war bereits Ende dreißig, aber unverheiratet. Bald kam er öfter als nötig zur Firma Weidt. Ich mochte ihn und ließ daran auch keinen Zweifel; vielleicht auch, um dem mich bedrängenden Werner Basch zu entgehen.

Werner, unser Buchhalter, war ein gutaussehender, großer junger Mann Anfang dreißig mit bereits ergrautem Haar. Mit seiner exakt gescheitelten Frisur und dem ständigen Lächeln wirkte er wie ein beflissener Verkäufer. Er war sicherlich der erste Buchhalter, den die Firma Weidt je gesehen hatte. Monate verbrachte er nun mit Akribie, die durch Jahre vernachlässigte Buchhaltung aufzuarbeiten. Weidt, der alles andere als ein ordentlicher Mensch war und alles auf sich zukommen ließ, schätzte die Arbeit Baschs nicht sonderlich, aber er ließ ihn gewähren. Basch konnte seine Zahlen schreiben und dabei stundenlang Opernmusik hören.

Gelegentlich blickte er gebannt auf und rief verzückt: »Ah, ein Verdi.« Weidt hatte ihn auf Wunsch der Jüdischen Gemeinde eingestellt. Er war der Ehemann von Ilse Basch, einer überaus intelligenten, aber nicht sehr attraktiven Frau, die in der Gemeinde eine maßgebliche Stellung innehatte. Die Ehe war nicht sonderlich glücklich. Basch begann, sich für mich zu interessieren. Ich leugne nicht, dass ich zunächst einem Flirt nicht abgeneigt war. Die Zeit und unsere Situation war einem so harmlosen Vergnügen nicht günstig, so dass sich kaum Gelegenheiten boten. Als er jedoch eines Nachmittags, als wir zufällig allein im Büro waren, »deutlicher« wurde, stieß ich ihn empört zurück. Dieses Ansinnen eines verheirateten Mannes erschien mir, der behüteten Tochter aus gutbürgerlichem Hause, geradezu unerhört. Da war mir Hans Rosenthals Zuneigung sehr viel lieber. Er war bescheiden, freundlich, klug, gut erzogen, ein sehr weicher Mensch. Wir gingen einige Male miteinander spazieren. Andere Möglichkeiten, uns zu treffen, hatten wir damals schon nicht mehr. Je beengter unser Bewegungsraum wurde, umso stärker klammerte ich mich an ihn. Außer meiner Mutter hatte ich niemand, und es war gut, sich noch einem Menschen anvertrauen zu können. Wenn damals jüdische Ehen geschlossen wurden, dann war dies oft ein gewichtiger Grund für eine solche Bindung.

Weidt hatte offensichtlich Freude an dem verliebten jungen Mädchen in seinem Büro und bot uns Möglichkeiten, einander näher kennenzulernen. Er kannte ja die Probleme, die uns daran hinderten. Er arrangierte gesellige Abende in seinem Büro. Auf dem schwarzen Markt kaufte er Fleisch ein und ließ herrliche Mahlzeiten von der eine Treppe höher wohnenden Portiersfrau, die auch nicht ohne Grund freundlich zu uns war, zubereiten. Ich erinnere mich an sehr gemütliche Abende zu viert oder zu sechst, wenn Werner Basch und seine Frau Ilse dazukamen. Diese Abende an einer improvisierten Tafel im Büro gehören zu den wenigen schönen Stunden, die mir aus jener Zeit in Erinnerung sind. Denn das Schicksal der Eva Diemenstein beherrschte auch unausgesprochen unsere Gedanken. Es war ein ständiges Menetekel. Gelegentlich ließ Eva Diemenstein sich im Büro von Weidt sehen, um Worte des Trostes zu hören. Aber sie ließen nicht vergessen, was um uns geschah. »Verschwindet!«, musste Ali uns manchmal zurufen, während sie hastig ihren Kittel mit dem Judenstern überwarf und in die Zurichterei rannte. Basch und ich verließen dann eilig das Büro und liefen die Treppe runter und versteckten uns in einer Nische im Erdgeschoss. Gustav Kremmert, ein nichtjüdischer Partner von Weidt und auch von ihm abhängig, setzte sich an Baschs Schreibtisch; Alis Platz nahm das ebenfalls arische Lehrmädchen Erika ein. Sie war zu töricht, um zu begreifen, was in der Werkstatt vorging. Das war alles viele Male geübt worden. Von unserem Posten auf dem Treppenabsatz hörten wir Weidts Stimme, der den Herrn Kriminalobersekretär Prüfer,[10] den stellvertretenden Leiter des Judenreferats bei der Berliner Gestapo, liebenswürdig begrüßte. Er hatte ihn wiederholt aufgefordert, sich anzusehen, wie er, Weidt, einen Betrieb mit jüdischen Arbeitern leite. Prüfer hatte diese Einladung angenommen und erschien gelegentlich unangemeldet. Weidt führte ihn durch den Betrieb, zeigte ihm Waschräume, die angeblich nur für die »Saujuden« bestimmt waren, fuhr auch den ein oder anderen Blinden barsch an:

»Was, das soll ein Besen sein, was du da machst?«, und berichtete Prüfer mit stets neuen Einzelheiten, wie es ihm gelänge, Disziplin unter diesen Juden zu halten, die, wenn man sie nur richtig anpacke, gut arbeiten würden.

»Wie sollte ich wohl meine Wehrmachtsaufträge ausführen, wenn ich die Juden nicht hier hätte?«, seufzte er dann wohl. Prüfer gab sich wohlwollend. In der Werkstatt wagte niemand zu mucken. Erst wenn der Gestapobeamte außer Sicht- und Hörweite war, erschien Weidt wieder in der Werkstatt. Dann erklärte er sein unfreundliches Verhalten. Aber die Blinden hatten schon vorher verstanden, was ihn dazu bewogen hatte. Man lachte sich die Spannung von der Seele. Weidt verteilte Zigaretten als Trost für die ausgestandenen Minuten der Angst. Uns goss er Wein ein, wieder und immer wieder. Aber keiner von uns wurde betrunken. Alle Nerven waren viel zu angespannt.

7
Vorhof der Hölle

Ein kleiner, untersetzter Mann erhob sich von seinem Sitzplatz in der U-Bahn.

»Ich bitte Sie darum, sich sofort zu setzen!«, sagte er sehr laut und energisch, indem er mit seiner linken Hand auf den Sitzplatz wies, den er mir anbot. Die meisten anderen Fahrgäste taten so, als hörten sie nichts. Die U-Bahn war voll besetzt wie an jedem Morgen um diese Zeit vor Beginn der Arbeit. Ich war nur eine von vielen, die stehen mussten. Sicherlich hätte der Mann nicht gerade mir seinen Platz angeboten, wenn ich nicht an jenem Morgen das erste Mal einen »Judenstern« getragen hätte.

Es war der 19. September 1941, der erste Tag, an dem wir dazu gezwungen waren. Am Abend zuvor hatte ich diesen gelben Lappen wie vorgeschrieben an der linken Brust in Herzhöhe fest an den Mantel genäht. Die jüdischen Wohlfahrtsämter hatten jedem Juden vier solche Sterne gegen ein Entgelt abgeben müssen.

Ali und ich hatten uns verabredet, an jenem Morgen gemeinsam zur Arbeit zu fahren, sie ins Büro zu Weidt, ich damals zu Kniepmeyer. Wir fürchteten, dass möglicherweise »spontane« Reaktionen vorbereitet worden waren. Vor der Berliner Bevölkerung hatten wir keine Angst. Ich hatte überdies mein eigenes kleines Problem. Monatelang war ich jeden Morgen im gleichen Zug in das gleiche Coupé gestiegen. Das hatte auch ein junger Mann getan. Ich hatte keine Ahnung, wer er war. Wir hatten kein Wort miteinander gewechselt. Dennoch hatte sich so etwas wie eine unausgesprochene gegenseitige Sympathie entwickelt. Ich ahnte nur, dass er kein Jude war. Ich gebe zu, dass ich mich vor seiner Reaktion fürchtete, wenn er an mir den Judenstern entdeckte. Er bewies mir an jenem Morgen, dass meine Sorge ungerechtfertigt gewesen war. Nach jenem ersten Tag des Sterntragens habe ich ihn jedoch nie wiedergesehen. Das mag Zufall, vielleicht auch Angst seinerseits gewesen sein. Nicht jeder war so mutig wie der Herr, der mich zwingen wollte, seinen Sitzplatz einzunehmen. Erst als ich ihm zuflüsterte, dass es mir gesetzlich verboten sei und nicht er, sondern ich Gefahr liefe, bestraft zu werden, gab er nach.

Als ich an der Station Möckernbrücke ausstieg, folgte er mir. Er verlangte, mich begleiten zu dürfen. Dies sei sicherlich nicht verboten. Ich konnte ihm nicht sagen, aus welchem Grund mir seine Begleitung äußerst unangenehm war. Nach einigen Schritten bat ich ihn inständig, mich allein zu lassen, was er auch tat. Zu jener Zeit arbeitete ich bei der Firma Kniepmeyer und durfte mich dort auf keinen Fall mit dem »Judenstern« sehen lassen. Ich tat also, was ich noch viele Hundert Male auf diese oder andere Weise wiederholte: In einem leeren Hausflur zog ich den Mantel mit dem Stern aus und eine Jacke ohne Stern, die ich in der Tasche trug, an. Das war nicht ungefährlich, denn wenn mich dabei ein Gestapospitzel beobachtet hätte, dann wäre es mir so ergangen wie jenen unglücklichen Juden, die von Gestapobeamten auf der Straße angehalten wurden, um mit einem Bleistift zu prüfen, ob der Stern auch fest genug angenäht war. Ihr willkürliches Urteil führte unweigerlich ins KZ. Den Manteltausch habe ich oft wiederholen müssen. Und das nicht nur, weil Juden von nun an außer zur Arbeitsstelle keine öffentlichen Verkehrsmittel mehr benutzen durften. Auch der Lebensmittelhändler Richard Junghans hätte uns keine Waren mehr geben können, wäre ich mit dem »Judenstern« am Mantel in seinem Laden erschienen. Frau Gumz hätte unsere Wäsche nicht mehr annehmen dürfen, und vor allem hätte ich bei ihr nicht das Fleisch abholen können, das sie nun bei unserer Fleischersfrau auf dem Wochenmarkt für uns besorgte. Natürlich ging ich auch weiterhin in Konzerte, in Theater und Kinos. Das war jedoch mit Stern nicht möglich.

Das »Manöver« des Manteltausches war keineswegs einfach. Zunächst hieß es, einen Ort zu finden, an dem man das Kleidungsstück mit dem Stern ablegen und das ohne anlegen konnte. Aus dem Haus, in dem man bekannt war, durfte man natürlich nicht ohne Stern hinausgehen. Selbstverständlich konnte man auch nicht ohne den Stern am Mantel ins Haus zurückkehren, in dem man wohnte. Höchst »unangenehm« war es, jüdische Bekannte zu treffen, die grüßten oder auf einen zukamen, weil sie das Fehlen des Sterns nicht sofort bemerkten. Viele Male bin ich so »unhöflich« gewesen, habe Bekannte übersehen und bin schnell weitergegangen, ohne ihren Gruß zu erwidern.

»Ich bitte dich um alles in der Welt, übertreibe nicht«, bat meine Mutter inständig. »Nur wenn wirklich nötig, geh ohne Stern!« Ich versprach es auch, aber es war natürlich weitaus angenehmer, ohne Stern zu gehen.

Wie auch andere Juden hatte ich gelegentlich sehr erfreuliche Erlebnisse. Ich erinnere mich, wie Unbekannte in der Untergrundbahn oder auf der Straße, meist im dichten Gewühl der Großstadt, ganz nahe an mich herantraten und mir etwas in die Manteltasche steckten, während sie in eine andere Richtung schauten. Manchmal war es ein Apfel, ein anderes Mal Fleischmarken, Dinge, die Juden offiziell nicht erhielten. Dennoch, der »Judenstern« schuf eine diskriminierende Isolation. Ich hatte das Gefühl, eine Maske vor dem Gesicht zu tragen. Es gab Menschen, die mich mit Hass ansahen; es gab andere, deren Blicke Sympathie verrieten, und wieder andere schauten spontan weg.

Ich erinnere mich daran, wie unerträglich mir einmal dieses »Angestarrtwerden« wurde. Es war auf einem U-Bahnhof. Wir warteten auf den Zug. Immer und immer wieder ging eine Frau an mir vorüber und starrte mich an. Schließlich hielt ich es nicht mehr aus, trat auf sie zu und fragte: »Sie haben gewiss noch nie eine Jüdin gesehen?« Sie wurde knallrot. »So sehen Sie mich doch ganz genau in aller Ruhe an. Ich habe nichts dagegen.« Die Frau sagte kein Wort und wandte sich ab.

Ein anderes Mal gingen meine Mutter und ich einkaufen. Es war Winter. Schnee war gefallen. Plötzlich fasste mich jemand am Ärmel, drückte meiner Mutter und mir einen Besen in die Hand und befahl: »Fegt die Straße sauber!« Wir waren so in ein Gespräch vertieft gewesen, dass wir die anderen Juden nicht gesehen hatten, die bereits zum Schneeschippen angehalten worden waren. Ich setzte mein fröhlichstes Gesicht auf, und meine Mutter schlug vor zu singen, damit die Arbeit besser voranging. Überdies gaben wir anderen sich nähernden Juden durch Handzeichen zu verstehen, dass sie einen anderen Weg einschlagen sollten. Nach einiger Zeit verlor der Nazi die Geduld, und er riss uns den Besen wieder aus der Hand.

»Macht, dass ihr wegkommt!«, fuhr er uns an.

Am schlimmsten erging es jüdischen Kindern. Vom sechsten Lebensjahr an war das Tragen des »Judensterns« Pflicht. Da Kinder grausam sein können und den ständigen Hetzereien gegen Juden ebenso ausgesetzt waren wie Erwachsene, schlugen sie oftmals auf jüdische Kinder ein, wo sie sie trafen, es sei denn, ihre Eltern hatten den Mut, das ihnen vermittelte Judenbild zu korrigieren. Ich habe mehr als einmal nichtjüdische Kinder verdroschen, um jüdischen Kindern Gelegenheit zur Flucht zu geben, ein Unterfangen, das auch für mich nicht ungefährlich war. So war es gleichermaßen gefährlich, ohne wie auch mit Stern zu gehen.

An den Nachmittagen zwischen 4 und 5 Uhr wimmelte es in manchen Gegenden Berlins von jüdischen Frauen, die ihre Einkäufe tätigten. Das war die einzige Stunde, die ihnen dazu gewährt wurde. Wer vermochte schon, in einer Stunde alle Einkäufe vorzunehmen, zumal in jenen Gegenden, in denen noch relativ viele Juden wohnten. Jüdische Frauen hetzten von Geschäft zu Geschäft, so dass dieser Ansturm den Geschäftsleuten die Möglichkeit erschwerte, ihren alten Kunden etwas zuzustecken. Dennoch fanden sie oft einen Weg, helfen zu können. Der Mensch gewöhnt sich an alles. Auch wir richteten uns ein. Es fand sich immer wieder ein Ausweg. Aber es war offenkundig: Die Situation der Juden in Berlin wurde kritischer. Gerüchte über fürchterliche Dinge, die gegen uns vorbereitet wurden, fanden stets neue Nahrung und wurden beunruhigender. Ich bat meine Mutter, mich mit derartigen Parolen des »Jüdischen Mundfunks«, die sie aus ihrer Wohlfahrtsstelle mitbrachte, zu verschonen. Ich wollte nichts davon hören.

»Vielleicht sind diese Gerüchte aber dennoch wahr«, meinte meine Mutter.

»Was nützt es mir, wenn ich sie vorher weiß und mich ängstigen muss«, hielt ich ihr energisch entgegen. Aber eines Tages brachte mich ein derartiges Gerücht in einen schweren Konflikt.

Am 16. Oktober 1941 stürzte Herr Hefter, ein Angestellter der Jüdischen Gemeinde, dessen Funktion mir nicht mehr erinnerlich ist, in die Blindenwerkstatt Weidt. Er machte einen völlig verwirrten Eindruck und schien gar nicht zu begreifen, was ihm gesagt wurde. Er verlangte, unverzüglich mit Herrn Weidt sprechen zu können. Sie kannten einander seit Jahren, und ich wusste, dass Weidt Herrn Hefter oft etwas zusteckte, eine Nagelbürste oder einen Handfeger. Damit konnte er sich andere notwendige Dinge beschaffen. Hefter verschwand in Weidts Zimmer. Einige Minuten später rief Weidt nach Ali. Kurz darauf verließ sie sein Büro, kreideweiß im Gesicht. Sehr langsam ging sie an ihren Schreibtisch, umfasste die Tischlampe, wie um sich zu wärmen, und stand regungslos da.

»Was ist denn, Ali, um Gottes willen, so sag doch was!«, drängte ich sie. Ich spürte, dass etwas Fürchterliches geschehen sein musste. Langsam, als komme sie erst allmählich zu sich, sagte sie:

»Heute Nacht werden einige Hundert Juden aus ihren Wohnungen abgeholt und in den Osten verschickt, in Lager.« Ich wollte es nicht glauben.

»Das soll wahr sein? Das ist doch sicher eines dieser vielen Gerüchte«, meinte ich unwillig.

»Nein, nein, Hefter muss es doch wissen. Die Beamten der Jüdischen Gemeinde haben den Transport zusammenstellen müssen.«

Dann erschienen Weidt und Hefter.

»Wir haben Redeverbot. Aber ich konnte nicht mehr schweigen. Ich musste es jemandem anvertrauen«, stieß Hefter ganz verzweifelt hervor. Seine Augen waren glasig vor Übermüdung und ungeweinten Tränen. »Um Gottes willen, erzählen Sie es keinem!«

Werner Basch, dessen Frau auch in der Gemeinde arbeitete, blieb ungläubig. Aber Hefter versicherte, dass nur einige wenige Personen mit den Vorbereitungsarbeiten betraut gewesen seien und zu absoluter Verschwiegenheit verpflichtet waren.

Ich wollte Näheres wissen. Warum? Wann? Wer? Wie? Aus den zusammenhanglosen Antworten Hefters, der nervös auf und ab lief, ergab sich, dass alle jene deportiert werden sollten, die kürzlich eine Liste von der Jüdischen Gemeinde zugestellt erhalten hatten, auf der sie ihre Besitztümer einzutragen hatten – etwa die Zahl der Bettlaken oder ihrer Teppiche. Die ausgefüllten Listen hatten sie an die Gemeinde zurückschicken müssen.

»Um Gottes willen, Frau Hohenstein«, schoss es mir durch den Kopf. Wir hatten uns gewundert, dass Frau Hohenstein eine solche Liste erhalten hatte und sonst keine von uns vieren. Frau Hohenstein war Witwe, 65 Jahre alt; sie bewohnte das Vorderzimmer der Wohnung von Tante Olga. Als sie uns das Formular zeigte, hatten wir uninteressiert gemeint: »Das werden wir sicherlich auch noch bekommen.« Das war vor etwa drei Wochen gewesen. Niemand hatte mehr an die Liste gedacht.

Keiner von uns, weder Weidt noch Ali, Basch oder ich, konnte an jenem Morgen seine Arbeit wiederaufnehmen. Immer wieder mussten wir unsere Vermutungen mitteilen. Was wir erfahren hatten, schien unfassbar. Um Arbeitslager konnte es sich nicht handeln. Würde eine 65-jährige, nicht sehr gesunde Frau wie Frau Hohenstein in ein Arbeitslager geschickt werden? Vielleicht handelte es sich in ihrem Fall um einen Irrtum, der sich bald aufklären würde. Vielleicht war auch die ganze unvorstellbare Information nicht wahr.

»Geh um Gottes willen heute Abend nicht nach 8 Uhr aus.« Weidt, der meine Unternehmungslust kannte, ermahnte mich. »Und zieh den Mantel mit dem Stern an, wenn es nach 8 Uhr klingeln sollte.« Juden mussten, der Vorschrift entsprechend, auch in der Wohnung den Stern tragen.

Ich rannte nach Hause und berichtete meiner Mutter, was ich erfahren hatte. Sie glaubte es nicht – wer konnte das auch glauben? Dennoch diskutierten wir stundenlang darüber, ob wir Frau Hohenstein etwas sagen sollten oder nicht. Was war richtig? Sollte sie sich schon Stunden vorher ängstigen? Und vielleicht war nichts wahr daran, war es nur eines der vielen Gerüchte. Und wenn es doch zutraf! Könnte sie sich darauf vorbereiten? Offensichtlich nicht. Diese Diskussion führten wir noch Tage später. Vielleicht hätte sie fliehen können. Dann hätten wir zu verantworten, dass sie in die Fänge der Gestapo geraten war. Aber eine Dame ihres Alters, ein bisschen umständlich, nicht sehr gesund, eine alte Dame, die nur für ihre Kinder und Enkel lebte, hätte sicher nichts dergleichen getan.

Kurz nach 8 Uhr klingelte es tatsächlich an der Wohnungstür, schrill und fordernd, wie es mir schien. Meine Mutter saß wie gelähmt. Fast tonlos flüsterte sie nur: »Um Gottes willen.« Da es keinen Zweifel daran geben konnte, wer da Einlass begehrte, zog ich meinen Mantel mit dem »Judenstern« an und öffnete die Tür. Vor mir standen zwei hochgewachsene Männer in grauen Lodenmänteln. Sie fragten:

»Wohnt hier eine Klara Sara Hohenstein?« Ich wies auf die Tür zu ihrem Zimmer und ging zu meiner Mutter zurück.

»Wir müssen es Tante Olga sagen«, meinte sie.

»Das ist doch nicht möglich! Das ist doch nicht vorstellbar!«, rief diese entsetzt aus, nachdem wir sie rasch unterrichtet hatten. Zitternd setzte sich die alte Dame zu uns. Da saßen wir nun mit Angst im Herzen, wagten nur zu flüstern und horchten aufgeregt auf jedes Geräusch. Die Tür unseres Zimmers war nur angelehnt. Ich kann nicht mehr sagen, wie lange wir so saßen. Wir hörten fast nichts, außer den Schritten mehrerer Personen in Frau Hohensteins Zimmer. Dann hörten wir ihre Stimme, sie rief nach Tante Olga, die zitternd vor Erregung aufstand und zögernd zur Tür ging. Im Türrahmen blieb sie stehen und rief: »Ja, was möchten Sie denn?«

Sie würde weggebracht, sagte Frau Hohenstein sehr ruhig. Näheres wüsste sie nicht. Sobald sie könnte, würde sie sich melden. Als wollte er alle weiteren Spekulationen unterbrechen, fügte einer der Männer schnell hinzu, dass das Zimmer von ihm versiegelt würde. Es sei strafbar, das Siegel zu erbrechen oder gar etwas aus dem Zimmer zu entwenden. Dann führten sie Frau Hohenstein zur Tür. Wir hörten, wie sie zugeschlagen wurde, und vernahmen nur noch die hallenden Tritte der Stiefel und die leiseren trippelnden Schritte von Frau Hohenstein im Treppenhaus. Dann hörten wir nichts mehr. Es war wieder totenstill.

Meine Mutter und ich traten aus dem Dunkel unseres Zimmers in den Flur. Dort stand die alte Tante Olga wie angenagelt. Die fleischigen Arme hingen an ihrem schweren, plumpen Körper herab. Der Kopf schien eine einzige Masse von Entsetzen, der Mund halb offen wie zu einem Schrei, der nie ausbrach, die Augen starrten meine Mutter an:

»Ella«, rief sie schließlich aus und warf sich meiner Mutter in die Arme. »Was geschieht hier?« Meine Mutter berichtete ihr noch einmal kurz, was wir bereits seit dem Morgen wussten. Die alte Dame hatte es vorher nicht begriffen oder nicht begreifen wollen.

Ich ertrug diese Szene nicht. »Wir müssen etwas tun. Die anderen benachrichtigen, irgendetwas!«, rief ich immer wieder. Da klingelte es zweimal an der Wohnungstür. Es war Frau Schroeder, die Portiersfrau, die mitangesehen hatte, wie Frau Hohenstein weggeführt wurde. Die große, vierschrötige Frau, die stets eine Schürze trug, stürzte in die Wohnung.

»Was wollen die mit der Frau Hohenstein? Was war hier los?« Wir sagten ihr, was sich zugetragen hatte. Die alte Frau klammerte sich an den Küchentisch. Sie stand da, mit gesenktem Kopf, die Schultern zuckten. Dann schrie sie auf: »Verbrecher! Mörder!« Es war schwer, sie zum Schweigen zu bringen.

Ich meinte, wir wären verpflichtet, die Kinder von Frau Hohenstein zu benachrichtigen, und fand Zustimmung. Aber wie? Juden hatten kein Telefon. Ob Frau Schroeder das nicht für uns tun würde? Sie wehrte entsetzt ab.

»Nein, nein, ich kann nicht allein zu diesen Menschen gehen und ihnen sagen, dass ihre Mutter weggeschleppt worden ist. Das ist zu fürchterlich.« Frau Schroeder schrie es. Schließlich war sie bereit, mich dorthin zu begleiten. An diesem Abend war ich sicherlich nicht in Gefahr, nach 8 Uhr auf der Straße erwischt zu werden. Die Gestapo hatte anderes zu tun.

Ich weiß heute nicht mehr, wie wir es und was wir sagten. Die Tochter und der Schwiegersohn von Frau Hohenstein hörten schweigend zu, ohne ein Wort über die Lippen zu bringen. Wir verließen sie rasch unter dem Vorwand, dass ich mich nicht auf der Straße sehen lassen dürfte. Draußen liefen wir, ohne es eigentlich zu merken. Der Mond schien nicht an jenem Abend. Es war alles dunkel.

Am nächsten Morgen hatte es sich schnell herumgesprochen, dass die Festgenommenen in der Synagoge in der Levetzowstraße auf ihren Abtransport warten mussten. Es hieß, man könne ihnen Sachen bringen. Aber dann jagten sich die wildesten Gerüchte: Man nehme ihnen ohnehin alles weg, sie würden geschlagen und erhielten nichts zu essen. Der Schwiegersohn der Frau Hohenstein kam zu uns. Er wusste, dass er das Zimmer seiner Schwiegermutter nicht betreten durfte. Aber irgendetwas zog ihn wohl dahin, noch einmal wenigstens vor der Tür zu dem Raum zu stehen, der ihr Dasein zuletzt umschlossen hatte. Er stand da, klein und sehr still. Mit schmalen Lippen erzählte er, wie er versucht habe, seiner Schwiegermutter in der Levetzowstraße ein wenig Proviant für den Weg zu übergeben. Wie die anderen, die ihre Angehörigen in der Synagoge wussten, sei auch er abgewiesen worden. »Man sorgt gut für sie«, hätte ein Angestellter der Jüdischen Gemeinde gesagt. »Man soll sich nicht beunruhigen; alles nur Menschenmögliche wird für sie getan«, hätte es geheißen.

Im Schutze der Dunkelheit des 17. Oktober gingen meine Mutter und ich zur Synagoge. Wir blieben auf der anderen Straßenseite. Näher wagten wir uns nicht heran. Wir schauten zur Synagoge hinüber. Sehen konnten wir nichts, außer den erleuchteten Fenstern. Das war ungewöhnlich für einen Wochentag ohne feierlichen Anlass. Was sich dort in den letzten 24 Stunden abgespielt haben mochte, konnten wir nur ahnen. Wie es hieß, waren in der Synagoge über tausend Menschen zusammengepfercht und warteten auf ihren Abtransport. Die meisten waren über 65 Jahre alt und nicht mehr arbeitsfähig. Wir ertappten uns bei dem Gedanken, dass wir erleichtert aufatmeten, da wir beide arbeiteten. Wir schämten uns dabei. Es waren nicht nur die Mauern der Synagoge und die Wachtposten davor, die uns von den Menschen dahinter trennten. Sie waren in einer unwirklichen Weise von uns abgeschieden.

Am 18. Oktober 1941 wurde dieser erste Transport von Berlin nach Lodz abgefertigt. Nach einigen Wochen traf eine vorgedruckte Karte ein. »Mir geht es gut. Ich bin in Lodz. Schickt mir Pakete.« Dazu war eine Nummer angegeben; sie war wohl schon auf ihren Arm tätowiert. Ja, wir schickten Pakete, eine lange Zeit hindurch. Sie enthielten Brot, Trockengemüse, Dinge, die wir uns absparten. Eine Antwort erhielten wir nie.

8
Die »Listen«

Am ganzen Körper bebend, das Gesicht aschfahl und von Angst verzerrt, stand der blinde Levy vor seinem Chef.

»Ich hab die Listen, Herr Weidt.«

Er hielt das Formular in beiden Händen, das für jeden Juden die organisatorische Vorstufe zur Deportation bedeutete. Nach der ersten Deportation gab es keinen Juden in Berlin, der die wahre Bedeutung der harmlos aussehenden Vordrucke, auf denen der Besitz verzeichnet werden musste, nicht kannte. Otto Weidt, dessen Hände ebenso zitterten wie die von Levy, riss ihm die Formulare aus der Hand.

»Gib her!«, sagte er barsch. Levy verstand nicht. Der kleine Mann wich an die Wand zurück. Weidt zog bereits seinen Mantel an, befahl Ali, ihm die Blindenbinde zu bringen, und stapfte, laut mit dem Stock auf den Boden stoßend, aus dem Büro. Er sprach kein Wort. Niemand wusste, was er vorhatte. Wir standen im Büro. Gustav Kremmert und das Lehrmädchen Erika wussten nicht, was sie sagen sollten. Kremmert klopfte Levy, der seine Hände wie schützend vor die blinden Augen hielt, auf die Schulter und sagte unbeholfen, fast mit Rührung in der Stimme: »Wird schon in Ordnung gehen.«

Hampel, der Vertreter, trat ein. In seiner polternden Art wünschte er »einen wunderschönen guten Morgen«. Kremmert schob ihn aus dem Büro, wohl um zu erklären, was geschehen war. Levy war wieder in die Werkstatt zurückgegangen. Dort saßen die dreißig Blinden an ihren Werkbänken. Keiner sagte ein Wort. Sonst sangen sie oder erzählten einander Witze, während ihre Hände schematisch die Faser durch die Bohrlöcher der Besenhölzer zogen. Sie taten es schneller, als ein Sehender es gekonnt hätte. Hinter der Werkstatt lag die Zurichterei. Unter der Anleitung eines Fachmanns, Horn mit Namen, bereiteten einige sehende Mitarbeiter das Material vor. Horn stammte aus Polen. Sein Deutsch verriet jiddische Anklänge. Er war klein von Gestalt, sein Kopf mit dem krausen blond-grauen Haar schien unproportional groß. Auf einer gewaltigen Nase unter einer hohen Stirn saß eine Brille mit dicken Gläsern. Seine Gesichtszüge ließen eine etwas weinerliche Güte erkennen. Er schien immer in Angst zu leben. Sein Lachen äußerte sich lediglich in einem Verziehen seines breiten Mundes. Horns etwa 17-jähriger Sohn lernte das Handwerk des Vaters in der Blindenwerkstatt als einer der vier oder fünf Hilfsarbeiter. Tüchtige Fachleute wie Horn waren selten. Weidt brauchte ihn, und er vergötterte Weidt. Dass Weidt mit den »Listen« von Levy möglicherweise zur Gestapo gegangen war, wie Ali andeutete, verbreitete sich wie ein Lauffeuer in der Werkstatt. Ich weiß nicht mehr, wann Weidt zurückkehrte, aber als er das Büro betrat, zuckte es in seinem Gesicht. Noch im Mantel ging er schnurstracks in die Werkstatt.

»Das ist erledigt«, sagte er zu dem angstvoll wartenden Levy.

»Erledigt?« Levy murmelte das Wort verständnislos.

»Ja«, sagte Weidt, »wie soll ich wohl meine Wehrmachtsaufträge ausführen, wenn man mir meine Arbeiter wegnimmt?«

Die Leute begannen zu lachen. Erst leise in sich hinein, dann immer lauter. Sie hatten verstanden. Levy wollte Weidt die Hand küssen. Er wehrte ihn unwillig ab und verschwand. Als er im Büro erschien, war er der strahlende Sieger, aufrecht, den Schalk in den Augen. Aber zugleich warnte er: »Dieses Mal hat es geklappt, ob das nächste Mal auch …?«

Die Maschinerie der Deportationen war angelaufen. Sie wurden zu einer ebenso schrecklichen wie exakten Routine. Die Gestapo setzte die Normen. Die Vorsitzenden der Jüdischen Gemeinde erhielten die Weisung, dass am Tag X ein weiterer Transport aus Berlin abgeht, für den tausend Personen bereitzustellen sind. Dann folgte, wie Dr. Conrad Cohen berichtete, die Direktive. Und nach dieser Direktive stellte die Jüdische Gemeinde die Listen zusammen. Für den ersten Transport waren Menschen über 65 Jahre ausgewählt worden. Dann forderte die Gestapo Arbeitsunfähige, von Unterstützung lebende Personen, alleinstehende Frauen mit Kindern. Die Kategorien änderten sich ständig. Levy hatte die »Listen« bekommen, weil er als Blinder und über 60 Jahre alt registriert war.

Als Berufstätige in nicht kriegswichtigen Betrieben zur Deportation aufgerufen wurden, traf es auch mich. Ich erhielt die »Listen«. Meine Mutter war völlig verstört.

»Ich melde mich freiwillig. Ich lasse dich nicht allein gehen«, erklärte sie. Tagelang rang sie mit mir. Sie arbeitete in einer Fabrik, die Batterien für Funkgeräte herstellte und zu den kriegswichtigen Betrieben gehörte. Natürlich hatte ich Angst vor dem, was am Ende der Deportation stehen würde. Wir wussten es damals noch nicht und ahnten nur, dass es schlimmer sein müsste als das bisher Erlebte. Aber neben der Angst erwachte in mir auch Neugier. Welchem Schicksal waren diejenigen entgegengegangen, die uns schon verlassen hatten? Was erwartete mich auf diesem Weg?

Ich ging zu Dr. Cohen, meinem früheren Arbeitgeber, bei dem ich an einigen Nachmittagen so wie einst im Haushalt half. »Gib das Ding sofort her!«, sagte Cohen. Ich sah die »Listen« nicht wieder. Die Jüdische Gemeinde hatte offenbar den Namen einer anderen Person auf die Liste setzen müssen. Meine Mutter war gänzlich erschöpft von der Aufregung der vergangenen Tage. Mich quälte zunächst der Gedanke, dass nun ein anderer das mir zugeteilte Los tragen musste. Aber ich vergaß es bald. Dann kamen auch in kriegswichtigen Betrieben Arbeitende an die Reihe, so weit sie dort relativ unwichtige Aufgaben hatten, etwa Boten oder ungelernte Hilfsarbeiter. Die Firmen AEG und Siemens wurden gegen die Auskämmung ihrer Betriebe bei der Gestapo vorstellig. Sie erklärten – zweifellos glaubwürdiger als Otto Weidt –, dass der Arbeitsprozess gestört würde, wenn ihnen die fleißigen jüdischen Arbeiter, für die es zu jener Zeit keinen Ersatz gab, genommen würden. Aber die Züge mit Deportierten rollten weiter. Familien wurden auseinandergerissen; alte Menschen von ihren Kindern getrennt.

Die ersten Transporte, die Menschen über 65 Jahre nach Theresienstadt brachten, begannen im Juni 1942.[11] Der 85-jährige Onkel Paul Litten, einst einer der angesehensten Bürger der pommerschen Stadt Köslin, musste mit. Er war ein wohlhabender Mann gewesen, der sein Leben lang von seinen fünf Kindern verwöhnt worden war. Im Alter wurde er von zweien seiner Töchter versorgt. Drei seiner Kinder waren ausgewandert. Sie hatten versprochen, ihn nachkommen zu lassen. Dazu kam es nicht mehr. Er konnte kaum noch allein gehen.

»Macht euch um mich keine Sorgen, meine Kinder«, sagte er tröstend, als die Gestapo ihn holte. Er wusste, dass er seine letzte Reise antrat. Seiner unverheirateten Schwester, Tante Gustel, brachte meine Mutter noch eine warme Jacke, bevor sie zum Abtransport geholt wurde. Sie lebten im Altersheim Altonaer Straße. Als wir hinkamen, fanden wir die alten Herrschaften beim Packen. Ja, natürlich würden sie sich vorsehen. Natürlich würden sie schreiben, natürlich würden sie sich nicht erkälten – sie wiederholten es immerzu, wenn die Angehörigen, die gekommen waren, um beim Packen zu helfen, vorsorgliche Ratschläge gaben. Keiner glaubte dem anderen. Jeder wusste genau, dass es kein Wiedersehen geben würde.

»Ich werde mich um Paul kümmern«, sagte meine Tante, der Typ einer alten Jungfer, viel verlacht, gutmütig und den Wirren des Lebens gegenüber sehr hilflos. Sie war stets von ihrem wohlhabenden Bruder unterhalten worden. Nun gehörte sie wohl zu den wenigen, die sich noch eine Aufgabe für Theresienstadt vornahmen.

»Theresienstadt wird schon nicht so groß sein, dass ich ihn dort nicht finden werde«, meinte sie. Mit Hilfe meiner Mutter packte sie ihre wenigen Habseligkeiten in eine große Tragetasche. Verlegen lachend tat sie einen Blechnapf hinein. »Wie ein Hundenapf, nicht wahr?« Solche Essnäpfe waren an die alten Leute verteilt worden.

Während im Hause Geschäftigkeit herrschte wie bei einem Umzug und die Auflösung um sich griff, standen draußen die Angehörigen, die schon Abschied genommen hatten, weinten, schluchzten und warfen sich verzweifelt einander in die Arme. Langsam und zögernd verließen sie den Ort, von dem aus ihre lieben Angehörigen die Reise in den Tod antraten.

Das Haus aber wurde mit neuen Opfern gefüllt – »provisorisch« –, denn alle waren dorthin umgesiedelt worden, um auf ihren Abtransport zu warten. Auch Tante Olga war unter ihnen. An dem von der Gestapo festgesetzten Tag waren die jüdischen Ordner erschienen. »Olga Sara Rosenberg, Sie haben die Listen erhalten. Wir hoffen, Sie sind zum Abtransport bereit? Wollen Sie bitte mitkommen.«

Für den ersten Transport war die »Fracht« noch von der Gestapo abgeholt worden, entweder weil die Aktion geheim bleiben sollte oder um die »Reaktion« zu prüfen.

Aber die Juden fügten sich ohne Widerstand. Im Gegenteil – sie führten die ihnen erteilten Befehle genau aus. Mit den Listen verschickte die Jüdische Gemeinde einen Brief, in dem die Opfer informiert wurden:

»Ihre Abwanderung ist für ... behördlich angeordnet worden ... Am ... können Sie Ihr Reisegepäck in der Zeit von 9 bis 13 Uhr in der Sammelunterkunft, Pestalozzistraße 7-8, abliefern. Am Montag, dem ... um 6 Uhr morgens wird Ihre Wohnung durch einen Beamten versiegelt werden. Sie müssen sich zu diesem Zeitpunkt bereithalten. Wohnungs- und Zimmerschlüssel sind den Beamten auszuhändigen ...«

Dieser Anordnung war ein Merkblatt beigefügt, das alle zu beachtenden Anweisungen enthielt:

»Wir bitten Sie herzlich, diese Anweisungen genauestens zu befolgen und die Transportvorbereitungen in Ruhe und Besonnenheit zu treffen. Die von der Abwanderung betroffenen Mitglieder müssen sich bewusst sein, dass sie durch ihr persönliches Verhalten und die ordnungsgemäße Erfüllung aller Anweisungen entscheidend zur reibungslosen Abwicklung des Transportes beitragen können. Es ist selbstverständlich, dass wir, soweit dies zugelassen ist, alles tun werden, um unseren Gemeindemitgliedern beizustehen, um ihnen jede mögliche Hilfe zu leisten.«

Die von der Gemeinde eingesetzten Ordner waren meist junge Leute. Sie taten ihre Pflicht. Manchmal schienen sie grausam. Sie trieben die Opfer an: »Schnell, schnell, sind Sie noch nicht fertig?« Aber vielleicht wäre jede Verzögerung des Unabwendbaren noch grausamer gewesen. Sie überwältigten unsere alte Wirtin aus der Bamberger Straße 22, die sich mit Händen und Füßen und fürchterlichem Geschrei gegen die Deportation wehrte, und trugen sie mitsamt dem Stuhl, auf dem sie wie angeklebt saß, die Treppen hinunter zum wartenden Lastwagen. Diese Leute hatten ihre Norm zu erfüllen. Sie sprachen kein freundliches Wort, höchstens: »Denken Sie, uns macht das Spaß?« Vielleicht verbargen sie ihre Gefühle. Unter ihnen befanden sich Lehrer, Anwälte, ehemalige Angestellte jüdischer Organisationen, die arbeitslos geworden waren.

Meine Mutter und ich hatten in die Bamberger Straße 22 umziehen müssen, das eines der sogenannten jüdischen Häuser war. Dort wohnten elf Personen in fünfeinhalb Zimmern, gemäß der Verordnung: ein Wohnraum für zwei Juden. In dieser Wohnung gab es nur ein Bad und eine Küche. Was sich am frühen Morgen in dieser Wohnung abspielte, war fürchterlich. Jeder wollte pünktlich seinen Arbeitsplatz erreichen. Zuspätkommen konnte ein Grund zur Deportation sein. Mehr als seine Pflicht tun schien Sicherheit, relative Sicherheit zu versprechen. Wer es wagte, längere Zeit auf der Toilette zu verbringen, wurde durch ungestümes Klopfen an die Tür oder hysterisches Geschrei vertrieben. Der Versuch, eine Art Ordnung einzuführen, misslang wegen unterschiedlicher Schichtarbeit. Die Parteien gerieten aneinander, wurden unversöhnlich. Kehrten sie müde und erschöpft von der schweren Arbeit, für die Juden eingeteilt wurden, zurück und fanden die Kochstellen besetzt, schrien sie die Glücklichen an, die die Küche eher erobert hatten als sie. Wagte es einer, die Küche auch nur für einen Augenblick zu verlassen, musste er damit rechnen, dass ein anderer seinen Topf vom Feuer genommen und den eigenen an die Stelle gesetzt hatte. Mancher schlich sich am späten Abend noch einmal in die Küche, um heimlich zuzubereiten, was er von einem nichtjüdischen Freund oder Kaufmann zugesteckt erhalten hatte. Die Angst, dass andere es sehen oder ihm neiden und fortnehmen oder ihn gar anzeigen könnten, war groß. Die meisten Mitbewohner waren über 40 oder 50 Jahre alt und an körperliche Arbeit nicht gewöhnt. Ihre physische Kraft war begrenzt. Die geringen Lebensmittelzuteilungen – Juden erhielten weder Fleisch, Zucker, Gemüse oder Obst – reichten ohnehin nicht aus, schwer arbeitende Menschen bei Kräften zu halten. Die Angst vor dem nächsten Tag, vor dem unbekannten Schicksal, tat ein Übriges. An den Sonntagen schliefen sie meist oder schlichen in ihren hässlichen und unzulänglich möblierten Zimmern umher. Immer saß ihnen die Angst im Nacken.

Die Deportationen dauerten an, unerbittlich. In dieser Zeit wurde Conrad Cohen verhaftet. Wie er es selbst vorausgesehen hatte, geschah es. Er wurde, wie so oft, zur Gestapo bestellt. Sie hielten ihm eine Lappalie vor; er habe seine Aufsichtspflicht verletzt. Ein fehlendes Stück Seife in einer der ihm unterstehenden Institutionen – aber der Grund war ohnehin nur fingiert. Nach einigen Tagen erfuhr seine Frau, dass er im Polizeipräsidium am Alexanderplatz saß. Sie versuchte, ihm Essen zu bringen. Zunächst wurde sie abgewiesen. Man wisse nichts von ihm. Dann durfte sie ihm schließlich frische Wäsche zukommen lassen. In der schmutzigen, die sie zurückbrachte, schmuggelte er Nachrichten heraus.

»Ich hätte nie geglaubt, dass ich dies ertragen könnte«, schrieb der verwöhnte Mann, der bis zu jenem Zeitpunkt ein Leben im Wohlstand geführt hatte. Er blieb relativ lange in Haft, ohne Prozess, ohne Verhör, ohne Beistand. Dann hörte seine Frau nichts mehr. Als sie Wäschepakete abgeben wollte, ließ man sie nicht mehr vor. Niemand wusste, wo Conrad Cohen war, ob bereits im KZ oder schon tot. Seine Frau lief von einem zum anderen, erbat Hilfe von den ehemaligen Kollegen ihres Mannes, aber niemand, auch wenn er es wagte, bei der Gestapo nachzufragen, erhielt eine Antwort. »Sie werden es schon noch erfahren«, war die zynische Reaktion.

Fast war Leonore Cohen froh, als auch sie und ihr Töchterchen Marianne eines Morgens abgeholt wurden.

»Werde ich mit meinem Mann zusammenkommen?«, fragte sie flehend den Gestapobeamten. »Natürlich«, antwortete der völlig teilnahmslos. Die alten Eltern blieben allein in der Wohnung zurück. Eines Tages begehrte ein Gestapobeamter mit seiner Frau Einlass in die Wohnung. »Wir wollen Wäsche abholen für Ihren Sohn«, erklärte er der alten Frau Cohen.

»Für meinen Sohn, wo ist er?«

»Das kann ich Ihnen nicht sagen«, sagte der Gestapobeamte.

»Wo ist sein Wäscheschrank?«

Die Mutter lief eilfertig voraus. Sie öffnete den Schrank.

»Dort finden Sie die warmen Sachen«, sie wies mit dem Finger auf eines der Fächer, »und dort ...« Sie konnte den Satz nicht beenden, denn der Gestapobeamte meinte grinsend: »Na, die wird er wohl kaum noch brauchen. Gehen Sie weg!«, fuhr er Frau Cohen barsch an, »wir machen das schon alleine.« Und als die alte Frau zurückwich, wandte er sich an seine Frau: »Was hältst du von den Daunendecken?«, und zeigte auf die Betten im Schlafzimmer des Ehepaars Cohen, das noch genauso eingerichtet war wie zu der Zeit, als es bewohnt wurde. Die Frau des Gestapobeamten ging auf die Betten zu, befühlte die Daunendecken und sagte: »Ja, gut.«

»Pack sie ein!«, sagte er. »Schöne Perser haben die hier. Na, nimm, was du tragen kannst.« Und sie nahmen, was sie tragen konnten. Es dauerte sehr lange. Danach sah es in der Wohnung aus wie in einem Trödlerladen. Die alte Frau Cohen räumte langsam die herausgerissenen Sachen wieder ein. Sie sagte kein Wort.

Leonore Cohen war an jenem Tage abgeholt worden, an dem eine Anzahl ehemaliger Kollegen ihres Mannes aus der Reichsvereinigung der Juden in Deutschland deportiert worden war. Am Morgen des 22. Juni 1942 war die Gestapo Punkt 8 Uhr früh vor der Reichsvereinigung in der Kantstraße vorgefahren. Wer später eintraf, und das waren die meisten, wurde sofort mitgenommen. Conrad Cohen war inzwischen in das KZ Mauthausen gebracht worden. Dort ist er sehr bald in den elektrisch geladenen Stacheldraht gelaufen, denn er wusste wohl, dass er die Strapazen des KZ nicht überstehen würde.

Am 28. Mai 1942 führte die Gestapo eine ungewöhnliche Aktion durch. Sie holte 500 Männer aus ihren Wohnungen. Niemand wusste weshalb. Erst später erfuhren wir, das sei eine Vergeltungsaktion für das Attentat der Baum-Gruppe auf die Ausstellung mit dem spöttischen Titel »Das Sowjetparadies« gewesen ist, einer Jugendgruppe, der junge Juden und Kommunisten angehörten. Mein Freund Max Blumenthal war unter den 500.

»Am Abend wird er wieder zu Hause sein«, hatten die ihn abholenden Beamten zu seiner Frau Lily gesagt. Aber am Abend wartete Lily vergebens. Sie wartete noch mehrere Tage, dann wurde sie aufgefordert, sich zur Deportation bereitzuhalten. Fast fröhlich sagte sie uns beim Abschied: »Ich werde mit Max zusammen sein, sagen sie.« Max aber war mit den anderen bereits erschossen worden. Sie wusste es nicht. Wir hatten es als Gerücht gehört. Ich weinte sehr. Meine Mutter schalt mich: »Lily wird noch denken, dass Max dir mehr bedeutet hat, als nur ein entfernter Verwandter zu sein.« Sie verstand nicht, dass Max mir ein wenig gezeigt hatte, was jung sein heißt.

Um uns wurde es leerer. Nur die Angst blieb. Ich weinte viel. Ich klammerte mich an Hans Rosenthal. Wann immer wir uns trennten, weinte ich. Ich fürchtete immer, ihn nicht wiederzusehen. Meine Mutter sah diese Verbindung nicht gern; es schien ihr unsinnig, in solchen Zeiten eine Liaison einzugehen. Sie verstand nur zu gut, dass ich in dem fast zwanzig Jahre älteren Hans eine Art Vaterersatz sah. Ich glaubte, ihn zu lieben. Vielleicht war es auch so. Hans war schließlich der erste Freund, den ich hatte. Vielleicht war es auch nur der Wunsch, einen Halt an ihm zu finden. Meine Mutter fürchtete, dass ich ihn heiraten und sie allein lassen würde. Sie sprach es auch aus:

»Und dann wirst du mit ihm nach Theresienstadt gehen, und ich muss allein nach Riga.« Es war ihr nicht auszureden. Sie verbot mir schließlich, an den Sonnabenden bei den Rosenthals zu übernachten, was ich eine Zeitlang getan hatte. Mehr, als ruhige Gespräche zu führen, wie wir es sonst nie tun konnten, taten wir nicht. Aber meine Mutter wollte mir das nicht glauben.

Hans lebte mit seiner Mutter in der Pariser Straße 19, wo einst der Vater, Sanitätsrat Rosenthal, seine Praxis gehabt hatte. Es war alles noch so wie einst, und davon ging Wärme aus. Ich war gerne dort. Wir küssten uns ab und zu verstohlen. Aber wenn Hans mich anrühren wollte, wich ich zurück und begann zu weinen. Frau Rosenthal legte ein Wort für mich ein.

»Frau Deutschkron, so lassen Sie Ihre Tochter doch kommen. Die beiden sind doch nicht allein.« Aber es half nichts. Nach dem Verbot meiner Mutter bot uns ein Freund ein Zimmer an, in dem wir während des Tages zusammensein konnten. Obwohl ich die Stunden herbeisehnte, flößte mir das Zimmer Unbehagen ein. Hans, der ein sehr ruhiger und offener Mensch war, sprach einmal mit mir über körperliche Beziehungen: »Sieh mal, was soll ich denn tun? In normalen Zeiten wären wir doch längst verheiratet ...« Aber ich weinte nur und bat ihn inständig, mich in Ruhe zu lassen. Meine Sinne waren auf nichts anderes als auf die Abwehr von Gefahren eingestellt. Meine Nerven waren ständig zum Zerreißen gespannt. Und überdies fürchtete ich mich vor dem Unbekannten. Aber immer, wenn ich Hans verließ, hatte ich das Gefühl, ihn zum letzten Mal gesehen zu haben. Ich weinte, weinte – Tränen, die ich meine Mutter nie sehen ließ.

Eines Tages holten sie ihn und seine Mutter ab. Ich erfuhr es erst, als er wieder in seiner Wohnung war. Es war an jenem Tag, an dem die Gestapo vor dem Verwaltungsgebäude der Jüdischen Gemeinde, Oranienburger Straße, vorgefahren war. Sie hatten die Ausgänge gesperrt. Die Beamten erklärten, die durch die Deportationen geschrumpfte Gemeinde benötige keinen so großen Verwaltungsapparat. Sie seien gekommen, die überflüssigen Funktionäre abzuholen. Ilse Basch, die Frau unseres Buchhalters Werner, war anwesend, aber gehörte nicht zu den Betroffenen. Sie erzählte später, wie der in ihrem Büro arbeitende Alfred Berliner, ein Schauspieler des längst geschlossenen jüdischen Kulturbundes, plötzlich aufgestanden sei, seinen Hut genommen habe, sehr freundlich »Auf Wiedersehen« gesagt und das Zimmer verlassen habe. Ebenso freundlich habe er vor dem an der Tür Wache haltenden Gestapobeamten den Hut gezogen und gegrüßt, und dieser habe ihm auch ebenso freundlich geantwortet. Berliner sei dann ruhig die Treppe hinuntergegangen, habe auch dem vor der Eingangspforte postierten Gestapobeamten höflich »Guten Tag« gewünscht und sei dann in der Menge verschwunden. Erst in diesem Moment begriff die Gestapo, dass ihnen einer entwischt war.

Hans Rosenthal und seine Mutter waren in das ehemalige Jüdische Altersheim in der Großen Hamburger Straße eingeliefert worden. Es diente lange als Sammellager für die zu Deportierenden. Das Haus stammte aus dem 18. Jahrhundert. Dahinter liegt der älteste jüdische Friedhof Berlins, auf dem auch Moses Mendelssohn begraben wurde. Als die Gestapo Hans registrierte, protestierte einer von ihnen gegen dessen Verhaftung und erinnerte seine Kollegen daran, welch gute Beziehungen dieser Jude zu den Großhändlern Berlins habe. Man täte besser daran, ihn nicht zu deportieren, sondern seine Verbindungen zu nutzen. So wurde die Wohnung der Rosenthals wieder entsiegelt. Die alte Frau Rosenthal packte ihren Rucksack aus. »Für wie lange?«, fragte sie ihren Sohn.

Meines Vaters Schwester Elsa benachrichtigte uns, dass nun auch ihr Mann und sie deportiert würden. Sie bat uns zu kommen. Da sie in Spandau lebten, war der Kontakt zu ihnen fast völlig abgerissen. Telefone waren Juden weggenommen worden, öffentliche Verkehrsmittel durften Juden nur von und zur Arbeit oder in dringenden Familienangelegenheiten benutzen. Überdies war meine Mutter von ihrer Arbeit in der Fabrik, in der sie meist nachts arbeiten musste, zu erschöpft, um solche Ausflüge unternehmen zu können. Nun aber fuhren wir hin.

Es war der Tag ihrer Deportation. In dem kleinen Zimmer, das ihnen zugewiesen worden war – ihre Wohnung war ihnen längst genommen worden –, standen zwei fertig gepackte Rucksäcke an der Tür bereit. Das Zimmer war vollgestellt mit Möbeln, die einst in eine herrschaftliche Wohnung gehört hatten. Nur die wertvollen Teppiche fehlten. Die hatten sie »Aufbewariern« anvertraut, »bis wir wiederkommen«.

Tante Elsa und mein Onkel saßen bereit, warteten und weinten. Die dunklen Augen im breiten, bleichen Gesicht meines Onkels waren rot unterlaufen vom Mangel an Schlaf. Seine dicke, ungeschlachte Hand tätschelte ständig den Arm meiner Tante, für die er in der fast dreißigjährigen Ehe kaum jemals so viel Gefühl aufgebracht hatte. Er murmelte unaufhörlich: »Muttchen, mein Muttchen.« Zu mehr war er nicht mehr imstande. Meine Tante, schmal und klein, die Augen verquollen vom vielen Weinen, hielt den Kopf ständig gesenkt, um den Schmerz in ihrem Gesicht zu verbergen. »Grüß Martin«, wiederholte sie immer wieder. Mein Vater war ihr Lieblingsbruder. Sie küsste mich dabei. Meine Mutter blieb unglaublich beherrscht und sagte entgegen ihrer eigenen Überzeugung ebenso oft: »Aber wir sehen uns doch wieder.«

Meine kleine Tante schüttelte nur den Kopf. »Ihr müsst gehen, wer weiß, wann sie uns holen werden.«

Wir gingen. Ich höre noch heute das Knarren der Stiegen. Wir traten aus dem dunklen Treppenhaus in den kalten Wintertag. Nicht weit vom Haus entfernt, sahen wir einen Polizeiwagen heranfahren. Wir blieben stehen, so dass wir nicht gesehen werden konnten. Dann beobachteten wir, wie zwei jüdische Ordner mit dem gelben Stern am Mantel im Haus verschwanden. Wenige Minuten später kamen sie wieder – meine Tante ihnen voran, mit dem viel zu großen Rucksack auf dem Rücken, hastig, schnell, als wolle sie es hinter sich bringen. Mein Onkel torkelte hinterher. Sie blickten nicht zurück, nicht ein einziges Mal, als die Männer die Rampe des Wagens hochschlugen. Sie hatten keinen Blick mehr für die Stadt, in der sie fast dreißig Jahre zu Hause gewesen waren. Ich weinte. Meine Mutter, die nicht weniger mitgenommen war, fuhr mich an: »So beherrsch dich doch, wenn uns einer sieht …« Wir waren ohne Stern. Außer uns schien niemand auf der Straße zu sein. Es war seltsam, wie die Berliner solchen Aktionen zu entgehen verstanden, die sich in ihrer Stadt zutrugen. Wie viele von ihnen hinter den Vorhängen standen, ließ sich nur raten. Manchmal sahen wir, wie ein Kopf dahinter plötzlich verschwand. Die Deportationszüge fuhren nun vom Bahnhof Grunewald ab, weil einige Berliner am Lehrter Bahnhof Zeugen der ersten Deportationen geworden waren und nicht unbedingt zustimmende Bemerkungen gemacht hatten. Vielleicht hatte es die Gestapo dort am Waldesrand auch leichter, die Leute noch einmal ungestört zu filzen und jenen, die da geglaubt hatten, ein bisschen Geld oder ein Goldstück, in einen Rocksaum eingenäht, könne ihnen eine Hilfe werden, unter Hohngelächter auch noch das Letzte abzunehmen.

Tante Elsa und ihr Mann waren die Letzten unserer Familie, die so verschleppt wurden. Die andere Schwester meines Vaters war mitsamt den Bewohnern eines Altersheimes, in dem sie nach dem Tode ihres Mannes gearbeitet hatte, deportiert worden. Der Bruder verschwand mit seiner Familie, ohne dass wir davon Kenntnis erhielten. Wir hörten nur, dass die Gestapo ein ärztliches Attest, das ihn als nicht transportfähig auswies, nicht im Geringsten beeindruckt hatte. Meine Kusine, ihr Mann und die von uns vergötterte dreijährige blonde Bela hatten zu den Ersten gehört, die die schreckliche Reise antreten mussten. Von keinem haben wir jemals wieder etwas gehört.

Über BBC hörten wir im November 1942 das erste Mal von Vergasungen und Erschießungen. Wir konnten und wollten es nicht glauben. Die Reihen um uns lichteten sich. Eines Tages hieß es, dass die Wiener Gestapo in Berlin eingesetzt würde. Wien sei bereits judenrein, Berlin dagegen säumig, die Berliner Gestapo nicht schnell genug. Die Wiener Gestapo würde nun mit den Juden Berlins aufräumen. Die »Listen« wurden abgeschafft. Die Wiener Gestapo hatte eine andere Methode entwickelt. Sie setzte große Möbelwagen bekannter Umzugsfirmen ein, mit denen die Wiener Gestapoleute vor den jüdischen Häusern Berlins vorfuhren. Dann ging alles sehr schnell. Wie sie gingen und standen, wurden die Menschen in die Wagen getrieben. Und wenn sie nach ihren Kindern oder Frauen schrien, dann hieß es lediglich: »Die treffen Sie schon noch.« Dann waren sie still.

Käthe Rosenthal, die Mutter von Hans, war eines Tages auf diese Weise abgeholt worden. »Aber mein Sohn ...«, wollte sie erklären. »Ihr Sohn interessiert uns nicht«, wurde sie angefahren und in den Möbelwagen geführt. Ihre Wohnung wurde versiegelt. Im Sammellager fragte sie einen jüdischen Ordner nach ihrem Sohn. Hans wandte sich sofort an die Gestapo. Sie brauchten ihn noch. Ihm und seiner Mutter wurde gestattet, nach Hause zurückzukehren, zum zweiten Mal. Noch einmal packte die Mutter den Rucksack aus.

Mit der Wiener Gestapo waren auch drei Juden aus Wien gekommen, die in der österreichischen Hauptstadt Handlanger der Gestapo gewesen waren. Ich empfand Bewunderung für Ali, als sie eines Tages stolz berichtete, dass sie einen dieser Juden aus der Zeit kenne, da sie noch für den Hilfsverein der Juden in Deutschland tätig gewesen war. Uns erschien das als großer Glücksfall. Kurz darauf brachte sie ihn ins Büro. Ich habe keine genaue Erinnerung an Robert Gero. Ich weiß nur noch, dass er eine Brille und einen Schnurrbart trug und wienerisch sprach. Wir nannten ihn Schmidt. Weidt war ihm gegenüber fast unterwürfig, wie wir alle, denn er versprach, die »Möbelwagen« so lange wie möglich von unseren Häusern fernzuhalten. Es fiel Weidt nicht schwer, Gero für sich einzunehmen. Der Antinazi, der unter allen Umständen seine jüdischen Blinden retten wollte – seine Ali dazu –, das war für einen Außenstehenden, sicherlich auch für einen Wiener Juden, rührend und großartig. Jedenfalls nahm Robert Gero von nun an auch an unseren geselligen Abenden teil, trank mit uns und war mit uns »vergnügt«.

Die Möbelwagen wurden der Schrecken der Berliner Juden. Eines Tages fuhren sie auch bei der Blindenwerkstatt Weidt vor. Sie holten die Blinden und die Taubstummen. Ich kann die Szene nicht vergessen. Ohne einen Laut legten sie ihre Arbeit nieder, nahmen ihre Sachen, fassten einander an den Händen und gingen tastend und still die Treppe hinunter. Viele von ihnen hatten sehende Frauen, auf die sie angewiesen waren. Aber das interessierte die Gestapo nicht. Sie wurden in die Wagen getrieben wie alle anderen. Weidt schwieg. Er schien wie ohnmächtig vor Zorn. Jedes Gespräch hatte der Gestapomann abgelehnt. Er hätte nur seine Pflicht zu tun, und die wäre, die jüdischen Blinden und Taubstummen ins Sammellager zu bringen. Das Sammellager Große Hamburger Straße 26 war nicht weit entfernt von der Blindenwerkstatt. Kurz nach der Abfahrt der Möbelwagen verließ Weidt die Werkstatt. Er hatte kein Wort gesagt, und keiner hatte gewagt, ihn anzusprechen. Und wieder stapfte er, die Blindenbinde am Arm, seinen Stock in der Hand, die Straße entlang zur Gestapo.

Am späten Nachmittag hatte er sein Ziel erreicht. Er hatte sie freibekommen, seine Blinden. Niemand war zugegen, als er der Gestapo die Bedeutung seiner Werkstatt für den Krieg erklärte. Niemand weiß, wie er es erreichte. Möglicherweise unterstrich er seine Argumente mit »Gaben«. Die Blinden nahm er gleich mit. Er ließ sich nicht damit abfinden, dass sie schon nachkommen würden. Otto Weidt stand vor dem Sammellager und wartete auf sie. An der Spitze seiner Blinden, die untergehakt hinter ihm liefen und den »Judenstern« an ihren Lederschürzen trugen, ging er zu Fuß zur Werkstatt zurück. Aber Weidt wusste und sagte es auch: »Das war das letzte Mal.«

9
Untergetaucht

»Sie müssen mir etwas ganz fest versprechen«, eindringlich forderte es die kleine Frau Gumz. Sie hielt die Hände meiner Mutter wie in einem Schraubstock umklammert. Ihre blauen Augen glänzten und schimmerten vor Erregung wie Irrlichter. Ihre aufgesprungenen Lippen über den breit auseinanderstehenden, etwas vorgeschobenen Zähnen zitterten. »Sie müssen mir etwas versprechen!«, wiederholte sie mehrmals. Es war an einem kalten, düsteren Novembertag im Jahre 1942. Nun schon ein Jahr lang rollten die regelmäßigen Transporte jüdischer Menschen aus Berlin in Richtung Osten. Niemand wusste genau, wohin.

»Aber was soll ich Ihnen denn versprechen?«, fragte meine Mutter ein wenig verwirrt und ratlos. »Ich kann Ihnen doch nichts versprechen, ohne zu wissen, um was es geht!«

»Doch, das müssen Sie aber«, verlangte Frau Gumz. Etwas verlegen und ganz leise fügte sie hinzu: »Wenn ich Ihnen sage, um was es geht, würden Sie vielleicht zögern.«

»Also gut«, gab meine Mutter endlich nach, »ich verspreche es Ihnen.« Frau Gumz lachte kurz und, wie es schien, sehr zufrieden. »Sie haben mir eben versprochen, dass Sie und Inge sich nicht wie die anderen deportieren lassen.«

»Aber Frau Gumz«, rief meine Mutter und entzog ihre Hände dem immer noch festen Griff, »ich verstehe das alles nicht, und überhaupt, was ist geschehen, dass Sie so reden, und wie stellen Sie sich das vor?«

Frau Gumz beugte sich vor. »Der Fritz von nebenan, Sie wissen schon, der junge Soldat, ist aus dem Osten zurückgekommen.« Dann fügte sie sehr leise hinzu: »Er hat erzählt, was sie dort mit den Juden machen.«

»Ja, was denn?«, fragte meine Mutter spürbar erregt. »Ach, ich kann Ihnen das nicht erzählen, es ist furchtbar.« Ihre letzten Worte gingen in Tränen unter. »Der Fritz hat unterschreiben müssen, dass er nicht darüber spricht, was er gesehen hat, aber wer kann denn das ...!«

»Es ist also wahr, was der englische Sender schon seit einiger Zeit berichtet.« Meine Mutter sagte es mehr zu sich selbst. Sie dachte an die vagen Meldungen über Vergasungen, Hinrichtungen, Erschießungen von Juden, an die keiner von uns so recht geglaubt hatte, oder vielleicht besser gesagt, nicht hatte glauben wollen. Es erschien so unfassbar.

Frau Gumz schien die Frage meiner Mutter vorausgeahnt zu haben. Ganz schnell entgegnete sie:

»Wir helfen Ihnen, ich verspreche es Ihnen. Mein Mann und ich haben das schon beschlossen. Sie kommen zu uns.« So einfach sagte sie das. Als wir aus der Tür ihres Ladens in die Dunkelheit traten, rief sie uns noch nach:

»Vergessen Sie nicht, Sie haben es versprochen ...!« Ihre fast bittenden Worte klangen uns nach.

»Wir müssen das mit Ostrowski besprechen«, überlegte meine Mutter. »So einfach ist das schließlich nicht.«

Ein wenig zögernd gingen wir zu ihm. »Die Gumzens sind so einfache Menschen, dass sie die Tragweite ihrer Absicht nicht übersehen«, hatte meine Mutter mehrmals eingewandt, wenn wir über die Möglichkeit des »Untertauchens« sprachen. Sie wiederholte ihre Bedenken, aber Ostrowski war anderer Meinung.

»Das ist eine großartige Idee«, rief er aus, rieb sich die Hände und schien erfreut, endlich seine Gelegenheit gefunden zu haben, seine Opposition gegen Hitler aktiv auszudrücken. »Natürlich, das werden wir tun. Grete und ich werden Ihnen helfen.«

Seine Freundin Grete betrieb seit Ostrowskis Entlassung aus dem Staatsdienst eine Papierhandlung mit Leihbücherei. Sie diente teils als Einnahmequelle, teils als Tarnung, denn ehemalige SPD-Funktionäre waren der Gestapo wegen vermuteter antinazistischer Umtriebe stets verdächtig. Eine bürgerliche Existenz konnte diesen Verdacht beseitigen oder doch mindern. Sie wohnten in einer kleinen 1 1/2-Zimmer-Wohnung in Berlin-Halensee. Es war klar, dass wir bei ihnen kein Unterkommen finden konnten.

»Macht euch darüber keine Sorgen«, meinten beide, »da gibt es den Laden, da gibt es unser Bootshaus, und schließlich gibt es noch mehr Menschen in Berlin, die so denken wie wir.«

Sehr beruhigt und mit vielen Nahrungsmitteln beladen, die wir seit Jahren nicht mehr gesehen hatten, verließen wir unsere Freunde – meine Mutter nunmehr überzeugt, dass wir das »Untertauchen« wagen sollten.

»Es kann nicht mehr lange dauern mit diesem Hitler, höchstens noch drei Monate.« Ostrowski sprach es im Brustton der Überzeugung. Wir waren geradezu ausgehungert nach Zuversicht und Optimismus. So nahmen wir seine Worte dankbar auf. Wie er zu dieser Analyse gelangte, die er uns so überzeugend darzulegen verstand, weiß ich heute nicht mehr. Einzelheiten über die Kriegslage bezog er natürlich vom englischen Sender. Aber was ihn veranlasst haben mag, Ende 1942, als Hitler noch auf dem Höhepunkt seiner Macht stand, ein so rasches Ende des Dritten Reiches zu erwarten, vermag ich nicht zu sagen.

Nun war die Entscheidung gefallen. Lediglich der Termin unseres »Untertauchens« stand noch nicht fest. Wir wollten ihn so lange wie möglich hinauszögern. Mit großer Aufmerksamkeit verfolgten wir die Aktivitäten der Gestapo, die langsam, aber konsequent alle Juden aus Berlin deportierte. Als ich am Nachmittag von der Arbeit nach Hause kam, fand ich eines Tages einen Zettel meiner Mutter vor, die in der Abendschicht arbeitete. Auf dem Zettel stand nur: »Ich kann nicht mehr, wir müssen so schnell wie möglich untertauchen.« Was war geschehen?

Sie erzählte mir, was sich in meiner Abwesenheit zugetragen hatte. Als an der Wohnungstür geklingelt wurde, öffnete sie. Vor ihr standen zwei baumlange Kerle, der eine ein Gestapomann, der andere sein Fahrer. Sie verlangten Einlass, um etwas aus dem versiegelten Zimmer einer vor Wochen deportierten Hausgenossin zu holen.

»Was machst du eigentlich zu Hause?«, fragte der Gestapomann meine Mutter. Sie erklärte ihm, dass sie erst am Abend zur Arbeit ginge. »Na, da können wir dich doch gleich mitnehmen!«, meinte er gut gelaunt, indem er meiner Mutter auf den Popo klatschte.

»Wo ist dein Zimmer?« Sie ging ihm voran in unser Zimmer. Er ließ sich in einem Sessel nieder und hieß seinen Fahrer, das Gleiche zu tun.

»Also gut, mach dich fertig, pack ein paar Sachen zusammen, viel wirst du nicht brauchen, wir warten solange.«

Meine Mutter wusste nicht, was sie tun sollte. Sie tat schließlich, als habe sie die Aufforderung nicht richtig verstanden, nahm eine Näharbeit und setzte sich.

»Bist du allein?«, fragte der Gestapomann.

»Nein, ich habe eine Tochter.«

»Na, machst du dich nicht fertig?«, drängte er. Meine Mutter erklärte ihm sehr ruhig, wenn sie schon deportiert würde, dann wolle sie mit ihrer Tochter zusammen sein, und die sei noch bei der Arbeit.

»Was meinst du?«, wandte sich der Gestapomann an den Fahrer. »Was sollen wir machen, sollen wir sie mitnehmen, oder sollen wir sie hierlassen?« Der Fahrer hatte sein Gesicht hinter einer Zeitung versteckt und zuckte die Schultern. Da stand der Gestapomann auf, trat dicht an meine Mutter heran und griff nach ihr.

»Lassen Sie das!«, rief sie und versuchte, sich seinen Händen zu entziehen. Als der Gestapomann sich einen Augenblick abwandte, gab der Fahrer meiner Mutter durch ein Zeichen zu verstehen, dass der Gestapomann nur ein grausames Spiel spielte. Sie setzte sich wieder an ihre Näharbeit. Der Gestapomann baute sich vor ihr auf, stemmte die Hände in die Hüften und fuhr sie an: »Sag mal, hörst du nicht? Du sollst dich fertig machen; wir nehmen dich mit!«

Noch einmal bat sie ihn, sie doch nicht ohne ihre Tochter mitzunehmen. Endlich lachte der Gestapomann laut auf, wandte sich an den Fahrer und fragte: »Na, was meinst du, sollen wir sie doch noch hierlassen?«

Der Fahrer nickte vorsichtig.

»Na schön«, sagte der Gestapomann, und sich zum Gehen wendend: »Das nächste Mal kommst du nicht so billig davon, Freundchen!« Meine Mutter konnte mir nicht sagen, wie lange diese Tortur gedauert hatte. Ihr schienen es Stunden gewesen zu sein.

Es muss etwa um die gleiche Zeit gewesen sein, als Robert Gero in die Blindenwerkstatt kam, um mir zu sagen: »Wenn du wirklich untertauchen willst, dann musst du es bald tun. Ich kann dich nicht mehr lange schützen.« Es gab nur noch wenige jüdische Häuser in Berlin, die auszuräumen waren. Die Wiener Gestapo würde ihr Ziel, Berlin »judenrein« zu machen, erreichen. Es sei nur noch eine Frage kurzer Zeit, meinte er. Ich sagte ihm, dass wir in Kürze untertauchen würden. Wir gingen noch einmal zu den Gumzens. »Meint ihr wirklich …?« Meine Mutter konnte den Satz nicht beenden, da hatte Frau Gumz bereits sehr energisch »ja« gesagt. Ihre Augen leuchteten. Natürlich hatte ich auch Weidt über unser Vorhaben verständigt und von ihm jede Hilfe zugesagt erhalten. Als ich erwähnte, dass wir noch einige Sachen hätten, die ich nicht gerne in die Hände der Gestapo fallen lassen wollte, meinte er: »In meinen Lagerräumen ist noch Platz.«

Meine Mutter begann mit den Vorbereitungen. An jedem Nachmittag, wenn ich von der Arbeit heimkehrte, während sie sich bereits zu ihrer Arbeitsstelle aufgemacht hatte, fand ich einen gepackten Koffer vor. Ich schleppte ihn am nächsten Morgen in aller Frühe zur Blindenwerkstatt. Nach einem neuen Gesetz durften Juden in Deutschland nicht mehr über Eigentum verfügen. Sie waren lediglich Nutznießer staatlicher Leihgaben. Wir besaßen noch zwei Couches, die wir vielleicht später noch brauchen konnten. Ich fragte Weidt um Rat. Er war ein praktischer Mann. »Wir holen sie mit dem Firmenwagen ab«, meinte er, obgleich er so gut wie ich wusste, dass das riskant war. Weidt kannte keine Angst. »Das wird so schnell gehen, dass es keiner sieht.« Wir verabredeten, die Couches an einem Vormittag abzuholen, wenn die meisten Menschen ihrer Arbeit nachgingen, meine Mutter aber wegen ihrer Nachtschicht zu Hause war. Und so geschah es. Wenige Tage vor unserem Untertauchen baten wir die Wirtin, uns die von ihr angebotenen Betten doch wieder ins Zimmer zu stellen. Die wenigen Gegenstände, die wir zurücklassen mussten, machte ich durch Risse und Löcher unbrauchbar. Ich hatte eine böse Freude an dieser unauffälligen Zerstörung. Als die Vorbereitungen abgeschlossen waren, setzten wir den Termin unseres »Untertauchens« fest.

»Eure Freunde nehmen euch auf«, sagte Weidt, »gut und schön; aber was werdet ihr am Tage machen? Bei ihnen herumsitzen?« Er hatte recht. Das hatten wir nicht bedacht. Aber er schien sich darüber schon Gedanken gemacht zu haben. »Du kannst bei mir weiterarbeiten. Wir müssen sehen, wie wir das legalisieren können«, überlegte er. Ich verstand kein Wort. Er ließ mich gehen und versicherte mir, er würde schon Rat finden. Wenige Tage später erschien Frau P. im Büro. (Frau P. steht für Hedwig Porschütz. Sie ist inzwischen verarmt gestorben. Man kann ihren Namen jetzt erwähnen mit dem Vermerk, dass ihr nach dem Krieg trotz großer Armut die ihr als Retterin von Juden zustehende Sozialhilfe nicht gewährt wurde, weil sie einen »unmoralischen Lebenswandel« geführt hatte.) Ich wusste, dass sie eine Wohnung in der Nähe des Alexanderplatzes hatte und Schwarzmarktgeschäfte betrieb; auch, dass sie Mädchen, die dem ältesten Gewerbe nachgingen, beherbergte oder vermittelte. Ich hatte nie viel Notiz von ihr genommen und wusste nur, dass sie immer Zugang zu Weidt hatte und sich mit ihm duzte.

Weidt bat mich eines Morgens in sein Büro und fragte: »Hast du 50 Mark dabei?« Ich sah ihn erstaunt an, nickte aber.

»Hier, Frau P. hat ein Arbeitsbuch für dich besorgt.« Er hielt es mir hin. Ich starrte auf den Adler mit dem Naziemblem und begriff nichts.

»Du bist von nun an Gertrud Dereszewski. Sieh dir genau an, wann sie geboren ist! Lern das alles hübsch auswendig.«

Weidt lächelte verschmitzt und erklärte, wie er das geschafft hatte. Gertrud Dereszewski war ein Mädchen, das Frau P. »nahestand«. Es hatte keinerlei Neigung, wie andere deutsche Frauen bis zum Alter von 55 Jahren zur Arbeit in einem Rüstungswerk dienstverpflichtet zu werden, und zog es vor, dem bisherigen Gewerbe weiter nachzugehen. So verkaufte Gertrud Dereszewski ihr Arbeitsbuch zu einem relativ niedrigen Preis und erhielt dafür einen Betriebsausweis mit Bild als Arbeiterin der Blindenwerkstatt Otto Weidt. Ich erhielt ebenfalls einen derartigen Ausweis, der sich von dem ihren nur durch mein Bild unterschied. Gertrud Dereszewski wurde offiziell sowohl bei der Krankenkasse als auch beim Arbeitsamt gemeldet.

Dann kam der Tag. Es war der 15. Januar 1943. Die gläserne Tür des Berliner Mietshauses schlug hinter uns zu. Wir standen auf der Straße. »Ich habe meine Uhr liegenlassen!«, rief meine Mutter. Sie war ganz bleich; noch einmal hinaufgehen? Es schien uns fast wie ein schlechtes Omen. Dennoch – wir wagten es. Leise schloss meine Mutter auf. Niemand durfte uns sehen. Wir hatten den Stern bereits von unseren Mänteln getrennt. Unser Aufbruch mitten am Tag mit großen Tragetaschen in der Hand hätte Verwunderung, wenn nicht gar Verdacht erregen müssen. Noch einmal schlichen wir in das Zimmer zurück, das in seiner Kahlheit fremd und kalt erschien. Tatsächlich lag die Armbanduhr meiner Mutter auf dem Tisch. Sie ergriff sie hastig. Wir eilten davon. Dann tauchten wir bei Gumzens unter, die uns freudig begrüßten.

»Ich bin so stolz, dass ich Sie dazu überreden konnte«, sagte die einfache Frau und wies uns eine Kammer im rückwärtigen Teil der düsteren Parterrewohnung hinter dem Laden zu.

»Bei uns gehen so viele Menschen ein und aus, da fallen Sie gar nicht auf«, meinte Herr Gumz, der von Hitlers nahem Ende ebenso überzeugt war wie Ostrowski.

An die erste Nacht unseres neuen Daseins erinnere ich mich nicht. Ich war so erschöpft, dass ich in dem eichenen Bett, das ich nun für mehrere Wochen mit meiner Mutter teilen musste, sofort einschlief.

Am nächsten Morgen ging ich wie jeden Tag zur Arbeit in die Blindenwerkstatt Weidt. Meine Existenz war durch die Dokumente der Gertrud Dereszewski sozusagen legalisiert worden. Den Kunden und den Vertretern der Firma Weidt, die mich kannten, wurde nun meine Heirat mitgeteilt. Ali, die wie Weidt viel Sinn für die Komik dieser Situation hatte, brachte einen alten Trauring mit. Ich war nun Frau Dereszewski und musste viele zweideutige Witze über mich ergehen lassen, die sich auf die Hochzeitsnacht bezogen. Mir war alles recht.

An meinem Tagewerk änderte sich zunächst gar nichts. Meine Mutter fand sich schwer in das Nichtstun. Sie bemühte sich, im Haushalt zu helfen, aber das gelang nicht so recht, denn die Familie Gumz hatte keinen geregelten Tagesablauf. Es gab keine festen Mahlzeiten. Jeder aß, wann es ihm gerade einfiel. Meine Mutter konnte auch nicht einmal in der Küche helfen, denn der Herd stand im Laden, wo die Wäsche zum Trocknen von der Decke hing, die Plätterin mit dem Gasbügeleisen über gestärkte Kragen fuhr und die Heißmangel fast ständig in Betrieb war. Während das Mittagessen auf dem Herd brodelte, nahm Frau Gumz Pakete schmutziger Wäsche entgegen, legte sie zum Sortieren bereit und händigte die saubere Wäsche an die Kunden aus. Meine Mutter war immer froh, wenn ich nach Hause kam und ihr bei ihrer Untätigkeit Gesellschaft leistete. Wenn sie Frau Gumz ihr Leid klagte, dass sie sich so überflüssig vorkomme, gab ihr Frau Gumz ein paar Strümpfe zu stopfen und sagte: »Aber seien Sie doch froh; ruhen Sie sich doch ein bisschen aus.« Das schlichte Gemüt der Frau konnte nicht fassen, dass die neue Situation als »Illegale« meiner Mutter keine Ruhe ließ. Dennoch schliefen wir in den ersten Tagen unserer Illegalität sehr viel ruhiger als zuvor, denn die Sorge bedrückte uns nicht mehr, was der nächste Tag an Schikanen und Quälereien bringen würde.

Jeden Abend mühte sich Herr Gumz, mit seinem Rundfunkgerät einen ausländischen Sender zu erreichen. Da saß dann der vierschrötige Mann in seiner Arbeitskleidung, ohne Kragen und Krawatte, und kroch förmlich in den Apparat hinein und wir mit ihm. Gelang es ihm nicht, denn deutschsprachige Sendungen aus dem Ausland wurden oft gestört, war er den ganzen Abend brummig. Immer wieder versuchte er es von neuem, gelang es, dann verzog sich sein zahnloser Mund zu zynischem Lachen, wenn die Nachrichten ungünstig für Hitlers Kriegführung lauteten. Sein zwölfjähriger Sohn spielte währenddessen, aber seine sehr wachen Augen ließen erkennen, dass er genau wusste, was sein Vater tat. Er war nicht in der Hitlerjugend. »Das haben wir geschafft«, lachte Gumz. Er konnte sich immer wieder von neuem darüber freuen, wie ihm das gelungen war. Er schlug sich auf die Oberschenkel: »Plattfüße hat er, habe ich gesagt, und der Doktor hat das auch bescheinigt. Zum Marschieren ist so einer doch nicht geeignet.«

Frau Gumz hatte immer Angst um ihren »Papa«. »Er redet zu viel«, sagte sie und wünschte die Zustimmung meiner Mutter.

Gumz kannte keine Vorsicht. Grüßte ein Kunde mit »Heil Hitler«, dann erschien er im Laden, um ihn sich ganz genau anzusehen und ein Gespräch mit ihm zu beginnen. Er verstand es, solche Leute unsicher zu machen. Sie wussten nie, wie sie mit ihm dran waren. Oft erklärte er in aller Ausführlichkeit, wie er die Aussichten für die Welt sah: »Nur so viele werden überleben, wie unter einem Lindenbaum Platz haben«, verkündete er als Zeuge Jehovas. Manche hörten ihm ungläubig zu, andere zeigten Furcht. Überzeugen konnte er kaum jemanden, aber dass es mit Deutschland ein schlechtes Ende nehmen könnte, das schien vielen nicht mehr ausgeschlossen, wenngleich es noch keine unmittelbaren Anzeichen dafür gab. »Wir werden uns noch zu Tode siegen«, sagten einige der Kunden von Gumz angstvoll. Frau Gumz war weniger gesprächig. Sie beobachtete die Menschen und war allenfalls zu einigen sarkastischen Bemerkungen bereit. »Ach, wissen Sie, unser Führer wird das schon machen. Machen Sie sich man keine Sorgen.«

Es wurde viel gelacht bei der Familie Gumz. Mir zuliebe wurde Hans Rosenthal zum Essen eingeladen. Die Mahlzeit bestand zumeist aus Karnickelbraten. Viele Berliner hielten damals Karnickel in ihren Schrebergärten oder, wie die Familie Gumz, im Keller oder auch auf dem Balkon. In den Anlagen und Parks der Stadt suchten die Berliner Futter für ihren Sonntagsbraten. Die Gumzens reicherten diese Mahlzeiten mit Gemüse aus ihrem Garten in Berlin-Drewitz an. Dazu gab es einen sehr süffigen Obstwein eigener Produktion. Was Wunder, dass wir vergnügt waren.

Ich erinnere mich eines solchen Abends, an dem Hans zu Gast war und ein zu jener Zeit relativ schwerer Luftangriff unserem Vergnügen ein jähes Ende bereitete. Da die Gumzens im Parterre wohnten, mussten wir nicht in den Keller gehen. Hans war sehr besorgt, dass der Luftschutzwart seines Hauses ihn im Keller vermissen würde, denn es war längst nach 20 Uhr, der erlaubten Ausgangszeit für Juden. Wieder einmal hatte uns die Angst eingeholt, die wir einige vergnügte Stunden lang vergessen hatten. Die irgendwo detonierenden Bomben waren dagegen bedeutungslos und unwichtig.

Wenige Tage nach unserem Untertauchen hörte ich in meinem kleinen Büro der Blindenwerkstatt Weidt, wie eine mir bekannte Frauenstimme, die ich nicht gleich identifizieren konnte, nach mir fragte. Krampfhaft überlegte ich, wer das sein könnte. Dann hörte ich Weidts Stimme.

»Die Deutschkron«, sagte er, »die ist seit Tagen nicht mehr zur Arbeit erschienen. Was wollen Sie von ihr?«

In Sekundenschnelle verschwand ich unter meinem Schreibtisch. Schlagartig wusste ich, dass es die arische Ehefrau eines Mitbewohners aus der Bamberger Straße 22 war. Ali war aufgestanden, um mich zu suchen und zu warnen. Sie sah mich nicht unter meinem Schreibtisch. Erst, als ich vorsichtig hervorguckte, entdeckte sie mich und setzte sich geistesgegenwärtig davor. Ich war nun gänzlich unsichtbar und hörte, wie Frau Wachsmann sagte: »Deutschkrons sind verschwunden und haben weder Gas noch Elektrizität bezahlt. Auch den Hausschlüssel haben sie mitgenommen.«

»Warum kommen Sie eigentlich hierher?«, fragte Weidt.

»Ich habe doch neulich Ihren Lieferwagen gesehen und beobachtet, wie die Couches der Deutschkrons eingeladen wurden. Da dachte ich mir …«

Weidt unterbrach sie. »Mir fällt ein, die Deutschkron hat ihren letzten Lohn nicht abgeholt. Daraus kann ich Ihnen den fehlenden Betrag auszahlen. Wie viel macht es denn?«

Frau Wachsmann nannte eine Summe. Weidt wies den Buchhalter an, die Summe aus der angeblichen Lohntüte der Deutschkron zu entnehmen. »Sind Sie jetzt zufrieden?«

»Ja, aber der Hausschlüssel?«, meinte Frau Wachsmann.

»Da kann ich Ihnen leider nicht helfen. Sollte sich die Deutschkron melden, werde ich es ihr sagen«, vertröstete Weidt die Frau, die dann auch befriedigt das Büro verließ.

Ich kroch aus meinem Versteck hervor. An diese Rechnungen hatte ich natürlich nicht gedacht. Ich war verlegen. Weidt meinte: »Mach dir nichts draus, auch das will gelernt sein.« Dann überlegten wir, wie ich den Hausschlüssel zurückschicken könnte, ohne dass Weidt in den Verdacht geriet, mit mir Kontakt gehabt zu haben.

Tage später fuhr ich mit der S-Bahn nach Grünau, einem Vorort Berlins, um dort den Schlüssel mit einem Brief aufzugeben, in dem ich mich entschuldigte, den Schlüssel erst jetzt und auf diesem Weg zu übergeben. »Die Ereignisse haben sich so überschlagen, dass ich es vergaß und erst daran erinnert wurde, als ich ihn in meiner Tasche fand.« Außerdem legte ich Geld für Gas und Elektrizität dem Brief bei. Wir hörten nie wieder etwas von Frau Wachsmann. Einige Tage lang war ich im Büro wachsamer als zuvor. Dann vergaßen wir die Angelegenheit.

Es schien unvermeidlich, dass auch Ali irgendwann untertauchen musste. Sie sprach immer wieder mit ihrem »Papi«, wie sie Weidt nannte, darüber. Ohne ihre Eltern ginge sie natürlich nicht, erklärte sie. Weidt überlegte lange und beschloss schließlich, ein sogenanntes Ausweichlager für die Blindenwerkstatt zu mieten. Die Werkstatt in der Rosenthaler Straße bot nur wenig Raum. Der Bedarf nach einem Lager war glaubhaft. Also mietete Weidt ein Ladenlokal in der Neanderstraße 18. Dort wurden Bürsten und Besen eingelagert. Wer in diesen Lagerraum sah, konnte an seiner Nutzung nicht zweifeln. In dem hinter dem Laden gelegenen Raum wurde Quartier für drei Personen vorbereitet. Eines Nachts zog dann die Familie Licht dort ein. Ali ging wie gewohnt ins Büro, um weiter als Sekretärin von Weidt zu arbeiten; ihre Bezahlung bestand nun vornehmlich aus Lebensmitteln. Auch ihr Vater fand in der Werkstatt eine Arbeit. Nur die Mutter blieb am Tage in der Neanderstraße. In der Blindenwerkstatt wusste außer uns keiner davon; aber die meisten ahnten es wohl.

Dann kam Horn, bat und bettelte: »Weidt, bitte hilf mir! Ich will nicht deportiert werden; hab Familie, meinen Sohn, meine Tochter!« Seine Augen flehten, und immer wieder aufs Neue wiederholte er seine Bitte. Weidt wollte gerne helfen, wenn er nur gekonnt hätte. Dann fiel ihm eine Möglichkeit ein. Ohne Zögern trennte er den letzten Raum von der wie ein Schlauch angelegten Werkstatt ab, indem er einen großen Kleiderschrank vor die Tür schieben ließ. In diesem Schrank hingen Mäntel und Kleider. Schob man sie beiseite, dann wurde offenbar, dass der Schrank keine Rückwand hatte. So konnte das spätere Asyl der

Familie Horn betreten werden. Vier Personen sollten darin hausen. Auch sie wollte Weidt mit Lebensmitteln versorgen.

Dann kamen die Zwillinge Marianne und Anneliese Bernstein, etwa 18 Jahre alt. Marianne war blind und machte Heimarbeit für Weidt. Auch sie baten täglich: »Bitte, Papi, hilf uns!«

Weidt holte noch einmal Frau P.; sie nahm die beiden Mädchen auf. Eine Kammer – ein Kabuff, wie sie sagte – war hinter ihrer Wohnung noch frei. Alles schien so einfach. Wir fanden Vergnügen daran, auch Weidt, der ein bewundernswertes Organisationstalent entwickelte. Wir dachten nicht viel weiter als von einem Versteck zum anderen.

10
Von einem Versteck ins andere

Frau Gumz lächelte verlegen, als sie beim Essen erzählte: »Die Nachbarin hat gefragt, ob wir Besuch hätten.« Sie habe die Frage bejaht. »Ja, eine Kusine aus meiner pommerschen Heimat.« Keiner sagte ein Wort. Meine Mutter senkte den Kopf; sie hatte verstanden.

»Wir werden hier wegmüssen«, sagte sie mir angstvoll, als wir allein waren, »denn wie lange kann man zu Besuch sein?«

Es war gewiss nicht gut, dass die Nachbarin etwas von unserer Anwesenheit bemerkt hatte. Vielleicht war sie nur neugierig, ohne etwas Schlechtes im Schilde zu führen, vielleicht aber auch nicht. Und was wäre, wenn sie mit anderen darüber spräche – mit dem Hauswart oder mit dem Blockwart oder mit dem Luftschutzwart. Wir fühlten, dass Frau Gumz sich Sorgen machte. Sie sagte nichts.

»Das Wochenende könntet ihr doch in Drewitz verbringen.« In Drewitz hatten sie ihren Schrebergarten mit Laube. Wir sagten: »Aber gern«; eine Wahl hatten wir ohnehin nicht. »Wir kommen am Sonntag nach«, versprach sie.

Im Schrebergarten stand eine primitive Bretterhütte, der Witterung und mangelnde Pflege heftig zugesetzt hatten. Sie hielt sich nur mühsam aufrecht. Wasserleitung oder Kanalisation gab es nicht. Wenn der Kanonenofen geheizt wurde, konnte sie dennoch gemütlich sein. Die Einrichtung bestand aus alten, ausrangierten Möbeln des Hauses Gumz. Diese Hütte umgaben Gemüse- und Obstbeete, Sträucher und Bäume. Wir hatten schon oft dort »Nachlese« halten dürfen. In einem Anbau saßen Karnickel eng gedrängt.

Die Laube in Drewitz war fürwahr ein ideales Versteck für ein verlängertes Wochenende. Bei einem längeren Aufenthalt würden wir unvermeidbar den Dorfbewohnern auffallen. Auf dem

Weg nach Drewitz überlegten wir, was zu tun wäre. Wir fürchteten uns vor dem Satz, der unweigerlich kommen musste und das Ende unseres Asyls bei der Familie Gumz bedeutete. Wir fürchteten uns vor dem Gespräch mit Dr. Ostrowski. Wir fürchteten uns davor, über kurz oder lang für jeden eine Belastung zu sein.

»Vielleicht sprecht ihr mal mit euren anderen Freunden«, meinte Frau Gumz unvermittelt, als sie den Sonntagsbraten austeilte, »wie es mit euch weitergehen soll.« Sie sagte kein Wort darüber, dass sie uns nicht behalten könnte. Meine Mutter entgegnete rasch: »Ja natürlich, gleich morgen.« Mir blieb der Bissen im Hals stecken. Niemand sprach. Nach einer Weile sagte Frau Gumz: »Wir werden euch natürlich weiterhelfen, mit Essen und so.« Sie litt so offensichtlich unter dem, was sie sagen musste, ihre Augen schimmerten verdächtig. Ihr Mann erhob sich rasch vom Tisch, verließ den Raum und machte sich im Garten zu schaffen.

»Wir werden aufgeben müssen«, sagte meine Mutter. Ihre Augen standen voller Tränen. Ihre Hände fuhren unruhig über die Tischdecke. Auch sie verließ das Zimmer. Frau Gumz schwieg. Schließlich wandte sie sich an mich und sagte: »Ihr müsst das doch verstehen. Wir tun es doch auch nicht gern.«

»Aber natürlich«, antwortete ich, »wir werden schon einen Weg finden.« Ich sagte es nur, um Frau Gumz zu trösten, denn ich wusste auch nicht, wie.

Wenn ich an Ostrowski dachte, kamen mir Zweifel, wie er uns weiterhelfen sollte. Die kleine Wohnung, in der er mit seiner Freundin Grete Sommer lebte, war auf ihren Namen eingetragen. Seine jüdische Frau und sein Sohn bewohnten eine größere Wohnung in Charlottenburg. Obgleich seine Ehe tatsächlich nicht mehr bestand, ließ er sich zunächst nicht scheiden. Er wollte seine Frau nicht den Nazis ausliefern.

Ostrowski hörte uns an. »Klar, wir helfen euch.« Aber wie? Provisorisch könnten wir ja zunächst auf dem Fußboden des Wohnzimmers in ihrer Wohnung übernachten.

»Das geht schon mal«, sagte Grete. Dann fiel ihr etwas Besseres ein. »Hinter meinem Laden in dem Kabuff kann man doch Matratzen auf den Boden legen. Ein WC gibt es im Keller, und ein Waschbecken existiert ebenfalls.« Jeden Abend würde man uns nach dem Essen in den Laden bringen und dort einschließen. Morgens würde ich sozusagen als erste Kundin den Laden verlassen, um zur Arbeit zu gehen. Meine Mutter könnte sich während des Tages im Laden, aber auch im Haushalt nützlich machen. Wir waren sehr beglückt. »Wird es Sie nicht stören, wenn wir ständig um Sie herum sind in dieser kleinen Wohnung?«, fragte meine Mutter ahnungsvoll. »Ach, wie lange kann dieser Hitler noch aushalten«, meinte Ostrowski wieder einmal überzeugt. Natürlich würde es nur ein Übergang sein.

Der Abschied von der Familie Gumz war tränenreich. »Ach, es tut mir so leid.« Frau Gumz wiederholte diese Worte immer wieder. »Nicht wahr, ihr kommt uns besuchen.« Sie bettelte fast darum. Wir versprachen es. Meine Mutter war im Grunde froh, das dunkle Zimmer in dem ungeordneten Haushalt verlassen zu können.

Der Lieferwagen von Weidt brachte unsere Couches zum neuen Asyl, dieses Mal in den Laden von Grete Sommer, in der Westfälischen Straße 64. Unsere übrige Habe nahm Frau P. auf, denn bei Weidt lag sie ohne Aufsicht in der Expedition. Jeden Abend legten wir nun die Aufleger dieser Couches längsseits auf den Fußboden des kaum eineinhalb Meter breiten Raumes und löschten das Licht so schnell wie möglich, damit es nicht auffiel, dass jemand zu so ungewöhnlicher Stunde im Laden war.

Frau Mausch, die Portiersfrau, hasste außer ihrem Mann nur noch Hitler und die Nazis. Sie war eine hagere blonde Frau, knochig und stark, mit energischen Bewegungen, unbeherrscht und jähzornig. Sie nahm keine Rücksicht darauf, wer Zeuge ihrer Wutausbrüche wurde. »Die redet sich noch mal um Kopf und Kragen«, prophezeite Grete. »Schade, dass wir sie darum nicht einweihen können. Sie würde euch rührend umsorgen, aber könnte alles verraten, wenn sie mal wütend ist. Nein, nein, das geht nicht.« Also schlichen wir heimlich in den Laden, wagten uns nicht zu mucksen, registrierten jedes Geräusch und wussten, dass auch dieser Zustand nicht lange währen konnte.

»Was machen wir am Wochenende?«, fragte Ostrowski. Im Laden konnten wir natürlich nicht bleiben. Das würde auffallen.

Grete wusste immer einen Ausweg. »Was hältst du von Schildhorn?« Sie war stolz auf ihre einfallsreiche List. Sie lachte gern, und die selbstherrlichen Nazis zu hintergehen bereitete ihr grenzenloses Vergnügen.

Am Wochenende des 13. Februar machten wir uns zu viert nach Schildhorn auf. Es war ein kalter, ungemütlicher Wintertag, grau und regnerisch. In Schildhorn besaßen die beiden ein Bootshaus. Bis zur Stössenseebrücke konnten wir fahren. Dann mussten wir zu Fuß gehen. Ostrowski und Grete gingen uns voran. Es dunkelte bereits. Meine Mutter und ich unterhielten uns. Wir fühlten uns im Dunkel der einbrechenden Nacht geborgen. Wir waren jetzt selten allein und genossen diese Möglichkeit eines Gesprächs. Was mein Vater wohl machte, was er wohl dachte. Plötzlich stand jemand vor uns. Ostrowski zischte uns an: »Wie könnt ihr so ungeniert sprechen? Wenn euch einer belauscht hätte, wie wir jetzt?«

Meine Mutter und ich wurden sehr still. Wir schluckten den Vorwurf. Sicherlich hatte Ostrowski recht.

»Und damit ihr es gleich wisst: Wenn mal etwas passieren sollte, dann werde ich euch natürlich opfern. Ich muss am Leben bleiben. Ich habe noch eine Karriere vor mir.« Ostrowski war der festen Überzeugung, dass er in einem demokratischen Staat nach dem Ende Hitlers eine Rolle spielen würde. Von sich und seinen Fähigkeiten war er überzeugt. Schweigend gingen wir weiter. Ich ahnte, dass meine Mutter den Tränen nahe war. Meine Gefühle für Ostrowski, den ich vorher bewundert hatte, waren nun zwiespältig geworden. Ich sagte nichts.

Im Bootshaus war es hundekalt. »Es wird euch gleich zu warm sein«, sagte Grete munter, während sie den Kanonenofen mit Holzscheiten füllte. Zunächst qualmte er gewaltig, dann wurde es warm und auch gemütlich. Grete lachte: »Am 13. Februar haben wir die Sommersaison noch nie eröffnet.«

Das Bootshaus mit zwei engen Räumen, in denen nur schmale Holzpritschen Platz hatten, ein Tisch, ein paar Stühle und eine Kochnische, war natürlich nur für den Sommer gedacht.

Ostrowski unterhielt dort ein Segelboot, mit dem er und seine politischen Freunde an Wochenenden auf der Havel kreuzten.

Dabei bot sich eine gute Möglichkeit, unbeobachtet und unbelauscht die politische Lage zu erörtern.

Wir horchten in die Stille. Außer dem Knistern und Knacken des brennenden Holzes war nichts zu hören. Das Wochenende blieb kalt und unfreundlich. Am Sonntag kamen Gretes Eltern zu Besuch. Sie brachten lang entbehrte Lebensmittel, Wurst, Butter und Brot in Hülle und Fülle aus dem Laden mit. Wir diskutierten die Lage.

»In Stalingrad«, so berichtete der rundliche Bernhard Sommer das Neueste aus den Nachrichten der BBC, »scheint es tatsächlich zu Ende zu gehen.« Ostrowski sprang auf. Sein Gesicht strahlte. Dies sei der erste deutliche Hinweis darauf, dass es mit Hitler bergab gehe. Und wenn der Stein erst ins Rollen gekommen sei, dann …

»Freu dich nicht zu früh, Otto«, warnte der alte Sommer, »vor uns liegt noch ein langer Weg.«

»Nein, das fällt doch zusammen wie ein Kartenhaus.«

Ostrowski bestand auf seiner Meinung. Die Offiziere würden die Niederlage nicht einfach hinnehmen, denn sie waren ja nicht verantwortlich für die Befehle dieses »Verrückten«. Der alte Sommer wusste, dass es wenig Sinn hatte, mit Ostrowski zu diskutieren. Sein Optimismus war unerschütterlich.

Mit Hans Rosenthal hatte ich häufig Kontakt. Er rief mich bei Grete an, oder wir trafen uns in der Blindenwerkstatt. Einmal standen wir eng aneinandergeschmiegt im Vorraum der Werkstatt, als die Vertreterin eines großen Filmverleihs eintrat.

»Ach, wie nett!«, rief sie erfreut. »Herr Dereszewski natürlich!«

Hans nickte freundlich und hielt seine Aktentasche krampfhaft vor den gelben Stern.

»Meinen allerherzlichsten Glückwunsch zu Ihrer Hochzeit!«, sagte sie überschwänglich. »Sie müssen einmal zu mir kommen mit Ihrer jungen Frau.« Dabei sah sie mich freundlich an. »Ach, da fällt mir ein; haben Sie Lust, der Uraufführung eines unserer Filme beizuwohnen?«

Wir hatten Lust. Ich sagte es spontan. »Dann kommen Sie übermorgen. Ich hinterlege die Karten für Sie an der Kasse des Admiralspalastes.« Sie verabschiedete sich sehr herzlich, nicht ohne noch einmal zu versichern, wie sehr sie sich freue, das jungvermählte Paar bei sich zu sehen. »Es gibt ja so wenig Erfreuliches heutzutage!«

»Was werden wir machen?«, fragte Hans, als sie gegangen war.

»Wir gehen hin«, antwortete ich, »natürlich ohne Stern.«

Es war ein seltsames Gefühl, als wir den Admiralspalast betraten. Wir kannten keinen. Die Dame begrüßte uns liebenswürdig. Beklommen setzten wir uns auf die angewiesenen Plätze. Wir waren unter lauter fröhlichen Menschen, die sorglos über Belanglosigkeiten plauderten. Als es dunkel wurde und der Film begann, atmeten wir erleichtert auf. Was uns vorgeführt wurde, war ein leichter bis seichter Film ohne Probleme. Das Volk musste unterhalten und von der Wirklichkeit abgelenkt, nicht aber zum Nachdenken angeregt werden.

»Welch entzückender Film. Wie schön Sie gespielt haben, meine Liebe«, so schwirrten die Stimmen um mich herum, als dem geladenen Premierenpublikum anschließend Sekt serviert wurde. Neue Filmprojekte wurden diskutiert. Von Skireisen, Fahrten nach Italien oder Paris war die Rede. Der Krieg schien für diese Menschen gar nicht zu existieren. Ich war sehr neidisch, weil sie so sorglos waren. Die Damen waren gut gekleidet. Sie erhielten alles, was sie brauchten. Soldaten schleppten aus den besetzten Gebieten Seidenstrümpfe, Stoffe, Pelze und Schuhe heran. Ich wurde mir meines armseligen Kleidchens bewusst, das ich als heranwachsendes Mädchen noch vor Beginn des Krieges erhalten hatte.

»Da hat mir doch der X neulich einen Rotwein aus Paris mitgebracht, also mein Lieber, etwas so Exquisites habe ich noch nie getrunken. Ja, ja, diese Franzosen. Sie verstehen zu leben ...« Der kleine, rundliche Herr, der das sagte, verdrehte genüsslich die Augen.

Hans und ich gingen so bald wie möglich. Wir hatten in eine andere Welt hineingesehen. Es gab sie unmittelbar neben uns. Die Menschen dort sprachen Deutsch wie wir. Sie waren vielleicht keine Nazis. Aber von dem Elend und der Not von Menschen, die zwar aus ihrer Gesellschaft ausgestoßen, aber neben ihnen lebten, wussten sie nichts – oder wollten nichts wissen.

Und so ging Hans wieder in seine Wohnung zurück, aus der er jeden Tag abgeholt werden konnte, und ich in mein Versteck hinter dem Ladentisch.

Eines Morgens saß ich wie gewöhnlich an meinem Schreibtisch in der Blindenwerkstatt, als das Telefon klingelte.

»Hier Kriminalpolizei«, sagte jemand am anderen Ende. Ich erschrak.

»Ja, bitte?«, sagte ich sehr schüchtern.

»Arbeitet bei Ihnen eine Gertrud Dereszewski?«

»Ja«, entgegnete ich und erstaunlich geistesgegenwärtig, »ich verbinde Sie mit unserer Personalabteilung.« Dann schaltete ich den Apparat zunächst ab.

»Ali, die Kriminalpolizei will etwas von Gertrud Dereszewski.«

»Schalt schnell um zu Papi.« Ich tat es. Ali lief in Weidts Zimmer. Während Weidt sprach, stand ich wie gebannt in der Tür.

»Dereszewski?«, sagte Weidt, »ja, die arbeitet bei mir ... Sie ist in Ungarn aufgegriffen worden?« Weidt hörte zu und sagte dann schließlich: »Wenn das so ist, dann lege ich keinen weiteren Wert auf ihre Mitarbeit. Ich werde Ihnen das Arbeitsbuch einschicken. Ich danke Ihnen für Ihren Hinweis.« Zu mir gewandt, sagte Weidt: »Das ist nicht gut.«

»Muss ich nun hier weg?«, fragte ich angstvoll.

»Nein, nein«, sagte Weidt schnell, »es ist halt nur vorbei mit deiner Legalität. Wir müssen dich sofort überall abmelden, bei der Krankenkasse, beim Arbeitsamt.«

Ich behielt natürlich den Betriebsausweis. Die Daten der Dereszewski schienen mir im Falle eines Falles immer noch nützlich. Aber meine Situation hatte sich verschlechtert. Ich war bedrückt. Ali tröstete mich; sie war in einer ähnlichen Lage.

Es muss am 26. Februar gewesen sein, als Hans mich im Laden anrief.

»Geh um Gottes willen morgen nicht zu Weidt!« Ich wollte den Grund wissen, aber er verweigerte jede Antwort. Ich versprach, das Haus nicht zu verlassen.

Am nächsten Morgen sah man Polizeiwagen durch die Straßen Berlins rasen. Wenn sie vor einem Haus hielten, stürzten Beamte in Zivil und Uniform heraus, rannten hinein und führten jemanden ab, setzten ihn in den Wagen und fuhren schnell weiter zum nächsten Haus. Sie holten die letzten Juden ab, die sich noch in Berlin befanden. Sie holten sie aus ihren Wohnungen und aus den Fabriken, wo immer sie sie fanden. Und sie nahmen sie mit, so wie sie waren – im Schlafanzug, im Arbeitskittel, ohne Mantel. Vom Fenster sah ich sie, sehe ich sie noch heute, wie sie – in ihrem Erschrecken wie erstarrt – von Polizeibeamten, SS-Leuten, Zivilbeamten in die Wagen gestoßen wurden.

»Schnell, schnell!«, so trieb man sie an. Die Polizeiwagen nahmen sie auf, fuhren davon, kehrten leer zurück. Überall waren sie zu sehen. Die Leute auf der Straße blieben stehen, flüsterten miteinander. Dann gingen sie rasch wieder auseinander, gingen zurück in ihr schützendes Haus. Hinter den Fenstervorhängen schauten sie verstohlen auf die Straße und beobachteten das Geschehen.

Meine Mutter und ich waren wie erstarrt. Wo war Hans? Wo meine Freunde aus der Blindenwerkstatt? Unvorstellbar, dass es in Berlin keine Juden mehr geben sollte.

»Um Gottes willen, geht nicht aus dem Haus!«, riet Grete. Wir saßen in ihrer Wohnung. Ich weinte. Meine Mutter sprach kaum. Grete und Ostrowski schwiegen. Was sollten sie auch sagen. Nur einmal brach es aus Grete hervor.

»Diese Schweine!«, rief sie aus und lief aus dem Zimmer. Die »Aktion« dauerte mehrere Tage. Dann waren sie alle fort.[12] Wir hatten keinen Schrei gehört, kein Aufbegehren. Am Montag ging ich noch einmal in die Werkstatt zu Weidt. Es war niemand mehr da. Die Schritte hallten wider in den leeren Räumen. Die Blinden waren fort, der Buchhalter Werner Basch, die sehenden Zuarbeiter. Nur die wenigen Nichtjuden saßen an ihren Plätzen. Die blinde Charlotte weinte; sie hatte zu lange mit den jüdischen Kameraden in einer Werkstatt gearbeitet. Fritz, der, bevor er zu Weidt kam, ein »Hutgeschäft« hatte, wie man Bettler in Berlin nannte, sagte ständig: »Ach Jott, ach Jott, wat machen se bloß mit dene.«

Und dann waren da noch die Untergetauchten oder »Geflitzten« – Horn und seine Familie, der blinde Dr. Frey, der irgendwo illegal lebte, Ali und ihre Eltern. »Ich bin ruiniert«, sagte Weidt, »ich weiß nicht, was werden wird.«

»Sieh zu, dass du eine andere Tätigkeit findest«, riet Ali mir. »Bis Weidt andere Arbeiter bekommt, wenn er sie überhaupt bekommt, wird einige Zeit vergehen. Komm zu uns, wann immer du willst, Inge, vielleicht ändert sich bald alles.« Aber so wie es war, würde es nie wieder werden. Das war klar.

Wo war Hans? Ich fragte es hundertmal. Ich wagte nicht, in seine Wohnung zu gehen, und musste abwarten. Meine Mutter sagte mir das immer wieder. Er wusste ja, wo er mich erreichen konnte. Endlich, am Montag nach der Aktion, meldete er sich von einer öffentlichen Telefonzelle. Ja, auch er war mit seiner Mutter abgeholt worden; zum dritten Mal. Aber wieder war er nicht zur Deportierung vorgesehen. Er würde in Berlin bleiben, zunächst jedenfalls. Ich war selig. Aber was hieß das? Er würde entweder in der Großen Hamburger Straße oder im Jüdischen Krankenhaus, Iranische Straße, wohnen müssen. Die Gestapo brauchte ihn noch. Er müsste nur noch für sie Einkäufer sein. Materialien, ganze Scheinwerferausrüstungen, Luxus-Badezimmer, die sonst keiner mehr in Berlin auftreiben konnte – Hans bekam sie von Großhändlern, die genau wussten, dass das Leben des Juden Hans Rosenthal davon abhing. Hans war ohne Zweifel der einzige Jude in Berlin, der noch den Stern trug, außer jenen, die in nichtprivilegierten Mischehen lebten.

Grete lachte mich freundlich an: »Mach dir keine Sorgen. Ich wollte dir neulich schon anbieten, mir im Laden zu helfen.« Ich war sehr überrascht. Ich, die untergetauchte Jüdin ohne Papiere, sollte in einem Laden stehen und mit Deutschen reden, als wenn nichts wäre?

»Aber warum denn nicht? Kein Mensch hat eine Ahnung, wer du bist. Du bist meine Freundin Inge. Das ist alles.« Grete erschien das völlig problemlos.

Zunächst arbeiteten wir zusammen. Ich musste die Preise kennen, über den Inhalt der Bücher in der Leihbücherei ungefähr Bescheid wissen, um sie den Lesern empfehlen zu können. Ich musste die verschiedenen Kategorien der Stammkunden kennenlernen. Da waren zunächst die »Kollegen«, Kaufleute der Nachbarschaft. Sie erhielten ohne jede Frage von dem kostbaren Schreibpapier, das genauso knapp war wie etwa Butter oder

Fleisch. Sie gaben Grete dafür von ihren Waren. So erhielt sie jede Menge Milch. Für Gemüse oder Kartoffeln gab sie nie eine Marke ab. Wenn sie die Fleischersfrau anrief und um ein Stück Fleisch von zwei Pfund bat, gab sie dem Laufjungen, der es ablieferte, höchstens Marken zum halben Wert. Dafür revanchierte sie sich bei anderer Gelegenheit. Ich lernte das schnell.

Dann war da die Kategorie der Kunden, die Anti-Nazis waren. Grete kannte sie seit 1933, als sie das Geschäft eröffnet hatte, also lange genug, um ihre Einstellung richtig einschätzen zu können. Sie kamen oft zu einem Plausch, der meist darin bestand, darüber zu diskutieren, was die BBC am Abend vorher gemeldet hatte. Sie durften Bücher aus der sogenannten »Giftküche« ausleihen. Dort wurden jene Bücher gehalten, die von Nazis auf den Index gesetzt worden waren. Es handelte sich um Bücher von jüdischen, ausländischen und natürlich politisch unliebsamen Autoren. Auf der Karteikarte wurde solch ein Buch nur mit einem Stichwort vermerkt. Und natürlich erhielten auch sie vom kostbaren Schreibpapier oder was sonst in dieser Branche knapp war – wie Federhalter oder Klopapier. Diese Kostbarkeiten hatten wir nie oder nur in sehr schlechter Qualität für Unbekannte oder für Nazikunden.

Die Zahl der Nazikunden war sehr klein. Sie grüßten mit »Heil Hitler«. Ich tat es auch, im Gegensatz zu Grete, die diesen Gruß stets zu vermeiden suchte. Manche »erzog« sie auf ihre Weise, indem sie einen »Guten Tag« wünschte, der doch so schön sei, dass man darauf aufmerksam machen müsse. Sie wagte dies natürlich nicht bei Beamten vom nahen Polizeirevier oder Uniformierten, die den Laden betraten. Sie sagte dann sehr deutlich »Heil Hitler«. Die ihr bekannten Kunden, die zufällig im Laden waren, sahen erstaunt auf, grinsten Grete verstohlen an und ignorierten den Kunden, so als sei er Luft. Ich bat Grete, mich zunächst so wenig wie möglich allein zu lassen. Ich war nicht frei von Furcht. »Aber wer soll denn darauf kommen, dass du Jüdin bist?«

Grete lachte. Die Frechheit, als »geflitzte Jüdin« in einem offenen Laden zu stehen, war in der Tat zu groß, um glaubhaft zu sein. Ich gewöhnte mich langsam daran und wurde Grete eine echte Hilfe.

Als ich am Sonnabend vor dem Osterfest den Laden schloss und die übriggebliebenen Osterkarten aus der großen Auslage nehmen wollte, in der die Kunden selber aussuchen konnten, fand ich eine Geldtasche. Ich erschrak. Die arme Frau, dachte ich zunächst. Ich öffnete die Tasche. Als Erstes sah ich den drei Monate gültigen rosa Haushaltsausweis, der zu Sonderrationen und zum Kauf von Nähzeug berechtigte. Dann fand ich einen Satz Lebensmittelkarten. Was für ein Schatz! Aber ich durfte ihn nicht behalten. Die Frau, der er gehörte, hieß Amanda Heubaum. Ich musste über den Namen lachen. Dann sah ich ihre Personaldaten. Sie hätten auch für meine Mutter gelten können. Ich rang mit mir. Was war zu tun? Ich legte die Tasche zunächst beiseite und räumte weiter auf. Aber dieser Fund ging mir nicht aus dem Kopf. Ich öffnete die Tasche noch einmal. Da entdeckte ich ein Seitenfach, das mir zuerst entgangen war. Darin steckte ein postkartengroßes Porträt von Adolf Hitler. In diesem Augenblick hatte ich mich entschieden. Ich wollte jedoch Grete, die ihre Kunden besser kannte als ich, die letzte Entscheidung überlassen. Wir berieten nicht lange. Das Führerbild gab den Ausschlag. »Wer das Bild mit sich herumträgt, zeigt, dass er diesem Verbrecher Sympathien entgegenbringt.« Ostrowski gab überdies zu bedenken, dass Amanda Heubaum ihre Karten ohnehin ersetzt bekommen würde, wenn sie den Verlust meldete.

»Und wenn sie sie nicht kriegt, stört es mich auch nicht«, sagte Grete entschieden. Wir waren selig. Was gab es alles auf diese Marken zu kaufen! Wir steuerten zum gemeinsamen Haushalt bei und genossen es, nicht nur die Nehmenden zu sein. Meine Mutter musste manche Spöttelei über sich ergehen lassen, solange sie den Haushaltsausweis der Amanda Heubaum als Ausweis benutzen konnte.

Zunächst schien alles gutzugehen. Ich gewöhnte mich an die Tätigkeit im Buchladen. Die Kunden akzeptierten mich, »Fräulein Inge«, als Freundin von Grete Sommer. Manche begannen sogar, mir den Vorzug zu geben, denn Grete war oft launisch. Sie hatte es schwer, Geschäft und Haushalt gleichermaßen zu versorgen. Ostrowski war nicht leicht zufriedenzustellen. Er verlangte, dass sie Mahlzeiten wie in normalen Zeiten herbeizauberte. Er schätzte das gute Leben und war der Meinung, dass es ihm zustände. Grete war findig genug, stets einen Weg zu entdecken, um ihm die gewünschten Leckerbissen zu verschaffen. Da waren nicht nur die Eltern mit dem Lebensmittelgeschäft, von denen sie sich einfach so viel Butter geben ließ, wie der Haushalt benötigte. Da gab es noch die Frau Mausch, die aus gutem Grund als Aufwartefrau in einer benachbarten Buttergroßhandlung und in einer Fleischerei arbeitete. In Aufwischlappen eingewickelt, schmuggelte sie die Waren aus dem Geschäft, die sie dann zu Schwarzmarktpreisen verkaufte oder als Tauschobjekte nutzte. Butter gegen Bohnenkaffee, Bohnenkaffee gegen Fleisch, gegen Seife usw. Grete war so in ihre schwarzen Geschäfte verwickelt, dass sie kaum an anderes denken konnte. Und dann war da noch die Portiersfrau ihres Wohnhauses, Frau Sell, deren Mann aus den besetzten Gebieten Dinge mitbrachte, die in Deutschland längst nicht mehr legal zu haben waren. Sie alle wurden von Grete angehalten, ihren Bedarf zu decken.

Eines Tages kam das Ehepaar Garn zu Besuch. Paul und »Mutter« Garn hatten es recht schwer, seit Paul 1933 seinen Posten als Gewerkschaftsfunktionär verloren hatte. Er war nicht mehr so jung, und es quälte ihn, dass er nun als Arbeiter helfen musste, Hitlers Krieg zu verlängern. Für ihn, den überzeugten Anti-Nazi, war das wie ein Verbrechen, das er allerdings nicht verhindern konnte. Seine Frau, ebenso stattlich und groß wie er, kränkelte. Die beiden waren auch im Alter noch wie Turteltauben. Sie hatten keine Kinder und waren ganz aufeinander angewiesen. Beide hatten gütige blaue Augen, die sich oft mit Tränen füllten, wenn sie ihre Lage bedachten. Ihre Gesichter waren runzelig und voller tiefer Furchen, die in heftige Bewegung gerieten, wenn sich die Garns erregten. Und das Thema Nazis erregte sie. Als wir ins Zimmer traten, empfing uns »Mutter« Garn mit den Worten: »Deutschkrons, ihr kommt jetzt mal ein bisschen zu uns. Wir haben es gerade besprochen.« Paul Garn nickte zustimmend.

Grete fügte hinzu: »Es ist ganz gut, wenn ihr mal ein bisschen woanders seid. Zu lange an einem Platz fällt leicht auf. Die Inge kommt natürlich wie immer zur Arbeit.« So war's beschlossen. Wir hatten keine Einwände. Wie sollten wir auch! Meine Mutter sprach die üblichen Floskeln der wohlerzogenen Bürgerin. »Werden wir Sie auch nicht stören?« Frau Garn schmunzelte: »Na, ein Kuraufenthalt wird das nicht werden bei uns. Ihr wisst doch, wir haben bloß zwei Zimmer. Ihr könnt in der Küche schlafen.«

Und so ließen wir die meisten unserer Habseligkeiten bei Grete im Laden und zogen zu den Garns, in den Norden Berlins, Olivaerstraße 3, eine der Arbeitersiedlungen, wie sie damals gebaut worden waren, bevor Hitler an die Macht kam. Lange Straßenzüge, helle, saubere Häuser mit kleinen Zimmern, Bad und WC in der Wohnung; zweifellos ein Fortschritt Ende der zwanziger Jahre, als sie als erstes Beispiel gesünderer Arbeiterwohnungen gebaut worden waren.

Die Küche war warm, denn Frau Garn kochte dort auf einem Kohlenherd. Im Winter saßen die beiden Alten meist in der Küche. Das Wohnzimmer mit dem Balkon blieb den Sommermonaten und Gästen vorbehalten. Das Sofa in der Küche unter dem Küchenbord mit den blankgescheuerten Töpfen bot ein bequemes Lager. Ich hatte mich längst daran gewöhnt, mit meiner Mutter in einem Bett zu schlafen. Sie verließ das Haus nicht, saß ständig bei den Garns, strickte, nähte oder half im Haushalt. Das war für sie nicht leicht zu ertragen, zumal nicht abzusehen war, wann sich dieser Zustand ändern würde. Sie war sehr bedrückt. Ich hätte gut reden, meinte sie. Ich ging zur Arbeit, während sie den ganzen Tag wie eingesperrt in der kleinen Wohnung saß. Grete sorgte mit Lebensmitteln dafür, dass die Garns durch uns nicht Hunger litten. Meine Mutter wurde immer nervöser. Als ich eines Abends im Dunkeln mit ihr spazierenging, erzählte sie, dass eine Nachbarin hereingekommen sei, ohne dass Frau Garn sie habe daran hindern können.

»Ach, Sie haben Besuch?«, hätte sie erstaunt ausgerufen. Wieder diese vermaledeite Frage. »Wer weiß, was die denkt«, hatte Frau Garn gesagt, als die Nachbarin verschwunden war, »sie hat so komisch geguckt …«

»Wir werden wieder fortmüssen«, meinte meine Mutter angstvoll. Und dann, wohin? »Zu Grete können wir nicht wieder.«

Ich suchte eine Gelegenheit, Weidt zu besuchen. Vielleicht wusste er Rat. Aber dort fand ich alle in tiefer Sorge. Die drei

Lichts, Ali und ihre Eltern, wohnten nach wie vor bisher unbelästigt im Nebenlager in der Neanderstraße. Die aufgeschichteten Besen und Bürsten und die entsprechende Beschriftung ließen keine Zweifel aufkommen. Es schien ein perfektes Versteck. Dank Otto Weidt hatten sie auch keine Lebensmittelsorgen. Aber Vater Licht war schwer erkrankt. Ein Arzt konnte nicht hinzugezogen werden. Selbst Weidt kannte keinen, dem er vertraut hätte.

»Was soll nur werden, wenn er das nicht überlebt?« Ali sprach es aus. Weidt war sehr besorgt. Nichts erinnerte mehr an sein einstiges Draufgängertum. Hinzu kamen schwerwiegende finanzielle Sorgen. Mit Mühe hatte er einige Blinde gefunden, die für ihn arbeiteten, aber ihre Zahl füllte kaum die Hälfte der Werkstatt. Ohne Produktion konnte er aber keine Lebensmittel besorgen. Ihm drohte der Verlust von Wehrmachtsaufträgen. »Wenn Sie nicht innerhalb von … liefern«; Briefe mit diesem Inhalt lagen bereits vor. Früher hätte Weidt in einem solchen Fall wenigstens einen Teil geliefert, um den Auftraggeber nicht zu verstimmen. Jetzt hatte er nicht einmal das. Ich wagte nicht, von meinen Sorgen zu sprechen, und ging wieder. In Gretes Laden vergaß ich diese Sorgen meist rasch. Ich war viel zu beschäftigt, brachte Ordnung in die Kundenkartei, was Grete längst nicht mehr tat.

»Was soll's! Wenn der Krieg aus ist, dann schmeiße ich den Laden sofort hin. Dann machen wir nur noch Politik«, pflegte sie zu sagen, »und das kann ja nicht mehr lange dauern.«

Für mich war diese Arbeit mehr als ein Zeitvertreib. Grete ließ mich immer häufiger im Laden allein und überließ mir schließlich sogar die Schlüssel. Zunächst hatte ich ihr die Schlüssel jeden Abend gebracht und sie am Morgen abgeholt. Das hörte nun auch auf. Grete kam nur noch von Zeit zu Zeit ins Geschäft, wie ein Gast, und freute sich über alles, was ich tat und einnahm.

Auf dem Nachhauseweg überfiel mich jedes Mal die Angst – was ist, wenn wir heute Nacht nicht mehr dort schlafen können? Eines Nachts gab es Fliegeralarm. »Ihr müsst oben bleiben«, sagte Garn. Wir fürchteten uns. Weniger vor den Bomben, die damals noch nicht zahlreich fielen. Aber was würde sein, wenn das Haus einen Treffer erhielt und wir gefunden würden?

Und wieder klingelte es eines Tages. Und wieder drang die neugierige Nachbarin schneller in die Küche ein, als Frau Garn sie daran hindern konnte.

»Sie haben aber lange Besuch«, sagte sie. Wir waren in der Tat bereits mehrere Wochen bei Garns. Frau Garn hatte kaum die Tür hinter ihr geschlossen, als sie mit mühsam unterdrückter Angst erklärte: »Ihr müsst weg, es geht nicht mehr. Ich habe Angst. Ihr wisst doch, ich bin herzkrank ...« Sie hatte Tränen in den Augen, als sie das sagte. Paul Garn wandte sich ab. Er sagte nichts und machte sich am Ofen zu schaffen.

Meine Mutter entgegnete: »Aber natürlich, ich verstehe.« Aber sie fügte kaum hörbar hinzu: »Was machen wir nur jetzt?«

Keiner antwortete ihr. Wir schliefen kaum in jener Nacht. Am Morgen packten wir unsere wenigen Habseligkeiten.

»Weinen Sie doch nicht, Frau Deutschkron. Wir werden schon einen Weg finden«, war Gretes tröstende Auskunft, als wir ihr berichteten. Sie stand breitbeinig vor meiner Mutter, die Arme in die Hüften gestemmt. Ostrowski sagte lakonisch: »Ich werde mit Rieck sprechen. Ihr bleibt solange hier.«

Grete kochte Kaffee, und als wir dann zusammensaßen und nichts zu sagen wussten, da schlug sie mit der Faust auf den Tisch, dass die Tassen klirrten. »Nein, was denkt ihr bloß, wir werden euch doch nicht einfach wegschicken.«

»Danke, danke, Grete«, sagte meine Mutter mit erstickter Stimme, »aber wo sollen wir denn hin?« Die Frage blieb sehr lange unbeantwortet, denn Ostrowski hatte Rieck nicht gleich angetroffen.

11
In »Sicherheit«

»Meinen Mann haben die Nazis umgebracht!« Lisa Holländer sagte es hart und energisch. Nachdem er verhaftet worden war, hatte sie sich monatelang vergeblich darum bemüht, etwas über sein Schicksal zu erfahren. Überall war sie abgewiesen worden, ohne eine Antwort zu erhalten. Bis sie eines Tages aus einem KZ ein Paket mit der blutbefleckten Hose ihres Mannes und die Nachricht bekam, er sei einem Herzschlag erlegen. Lisa Holländer, Schwester unserer Freundin und Helferin Jenny Rieck, begründete mit dieser lapidaren Aussage ihre sofortige Bereitschaft, uns aufzunehmen. Rieck hatte uns zu ihr gebracht. Es gab für sie kein Zaudern. Sie freute sich, uns helfen zu können. »Es ist mir sogar ein Bedürfnis«, sagte die blonde Frau mit Nachdruck. Sie war viele Jahre mit dem jüdischen Exportkaufmann Paul Holländer verheiratet gewesen. Er hatte sie zu sich genommen, als sie in Not gewesen war, denn sie hatte ein uneheliches Kind, in der damaligen Zeit ein schrecklicher Makel für ein junges Mädchen. Das hatte sie ihm nie vergessen. Ihr wohlhabender Mann hatte ihr jeden Wunsch erfüllt und sie über alle Maßen verwöhnt. Als sie einst Französisch lernen wollte, berief Paul Holländer meinen Vater als Lehrer. Das lag Jahre zurück. Ja, und eines Tages hatten die Nazis Paul Holländer abgeholt. Es bereitete keine Schwierigkeit, einem jüdischen Kaufmann »Missbrauch« der Nazigesetzgebung nachzuweisen.

»Ihr könnt bleiben, so lange ihr wollt«, sagte Tante Lisa, wie ich sie bald nannte, als ginge es um eine Einladung zum Tee, »ich habe genug Platz.«

Uns schien das kaum glaublich. Wir hatten den Eindruck, als kümmerte diese Frau die Gefahr nicht, in die wir sie zwangsläufig brachten. Wir dankten ihr überschwänglich. Ich bekam sogar ein eigenes kleines Zimmer, wie ich es noch nie in meinem Leben gehabt hatte. Meine Mutter schlief auf der Couch im Wohnzimmer. Das Haus in der Sächsischen Straße 26, in dem Tante Lisa wohnte, lag im sogenannten »Rosenhof«, einem Block von mehreren Häusern, die rund um eine mit Rosen bepflanzte Anlage errichtet waren. Der für den Block zuständige Hausverwalter wohnte in einem der Häuser. Ein sehr günstiger Umstand für uns. Es konnte uns schwerlich jemand beobachten. Tante Lisa schien nicht nur sehr resolut, sie war es auch; sie ließ sich durch nichts aus der Fassung bringen. Dass Nachbarn sie beobachten oder der Blockwart neugierige Fragen stellen könnte, war ihr völlig gleichgültig.

»Ich habe nichts mehr zu verlieren«, sagte sie, »mein Liebstes haben sie mir schon genommen.« Wenn die NSV[13] Spenden sammelte, schlug sie die Tür rigoros zu. Als meine Mutter einmal zögernd meinte, es wäre wegen unseres Aufenthaltes bei ihr vielleicht diplomatischer, einen Obolus zu geben, da empörte sich Lisa: »Die kriegen von mir keinen Pfennig, und damit basta!«

Wir hatten es wirklich gut bei ihr. Was wir an Geldmitteln hatten, legten wir zusammen und führten gemeinsamen Haushalt. Grete, bei der ich zu Mittag aß, hatte überdies begonnen, meine Arbeit zu entlohnen, und zwar meist in Form von Butter oder anderen wertvollen Lebensmitteln, berechnet nach dem Kurs der Schwarzmarktpreise. Natürlich war ich auch inzwischen mit ihrer Zustimmung dazu übergegangen, mir Milch und Gemüse von den benachbarten Kaufleuten zu verschaffen.

»Ich kann nicht aus dem Laden. Kannst du mir nicht ein bisschen Milch bringen?«, pflegte ich dem jungen Mädchen aus dem benachbarten Milchladen zu sagen, wenn es zu mir einkaufen kam. Nach wenigen Minuten kehrte es damit zurück.

Frau Mausch, die des Öfteren zum Schwatzen kam, warf gelegentlich einen Ring schwarzer Blutwurst auf meinen Ladentisch. »Magst du so etwas?«, fragte sie. Die gab es auf halbe Marken. Sie erhielt sie von der Fleischersfrau geschenkt, bei der sie saubermachte. Von dort organisierte sie illegal so viel, dass sie die Blutwurst verschmähen konnte. Das Mädchen vom nahen Gemüsehändler brachte mir ebenfalls, was ich benötigte, ohne auch nur je eine Lebensmittelmarke dafür zu sehen. So ging es uns zu jener Zeit relativ gut. Dennoch stellte ich mit Schrecken fest, dass unser Bargeld abnahm. Wir zahlten Tante Lisa Miete und mussten manchmal zusätzliche Einkäufe auf dem schwarzen Markt vornehmen. Ich konnte nicht mehr verdienen, als ich von Grete erhielt. Meine Mutter musste eine Arbeit annehmen. Hans Rosenthal wusste Rat. Er führte meine Mutter bei der Druckerei Theodor Görner ein, mit der er, ähnlich wie mit Weidt, Geschäfte machte. Görner lehnte Hitler und die Nazis eindeutig ab. Er erklärte meiner Mutter, er wolle gar nicht wissen, wer sie wirklich sei. Sie möge ihm sagen, wie er sie nennen solle. In seiner Setzerei könne sie als Arbeiterin beschäftigt werden. Meine Mutter beschloss, auf den Namen Richter zu hören. Görner fügte noch hinzu: »Ich werde Ihnen heimlich am Anfang eines jeden Monats die Lebensmittelmarken zustecken, die Sie für unser Kantinenessen hier abgeben müssen.«

Meine Mutter bekam den Lohn einer Arbeiterin, und wir waren zufrieden. Bei den Kollegen gab sie sich als Witwe eines Studienrates aus und genoss das Werben des alten Witwers Kruse.

Die Firma Görner fertigte Stoffdrucke an und war als kriegswichtiger Betrieb anerkannt. Ihre Kollegen flüsterten ihr zu, Görner sei ein alter Kommunist. Aber das störte keinen der Arbeiter. Die meisten machten aus ihrer Abneigung gegen Hitler keinen Hehl. Nur der alte Herr Kruse warnte. Zwar mochte er die Nazis auch nicht, aber die anderen seien auch nicht so wünschenswert. Er sei zur See gefahren und kenne die Engländer und die Amerikaner.

Unser Leben schien damals fast »normal«. Wir hatten beide Arbeit und ein festes Domizil. Wir aßen schlecht und recht wie die meisten Deutschen und hofften auf ein baldiges Ende des Krieges. Jeden Abend drehten wir am Radio und redeten uns ein, Holländisch zu verstehen, wenn es darum ging, irgendeine Nachricht zu interpretieren. Einige Sprecher der BBC wurden für uns zu Idolen. Und wir fluchten, wenn gerade ihre Sendungen gestört wurden. Sie verblüfften uns immer wieder durch die genaue Kenntnis der Verhältnisse im »Dritten Reich«. Auch Auschwitz wurde erwähnt. Wir hörten es wohl, aber wir sprachen nicht darüber. Es lähmte uns.

Tante Lisa hatte nichts dagegen, dass Hans mich besuchte. Natürlich versteckte er den Stern. Er lebte nun mit seiner Mutter in der Iranischen Straße im ehemaligen Jüdischen Krankenhaus. Es gab dort noch einige jüdische Ärzte. Die Gestapo nutzte es als Gefängnis für transportunfähige Juden, die dort bis zu ihrer Genesung leben durften. Illegale wie wir, die geschnappt worden waren, wurden von dort aus deportiert. Hans warnte mich immer wieder vor der Gefahr, erwischt zu werden. Die Gestapo hatte eine »Geflitztenkartei« angelegt. Bei den Bemühungen, ihrer habhaft zu werden, halfen der Gestapo jüdische Spitzel. Auch sie wohnten in der Iranischen Straße. Hans berichtete von einem jungen Mädchen, das sich nichtsahnend mit einem Bekannten auf dem Bahnhof Gesundbrunnen verabredet hatte. Sie hatte ihm zuvor anvertraut, dass sie illegal lebte. Als sie zum vereinbarten Zeitpunkt auf dem Bahnsteig eintraf, sah sie ihren vermeintlichen Freund mit zwei Gestapobeamten. Sie handelte blitzschnell. Ohne zu zögern, sprang sie auf die Gleise der S-Bahn, auf denen gerade ein Zug einlief. Ihr wurde lediglich die Ferse eines Fußes abgefahren, erzählte Hans, der geholt worden war, um das verletzte Mädchen mit dem Krankenwagen in die Iranische Straße zu bringen. Hans erinnerte sich voller Bewunderung, dass das Mädchen erst bewusstlos wurde, nachdem es im Krankenwagen die ihr offenbar von Freunden überlassenen Lebensmittelkarten zerrissen hatte, um diese arischen Freunde zu schützen. Auch die Gestapobeamten waren von dieser Willenskraft so beeindruckt, dass sie nicht eingriffen. Wie ich nach dem Krieg erfuhr, war dieses junge Mädchen eine Schulkameradin von mir gewesen.

Hans berichtete auch von zwei Jungen, die nicht deportiert wurden, weil ihr Vater mit einer Christin verheiratet gewesen war und sie nicht jüdisch erzogen hatte. Diese beiden Jungen, der eine neun, der andere sieben Jahre alt, waren völlig allein. Die Mutter und die Großeltern waren gestorben, der Vater wie auch alle anderen jüdischen Verwandten im KZ. Die Jungen waren ständig hungrig und mussten betteln. Beiläufig fragte ich nach dem Namen der Jungen.

»Phillipsborn«, sagte Hans. Meine Mutter und ich sprangen auf. Es waren die Söhne meines Vetters Willy, der 1938 ins KZ gebracht worden war. Die Mutter hatte gezwungenermaßen die Scheidung betrieben und die Kinder behalten. Nach ihrem Tod waren sie dann in einem jüdischen Heim untergebracht worden. Wir überlegten fieberhaft, wie wir den Kindern helfen könnten. Aber in unserer Lage war das kaum möglich.

Eines Tages kam Hans völlig niedergeschlagen zu mir.

»Sie sind alle weg«, sagte er. Die Gestapo hatte die Blindenwerkstatt Weidt »ausgeräumt«.

Der alte Horn, Weidts Bürstenfachmann, war einem ehemaligen jüdischen Freund begegnet und hatte ihm erzählt, dass er illegal lebe und wie das in der Blindenwerkstatt Weidt vor sich gehe. Wenige Tage später war die Gestapo erschienen und, ohne die Proteste von Weidt zu beachten, in das vermeintlich letzte Zimmer der Werkstatt gegangen, hatte den Schrank geöffnet, die Kleider beiseitegeschoben und die ganze Familie Horn aus ihrem Versteck geholt. Inzwischen hatten andere Beamte aus dem sogenannten Ausweichlager in der Neanderstraße die Eltern der Alice Licht mitgenommen. Ali hätte möglicherweise entkommen können, aber sie blieb bei ihren Eltern. Weidt soll wie rasend gewesen sein. Ungeachtet der Gefahr war er bei der Gestapo vorstellig geworden und hatte erwirkt – wie, das blieb sein Geheimnis –, dass Ali und die Eltern nach Theresienstadt deportiert wurden. Das galt als Vergünstigung, die eigentlich nur den von der Gestapo als »verdiente Juden« anerkannten Personen gewährt wurde. Dass es von dort auch einen Weg nach Auschwitz gab, ahnten wir zu jener Zeit noch nicht. Wir erfuhren es später, als eine Postkarte von Ali, die sie aus dem Zug von Theresienstadt nach Auschwitz geworfen hatte, tatsächlich in Berlin eintraf. Ein Unbekannter hatte die unfrankierte Karte in einen Briefkasten gesteckt. Die Post hatte Strafporto erhoben.

Als ich Weidt einige Tage nach der Gestapo-Aktion in seiner Werkstatt aufsuchte, fand ich einen einsamen, gebrochenen alten Mann vor. Von dem einstigen Draufgänger war nichts mehr übrig. Weidt saß da und starrte vor sich hin. »Du bist die Einzige«, sagte er nur und legte seine große Hand schwer auf meine Schulter. Dann stand er auf, nahm einen völlig neuen Mantel vom Haken und drängte mich, ihn gleich anzuziehen.

»Nimm ihn, nimm ihn!« Er hatte den Mantel für Ali anfertigen lassen. Er war nicht rechtzeitig geliefert worden. Ich war sehr dankbar, denn meine Sachen begannen schäbig zu werden.

»Du kannst ihn Ali zurückgeben, wenn sie wiederkommt«, meinte Weidt, und als er mein Zögern merkte, fügte er hinzu: »Ich werde nach Auschwitz fahren. Ich werde etwas unternehmen. Ich kann sie doch nicht so einfach in Auschwitz umkommen lassen.«

Ich hatte den festen Eindruck, dass diese Worte mehr seine Verzweiflung als eine feste Absicht ausdrückten – aber ich irrte mich.

Diese Begebenheiten lasteten schwer auf uns. Immer wieder diskutierten wir die Fälle derer, die gefasst worden waren. Angst beschlich uns.

Tante Lisas Wohnung war ideal. Die Nachbarn grüßten einander, aber nur selten gab es einen Kontakt. Fliegerangriffe waren damals noch harmlos und richteten zu jener Zeit kaum Schaden an. Wir wohnten in der ersten Etage und waren weniger gefährdet als Einwohner im vierten Stock. Die Wahrscheinlichkeit war gering, dass eine Polizeistreife im Geschäft von Grete oder in der Druckerei von Görner auftauchen würde. Dennoch verließ uns die Spannung nie.

Am 23. August 1943 hatten wir meinen Geburtstag mit einer von Tante Lisa herbeigezauberten Flasche Wein gefeiert. Vergnügt gingen wir früh ins Bett. Ich erwachte von einem fürchterlichen Getöse. Der Fensterrahmen mitsamt den Splittern der Scheibe war auf meinem Bett gelandet. Draußen musste die Hölle los sein. Wir hatten die Sirene, die das Nahen feindlicher Flugzeuge ankündigte, verschlafen. Dieses Mal griffen die Engländer Berlin mit voller Wucht an. Ich stürzte aus meinem Bett und versuchte, mich im Dunkel, das von zuckenden Blitzen erhellt wurde, anzuziehen. Das ganze Haus schwankte wie ein Schiff im Seegang. Wir mussten an den Wänden und Pfeilern Halt suchen. Tante Lisa meinte, wir sollten den Versuch wagen, ins Erdgeschoss und schließlich auch in den Keller zu gelangen. Aber das war unmöglich. Überall fielen uns Türen, Fenster und Stuck entgegen. Es pfiff und heulte und dröhnte und krachte um uns herum. Der Platz im dunklen, fensterlosen Korridor an die Mauer gepresst war sicherer.

Tante Lisa war überzeugt, dieser schwere Angriff könne nur dem Oberkommando der Wehrmacht und dem SS-Hauptquartier am Fehrbelliner Platz gegolten haben. Sie ahnte noch nicht, dass dies der erste Angriff von vielen künftigen war. Nach zwanzig Minuten war der Spuk vorbei.

Wir hatten Glück gehabt. Bei uns waren nur sämtliche Fenster zersplittert und die Verdunklungsrollos zerfetzt. Durch die leeren Fensterhöhlen sahen wir den Himmel über Berlin rot gefärbt. Wie Feuerwerk zuckten die Flammen auf, zerstoben in Millionen Funken, schwarze Rauchwolken wälzten sich dazwischen. Die Luft war schwer von Brandgeruch. Menschen schrien. Feuerlöschzüge rasten durch die Nacht. Wir freuten uns über unser Glück und darüber, dass die Engländer endlich ihre Macht gezeigt hatten. Dann begannen wir zu schuften, um die Zimmer wieder bewohnbar zu machen. Wir fegten, wischten, hämmerten und freuten uns dabei. Trotz der ausgestandenen Angst waren wir vergnügt.

»Um Gottes willen, zeigt eure Freude morgen nicht!«, warnte meine Mutter. Zum Schlafen kamen wir nicht. Von Ferne hörten wir das Knistern der Flammen, das Zusammenstürzen ganzer Etagen. Am Morgen sahen wir dann das ganze Ausmaß der Verwüstung. Es war nicht unbeträchtlich. S-Bahn-Strecken waren getroffen, die Schienen hingen verbogen in der Luft. Die Strecken waren von Kratern aufgerissen, die Oberleitungen der Straßenbahnen in Fetzen. Dennoch hörte die Pflicht, zur Arbeit zu gehen, für die Berliner mit den Luftangriffen keineswegs auf.

Von nun an ging ich nicht mehr so sorglos zu Bett. Es war uns auch klar, dass wir bei künftigen Angriffen nicht mehr in der Wohnung bleiben konnten. Tante Lisa wusste einen Ausweg. Sie ging ohnehin nicht gern in den Keller. Der Gedanke bedrückte sie, ein Haus über sich zu haben. Sie zog den Splittergraben auf dem nahen Fehrbelliner Platz vor. Keiner wurde dort nach seinen Personalien gefragt. Er war darum auch für uns geeignet. Wir mussten allerdings beim ersten Ton der Sirene aus der Wohnung stürzen, um rechtzeitig im Splittergraben zu sein.

Wir packten einen kleinen Koffer mit den wenigen Sachen, die uns wichtig schienen, und stellten ihn im Korridor bereit. Ich gebe zu, dass ich beim Dunkelwerden nervös wurde. Der Schock der Nacht, in der ich vom Höllenlärm der krachenden Bomben geweckt worden war, saß tief. Meine Mutter lachte mich aus. Im Brustton der Überzeugung sagte sie:

»Uns treffen die Bomben nicht.« Es war gut, dass wenigstens sie an etwas glaubte. Ich konnte es nicht und fürchtete mich. Jeden Abend um die gleiche Zeit horchte ich hinaus, und fast jeden Abend kamen sie auch – oftmals auf die Minute genau zur gleichen Zeit wie am Vorabend. Sobald ich den ersten Ton der Sirene vernahm, trieb ich meine Mutter und Tante Lisa an, die beide sehr langsam waren. Ich rannte ihnen voraus zum Splittergraben, der vor Bomben, wie sie die Engländer nun warfen, wahrhaftig keinerlei Schutz bot. Mit uns saßen fast jeden Abend dieselben Menschen im Splittergraben. Sie sprachen nicht über den Krieg oder die Situation, sondern saßen nur da und warteten.

»Da haben wir ja noch einmal Glück gehabt.« Das war der Standardsatz, wenn wir uns nach einem Fliegerangriff voneinander verabschiedeten.

Auf den ersten schweren Angriff am 23. August 1943 folgten zunächst nur kleinere Angriffe, die die Berliner nervös machten. Ende November 1943 nahmen die Engländer die schweren Angriffe auf Berlin wieder auf.

»Ich habe nichts mehr.« Kätchen Schwarz, eine meiner Kundinnen, kam am Morgen des 23. November in das Geschäft.

»Die ganze Wohnung ist weg. Es ist nichts mehr da; es war auch nichts mehr zu retten. Ein Volltreffer.«

Käte Schwarz war die Frau eines Professors für römisches Recht an der Berliner Universität. Sie war eine schöne Frau mit einem sehr jungen Gesicht. Blond, blauäugig, mit klaren Gesichtszügen. In ihrer Art und in ihrer Kleidung war sie schlicht. Sie kam in den Laden, um mit »vernünftigen Menschen« zu sprechen. Auch wenn sie es nicht gesagt hätte, wusste ich, dass sie BBC hörte. Sie benutzte deren Formulierungen.

»Wie lange noch, wie lange noch?«, fragten Frau Steinhausen, Frau Wiese, Frau Schwarz immer wieder. Die Männer dieser

Frauen waren im Krieg. Aber sie alle wünschten die Niederlage herbei, um die Nazis loszuwerden.

An jenem Tag, an dem sie ausgebombt wurde, blieb Kätchen Schwarz länger als sonst im Geschäft. Sie wollte offensichtlich mit mir allein sein.

»Ich werde nach Ingolstadt ziehen«, sagte sie, »ich habe in Berlin nichts mehr. Dort scheint es mir sicherer. Ich habe da Familienangehörige.«

Ja, und dann druckste sie ein bisschen herum, bis sie plötzlich ansetzte: »Ach, Fräulein Inge, ich kenne Sie nun doch auch schon ganz gut. Ich weiß, wie Sie denken ...«, da kam wieder jemand zur Tür herein. Wieder wartete Kätchen Schwarz, bis er gegangen war. Schließlich kam es: »Sie müssen mir helfen, Fräulein Inge!« Ich guckte erstaunt.

»Wenn ich aus Berlin weggehe, dann könnte jemand anders Schwierigkeiten haben.« Wieder hielt sie inne, als wollte sie noch einmal Mut schöpfen. Und wieder unterbrach sie eine eintretende Kundin. Wieder wartete sie, bis diese den Laden verlassen hatte.

»Inge, ich habe eine Jüdin versteckt. Könnten Sie ihr nicht von nun an an meiner Stelle helfen?«

Käte Schwarz sah mich forschend an. Ihr Gesicht verriet die Spannung, vielleicht auch ein klein wenig Angst.

Nach einigen Sekunden Schweigen lachte ich laut los. Nun schaute Kätchen überrascht und verwirrt.

»Wenn Sie nun schon so offen mit mir sprechen, dann muss ich Ihnen wohl die Wahrheit sagen – ich bin auch eine versteckte Jüdin.« Kätchen setzte sich vor Überraschung hin. Sie starrte mich völlig sprachlos an.

»Aber Fräulein Inge, warum haben Sie mir das nicht früher gesagt? Warum nicht? Ich hätte Ihnen doch auch geholfen.«

Ihre Worte überstürzten sich. Sie war ganz aufgeregt, geradezu begeistert. »Von nun an helfe ich Ihnen natürlich auch«, sagte sie entschlossen. »Was brauchen Sie?«

Ich erzählte ihr, wie es uns erging. Wir hätten beide Arbeit und verdienten damit, was wir für Miete und die wenigen Lebensmittel brauchten, die wir kaufen konnten, wie etwa rote Rüben oder Kohlrüben.

»Kann ich Ihnen mit Brot- und Fettmarken helfen?«, fragte sie, und dann sehr energisch: »Sie werden jetzt jeden Monat von mir einen Brief mit Marken erhalten.«

»Aber Sie haben doch auch nicht viel«, wandte ich ein.

»Aber Inge, was reden Sie nur?! Und überdies, das soll doch nicht Ihre Sorge sein.« Und dann sah sie mich noch einmal fassungslos an.

»Warum haben Sie mir das nicht gesagt? Fast sehe ich darin einen Mangel an Vertrauen«, sagte Käte Schwarz.

Ich erklärte ihr, dass unsere Betreuer und wir selber der Meinung seien, dass es besser sei, wenn nur wenige unser Geheimnis wüssten. Die Garantie, dass es ein Geheimnis blieb, schien uns so eher gegeben.

»Vielleicht haben Sie recht«, meinte Kätchen, »aber nicht wahr, Inge, von nun an haben wir keine Geheimnisse mehr voreinander?! Sie sagen mir, wenn Sie etwas brauchen, und wenn ich irgendwie kann, werde ich Sie unterstützen.« Und dann, fast bittend: »Sie werden sich doch trotzdem um Lotte kümmern, ja?«

Lotte Eifert war groß und dunkel. Ich schäme mich, es zuzugeben, aber ich ging nicht gern neben ihr – sie sah meines Erachtens jüdisch aus, oder was man damals darunter verstand. Käte Schwarz hatte sie nur flüchtig gekannt. Gemeinsame Freunde hatten sie bei Kätchen untergebracht, als Lotte vor der Gestapo geflohen war. Kätchen brachte sie bei anderen Freunden unter, nachdem sie ausgebombt worden war. Schließlich meldete sich Lotte auf eine Anzeige, in der eine Hauslehrerin in Potsdam gesucht wurde. Sie erhielt die Stellung, verbunden mit einem Zimmer in dem noch bombensicheren Potsdam. Dort fühlte sie sich wohl und sicher, zumal sich herausstellte, dass der Vater der Kinder, die sie betreuen musste, der SS angehörte.

12
Ausgebombt

»Nur keine Aufregung, es ist schon vorbei!«, rief einer der Männer. Der Splittergraben hatte sich wie ein Schiff im Seegang aufgebäumt. Das Krachen war ohrenbetäubend. Es hatte offensichtlich dicht bei uns eingeschlagen. Die Holztür des Grabens schlug im Luftdruck hin und her. Grelle Blitze zuckten, der ganze Himmel war in Bewegung. Eine Farbenskala von Gelb zu Rot loderte über den schwarzen Konturen der Häuser, ab und zu durchbrochen von einer hochschießenden pechschwarzen Rauchgarbe. Ich saß eng an meine Mutter gepreßt und meinte, das Ausklinken der Bomben zu hören. Nur die eine, die wir nicht gehört hatten, war dicht bei uns niedergegangen. »Die man nicht hört, die treffen«, erklärte uns ein Soldat. Er war auf Heimaturlaub von der Front in Berlin und gab offen zu, dass ein nächtlicher Bombenangriff auf Berlin viel furchtbarer sei als ein Tag an der Front.

Als der Bombenhagel abzuflauen begann, lugten einige vorsichtig aus dem Splittergraben. Ihr Bericht war niederschmetternd. Im näheren Umkreis schien alles zu brennen. Als endlich Entwarnung gegeben wurde, gingen wir in Richtung unseres Hauses, völlig überzeugt, dass es nicht getroffen wäre. Wir sahen mit einiger Genugtuung, dass das Oberkommando der Wehrmacht (OKW) und der SS-Komplex am Fehrbelliner Platz brannten. Empört registrierten wir, dass dort Löschzüge der Feuerwehr eingesetzt wurden, während die Wohnhäuser daneben niederbrannten. Natürlich reichten die Feuerwehren, die es damals noch in Berlin gab, nicht aus, um alle von englischen Bomben verursachten Brände zu löschen. Aber dass die wenigen zur Rettung von Akten der SS eingesetzt wurden, empörte nicht nur uns. Böse Worte fielen. In solchen Augenblicken kannten die Berliner keine Angst. Als wir uns unserem Haus näherten, stellten wir entsetzt fest, dass es auch dort im vierten Stock brannte.

»Eine Brandbombe, man könnte sie löschen«, meinten die Nachbarn. »Aber wir haben kein Wasser.« Der Versuch, es mit dem wenigen Wasser zu tun, das in einem Eimer neben einem Sack mit Sand vor der Tür einer jeden Wohnung zu stehen hatte, war geradezu lächerlich.

»Wir werden zusehen müssen, wie das Haus langsam niederbrennt.« Die Bewohner sagten es mit Bitterkeit.

»Also retten Sie alles, was Sie retten möchten«, riet einer dem anderen. Ich lief zum Gebäude des OKW. Dort sah ich, wie Soldaten der Waffen-SS Akten schleppten. »Ist es nicht wichtiger, uns zu helfen, unsere Habseligkeiten zu retten?«, fragte ich mit aufsässigem Ton.

»Geh mit ihr«, sagte einer, der das Sagen zu haben schien. Ein junger Soldat, Auslandsdeutscher aus Ungarn, wie er mir verriet, kam mit mir. Ich bat ihn, mit in die Wohnung von Tante Lisa zu gehen. Wir wollten das Wichtigste auf die Straßen tragen. Kleinmöbel hätten Sinn, rieten die Nachbarn, die könne man überall brauchen. Wie unsere Nachbarn stellten wir alles einfach auf die Fahrbahn. Ein feiner Nieselregen fiel. Wir merkten es kaum. Wir schleppten, was wir konnten. Manchmal drückte mir der Soldat die Hand. Er bat mich, ihn am nächsten Abend zu treffen. Ich versprach es. Aber erst müssten wir die Möbel retten, sagte ich. Das Feuer breitete sich langsam aus. Die brennenden Balken begannen herunterzustürzen. Das Eindringen ins Haus wurde gefährlich. Der junge Soldat rettete noch Tante Lisas Ohrensessel. Als das Feuer sich durch die Decke in Tante Lisas Wohnung gefressen hatte, standen wir hilflos und stumm. Es war der 30. Januar 1944, 3 Uhr nachts und kalt. Als meine Mutter eine Matratze auseinandernehmen wollte, um sich daraufzusetzen, schlug ihr eine Stichflamme entgegen, die sich nur mühsam löschen ließ. Phosphor hatte sich offensichtlich an der Luft entzündet. So standen wir auf der Straße, die von den Feuern grell erleuchtet war, und wussten nicht, was wir tun sollten.

»Was soll ich denn eigentlich mit den Möbeln machen?«, fragte Tante Lisa. Es schien plötzlich völlig irrsinnig, sie gerettet zu haben. Einen Möbelwagen, um sie abzufahren, würde sie sicher nicht bekommen. Ließ man die Möbel auf der Straße, würden sie verschwinden. Die Nachbarn, die wir vorher nicht gekannt hatten, waren der gleichen Meinung.

»Lasst uns zur NSV gehen, die müssen uns helfen.« Tante Lisa ging mit. Wir blieben bei den Möbeln. Langsam begriffen wir, dass wir unser Obdach verloren hatten. Aber noch kamen wir nicht recht zur Besinnung.

»Da müsst ihr auch hingehen«, meinte Tante Lisa, als sie von der NSV zurückkam. »Dort herrscht völliges Chaos, das muss man ausnutzen.« Sie grinste hämisch. »Sie geben jedem, der da sagt, dass er ausgebombt sei, zu essen und verteilen Lebensmittelmarken für die nächste Woche.«

Wir gingen sofort. Es war genau so, wie Tante Lisa gesagt hatte. Ella und Inge Richter wurden als Bombengeschädigte aus dem Hause Sächsische Straße 26 eingetragen. Wir nahmen die kostbaren Lebensmittelmarken in Empfang. Man empfahl uns, gut zu frühstücken. In einem improvisierten Ess-Saal gab es unbegrenzt Bohnenkaffee und Stullen, die dick mit Wurst belegt waren. Wir sollten zu Mittag wiederkommen, was wir auch taten. So gut hatten wir lange nicht gegessen. Als »Ausgebombte« erhielten wir Dinge, die sonst nirgends mehr aufzutreiben waren.

»Sie haben Angst vor uns«, flüsterte jemand, »in Hamburg haben Ausgebombte gegen die Regierung rebelliert.«

Mit den Möbeln, die nun auf der Straße standen, wusste auch die NSV nichts anzufangen. »Die Volksgenossen werden sie bestimmt nicht stehlen«, hieß es tröstend. Das war alles.

Am frühen Morgen erschien Walter Rieck; er hatte von den Verwüstungen in der Gegend des Fehrbelliner Platzes gehört. Frau Jenny Rieck war mit der Tochter zunächst nach Bayern gezogen, während Walter Rieck, den geschäftliche Pflichten in Berlin hielten, in einer Siedlung bei Potsdam Asyl gefunden hatte. Diese Siedlung »Eigenheim« war eine Arbeitersiedlung gewesen. Es waren meist Einfamilienhäuser mit einem kleinen Gemüsegarten, nahe der Hauptstraße von Potsdam nach Rehbrücke gelegen. Vater Hentze, der den Riecks das Dachzimmer in seinem Haus zur Verfügung gestellt hatte, war Finanzbeamter. Er war seit 1933 nicht mehr befördert worden, denn er hatte sich geweigert, in die NSDAP einzutreten.

»Na, dann eben nicht«, sagte er, der keine politische Vergangenheit, wohl aber ein Gewissen hatte. »Besser, als sich mit Verbrechern arrangieren zu müssen.«

Als die Riecks in Berlin ausgebombt worden waren, stellte er ihnen eine kleine Wohnung im Nachbarhaus zur Verfügung, die seiner verheirateten Tochter gehörte. Da ihr Mann als Soldat vermisst war, brauchte sie ohnehin nicht so viel Platz, meinte er. Mit Rieck zog auch dessen Untermieterin Charlottchen, eine junge Filmschauspielerin, nach Potsdam.

»Ihr kommt erst mal alle drei mit nach Potsdam«, sagte Rieck, als er die Bescherung sah. »Ihr müsst erst mal schlafen. Dann werden wir weitersehen.«

»Aber die Möbel?«

Er machte eine wegwerfende Handbewegung. Tante Lisa nickte nur. »Kommt!«, sagte sie sehr energisch.

Wir waren völlig erschöpft, so dass wir schon auf der Fahrt in der S-Bahn einschliefen. Auf den Haaren hatte sich dicker schwarzer Ruß abgesetzt. Unsere Gesichter waren grau vom Staub und unsere Kleider vom Wasser fleckig und von Funken angesengt. Alles roch nach Rauch. Rieck brachte uns drei zunächst in der kleinen Wohnung unter. Er selbst ging zurück in das Dachzimmer, wo Charlottchen untergebracht war. Wir waren viel zu müde, um das zu registrieren.

Wir brauchten einige Tage, um zur Besinnung zu kommen. In der Wohnung konnten wir nicht bleiben; so viel stand fest. Rieck schlug vor, wir sollten uns in der Siedlung ganz ungeniert um ein Domizil bemühen. Niemand würde misstrauisch werden, wenn wir uns dort nicht polizeilich meldeten. Kein Berliner tat das, denn dann verlor er seine Sonderzuteilungen, die nur den von Bomben bedrohten Städtern zustanden.

Mit Hilfe von Hentzes fanden »die Richters« – so hießen wir nun überall – eine kleine Hütte auf einem Grundstück Ravensbergweg 4, das einer Frau Fabig gehörte. Diese Hütte war einmal ein Ziegenstall gewesen, kombiniert mit einer Waschküche.

»Ja, wenn Sie glauben, dass Sie da wohnen können …« Die weißhaarige Frau mit den verarbeiteten Händen und dem eckigen Gesicht lachte freundlich.

»Ach, lieber in einer weniger komfortablen Wohnung als in Berlin.«

»Ich glaube es Ihnen«, sagte Frau Fabig, »wir sehen ja oft von hier, wie es brennt.«

Wir wurden handelseinig. Das Häuschen war solide aus Stein gebaut mit Zementfußboden und festem Dach, einem Fliegenfenster und Holztüren. Eine Heizung gab es nicht. Auf dem Herd aus roten Ziegeln, auf dem früher der kupferne Waschkessel gestanden hatte, konnten wir kochen, und wir hofften, dass er auch ein wenig wärmen würde. Der eigentliche Stall wurde unser Schlafzimmer. Gutmütige Nachbarn, von Frau Fabig ermuntert, brachten alte Möbel für die ausgebombten Berliner. Wir fanden, dass wir ein großartiges Asyl gefunden hätten, denn da es als nicht bewohnbar galt, war es auch dem Wohnungsamt nicht gemeldet.

Frau Fabig, Witwe eines Bauarbeiters, hatte natürlich keine Ahnung, wem sie da Asyl gewährte. Wir zahlten ihr eine geringfügige Miete und waren überdies oft bei ihr im Haus zum Kartenspielen oder zum Schwatzen.

Meine Mutter stellte sich wie so oft als Witwe eines Studienrates vor. Wir galten bald in der ganzen Siedlung als vorbildliche arbeitsame Mitmenschen. Jeden Morgen fuhren wir nach Berlin zur Arbeit. Alles schien vollkommen in Ordnung. Dass wir Lebensmittel und selbst Kohlen, die ich aus den Kellern ausgebombter Häuser oft unter Lebensgefahr stahl, aus Berlin mitbrachten, schien nicht weiter verwunderlich, waren wir doch angeblich in Berlin gemeldet. Im nahen Wald der Siedlung »Eigenheim« sammelten wir Brennholz. Es war grün und brannte schlecht. Wichtiger noch waren die Pilze, die im Herbst unsere häufige Nahrung wurden. Bald waren wir Experten auf diesem Gebiet und produzierten delikate Mahlzeiten. Leider war die Saison nur kurz. Einmal durch einen Wald gehen können, ohne etwas zu suchen … Dieser Wunsch schien damals unerfüllbar.

Manchmal standen wir nachts auf, um von unserem sicheren Port aus das von englischen Bombern in Brand gesteckte Berlin zu sehen. Die Angriffe wurden häufiger und heftiger. Sie richteten gewaltige Schäden an. Ganze Straßenzüge waren nur noch

Trümmer und Ruinen. Die Menschen fürchteten sich vor den Nächten, aber ihre Moral brach nicht. Ihre Wut gegen die Angreifer nahm zu, weil die Zerstörungen so sinnlos erschienen. »Ja, wenn sie wirklich kriegswichtige Ziele angriffen, aber Wohnviertel ...«, hörte man.

Grete und Ostrowski hatten Berlin verlassen. Ihre Wohnung war ebenfalls ausgebombt. Sie lebten in Calau, einer Stadt in der Lausitz, wenige Stunden von Berlin entfernt. Einmal in der Woche kamen sie nach Berlin, »besuchten« mich in ihrem Laden, prüften die Kasse und freuten sich, dass alles in Ordnung war. Dann fuhren sie in ihr vor Bomben sicheres Domizil zurück.

»Es kann ja nicht mehr lange dauern ...« Dieser Satz war so stereotyp, dass ich ihn bald nicht mehr hören konnte. Ich war zu jener Zeit absolut selbständig im Geschäft. Die Kontakte zu den Geschäftsleuten der Nachbarschaft hatte ich langsam, aber stetig gefestigt. Außerdem hatte ich begonnen, Ware zu besorgen, was seit Jahren nicht mehr geschehen war, weil Grete das Geschäft nicht mehr interessierte. Auch wenn ich nur Briefpapier schlechtester Qualität zu verteilen hatte, konnten Kunden damit gehalten werden.

Eines Tages stand Hans vor mir. Wir sahen uns nicht oft. Er erhielt nur »Ausgang«, wenn er etwas für die Gestapo zu besorgen hatte. Das war nun seine Hauptaufgabe.

»Viele Grüße von Walter Skolny«, sagte er.

Ich verstand sofort. Skolny hatte wie ich illegal gelebt. Er war von der Gestapo geschnappt worden. Ein jüdischer Spitzel hatte ihn verraten. Hans ließ mir nicht viel Zeit, über diese gemeine Tat nachzudenken.

»Hier, das sind die Schlüssel zu der Wohnung, in der Walter ein Zimmer hatte. Versuch bitte, die Schwarzmarktware aus dem Haus zu schaffen, bevor die Gestapo kommt.«

Walter Skolny hatte keine Freunde gehabt, die ihn hätten verstecken können. Er hatte versucht, diesen Mangel mit Geld auszugleichen. Schwarzmarktgeschäfte verhalfen ihm dazu. Das war einige Zeit gutgegangen. Die Vermieterinnen fragten nicht näher, wenn sie entsprechend entlohnt wurden, und das noch von einem so gutaussehenden jungen Mann. Walter hatte mit einem Mann, den er nicht kannte, ihm jedoch vertraute, ein Geschäft abgeschlossen. Am nächsten Morgen war dieser mit der Gestapo zum Treffpunkt gekommen. Walter hatte zu flüchten versucht, aber eine Pistolenkugel in sein Bein hatte das verhindert. Nun fürchtete er, die Gestapo würde seine Schwarzmarktware finden und ihn dafür besonders hart strafen.

Hans beschrieb mir, wie ich das Zimmer finden könnte, ohne die Wirtin aufzuschrecken, und drängte: »Bitte, tue es bald, sonst ist es zu spät.« Ich sollte die Waren in einem Koffer, den ich im Zimmer finden würde, zu einer Frau Grüger in der gleichnamigen Bäckerei, Droysenstraße 10, bringen.

Am selben Abend konnte ich nichts mehr unternehmen. Nach Geschäftsschluss musste ich mich beeilen, noch vor Dunkelheit nach Potsdam zu gelangen, bevor »die Engländer kamen«. Am nächsten Morgen stand ich früher auf als sonst, fuhr zum Lehniner Platz, öffnete in der Albrecht-Achilles-Straße eine Haustür, stand vor der mir angegebenen Wohnungstür, horchte auf Stimmen oder andere Geräusche in der Wohnung, schloss vorsichtig auf und schlich mich in die Richtung des Zimmers von Walter, wie Hans angegeben hatte. Das Herz klopfte mir bis zum Hals, als ich den Schlüssel in das Türschloss steckte. Es konnte die falsche Tür sein. Es war dann doch die richtige. Ich sah mich um, öffnete die Schränke – Speckseiten, Seidenstrümpfe, Alkohol, Kaffee. Mir schwindelte. Dinge, die ich seit Jahren nicht gesehen hatte. Wie betrunken warf ich alles in einen Koffer. Ich hatte keine Zeit zum Nachdenken. Der Koffer war schwer. Ich schleppte mit fast übermenschlicher Kraft. Der Schweiß stand mir auf der Stirn. Als ich die Wohnung ungesehen verlassen hatte, wurde ich ruhiger. Auf der Straße erkannte ich, dass der Koffer zu schwer für mich war. Aber ich musste es schaffen. Zum Glück war es nicht weit bis zur Droysenstraße.

In der Bäckerei stand eine Frau hinter dem Ladentisch. Sie sah mich prüfend an.

»Frau Grüger?«, fragte ich. Die kleine Frau mit sehr hellen Augen über slawischen Backenknochen blickte lauernd.

»Ich bringe Ihnen Grüße von Walter«, sagte ich sehr langsam.

Nun schaute sie erstaunt.

»Ich habe ihn lange nicht gesehen«, erwiderte sie vorsichtig. Ich erzählte schnell, was sich zugetragen hatte. Ihre Augen füllten sich mit Tränen.

»Ich habe ihm hundertmal gesagt, er soll vorsichtiger sein. Nein, so ein Unglück, so ein Unglück. Diese Schweine.« Sie weinte. Dabei zerknüllte sie ihr Taschentuch in der Hand, als hätte sie einen der Schuldigen gefasst. Plötzlich sah sie mich an: »Wer sind Sie eigentlich?«

Ich sagte es ihr. Sie hörte ruhig zu. Dann bestimmte sie: »Von nun an werde ich Ihnen helfen. Sie werden Walters Platz bei mir einnehmen.« Und schon ergriff sie eine Tüte, warf Brötchen und Kuchen hinein, ohne zu zählen, und sagte: »Kommen Sie ungeniert, wann immer Sie etwas brauchen. Kommen Sie! Versprechen Sie mir das?« Sie weinte von neuem. Ein Angestellter musste an ihrer Statt im Laden bedienen. Sie zog mich ins Zimmer hinter dem Laden.

»Wie ist das alles furchtbar«, schluchzte sie und erzählte, dass in der Backstube ein jüdischer Freund versteckt sei, der Rechtsanwalt Dr. Hans Münzer.

Er wagte sich überhaupt nicht mehr hinaus aus Angst, von der Militärpolizei, den im Berliner Volksmund so genannten »Kettenhunden«, nach seinen Papieren gefragt zu werden. Es gab schon viele Deserteure. Frau Grüger schimpfte und weinte abwechselnd vor sich hin.

»Was diese Schweine angerichtet haben …« Diese energische Frau äußerte ihren Hass auf die Nazis ohne jede Vorsicht.

»Jawohl, jeden Morgen lege ich Brot und Brötchen an den Baum vor der Tür für die Kriegsgefangenen, die sie regelmäßig hier vorbeiführen. Sie müssten sehen, wie die sich daraufstürzen, die armen Kerle.«

Nein, Angst kannte sie nicht, die Bäckersfrau. Ihr Mann, still und scheu – so ganz anders als seine Frau – teilte ihre Einstellung.

»Ja, das sind Verbrecher.« Er sagte es langsam, aber sehr bestimmt.

Als Hans wiederkam, berichtete er, dass die Gestapo nichts mehr in der Wohnung von Walter vorgefunden habe, außer einer völlig überraschten Wirtin, die keine Ahnung gehabt hatte, wem sie da Asyl gewährt hatte. Die Gestapo muss kurze Zeit nach mir in der Wohnung gewesen sein. Walter war dankbar, ließ mich grüßen und hoffte, mich bald wiederzusehen.

Der Verlauf des Krieges ließ in der Tat solche Hoffnungen berechtigt erscheinen. Der Rückzug an der Ostfront wurde längst nicht mehr bekannt gegeben, wie zuvor etwa der Fall von Stalingrad, als Totenehrungen und offizielle Trauerfeiern abgehalten worden waren. Die amtliche Propaganda bemühte sich krampfhaft, im Volk den Glauben an den Sieg zu erhalten. Deutschland würde und musste siegen – »Was soll denn sonst aus uns werden?«, fragten einige meiner Kunden, die keine Nazis waren, aber berechtigte Angst hatten, am Ende doch mit den Nazis identifiziert zu werden, wenn der Krieg für Deutschland verloren ginge.

Wie verheerend die deutschen Verluste an der Front wie auch durch Bombenangriffe in der Heimat waren, erfuhren wir vom englischen Sender. Inzwischen hatten auch die Amerikaner begonnen, Berlin zu bombardieren, und zwar bei Tage. Ihre Angriffe waren vielleicht noch wirksamer, da sie den Produktionsprozess unmittelbar trafen. Solche Angriffe schienen oft den Tag zur Nacht zu machen, so schwarz zog der Rauch der Brände über die Stadt. Die wenigen Autos, die Fahrerlaubnis hatten, wurden von aufgebrachten Menschen angehalten, um mitgenommen zu werden. Pferdegespanne waren ebenso selten. Einmal stand ich auf einem solchen Fuhrwerk, das durch die zerstörte Friedrichstraße rollte. Ein alter Klepper, dessen Rippen unter dem Fell sichtbar waren, zog den Wagen langsam voran. Da sah ich am Bordstein einen Mann sitzen. Er war von Schutt und Mörtel bedeckt und hielt den Kopf in den Händen. Zwischen seinen Fingern rieselte Blut hervor. Offensichtlich war er verschüttet gewesen. Er bat und bettelte um Hilfe. Niemand beachtete ihn. Ich sprang von meinem Fuhrwerk. Der Kutscher hielt seinen Gaul an. Widerwillig half er mir, den Mann auf das Gefährt zu schleppen.

»Jetzt müssen wir auch noch am Krankenhaus vorbei«, murrte der Kutscher böse und schlug auf sein Pferd ein, das plötzlich laufen konnte. Am Straßenrand waren noch mehr solcher Gestalten aufgetaucht.

Bei Tagesangriffen versuchte ich, einen der Bunker zu erreichen, dessen Türme, von denen die Flak die angreifenden Flugzeuge beschoss, aus Beton bestanden und darum als sicher galten. In diesen Bunkern war von den Angriffen selbst nichts zu hören. Nur das Schwanken dieser Kolosse durch den Luftdruck der gewaltigen Detonationen wurde spürbar. Was die Bomber angerichtet hatten, sahen wir erst nach der Entwarnung, wenn wir wieder ans Tageslicht durften. Bei solchen Gelegenheiten sorgte ich mich besonders um meine Mutter, die in einem anderen Stadtteil arbeitete. Telefonieren war oft nicht möglich, denn auch das Telefonnetz war zum Teil lahmgelegt. Dann kamen Gerüchte auf.

»Im Wedding haben sie furchtbar gehaust ...« – »Sehen Sie doch, wo die Feuer stehen, das muss Steglitz sein ...« Und so ging es weiter. Wenn ich nach einem solchen Angriff von meiner Mutter nichts gehört hatte, eilte ich voller Unruhe und Angst nach Potsdam. Einmal aber war es kein Angriff, der mich die Sekunden zählen ließ, bis ich den Laden schließen konnte. Und dann hatte ich mindestens noch eine Stunde Fahrt bis Potsdam. Hans hatte mich im Laufe des Nachmittags angerufen und gefragt, wo meine Mutter sei. Ich antwortete arglos: »Wie immer, bei Görner.«

»Da muss etwas passiert sein!«

»Ja, was denn, um Gottes willen?«

»Ich weiß es nicht«, sagte Hans. »Ich weiß nur, dass dort etwas geschehen ist.« Ich war völlig verzweifelt. Wie ich die Stunden bis zum Ladenschluss überstand, weiß ich nicht mehr. Von der Station lief ich in unsere Straße und rief schon von weitem nach meiner Mutter. Als sie ganz überrascht am Gartentor erschien, brach ich in hemmungsloses Weinen aus. Die Spannung war zu groß gewesen.

»Warum hast du mich nicht angerufen?«, fragte ich sie vorwurfsvoll. »Ich konnte ja nicht ahnen, dass du davon hören würdest«, sagte meine Mutter mit einem berechtigten Vorwurf an die Adresse von Hans, der seine Frage gewiss gut gemeint hatte.

Was war geschehen? Am Vormittag hatte Görner meine Mutter plötzlich rufen lassen und ihr gesagt:

»In wenigen Minuten wird die Gestapo hier sein. Benehmen Sie sich ganz natürlich, damit Sie keinen Verdacht erregen. Es betrifft Sie nicht.«

Er hatte kaum ausgesprochen, da schwirrten die Gestapobeamten bereits im Hause herum. Sie verlangten, dass die Betriebsangehörigen versammelt würden. Meine Mutter stand »harmlos« bei ihren Kollegen. Sie hatte zwar noch überlegt, ob sie über die Hintertreppe verschwinden sollte, aber dann entschied sie sich glücklicherweise dagegen. Der Hinterausgang war von der Gestapo genauso besetzt worden wie der Haupteingang. Als die Belegschaft versammelt war, trat einer der Gestapobeamten vor und erklärte, dass der Betrieb geschlossen würde. Görner habe sich wie ein Volksfeind benommen. Er habe vor Jahren ein halbjüdisches Kind adoptiert und nun versucht, für dieses Kind einen Platz an einer höheren Schule zu erhalten. Eine solche Handlung grenze an Landesverrat. Auf jeden Fall aber sei sie eine Missachtung der deutschen Rassegesetze. Wenn Görner schon einen solchen Bastard in seinem Haus dulde, dann sei es noch immer nicht rechtens, dass er eine deutsche Schule damit belaste und deutschen Kindern zumute, neben einem jüdischen Kind zu sitzen.

Görner persönlich geschah nichts. Sein Betrieb wurde geschlossen. Das war fatal, denn meine Mutter war nun arbeitslos. Wie konnten wir in unserer Nachbarschaft begründen, dass sie nicht mehr arbeitete? Zu jener Zeit waren alle Frauen bis zum Alter von 55 Jahren dienstverpflichtet. Wir kamen überein, zunächst einen Monat Betriebsferien aus Mangel an Material anzugeben; eine damals plausible Erklärung. Gelegentlich kam meine Mutter mit mir nach Berlin, um mir das Kohlenschleppen abzunehmen.

Einmal, als wir mit der S-Bahn unterwegs waren, setzte sich ein Soldat uns gegenüber. Er ließ mich nicht aus den Augen. Schließlich beugte er sich vor und fragte:

»Sind Sie nicht Inge Deutschkron?« Ich sah ihn erstaunt an und verneinte überrascht und sicher. Ich wusste wohl, dass es

Helmut Wende, der ehemalige Schwiegersohn von Jenny Rieck, war. Meine Mutter meinte: »Ach, der Herr hat dich wohl verwechselt?« Während der Soldat offensichtlich verwirrt um Entschuldigung bat, näherten wir uns zu unserer Erleichterung einer großen Umsteigestation, auf der wir leicht verschwinden konnten. Wir ergriffen unsere Taschen und stiegen aus. Vielleicht war Helmut Wende kein Nazi, vielleicht sogar ein Gegner, aber wir konnten nicht riskieren, unsere Identität preiszugeben.

Noch mehr Glück hatten wir bei einer anderen Fahrt mit der S-Bahn. Am Bahnhof Zoo stiegen zwei Männer ein. Sie gingen vom vorderen Teil des Wagens nach hinten durch und riefen den Reisenden zu, ihre Ausweise für eine Kontrolle bereitzuhalten. Wir hatten Glück und standen im vorderen Teil des Wagens. Während die Männer am anderen Ende mit der Kontrolle begannen, fuhr der Zug bereits im Bahnhof Tiergarten ein. Noch ehe er hielt, sprangen wir ab und eilten die Treppe des Bahnhofs hinunter. Meine Mutter war solchen Situationen nicht gewachsen. Sie war kreideweiß und völlig atemlos.

Was nun? Natürlich konnten wir nicht sofort auf den Bahnsteig zurückkehren, obwohl wir keine andere Möglichkeit hatten, als mit der S-Bahn nach Potsdam zu fahren. Wir machten uns also zu Fuß zur nächsten Bahnstation Bellevue auf. Es war kein leichter Weg, weil wir nicht sicher sein konnten, ob wir nicht noch einmal in die gleiche Kontrolle gerieten. Wir stiegen dennoch wieder in die S-Bahn, wagten aber nicht, uns hinzusetzen. An jeder Station blickten wir gebannt hinaus, bereit, noch im letzten Moment abzuspringen. Wie erleichtert waren wir, als wir vom Bahnhof Grunewald abfuhren. Bis zur nächsten Station Nikolassee hatten wir acht Minuten Zeit, uns zu erholen. Wir hatten Glück.

13
Menschliches, Allzumenschliches

Vor mir standen Dr. Ostrowski, Grete und eine Dame, die als Schwester eines Freundes von Ostrowski bezeichnet wurde. Es war höchst ungewöhnlich, dass Grete und Ostrowski so unvermutet mitten in der Woche nach Berlin kamen. Ein ungutes Gefühl überkam mich. Ostrowski ging sofort in den kleinen Raum hinter dem Laden. Ich musste ihm folgen. Grete begann, der Dame Einzelheiten des Geschäftes zu erklären. Ziemlich barsch wandte sich Ostrowski mir zu:

»Du, hör mal, wir können dich hier nicht länger beschäftigen. Das ist zu gefährlich geworden.«

Ich erstarrte. Bisher war alles ohne Schwierigkeiten verlaufen. Ich hatte fast 18 Monate in Gretes Geschäft gearbeitet, als wäre dies das Natürlichste von der Welt, hatte Schreibpapier verkauft und Bücher ausgeliehen, hatte »Heil Hitler« gesagt und auch »Guten Tag«. Das Geschäft war für mich wichtig. In ihm war ich untergebracht und brauchte nicht auf der Straße herumzulaufen, auf der immer Gefahren lauerten, Polizeikontrollen oder Spitzel. Ich hatte mich auch mit den benachbarten Lebensmittelhändlern angefreundet, deren Bekanntschaft mir unsere Versorgung erleichtert hatte. Das sollte zu Ende sein. Ich war wie versteinert.

»Was ist geschehen?« Ich brachte die Worte nur mühsam über die Lippen. »Gott sei Dank bisher noch nichts«, erwiderte Ostrowski streng, »aber es kann sehr bald etwas geschehen. Man führt jetzt Kontrollen durch.«

Und er erklärte mir, dass diese Kontrollen angeblich Frauen unter 55 Jahren galten, die sich der gesetzlichen Pflicht, in den Rüstungsfabriken zu arbeiten, bisher erfolgreich entzogen hatten. Ich war viel zu verwirrt, um das alles zu verstehen. Mir waren die Gründe gleichgültig. Die Tatsache, dass ich nun ohne Arbeit sein würde, überschattete alles andere.

»Was soll ich jetzt nur machen?«, fragte ich sehr niedergeschlagen.

Ich wusste nur zu gut, dass ich mich nicht längere Zeit in unserem Ziegenstall aufhalten konnte, ohne in unserer kleinen Siedlung Verdacht zu erregen. Ich fragte das einen Menschen, in dem ich bisher einen Helfer gesehen hatte. Ich spürte zum ersten Mal, dass es ihm gleichgültig war, was aus mir wurde. Er erklärte, der Krieg würde sehr bald zu Ende sein und er könnte es sich nicht leisten, ein Risiko einzugehen, er müsse überleben. »Das ist alles nur eine Frage von Wochen«, fügte er hinzu. Es war Herbst 1944.

»Wie oft habe ich das nun schon gehört«, muckte ich das erste Mal auf, »bis dahin werden wir wohl verrecken!«

»Was bist du undankbar!«, brauste Ostrowski auf. »Ich verstehe gar nicht, wie du dich anstellst.« Und noch einmal erklärte er, dass er in einer kommenden Regierung eine so wichtige Rolle spielen würde, dass er sein Schicksal nicht von mir abhängig machen könne. Den Tränen sehr nahe, versicherte ich ihm, dass ich seine bisherige Hilfeleistung für uns nicht unterschätzte. Aber ich wüsste nicht weiter. Meine Mutter sei bereits ohne Arbeit und könne nichts anderes tun, als im Park von Sanssouci spazierenzugehen, was auch nur noch bis zum Anbruch des Winters möglich sein würde.

»Na, dann gehst du eben an der Havel spazieren«, sagte Ostrowski und lachte auf. Es klang hämisch. Ich hatte das Gefühl, dass etwas in mir zerbrach. Dieser Mann hatte uns geholfen. Das war ihm sicherlich ein Bedürfnis gewesen. Es war seine einzige Möglichkeit, der Opposition gegen Hitler Ausdruck zu geben. Dann, als die Niederlage Hitlers offenbar wurde, dachte er nur noch an die Zeit »danach«. Gelegentlich hatte er uns gefragt: »Na, ihr werdet doch nach dem Krieg nicht vergessen, was wir für euch getan haben?«

Meine Mutter hatte das immer hoch und heilig geschworen. Da das Ende nun schon in Sicht war, gab es für ihn nur noch eines, was wichtig erschien: seine eigene Person.

Ich fasste mich schnell und sagte kurz: »Auf Wiedersehen«, nahm meine Sachen und floh förmlich aus dem Laden. Ich fuhr sofort nach Potsdam. Meine Mutter war schon zu Hause. »Du kommst so früh?« Sie fragte es sorglos und redete weiter: »Das Essen ist noch nicht fertig; es gibt Pilze.« Für uns war der Herbst die beste Zeit des Jahres, in der wir fast täglich im nahen Wald Pilze sammelten. Sie schmeckten nicht nur gut, sie waren auch nahrhaft. Die Sorglosigkeit meiner Mutter war Ausdruck einer gewissen Sicherheit, die wir inzwischen erlangt hatten. Alles war bisher über Erwarten gutgegangen. Ich begann zu weinen und berichtete ihr, was geschehen war.

»Ostrowski wird schon wissen, was er tut«, meinte meine Mutter. Ihr Vertrauen in diesen Mann war grenzenlos. »Du darfst nicht undankbar sein«, schalt sie mich, als ich Zweifel an ihm äußerte. Ich begriff nicht, wie er mich hatte fortschicken können, ohne auch nur Möglichkeiten zu überlegen, was ich weiter tun könnte.

»Ich war nichts anderes als eine billige Aushilfe, der ein Pfund Butter, das er auf dem Land billig erstand, als Monatsgehalt viel wert war.«

Meine Mutter verstand meine Empörung nicht. »Wir werden nun gemeinsam im Park von Sanssouci spazierengehen«, meinte sie, froh, nun nicht mehr allein herumlaufen zu müssen, »vielleicht hat Ostrowski recht, und es dauert wirklich nur noch ein paar Wochen.«

Pünktlich wie jeden Morgen gingen wir nun anstatt zur Arbeit mit einem Buch in der Tasche in den Park von Sanssouci. Zunächst genoss ich es, unter den alten Bäumen spazierenzugehen. Dort konnte man sich in eine andere Welt versetzt glauben. Die herrlichen Gärten mit den bunten Blumenrabatten waren gepflegt wie eh und je. Das Schloss und seine Dependancen standen unberührt da; ein Stück heile Welt im Chaos der letzten Kriegsmonate. Nur einige ältere Leute gingen wie wir in den schattigen Alleen spazieren und hörten dem Vogelgezwitscher zu. Wenn es regnete, besichtigten wir in aller Ruhe das Schloss. Manchmal gab es Fliegeralarm. Aber das schreckte uns nicht. Wir gingen zwar in die Nähe des Luftschutzkellers, der einst dem Alten Fritz als Weinkeller gedient hatte; wir betraten ihn jedoch nie. Damals waren wir noch so sicher, dass Potsdam nicht bombardiert würde. Der Alarm galt meist einem Angriff auf die nahe

Stadt Berlin. Als wir uns wieder einmal in die Nähe des Luftschutzkellers begaben, sah ich eine Gruppe von Männern in mir unbekannter Uniform. Zwei deutsche Soldaten mit dem Gewehr über der Schulter begleiteten sie. Ich war neugierig und ging näher heran.

»Inge, sei vorsichtig«, rief meine Mutter. Sie hatte bereits erkannt, dass es kriegsgefangene englische Offiziere waren. Ich hörte sie englisch sprechen, und dann war mir alle Gefahr gleichgültig. Ich sprach einen von ihnen auf Englisch an. Er war vorsichtiger als ich und sah sich nach den deutschen Wachen um, bevor er mir erzählte, dass sie in einem Kriegsgefangenenlager in der Nähe von Sanssouci untergebracht seien.

Einer der deutschen Soldaten schaute zu uns herüber, ohne jedoch einzugreifen. Es kümmerte mich nicht. Ich überschüttete den Engländer mit Fragen, wann der Krieg zu Ende sein würde, was dann käme. Die anderen Engländer schauten belustigt zu. Meine Mutter hielt sich abseits und gestikulierte, entsetzt über meine Unvorsichtigkeit. Mein Gesprächspartner erkannte die Gefahr.

»Kommen Sie, stellen Sie sich in meine Nähe. Ich werde mit einem meiner Kameraden ein Gespräch führen, das auf Ihre Fragen Antwort gibt. Tun Sie so, als hörten Sie uns nicht zu«, flüsterte er. So geschah es. Es könne sich nur noch um Monate handeln, meinten die englischen Offiziere übereinstimmend. Sie waren über das Kriegsgeschehen genau orientiert. Und dann sagte er: »Wir werden die Fehler von Versailles nicht wiederholen.« Und ein anderer fügte hinzu: »Das hat nur Hitler an die Macht gebracht«, und, »wie schade, dass Sie sich nicht selber von Hitler befreien konnten.« Ich hielt es nicht länger aus und erzählte, dass ich Jüdin sei und versteckt lebte. Ich sprach von meinem Vater in England, aber mir wurde während meiner hastigen Worte klar, dass das alles sehr unglaubhaft klingen musste. Wir hatten keine Zeit mehr, Namen auszutauschen. Die Luftschutzsirenen gaben Entwarnung. Die Soldaten trieben die englischen Offiziere zum Weitergehen an. Wir winkten uns noch mit den Augen zu.

Tagelang sprach ich von nichts anderem als von dieser Begegnung mitten im Krieg, die uns ermutigt hatte. Irgendwie begannen wir, uns sicherer zu fühlen. Es war, als sei das Ziel schon sichtbar.

Eines Abends klopfte es an der Holztür unseres Ziegenstalls. Walter Rieck trat rasch ein. Der große Mann wirkte im Dämmerlicht des frühen Dezemberabends ganz verfallen. Sein Gesicht war fahl, seine Lippen blutleer, die Augen waren gerötet. Seine Arme hingen schlaff herab. Er setzte sich schwer, nahm den Hut ab und nach ein paar Sekunden sagte er mit heiserer Stimme:

»Hört mal, ich musste heute vor der Gestapo in Potsdam erscheinen«, und nach einer kurzen Atempause: »Sie fragten mich, ob es richtig sei, dass ich zwei Jüdinnen verstecke.«

»Um Gottes willen, woher kommt denn das?« Meine Mutter war aufgesprungen. Entsetzt schlug sie die Hände vors Gesicht. Ich war wie gelähmt. Wer konnte in Potsdam einen solchen Verdacht hegen?

»Es muss wohl eine Denunziation sein«, sagte Rieck sehr langsam und wandte sein Gesicht dem Fenster zu. »Es schien mir, als glaubte die Gestapo die Geschichte auch nicht so recht, sonst hätten sie wohl nicht so komisch gefragt«, überlegte er laut. Wir waren viel zu erschrocken, um daraus irgendwelche Folgerungen zu ziehen.

»Wir müssen sofort weg von hier«, rief meine Mutter, »aber wohin nur? Wohin nur?«, fragte sie voller Angst. Es war klar, dass wir uns in Gefahr befanden, auch wenn Rieck vorsichtig meinte, dass die Gestapo der Denunziation wenig oder gar keine Bedeutung beizumessen schien. Wir mussten damit rechnen, dass sie der Anzeige nachgehen würden. Rieck stimmte zu, dass es besser wäre, wenn wir wenigstens für eine kurze Zeitspanne verschwinden könnten. Er saß und sann mit uns darüber nach, wohin.

»Da wäre die Wohnung von den Linkes«, sagte er langsam. »Warum eigentlich nicht?« Karl Linke, ebenfalls ehemaliger Sozialdemokrat und Rektor einer weltlichen Schule, hatte eine Wohnung in der Konstanzer Straße 3, einem Haus, das Rieck verwaltete. Seit den Bombenangriffen auf Berlin war auch er in die Provinz übergesiedelt. Nur selten kam er, um nach dem Rechten zu sehen. Den größten Teil seiner Möbel hatte er in der Wohnung gelassen. Würde er nichts dagegen einzuwenden haben? Wie könnten wir ihn fragen? Rieck wusste es auch nicht. Er überlegte lange. Schließlich sagte er:

»Ich habe die Schlüssel; ich übernehme die Verantwortung. Ich kenne Linke.« Es blieb kein anderer Weg. Wir mussten unseren Ziegenstall verlassen, der uns als ein so sicheres Versteck erschienen war. Unterkünfte bei Freunden waren rar geworden, denn auch sie gehörten zu denen, die ihre Wohnungen durch Bomben verloren hatten.

»Ihr müsst etwas erfinden, damit ihr wieder hierher zurückkommen könnt, sollte die Gestapo dieses Versteck nicht ausmachen«, sagte Rieck.

Frau Fabig durfte die Wahrheit nicht ahnen. »Denkt euch etwas aus, und nehmt nur das Notwendigste mit«, ermahnte er uns. Dann ließ er uns allein mit dem Versprechen, seine Frau und Tante Lisa mit dem Wohnungsschlüssel der Linkes zu uns zu schicken.

Wir lebten nun fast zwei Jahre in der Illegalität. Der Krieg neigte sich seinem für die Alliierten siegreichen Ende zu. Aber noch konnte jeder Tag für uns zum Verhängnis werden. Noch rollten die Züge mit Deportierten gen Osten.[14]

Wir zogen unsere Koffer hervor, warfen hinein, was uns in die Hand fiel: Lebensmittel, Kleider, alles schien uns kostbar, konnte zum Überleben beitragen. Was aber sollten wir unserer Frau Fabig sagen, die keine Ahnung hatte, wen sie da aufgenommen hatte? Was klang glaubhaft? Während wir so arbeiteten und nachdachten, kamen Tante Lisa und Frau Rieck. Meine Mutter machte aus ihrer Verzweiflung keinen Hehl. Ich sagte nichts. Mir war, als könne ich gar nicht mehr denken.

»Wenn die Gestapo noch in dieser Nacht kommt«, rief meine Mutter, »dann sind wir gefangen!« Es ging kein Zug mehr nach Berlin, und in der kleinen Siedlung würden wir sofort gefunden.

Meine Mutter war wie von Sinnen. Ihre Fragen und Klagen überstürzten sich. Wie fortkommen, ohne dass Frau Fabig etwas merkte? Was, wenn Linke uns nicht in seiner Wohnung dulden wollte? Bis zu diesem Augenblick hatten beide Frauen regungslos zugehört. Plötzlich schlug Jenny Rieck die Hände vors Gesicht und schluchzte hemmungslos auf. Dann nahm sie meine Mutter, die selber kaum noch der Tränen Herr werden konnte, in die Arme. Nur Lisa Holländer blieb ruhig.

»Ihr müsst hier morgen früh vor Morgengrauen weg«, sagte sie sehr bestimmt. Sollte die Gestapo kommen, dann sicherlich nicht vor 5 Uhr. Das leuchtete ein. Also müssten wir vor 5 Uhr den Ziegenstall verlassen. Tante Lisa wollte sich unter irgendeinem Vorwand einen Leiterwagen von den Hentzes borgen, auf dem wir unsere Sachen zum Bahnhof Potsdam schaffen könnten. Sie würde bis dorthin mit uns gehen. In Berlin müssten wir dann allein zurechtkommen. Blieb nur noch die Frage, was wir der netten alten Frau Fabig mitteilen sollten. Sie war so gutgläubig und freundlich. Sie und ihr Mann, ein Bauarbeiter und alter Gewerkschafter, hatten sich das Häuschen vom Munde abgespart. Er war früh gestorben. Sie lebte von der kärglichen Rente und den Erträgen ihres Gartens, in dem sie emsig arbeitete. Dass sie nicht zu den Nazis gehörte, war klar. Dennoch konnten wir sie nicht ins Vertrauen ziehen. Sie war ein ängstlicher Typ. Wie würde sie reagieren? Sie hatte Kinder und Enkelkinder. Endlich kam uns eine Idee. Wir beschlossen, ihr einen Brief zu hinterlassen, in dem wir ihr mitteilten, dass ich im Laden etwas »Unvorsichtiges« gesagt hätte. Es wäre möglich, dass jemand mich anzeigen würde. Darum schiene es uns geraten, nicht bei ihr zu bleiben, um sie nicht zu belasten. Sobald nichts mehr zu befürchten wäre, würden wir wieder in unseren Ziegenstall zurückkehren. Wir würden uns melden und ließen Miete und Kleider zurück.

Tante Lisa versprach, das alles Frau Fabig noch mündlich auszurichten, um es noch glaubhafter zu machen. Meine Mutter weinte unablässig. Ich hörte sie noch unter der Bettdecke schluchzen. Geschlafen haben wir beide nicht in jener Nacht. Im Morgengrauen standen wir auf. »Schnell, nur schnell«, trieb meine Mutter mich ständig an. Kurz vor fünf blinkte eine Taschenlampe auf. Tante Lisa war mit dem Handwagen angekommen. Sie hielt auf der Straße. Auf Strümpfen, um nur ja niemanden zu wecken, schleppten wir unsere Sachen hinaus. Den Brief an Frau Fabig steckten wir in den Kasten. Ich zog den Wagen, den die Frauen von hinten schoben. Bis zum Bahnhof brauchten wir etwa 20 Minuten. Unterwegs begegneten uns die ersten Leute, es waren meist Fremdarbeiter. Am Bahnhof luden wir ab und verabschiedeten uns unter Tränen von Tante Lisa. Sie versprach, uns sehr bald bei Linkes zu besuchen.

Wir schleppten unsere Sachen auf den Bahnsteig. Uns war nicht wohl zumute. Am Bahnhof Charlottenburg ließen wir einen Teil unserer Habe in der Gepäckaufbewahrung. Dann gingen wir zur Konstanzer Straße. Wir schlichen die Treppen hinauf und klingelten. Als sich nichts rührte, schloss meine Mutter auf. Wir traten ein. Der Dreizimmerwohnung sah man an, dass sie lange nicht bewohnt worden war. Sie war verstaubt und roch muffig. Wir beschlossen, uns nur im Schlafzimmer einzurichten, in dem zwei Betten standen. Es lag zum Hof hinaus und war nicht so leicht einzusehen. Es hatte auch keine Wand zur Nachbarwohnung. Wir schlichen leise durch die Zimmer, um nicht gehört zu werden, und sprachen nur im Flüsterton. Als wir uns niederlegten, schliefen wir vor Erschöpfung sofort ein. Wir wachten erst auf, als Walter Rieck die Wohnungstür aufschloss. Es war bereits Nachmittag.

»Sorgt euch nur nicht«, sagte er, »bis jetzt haben sie sich nicht gemeldet, und wenn sie das nicht sofort tun, besteht sicherlich auch keine Gefahr.« Aber natürlich wäre es gut, zunächst vorsichtig zu bleiben. Meine Mutter ließ sich nicht so leicht trösten. Aber Rieck blieb zuversichtlich. »Ich hatte schon bei der Gestapo den Eindruck, dass sie die Sache nicht ernst nehmen«, wiederholte er. Immer wieder bat er, uns keine Sorgen zu machen. Er übernähme auch die volle Verantwortung vor Karl Linke, den er nicht schriftlich um Erlaubnis bitten konnte. Er schien mir besonders nett und aufmerksam.

Dann kamen auch Tante Lisa und Jenny Rieck. Auch sie waren erleichtert, dass bisher alles gutgegangen war. Tante Lisa hatte schon mit Frau Fabig gesprochen, die volles Verständnis gezeigt habe und für unsere Rücksichtnahme dankbar gewesen sei. Sie ließ uns herzlich grüßen. Beide Frauen gingen bald wieder.

Wir begannen, uns an die Wohnung zu gewöhnen. Sie war in jeder Hinsicht angenehmer als der Ziegenstall. Die nächsten Tage vergingen in Ruhe. Als wir eines Nachmittags in die Wohnung zurückkehrten, lag auf dem Boden unter der Wohnungstür ein Stück gelbe Pappe der gleichen Farbe wie der Judenstern. Darauf Druckbuchstaben aus einer Zeitung geklebt, die die Worte ergaben: Rieck-Deutschkron-Juden. Der Schrecken traf uns wie ein Blitz. Außer den Riecks und Tante Lisa wusste niemand, wo wir uns befanden. Niemand konnte uns gefolgt sein. Es war unheimlich und unerklärlich. Meine Mutter weinte. »Wohin nur entfliehen?«, rief sie immer wieder und rang die Hände. Glücklicherweise kam Tante Lisa an jenem Nachmittag. Als sie das Stück Pappe sah, wurde sie sehr bleich. Dann sagte sie, zu meiner Mutter gewandt: »Bitte, beunruhige dich nicht.« Und schließlich begann sie zu erzählen: »Als Walter zur Gestapo kam, sagte man ihm, dass eine Denunziation gegen ihn vorläge, die behaupte, er habe zwei Jüdinnen versteckt. Als er seine Unschuld beteuerte, meinten die Gestapobeamten, die Sache schiene auch ihnen wenig glaubhaft. Auf seinen Wunsch wurde ihm der anonyme Brief mit der Denunziation gezeigt. ›Kennen Sie die Schrift?‹, wurde er gefragt. Er musste es bejahen. Es war die seiner Frau Jenny.« Meine Mutter sprang auf. Das konnte nicht sein! Jenny Rieck, die uns immer wieder half, wollte uns an die Gestapo ausliefern? Das schien völlig absurd.

»Nein«, sagte Lisa, »sie tut dies alles, wie es scheint, um ihren Mann nicht zu verlieren.« In der Befangenheit der Sorge um unser eigenes Schicksal war uns entgangen, dass sich zwischen Walter Rieck und der Filmschauspielerin Charlottchen eine Beziehung entwickelt hatte, während Jenny mit ihrer Tochter in Bayern gewesen war. Wir erfuhren nun auch, dass Jenny bereits einen Selbstmordversuch vorgetäuscht hatte. Sie sei seitdem nicht mehr ganz bei Sinnen. »Ja, und ein Stück gelbe Pappe, so wie jene hier, habe ich gestern in ihrer Handtasche gesehen, als sie ihr Portemonnaie herausnahm.«

Lisa tröstete meine Mutter und äußerte die feste Überzeugung, dass diese Frau in ihrer Verzweiflung zwar nicht mehr wisse, was sie tue, aber uns gewiss nicht opfern wolle. Daher auch die ungenauen Angaben bei der Gestapo. Sie wollte wohl ihrem Mann Angst machen. So versuchten Tante Lisa und später auch Walter Rieck das Verhalten dieser Frau zu erklären. Beide beschworen uns, der Angelegenheit keine Bedeutung beizumessen. Jenny würde niemals so weit gehen, uns der Gestapo ans Messer zu liefern. Sie baten uns inständig, uns Jenny gegenüber nichts anmerken zu lassen und so zu tun, als sei alles wie immer. Jenny gab uns glücklicherweise keine Gelegenheit mehr dazu. Wir sahen sie bis zum Ende des Krieges nicht mehr.

Obgleich die Wohnung von Linkes ein angenehmes Quartier war, wussten wir doch, dass wir nicht lange bleiben durften. Es musste nach einer Weile auffallen, dass wir dort hausten. Und dann kam eines Tages Linke. Rieck hatte uns schon auf den Besuch vorbereitet; Linke hatte ihn angekündigt. Nur den genauen Termin konnte er ihm nicht nennen. In dieser Zeit waren Zugverbindungen Glückssache. Eines Tages schloss jemand die Wohnungstür auf. Ich ging sofort in den Korridor. Linke trat mit einer Dame ein, die er später als seine Sekretärin ausgab. Ich stellte mich vor und redete auf ihn ein, um ihm keine Zeit zur Entgegnung zu geben, sagte ihm, wer ich sei und dass Rieck uns nur vorübergehend bei ihm untergebracht habe, dass wir ihn leider nicht um Erlaubnis hätten bitten können, dass Rieck die Verantwortung übernommen habe, dass wir nur ein paar Tage bleiben würden, bis wir ein neues Quartier gefunden hätten, und noch mehr. Linke war sehr überrascht, aber er beruhigte mich sofort. »Das geht schon in Ordnung. Lassen Sie sich nicht stören«, sagte er und ging mit seiner Sekretärin in ein anderes Zimmer. Mir war nicht wohl.

»Wir müssen hier weg«, erklärte ich meiner Mutter, als sie nach Hause kam und ich ihr von dem Besuch erzählte. Rieck kam noch am selben Tag zu uns, um zu bestätigen, dass Linke auch ihm gegenüber sein Einverständnis zu unserem Aufenthalt in der Wohnung geäußert habe. Natürlich könne es nicht von Dauer sein. Am liebsten wäre ich schon am nächsten Tag ausgezogen. Ich war nicht sicher, ob Linke aufrichtig war oder nur so tat, weil er »ertappt« worden war. Aber wir hatten zunächst keine andere Möglichkeit. Endlos überlegten wir mit Frau Grüger, mit Tante Lisa, mit Walter Rieck, bis wir die Idee geboren hatten.

14
Nazis und andere

»Hahaha, auch der Herr Kommerzienrat Lewy dürfte schon in einem Massengrab schmoren.« Der schmächtige Mann mit dem Pferdegesicht, der das sagte, schaute auf den Namenszug des ehemaligen Besitzers eines Buches und lachte hämisch, wobei er selbstgefällig über seinen Schnurrbart strich. Die blonde Frau neben ihm lehnte sich an ihn und lachte ebenfalls. Ich hatte Mühe, ruhig zu bleiben. Dieser Mann hieß König. Dass er ein Nazi war, hatte ich natürlich gewusst, bevor ich bei ihm zu arbeiten begann.

Als ich meine Arbeit im Laden von Grete Sommer verloren hatte, musste ich eine andere Beschäftigung finden. Ich konnte unmöglich im Winter weiter im Park von Sanssouci spazierengehen. Ebenso wenig konnte ich den Tag über im Ziegenstall verbringen. Zunächst hatte Frau Gumz Rat gewusst.

»Komm zu uns, kannst Wäsche bügeln«, meinte sie. Ihre Büglerin hatte sie im Stich gelassen, und Arbeitskräfte waren zu jener Zeit nicht mehr oder nur schwer zu finden. Das tat ich dann auch. Das große Gaseisen war schwer, die Herrenhemden besonders sperrig. »Ein Hemd gut zu bügeln braucht 15 Minuten«, lehrte mich Frau Gumz und zeigte mir, wie ich es mit einem nassen Tuch während des Bügelns ständig benetzen musste, um es »willig« zu machen. Der Bügeltisch stand gegenüber der Eingangstür des Ladens, so dass ich jeden Kunden sah, der den Laden betrat, und von jedem gesehen werden musste. Ich gewöhnte mich auch daran. Wenn alte Kunden Fragen stellten, erklärte Frau Gumz, dass ich ihr nur aus Freundschaft aushelfe. Es war klar, dass auch dies nicht von Dauer sein konnte.

Walter Rieck wusste wieder einmal Rat. »Bist du bereit, bei einem Nazi zu arbeiten?«, hatte er gefragt. Ich lachte. »Warum denn nicht? Das ist doch sicherer als irgendein anderer Platz.«

Walter Rieck war Verwalter des Hauses in Neukölln, Berliner Straße, in dem sich das Geschäft von König befand. König hatte Rieck sein Leid geklagt, dass ihm nun auch seine letzte Verkäuferin genommen und in die Rüstungsfabrik gesteckt worden sei. Er wisse nicht, wie er das große Geschäft allein weiterführen solle. Es war ein Papierwarengeschäft mit zwei Schaufenstern, verbunden mit einer Leihbücherei, weitaus umfangreicher als die von Grete, und ein Buchantiquariat. Rieck hatte König erzählt, er kenne mich, Inge Richter, schon einige Zeit. Ich litte an einer Knieverletzung und sei darum in einer Rüstungsfabrik nicht voll einsatzfähig und arbeite dort nur halbtags. Da ich wegen meiner verwitweten Mutter auf den vollen Verdienst angewiesen sei, sei ich gewiss bereit, bei König an einigen Tagen der Woche auszuhelfen. König fand die Idee großartig, schon deswegen, weil er mich nicht den Behörden zu melden brauchte und nicht Gefahr lief, auch mich irgendwann an die Rüstungsindustrie zu verlieren.

Ich ging zu ihm, um mich vorzustellen, und spürte sofort, dass er Gefallen an mir fand. Aber solange die blonde Verkäuferin da war, die mich in meine Aufgabe einführte, verhielt er sich mir gegenüber nur höflich. Als sie den Laden endgültig verließ, nahm König sich öfter Zeit, mit mir zu sprechen. Sein Geschäft gefiel mir wegen der schönen alten Bücher, die er zum Teil auf Auktionen erstanden hatte. Meine Wissbegierde freute ihn. Er zeigte mir wertvolle Stücke, die er nicht zu verkaufen gedachte. »Höchstens im Notfall …«, fügte er hinzu. Als der Krieg so offensichtlich seinem Ende zuging, wurde er deutlicher. »Vielleicht eines Tages an einen Amerikaner«, er lachte zynisch. Ich sagte nichts, tat völlig ahnungslos, auch als er meinte, der Krieg könne gar nicht mehr gewonnen werden: Er vertraute mir an, dass er Parteimitglied sei, zeigte mir sein Parteiabzeichen, das er unter dem Revers trug, immer bereit, es, wenn nötig, zu zeigen, wie er lachend bemerkte. Wir grüßten einander mit »Heil Hitler«. Einige Mal lud er mich zum Essen ein. Als ich bedauerte, keine Lebensmittelmarken bei mir zu haben, winkte er ab. »Das geben mir meine Freunde ohnehin ohne Marken.« Tatsächlich respektierten sie ihn im Restaurant, so wie man einen Mann respektiert, den man lieber gehen als kommen sieht. Warum er nicht bei der Wehrmacht oder der Waffen-SS sei, fragte ich ihn.

»Man hat doch so seine Beziehungen«, meinte er und fügte grinsend hinzu, »durch die Partei natürlich.« Er mochte mich. Ich achtete sehr darauf, nichts zu tun oder zu sagen, was er als Ermutigung hätte deuten können.

»Sie sprechen Englisch?«, fragte König mich einmal. Ich bejahte.

»Na, das ist ja großartig. Dann können Sie mein Geschäft führen, wenn die Amerikaner kommen«, sagte er vergnügt. »Ich als PG werde das wohl kaum dürfen«, wieder lachte er. Ich sagte nichts. Über das Thema Juden haben wir nie gesprochen. Wozu auch? Ich hatte nach seiner Bemerkung über den Kommerzienrat Lewy keine Illusionen. Trotz meines Widerwillens war ich freundlich zu ihm. Wenn er nicht anwesend war, fühlte ich mich in seinem Laden viel wohler als in Gretes. Meine Sicherheit in dem Geschäft eines in der Umgebung anerkannten Nazis schien mir größer. Eine »Giftküche« wie bei Grete, in der alle auf den Index gesetzten Bücher verwahrt wurden, gab es natürlich nicht. Die verbotenen Bücher waren tatsächlich aussortiert und verschwunden.

Walter Rieck berichtete mir, wie zufrieden König mit mir sei, mit meinem Fleiß und mit meiner Intelligenz. Als schließlich das Benutzen von Transportmitteln nur noch von und zur Arbeitsstätte und das nur mit Ausweis genehmigt wurde, besorgte mir König auch diesen, da »meine Rüstungsfabrik« angeblich am anderen Ende der Stadt lag.

»Welchen wollen Sie?«, fragte er lachend und hielt mir einen grünen und einen gelben hin. Ich nahm natürlich beide und half mit einem meiner Mutter aus. Der grüne war für alle Arbeiter in Rüstungsfabriken bestimmt, der gelbe nur für Arbeiter in kriegswichtigen Betrieben. Es gab dann noch einen roten, der nur an Arbeiter in lebenswichtigen Betrieben wie Wasser-, Elektrizitäts- und Gaswerken ausgegeben wurde. Meine Beziehung zu König beunruhigte meine Mutter. »Wenn er rauskriegt, wer du bist …« Mit Recht fürchtete sie, ein Nazi würde noch wütender reagieren, eben weil er betrogen worden war. Ihre Bedenken störten mich nicht. Die Vorteile meiner Tätigkeit bei ihm schienen mir weitaus größer.

Meine Mutter befand sich in einer ähnlichen Lage. Auch sie hatte Arbeit gefunden. Wegen der immer heftigeren Bombenangriffe waren die Schulen in Berlin geschlossen und in von Bomben verschonte Gebiete wie Schlesien, das Sudetenland oder die bayerischen Berge ausgelagert worden. Nicht alle Eltern waren damit einverstanden. Sie zogen es vor, sich nicht von ihren Kindern zu trennen. Natürlich wollten sie, dass ihre Kinder weiter Unterricht erhielten. So fanden sich an Bäumen und Bretterwänden Berlins Anzeigenzettel »Lehrerin gesucht«. Meine Mutter beschloss, sich auf eine solche Anzeige zu melden. Sie gab sich als Lehrerwitwe aus und erwähnte, dass sie im Erteilen von Nachhilfeunterricht erfahren sei, was auch zutraf. Die Eltern waren mit dem Unterricht meiner Mutter so zufrieden, dass sie bald ganze Gruppen von Kindern gleichen Alters unterrichtete und gut verdiente. Es war eine makabre Groteske der Situation, dass die Väter der Kinder dieses Kreises, in den sie zufällig geraten war, ausnahmslos der SS angehörten. Wie selbstverständlich grüßten die Kinder und ihre Eltern meine Mutter mit »Heil Hitler«. Im Gegensatz zu König hielten diese Leute eine Niederlage des »Dritten Reiches« bis kurz vor der Eroberung Berlins durch die Rote Armee für ausgeschlossen. Meine Mutter, die sich nie in längere Gespräche mit ihren Arbeitgebern einließ, hörte gelegentlich solche Äußerungen dieser Eltern untereinander.

»Wann wird der Führer endlich unsere neue Wunderwaffe einsetzen?«, fragten die Kinder manchmal. Sie tat dann so, als wollten die Kinder sie auf diese Weise vom Unterricht ablenken, und bat um mehr Aufmerksamkeit. So hatten wir beide Anlass, uns gegenseitig vorzuwerfen, bei dem »noch größeren Nazi« zu dienen.

Die Hauptsache für uns war aber, dass wir »von der Straße« waren und ausreichend verdienten, um Miete und Verpflegung zu bestreiten. Die Versorgung wurde immer schwieriger. Gelegentlich ging ich noch zu meinen alten »Kollegen« nach Halensee, die mir manchmal etwas zusteckten. Aber ich konnte ihnen nichts mehr bieten. Bei einer solchen Gelegenheit sprach mich

Frau Reschke an, die Inhaberin des Milchgeschäftes, das nur wenige Meter von Grete Sommers Laden entfernt lag. Ihre Agnes sei nun auch wie ich in eine Rüstungsfabrik verpflichtet worden. Sie verstünde das alles nicht mehr. Schließlich sei doch ein Milchgeschäft für die Versorgung der Bevölkerung wichtig. Sie wisse gar nicht, wie sie zurechtkommen solle, denn sie sei nun ganz allein. Zögernd fragte ich sie, ob ich ihr vielleicht behilflich sein könne, etwa an Sonnabenden, an denen der Andrang der Kunden am Nachmittag doch am stärksten sei.

»Das wäre ja großartig«, sagte die dicke Frau sichtlich erleichtert. »Sie sind hier in der Gegend bekannt. Sie hätten also keine Schwierigkeiten mit den Kunden.« Dann hätte sie endlich die Möglichkeit, ihren Mann zu besuchen, der in der Nähe Berlins stationiert sei.

Wir verabredeten, dass ich an zwei Nachmittagen der Woche aushelfen sollte. Zu Hause ließ ich meiner Begeisterung freien Lauf.

»Wurst, Käse, Butter, Milch, Mutti, stell dir das vor!« Meine Mutter war besorgt.

»Du darfst nicht so viel stehlen. Das fällt auf. Bring lieber weniger und vor allem, vergiss nicht, das Geld für alles, was du nimmst, in die Kasse zu legen.« Ich lachte sie aus.

Also begann ich, bei Frau Reschke zu arbeiten. Die Arbeit war viel schwerer, als ich angenommen hatte. Das Abwiegen und das Verrechnen machten mir Schwierigkeiten. 125 Gramm Grütze zu 27 Pfennig das Pfund und Ähnliches mehr. Wurst schneiden und Milch ausschenken, Lebensmittelmarken und Geld einnehmen – ich fand es wesentlich komplizierter, als Bücher auszugeben. Die meisten meiner Kunden freuten sich, mich wiederzusehen, und zeigten Verständnis für meine Schwierigkeiten. An einem Sonntagmorgen beschloss Frau Reschke, zu ihrem Mann zu fahren. Ich versprach, an ihrer Stelle die Milch auszugeben.

»Sie wissen ja jetzt schon Bescheid«, sagte Frau Reschke, und mit einem großen Korb am Arm verließ sie den Laden. Ich stand um 9 Uhr bereit. Aber vorerst war noch keine Milch geliefert worden. Langsam bildete sich eine Schlange von Frauen, die geduldig mit ihren Milchkannen warteten. Niemand konnte sagen, wann die Milch eintreffen würde. Als sie endlich kam, stürzten die Frauen in den Laden, wollten schnell bedient werden. Ich war froh, denn diese Ansammlung von Frauen war mir unheimlich. Sie hätten ihre Ungeduld an mir abreagieren können. Sie hätten mich anschwärzen können. Sie hatten auch zu viel Zeit, mich zu betrachten.

Der Fahrer des Milchwagens goss die Milch in den großen Bottich. Ich nahm die erste Flasche entgegen, um sie zu füllen. Aber wohin ich auch meine Schöpfkelle eintauchte, ich fand nur Schaum, der sich nicht einfüllen ließ. Niemand hatte mir gesagt, dass Magermilch, eine blauweiße Flüssigkeit, wie sie damals verkauft wurde, Zeit brauchte, um sich zu setzen. Ich wurde nervös und spürte die Nervosität der Frauen. Ich kämpfte verzweifelt mit der Milch, bis mir schließlich die Schöpfkelle in den Bottich fiel. Als ich versuchte, sie mit den Händen wieder herauszufischen, glaubte ich, alle Augen auf mich gerichtet zu sehen, manche voller Verachtung, andere voller Ungeduld. Ich schwitzte vor Aufregung. Als es mir endlich gelang, Milch in die Flaschen zu füllen, und die Zahl der Frauen vor mir abnahm, war ich völlig erschöpft.

Neben mir saß die schwarze Katze des Hauses und miaute klagend, wie es mir schien. Sie war mir unheimlich, weil sie weder durch freundliche Worte noch durch Streicheln zu gewinnen war. Ihre Augen funkelten immer nur grün und böse.

Als nur noch selten Kunden kamen, setzte ich mich an Frau Reschkes Tisch im Stübchen hinter dem Laden und begann, Marken aufzukleben, so wie Frau Reschke es mir gezeigt hatte. Vor mir lagen große Zeitungsbogen, daneben Häufchen bunter Marken – die blauen für Fleisch- und Wurstwaren, die gelben für Fett und Butter und die braunen für Brot –, in der Mitte stand der Kleistertopf. Ich trug den Kleister mit einem breiten Pinsel auf das Papier auf und drückte die Marken fest. Wenn die Klingel der Ladentür anschlug, unterbrach ich meine Arbeit, um den Kunden zu bedienen. Als ich etwas länger im Laden beschäftigt war, sah ich gerade noch, wie die Katze vom Tisch sprang. Ich rannte hinter ihr her, denn an ihren Pfoten und an ihrem Fell klebten kostbare bunte Marken. Alle ihre Versuche, sie abzuschütteln, misslangen. Das Tier ließ sich nicht fangen; es fauchte und biss um sich, wenn ich in seine Nähe kam. Als ich es endlich packen konnte, zerkratzte es mir Hände und Arme. Ich rettete von den Marken, was ich nur konnte. Ich fand Fleisch- oder Buttermarken an Möbeln, auf dem Fußboden – überall, wo die Katze gelaufen war. Auf dem Tisch sah es ebenso wüst aus. Die Katze hatte sich offensichtlich auf die frisch geklebten Marken gesetzt. Ich arbeitete wie besessen, um die Bogen wiederherzurichten und die Marken zu retten, denn mir lag natürlich daran, Frau Reschke keine Unannehmlichkeiten zu bereiten. Sie gab mir immer etwas mit. Da sie aber nicht wissen konnte, dass wir auch nicht die Grundnahrungsmittel kaufen konnten, musste ich mir immer zusätzlich etwas nehmen. Wenn ich im Laden allein war, wog ich alles, was ich »stahl«, und legte das Geld dafür in die Kasse. Manchmal kam auch Hans Rosenthal zu mir, die Aktentasche vor den Judenstern gepresst, um »einzukaufen«. War Betrieb im Laden, steckte ich ihm schnell ein paar Marken zu, die er dann bei mir einlöste. Vor der Kundschaft taten wir auch so, als kennten wir einander nicht. Wir sahen uns nur noch selten.

Als ich an einem Sonnabendnachmittag den Laden der Frau Reschke betreten wollte, sah ich an der mit Pappe verklebten Schaufensterscheibe, dass eingebrochen worden war. Das war in jenen Tagen des nahen Kriegsendes eine alltägliche Erscheinung. Fremdarbeiter, die längst nicht mehr richtig zu essen bekamen, brachen völlig ungehindert im Schutze der Dunkelheit in Lebensmittelgeschäfte ein. Frau Reschke schlief hinter dem Laden. Ich zögerte einzutreten, aber Frau Reschke hatte mich schon gesehen.

»Wie gut, dass Sie kommen. Die Kriminalpolizei wird gleich hier sein, um die Einzelheiten des Einbruchs aufzunehmen. Ich kann mich daher nicht um den Laden kümmern.«

Ich erschrak. Was sollte ich jetzt machen? Die Polizei konnte meine Papiere verlangen, mich verdächtigen. Andererseits war mir klar, dass ich mich erst recht verdächtig machen würde, wenn ich nun unter einem Vorwand den Laden verlassen würde. So wagte ich es und blieb. Tatsächlich erschienen nach einiger

Zeit zwei Kriminalbeamte, grüßten freundlich mit »Heil Hitler« und ließen sich von mir zu Frau Reschke führen, die sie in ihrem Stübchen erwartete. Die Kaffeekanne stand bereits auf dem Tisch. Während sie sich an Frau Reschkes Tisch niederließen, ging ich in den Laden zurück, bediente weiter und versuchte, angestrengt zu lauschen, was drinnen gesprochen wurde. Ich konnte nichts verstehen; meine Angst nahm zu. Es gab viel zu tun am Sonnabendnachmittag. Das Gespräch der Beamten mit Frau Reschke währte eine Stunde. Dann kam Frau Reschke in den Laden, nahm eine Wurst und einige Stücke Butter, die sie ins Hinterzimmer trug. Nach einer weiteren Stunde verabschiedeten sich die Beamten freundlich lächelnd, die prall gefüllte Aktentasche unter dem Arm, Frau Reschke dankend und mir einen guten Abend wünschend. Ich war wie erlöst.

»Sie haben doch gar keine Untersuchung vorgenommen«, sagte ich verwirrt.

»Nein«, erwiderte Frau Reschke lachend, »sie haben mir bloß gezeigt, wie ich den Verlust der Lebensmittel anmelden muss und wie ich dabei am besten wegkomme.«

15
Flüchtlinge aus Guben

Meine Mutter klagte: »Ach, es war furchtbar, so furchtbar!« Ihre Stimme brach ab, als hätte die Erinnerung an das Erlebte sie völlig übermannt. Sie schüttelte den Kopf, ihre Augen waren weit aufgerissen. Sie legte ihr Kopftuch ab und setzte sich an den langen Holztisch. Während ihre Hände unruhig auf der Platte hin und her fuhren, wiederholte sie immer wieder: »Furchtbar, furchtbar war es.«

Der Hitlerjunge mit dem blonden Schopf und dem Kindergesicht stand vor ihr und guckte sie hilflos an. Er wusste nichts zu sagen. Ich war von diesem glaubwürdigen Ausbruch meiner Mutter ehrlich überrascht. Der Hitlerjunge wandte sich mir zu:

»Vielleicht essen Sie erst eine Kleinigkeit?« Ja, das wäre gut, wir hatten in der Tat seit dem frühen Morgen nichts mehr gegessen.

»Die Formalitäten können Sie ja danach erledigen.« Der Junge eilte davon, bahnte sich behände den Weg durch die Flüchtlinge, die am Görlitzer Bahnhof von der NSV betreut wurden. Sie sahen alle noch mitgenommener aus als wir: die Kleider zerknautscht, schmutzig, abgerissen, die Haare zerzaust, das Gesicht grau vor Müdigkeit. Verstört greinende Kinder drängten sich eng an die Erwachsenen. Kisten und Kasten standen um sie herum. Nur wenige aßen von dem, was aufgetischt wurde. Frauen der NSV mit großen Kannen und Töpfen nötigten zum Essen und Trinken. »Möchten Sie nicht noch etwas Kaffee oder vielleicht einen Teller Kartoffelsuppe?« Die Flüchtlinge waren viel zu apathisch, um essen zu können. Ebenso wenig begriffen sie, dass sie hier Lebensmittel erhielten, die ein »normaler« Städter längst nicht mehr zu sehen bekam.

Die meisten waren schon Tage unterwegs, waren aufgebrochen, als die sowjetischen Truppen vor den Toren ihrer Stadt standen. Ihnen war nicht erlaubt worden, sich früher in Sicherheit zu bringen. Es sollte um jeden Meter deutschen Bodens gekämpft werden. Je größer die Zahl der Flüchtlinge, desto größer offenbar auch die Gefahr, dass sich das Volk gegen seine Regierung wandte. Als sie dann endlich fliehen durften, ließ man ihnen keine Zeit mehr, in Ruhe zusammenzupacken. Der nahe Geschützdonner ließ sie nur nach dem Nötigsten greifen und sich so schnell wie möglich aus dem Staube machen. Als sie schließlich im Zug saßen, hatten sie meist nicht mehr als ein paar Habseligkeiten retten können. Meine Mutter und ich waren in Lübbenau in den mit Flüchtlingen überfüllten Zug gestiegen. Wir waren am Morgen früh aus Berlin abgefahren. Um den Flüchtlingen so ähnlich wie möglich zu sein, trugen wir Kopftücher und abgerissene Kleider und hatten ein kleines verschnürtes Köfferchen in der Hand.

Hundertmal hatten wir diese Möglichkeit, als Flüchtlinge aus dem Osten in Berlin anzukommen, durchgesprochen und wieder verworfen, um es schließlich doch zu riskieren. Wir wollten so nahe wie möglich an die Front heran. Wir suchten das Chaos. Andererseits wollten wir auch nicht zu lange in der Eisenbahn sitzen, denn wir wussten, dass es gelegentlich Personenkontrollen gab.

Lübbenau mitten im Spreewald, zwei Stunden von Berlin entfernt, schien uns genau recht. Kaum waren wir dort angekommen – ohne Kontrollen und auch ohne Luftangriffe –, kaufte ich die Rückfahrkarten nach Berlin. Wir brauchten nicht lange auf den Flüchtlingszug zu warten. Im Waggon wurden wir mürrisch aufgenommen. Er war schon voll besetzt mit Frauen und Kindern, Hunden, Kisten und Kasten, so dass wir Mühe hatten, einen Stehplatz zu finden. Die Flüchtlinge tauschten Erfahrungen aus. Die einen waren aus der Stadt Guben geflüchtet, die anderen vom Lande. Alle erzählten von schrecklichen Verbrechen der sowjetischen Soldaten – von Vergewaltigungen, Plünderungen und Erschießungen. Wir lauschten ihren Gesprächen und warfen selbst hier und da ein Wort ein, um das Gespräch nicht abreißen zu lassen. Wir wollten ein möglichst vollständiges Bild von der Lage in den umkämpften Gebieten erhalten. Jeder Straßenzug in Guben hatte mehrmals den Besitzer gewechselt. Wir erfuhren, dass es in jeder Stadt eine Adolf-Hitler-Straße und auch eine Berliner Straße gab. Bald hatten wir beide das Gefühl, genau zu wissen, wie es gewesen war, als die Russen in Guben eindrangen.

Meine Mutter und ich waren froh, als wir uns endlich Berlin näherten. Es war Abend, und wir waren von den Strapazen und der Spannung ermüdet. Je näher wir Berlin kamen, umso besorgter wurden die Flüchtlinge. Berlin – die wenigsten kannten es, waren je in einer Großstadt gewesen, aber sie hatten von den schweren Luftangriffen gehört. Vorstellen konnten sie sich nichts darunter. Es war Februar. Die Dunkelheit brach früh herein. So sahen sie nichts von den Ruinen. Meine Mutter wurde unruhig. Sie wusste nur zu gut, dass gegen 19:00 Uhr mit den Engländern zu rechnen war. Züge waren ein bevorzugtes Angriffsziel. Endlich fuhren wir in den Görlitzer Bahnhof ein. Der Zug hatte noch nicht gehalten, da erloschen die wenigen Lichter des Bahnhofs. Es war stockfinster. Aus den Lautsprechern wurde zur Eile gemahnt; englische Bomber seien im Anflug auf Berlin. Frauen schrien. Kinder heulten. »Mutter, Mutter, wo bist du?« Irgendjemand hatte im Dunkel die Stufe verfehlt und war gestürzt.

»Wo ist mein Koffer? Jemand hat ihn genommen! Diebe!« Alle schrien durcheinander. In dem Tumult flüsterte ich meiner Mutter zu: »Das ist eine gute Idee. Auch wir haben unseren Koffer verloren. Natürlich mit allen Papieren.« Meine Mutter lachte kurz auf und sagte kopfschüttelnd: »Du bist völlig wahnsinnig geworden.« Sie konnte kaum noch sprechen. Ihre Stimme versagte. Sie wirkte dadurch »sehr echt«. Rote-Kreuz-Schwestern und Hitlerjungen kamen auf uns zu, wollten helfen. Taschenlampen blinkten auf. Man wies uns den Weg in den Keller, denn mittlerweile heulten die Sirenen – Fliegeralarm. Ich war unruhig. Ein Keller im Bahnhof war mir unheimlich. Aber wir hatten Glück. Nach kurzer Zeit wurde Entwarnung gegeben. Nicht eine Bombe war gefallen. Der Angriff galt diesmal nicht Berlin.

Man führte uns nun in die Kantine der NSV. Zwei Hitlerjungen nahmen sich unser an. Offensichtlich gefiel ich ihnen. Es waren nicht viele junge Mädchen unter den Flüchtlingen. Ich ließ sie um mich werben.

»Woher seid ihr?«

»Aus Guben«, antwortete ich bereits mit großer Sicherheit.

»Wohin wollt ihr?«

»Wir wollen in Berlin bleiben. Wir haben hier Familie. Sie haben versprochen, uns aufzunehmen.«

»Gut«, meinte der Hitlerjunge, »wo wohnen eure Verwandten?« – »In Charlottenburg«, antwortete ich.

»Wir werden euch hinbringen.« Ich wehrte bescheiden ab. Das sei doch nicht nötig. Mir sei Berlin nicht unbekannt. Wir würden uns schon zurechtfinden.

»Nein, nein«, sagte der Hitlerjunge, »ihr wisst ja nicht, wie sich Berlin verändert hat.« Er spielte auf die Luftangriffe an. Einige Straßen seien längst unpassierbar geworden, erzählte er. Mir war nicht wohl bei dem Gedanken. Was würde Tante Lisa sagen, wenn sie uns in Begleitung von Hitlerjungen sah! Zunächst einmal setzten wir uns dennoch in Ruhe an den Tisch und aßen. Ich konnte gar nicht genug kriegen; so gut hatte ich lange nicht gegessen. Meine Mutter mahnte besorgt:

»Du wirst auffallen, wenn du so viel isst.« Sie hatte recht, denn die meisten Flüchtlinge aßen kaum. Teils, weil sie apathisch waren, teils, weil ihnen dick gestrichene Leberwurststullen nicht so viel bedeuteten wie mir. Mir war es gleich. Meine Disziplin verließ mich.

»Was machen wir jetzt?« Meine Mutter sorgte sich. Die Begleitung der Hitlerjungen war ihr fatal.

»Ach, wir müssen ja noch den Verlust des Koffers anmelden«, sagte ich. »Natürlich«, bestätigte einer der Hitlerjungen, der wieder an meiner Seite stand, »das sollten Sie jetzt gleich tun«, und er wies mir den Weg zur Reichsbahn-Direktion. Meine Mutter blieb in der Kantine. Ein mürrischer Beamter fragte am Schalter, was ich wolle. Ich erklärte ihm, den Verlust eines Koffers zu melden. Er gab mir ein Formular. Ich beschrieb den Koffer und den Inhalt. Es fiel mir leicht. Ich unterschrieb das Formular mit dem Namen, den ich anzunehmen gedachte: Inge Elisabeth Marie Richter. Nichtjuden hatten meines Wissens meist mehr als einen Vornamen. Wir würden von der Reichsbahn hören. Der Beamte sagte es uninteressiert. »Ja, ja, Sie kriegen Bescheid; ja, ja, an die

Adresse, die Sie angegeben haben.« Und dann schloss er schnell wieder das Fenster.

Ich ging in die Kantine zurück. Kaum hatte ich meiner Mutter berichtet, sagte sie hastig: »Bloß weg von hier. Ich kann nicht mehr. Dieses fürchterliche Bild und die ganze Atmosphäre machen mich schrecklich nervös«, und sie deutete auf das Hitlerbild, das von der Decke bis zum Boden reichte und den »Führer« in brauner Uniform, Hand am Koppel und den Blick starr geradeaus gerichtet, zeigte. Aber da tauchte wieder einer der Hitlerjungen auf und flüsterte mir zu:

»Es ist wieder Voralarm gegeben worden. Die Engländer sind noch einmal im Anflug auf Berlin. Wir können noch nicht weg von hier.« Wir wurden sehr unruhig. Tante Lisa würde warten. Abermals zogen wir in den Luftschutzkeller. Wieder geschah nichts. Es war still im Keller. Jeder horchte hinaus. Die Flüchtlinge saßen auf ihrer Habe. Die Kinder waren meist eingeschlafen und wimmerten leise im Schlaf. Die Luft war zum Schneiden dick. Der Keller hatte keine Entlüftung. Die Ausdünstung vieler ungewaschener Menschen, die nicht aus ihren Kleidern gekommen waren, die Hunde, die sie mit sich führten, das alles füllte den niedrigen Raum mit unerträglichem Gestank. Meine Mutter stöhnte: »Bloß weg von hier.«

Ihre Hände zitterten vor Nervosität. Als endlich Entwarnung gegeben wurde und wir wieder in die Kantine gehen durften, sagte einer der Hitlerjungen: »Es tut mir furchtbar leid, aber jetzt müssen Sie die Nacht hier verbringen. Es ist bereits 10 Uhr, und nun fährt kein Verkehrsmittel mehr.«

Was nun? Er bot uns das Massenquartier an, in dem auch die anderen untergebracht würden. In einer Schule in der Glogauer Straße nahe dem Bahnhof seien Betten aufgestellt. Wir hatten keine Wahl, nahmen unsere wenigen Sachen auf und folgten den anderen hinaus auf die dunkle Straße. Es war kalt und unheimlich. Eine Rote-Kreuz-Schwester wies uns den Weg. Die Leute stolperten mehr, als dass sie gingen. Nach wenigen Minuten erreichten wir das alte Schulgebäude.

In der Aula und im Turnsaal standen Betten, auf denen Wehrmachtsdecken lagen. Männer und Frauen waren im selben Saal untergebracht. Die Hunde teilten die Schlafstätten mit ihren Herren. Meine Mutter und ich wählten die oberen der zweistöckigen Betten, um unbemerkt sprechen zu können. Schlafen war unmöglich. Im Saal herrschte ständige Bewegung. Irgendeiner musste zur Toilette, ein Kind weinte, ein Hund bellte, einer träumte laut, ein anderer schrie. Angezogen lagen wir auf den Betten. Beim ersten Lichtschein gegen 5 Uhr früh hielt ich es nicht mehr aus. Wir standen auf, wuschen uns notdürftig und wandten uns an die NSV-Schwester.

»Unsere Verwandten gehen zur Arbeit. Wenn wir nicht ganz früh am Morgen bei ihnen sind, dann treffen wir sie erst am späten Nachmittag an.«

Die Schwester hatte volles Verständnis. »Ich bestätige Ihnen nur, dass Sie als Flüchtlinge hier eingetroffen sind. Name?«

Ich sagte sehr ruhig: »Ella Paula Richter und Inge Elisabeth Marie Richter aus Guben.«

»Gut, das genügt schon. Gehen Sie bitte in den nächsten Tagen zur NSV in Ihrem Bezirk. Dort wird man Ihnen weiterhelfen.«

Ich bedankte mich für die Fürsorge. Meine Mutter machte eine Geste des Dankes. »Meine Stimme …«, flüsterte sie entschuldigend.

»Natürlich«, sagte die Schwester, »das ist die Aufregung!«, und nach einem Augenblick, in dem ich das Papier sorgfältig in meine Tasche steckte: »Aber wollen Sie wirklich in Berlin bleiben?« Die Stimme der Schwester klang besorgt. Ich erzählte wiederum, dass wir in Berlin Familie hätten. »Viel Glück!«, wünschte sie, dann gingen wir. Das heißt – wir eilten, rannten fast zur S-Bahn und fieberten dem Zug nach Charlottenburg entgegen. Er war wie gewöhnlich überfüllt mit mürrischen und unausgeschlafenen Menschen, die zur Arbeit fuhren. Leute, die zustiegen, noch dazu mit kleinen Köfferchen, waren höchst unwillkommen. Böse rückte man zusammen. Von der Station hatten wir noch 15 Minuten zu laufen. Völlig außer Atem kamen wir in der Konstanzer Straße an. Meine Mutter schloss auf.

»Mein Gott! Ich habe die ganze Nacht nicht geschlafen.« Tante Lisa kam uns entgegen und umarmte uns. »Ich habe mir solche Vorwürfe gemacht, dass ich euch das geraten habe.«

»Aber es ist ja alles gut!«, und wir erzählten. Nun lachten wir schon über unser Abenteuer, schilderten die herzliche Aufnahme bei der NSV, zeigten unsere Papiere. Und Tante Lisa freute sich mit uns.

»Wie nun weiter?«, fragte sie.

»Wir müssen uns bei der NSV melden, um den Zuzug zu bekommen.« Aber dazu brauchten wir natürlich eine Adresse, ein möbliertes Zimmer irgendwo. Es schien uns sicherer, wenn einer unserer Freunde uns dabei half.

»Klar, mach ich«, rief Frau Grüger und lachte aus vollem Halse. Das war so richtig nach ihrem Geschmack. »Das ist prima, das ist ganz prima!«, rief sie wieder und wieder aus, als wir ihr unsere Abenteuer als Flüchtlinge schilderten. Wir gaben ihr die bereits ausgefüllten Anmeldeformulare. Nicht ein einziges Datum entsprach der Wirklichkeit. Ich hatte mich älter gemacht.

»Warum?«

»Aber ich möchte doch Zigaretten und Alkohol kaufen können!« – damals wichtige Tauschmittel, um Lebensmittel zu erstehen, und die bekam man erst mit 25 Jahren. Wieder lachte sie schallend. Meine Mutter hatte sich als Witwe ausgegeben, den Mädchennamen einer ehemaligen Freundin aus der Schulzeit angenommen und vorgegeben, in Meseritz geboren zu sein. Ich hatte Guben vorgezogen. Wir hatten sorgfältig bedacht, dass Nachfragen über unsere Angaben bei Einwohnermeldeämtern vermieden werden mussten. Alle in den Meldepapieren angegebenen Orte mussten darum bereits in russischer Hand sein. Als unsere letzte Adresse gaben wir Guben, Am Markt 4, an, denn ich erinnerte mich, dass wir einst eine Radierung besessen hatten, die das Gubener Rathaus mit den umliegenden Wohnhäusern zeigte und die Unterschrift »Am Markt« trug. Frau Grüger unterschrieb die Anmeldung und bestätigte, uns als Untermieter aufzunehmen. Die Unterschrift des Hauswartes fälschte sie. Das schien ihr sicherer, als lange zu fragen. Wir versprachen ihr, nur kurze Zeit davon Gebrauch zu machen. Der Anfang war wichtig. Mit dem unterschriebenen Papier gingen wir zur NSV des Bezirks Charlottenburg. Ruhig zeigte meine Mutter das Papier und bat um die Aufenthaltsgenehmigung.

»Aus Guben sind Sie?« Die Beamtin schaute uns prüfend an und meinte: »Für Sie ist doch das Osthavelland als Aufnahmegebiet zuständig.«

Meine Mutter antwortete:

»Ich weiß, aber wir haben hier Familie.«

Die Frau sah uns noch einmal an. Dann sagte sie:

»Aber warum kommen Sie denn ausgerechnet nach Berlin? Wenn hier nun etwas geschieht ...«

Meine Mutter blickte sie erstaunt an und fragte:

»Ja, aber was soll denn hier geschehen?«

»Nun, Berlin könnte zum Beispiel belagert werden«, meinte die Frau. Meine Mutter guckte sie nun völlig verständnislos an.

»Aber das kann doch nicht sein! Unser Führer wird das nicht zulassen!« Ich hatte Mühe, ernst zu bleiben. Die Schauspielkunst meiner Mutter überraschte mich. Man konnte, ja, man musste ihr ohne weiteres glauben, dass sie das, was sie sagte, auch meinte. Die Frau von der NSV senkte den Kopf. Sie errötete betroffen. Sie mochte befürchten, ihre Äußerung könnte als Defätismus ausgelegt werden. Darauf stand die Todesstrafe.

»Natürlich, natürlich«, stimmte sie sehr beflissen zu, »Sie haben ganz recht«, sprach's, und nun ging alles sehr schnell. Sie stempelte unsere Papiere, empfahl uns als Nächstes das Polizeirevier und die Kartenstelle. Wir dankten und gingen hinaus.

»Lach nicht!«, flüsterte meine Mutter mir ernst zu, »wir müssen erst außer Sichtweite sein.« Dann allerdings schüttelten wir uns immer wieder vor Lachen.

Mit dem kostbaren Papier gingen wir zur Polizei. Ohne viel Aufhebens wurden wir in die Kartei aufgenommen. Noch ein Stempel, und unsere Anmeldung war legalisiert. Bei der Lebensmittelkartenstelle glaubte ich meinen Augen nicht zu trauen, so viele Marken, Karten und Bezugsscheine gab es. »Bitte, wie können wir Ihnen noch auf andere Weise helfen?«, wurden wir gefragt. »Benötigen Sie Kleidung?«

»Natürlich«, antwortete meine Mutter, »als wir flüchten mussten, konnten wir nicht viel mitnehmen, und hier ist uns noch ein Koffer gestohlen worden.« Die Damen bemitleideten uns. Wir erhielten Bezugsscheine für alles, was uns gerade einfiel. Einige dieser kostbaren Scheine haben wir nie einlösen können, denn es gab damals in Berlin kaum noch etwas zu kaufen.

Ich wollte Weidt diese Wendung unseres Schicksals mitteilen. Als ich in die Werkstatt kam, fand ich ihn das erste Mal wieder fröhlich vor. Er lachte mich verschmitzt an.

»Ali ist in Berlin.« Ich sprang auf.

»Wo, wie, so erzählen Sie doch!« Er hieß mich leise sprechen. Und dann berichtete er, dass er tatsächlich nach Auschwitz gefahren sei, wie er es sich vorgenommen hatte. Er hatte der Lagerleitung sein Kommen angekündigt. Er wollte dem Lager Auschwitz seine Besen und Bürsten zum Kauf anbieten. Die Wehrmacht und andere Lager gehörten bereits zu seinen Kunden. Allem Anschein nach hat die Lagerleitung, die den Eingang des Briefes bestätigte, keinen Wert auf seine Waren gelegt. Er wurde nicht eingelassen. Alle Versuche, über polnische Zivilarbeiter, die im Lager aus und ein gingen, Kontakt zu Ali herstellen zu können, misslangen.

Aber Otto Weidt ließ sich nicht entmutigen. Wie er von Alis Überführung nach Christianstadt, einem Nebenlager des KZs Groß-Rosen erfahren hat, ist nicht mehr feststellbar. Dort, wo Frauen zu Arbeiten für deutsche Firmen gezwungen wurden, war er erfolgreich. Nach tagelangem Warten vor dem Tor des Lagers gelang ihm der Kontakt zu einem polnischen Meister, der im Lager arbeitete und der Ali von gemeinsamer Fabrikarbeit her kannte. Er bestach ihn, gab ihm einen Brief für Ali mit und erhielt auf dem gleichen Wege auch Antwort. Später hat er über diesen polnischen Arbeiter Medizin, Verbandsstoff und Stärkungsmittel für Ali ins Lager geschickt. Weidt mietete dann ein Zimmer im nahen Ort, zahlte die Miete Monate im Voraus, hinterließ Kleidung und Geld für Ali, die er dies alles über den Polen wissen ließ. Und als die deutsche Armee das Gebiet und die Waffen-SS auch die KZs in Polen im Januar 1945 vor den herannahenden Russen evakuierten, gelang es Ali, sich zusammen mit einer Freundin dorthin durchzuschlagen. Von da zurück nach Berlin war nur noch eine Kleinigkeit. Hier hielt Weidt sie versteckt. Aber nun konnte es wirklich nur noch einige Monate dauern.

Meine nächste Sorge galt der Kriegslage. Die Russen kamen im Osten voran, die Amerikaner und Engländer im Westen. »Wir müssen wieder nach Potsdam«, sagte ich und erklärte meiner Mutter, dass ich nicht gern eine Belagerung der Stadt Berlin miterleben wollte. Ihr war das gleichgültig. Sie glaubte felsenfest daran, dass uns nun nichts mehr geschehen könne. Mir saßen die Fliegerangriffe in den Knochen. Eine Belagerung musste noch weitaus schlimmer werden. Potsdam mit seinen Gärten und Gärtchen war noch so friedlich.

»Wir könnten doch zu Frau Fabig in unseren Ziegenstall zurückkehren.« Und so fuhren wir auch eines Tages wieder nach Potsdam, sagten ihr, dass nun alles in Ordnung sei und wir keinen Grund hätten, nicht in unserem Ziegenstall das Kriegsende zu erleben. Frau Fabig war einverstanden. Sie war recht froh, uns wiederzusehen. Allein fühlte sie sich verlassen und verängstigt. Wir schlugen ihr vor, uns nun polizeilich anzumelden. Auch das war ihr recht. Sie unterschrieb unser Anmeldeformular als »Zweitmeldung«. Auf dem Revier in Potsdam wurden wir als »Flüchtlinge aus Guben« eingetragen. Wir fühlten uns nun sicher. Und wieder fuhren wir jeden Morgen nach Berlin zur Arbeit und am Abend nach Potsdam; jetzt allerdings nur noch der Sicherheit wegen, denn wir hatten inzwischen in Berlin auch ein neues »echtes« Quartier. »Ist ja ziemlich gleich, wo«, hatte ich zu meiner Mutter gesagt, als wir uns nach einem möblierten Zimmer umsahen. »Wir werden nicht viel dort sein.« Und wir lasen aufmerksam die Anschläge an Haus- und Bretterwänden oder an Bäumen, an denen Angebote und Suchmeldungen aushingen.

»Ludwigkirchstraße 6, möbliertes Zimmer im vierten Stock für zwei Personen, bei Hellweg«, lasen wir. Es lag günstig, nicht weit von der S-Bahn, schien nicht teuer zu sein und war wiederum weit genug von unserer früheren Wohnung entfernt, so dass uns niemand kennen würde. Wir gingen hin. Ein Mann öffnete uns, Herr Hellweg, Mitte vierzig, der Wohnungsinhaber. Es schien mir seltsam, dass er nicht zur Wehrmacht eingezogen war. Er zeigte uns das Zimmer. Wir wurden einig. Wenn wir wollten, könnten wir am nächsten Tag einziehen. Wir wollten.

Unsere wenigen Sachen holten wir aus der Wohnung von Linkes und beschlossen, wenigstens einige Tage in diesem Zimmer zu verbringen.

»Sie müssen sich anmelden«, erinnerte uns Herr Hellweg. Ich fragte ihn, wann er im Hause sei, um zu unterschreiben. Wir bereiteten die Formulare vor. Am Abend klopfte ich bei ihm an und legte ihm die ausgefüllten Formulare vor. In dem Augenblick ging wie so oft das Licht aus.

»Verdammt«, sagte er und zündete eine Kerze an, »jetzt kann ich gar nicht sehen, was ich hier unterschreibe.«

»Ich kann ja morgen wiederkommen«, bot ich an.

»Ach was«, meinte er, »Juden oder Polen werden Sie schon nicht sein«, nahm den Federhalter und unterschrieb. Ich hatte kein Wort gesagt. Als er mir das Formular zurückgab, sagte ich nur kurz »vielen Dank« und ging hinaus. Ich kochte vor Wut. Meine Mutter klagte, warum wir nicht intensiver gesucht hätten. Einfach so das erstbeste Zimmer zu nehmen! Wie, wenn er Recherchen über uns anstellen würde. Ich versuchte, sie zu beruhigen. Schließlich konnte es ja nicht mehr lange dauern. Als wir noch diskutierten und überlegten, ob wir es recht gemacht hatten, gab es Fliegeralarm. Ich sprang hoch. Im vierten Stock war das besonders unangenehm. Ich drängte meine Mutter.

»Nur schnell, nur schnell!« Und tatsächlich begann die Flak sehr bald nach dem Alarm zu schießen. Außer Atem kamen wir im Keller an. Der Luftschutzwart begrüßte uns als neue Mieter, er habe uns bereits auf seiner Liste, sagte er beruhigend. Wir würden also gesucht, wenn das Haus zusammenstürzte, meinte er lachend. Ich lachte höflich mit. Wir setzten uns. Plötzlich sah ich mit Erschrecken in einer Ecke des Kellers einen Mann sitzen, den Judenstern am Mantel. Er wagte nicht hochzublicken. Seine wohl arische Ehefrau saß bei ihm. Ich fühlte mich elend. Ich hätte ihn so gern gestreichelt …

»So sieh doch nicht dauernd dorthin!« Meine Mutter war außer sich. Ich versuchte es, aber ich fühlte mich vor ihm so entsetzlich schuldig.

16
»Bleib übrig«

Am 20. April verließen wir Berlin. An jenem Tag war das Rumpeln, Dröhnen und Grollen des Geschützfeuers zum ersten Mal im Innern der Großstadt zu hören. Im Rundfunk wurde angesagt, dass künftig nur noch Inhaber von roten Fahrausweisen öffentliche Verkehrsmittel benutzen dürften. Mein grüner und mein gelber Fahrausweis nutzten nun nichts mehr. Wenn wir das Ende des Krieges nicht in Berlin erleben wollten, war es die letzte Gelegenheit, die Stadt zu verlassen.

Berlin befand sich zu jener Zeit im Übergang von einer Stadt zu einer Schutthalde. Trümmer und Ruinen, wo einst Häuser gestanden hatten. Aus ihnen ragten geborstene, verbogene Stahlträger hervor und verwandelten ganze Straßenzüge in surrealistische Landschaften. Hier und da stand noch wie vergessen ein Haus. Holz und Pappe ersetzten die Fensterscheiben, aus denen Ofenrohre herausragten. Die von Bombensplittern gezeichneten Fassaden gaben ihnen das Aussehen vergeblich gestürmter Festungen. Löcher im Asphalt der Straße und tiefe Krater zeugten vom Bombenhagel, der seit 1943 auf die Stadt niedergegangen und in den letzten Monaten vor Kriegsende immer grausamer geworden war.

Die amerikanischen und englischen Bomber operierten fast völlig ungehindert über der Stadt. Eine wirksame Flugabwehr gab es längst nicht mehr. Die Menschen lebten irgendwie weiter. Sie hausten wie Mäuse, die unter Tage wühlten und nur, wenn es hell war und sicher schien, an die Oberfläche krochen. Emsig rannten sie dann, um etwas Essbares zu suchen. Überleben war die Devise.

»Bleib übrig!« So grüßte man sich damals. Nur einmal, am 19. April 1945, als der Tod Präsident Roosevelts gemeldet wurde, flackerte noch einmal die vage Hoffnung auf, dass nun alles wieder gut werden könnte, ohne dass jemand hätte sagen können, warum. Aber dieser Hoffnungsschimmer verblasste schnell.

Ich hatte Angst. Die amerikanischen und englischen Luftangriffe auf Berlin hatten mich zermürbt. Die an den Berliner Straßenecken aufgefahrenen Panzer sowie die Panzersperren aus alten Kinderwagen oder ausrangierten Straßenbahnen und anderem Gerümpel ließen Schlimmes ahnen. Mir erschien es daher ratsamer und weniger gefahrvoll, das Ende des Krieges in unserem kleinen Ziegenstall inmitten von Obstgärten und kleinen Einfamilienhäusern zu erleben. Dort war es allerdings auch nicht mehr so friedlich, seit wenige Tage zuvor Potsdam das erste Mal bombardiert worden war. Es war ein Angriff mit besonders schrecklichen Folgen, weil die Menschen dieser kleinen Stadt sich daran gewöhnt hatten, dass auf Potsdam keine Bomben fallen, und nicht in die Keller gegangen waren. Auch unsere kleine Siedlung war arg in Mitleidenschaft gezogen. Wie es schien, hatten die Bomben das Schienennetz der Eisenbahn bei Potsdam treffen sollen. Die »Weihnachtsbäume«, wie die Leuchtkugeln genannt wurden, die zuerst abgeworfen wurden, um die Ziele abzustecken, müssen durch den Wind in die Richtung unserer Siedlung abgetrieben worden sein. Unser kleiner Splittergraben schwankte wie ein Kahn auf hoher See.

»War das immer so in Berlin?«, fragte Frau Fabig nach den ersten Bomben voller Entsetzen. Die Nacht war hell erleuchtet, und um uns herum krachten die Bomben in die kleinen Häuser oder detonierten in den Gärten. Auch in unserer Siedlung gab es einige Tote. Von unserem Ziegenstall waren glücklicherweise nur die Dachziegel heruntergerissen worden. Mit viel Mühe deckte ich das Dach am nächsten Tag wieder mit Ziegeln und Dachpappe, die irgendjemand für die »Richters« brachte. In jener ersten Bombennacht von Potsdam begriffen einige erst, was der jahrelange Bombenhagel auf Berlin bedeutet hatte. Und wir galten als Ausgebombte aus Berlin.

Meine Mutter gab meinem Drängen schließlich nach, Berlin zu verlassen. Dank unserer falschen Papiere konnten wir ja nun unseren Wohnort wählen. Sonst hatte sich an unserem Leben nicht viel geändert. Ich arbeitete weiter als Verkäuferin in Königs

Buchladen und half ab und zu im Milchladen aus, während meine Mutter als Lehrerin tätig war. Wir fühlten uns als Richters mit entsprechenden Dokumenten sicherer als jemals in den Jahren der Illegalität. Vor allem schienen uns die Lebensmittelrationen ein unermesslicher Schatz, und wir fragten uns manchmal, wie über zu geringe Mengen geklagt werden konnte. Für uns war es viel im Vergleich zu dem, was uns in den Jahren zuvor zur Verfügung gestanden hatte.

Also packten wir abermals unsere wenigen Habseligkeiten zusammen und schleppten sie auf dem Rücken und in großen Taschen zur nächsten S-Bahn-Station. Es waren hauptsächlich Lebensmittel – eine Tüte Grieß, ein bisschen Mehl, ein paar Kartoffeln, aber auch Kohlen und ein paar wieder und wieder gestopfte Wäschestücke.

Züge nach Potsdam waren selten geworden. Fahrpläne galten längst nicht mehr. Und wenn ein Zug stoßend und klappernd einfuhr, war er so voll, dass es unmöglich schien, auch nur stehend zum Ziel zu gelangen. Jeder schleppte Pakete, deren Inhalt sicher unserem ähnelte. Jeder war nervös, verstört, schweigsam. Was gab es auch zu sagen?! Wer glaubte noch an den »Endsieg«? »Defätisten werden ohne Gnade erschossen«, hatte es geheißen. Und einige, die dennoch »volksverräterische Bemerkungen« gemacht hatten, röchelten ihren letzten Atemzug an einem Laternenpfahl aus, an dem sie einige Tage zur Abschreckung hingen, mit einem Schild um den Hals: »Ich war ein Volksverräter.«

Vom Bahnhof Potsdam bis zu unserer Siedlung außerhalb der Stadt mussten wir gut 20 Minuten laufen. Straßenbahnen fuhren schon lange nicht mehr. Unsere Pakete belasteten uns. So überwanden wir unsere Abneigung, einen der vielen nach Deutschland verschleppten Fremdarbeiter – Russen, Polen, Franzosen –, die am Bahnhof nach Gelegenheitsarbeit Ausschau hielten, um Hilfe zu bitten. Sie waren besonders schlimm dran, denn ihre ohnehin primitiven Lager waren meist durch Bomben zerstört. Niemand kümmerte sich um sie. Ihre Wächter waren längst zum Volkssturm eingezogen. Die noch andauernden Kriegshandlungen hinderten sie daran, sich auf den Heimweg zu machen. Ein Russe nahm gierig unsere Pakete, obwohl er sicherlich genauso unterernährt war wie wir. Ich glaubte, ihm Mut zusprechen zu müssen, und gratulierte ihm zu dem nahen Kriegsende und der damit für ihn verbundenen Hoffnung, bald wieder nach Hause zu können. Er sah mich entsetzt an und erklärte mir, dies sei für ihn ein fürchterlicher Gedanke. Er hoffe, Hitler werde den Krieg doch noch gewinnen. General Wenck sei mit seiner Armee bereits auf dem Wege, Berlin zu verteidigen. Er sei Ukrainer und hasse das Regime in Moskau. Ich schwieg erschrocken. Nun sprachen wir nur noch über das Wetter. Am Ziel küsste er uns beiden die Hände.

»So, und nun gehen wir nicht mehr von hier weg, bis der Krieg aus ist«, sagten wir unserer Frau Fabig.

»Ja, meinen Sie wirklich?« Und dann: »Wenn nur die Russen nicht kämen.« Sie sprach es wie ein Echo nach jedem Satz. Berichte über ihre Gräueltaten gingen den Russen voraus und wurden fast zur Bestätigung, dass Hitler recht getan hätte, sie als Untermenschen zu bekämpfen und zu dezimieren. Ahnungslos und hoffnungsvoll tat ich das alles als »Nazipropaganda« ab.

»Der Huth müsste es ja eigentlich wissen«, sagte die alte Frau. Huth, ihr Nachbar, sei Kommunist gewesen, »damals vor Hitler«, und würde es nun gewiss wieder sein. Ich wagte ein Gespräch mit ihm über den Gartenzaun. Er strahlte, offenbarte sich ohne Scheu und sprach voller Stolz über die Erfolge der Roten Armee. Es gäbe wirklich keinen Grund zur Furcht, besonders nicht für diese kleine Siedlung, deren Anwesen sich Arbeiter abgespart hatten.

Als wir miteinander sprachen, sahen wir den Nachbarn, Herrn Ludwig, von der anderen Seite unseres Grundstücks in den Garten schleichen. Er war ein großer, breiter Mann mit dunklen, immer speckigen Haaren, einer Drahtbrille und einem lauernden, unfreundlichen Blick. Er war Luftschutzwart, Blockwart und hatte auch andere Funktionen in der Partei, in der auch seine Frau aktiv tätig war. Nun schlich er in seinem Garten herum, spähte nach rechts, spähte nach links, uns konnte er nicht sehen. Er öffnete den Geräteschuppen und holte einen Spaten. Wieder lauschte er. Als er sich allein wähnte, begann er hastig eine Grube auszuheben, in die er irgendetwas hineinwarf. Dann schippte er die Grube zu, klopfte die Erde fest und verschwand wieder im Haus.

Polnische Fremdarbeiter aus dem nahe gelegenen Arbeitslager haben später wieder ausgegraben, was er dort versteckt hatte – die Parteibücher und sonstige Unterlagen, die ihn und seine Frau als Nazis auswiesen. Die Polen kamen auch zu uns, als ihre deutschen Bewacher abgezogen waren, wenige Tage, bevor die Kämpfe um Potsdam begannen. Sie wussten vorzüglich über die Einwohner der Siedlung Bescheid. »Eure Spur verläuft sich – wer seid ihr?«, fragten sie. Ich sagte es ihnen.

»Nenn mir die Nazis in dieser Siedlung!« Ich tat auch das und bestand so die Prüfung. Wenig später steckten sie das nahe Haus des Kolonialwarenhändlers, der ihnen auch jetzt noch den Proviant verweigert hatte, in Brand. Grün schlugen die Flammen aus dem Keller. »Seht nur, was dieser Kerl noch an Fettvorräten hatte«, sagten die Leute aus der Siedlung ohne Mitleid. Auch ihnen hatte er alles vorenthalten. In den folgenden zwei Tagen liefen die Frauen von Laden zu Laden, um einzukaufen, was ihnen den Marken nach noch zustand und was noch zu haben war. Einige fuhren mit Handwagen zu einem verwaisten Lager der »Organisation Todt«[15] und kehrten mit Säcken voll Mehl und Zucker sowie ganzen Rollen von Uniformstoff zurück.

Das dumpfe Grollen der Geschütze war näher gekommen. Am Abend des 22. April ging ich an die nahe Hauptstraße, die von Rehbrücke nach Potsdam führt. Sie war im Laufe des Tages stellenweise aufgerissen und behelfsmäßig verbarrikadiert worden. Zehn sechzehnjährige Hitlerjungen, die nun dem »Volkssturm« angehörten, schleppten Schutt heran und versicherten, dass diese Sperre die herannahenden Russen mit Sicherheit bis zum Eintreffen der sagenhaften Armee Wenck aufhalten werde. Niemand wusste, wo diese Armee war und ob sie überhaupt existierte. Aber jeder sprach von ihr als der Rettung für die inzwischen eingeschlossene Reichshauptstadt. »Außerdem hat jeder von uns zwei Panzerfäuste«, sagten die Hitlerjungen mit kindlichem Stolz.

Am nächsten Morgen zählte ich die Abschüsse. Nach dem zwanzigsten war es einen Moment still. Und dann, dann hörte ich es ganz deutlich, saugte es in mich auf, lauschte immer wieder, um es glauben zu können, hätte schreien mögen vor Erleichterung – das Rasseln russischer Panzer. Ich habe es noch heute im Ohr. Ich verließ den kleinen Splittergraben in unserem Garten. Für mich war der Krieg zu Ende, obwohl die Nachbarn mich warnten, die SS sei im nahen Wald versteckt und würde zu gegebener Zeit den Russen den Garaus machen. Ich war an jenem Tage sehr glücklich und überlegte schon, wie ein normales Leben wohl sein würde. Ich konnte damit keine Vorstellung mehr verbinden.

Mit einem glücklichen Lächeln empfing ich den ersten russischen Soldaten, der sich in unsere Siedlung traute. Er kam langsam heran. Er war klein und hatte krumme Beine, ein typisch mongolisches Gesicht mit mandelförmigen Augen und hohen Backenknochen. Er lächelte verschmitzt. Sein Soldatenkittel war keineswegs sauber, seine Mütze saß schief auf dem Kopf. Ich versuchte ein Gespräch, während er so dastand und mich anstarrte. Das klappte nicht. Er starrte mich nur an, ohne den Mund zu öffnen. Neugierig guckte er schließlich in unseren Ziegenstall. Ich bot ihm etwas zu trinken an. Er lehnte ab. Er stand nur da und starrte mich an. Ich hatte nicht die geringsten Bedenken. Ich war nur glücklich. Am Nachmittag wagten sich andere russische Soldaten heran. Sie gingen umher, vorsichtig, misstrauisch, prüfend, das Gewehr im Anschlag. Ich strahlte sie an. Ich suchte jemanden, der meine Freude mit mir teilte.

Plötzlich trat einer von ihnen vor, riss mich am Mantel und sagte nur: »Komm, Frau, komm.« Ich begriff zunächst gar nichts. Was sollte das? Von irgendwo hörte ich Schreie: »Sie vergewaltigen! Sie stehlen! Helft uns!«

Ich riss mich los. Ich begann zu rennen. Völlig außer Atem kam ich zu meiner Mutter. »Es ist also doch wahr«, sagte sie und fügte schnell hinzu, »wir müssen ihnen unsere jüdische Kennkarte zeigen«, die wir im Ziegenstall ›für den Tag danach‹ versteckt hielten, »sie werden verstehen.« Sie verstanden gar nichts. Sie konnten die Kennkarten noch nicht einmal lesen.

An jenem Tag sprang ich noch viele Male über Hecken und Gräben, kroch durch Büsche und suchte Verstecke. Als es Abend wurde, beschlossen wir, zu unserer Wirtin ins Haus zu gehen. Die alte, weißhaarige Frau würde sie vielleicht von uns abhalten. Es war kaum dunkel, da hörten wir, wie sie mit Gewehrkolben an die Türen schlugen, Frauen, die schrien, Schüsse. Sie kamen auch zu uns. Mit einer Pistole in der Hand trieb mich einer vor sich her. Meine Mutter warf sich dazwischen. Ich schrie und entkam irgendwie im Schutz der Dunkelheit. Es wurde eine schlimme Nacht.

Es war klar, ich musste mich verstecken – wieder verstecken. Auf dem Dachboden des Nachbarhauses der Hentzes verbrachte ich mit anderen jungen Mädchen, einer Frau, die bereits vergewaltigt worden war, und ihrem Mann die nächsten Tage und Nächte. Zu den Mahlzeiten stiegen wir hinunter und aßen, während Tante Lisa oder meine Mutter Wache standen und »Alarm« gaben, wenn ein sowjetischer Soldat sich dem Hause näherte. Dann stürzten wir die Leiter hinauf, zogen sie ein, schlossen die Luke und stellten einen Eimer Wasser darauf, der demjenigen, der die Luke geöffnet hätte, auf den Kopf gefallen wäre. Einmal war eine von uns nicht schnell genug. Wir hatten die Luke noch nicht geschlossen, als zwei Russen sich mit Drohungen Einlass ins Haus verschafften. Sie gingen auf die Luke zu und sagten: »Da deutscher Soldat!« Dann schoss einer durch die Luke. Wir drückten uns an die Dachziegel. Tante Lisa rief uns zu, herunterzukommen. Blitzschnell öffneten wir die Luke, schoben die Leiter herunter, und bevor die Soldaten begriffen hatten, was geschah, kletterten wir an ihnen vorbei und rannten ins Freie. Den Mann, den »deutschen Soldaten«, nahmen sie zunächst mit. Er kehrte später wieder, weil er beweisen konnte, dass er nie Soldat gewesen war.

Meine Mutter meinte, dass wir aufgrund unserer Vergangenheit ein Recht auf Schutz hätten. Mutig ging sie mit Tante Lisa zur russischen Kommandantur. Strahlend kamen sie zurück. Sie waren sofort zum Kommandanten geführt worden. Er zeigte sich begeistert, endlich wirkliche Antifaschisten kennenzulernen, und entschuldigte sich für die »Übergriffe«. Aber auch er sah keine Möglichkeit, uns zu helfen. Wir müssten uns eben selbst helfen, hatte er gemeint, denn er könne nicht jedem Soldaten einen Militärpolizisten beigeben. Der Hass auf Deutsche sei zu groß, als dass man die Rachegefühle zügeln könne.

Am Nachmittag desselben Tages erschienen zwei russische Soldaten bei uns. Artig klopften sie an und riefen auf Befragen, dass sie vom Kommandanten kämen. Sie seien Juden, sagten sie. Mit freundlichen Gesten traten sie ein. Meine Mutter rief, ich solle vom Dachboden herunterkommen. Wir setzten uns alle an den Küchentisch und begannen eine Unterhaltung, die aus Gesten und einigen jiddischen Sprachbrocken bestand. Sie lachten viel. Dann wandte sich der eine an mich und meinte, er würde gern »Chassene«[16] mit mir machen. Wir gaben vor, das Wort nicht zu verstehen. Sie sprangen auf. Ihre freundlichen Mienen waren plötzlich zu harten, bösen Grimassen erstarrt.

»Ihr seid gar keine Juden«, schrie einer von ihnen und schoss in die Luft. Während meine Mutter und Tante Lisa versuchten, die beiden zu beruhigen, rannte ich davon und suchte wieder einmal ein Versteck.

Am 1. Mai kam der Herr Kommandant persönlich. Ich hörte vom Dachboden, wie meine Mutter Tante Lisa zurief, es sei der Kommandant. Eilfertig lief Tante Lisa zur Tür. Der Kommandant war so betrunken, dass er das Wort »Mädchen« nur lallen konnte. Es war nicht schwierig, ihn abzuweisen. Er stahl ein Fahrrad und fuhr selig wie ein Kind damit davon. Am Arm hatte er eine ganze Batterie von Armbanduhren, die begehrteste Beute russischer Soldaten. Von da an traute ich mich überhaupt nicht mehr, meinen Dachboden zu verlassen. Einmal musste ich hilflos mitanhören, wie ein Sowjetsoldat, der sich durch Schießen Einlass ins Haus verschafft hatte, meine Mutter zu vergewaltigen versuchte. Sie lockte ihn irgendwie auf die Straße und entkam auf diese Weise.

Meist lauschte ich auf die »Stalinorgel« und versuchte aus der Richtung, die ihre Geschosse nahmen, den Stand der Kampfhandlungen zu ermitteln. Die Geschosse schienen über unser kleines Giebelhaus hinwegzuzischen, zuerst in Richtung Potsdam, später nach Berlin. Dazwischen knatterte es, knallte es, krachte es: Lärm des Krieges. Wir hatten den Kontakt zur Welt verloren. Wir wussten weder das Datum zu nennen noch was außerhalb unserer unmittelbaren Umgebung vorging. Das Radio einzuschalten war ebenso sinnlos geworden wie der Versuch, Wasser aus dem Wasserhahn zu erhalten.

Und dann war auf einmal alles still, unheimlich still, unerklärlich still. Es war, als ob sich nichts mehr bewegte, als ob sich die Tiere nicht zu mucken wagten, als ob es kein menschliches Wesen mehr auf dieser Erde gäbe, als ob die Erde nicht mehr so war, wie wir sie aus den letzten Wochen kannten. Ich lag auf meiner harten, mit Stroh gefüllten Unterlage auf dem Dachboden und horchte der Stille nach. Durch die Dachluke sah ich, dass es Tag wurde. In der Ferne, dort, wo Berlin lag, war der Himmel rot gefärbt. Ich konnte nicht unterscheiden, ob es Feuerschein oder Morgenrot war. Wichtiger aber war zu wissen, was es mit dieser Stille auf sich hatte. Auch meine Bettnachbarin war aufgewacht. Wir flüsterten miteinander, als fürchteten wir, die Stille zu stören. Bis vor kurzem hatte noch die »Stalinorgel« unseren Tagesablauf beherrscht – ihr schreckliches Aufheulen, das in regelmäßigen Abständen erfolgte. Nun schwieg sie. Es war Wirklichkeit, worauf wir so lange und sehnsüchtig gewartet hatten: Der Krieg war zu Ende. Freuen konnte ich mich nicht mehr.

17
Endspurt

Der Krieg war zu Ende. Aber was bedeutete das schon! Wir hatten Hunger wie alle Deutschen. Und wie sie wussten auch wir nicht, wie es weitergehen würde. Ich erkrankte schwer. Eine Spritze, von einer diplomierten Krankenschwester verabreicht, führte zu einem Abszess nahe dem Oberschenkelknochen. Sie hatte meine Monatsblutungen normalisieren sollen, die – so der ärztliche Befund – aus Hunger und nervlicher Erschöpfung ausgesetzt hatten. In unserer kleinen Siedlung gab es keinen praktischen Arzt, nur einen über 70-jährigen Neurologen. Er schnitt den Abszess aus Mangel an Narkosemitteln ohne Betäubung. Es fehlte in seiner Praxis auch an Verbandszeug, an Medikamenten und einer Kanüle. Da die Brücke, die zu einem Krankenhaus führte, von sich zurückziehenden deutschen Soldaten gesprengt worden war, musste ich ohne medizinische Betreuung in unserem ehemaligen Ziegenstall bleiben.

Da floss schon lange kein Tropfen Wasser mehr aus dem Hahn. Meine Mutter schleppte es eimerweise von einer Pumpe. Wir verfügten über wenig Bettwäsche, besaßen nur ein paar Handtücher. Als wir uns für die Illegalität entschieden, nahmen wir nur das Nötigste mit uns. Die sowjetische Besatzung tat, was zu erwarten war. Sie ließ uns erst einmal hungern. In unserer Siedlung lebte Nachbarschaftshilfe auf. Sauerteig zum Brotbacken wurde weitergegeben. Das Produkt war allerdings so hart, dass man es kaum kauen konnte. Man ging gemeinsam zum Stehlen. Aus einem vom deutschen Wachpersonal verlassenen Lager der Organisation Todt schleppten sie Mäntel, Geräte jeder Art. Die von den Frauen mitgebrachten Säcke waren meist zu klein, um den gestohlenen Zucker und die Marmelade aufzunehmen. So flossen diese ganz besonders begehrten Artikel die Straße hinunter. Meine Mutter tat das für sie Unglaubliche: Sie schnitt Fleisch aus einem verendeten Pferd. Ich müsste doch wieder zu Kräften kommen. Ich erholte mich nur langsam. Es war tatsächlich so, als hätte meine physische Widerstandskraft nur bis zum Ende des Krieges gereicht. Nun schien sie erschöpft. In meiner Naivität hatte ich angenommen, mein Vater würde am Tag nach dem Ende der Krieges sofort vor uns stehen. Doch Telefondrähte waren noch zerschnitten, Postverbindungen längst nicht wiederhergestellt. Es gab keinen elektrischen Strom. Wir konnten also nicht Radio hören. Zeitungen erschienen nicht. Dennoch wurde ruchbar, was englische Soldaten in Bergen-Belsen vorgefunden hatten und was in Auschwitz geschehen war. In den zurückliegenden Jahren hatten wir zwar in den Sendungen der BBC von schrecklichen Gräueltaten der Nazis gehört, aber das, was nun offenbart wurde, war zu fürchterlich, um es fassen zu können. Und doch war es die Wahrheit. Freunde, Verwandte, Bekannte – sie alle lebten nicht mehr, waren auf grauenhafte Weise ermordet worden. Immer neue Namen fielen mir ein. Ich erinnerte mich an Gesichter von Menschen, die ich nun nie mehr sehen sollte. Menschen, die sich nichts anderes hatten zuschulden kommen lassen, die sterben mussten, weil sie Juden waren. Ich weinte haltlos, und immer wieder von neuem überfiel mich eine entsetzliche, hoffnungslose Trauer.

Meine Mutter bemühte sich, mir gegenüber stark zu erscheinen. Sie versuchte, mich abzulenken und die Richtigkeit dieser Nachrichten zu bezweifeln. Doch nachts hörte ich ihr verhaltenes Schluchzen. Von meinem Vater gab es kein Lebenszeichen. Ungeduldig warteten wir auf die Wiederherstellung der Postverbindungen nach England. Meine Mutter tauschte ihre letzten Habseligkeiten gegen Lebensmittel ein. Frau Fabig hatte ihr ein Stückchen Gartenland zum Anbau von Gemüse überlassen. Als ich später schon im Garten liegen durfte, sah ich ihr zu, wie sie Erdschollen umbrach und Beete anlegte. Es machte mich noch verzweifelter, dass ich ihr nicht helfen konnte. Nur sehr langsam erholte ich mich. Ich musste gehen lernen. Als ich nach zwei Monaten die ersten Schritte auf einen Stock gestützt gehen konnte, war das für uns ein Feiertag. Es gab auch nach mehreren Wochen keine Lebensmittelzuteilungen. Wir hungerten. Wovon wir lebten, weiß ich nicht. Jeder musste zusehen, was er sich beschaffen konnte. Das war auf ehrliche Weise kaum möglich. Einmal begleitete ich meine Mutter bei einem ihrer »Raubzüge«. Ich staunte über die Geschwindigkeit, mit der sie von einem Kohlfeld 23 Kohlköpfe in den von mir bereitgehaltenen Sack warf. Als ich sie fragte, warum sie so viele genommen hatte, entgegnete sie gleichmütig: »Was verlangst du von mir. Soll ich beim Stehlen auch noch zählen?« Anlässlich der bevorstehenden Potsdamer Konferenz, die Deutschlands Zukunft entscheiden sollte, kamen Mitte Juli 1945 Truppen der westlichen Alliierten nach Potsdam. Die amerikanischen und englischen Soldaten waren insbesondere für die weibliche Bevölkerung eine Sensation. Die Franzosen hatten ihnen gegenüber, was Geschenke anbetraf, weniger zu bieten. Die Tochter der Familie Hentze hatte einen ›Tommy‹ mit nach Hause gebracht. Eine Verständigung war sprachlich nicht möglich, sie verstand kein Englisch, er kein Deutsch. Ich wurde gelegentlich gebeten zu dolmetschen. So kam es, dass ich eines Tages Eddie Mathews meine Geschichte erzählte und dabei erwähnte, dass mein Vater in England sei. Ich hatte nicht erwartet, dass ein Engländer mein Schicksal verstehen würde. Es schien mir geradezu unmöglich. Aber Eddie, im Privatleben LKW-Fahrer, sagte nur: »Ich weiß, ich war bei der Befreiung von Bergen-Belsen dabei.« Er bot mir an, einen Brief an meinen Vater zu schreiben, den er über die britische Feldpost befördern würde. Ich gab ihm meines Vaters Anschrift, die wir vor Kriegsausbruch von ihm erhalten hatten. Eddie schickte den Brief ab. Voller Ungeduld und Spannung warteten wir auf eine Antwort. Aber an jedem Tag, den Eddie kam, schüttelte er schon von weitem den Kopf.

An einem Sonnabend verabschiedete sich Eddie. Die Konferenz von Potsdam war am 2. August 1945 beendet. Potsdam gehörte nun zur sowjetischen Besatzungszone Die Truppen der drei Westmächte hatten dort keine Rechte mehr. Sie wurden nach und nach abgezogen. Eddie sagte mir, dass er uns nun nicht mehr helfen könne, denn wenn er in der Britischen Besatzungszone sei, gäbe es keinen Kontakt mehr zu den anderen Teilen Deutschlands. Auch dieser Versuch, mit meinem Vater wieder in Verbindung zu treten, war also misslungen. Es schien uns fast selbstverständlich in dieser Zeit der Hoffnungslosigkeit. Wir dankten Eddie für seine Bemühungen. Was konnten wir nun tun?

Am folgenden Sonntagmorgen hielt ein Motorrad mit zwei britischen Soldaten vor Frau Fabigs Grundstück. Einer von ihnen war Eddie. In seiner Hand schwenkte er einen Brief. Es war die Antwort meines Vaters. Am Morgen war der Brief eingetroffen, erzählte Eddie, als die britischen Soldaten schon abmarschbereit standen und das Lager nicht mehr verlassen durften. Er hatte sich daraufhin beim Kommandanten gemeldet, ihm unsere Geschichte erzählt und gebeten, diesen Brief bei uns abliefern zu dürfen. Der Kommandant entschied, dass er ein Motorrad nehmen und mit einem Kameraden zu uns fahren sollte, um den Brief zu übergeben. Die beiden Soldaten hatten den Befehl, dann unverzüglich ihrer Einheit zu folgen, die mit der Eisenbahn zur britischen Zone unterwegs war.

Wir konnten Eddie nicht mehr danken. Er saß schon wieder auf dem knatternden Motorrad, das mit ihm und seinem Kameraden davonraste, als meine Mutter noch völlig sprachlos den Brief in der Hand hielt, als fürchtete sie, er könne sich ebenso in nichts auflösen wie so viele Hoffnungen davor. Langsam öffnete sie dann schließlich den Umschlag und las den Brief. Am 4. August, seinem Geburtstag, hatte mein Vater den Brief von Eddie erhalten und so erfahren, dass wir noch am Leben waren. Dieser Brief war lange unterwegs gewesen, ehe er meinen Vater erreicht hatte, denn im Verlauf des Krieges war mein Vater nach Birmingham umgezogen. Seine neue Anschrift war uns unbekannt gewesen. An jenem 13. August 1945 wussten wir nun, dass mein Vater lebte und auf uns wartete. Es war uns, als hätte das Leben doch wieder einen Inhalt.

Unsere erste Reaktion auf diesen Brief meines Vaters war der Versuch, eine Einreisegenehmigung für England zu erhalten. Zuerst musste ich natürlich zu Kräften kommen, denn noch fuhr keine S-Bahn und die Britische Militärkommandantur in Berlin war nur durch einen sechsstündigen Fußmarsch zu erreichen. Nur sie versah so kurz nach Kriegsende die Interessen Großbritanniens im besiegten Deutschland. Die Hoffnung auf ein Wiedersehen mit meinem Vater muss mich angespornt haben. Ich schaffte mit vielen Unterbrechungen und mit der Hilfe eines Stocks diesen langen Marsch. »Warum wollen Sie denn nach England?«, erkundigte sich der uniformierte Engländer in der Britischen Militärkommandantur. Meine Mutter schaute ihn verständnislos an. »Ich bin über sechs Jahre von meinem Mann getrennt«, entgegnete sie dann sehr ruhig. »Ich auch von meiner Frau«, bemerkte der Engländer kühl. »Es war nämlich Krieg.« Er war nicht geneigt, eine nähere Begründung unseres Wunsches auch nur anzuhören. Wir erhielten lediglich die Auskunft, dass zunächst keinem eine Einreiseerlaubnis nach England erteilt würde, selbst dann nicht, wenn er dort nahe Angehörige hätte.

Während ich schimpfend die Treppe der Militärkommandantur hinunterlief, versuchte meine Mutter, den Engländer zu entschuldigen, meinte aber dann doch sehr niedergeschlagen: »Wir müssen uns darauf vorbereiten, hier noch längere Zeit auszuharren.« Seit dem ersten Brief meines Vaters hörten wir nun lange nichts mehr von ihm und wussten daher auch nicht, welche Möglichkeit er hatte, unsere Ausreise nach England zu beschleunigen.

Es wurde uns klar, dass wir nach Berlin zurückkehren mussten. Nur dort würden wir Arbeit und Auskommen finden. Denn unsere wenigen Ersparnisse waren aufgebraucht. Staatliche und städtische Behörden, die erstaunlich schnell ihre Arbeit wiederaufnahmen, kümmerten sich nicht um uns, die Überlebenden des ihnen vorangegangenen verbrecherischen Regimes. Und wir? Wir hatten nie in all den Jahren der Illegalität an den Tag »danach« gedacht. All unsere Energie hatten wir darauf konzentrieren müssen, die nächste Stunde, den nächsten Tag zu überleben.

Einer unserer Freunde, Dr. Erich Thaus, hatte einmal gemeint, ich könne ja »dann« seine Sekretärin werden, da er damit rechnete, in der Schulverwaltung eine maßgebliche Funktion zu bekleiden. Ich musste ihn daran erinnern und beschloss einen neuerlichen Marsch nach Berlin. »Natürlich kannst du bei mir arbeiten.« Er habe sein Versprechen nicht vergessen, betonte er, obgleich er wissen musste, dass ich nichts gelernt hatte. Er ermunterte mich sogar, als ich ihm meine Zweifel in dieser Beziehung äußerte, und meinte, ich würde es schon schaffen. Er berichtete, dass er in einer neu zu schaffenden Behörde, die man Zentralverwaltung für Volksbildung nennen wollte, Abteilungsleiter werden würde. Ich könne mit ihm im September dort beginnen. Ich sagte begeistert zu. Er versprach auch, eine Zuzugsgenehmigung nach Berlin für meine Mutter und mich zu besorgen. Der verfügbare Wohnraum dieser Stadt war durch die Bombenangriffe derart reduziert, dass Berlin für jeden Zuzug gesperrt worden war. Das war mehr, als ich zu hoffen gewagt hatte. Ich ging sofort auf die Suche nach einem möblierten Zimmer. Da wir trotz des abschlägigen Bescheids der Britischen Militärkommandantur doch hofften, zu einem nicht allzu fernen Zeitpunkt zu meinem Vater nach England reisen zu können, schien es mir sinnlos, eine Wohnung zu mieten. Überdies besaßen wir nichts mehr, womit wir sie hätten einrichten können. All unsere vor dem Krieg in einem Lift verpackten Sachen waren längst Opfer der Bombenangriffe geworden. Meine Mutter wusste das nicht. Ich hatte es ihr in den Kriegsjahren und allen mit unserem Dasein verbundenen Belastungen nicht zu sagen gewagt.

Auch mit der Zimmersuche hatte ich Glück. Bei einer befreundeten Dame am Olivaer Platz fand ich ein unter den bestehenden Verhältnissen durchaus annehmbares Zimmer, das ich sogleich mietete. Dann wanderte ich von meinem Erfolg beschwingt nach Potsdam zurück.

Als ich unseren Ziegenstall erreichte, stand die Tür offen. Der Raum war leer. Ich rief nach meiner Mutter, erhielt aber keine Antwort. Ich konnte mir nicht vorstellen, was das zu bedeuten hatte. Da öffnete sich im Nachbarhaus ein Fenster: »Ihre Mutter wohnt nicht mehr hier. Die ist in die Wohnung der Frau M. gezogen!«, rief die Nachbarin unfreundlich und schlug das Fenster wieder zu. Ich lief zu der genannten Wohnung. »Was soll das?«, fragte ich meine Mutter, die mir zufrieden die Tür öffnete. »Die Frau M. ist eine hochgestellte Parteigenossin gewesen. Man hat ihr die Wohnung weggenommen und sie uns gegeben«, war ihre Erklärung für den überraschenden Umzug.

»Wie konntest du das nur annehmen? Ich kann mich in diesen Möbeln, die anderen gehören oder vielleicht Juden gestohlen wurden, nicht wohlfühlen!«, rief ich empört. Ich weinte fast vor

Verzweiflung. Meine Mutter entgegnete mir, sie hätte nicht weiter im Ziegenstall leben können, der durch Kriegsschäden noch weniger bewohnbar geworden war. Nur mit Mühe hatte ich das Dach mit zerbrochenen Ziegeln und Dachpappe, die der Nachbar uns geschenkt hatte, notdürftig gedeckt. Sie habe sich sofort entscheiden müssen. Andernfalls wäre sie einem andern Opfer des Faschismus zugesprochen worden, erklärte mir meine Mutter. Hätte sie nein sagen sollen?

So bald wie möglich wanderte ich wieder nach Berlin, um unsere Übersiedlung zu beschleunigen. In unserer kleinen Siedlung, in der natürlich nichts verborgen blieb, fühlte ich mich nicht mehr wohl. Meiner Mutter ging es ähnlich. »Ich muss diesen fremden Namen loswerden. Ich will wieder legal sein. Das können wir hier nicht. Was würden die Leute in dieser Siedlung sagen, wenn sie feststellen, dass wir sie betrogen haben?«, gab meine Mutter zu bedenken.

Nach Anträgen, etlichen Vorsprachen in den dafür zuständigen Stellen wurden wir offiziell als »Opfer des Faschismus« anerkannt. Dass wir es in der Tat waren, ließ sich mit Hilfe unserer mit dem »J« versehenen Kennkarte und den Zeugen Walter Rieck und Lisa Holländer ohne Schwierigkeiten nachweisen. Ebenso, dass unser richtiger Name Deutschkron lautete und die Dokumente auf den Namen Richter von uns auf illegale Weise erworben worden waren. Bei der Gelegenheit konnte ich feststellen, wie leicht es gewesen wäre, den Namen und die Identität der »Richters« beizubehalten. Die Anerkennung als »Opfer des Faschismus« brachte uns einige Vergünstigungen. Wir erhielten von nun an Lebensmittelkarten für Schwerarbeiter, also größere Rationen, als uns unserem Stand nach zugestanden hätten, das Recht auf Wohnraum, Unterstützung bei der Suche nach einem Arbeitsplatz und Fürsorge jeder Art.

Inzwischen hatten ausländische jüdische Organisationen Büros in Berlin eingerichtet, die zusätzlich Lebensmittel und Kleidung an jüdische Überlebende verteilten. Bei Kriegsende meldeten sich in Berlin 12 000 Juden, 1200 hatten wie wir »untergetaucht« das Dritte Reich überleben können.[17] Einige Tausend Juden lebten in Mischehen und waren daher nicht deportiert worden.[18] Außerdem gab es Tausende von Jewish Displaced Persons, die in Lagern rund um Berlin untergebracht waren. Über diese Organisationen erhielten wir gelegentlich Briefe und Pakete von meinem Vater, der uns wissen ließ, dass er seinerseits einen Antrag gestellt hatte, unsere Einreise nach England zu genehmigen.

Die Startbedingungen für ein neues, normales Leben waren dennoch nicht leicht für uns. Mein Vater, dem die Auswanderung nach England wenige Monate vor dem Krieg noch gelang, tat alles, um uns nachzuholen. Erschwerte Bedingungen für Auswanderung und Einwanderung in England verzögerten unsere Ausreise. Wir waren noch in Berlin, als der Krieg am 1. September ausbrach. Zweieinhalb Jahre auf der Flucht von einem Versteck ins andere überlebten wir mit Hilfe unserer Freunde wie durch ein Wunder. Am Ende der Krieges waren unsere Kräfte aufgezehrt, unsere Nerven zerrüttet. Wir waren unterernährt, hatten ungenügende Kleidung, und schon gar keine, die geeignet gewesen wäre, uns vor Kälte zu schützen. Wir waren zwei Überlebende einer großen Familie, von der die meisten Mitglieder auf die grausamste Weise von Deutschen »vernichtet« worden waren.

In einem Brief an meinen Vater in England schrieb ich am 2 Oktober 1945: »Ja, guter Paps, unserer lieben Mutti geht es nicht gut. Ihr Gewicht, 75 Pfund, sagt ja wohl alles. Du kannst mir glauben, dass das, was wir in den letzten Jahren durchgemacht haben, sich nicht in die Kleider setzte und seine Folgen haben muss. Solltest Du uns einmal wiedersehen, so musst Du aus uns beiden erst wieder Menschen machen, die nicht dem minderwertigsten aller Triebe den Vorrang geben, sondern auch für das Schöne, das es eben doch wohl auch jetzt noch auf der Welt geben muss, einen Sinn haben.«

Ein ganzes Jahr, bis August 1946, mussten wir auf diesen Moment noch warten.

18
Vom Gestern zum Morgen

»Hier in diesem Zimmer, hier an diesem Tisch« habe sie vorher gearbeitet, sagte die junge Frau zu den Umstehenden, die sie interessiert ansahen. Meiner Schätzung nach war sie Anfang zwanzig und sah aus wie eine »deutsche Maid« oder so, wie man junge Mädchen in der Nazizeit als Vorbild hingestellt hatte. Sie war quasi eine junge Reliquie aus nazistischer Zeit.

Sie trug ein hellblaues Dirndlkleid und darunter eine blütenweiße Bluse mit Puffärmeln. Am Halsausschnitt prangte eine runde Brosche, ähnlich denen, die die Frauen der Nazi-Organisationen zu tragen pflegten. Mit ihren – wohl vom Schreibmaschineschreiben – ungewöhnlich beweglichen Fingern strich sie sich des Öfteren nervös über das ebenso reinliche weiße Schürzchen. Ihre Frisur war so perfekt, dass jedes der dunkelblonden Haare seinen Platz in einer nach innen gedrehten Rolle zu haben schien. Große hellblaue Kulleraugen, die den Eindruck von großen Fragezeichen machten, beherrschten ihr Gesicht. Ihre etwas gezierte Art ließ auf ein sehr bürgerliches Zuhause schließen. Ich, etwa gleichen Alters, sah sie fasziniert an. Diesem Typ war ich nie begegnet. In der Nazizeit hatte ich junge Leute wie sie wohlweislich gemieden. Und ich hatte bisher eigentlich nur junge Menschen mit politischen Idealen kennengelernt oder solche, die die Angst vor der Verfolgung geprägt hatte.

Sie habe hier im Kultusministerium als Sekretärin gearbeitet, sagte sie eine Spur zu laut, wohl um selbstsicherer zu wirken. Sie stand da, den Kopf zur Seite gewandt, und hielt sich mit der einen Hand an einem Schreibmaschinentisch fest – einem der wenigen Büromöbel, die noch so aussahen, als hätten sie bis vor kurzem ihrem Zweck gedient.

Das ehemalige Reichskultusministerium in der Wilhelmstraße 68, in dem diese Begegnung stattfand – es war Anfang September 1945 –, war stark beschädigt, wie so viele der Prachtgebäude im Regierungsviertel der einstigen Reichshauptstadt Berlin. Die eine Hälfte des Gebäudes war trotz seiner starken Mauern, wie sie am Ende des letzten Jahrhunderts gebaut worden waren, vom Hagel der Bomben vollkommen zerstört worden. Die andere war noch stabil genug, um wieder nutzbar gemacht zu werden. Im russischen Sektor der von den vier Alliierten besetzten und in vier Sektoren aufgeteilten Stadt gelegen, sollte diese Halbruine die Zentralverwaltung für Volksbildung für die sowjetisch besetzte Zone (die spätere DDR) aufnehmen. Sozusagen als Fortsetzung des Reichskultusministeriums, wenn auch zunächst nur für einen begrenzten Teil des ehemaligen Deutschen Reichs.

Zum Arbeitsbeginn im September 1945[19] fehlte diesem Hause eigentlich noch alles: Wasserrohre und Heizkörper waren beschädigt oder aus der Wand gerissen. Die Telefone gaben keinen Laut von sich. Kabel hingen herum. Die wenigen noch vorhandenen Möbel hatten allen Glanz verloren, waren zerkratzt und abgestoßen, hatten Brand- oder Wasserschäden, mussten aber trotzdem zunächst zur Möblierung der Büros herhalten. »Man gab mir einen Tisch mit drei Beinen, und die Fenster waren mit Pappe verklebt«, erinnerte sich lachend Hans Mahle,[20] der im September 1946 als Intendant des Berliner Rundfunks der Zentralverwaltung unterstellt war. All dies konnte zunächst aus Materialmangel nur notdürftig repariert und erst im Laufe der Zeit allmählich erneuert werden, während man in diesem »Ministerium« bereits emsig an Plänen für eine Schulreform arbeitete.

So pfiff in einer der Etagen der Wind in die Damentoilette hinein, die nur durch eine dünne Holzverschalung vom Abgrund getrennt war. In den folgenden Wintermonaten qualmten Ofenrohre aus den Fenstern der einzelnen Büroräume auf die einst von wuchtigen Regierungsgebäuden gesäumte Wilhelmstraße. Sie waren an kleine eiserne Kanonenöfen angeschlossen, die als Notbehelf aufgestellt worden waren und in kurzen Abständen mit den uns zugeteilten Briketts gefüttert werden mussten. Diese Aufgabe hatte die Sekretärin, die aus Platzmangel vielfach das Zimmer mit ihrem Chef teilte, zwischen dem Schreiben von Vorlagen und Anordnungen an die fünf Länderregierungen der sowjetisch besetzten Zone mitzuerfüllen. Aber solche Unzulänglichkeiten behinderten den Eifer und die Eile nicht, mit denen man in diesem Hause an die Arbeit ging. Nun, da man die Arbeit wiederaufnehme, wolle auch sie wieder anfangen, sagte das junge Mädchen und drehte wieder ihren Kopf zur Seite, so dass ich ihren Gesichtsausdruck nicht sehen konnte. Ihre Hand schien sich an dem Schreibmaschinentisch zu verkrampfen. Sie musste wieder Geld verdienen und wollte es gern am gleichen Platz tun wie zuvor. Offensichtlich erschreckt ob ihrer eigenen Kühnheit, guckte sie nach diesen Worten ängstlich auf die erstaunten Gesichter um sie herum. Keiner der Anwesenden – es waren die ersten Mitarbeiter der Personalabteilung – sagte zunächst etwas. Sie tat mir leid. Sie schien nicht so recht zu begreifen, was um sie herum vorging, und vor allem, was jene meinten, die ihr schließlich erklärten, dass hier alles nun ganz anders sein würde. »Ja, natürlich«, brachte sie heraus. Sie wiederholte es mehrmals. Es klang beflissen, aber nicht überzeugt. Die neuen Herren im Hause zeigten sich amüsiert, auch etwas belustigt über so viel Naivität. Für die meisten von ihnen war dieses Mädchen so fremd wie für mich.

Nach dem 8. Mai waren meine Mutter und ich sozusagen wieder »legal«. Unsere Situation war aber immer noch sehr schwierig und völlig anders, als wir es uns für die Zeit nach der Befreiung vorgestellt hatten. Natürlich waren wir nicht mehr in Gefahr, unserer jüdischen Herkunft wegen verfolgt zu werden. Wir waren nun den Deutschen gleichgestellt, den Verlierern des von den Nazis angezettelten Krieges. In den zwölf Jahren der Nazizeit waren wir zunächst als Juden gezeichnet, gedemütigt, verfolgt und aus der deutschen Gesellschaft ausgeschlossen worden, hatten während der Kriegsjahre wenig zu essen und überhaupt keine Kleidung bekommen und waren zum Schluss zur Ermordung bestimmt worden, ein Schicksal, dem wir uns durch »Untertauchen« entzogen. Die psychischen Folgen eines solchen Lebens waren nicht leicht zu überwinden. Keine der Siegermächte nahm von uns Notiz. Unsere Geschichte – dass wir fast zweieinhalb Jahre von Berlinern versteckt worden waren, um der Deportation in ein Vernichtungslager zu entgehen, erregte Zweifel, schien unglaubwürdig, auch wenn alliierte Soldaten das nicht immer aussprachen. »Uns wird nicht geholfen«, schrieb meine Mutter an meinen Vater in England. »Die Russen haben kein Interesse an uns und die anderen wohl nicht die Macht. So müssen wir alles doppelt durchmachen, einmal illegal, einmal legal.«

Meine Bedenken, dass ich außer Stenographie – ein Hobby, das mein Vater an mich schon als Zehnjährige weitergegeben hatte – nichts für den Posten einer Sekretärin mitbrachte, für den er mich vorschlagen wollte, wies Thaus energisch zurück. Er schien offensichtlich bemüht, Versäumtes nachzuholen. Während der Nazizeit hatte er sich unser, seiner halbjüdischen Frau wegen, nicht angenommen. Sie schien gefährdet und war es wohl auch. Und so lebten sie sehr zurückgezogen und unauffällig in der Hoffnung, dass der Kelch an ihnen vorübergehen würde. Die Personalabteilung der Zentralverwaltung stimmte seinem Wunsch, mich einzustellen, sofort zu mit dem Bemerken, dass es gut sei, auch für die unteren Positionen politisch zuverlässige Menschen zu gewinnen. Ob ich die entsprechenden Qualifikationen dafür mitbrächte, interessierte anscheinend niemanden. Ich indes dachte insgeheim mit Schrecken an das blonde Mädchen, das fraglos eine kompetente und erfahrene Sekretärin war und, wie ich, in der Schulabteilung arbeiten sollte.

Aber was hätte ich sonst tun sollen? Ich hatte mit siebzehn Jahren meine Schulbildung erzwungenermaßen abbrechen müssen, einen einjährigen Lehrgang als Kinderpflegerin absolviert und nichts weiter gelernt als das, was das Leben von mir zunächst als Verfolgte und dann als Illegale gefordert hatte. Und schließlich gingen wir davon aus, dass wir nicht mehr lange in Deutschland bleiben würden.

Mein Vater wollte seine Frau und seine Tochter, von denen er über sechs Jahre getrennt war und jahrelang hatte annehmen müssen, dass sie nicht mehr am Leben seien, wieder bei sich haben. Briefe von ihm trafen nur sehr spärlich ein.

Erst als ausländische jüdische Hilfsorganisationen Büros in Berlin eröffneten, wurden die Briefe zahlreicher. Aus ihnen ging hervor, dass mein Vater unsere Einreise nach England beantragt hatte. Aber wann das Königreich England seine Tore für die Einreise von Ausländern, auch für solche, die vom Naziregime verfolgt worden waren, öffnen würde, war ungewiss. »Ich fürchte mich vor dem kommenden Winter. Wir besitzen noch nicht einmal Wollhandschuhe oder sonstige warme Sachen. Zu allem Überfluss sind unsere Ersparnisse aufgebraucht und die Verdienstmöglichkeiten gering«, schrieb meine Mutter an meinen Vater. »Hoffentlich überleben wir diesen Winter und erfrieren und verhungern nicht, dann haben wir es geschafft.«

Ich war dreiundzwanzig Jahre alt. Meine Zukunft beunruhigte mich sehr. Auch wenn es mir gelingen sollte, den Posten einer Sekretärin auszufüllen, so war es gewiss nicht das, was ich für mein Leben anstrebte. Obwohl ich davon noch gar keine rechte Vorstellung hatte. Aus den ersten Briefen meiner Mutter sprach die gleiche Sorge.[21] Am 15. März 1946 berichtete sie meinem Vater, dass mich die Frage nach meiner beruflichen Zukunft unentwegt beschäftige. »Inge ist sehr mit den Nerven runter. Ich hatte schon mehrmals Grund, das Schlimmste zu befürchten«, schrieb meine Mutter. »Sie fühlt sich um ihre Jugend und um alle Chancen zu studieren betrogen«, und sie bat meinen Vater inständig, nie wieder zu erwähnen, dass ich in England Schwierigkeiten haben würde, ein Studium aufzunehmen. Ich hätte ja weder Abitur noch ausreichende Sprachkenntnisse, so hatte er gewarnt. »Ich habe Mühe gehabt, ihre Verzweiflung einzudämmen und ihre Tränen zu stillen.« Mehrmals erwähnte meine Mutter auch Krankheiten, unter denen ich als Folge der Illegalität litt. »Augenblicklich hat sie Wasser in den Beinen, dann wieder alle Arten Ausschlag, Abszesse, Blutvergiftungen, die Beine sind blau von Erfrierungen. Und dazu keinen vernünftigen Arzt, die wenigen Ärzte, die praktizieren, sind überlaufen und völlig desinteressiert, umso mehr, als es auch fast keine Medikamente gibt.«

Natürlich kam in einigen Briefen meines Vaters auch die Frage seiner möglichen Rückkehr nach Deutschland hoch. Aber die Verhältnisse waren viel zu verworren, um darüber ernsthaft nachzudenken. Dem stand natürlich auch der Mord an den Juden im Wege, dessen Ausmaß und Ungeheuerlichkeit erst allmählich zutage trat. Zwar schien es, als begriffe mein Vater das noch nicht so recht, denn immer wieder fragte er nach Angehörigen und verstand offenbar nicht, dass es sie nicht mehr gab. Von unserer Familie überlebte nur ein einziger Cousin von mir. Er überstand siebeneinhalb Jahre Konzentrationslager, in das er 1938 als sogenannter »Asozialer« eingewiesen worden war – er hatte als einer der ersten Autofahrer Verkehrsregeln missachtet. »Wir beide sind mit Ausnahme von Willy die Einzigen von unseren Verwandten und Freunden, die diese Zeit überstanden haben«, schrieb ich an meinen Vater (2. Oktober 1945).

Wenig später entdeckten wir den Ehemann einer Cousine im Jüdischen Krankenhaus in Berlin. Er hatte Auschwitz überlebt, aber eine schwere Herzkrankheit davongetragen. Wir besuchten ihn jede Woche. Immer wieder sprach er von seiner Frau und seinem 1938 geborenen Töchterchen Bela, deren Tod er nicht akzeptieren konnte.

Er heiratete später wieder – eine Kameradin aus dem KZ, die aufgrund von medizinischen Versuchen schwer gehbehindert war. »Niemand«, und ich unterstrich dieses Wort in einem Brief an meinen Vater vom 5. Februar 1946, »ist mehr am Leben.« Wohl um es ihm ganz klarzumachen, fügte ich hinzu: »Nie in meinem Leben werde ich den Abschied von Tante Elsa und Onkel Arthur vergessen, nie den Abtransport des über achtzigjährigen Onkel Paul und seiner Tochter, Tante Hänschen, oder die Erschießung von Max Blumenthal und Lilys darauffolgende Deportation (mit offener Knochentuberkulose), Oppenheimers Selbstmord und viele ähnliche Situationen.« Meine Mutter schilderte ihm: »Erst jetzt, wo die Spannung vorüber ist und wir wieder Menschen wie andere gewöhnliche Sterbliche sind, lassen uns unsere Nerven im Stich, und wir fangen oft grundlos an zu weinen.«

Ich erinnere mich an die erste jüdische Hochzeit nach dem Krieg im Oktober 1945. Es war eine Doppelhochzeit der Geschwister Arndt, die mit ihren Partnern und ihren Eltern in Berlin untergetaucht gelebt hatten.[22] Rabbiner Dr. Martin Riesenburger, der von der Gestapo während des Krieges mit der Verwaltung der jüdischen Friedhöfe und mit Beerdigungen von

Juden, meist aus Mischehen, beauftragt worden war, traute die beiden Paare in der einzigen intakten Synagoge am Fränkelufer. Auf dieser Hochzeit, bei der die Bräute in geborgten Kleidern und Schuhen unter der Chupa[23] standen, weinten alle Anwesenden hemmungslos, als wäre es eine Trauerfeier und nicht ein Anlass zur Freude.

Tatsächlich wuchs die Erinnerung an Menschen, die uns nahegestanden hatten und nicht wiedergekehrt waren, ins Überdimensionale. Es verging eigentlich kein Tag, an dem wir nicht von ihnen sprachen und ihr Schicksal beweinten, das wir im Einzelnen in seiner Grausamkeit nicht einmal kannten. Merkwürdigerweise behielten wir unseren Kummer für uns, nur mit Schicksalsgenossen sprachen wir über kaum etwas anderes. Es war eben schon damals so, dass wir von »anderen« – wohl mehr instinktiv – kein Verständnis erwarteten. Ich erinnere mich, dass ich dem blonden Mädchen, das mir eine Zeitlang an der Maschine gegenübersaß und zu der ich freundschaftliche Beziehungen entwickelte, nie Genaueres über mein Schicksal erzählte. Machte ich Andeutungen, dann füllten sich ihre Augen mit Tränen und ihre Hände zitterten, und sie ergriff irgendetwas, wie um sich festzuhalten. Nur einmal hat sie sehr beschämt gesagt, dass sie nichts, aber auch gar nichts vom Mord an den Juden gewusst habe. Sie habe auch keine Juden gekannt. Ich glaubte ihr das. Und wenn ich zufällig auf diese Zeit zu sprechen kam, hielt ich von selbst inne, fast um sie nicht zu verletzen.

Auch wenn wir fest daran glaubten, dass jene, die nun an der Spitze eines neu zu schaffenden Deutschlands stehen würden, sich nicht schuldig gemacht hatten, waren unsere Gefühle Deutschen gegenüber noch sehr ambivalent. Auf der einen Seite standen die Freunde, die ihren Kopf für unser Überleben riskiert hatten, auf der anderen die Mörder, die Tausende und Abertausende ihrer Helfershelfer und die Millionen, die zu allem geschwiegen hatten.

»Natürlich würde ein Leben hier wieder nur Kampf bedeuten«, schrieb ich meinem Vater am 11. November 1945 im Zusammenhang mit der Frage seiner möglichen Rückkehr. »Die Schwierigkeiten sind ungeheuerlich. Wir stehen hier in jeder

Hinsicht vor einem Trümmerfeld – ganz besonders natürlich auf moralischem und geistigem Gebiet, gar nicht zu sprechen von den äußeren Einflüssen wie Hunger und Kälte.« Aber dann ließ ich doch noch meinen Gefühlen freien Lauf. »Der Deutsche hat offensichtlich noch immer nichts gelernt!«

Mit diesem Satz bezog ich mich auf die Tatsache, dass die meisten Deutschen zu jener Zeit die Wahrheit über die schrecklichen Verbrechen nicht hören wollten. Den Kriegsverbrecherprozessen, über die in allen Zeitungen in großer Aufmachung berichtet wurde, schenkten sie nur geringe Beachtung. Umfragen zufolge waren sie der Meinung, dass sie durch Bomben, Vertreibung und Hunger ebenso gelitten hatten wie die KZ-Opfer. In Gesprächen mit ihnen konnte man auch den Eindruck gewinnen, dass die NSDAP die größte Untergrundbewegung Deutschlands gewesen war. Man sei nur Mitglied geworden, so hieß es da vielfach, um den Nazismus von innen zu bekämpfen, hatte natürlich nie mit »Heil Hitler« gegrüßt oder gar das Parteiabzeichen getragen. »Jeder noch hier lebende Jude und viele unserer Freunde haben nur ein Ziel, und das ist, Deutschland so schnell wie möglich den Rücken zu kehren«, so schrieb ich meinem Vater. Meine Mutter fügte dem hinzu, dass ihrer Meinung nach die Deutschen nie lernen würden. »Die politische Reife liegt noch in weiter Ferne, soweit man überhaupt von gutem Willen reden kann.«

In einem Brief vom 25. April 1946 erzählte ich meinem Vater von der bevorstehenden Auswanderung meiner besten Freundin und ihrer Familie nach Amerika, weil auch sie zu der Überzeugung gekommen waren, dass man Deutschen noch nicht wieder trauen könne. »Denk nur, sie werden ohne Einwanderungspapiere in Amerika einreisen.«[24] Das war ein Hinweis auf die Jahre vor dem Krieg, als die Amerikaner keinen noch so gefährdeten Juden aus Deutschland aufgenommen hatten, wenn er nicht die nötigen Papiere beibringen konnte und die Jahresquote der zugelassenen Einwanderungen überschritten war.

Mir fiel es indes nicht schwer, mich für die Mitarbeit in der Zentralverwaltung zu entscheiden. Die Ersten, die diese neue Verwaltung im wahrsten Sinne des Wortes aus dem Boden stampften, waren Funktionäre der alten Schule, also Menschen, die schon in der Weimarer Republik gegen den Nationalsozialismus gekämpft hatten. Sie hatten nichts von Beamten oder Bürokraten an sich, und sie wollten es offenbar auch nicht sein. In den ersten Wochen des Aufbaus glich dieses Haus in keiner Weise einer Behörde oder einem Ministerium. Es herrschte eine emsige Geschäftigkeit. Und die war nicht nur spürbar, sondern auch sichtbar.

Da eilten Männer, die keine Boten waren, mit Akten unter dem Arm durch das Haus, trafen sich zu hastigen Gesprächen in den Korridoren oder im Treppenhaus. Die Türen der Zimmer, auch die der Herren in höheren Positionen, waren für jeden offen. Das »Du« und eine legere Umgangsform überwogen. Entscheidungen wurden schnell gefasst, manchmal zu schnell, wie ich den Worten von Dr. Thaus entnahm, dem eine solche Arbeitsweise nicht lag. »Aber es gilt doch, so schnell wie möglich die Grundlage zu schaffen«, sagten sie, wenn man mit einem von ihnen darüber sprach, »damit die Rechtlosigkeit ein Ende hat.« Darin schienen sie auch von der russischen Besatzungsmacht, die für den Aufbau eines demokratischen Deutschlands in ihrer Zone verantwortlich war, unterstützt zu werden.

»Wir haben doch so vieles gemeinsam.« Dies war fraglos eine ehrliche Erklärung des ersten Personalchefs der Zentralverwaltung in einem Gespräch mit mir. »Wir«, sagte Herr Hoffmann und fügte noch betonter hinzu, »wir Antifaschisten wollen doch einen neuen deutschen Staat aufbauen, in dem das Schreckliche der letzten zwölf Jahre nie wieder geschehen kann.« Ich pflichtete ihm bei, eigentlich begeistert, denn er entsprach meinem Denken. Ja, er wisse, dass ich Mitglied der SPD sei, und er wisse auch den Grund dafür. Mein Vater sei ja vor Hitler Funktionär dieser Partei gewesen, und vorwiegend Sozialdemokraten waren es gewesen, die mir das Leben gerettet hatten. Er allerdings sei Kommunist. Aber was bedeute das heute schon im Kampf gegen die Reaktion. Wir beide seien Antifaschisten und hatten uns als solche bewährt. Ich im Untergrund, er im KZ.

Natürlich fühlte ich mich mit ihm solidarisch. Er war nicht der Einzige, der sich, aus dem KZ kommend, wenige Monate nach der Befreiung dem Aufbau des neuen Staates zur Verfügung gestellt, ja sich in die Arbeit gestürzt hatte. Die Gesichter dieser Menschen waren noch gezeichnet von ihren Leiden, ihre Hautfarbe war grau, und ihre Augen waren ohne Glanz und hatten den Ausdruck eines Fliehenden. Aber dennoch ging etwas von ihnen aus, was mehr war als physische Kraft. Sie waren unermüdlich, saßen oft über die Arbeitsstunden hinaus im Büro. Man begegnete ihnen mit Ehrfurcht und Bewunderung. Sie machten keinen Hehl aus ihrer Zugehörigkeit zur Kommunistischen Partei. Andere waren aus dem Exil gekommen, meist aus Moskau – direkt in das zerbombte Berlin mit seinen vom Krieg und den Ereignissen verwirrten Bürgern.[25] Auch sie waren eifrig, betriebsam, meist einsilbig. Von ihnen kamen keine Bekenntnisse ähnlich denen des Personalchefs. Sie waren höflich in ihren Umgangsformen, aber darüber hinaus ging es selten. Dass sie das Sagen unter den Genossen hatten, konnte man nur ahnen.

Die Ernennung des Altkommunisten Paul Wandel, der ebenfalls aus Moskau gekommen und dort Sekretär des späteren Präsidenten der DDR, Wilhelm Pieck, gewesen war, zum ersten Präsidenten der Zentralverwaltung für Volksbildung schien das zu verdeutlichen.[26] Erwin Marquardt, der SPD zugehörig, wurde zu seinem Stellvertreter ernannt. Er wirkte farblos. Man sah ihn selten außerhalb seines Zimmers oder im Gespräch mit Kollegen. Seine Ernennung galt uns als Beweis, obwohl man dessen damals noch nicht bedurfte, dass man es mit der Zusammenarbeit der antifaschistischen Kräfte ernst meinte – so war es auch in den Konzentrationslagern gewesen –, eine Tatsache, auf die sich Kommunisten und Sozialdemokraten in jener ersten Nachkriegszeit oft beriefen. Nichts ließ damals Zweifel an der Ehrlichkeit des Vorhabens aufkommen. Man rechnete die Anzahl der Ernennungen noch nicht nach Parteizugehörigkeit auf, sie mussten aber von der russischen Besatzungsmacht sanktioniert werden, der »Sicherung der antifaschistischen Gesinnung« wegen, wie es hieß.

Einige der führenden Positionen in der Schulabteilung der Zentralverwaltung wurden mit Sozialdemokraten besetzt. Unter ihnen waren bewährte Fachleute, die schon vor 1933 eine fortschrittliche Schulbildung erarbeitet und in Berlin teilweise auch schon durchgeführt hatten.[27] Die meisten von ihnen waren von den Nazis »gemaßregelt« worden, wie das schreckliche Wort damals hieß, hatten zwölf Jahre »draußen« gestanden, entehrt, gedemütigt, ihres Amtes enthoben, wenn nicht sogar im KZ misshandelt. Auch sie brauchte man nicht anzuspornen. Es war, als würde für sie ein Traum Wirklichkeit, da sie den Moment für gekommen hielten, in dem sie ihre Gedanken zur Erziehung freier Menschen in die Tat umsetzen konnten.

Auch der »unpolitische« Dr. Ernst Hadermann (er war damals parteilos), ehemals Studienrat und einer der deutschen Offiziere, die in russischer Gefangenschaft das Nationalkomitee Freies Deutschland mitbegründet hatten, wurde ohne weiteres akzeptiert.[28] Er wurde stellvertretender Leiter der Abteilung Schulwesen. Es war sicher keine Einbildung, dass seine Art des Umgangs anders war als die seiner Kollegen. Gespräche mit ihm hatten vorwiegend rein dienstlichen Charakter. Es fehlte das Kameradschaftliche, die menschliche Wärme. Er war sehr höflich, eine gewisse Gleichgültigkeit war aber nicht zu übersehen. Anders verhielt er sich Vorgesetzten gegenüber. Dann hatte er etwas Beflissenes, Unterwürfiges.

Er war übrigens der Einzige in diesem Haus, der sich für mein Schicksal nicht zu interessieren schien, jedenfalls nie mit mir darüber sprach – im Gegensatz zu allen anderen, die mir spontan ihre Sympathien entgegenbrachten als Ausdruck der Freude, dass ich überlebt hatte. Es war fast selbstverständlich, dass das blonde Mädchen, dessen Fähigkeiten bald außer Frage standen, Dr. Hadermanns Sekretärin wurde. Sie gaben ein gutes Gespann ab: der hochgewachsene Hadermann, auch in Zivil noch jeder Zoll ein Offizier, während sie in Art und Gehabe das Bürgermädchen blieb. Ihre anfängliche Unsicherheit war schnell geschwunden. Sie wusste um ihre Qualifikationen. Und sie spürte auch bald, dass sie, die möglicherweise noch bis gestern, wie jedes deutsche Mädchen damals, die braune Kletterweste getragen hatte, eine fast magische Anziehungskraft auf jene Männer ausübte, die sie zunächst belächelt hatten. Sie hatte schnell Freude an diesem Spiel, wobei man den Eindruck gewinnen konnte, dass sie dies für einen Teil der »neuen menschlichen Beziehungen« hielt.

Im Laufe der Zeit schloss sie sich eng an mich an mit dem sehr wohl begreiflichen Wunsch, durch mich die neue Zeit zu verstehen. Ich hatte nichts dagegen. Im Gegenteil. Mir schien es, als fiele mir wie selbstverständlich die Aufgabe zu, jenen jungen Menschen zur Seite zu stehen, die in der Nazizeit aufgewachsen waren und für die mit dem Ende des Hitlerregimes eine Welt zusammenstürzte. »Im Elternhaus zur Liebe für den Führer erzogen, in der Schule den Elementen des Nazismus nähergebracht, von der Hitlerjugend planmäßig gegen die Juden aufgehetzt – was kann das Wort Demokratie für eine Jugend bedeuten, die erzogen worden ist, es zu verachten?«, so stand es in einem Leserbrief des Jahres 1945, der mich sehr beeindruckte und der so treffend den Tatsachen entsprach.

Die neuen Aufgaben, die vielen interessanten Menschen, die ich nun kennenlernte, die neu gewonnene Freiheit – all das führte allmählich dazu, dass meine anfänglichen Depressionen, die Folge einer ungewissen beruflichen Zukunft, der Freude am Leben zu weichen begannen. Ich sah wieder Sinn im Leben, erkannte, dass es auch Schönes zu bieten hatte. Ich brauchte nicht mehr um mein Überleben zu bangen. Ich wurde nicht mehr gejagt. Jeden Morgen, wenn ich aufwachte, wurde mir dies bewusst. Selbst Krankheiten, Folgeerscheinungen mangelnder Ernährung der letzten Jahre, nahm ich nun mit stoischer Ruhe hin, fest überzeugt davon, dass dies nur noch das Nachklingen einer schrecklichen Zeit war. In dieser Stimmung bewegte ich mich – strahlend, freundlich, heiter.

Ja, auch ich wurde von dem Eifer der anderen erfasst, dass es etwas Neues zu schaffen galt, ein anderes Deutschland, eine andere, mit neuem Geist erfüllte Welt. Auch mich begann nun die Zukunft des Landes zu interessieren, in dem ich geboren war. Sicher spielte dabei auch eine Rolle, dass meine Mutter und ich, der Familientradition entsprechend, im September 1945 in die wenige Monate zuvor wiederbegründete Sozialdemokratische Partei eingetreten waren.[29] Sehr bald schon übernahm ich in dieser Partei einige Aufgaben. »Es sind ja nur so wenige aus der Zeit vor Hitler übriggeblieben«, so erklärte ich meinem Vater etwas verlegen die Funktionärstätigkeit einer Unerfahrenen. Ich wolle unter keinen Umständen die Ungeheuerlichkeiten vergessen, die man mir in Deutschland angetan hatte, so schrieb ich ihm. Natürlich wollte ich gern mal ins Ausland, um andere Länder, andere Menschen kennenzulernen. »Ich weiß aber auch, dass ich immer wieder nach Deutschland zurückkehren werde. Ich bin nun mal Deutsche und will mithelfen, unser Vaterland aufzubauen«, ließ ich meinen Vater wissen.

Ich malte mir ein Idealbild vom neuen Deutschland aus – ein Deutschland, in dem es einen neuen Geist geben würde, einen Geist, der versprach, dass Unmenschlichkeit, Diktatur, Terror nie wieder ihr Haupt erheben würden. Es würde, ja, es müsste unweigerlich nun alles ganz rein, durchschaubar und offen sein. Nach den Geschehnissen der Nazizeit schien mir etwas anderes ganz ausgeschlossen zu sein. Das nach den Schrecknissen des Krieges wieder erwachende Berlin und die Menschen, mit denen ich Umgang hatte, gaben mir Grund zu dieser Hoffnung. Erfahrung hatte ich zwar im Kampf ums Überleben, den ich nun so schnell wie möglich als ein abgeschlossenes Kapitel meines Lebens einsortieren wollte, aber, wie sich bald zeigen sollte, war ich sehr naiv, was des Lebens Wirklichkeit betraf.

19
Die sogenannte Stunde null

Da standen Männer auf dem Sprung. Hagere Gestalten in zerfetzten Kleidern. Ihre Augen verfolgten wachsam wie die eines Tieres die Bewegungen eines englischen Soldaten, der scheinbar gelassen und genüsslich eine Zigarette rauchte. Er gab nicht zu erkennen, ob er begriff, was um ihn herum vorging. Die Männer schienen geduldig zu warten. Doch mit gierigen, fast fiebrigen Blicken sahen sie dem Fortschreiten des Prozesses zu. Ging der Soldat ein paar Schritte, so folgten sie ihm in respektvollem Abstand. Auch der Konkurrenten gewärtig, die alle wie besessen auf den Moment warteten, da der wohlgenährte Soldat die Kippe wegwerfen würde. Einer Kippe konnten sie noch einige Züge abgewinnen. Zigaretten waren schließlich damals ebenso Mangelware wie Lebensmittel. Oder aber sie entnahmen ihr die letzten Krumen Tabak, sammelten sie, bis es ausreichte, um daraus eine Zigarette zu drehen. Zu Preisen von zehn bis fünfzehn Mark pro Stück stellten Zigaretten in jenen Nachkriegstagen des Jahres 1945 die eigentliche Währung Berlins dar und ermöglichten den Erwerb von Schwarzmarktwaren anderer Art, die die kargen Rationen auffüllen sollten.

Als ich im Juli 1945, zwei Monate nach der Kapitulation, wieder Berlin besuchte, verfolgte mich tagelang der Eindruck von einer sterbenden Stadt. In Wahrheit war sie damals eine Ansammlung von Trümmerhaufen aus Schrott, Steinen und zerfetzten Bäumen, aus denen Menschen wie Maulwürfe aus ihren Hügeln ans Tageslicht krochen. Müde und erschöpft schlichen sie durch die von Bomben aufgerissenen Straßen, manche standen apathisch an Pumpen nach einem Eimer Wasser an, andere suchten verzweifelt in Trümmern nach brauchbaren Dingen. Flüchtlinge aus den Ostgebieten Deutschlands zogen ein paar Habseligkeiten auf Leiterwagen hinter sich her. Dazwischen sah man Soldaten, noch in des »Führers Rock«, zerlumpt, abgezehrt, scheu um sich blickend wie ertappte Sünder, die hastig die Anschläge an Zäunen und Überresten von Häusern auf der Suche nach Adressen ihrer Angehörigen überflogen.

Schließlich waren elf Prozent aller Gebäude der Stadt in Bombenangriffen der vorangegangenen vier Jahre und als Folge einer sinnlosen Verteidigung gegen die Übermacht der russischen Armee völlig zerstört worden. Andere – 8,4 Prozent – waren so beschädigt, dass ein Wiederaufbau nicht möglich war.[30] Manche Fassade, die von ferne eine heile Welt vorgaukelte, durch deren Fensterhöhlen man aber beim Näherkommen den Himmel sah, glich einer Hollywoodkulisse. Von den 1,5 Millionen Wohnungen des Jahres 1939 gab es gerade noch 870 000, und von diesen galten nur 370 000 als winterfest.[31] »Sperlingslust« nannten die Berliner jene Wohnungen in den oberen Stockwerken, durch deren Dächer der Regen fiel und der Wind pfiff.

Parkanlagen ähnelten verlassenen Schlachtfeldern. Zerschossene Panzer waren dort gestrandet, standen neben provisorisch aufgehäuften Gräbern russischer oder deutscher Soldaten; zerbeulte Helme und verdreckte Fetzen von Uniformen lagen herum, wie für ein Antikriegs-Theaterstück arrangiert. Kein Wunder, dass in den verregneten Sommermonaten des Jahres 1945 ein modernder Geruch über der Stadt hing. Der Zustand schien so hoffnungslos wie der Ausdruck der Gesichter der abgehärmten Menschen. Aber weder die Statistiken über den Grad der Zerstörung noch die vielen Bilder der Erniedrigung, der Apathie und der Hoffnungslosigkeit gaben die Realität des damaligen Lebens in Berlin wieder.

»Resignation? Das hielt nicht lange an.« So der im Nachkriegs-Berlin bekannt gewordene Theaterkritiker Friedrich Luft, der meine Erinnerungen auffrischen half.[32]

»Die Berliner waren sehr schnell wieder obenauf.« Die jämmerlichen Gestalten, die da vor den Kantinen der Alliierten gierig nach Essbarem suchten oder ihre letzte Habe gegen Lebensmittel eintauschten, waren, wie Luft es nannte, »von einem Gemisch von Gefühlen« beherrscht. In erster Linie hatten sie natürlich Hunger. Sie hatten aber auch ein schlechtes Gewissen.

Die Siegermächte hatten ihnen sehr bald in Bildern und Filmen die von Deutschen verübten furchtbaren Verbrechen in den KZs, in Polen und in Russland vorgeführt. Im Übrigen wussten die meisten selbst genug darüber, auch wenn sie nicht bereit waren, es offen zuzugeben. Sie entwickelten einen unglaublichen Aufbauwillen – möglicherweise der bewusste oder unbewusste Versuch, die Sorgen und Probleme jener Tage zu verdrängen. Aufrufe in Zeitungen, an Säulen und Zäunen wie »Berliner, an die Arbeit!« waren wahrhaftig nicht notwendig, um sie anzuspornen, erinnerte sich Friedrich Luft.

Meine Mutter und ich waren froh, aus dem »Ziegenstall« in Potsdam in ein möbliertes Zimmer in einer Wohnung einziehen zu können, in der – typisch für jene Zeit – jeder Raum vermietet war, außer dem sogenannten »Berliner Zimmer«, das allen Mietern als Durchgang zum hinteren Teil der Wohnung mit Küche und Bad diente. Das Haus Konstanzer Straße 3, ein Bau der Gründerzeit, hatte dem Bombenhagel standgehalten. Aber die meisten Fenster waren wie in fast allen noch erhaltenen Häusern Berlins ohne Glas, die Türen aus den Angeln gehoben, der Putz von den Wänden gefallen. Überall hörte man Hämmern und Klopfen – es waren nicht immer fachmännische Versuche, ein bescheidenes Zuhause zu zimmern.

Mit Holzlatten, Dachziegeln und Backsteinen, die die Menschen aus beschädigten Häusern »mitgehen« ließen und unter Aufbietung letzter Kräfte heranschleppten, vernagelten sie Fenster, richteten Türen wieder auf, dichteten Wände und Dächer ab. Da die Männer meist noch in Kriegsgefangenschaft waren, entwickelten Frauen und junge Mädchen dafür ungeahnte Energien.[33] Später arbeiteten sie als sogenannte »Trümmerfrauen«. An jeder Ecke konnte man das Klick-Klack der Hammerschläge hören, mit denen sie unermüdlich Ziegelsteine putzten, die dann von Hand zu Hand gingen und schließlich am Straßenrand gestapelt wurden. Ganze Straßenzüge verwandelten sich so in geordnete Wüsteneien aus Stein.

Die russischen Kommandanten begannen nur wenige Tage nach Kriegsende, Bürgermeister und Verwaltungen einzusetzen. Sogleich empfahlen sich ihnen Menschen für die vielen Aufgaben einer Verwaltung, die vorgaben, Antifaschisten, Kommunisten oder KZler gewesen zu sein. Die Russen ließen sich keine Zeit – und es lag wohl auch nicht in ihren Möglichkeiten –, diese Angaben zu überprüfen. Unter diesen Leuten waren vielfach zweifelhafte Existenzen, auch ehemalige Nazis, die auf diese Weise »unterzutauchen« hofften. Walter Rieck,[34] einer unserer Helfer während der Nazizeit, stellte sich dem Bezirk Potsdam, in dem wir damals wohnten, zur Verfügung. Dies schien ihm die Pflicht eines Mannes, der von den Nazis seiner politischen Überzeugung wegen aus dem Schuldienst entlassen worden war. Aber er kam zu spät. Ich erinnere mich noch sehr gut an unsere Empörung, als er uns den Namen des von den Russen eingesetzten Bürgermeisters unseres Bezirkes nannte, dessen Vergangenheit sich wahrhaftig nicht für die Verwaltung in einem demokratischen, antifaschistischen Deutschland eignete.

Wie Pilze waren darüber hinaus alle möglichen Gruppen aus dem Boden geschossen, die sich antifaschistisch oder antinazistisch gaben, auch sie nicht immer so integer, wie ihr Name es verhieß. Es entstanden aber auch Einheitskomitees von Sozialdemokraten und Kommunisten, oft als Folge gemeinsamer Leiden in den KZs. Sie wären zweifellos berufener gewesen, die Grundlage für eine neue Ordnung in Deutschland schaffen zu helfen. Aber offensichtlich hatte man in Moskau schon andere Pläne und wandte sie auch sogleich an.

»Die Gruppe Ulbricht« – so beschreibt es Wolfgang Leonhard[35] –, die noch vor dem offiziellen Kriegsende in Berlin eintraf und sofort an die Arbeit ging, ignorierte diese Bewegungen »von unten«. Sie wurde aufgelöst mit der Begründung, die SMAD dulde keine politischen Organisationen. Dafür setzten sie »von oben« in allen zwanzig Berliner Bezirken Männer ihrer Wahl für die neuen Verwaltungen ein. Dabei versuchten sie vollendete Tatsachen zuallererst in den Bezirken zu schaffen, die nur zwei Monate später, am 11. Juli 1945, in die Hände der westlichen Alliierten übergehen sollten. So sollten – nach Leonhard – in vornehmlich bürgerlichen Bezirken Bürgerliche an der Spitze der Verwaltung stehen, die schon vor 1933 einer bürgerlichen Partei angehört hatten und Antifaschisten gewesen waren. In Arbeitervierteln entschieden sie sich für ehemalige Sozialdemokraten, die sie auch als Leiter der Verwaltungen für Soziales, Gesundheit und Ernährung bevorzugten, weil sie noch vor Hitler auf diesen Gebieten Erfahrungen gesammelt hatten. Sie gingen dabei nach dem Motto Walter Ulbrichts vor: »Es muss demokratisch aussehen, aber wir müssen alles in der Hand haben.«[36] Darum blieben wichtige Schlüsselpositionen Kommunisten vorbehalten.

Nach diesem Plan handelten sie auch bei der Besetzung der Posten des Berliner Magistrats. Der Mann, den sie zum Oberbürgermeister der Stadt kürten, hieß Dr. Arthur Werner, war Architekt, parteilos und nicht mehr ganz jung. Karl Maron, einer von Ulbrichts zuverlässigsten Funktionären, wurde sein Stellvertreter. Zum Personaldezernenten ernannten sie Arthur Pieck, den Sohn des späteren ersten Präsidenten der DDR. Der Kommunist Otto Winzer übernahm das Dezernat Volksbildung. Am 19. Mai, also nur 17 Tage nach der Kapitulation Berlins und in einem wahrhaft unglaublichen Chaos, gab es wieder eine Verwaltung in der Stadt, die emsiger nicht hätte arbeiten können. Jeder war eigentlich dafür dankbar, und ich glaube nicht, dass es viele waren, die in jener Phase der Nachkriegszeit die Strategie der Kommunisten durchschauten. Wir waren auch viel zu sehr mit uns beschäftigt, mit dem Auftreiben von Lebensmitteln, der Suche nach Kleidung und mit den Sorgen, ob es für uns überhaupt noch eine Zukunft geben würde.

»Das ›Jahr null‹ hat es nie gegeben«, schrieb der Amerikaner Brewster S. Chamberlin,[37] Nur wenige Tage nach der Kapitulation wurden schon die Grundlagen für ein unglaublich vitales und dynamisches kulturelles Leben gelegt, vergleichbar höchstens mit der kulturellen Blütezeit der Stadt in den zwanziger Jahren. Und das war nicht allein das Verdienst der für die Kultur Verantwortlichen. Der Anteil der Berliner Bevölkerung, die voller Begeisterung in die Veranstaltungen strömte, war mindestens ebenso groß. Die Menschen waren nach den schrecklichen Jahren des Krieges wie ausgehungert nach Kultur – die Theater waren 1944 geschlossen worden – und sogen sie auf wie ein Schwamm. Besonders die kulturellen Ereignisse, die ihnen zwölf Jahre lang vorenthalten worden waren. Die Nazis hatten ja zunächst alle

Gegner ihres Regimes und alle Juden aus dem Kulturleben »ausgemerzt«, wie sie es nannten. Im Kriege waren außerdem auch noch alle Ausländer auf den Index der verbotenen Kultur gekommen.

Die Russen schürten geradezu die Begeisterung der Berliner für kulturelle Ereignisse.[38] Unter denen, die für Kultur zuständig waren, waren viele Akademiker, Literaten und Germanisten, die es mit ihrer Unterstützung für eine kulturelle Erneuerung in Deutschland ernst meinten. »Sie glaubten wohl, dass unsere schmutzige Seele und unsere blutbefleckten Hände wieder sauber würden, wenn wir Goethe oder Schiller spielten«, meinte Friedrich Luft. »Sie hatten in dieser Hinsicht fast etwas Missionarisches an sich.« Boleslaw Barlog, erster Generalintendant des Schlosspark-Theaters in Berlin-Steglitz, war der Ansicht, dass die Russen die Deutschen mit Hilfe eines geistigen Lebens vom Nazismus abzubringen hofften.[39] Die Russen hätten ohnehin die Liebe zur Kunst, zum Theater, zur Malerei in ihrem Blut, meinte er. Dass das Renaissance-Theater als erstes Theater Berlins am 27. Mai die Nachkriegstheater-Ära mit dem noch vor Kriegsende einstudierten Stück ›Der Raub der Sabinerinnen‹ eröffnete, schien sie nicht zu stören. Die Berliner hingegen, die auch in ihrer Misere ihren sprichwörtlichen Humor nicht verloren hatten, amüsierten sich königlich über die zufällige Anspielung auf die Vergewaltigungen, mit denen sich die Russen in Berlin eingeführt hatten und durch die sie zum Frauenschreck geworden waren.

Wie ausgehungert die Menschen nach Kultur waren, bewies Luft an einem Erlebnis der ersten Nachkriegstage: Ein Flügel ohne Beine lag da im Vorgarten eines ausgebrannten Hauses im Bezirk Zehlendorf. Man hatte ihn wohl nach einem Luftangriff aus einem oberen Stockwerk geworfen, um ihn vor dem Verbrennen zu retten. Jeden Abend kam ein junger Mann, kauerte sich vor dem Flügel nieder und »spielte hinreißend Chopin«. Die Leute der Umgebung kamen, um ihm zuzuhören. Ja, sie warteten jeden Abend ungeduldig darauf, dass der Unbekannte zu spielen anfange. Für sie war das offensichtlich nicht nur ein unterhaltsames Erlebnis in jenen Tagen der Unsicherheit und des

Chaos. Die Musik entrückte sie der Wirklichkeit, stärkte ihre Hoffnung auf eine bessere Welt.

Das erste offizielle Konzert fand bereits am 13. Mai statt. Das Berliner Kammerorchester spielte im Bürgersaal des Rathauses Schöneberg. Symphoniekonzerte, Liederabende, Operettenkonzerte folgten. Die Begeisterung des Publikums war grenzenlos. Es war, als wollte man so schnell wie möglich die Vergangenheit hinter sich lassen und zu einem normalen Leben zurückfinden. In fast allen Konzerten spielte man Werke jüdischer Komponisten, die zwölf Jahre lang nicht gehört werden durften. Dann war es ganz besonders still in den Konzertsälen. Angespornt von der Begeisterung für die Kunst nahmen Künstler es auf sich, ihre Instrumente aus Mangel an Möglichkeiten auf Kinderwagen – ein zu jener Zeit beliebtes Transportmittel – oder auf Rollschuhen durch die zerstörte Stadt von Konzert zu Konzert zu transportieren.

Und es waren die gleichen Menschen, die zu den bald sehr zahlreichen und vielfältigen kulturellen Ereignissen strömten, die den Tag über voll damit beschäftigt waren, auf irgendeine Weise, auch auf unehrenhafte, Ess- oder Heizbares zu beschaffen. Man stahl von Gemüsefeldern, stürmte Kohlenzüge, ja, man machte sogar Jagd auf Vögel, vor allem aber kannte man keine Rücksicht auf andere. Stadt- und Untergrundbahnen verkehrten zunächst nicht, später nur auf reparierten Teilstrecken. Schienenstränge waren demontiert oder zerstört worden, Wagenparks dezimiert, Tunneldecken von U-Bahn-Schächten von Bomben durchschlagen. Und wenn die Bahnen fuhren, dann waren sie so voll, dass man von den drängelnden Menschen hineingeschoben wurde, über dem Fußboden schwebte, auf der einen Seite gegen Gepäckstücke gedrückt wurde und auf der anderen gegen mehr oder weniger gut gepolsterte Busen der überwiegend weiblichen Fahrgäste. Ähnlich verhielt es sich mit den Straßenbahnen, deren Oberleitungen lange Zeit zerfetzt waren. Brücken lagen teilweise im Wasser, vielfach von der sich zurückziehenden SS noch im letzten Moment gesprengt.

Wir alle gingen damals, meist auf unbiegsamen Holzsohlen, viele Stunden zu Fuß, sei es, um etwas zu »organisieren« oder um zu erkunden, ob Freunde überlebt hatten. Wenige waren noch im Besitz von Fahrrädern – ein seltener Glücksfall, denn russische Soldaten hatten gerade diese mit Vorliebe »requiriert«. Oft waren die Räder ohne Bereifung und klapperten fürchterlich oder hatten Gartenschläuche als Ersatz. Jeder »wandernde« Berliner trug stets einen Rucksack auf dem Rücken oder Taschen in den Händen, immer bereit, irgendetwas zu sammeln, was ihm der Zufall so bot – Kienäpfel oder Reisig zum Heizen oder Kochen, denn Gas und Elektrizität gab es zunächst auch nicht und später nur rationiert. Im Herbst ging es hauptsächlich um die nahrhaften Pilze aus den umliegenden Wäldern. Ich erinnere mich, dass es zu meinen Träumen gehörte, einmal wieder durch einen Wald oder einen Park schlendern zu können, »mit dem Kopf nach oben«, also nicht, um ständig etwas zu suchen.

Am 15. Mai kamen Lebensmittelkarten zur Verteilung. Sie unterschieden zwischen Schwerarbeitern, Arbeitern, Angestellten und »Sonstigen«, womit hauptsächlich Frauen und Kinder gemeint waren. Später wurden sie auf sechs Kategorien erweitert. Die Tagesrationen schwankten damals bei Brot zwischen 300 und 600 Gramm, Fleisch 20 bis 100 Gramm, Fett 7 bis 30 Gramm, Zucker 15 bis 25 Gramm. Lediglich die Kartoffelrationen von 400 Gramm täglich und die Monatsrationen für Kaffee-Ersatz von 100 Gramm, Tee von 20 Gramm waren für alle Berliner gleich.[40] Noch im Juli lebte der Durchschnittsbürger von 600 bis 800 Kalorien täglich. Später wurde den Opfern des Faschismus die höchste Karte zuerkannt, wie übrigens auch den Vertretern der »Intelligenz«, denen die Russen stets hohen Respekt zollten.

Die Berliner entwickelten einen ungewöhnlichen Erfindungsgeist, um diese mageren Rationen aufs Äußerste zu strecken. So wurde aus Grieß, etwas Fett und Majoran ein Brotaufstrich hergestellt, den man Schmalz nannte. Eine Mischung aus Mehl, Süßstoff und Selters ergab eine Suppe; Brennnesseln, Löwenzahn und Kartoffelschalen ersetzten das Gemüse. Dazu trank man »Alkolat«, ein Gesöff, das aus etwas Alkohol, 20 Prozent Sirup und einem Geschmacksstoff bestand und bei Genuss größerer Mengen zu fürchterlichen Kopfschmerzen führte. Man delektierte sich am »Heißgetränk«, einem undefinierbaren Getränk, das an warmen Tagen auch als »Heißgetränk kalt« angeboten wurde. Vorgärten, Parkanlagen, Straßenrabatten verwandelten sich in Kartoffeläcker oder Gemüsebeete, die man entweder zu bewachen gezwungen war oder so abschirmen musste, dass auch der gerissenste Dieb nichts davon stehlen konnte. Ja, sogar im Tiergarten, in dem kaum noch ein heiler Baum stand, wuchsen mit Genehmigung und Ermunterung der Stadt auf gepachteten Parzellen Kohlköpfe, Bohnen und Zuckerrüben. In Balkonkästen schossen Tabakpflanzen hoch, zärtlich gehegt und gepflegt, die nach entsprechender Bearbeitung einen nicht gerade wohlriechenden Tabak ergaben.

»Wir mussten unsere Werkzeuge von zu Hause mitbringen, um überhaupt arbeiten zu können«, erzählte ein Berliner von jenen Tagen.[41] Wie viele andere fand auch er an seinem Arbeitsplatz nichts mehr vor. Die Demontagen waren vollkommen gewesen.[42] Die Russen hatten selbst vor Telefonen oder Bleistiftanspitzern nicht haltgemacht. Und so stellten die Arbeiter in den ersten Nachkriegsmonaten das Nächstbeste her, wofür es Material gab. Gebraucht wurde schließlich alles. Aus Stahlhelmen wurden Kochtöpfe, aus Flugzeugteilen Schüsseln, Blechreste verwandelten sich in Löffel. »Bis Mitte Juli arbeiteten wir ohne Lohn«, heißt es in dem Bericht. Das Wirtschaftsleben kam erst Mitte Juli wieder in Gang, nachdem das Amt für Handel und Handwerk wieder aktiv geworden war. »Man hatte eben einfach den Willen zur Arbeit und wollte unbedingt einen neuen Anfang machen.«

Berliner Zeitungen berichteten von freiwilligen Aufbauarbeiten der Bürger in den einzelnen Bezirken. Einer spornte den anderen an. Man reparierte Wasserrohre, sah zu, dass das soziale Leben wieder in Gang kam, half bei Erntearbeiten, machte Spielplätze wieder benutzbar, Hausgemeinschaften reparierten ihre Häuser. »Wir müssen anpacken«, hieß es in einem Bericht über den einstimmigen Beschluss des Bezirksamtes Friedrichshain, eine zehnstündige Arbeitszeit einzuführen.[43] Dabei fällt auf, dass die von den Russen lizenzierten Zeitungen wie die ›Berliner Zeitung‹ oder die ›Deutsche Volkszeitung‹ solchen Berichten sehr viel Platz einräumten, überhaupt im Tenor ihrer Berichterstattung eine viel optimistischere Tendenz verfolgten, wenn es um den Aufbau der Stadt ging, als z. B. ›Der Tagesspiegel‹, der sich in jener Zeit mehr auf trockene Berichterstattung beschränkte.

»Ich befehle Ihnen, noch heute mit den Rundfunksendungen zu beginnen.« Das waren die Worte, die der russische General Bersarin am 13. Mai an Hans Mahle richtete, den gerade ernannten Intendanten des Senders Berlin. Der Sender war im unversehrten Rundfunkhaus in der Masurenallee untergebracht. Hans Mahle, der kurz zuvor nach 18 Jahren Exil aus Moskau zurückgekehrt war, erinnerte sich: »Ich sollte dort der Hausherr sein, aber ich war es in Wirklichkeit nicht, denn im großen Sendesaal kampierten noch etwa 3000 Flüchtlinge, die keine andere Bleibe hatten.«[44] Dennoch wurde schnell aus der einen Stunde, in der an jenem 13. Mai zunächst nur Anweisungen der Kommandantur an die Bevölkerung gesendet wurden, ein richtiges Rundfunkprogramm, das innerhalb von einer Woche 18 Stunden umfasste.

Die Nazis hatten bei der Einrichtung des Funkhauses nicht gespart. Das Instrumentarium, fast unversehrt, war vorbildlich, berichtete Mahle. Auf der Suche nach Mitarbeitern stieß er allerdings auf Schwierigkeiten. »Ich musste wohl oder übel auf alte Nazis zurückgreifen. Sie waren die einzigen Experten, die ich finden konnte.« Er wies sie jedoch sofort darauf hin, dass dies nur als Übergang gedacht war. Am 13. Mai hatte Mahle mit fünf Mitarbeitern begonnen, nach 14 Tagen waren es 1000. Und so wurde innerhalb kurzer Frist der Rundfunk zu einem ganz wichtigen Instrument. »Er half mit«, so sagte Mahle, »das Wunder von 1945« zu schaffen, nämlich die Leute mitzureißen und damit den Wiederaufbau der Stadt voranzutreiben. Zeitungen waren aufgrund der Papierknappheit in ihrer Wirksamkeit begrenzt. »Es war wirklich eine dolle Zeit damals, in der alles in Bewegung war«, sagte er.

Friedrich Luft erinnerte sich: »In Garagen, stillgelegten Kinos, auf Hinterhöfen, in kleinen Schuppen, selbst ungenutzten Stallungen führte man Theaterstücke auf. Irgendjemand hatte einen Text, der zufällig nicht den Nazis oder den Bomben zum Opfer gefallen war.« Dabei waren, so Luft, Texte von in der Nazizeit verbotenen Schriftstellern besonders begehrt – Ringelnatz, Tucholsky, Brecht, Heine. Sie wurden gemeinsam gelesen oder auf die Bühne gebracht. Es gab viele beschäftigungslose Schauspieler, die sich für solche Abende sofort zur Verfügung stellten. »Es kam einem Aufatmen gleich, einem völligen Neubeginn, einem Glück in sich, denn es wurde trotz allem gespielt.«

So entwickelte sich zunächst in den einzelnen Bezirken ein aktives kulturelles Leben, das vom Mangel an Verkehrsmitteln profitierte. Im Herbst 1945 hatten die Gesuche für Theateröffnungen die groteske Zahl von über 400 erreicht. Es war kennzeichnend für die Zeit, dass Paul Wegener, der Präsident der Kammer der Kunstschaffenden, am 5. August 1945 die Bevölkerung aufrief, ihre Bücherschränke zu durchsuchen. »Es fehlt an Klassikern, vom Reclamheft bis zum noch ungedruckten Dramenmanuskript. Bitte stellen Sie uns leihweise zur Verfügung, was Sie haben.« Die Sehnsucht nach Freude und Lachen förderte die Wiederkehr von Kabaretts, die in der Nazizeit, sofern sie überhaupt überlebten, ihrer Funktion kaum gerecht geworden waren. Das vor 1933 berühmt gewordene »Kabarett der Komiker« war eines der Ersten, das mit einer Revue, ›Berlin kommt wieder‹, wieder an die Öffentlichkeit trat. Ihm folgten viele andere Kleinkunstbühnen. Im Herbst 1945 lagen nicht weniger als 1000 Gesuche auf Wiedereröffnung von Kabaretts vor. Am 19. Juni kündigte die »Femina« die Wiedereröffnung ihrer Vergnügungsstätte an, fügte ihrer Anzeige aber die Bitte hinzu, ihr Kochtöpfe und weiße oder hell gemusterte Tischdecken zu überlassen. Der Plaza-Dachgarten mit Tanz und Varieté war am 1. Juli wieder da. Ähnlich war es mit ›... und abends ins Maxim‹, das mit »Attraktionen von Weltruf« lockte.

Bald begannen auch die großen Theater wieder ihre Pforten zu öffnen. Ihre Aufführungen wurden zu großen Erlebnissen für die Bevölkerung Berlins, die dafür stundenlang nach Karten anstand und ebenso lange zu Fuß durch die Stadt ins Theater »wanderte«. Die Sperrstunden von 22 Uhr bis in die frühen Morgenstunden machten frühe Anfangszeiten erforderlich; das galt auch später noch wegen der am späten Abend fehlenden öffentlichen Verkehrsmittel. Im Theater oder im Konzert vergaß man einfach alles – die Ruinen, den Hunger, die Probleme, ja selbst die Sorgen um verschollene Angehörige. Am 4. September begann die

Deutsche Oper wieder zu spielen. Sie eröffnete mit ›Fidelio‹, einer Aufführung, von der so etwas wie eine Art Weihe ausging.

In den Theatern entdeckte man Neues oder ausländische Autoren, die den Berlinern durch die Abgeschlossenheit der Jahre unter dem Naziregime entgangen waren. O'Neill, Gogol, Cocteau, Sartre, Zuckmayer. Im Eifer des Nachholbedarfs war das Publikum, was das Niveau anging, nicht wählerisch, und seine Begeisterung übertrug sich natürlich auf die Schauspieler. »Die Schauspieler regieren diese Stadt«, so schrieb die Schriftstellerin Hilde Spiel. »Die Gesellschaft ist dahin. An ihre Stelle ist das Premierenpublikum getreten.« Auch der Applaus, so Luft, zeigte nur wenig kritische Einschränkungen. »Das Phänomen des befreiten Spiels war allen köstlich. Selten war ein Publikum so dankbar.«

An zwei der ergreifendsten Aufführungen erinnere ich mich sehr genau: ›Nathan der Weise‹ im Deutschen Theater.[45] Paul Wegener spielte die Hauptrolle unter der Regie von Fritz Wisten, dem jüdischen Regisseur, der dank seiner nichtjüdischen Ehefrau überleben durfte. Als der alte Mönch den Satz sprach »... und unser Herr war auch Jude«, gab es tosenden Beifall. Ich sehe Wegener in seiner Rolle als Nathan noch heute vor mir. Es war, als wollte er, stellvertretend für viele, der Welt zeigen, dass es auch unter Deutschen noch Menschen gibt, die Lessings Gedanken von der Toleranz zu ihrer Maxime machen. Das zweite Stück war Friedrich Wolffs ›Professor Mamlock‹ im Hebbel-Theater,[46] das die Judenverfolgungen zum Inhalt hat; es führte zu tiefer Ergriffenheit. Dem Publikum schien im wahrsten Sinne des Wortes vor Entsetzen der Atem zu stocken.

Reprisen wie Molnars ›Liliom‹ mit Hans Albers in der Hauptrolle oder Brechts ›Dreigroschenoper‹ mit Kathie Kühl, die an die Goldenen Zwanziger erinnerten, gehörten zu Theaterereignissen, die keiner missen wollte. Der Satz in der ›Dreigroschenoper‹: »Erst kommt das Fressen und dann die Moral«, der jedes Mal mit großem Beifall bedacht wurde, hätte beinahe zur Absetzung der Aufführung durch die Alliierten geführt, denen jedes Stück zur Genehmigung vorgelegt werden musste. Ihre Anweisungen waren schließlich, diesen Satz weniger provokativ zu spielen.

Die Alliierten nutzten ihr Vorrecht, auf den Spielplan Einfluss auszuüben. Die Russen bestanden darauf, dass alle Stücke, die in ihrem Sektor aufgeführt werden sollten, ins Russische übersetzt wurden. Sie verboten die Aufführung von Thornton Wilders ›Unsere kleine Stadt‹, weil sie ihnen »ungeeignet« schien, »der Inhalt zu passiv, zu poetisch, zu sehr reine Kunst«. Ähnlich war es mit Wilders ›Wir sind noch einmal davongekommen‹. Sie erklärten, die Deutschen hätten schon zu viel Tod erlebt. Tatsächlich spielt der 3. Akt auf dem Friedhof. »Die haben davon genug.« Im Gegenzug verboten die Engländer in ihrem Sektor die Aufführung eines Stückes des Expressionisten Georg Kaiser.

Aber das war schon zu einer Zeit, als sich die Anzeichen für den Kalten Krieg zu mehren begannen. Die drei westlichen Alliierten, die erst am 11. Juli 1945 ihre Sektoren in der von ihnen geteilten Stadt übernahmen, empfanden den zweimonatigen Vorsprung der Russen auf kulturellem Gebiet als Herausforderung. Sie versuchten, mit Filmen nachzuziehen, die während der Nazizeit im Ausland entstanden waren und in Deutschland nicht gezeigt werden durften. Später brachten sie international bekannte Schauspieler in die Stadt, die wegen ihres lebendigen Kulturlebens für Künstler aus allen Teilen der Welt ohnehin attraktiv geworden war. Als die in den zwanziger Jahren in Berlin verehrten Schauspieler Fritz Kortner und Elisabeth Bergner in die Stadt zurückkehrten, waren die Berliner nicht zu halten vor Begeisterung. Sie standen stundenlang vor dem Theater, um wenigstens einen schnellen Blick auf die im Nazi-Deutschland Verfemten zu werfen und ihnen ihre Zuneigung zu zeigen.

Natürlich hatte Barlog im Grunde recht, wenn er meinte, dass die meisten Berliner in Wirklichkeit »sehr bedrückt« waren. Deswegen wollte er etwas »ganz Fröhliches« auf die Bühne bringen. Und er eröffnete das Schlossparktheater in Steglitz mit ›Hokuspokus‹ von Curt Goetz.[47] Drei Tage vor der Premiere war das gesamte Gestühl des Theaters über Nacht verschwunden. Erst am Tage der Aufführung schaffte es die Kriminalpolizei wieder herbei. Ein cleverer Kinobesitzer hatte es für sich »organisiert«. »Wir hätten auch ohne Klappsitze eröffnet, und das Publikum wäre dennoch gekommen«, sagte Barlog. Bretter, die, auf Ziegelsteine gelegt, Sitzgelegenheiten ergaben, lagen schon bereit. Tatsächlich hatte Barlog richtig kalkuliert. »Die Menschen waren so ausgehungert nach Fröhlichkeit und Humor und die Schauspieler so glücklich, wieder Theater spielen zu können, dass ein wochenlang ausverkauftes Haus die Folge war.« Allerdings fehlten dem Theater für seine weitere Arbeit Kostüme und Kulissen. Aber Barlog wusste sich zu helfen. Ein Anschlag an der Kasse ging in die Theatergeschichte ein: »Tausche Eintrittskarte gegen Nägel.« Nur so gelang es, die Dekorationen herzustellen, für die man Bretter aus den Trümmern gesucht hatte, erzählte Barlog.

Im Winter gelangte man mit einem eingewickelten Brikett zu einer Eintrittskarte. Denn viele Theater waren ungeheizt. Im Parkett saß das Publikum in Decken gehüllt, hatte Säcke über den Füßen, die Mantelkragen hochgeschlagen, Mützen bis über beide Ohren gezogen. Auf der Bühne wurde der Atem der Schauspieler sichtbar. Im Hebbel-Theater wurden an einem der Theaterabende auf der Bühne zwei Grad unter null gemessen. Zum Festakt anlässlich der Wiedereröffnung der Universität im Admiralspalast am 29. Januar 1946 (anstelle der beschädigten Staatsoper) erschienen die Gäste in ähnlicher Aufmachung. Paul Wandel, der Präsident der Zentralverwaltung für Volksbildung, sprach damals den bedeutungsvollen Satz: »Am Beginn der neu erstehenden Universitäten verkünden wir lauter und fester als zuvor die Idee der Humanität und der Freiheit.«

Einige Theater, im russischen Sektor gelegen, kündigten auf ihren Spielplänen an, dass sie geheizt waren (dank russischer Zuteilung) – sich der Zugkraft dieses Versprechens wohl bewusst in einer Stadt, in der Gas und Elektrizität rationiert waren und andere Heizmaterialien zur Mangelware gehörten. Es war meiner Erinnerung nach ein harter Winter, den wir, wenn wir nicht ausgehen mussten, »vollständig angezogen, im Wintermantel und mit Handschuhen, im Bett verbrachten, um nicht zu erfrieren«, so schilderte meine Mutter unsere Situation meinem Vater nach England. »Das Zimmer ist eiskalt und trostlos. Das Wasser in unserer Waschschüssel ist heute Nacht eingefroren. An den Fenstern haben sich Eisblumen gebildet.« Quoten für den Verbrauch von Elektrizität waren für die einzelnen Wohnungen festgesetzt worden.[48] Überschritt man sie, kostete es Strafe. Manche lernten den – natürlich strafbaren – Trick, die Scheibe des Zählers zum Rückwärtslaufen zu bewegen. Die Benutzung von Staubsaugern und elektrischen Geräten anderer Art war bei Strafe bis zu einem Jahr Gefängnis und einer Geldbuße von 500 Mark untersagt. Lebensmittelgeschäfte und Apotheken durften von 8 Uhr morgens bis 18 Uhr nachmittags geöffnet sein, alle anderen Geschäfte nur bei Tageslicht. Theater und Lichtspielhäuser blieben von Montag bis Donnerstag geschlossen und durften an den übrigen Tagen nur Notlicht einschalten. Manchmal gingen wir am Wochenende in ein Kino, an dem ein Schild Wärme verhieß. Im Dunkeln fragten wir einen Nachbarn, was eigentlich gespielt wurde. Aber allem zum Trotz: Selten gab es irgendwo in der Welt so viel Lebenswillen und neben so viel Leid so viel Hoffnung.

»Der letzte Schrei – das Flickenkleid.« Die Presse vom 13. September brachte Bilder vom ersten Modetee im »Clou«. Man zeigte ein weitschwingendes Röckchen, das aus allerlei Stoffresten gezaubert worden war. »Kleidersorgen? Kommen Sie zu uns. Wir beraten Sie unverbindlich, wie Ihr alter Anzug, Mantel oder Kleid vorteilhaft repariert werden kann«, lockte eine Firma. Eine andere kündigte schon am 21. Juni 1945 an, dass sie neue Kleider liefere. »Liefern Sie uns zwei alte Kleider dafür.« »Das kleine Schwarze« kam schon im Oktober wieder, »über das die Dame eine blaue Weste trägt, die aus einer gesteppten Bettdecke gefertigt wird«, pries ein Magazin. Die dazu passende Frisur konnte der Friseur nur »kreieren«, wenn man ihm zwei Briketts oder zwei Kloben Holz mitbrachte, damit er heißes Wasser zum Waschen bereiten konnte. War aber plötzlich Stromsperre oder hatte er sein Stromkontingent überschritten, wurde die Dame je nach Saison oder Wetter zum Trocknen nach Hause geschickt oder auf die Straße in die Sonne gesetzt.

Auch mir halfen solche eifrigen Modeschöpfer des Jahres 1945. Ich hatte in den letzten Kriegstagen bei der Auflösung eines Lagers der Organisation Todt in der Nähe von Potsdam »mitgeholfen« und dabei einen Eisenbahnermantel »mitgehen lassen«, der für einen großen, starken Mann gedacht gewesen sein muss. Aus ihm wurde ein warmer Wintermantel für mich, der erste seit vielen Jahren. Zwar schickte mein Vater uns ab und zu Pakete, aber oft waren die darin enthaltenen Sachen zu klein. Schrecklich enttäuscht standen wir dann davor. Am schlimmsten war es mit Schuhen, die wir schließlich aus Not trotzdem trugen, ganz gleich, ob sie drückten oder zu groß waren.

»Tausche« – das war ein weiteres Lebenselixier. Man suchte und fand etwas, das zur Verbesserung der Lebensbedingungen eingetauscht werden konnte. An improvisierten Anschlagtafeln, an Bäumen und Zäunen bot man an: »Sommermantel gegen Zuchtkaninchen«, »Sechsröhren-Radio ›Telefunken‹ gegen Pferd und Wagen«, »Matratze gegen Rasierapparat«, »Mehl, Zucker, Fett gegen Kinderwagen«. Diese Art des Geschäftemachens war noch vornehm im Vergleich zu den meist »fliegenden« Schwarzmärkten, auf denen alles angeboten wurde zum Tausch oder zum Kauf, vom verrosteten Nagel oder der Tasse ohne oder mit Henkel bis zum Abendkleid oder zum Anzugstoff. Besonders ältere Frauen brachten ihre »guten« Stücke aus vergangener Zeit dorthin – Lederetuis, Seidenschals, Glacéhandschuhe –, die sie für Schmalz oder Zigaretten anboten. Für zehn »Amis« – so nannte man amerikanische Zigaretten – bekamen sie sechs Pfund Brot, zwei »Amis« brachten ein kleines Stück Margarine oder einen kleinen Beutel Kartoffeln ein.

Alliierte Soldaten profitierten von dieser Situation und handelten sich auf billige Weise Stoffe und Kameras ein. Den Behörden waren diese Schwarzmärkte ein Dorn im Auge, und sie bekämpften sie mit Polizeirazzien, konnten aber nicht verhindern, dass die »Händler« einfach ein paar Ecken weiter ihre unterbrochenen Geschäfte wiederaufnahmen.

Und so arrangierte man sich im ersten Nachkriegsjahr in Berlin. Man lebte für den nächsten Tag, tat alles, um die Vergangenheit auszuschalten, wollte wieder eine Zukunft haben, eine, in der das Leben wieder einen Wert hatte. Und dieses Ziel war wohl die Ursache dafür, dass die Berliner ungeahnte Kräfte entwickelten, unglaublich erfinderisch waren, genossen, was es zu genießen gab. Das Leben hatte sie wieder. Und ich empfand das nicht anders.

20
Ein Traum wird zerstört

»Ich will nicht, dass der Kollegin Deutschkron etwas geschieht. Sie ist schließlich Antifaschistin.« In diesem Sinne habe sich Paul Wandel, Präsident der Zentralverwaltung für Volksbildung, im Kreis kommunistischer Mitarbeiter geäußert. So berichtete mir ein Kollege – natürlich unter dem Siegel der Verschwiegenheit. Er war einer von denen, für die Kommunismus nicht einfach ein Machtanspruch, sondern ein Ideal ihres Lebens war. Er spielte offenbar darauf an, dass ich Führung und Gebaren der kommunistischen Mehrheit in der Verwaltung laut und hemmungslos kritisierte, ja, mich sogar offen dagegen auflehnte. Sie schien mir in nichts mit dem übereinzustimmen, was der Kommunismus auf seine Fahnen geschrieben hatte. Im Gegenteil. Es wurden Symptome offenbar, die dem System der Nazi-Diktatur ähnelten, das erst so kurze Zeit vorher Deutschland und die ganze Welt ins Unglück gestürzt hatte. Die Bemerkungen des Herrn Wandel nahm ich zunächst nicht sehr ernst, kaum verwunderlich für einen Menschen, für den es Jahre zuvor ständig um Leben und Tod gegangen war.

Die Zentralverwaltung für Volksbildung entwickelte sich rapide. Zuerst wurde der Apparat für das Schulwesen aufgebaut. Denn innerhalb kürzester Frist sollten die Grundlagen für ein neues Schulsystem gelegt werden. Die Schwierigkeiten, die dem entgegenstanden, waren unvorstellbar. Die Bombenangriffe hatten den bestehenden Schulraum dezimiert. Es mangelte an Inventar. Von Schulheften und Schreibstiften konnte man nur träumen. Die meisten Lehrer waren noch in Kriegsgefangenschaft. Und dennoch wurden die Schulen in der russisch besetzten Zone am 1. Oktober 1945 aufgrund eines Erlasses des Chefs der SMAD, Marschall Schukow, vom 25. August 1945 wiedereröffnet. In diesem Erlass hieß es auch, alle Maßnahmen müssten getroffen werden, dass das wiedererstehende Schulwesen von faschistischen und militaristischen Einflüssen frei sei. Dafür aber fehlten nach einer ersten Bilanz wenigstens 30 000 Lehrer. Denn 90 Prozent aller Lehrer waren auf irgendeine Weise in den Nationalsozialismus verstrickt gewesen. 28 000 wurden wegen ihrer Zugehörigkeit zur NSDAP entlassen und mussten ersetzt werden.[49]

Die Zahl der zur Verfügung stehenden antifaschistischen Lehrer war minimal. Darum wurden schnellstens 15 000 antifaschistisch gesinnte Arbeiter, Angestellte und Bauern ohne jegliche pädagogische Ausbildung nach kurzen Lehrgängen in den Schuldienst geholt. Man war sicher zu Recht der Ansicht, dass sie zwar in vieler Hinsicht unzulänglich waren, aber auf politischem Gebiet weniger Schaden anrichten würden als die im nazistischen Geist erzogenen Lehrer. Dabei standen diese neuen Lehrer vor schier unlösbaren Aufgaben. Jedes fünfte Kind hatte im Krieg seinen Vater verloren. Viele Kinder suchten ihre Angehörigen. Ihnen fehlten Kleider und Schuhe. Sie waren unterernährt. Viele von ihnen zogen den Schwarzmarkt der Schule vor, wo sie sich zu gewieften Händlern und nicht selten zu Kriminellen entwickelten. Ältere Jugendliche hatten meist in der Hitlerjugend gedient und waren noch in faschistischen Idealen gefangen.

Zwei Monate später begann man mit der Ausbildung weiterer 30 000 Lehrer in Acht-Monats-Kursen. Ihre Auswahl hing nicht von Zeugnissen ab, sondern einzig und allein von den Charaktereigenschaften der Kandidaten und ihrer politischen und geistigen Gesinnung. Das im Januar 1946 erarbeitete Schulgesetz legte die einheitliche achtklassige Grundschule als Kernstück eines neuen Einheitsschulwesens fest. Ihm sollten zwei- und dreijährige Berufsschulen beziehungsweise vier Jahre Oberschule folgen. Am 1. Juli 1946 gab die Zentralverwaltung die ersten einheitlichen Lehrpläne für die Grund- und Oberschule heraus. Die Lehrpläne für Geschichte waren neu erarbeitet worden, für die anderen Fächer griff man meist auf die aus der Zeit der Weimarer Republik zurück. Der Verlag Volk und Wissen, der ebenfalls in der Zentralverwaltung untergebracht war, brachte noch im Herbst 1945 neue Fibeln, Rechen- und Lesebücher heraus und lieferte im Jahr 1946 9,3 Millionen Schulbücher, die den Ansprüchen des neuen Geistes entsprachen. Derartige Leistungen unter so erschwerten Bedingungen hat es sicher nie zuvor in der Geschichte des deutschen Schulwesens gegeben.

Dabei aber vergaßen die Verantwortlichen des Hauses niemals ihre politische Aufgabe. Die Kommunistische Partei hat seit eh und je den Schwerpunkt ihrer politischen Arbeit am Arbeitsplatz gesehen.[50] Ihrem Beispiel folgend, wurden in der Zentralverwaltung politische Betriebsgruppen gebildet. Der Betriebsgruppe SPD, der ich sofort beitrat, gehörten etwa 30 Personen an gegenüber den etwa 150 der KPD. Edith Baumann,[51] Vertreterin der SPD im Zentralen Jugendausschuss,[52] übernahm den Vorsitz. Den Sozialdemokraten, die ihre politische Tätigkeit im Unterschied zu den Kommunisten am Wohnsitz ausübten, war diese Arbeit eigentlich fremd, und sie nahmen sie darum auch nicht sonderlich ernst.

Allerdings entging ihnen nicht, dass im Laufe der Zeit in unserem Hause immer neue Organisationen und Institutionen gegründet wurden, die irgendwie mit der Zentralverwaltung verbunden waren, und dass die Zahl der Mitarbeiter des Hauses ständig stieg. Die Vorarbeiten für die Wiedereröffnung der Universität brachten neue Mitarbeiter ins Haus. Der Aufbau-Verlag nahm seine Arbeit in unserem Haus auf, die DEFA-Filmgesellschaft nahm dort ihren Anfang, und selbst die »Freie Deutsche Jugend«[53] ging von dort aus. Die SPD-Betriebsgruppe hingegen hatte keinerlei Zugänge zu verzeichnen.

Zu jener Zeit, im Spätherbst des Jahres 1945, begann die KPD bereits mit allen Mitteln für eine Verschmelzung der beiden Arbeiterparteien zu werben. Die Atmosphäre in der Zentralverwaltung veränderte sich merklich. Zwar behinderte sie noch nicht den Eifer, mit dem wir alle arbeiteten, immer noch vom Glauben beseelt, an der Schaffung eines neuen Deutschland beteiligt zu sein. Aber mir fielen die mehr und mehr bedrückt aussehenden Gesichter meines Chefs und seiner sozialdemokratischen Kollegen in den höheren Positionen auf, die ich zunächst nicht zu deuten wusste. Es wunderte mich, dass Dr. Thaus immer öfter nach einem kurzen Telefonanruf ohne Angabe von Gründen aus dem Zimmer ging und mit einem betroffenen Gesicht zurückkehrte. Auf meine Fragen, zu denen mich unser enges freundschaftliches Verhältnis berechtigte, hatte er immer nur eine abwehrende, Schweigen gebietende Handbewegung als Antwort. Erst viel später erfuhr ich, dass Vertreter des NKWD im Hause tätig waren und die Arbeit der Dezernenten unter Kontrolle hielten. Manchmal kam er auch mit einem vollen Rucksack zurück.

Mein Chef gehörte zu den Privilegierten, denen die Russen das Arbeiten in den von ihnen überwachten Behörden durch sogenannte »Pajoks«[54] schmackhafter machen wollten. Es war damals nichts Außergewöhnliches, dass Dr. Thaus wie jeder Berliner immer einen Rucksack bei sich trug. Tatsächlich verließ er die Verwaltung jeden Tag mit einem gefüllten Rucksack. Meist enthielt er Briketts. Der Kohlenträger, der uns die tägliche Ration für unseren Kanonenofen zu liefern hatte, erhöhte diese, wenn wir ihn mit Zigaretten erfreuten. Mangels anderer Möglichkeiten lagerten wir diese Briketts in den Schreibtischschubladen, die eigentlich für Akten vorgesehen waren. Die Akten wurden darum auf dem Schreibtisch platziert. Jeden Tag nahm sich jeder von uns seinen Brikettanteil oder eben so viel, wie er zu tragen in der Lage war. Privathaushalte erhielten damals noch keine Zuteilung von Brennmaterial. Ein ritterlicher Kollege, der mir auf dem Nachhauseweg stets die Tasche trug, wunderte sich immer über ihr ungewöhnliches Gewicht.

»Heute Nacht ist ein Lastwagen mit Fleisch aus der Zone eingetroffen und sogleich entladen worden.« Eine Putzfrau flüsterte mir dies eines Tages mit vielsagendem Lächeln zu. Ich verstand sie nicht. Was sollte das heißen? Ich war so aufgebracht, dass ich sie geradezu einem Verhör unterzog. Schließlich erfuhr ich, dass schon des Öfteren nachts solche Lastwagen mit Fleisch oder frischem Gemüse eingetroffen waren, deren Inhalt dann an »bestimmte« Mitglieder des Hauses verteilt worden waren. Nur zögernd fand sie sich bereit zu sagen, dass es sich ihrer Meinung nach dabei ausschließlich um Kommunisten handelte.

Ich forschte weiter, befragte Nachtwächter, befreundete kommunistische Kollegen und begegnete nur verlegenen Gesichtern. Unter ihnen war Leo H. Er hatte als Kommunist und Jude verschiedene KZs überstanden. Es war wie selbstverständlich, dass wir uns anfreundeten. Leo, zwar schon 37 Jahre alt und von Beruf Kürschner, studierte nach dem Krieg Medizin. Um sich diesen Herzenswunsch leisten zu können, arbeitete er halbtags in der Zentralverwaltung. »Das nennst du Sozialismus?«, fauchte ich ihn an. »Dafür hast du gelitten, dafür willst du weiterkämpfen?« Von Leo kam keine Antwort. Sein Gesicht war bewegungslos. Er drehte sich weg. Es war nicht das erste Mal, dass ich von ihm auf solche oder ähnliche Fragen keine Antwort bekam, sooft ich auch in ihn drang.

Das sollte Sozialismus sein, der Sozialismus, der allen Menschen Gleichheit der Rechte und Möglichkeiten versprach? Ich musste mich mit diesen Fragen allein auseinandersetzen. Ich erkannte damals den Konflikt noch nicht, in den alte Genossen – offenbar auch Leo – in ihrem Verhältnis zur Parteilinie von Zeit zu Zeit gerieten. Bald war klar, dass in dieser neuen Verwaltung ein Mann damit beschäftigt war, für Aufbesserungen der geringen Lebensmittelrationen »bestimmter« Leute zu sorgen. Noch voller Empörung über diese für meine Begriffe bodenlose Ungerechtigkeit ging ich schnurstracks zu dem Mann, dessen Name Willi Gast war und der in der Liste der leitenden Angestellten als Abteilungsleiter (Interne Verwaltung, Wirtschaftsangelegenheiten) geführt wurde. Ohne viele Umschweife offenbarte ich ihm, dass ich von einer nachts eingetroffenen Lebensmittelsendung gehört hatte, »die doch sicher für alle Mitarbeiter bestimmt ist«, und fragte so harmlos wie möglich, wann diese denn nun verteilt würde.

Noch heute sehe ich das verdutzte Gesicht des Herrn Gast vor mir. Er war sprachlos und hatte Mühe, eine Antwort zu finden. Nach längerem Schweigen sagte er, er wisse von all dem nichts. Aber wenn sich meine Angaben bewahrheiten sollten, würde selbstverständlich eine Verteilung an die Mitarbeiter erfolgen. Ich brauchte nicht lange zu warten. Per Telefon teilte mir Herr Gast mit, dass meine Angaben den Tatsachen entsprächen und dass er nun die Verteilung vorbereite.

Es versteht sich von selbst, dass ich von da an über jede eingetroffene Lebensmittellieferung schnellstens unterrichtet wurde. Putzfrauen und Nachtportiers waren meine Informationsquellen. Herr Gast gewöhnte sich daran, dass ich ihm meine Kenntnisse übermittelte. Mit der Zeit konnte ich mir sogar erlauben, Einsicht in den Lieferschein zu fordern und gemeinsam mit ihm die Menge der an jeden Einzelnen zu verteilenden Rationen zu bestimmen. Es gab Gelegenheiten, bei denen ich selbst statt mit der Schreibmaschine mit einem großen Wurstmesser hantierte, um einer gerechten Verteilung sicher zu sein. Es war wohl nicht verwunderlich, dass ich zu jener Zeit des Hungerns in Berlin in dieser Verwaltung populär wurde.

Ich freute mich über diesen Erfolg, weil ich – naiverweise – damit gezeigt zu haben glaubte, was meiner Meinung nach demokratisches und sozialistisches Handeln im Alltag ist. Ich machte wohl auch keinen Hehl aus meiner Freude darüber, obwohl oder gerade weil ich sehr bald das Missfallen spürte, das meine kommunistischen Kollegen mir nun entgegenbrachten. Mein Freund Leo sagte wiederum nichts dazu. Er ließ sich auch nicht zu einem Kommentar zwingen. Ich ahnte damals noch nicht, dass ich einer im Kommunismus üblichen Ordnung entgegenarbeitete.

In einem mir später zugespielten Dokument war das alles niedergelegt. So heißt es in einem Protokoll über ein Gespräch im Zentralkomitee der KPD, das ein Angestellter der Zentralverwaltung führte,[55] dass beim Aufbau einer Kantine folgende Verpflegungsregeln zu beachten seien: »1. einfacher Arbeiter = ein Mittagessen; 2. mittlerer Angestellter = zum Frühstück 400 Gramm Brot, belegt mit Butter und Käse oder Butter und Marmelade, zum Mittag ein warmes Essen; 3. der Chef und die erste Sekretärin = zum Frühstück 400 Gramm Brot, Butter, Käse, Marmelade (Zuteilung etwas mehr als unter 2.), zum Mittag ein warmes Essen, das sich von 2. zum Besseren unterscheidet. Da der Sonntag als Erholungstag für die kommende Woche gilt, erhält am Sonnabend jeder für den Sonntag Kartoffeln; Fleisch, Gemüse, Brot, Butter, Textilien, Tabakwaren, Konfitüre werden entsprechend der Person verteilt.« So verfahre man im Zentralkomitee der KPD, hieß es in dieser Niederschrift.

Laut diesem Protokoll erläuterte Frau Pieck dem Herrn von der ZV, dass man diese Lebensmittel von Gütern in der Nähe von Berlin beziehen könne, die nicht der allgemeinen Aufteilung anheimfielen. Sollten diese Güter ohne Viehbestand sein, könnten nach Verhandlungen 100 Stück Rindvieh herangeschafft und dadurch Schlachtungen und Konservierungen vorgenommen werden. Aus diesen Gütern könnten auch Gemüse, Kartoffeln, Milch und Butter zusätzlich für die Angestellten herausgezogen werden. Tatsächlich sei das Einkaufen der Waren in Sachsen und Mecklenburg nicht schwierig, sagte Frau Pieck dem Herrn Szal.

Aber das Hereinbringen der Ware nach Berlin brächte Probleme mit sich. Darum müsse man beachten, mit der eingekauften Ware nicht durch die englische oder amerikanische Zone zu fahren. Man müsse auf dem Weg nach Berlin einen Umweg von 30 Kilometern machen. Auch den Streifen der Roten Armee dürfe man nicht erlauben, den Inhalt der Lastwagen zu inspizieren, sondern müsse darauf dringen, mit der Streife zum Kommandanten zu fahren. Bei Streifen der deutschen Polizei fahre man am besten sofort zum Bürgermeister, riet Frau Pieck. Auf alle Fälle müssten Schokolade und Bonbons bei der Verladung so liegen, dass sie bei der Überprüfung nicht ins Auge fielen. Auf dem Transport sei es angebracht, wenn eine Person etwas Russisch spräche, um die Verhandlungen mit der russischen Streife führen zu können. Gut sei es auch, »nur ganz gewitzte Personen zum Einkauf zu entsenden«.

Mein Kampf gegen die Ungerechtigkeiten in der Verwaltung wurde für mich noch von zusätzlicher Bedeutung. Meine Vergangenheit als verfolgte Jüdin hatte es mir anfänglich schwergemacht, das Vertrauen der jungen Kollegen zu gewinnen. Eben weil viele von ihnen an die Nazis geglaubt, das Leben in deren Jugendorganisationen genossen hatten und für manche am Ende des Krieges eine Welt zusammengestürzt war, fühlten sie sich mir gegenüber verwirrt und beschämt. Juden waren in der Nazizeit als Kriminelle hingestellt worden, die es auszurotten galt. Wenige junge Menschen hatten meines Wissens diesen Teil der nazistischen Ideologie in Frage gestellt, da sie meist gar keine Juden kannten. Umso verständlicher war ihre Zurückhaltung mir gegenüber, einer Jüdin, die so anders aussah als das Bild, das ihnen Jahre hindurch vorgeführt worden war, und die allen Verfolgungen zum Trotz überlebt hatte, und das mit Hilfe anderer Deutscher. Ihre Zurückhaltung mir gegenüber wich nun einer Art Zuneigung. Ich gebe zu, dass mir das wichtig war. Ich war jung und wollte es endlich auch im Kreis anderer junger Menschen sein können.

Später beschlossen wir, eine Jugendgruppe in der Verwaltung zu gründen, um einerseits nachzuholen, was uns durch die Nazis vorenthalten worden war, andererseits, um uns mit den Problemen unserer Zeit auseinanderzusetzen. Da ich sehr wesentlich am Zustandekommen dieser Gruppe beteiligt war, wurde ich mit dem Vorsitz betraut, ein kommunistischer Kollege wurde mein Stellvertreter. Wir wanderten am Wochenende in der Umgebung Berlins, schliefen in Heuschobern, gingen gemeinsam ins Theater – besonders zu Stücken ehemals verfemter Autoren. Wir hörten Vorträge, diskutierten darüber. Vor allem aber feierten wir Feste. Kurz, wir taten all das, was zum Jungsein gehört, aber damals keineswegs selbstverständlich war. Ich genoss das sehr, und ich spürte, dass ich mit der Zeit die anfängliche Scheu der Gleichaltrigen überwand.

Es war das erste Mal in meinem Leben, dass ich unbeschwert mit jungen Menschen meines Alters zusammen sein konnte. Der Zulauf zu dieser Gruppe war groß. Mir entging jedoch nicht, dass die der KPD angehörenden führenden Angestellten immer zurückhaltender mir gegenüber wurden. Ohne es zu beabsichtigen, hatte ich offenbar auch politischen Einfluss auf die Jungen in unserer Verwaltung gewonnen. Besonders augenfällig wurde das, als ich bei den ersten Betriebsratswahlen alle diese Stimmen auf mich vereinigen konnte. Das war nicht schwer feststellbar. Die Zahl der in der Verwaltung arbeitenden Kommunisten schlug sich haargenau im Wahlergebnis nieder, da bei der KPD Fraktionszwang üblich war. Die Stimmen, die ich erhielt, kamen offensichtlich von den Sozialdemokraten und den Mitgliedern der Jugendgruppe, von denen die meisten politisch ungebunden waren. Vom kommunistischen Standpunkt aus gesehen, kam ich der Mitgliedschaft des Betriebsrates bedenklich nahe. Ich betrachtete das alles damals noch als ein Spiel, das mir große Freude bereitete.

»Sie vergaßen, die Gegenprobe zu machen.« Der Vorsitzende der Versammlung, Wilhelm Girnus, erstarrte, als er meinen Einwurf hörte. Er stand vor einem Plakat mit den verschlungenen Händen, dem Symbol der zu schaffenden Einheitspartei, und war gerade im Begriff zu sagen, dass sich die Versammlung der beiden Betriebsgruppen – SPD und KPD – einstimmig für die Einheit der Arbeiterklasse ausgesprochen hatte. Seine Überraschung hielt nicht lange an, dann sagte er eiskalt: »Die Kollegin hat recht«, und bat um das Handzeichen jener, die gegen eine Vereinigung beider Parteien seien. Drei Hände gingen hoch. Eine lächerliche Minderheit gegenüber der Mehrheit der Kommunisten. Aber die Atmosphäre des Triumphs der Kommunisten war gestört. Unmut kam auf und schlug sich in offenkundigem Hass mir gegenüber nieder. Dennoch hatte ich zu jener Zeit noch so etwas wie Narrenfreiheit.

Die meisten Sozialdemokraten waren dieser und auch späteren Versammlungen ferngeblieben. Sie spürten, dass hier der Versuch gemacht wurde, sie mit List und Tücke in die geplante Einheitspartei zu zwingen. Das ging viele Wochen so. Jede Gelegenheit wurde wahrgenommen, um gemeinsame Veranstaltungen zu organisieren und dabei das Thema der Vereinigung anzusprechen. In privaten Gesprächen drangen sie in uns, riefen die unselige Vergangenheit als Beweis dafür an, wie schädlich die Spaltung der Arbeiterklasse gewesen sei und dass es heute niemanden geben könne – es sei denn, er sei ein Feind der Arbeiterklasse –, der sich dem Ruf nach Einheit entziehen wolle. Und in überschwänglichen Reden priesen sie es als ein großes Glück, erstmals den historischen Traum von einer vereinigten Arbeiterpartei verwirklichen zu können.

Tatsächlich hatten sich noch unter dem Eindruck der gemeinsamen Leiden in den Konzentrationslagern Sozialdemokraten und Kommunisten gleich nach Kriegsende im Frühjahr 1945 zusammengefunden, um eine einheitliche Arbeiterpartei zu gründen. Die Kommunisten beriefen sich dabei auf die Berner Konferenz der KPD von Anfang 1938. Damals war in einer letzten offiziellen Resolution des ZK vor dem Ausbruch des Zweiten Weltkriegs ausdrücklich erklärt worden, dass »eine einheitliche revolutionäre Partei der deutschen Arbeiterklasse geschaffen werden muss«. Man sprach sogar noch nach Kriegsende freimütig über die Fehler der Partei vor Hitlers Machtergreifung.

Man erwähnte dabei besonders die Spaltung der Arbeiterklasse oder, genauer gesagt, den Kampf der Kommunisten gegen die Sozialdemokraten, der so entscheidend zum Untergang der ersten deutschen Republik beigetragen hatte. Eine einheitliche Arbeiterbewegung hätte möglicherweise Hitlers Aufstieg zur Macht abwenden können. Ja, sie schworen, dass dies nie wieder geschehen dürfe.

Aber als dann die »Gruppe Ulbricht« aus Moskau nach Berlin kam und sofort mit dem Aufbau der KPD begann, war keine Rede mehr von einer einheitlichen Arbeiterpartei. Im Gegensatz dazu standen die Sozialdemokraten noch lange zu ihrem Vorschlag, der auch historisch begründet war. Im »Prager Manifest« der Exil-SPD vom Januar 1934 stand zu lesen: »Die Einigung der Arbeiterklasse wird zum Zwang, den die Geschichte selbst auferlegt …« Bei einem ersten Zusammentreffen ehemaliger SPD-Funktionäre am 17. Juni 1945 im Hotel »Luckauer Hof« sagte Otto Grotewohl: »Das höchste und wertvollste Gut der Arbeiterklasse ist die Einheit …«

Zwar beschlossen das ZK der KPD und der ZA der SPD die Bildung eines gemeinsamen Arbeitsausschusses, dem jeweils fünf Mitglieder der beiden Parteien angehören sollten. Seine Aufgaben sollten eine enge Zusammenarbeit im Kampf gegen die Überreste des Nationalsozialismus sein, die Vorbereitung des Aufbaus einer antifaschistischen Republik sowie die Durchführung gemeinsamer Veranstaltungen. Zum Thema »vereinigte Arbeiterpartei« hieß es nun von Seiten der Kommunisten, dass einer organisatorischen Vereinigung eine ideologische Klärung vorangehen müsse.[56]

Es wurde mit der Zeit immer deutlicher, dass die Sinnesänderung der Kommunisten nicht zufällig war. Sie hatten irrtümlicherweise angenommen, dass sie mit Hilfe der russischen Besatzungsmacht die Mehrheit des Volkes für ihre Sache gewinnen könnten. Ihre Unterstützung durch die Russen war nicht unbeträchtlich. Sie wussten zum Beispiel im Voraus den Termin, an dem der Befehl zur Gründung politischer Parteien gegeben werden sollte, und konnten sich entsprechend vorbereiten.[57] Sie erhielten erhöhte Papierzuteilungen, die ihnen die Herausgabe großer Mengen von Informationsmaterial und Zeitungen ermöglichten. Sie hatten zahlreiche Lastwagen zur Verfügung, die anderen Parteien verweigert wurden. Selbst bei der Installierung von Telefonanschlüssen, die nach dem Prinzip der Wichtigkeit der Organisation erfolgte, hatten die Kommunisten Vorrang.[58]

Die Rechnung ging trotzdem nicht auf. Das Volk identifizierte die Kommunistische Partei mit der russischen Armee. Man sprach von der »Russenpartei«. Das Verhalten dieser Armee beim Einmarsch, die Vergewaltigungen, die Plünderungen, die zum Teil sinnlosen Demontagen, hatte nur Furcht und Schrecken verbreitet. Zu Recht sahen die Kommunisten bereits im Herbst 1945 in den Sozialdemokraten ihre stärksten Konkurrenten. Da holten sie die Idee der einheitlichen Arbeiterpartei wieder hervor. Am 9. November rief Wilhelm Pieck aus: »Es lebe die brüderliche Zusammenarbeit der Kommunisten und Sozialdemokraten mit dem Ziel ihrer Vereinigung in eine einheitliche Arbeiterpartei.« Im Namen der Sozialdemokratie antwortete ihm Grotewohl zwei Tage später, dass die Einheit der Arbeiterbewegung nicht durch einen Beschluss zentraler Instanzen herbeigeführt werden könne.[59] »Sie muss auf dem Willen der Mitglieder beider Arbeiterparteien beruhen.« Die Absicht der Kommunisten, die der tödlichen Umarmung, war zu offensichtlich geworden. Die meisten Sozialdemokraten hatten das klar erkannt.

In der Zentralverwaltung hatten die KP-Funktionäre allem Anschein nach den Auftrag, die Sozialdemokraten für die Verschmelzung »gefügig« zu machen. Das galt besonders für die Dezernenten, die einem ständigen Druck ausgesetzt wurden. Die Begeisterung über den Auftrag, am Aufbau eines freiheitlichen Schulsystems mitarbeiten zu können, wich einer wachsenden Bedrückung, ja lähmte geradezu die Arbeit. Die Gespräche der Sozialdemokraten drehten sich nun meist darum, wie man mit dieser Situation fertig werden solle. Es war nicht leicht, den aggressiven Diskussionen der Kommunisten standzuhalten und

Argumente gegen eine Vereinigung zu finden, die man selbst immer gewollt hatte, aber natürlich nicht unter Zwang.

Das Netz, in dem die Sozialdemokraten gefangen werden sollten, zog sich immer enger zusammen. Zu unserer Überraschung mussten wir feststellen, dass unsere Gespräche zu diesem Thema in der SPD-Betriebsgruppe schon einen Tag später den Kommunisten zur Kenntnis gekommen waren. Schließlich wurde klar, dass Edith Baumann, unsere Vorsitzende, den Kommunisten als »Spitzel« diente. Gerüchten zufolge war sie schon damals die Freundin von Erich Honecker.[60] Niemand glaubte allerdings zu jener Zeit an eine solche Verbindung. Denn Honecker interessierte sich mehr für junge Mädchen, deren Freundschaft er aufzukündigen pflegte – so berichten Beobachter aus jenen Tagen –, sobald sie der Kommunistischen Partei beigetreten waren. Edith Baumann erklärte später, dass sie der SPD nur beigetreten sei, um für die Vereinigung der beiden Parteien zu arbeiten. Sie war schließlich auch eine der Ersten, die die SPD-Betriebsgruppe verließen. Andere folgten zögernd, unfähig, sich dem Druck länger zu entziehen. Ich vergesse nie die Tränen in den Augen von Dr. Richard Fuchs,[61] einem kleinen, gutherzigen Mann, der von Natur kein Kämpfer war: »Ich trete zur SED über. Ich habe schon bei den Nazis zwölf Jahre draußen gestanden. Ich kann das nicht noch einmal.« Er sprach das aus, was manch anderer empfand.

Umso aktiver wurden wir, die 15 (in der Mehrzahl Frauen, vornehmlich kleine Angestellte), die in der SPD-Betriebsgruppe blieben. Ich wurde zur Vorsitzenden dieser Gruppe gewählt. Die Zahl meiner kommunistischen Freunde schrumpfte zusehends. Viele mieden mich – aus Angst, wie sie mir, wenn sie sich unbeobachtet fühlten, zuflüsterten. Auch meinen Freund Leo sah ich kaum noch. So schlich sich Misstrauen von meiner Seite in unsere Verbindung. Ich verstand das natürlich alles nicht und hielt mit meiner Meinung auch nicht hinter dem Berg. Die Vorstellung, dass es schon wieder Kräfte geben könne, die die kaum gewonnene Freiheit und die erstehende demokratische Ordnung untergraben wollten, wie es hier den Anschein hatte, erschien mir nach den Erfahrungen der Nazizeit unerträglich.

Die Propagandakampagne der Kommunisten lief bereits Ende November 1945 auf Hochtouren. Überall sah man Plakate mit dem Einheitssymbol. Flugblätter, die die Einheit als höchstes Ziel der Arbeiterklasse priesen, lagen überall aus. Es verging auch kaum ein Tag, an dem nicht am Ende irgendeiner Veranstaltung, auch wenn sie etwas anderes zum Thema hatte, ein Aufruf zur Einheit der Arbeiterklasse erging. Je stärker der Druck wurde, desto misstrauischer wurden nun auch jene, die einer solchen Vereinigung zunächst zuneigten. Großkundgebungen wurden angesetzt. SPD-Leute wurden vorgeführt, die sich zur Einheit bekannten. Gegnerstimmen vom Rednerpult waren nicht vorgesehen und wurden auch meist verhindert. Jede oppositionelle Stimme, auch vom Saal her, wurde mit Hilfe zahlreicher Ordner zum Schweigen gebracht.

Ich erinnere mich an eine Veranstaltung, auf der es uns gelang, uns durch Zwischenrufe Gehör zu verschaffen. Sie endete tumultartig. Wir freuten uns über diesen Erfolg wie über einen großen Sieg, weil es uns gelungen war, öffentlich zu zeigen, dass es Opposition gegen diese Zwangsvereinigung gab. Die folgenden Großkundgebungen glaubten die Kommunisten darum sorgfältiger vorbereiten zu müssen. Sie ließen Eintrittskarten verteilen. Allerdings nur an jene, von denen sie überzeugt waren, dass sie der lautstark propagierten Einheit als Claqueure dienen würden. Als ich bei der KPD um Karten für die Zentralverwaltung bat, hatte offensichtlich keiner Bedenken dagegen. Wir bekamen sie anstandslos. Dass es in der Zentralverwaltung für Volksbildung, einer der Hochburgen des Kommunismus, noch Sozialdemokraten gab, die gegen die Einheit waren, schien ausgeschlossen zu sein.

Dr. Siegfried Nestriepke,[62] einer der Mitbegründer der Volksbühne und Mitarbeiter in der Kulturabteilung der Zentralverwaltung, und einige wenige Sozialdemokraten, die wie wir gegen die Zwangsvereinigung mit allen zur Verfügung stehenden Mitteln angehen wollten, kamen mit uns. Nestriepke hielt mir seinen Hausschlüssel hin, einen jener alten, schweren Schlüssel mit großer, runder Öffnung im Bart. Darauf ließe sich ausgezeichnet pfeifen, sagte er lachend. Aber wir waren derart in der Minderzahl, dass Zwischenrufe oder die Pfiffe auf Nestriepkes Hausschlüssel nur dazu führten, dass wir als »Störenfriede« von der großen Zahl der Ordner umringt und rausgeschmissen wurden. Was immer wir taten, es schien sinnlos zu sein.

Es war, als hätten die Kommunisten eine Dampfwalze gegen uns in Gang gesetzt. Über die Verhandlungen in der sogenannten Sechziger-Konferenz[63] erfuhren wir wenig. Was aber durchsickerte, war beängstigend. Die Abwehrstellung der Sozialdemokraten und ihre Meinung, eine Vereinigung der beiden Parteien könne nur von einem Reichsparteitag vollzogen werden, schien nach der Sechziger-Konferenz vom 20./21. Dezember erschüttert zu sein. In den 20 Berliner Kreisverbänden, einschließlich der acht aus dem sowjetisch besetzten Sektor, protestierte man gegen alle Vereinigungsbestrebungen. Auf den unteren Ebenen der Partei war eine wahre Rebellion im Gange. Ich erinnere mich an eine Parteiversammlung meiner Abteilung (Wilmersdorf-Nord), in der in Gegenwart eines russischen Offiziers nur eine verschwindend kleine Minderheit der Vereinigung das Wort redete. Die Mehrheit ließ sich auch von der Gegenwart des Russen nicht einschüchtern.

Dennoch – es wurde immer deutlicher, dass die Russen die Vereinigung herbeiführen wollten, koste es, was es wolle. In der Partei begann man zu spüren, dass Otto Grotewohls Haltung nicht mehr so fest war wie zuvor. Einem Bericht von Erich Gniffke[64] zufolge sei Grotewohl Ende Januar 1946 zu Marschall Schukow beordert worden, der ihm den »Wunsch« der Russen, die Einheit der Arbeiterpartei sofort zu vollziehen, vorgetragen habe. Grotewohl verheimlichte seiner Partei diese Tatsache, die er zwei Jahre nach dem Geschehen Erich Gniffke anvertraute. Aus Hannover, dem Sitz des SPD-Parteivorstandes, kamen Botschaften, der geplanten Vereinigung zu widerstehen. Die Diskussionen zu diesem Thema nahmen kein Ende.

»Du hast es gut«, pflegte Dr. Thaus zu mir zu sagen. Und er meinte damit, dass ich mir die Entscheidung leicht machen konnte, da ich doch in Kürze nach England auswandern würde, während für ihn und seine SPD-Kollegen ein Verbleiben in der Zentralverwaltung unmöglich werden würde, wenn sie bei ihrer

Entscheidung gegen die Vereinigung bleiben würden. Diese Situation lähmte die Arbeit. Der Schwung, mit dem man nur wenige Monate zuvor den Anfang gemacht hatte, war wie weggefegt. Man tat das Notwendigste. Es reizte niemanden mehr, sich über Gebühr in die Aufgabe zu stürzen.

Für den 1. März 1946 war eine Funktionärskonferenz der SPD in den »Admiralspalast« (russischer Sektor) einberufen worden. Davor standen sowjetische Soldaten mit aufgepflanzten Bajonetten. Auch im Saal sah man russische Offiziere, aber auch westliche Alliierte, wenn auch in geringerer Zahl. Die Atmosphäre war gespannt. Otto Grotewohl kämpfte in einer fast zweistündigen Rede gegen einen Sturm der Entrüstung an, denn er sprach sich zum ersten Mal klar und deutlich für die Vereinigung der beiden Parteien aus. »Die Einheit der Arbeiterklasse ist eine nationale Verpflichtung, der sich niemand entziehen kann, der mehr an sein Volk denkt als an seine Partei.« Zwischenrufe wie »kurz fassen«, »Spalter«, »aufhören«, »abtreten« ließen die meisten seiner Worte untergehen. Als er schließlich rief: »Ich weiß, dass ihr meiner Überzeugung nicht zustimmen wollt, wozu seid ihr dann gekommen?«,[65] war der Tumult vollkommen. Er konnte nicht weiterreden.

Plötzlich sah ich, wie jemand, mit einem Papier in der Hand, aufs Podium ging, sich hinter Grotewohl stellte und ihn schließlich einfach beiseiteschob. Es war Franz Neumann, der nun ans Rednerpult trat und in die plötzlich eintretende Stille hinein eine Resolution vortrug, in der er eine Urabstimmung der Berliner SPD-Mitglieder zur Frage der Vereinigung forderte. Drei Viertel der 2000 Delegierten stimmten dem Vorschlag zu. Die Funktionäre sprangen auf, gestikulierten, klatschten begeistert Beifall, schienen wie erlöst, als sei endlich die Periode des Zauderns, des Zweifelns, des Überlegens vorbei. Die Urabstimmung wurde auf den 31. März festgesetzt.

Ich weiß noch, wie stolz ich war, weil ich das erste Mal in meinem Leben an einer demokratischen Entscheidung teilnehmen konnte. Das Ergebnis der Urabstimmung, die im sowjetisch besetzten Sektor Berlins nicht stattfinden durfte, war eindeutig. 82,2 Prozent erklärten sich gegen den sofortigen Zusammenschluss beider Arbeiterparteien. Hingegen stimmten 61,1 Prozent für ein Bündnis beider Parteien, welches gemeinsame Arbeit sicherte und den Bruderkampf ausschloss. Aber diese Entscheidung interessierte die Kommunisten nicht, denn ihr Interesse war es, die SPD aufzusaugen, wie es in der von den Russen besetzten Zone, der späteren DDR, tatsächlich geschah. Dort war der Druck der Besatzungsmacht entscheidend. Das Ergebnis der Urabstimmung in Westberlin beendete einen Nervenkrieg, der mehr als einen Traum zerstörte. Er trug dazu bei, Deutschland 40 Jahre lang zu spalten.

21
»Bekanntschaften«

»Meine amerikanischen Freunde möchten dich gern kennenlernen«, sagte eines Tages Manfred Klein zu mir. Er war Vertreter der Katholischen Jugend im Zentralen Jugendausschuss, dem Vorläufer der FDJ. Klein war Anfang 20, hatte ein offenes Jungengesicht und etwas Schwärmerisches im Blick.[66] Zwar unterschieden uns unsere politischen Ansichten – er neigte der Christlich-Demokratischen Union zu –, aber die Versuche der Kommunisten, die Macht an sich zu reißen, verbanden uns in gemeinsamer Abwehr. Ich war zunächst verblüfft. Ich verstand nicht so recht, was die Amerikaner an mir interessant finden könnten. Natürlich fühlte ich mich auch geschmeichelt. Ganz Berlin nahm damals Anteil an dem politischen Kampf, den die Sozialdemokraten gegen die Zwangsvereinigung mit den Kommunisten führten. Zwar erhöhte er vielfach noch die Abneigung, die viele Menschen nach der Nazizeit für Politik empfanden. Andere aber reizte die Möglichkeit des Kampfes gegen eine von einer ungeliebten Besatzungsmacht unterstützte Diktatur.

Die westlichen Alliierten sahen der Entwicklung zunächst scheinbar passiv zu und vermieden allen Anschein, sie stünden auf Seiten der Deutschen, die in den Kampf um die Freiheit verwickelt waren. Später änderte sich das, als die Herausforderung der Russen auch sie anging und die Welt in zwei Lager zu spalten drohte. Ich sah keine Veranlassung, eine Einladung der Amerikaner auszuschlagen, und erklärte mich zu einem Treffen bereit. Seine amerikanischen Freunde hätten von meiner Vergangenheit gehört und von der Art, wie ich mich nun gegen die undemokratischen Methoden auflehnte, mit denen die Kommunisten die Sozialdemokraten auf ihre Seite zwingen oder, besser gesagt, sie einverleiben wollten. So weit die Erklärung Manfred Kleins für die unerwartete Einladung.

Tatsächlich fuhren die Kommunisten mit ihrer Propaganda für die Vereinigung der beiden Arbeiterparteien auch noch nach der Urabstimmung in der SPD fort, ja, sie verstärkten sie noch. »Du wirst schon sehen, auch du kommst noch zu uns«, die Kommunisten machten auch vor mir nicht halt, obwohl ich ihnen eine so deutliche Absage erteilt hatte und dies auch weiter tat. Kommunistische Kollegen, mit denen mich der Kampf gegen den Nationalsozialismus verband, versuchten es immer wieder, mich zu bekehren. Oft hatten sie verlegene ehemalige Sozialdemokraten im Gefolge, von denen ich übrigens einige später in der SPD wiedersah. Sie hatten in der Praxis erfahren müssen, was das eigentliche Ziel der Kommunisten war. »Sieh doch, der Kollege ist auch für die Einheit, und ausgerechnet du, die du die Folgen einer gespaltenen Arbeiterschaft erfahren hast, willst abseits stehen?« Sie taten so, als ob die Urabstimmung nie stattgefunden hätte.

Als sich am 7. April 1946 ein neuer Bezirksverband SPD Berlin in der Zinnowwaldschule konstituierte, sprachen die Kommunisten verächtlich vom »Zehlendorfer Krankenhaus-Klub« und wollten ihren Anhängern weismachen, es sei nur eine lächerliche Minderheit von Sozialdemokraten, die sich dort zusammengefunden hätte. Sie schoben die Schuld für ihre Existenz auf den »Spalter« in Hannover, Dr. Kurt Schumacher, und schreckten nicht davor zurück, diesen Mann, der Jahre im KZ gequält worden war, als einen neuen Goebbels zu bezeichnen und ihn sogar der Zusammenarbeit mit Nazischergen im KZ zu bezichtigen. Der Vereinigungsparteitag der KPD und der SPD-Minderheit wurde am 21. April 1946 mit großem Pomp begangen. Vor dem »Admiralspalast« standen Tausende, die die Vereinigung bejubelten. Drinnen rief Walter Ulbricht den Delegierten zu: »Mit dem heutigen Tag gibt es keine Sozialdemokraten und keine Kommunisten mehr. Mit dem heutigen Tag gibt es nur noch Sozialisten.[67]

Weder Zeitungen noch Rundfunk durften im Ostsektor über die in Wahrheit misslungene Vereinigung der beiden Parteien berichten. Uns interessierte das schon nicht mehr. Wir waren mit der Konstituierung der neuen/alten Sozialdemokratie beschäftigt. Die vier Alliierten, die zu jener Zeit noch recht und schlecht kooperierten, beschlossen am 31. Mai 1946, beide Parteien – also SPD und SED – in den vier Sektoren der Stadt zuzulassen. Ein entsprechender Antrag war von der SPD schon bald nach der Neukonstituierung der Partei (im April 1946) gestellt worden, aber die vier hatten zunächst keine einigende Formel finden können.[68] Im Ostsektor wurde die SPD allerdings von Anfang an in ihrer Arbeit behindert, aber erst mit dem Bau der Mauer in Berlin, am 13. August 1961, wurde sie verboten.

Manfred Klein schlug mir also eines Tages ein Treffen mit »Captain Beer« am Potsdamer Platz vor, direkt an der Grenze zum russischen Sektor. Er selbst und ein Kollege, der meiner Erinnerung nach zu den Liberalen gehörte, wollten mich begleiten. Eine schwarze Limousine fuhr an der verabredeten Stelle vor. Den russischen Wächtern an der Grenze zu ihrem Sektor kann sie nicht entgangen sein. Der Fahrer in amerikanischer Uniform stieg nicht aus, sondern hieß uns mit einer Handbewegung einsteigen. Von mir nahm er keine Notiz. Wir fuhren durch Westberlin. Aber trotz meiner guten Kenntnis der Stadt konnte ich die Strecke nicht verfolgen. Er schien viele Umwege zu fahren, bis er schließlich vor einer Villa hielt. Obwohl es heller Nachmittag war, erkannte ich die Gegend nicht, wusste nur, dass ich mich im Bezirk Zehlendorf befand.

Captain Beer führte uns ins Haus. Auf dem Tisch im Wohnzimmer waren belegte Brote, Kaffee und Kuchen vorbereitet. Während wir uns daran delektierten, trafen weitere junge Leute ein, die ich nicht kannte und die mir auch nicht vorgestellt wurden. Ich war offensichtlich die Einzige, die zum ersten Mal hier eingeladen war. Die anderen zeigten ein sehr kameradschaftliches Verhältnis zu diesem Captain Beer, den ich als dunkelhaarigen, schlanken Mann von etwa Anfang 30 in Erinnerung habe. Deutsch mit einem Akzent, den ich zunächst nicht zuordnen konnte, war offenbar seine Muttersprache. Das Gespräch drehte sich um Nichtigkeiten, war eher eine Plauderei über Ereignisse in der Stadt ohne politischen Inhalt. Nachdem wir uns gestärkt hatten, verschwand Beer in einem Nebenzimmer mit einem seiner Gäste. Nach einer gewissen Zeit kam dieser ins Wohnzimmer zurück, und der nächste ging – ähnlich wie beim Zahnarzt – ohne besondere Aufforderung ins Nebenzimmer.

Es war, als liefe hier ein Ritual ab, dessen Regeln mir unbekannt waren. Wir saßen weiter herum und warteten sozusagen darauf »dranzukommen«. Ich wurde nicht nach »nebenan« gebeten, und ich fragte mich, wozu ich eigentlich eingeladen worden war. Als der Captain seine Gespräche beendet zu haben schien, kam er aus dem Nebenzimmer und sagte, er würde uns nun wieder zurückbringen. Wir stiegen wiederum in die schwarze Limousine ein. Er fuhr zunächst drei junge Männer nach Hause, unter ihnen war Manfred Klein, der im Ostsektor wohnte. Ich blieb übrig.

Erst jetzt wandte sich Beer mir zu. Sagte mir, dass er mit Interesse meinen Kampf in der Zentralverwaltung verfolge, und machte mir Komplimente. Er würde sich freuen, wenn wir in Kontakt bleiben könnten. Vielleicht könnte ich ihm von Zeit zu Zeit etwas über die Arbeit der Zentralverwaltung berichten. Ich stimmte zu. Die Bitte schien mir zunächst nicht ungerechtfertigt. Und dann fuhr er fort, vielleicht erführe ich dort auch mal etwas über die Russen oder deren Machenschaften in der Zone, auch über die Bewegungen ihrer Armee. Er blieb vage. Ich wusste nicht so recht, was ich davon halten sollte. Ich war viel zu unerfahren, um den Sinn dieses Angebotes zu durchschauen. Ich sagte auch dazu ja, wies aber darauf hin, dass ich nicht wüsste, wie lange ich noch in Berlin sein würde. Wir verabredeten, dass ich ihn über Manfred Klein benachrichtigen würde, wenn ich etwas zu übermitteln hätte. Ich weiß noch sehr genau, dass ich meiner Mutter nichts von dieser Begegnung berichtete. Trotz meiner Unerfahrenheit empfand ich, dass hier etwas auf mich zukam, was eigentlich nicht in meinem Sinne war.

Ich habe Captain Beer nie wiedergesehen. Manfred Klein wurde später von den Russen verhaftet und wegen seiner Kontakte zum amerikanischen Geheimdienst und wegen eines Besuches beim »Erzreaktionär« Adenauer zu 25 Jahren Zwangsarbeit verurteilt. Er verbrachte neun Jahre in Haft (1947 bis 1956). Ich traf ihn erst viele Jahre später in Bonn wieder. Er galt als Opfer des Stalinismus. Von Captain Beer sprachen wir nicht.

»Wir müssen uns ein Stück blauen Himmel schaffen in diesem Grau um uns herum.« So ähnlich formulierte ich es vor einigen jungen Leuten, die der SPD im Kreis Wilmersdorf beigetreten waren und die nach Beschluss des SPD-Parteivorstandes Berlin am 2. Mai 1946 in eine sozialistische Jugendbewegung übergehen sollten. Kurt Schmidt, der sich im Berliner Parteivorstand zunächst auch mit dem Aufbau der Jugendarbeit beschäftigte, bat mich, dabei behilflich zu sein. Dabei galt es, auf diese Weise auch andere junge Menschen an die Partei heranzuziehen, um die Kontinuität zu sichern. In den Jahren vor Hitler war die Sozialistische Arbeiterjugend mit über 3400 Mitgliedern eine wichtige Organisation der SPD Berlin gewesen, die neben den üblichen Aktivitäten wie Wandern und Sport eine intensive politische Bildungsarbeit betrieb. Ich selbst war damals zu jung, um ihr anzugehören. Ich erinnere mich aber sehr genau daran, mit welcher Ehrfurcht ich diese jungen Sozialisten betrachtete, die so viel »Gläubiges« an sich hatten.

Die Organisation der SAJ war durch die Nazis zerschlagen worden und musste von Grund auf neu aufgebaut werden. Die Mitglieder der SAJ von vor 1933 waren in den zwölf Jahren der Nazizeit zum Wehrdienst eingezogen worden, in Gefangenschaft geraten, gefallen oder gar wegen aktiven Widerstands gegen die Naziherrschaft in Konzentrationslagern oder Gefängnissen ermordet worden. Wer von ihnen nach Berlin zurückkehrte, war längst dem jugendlichen Alter entwachsen. Um eine Organisation wiederaufzubauen, brauchte man neue Kräfte. Es fanden sich zunächst meist junge Menschen dazu bereit, die wie ich aus sozialdemokratischen Elternhäusern stammten.

Unter ihnen waren Heinz Westphal,[69] Sohn des von den Nazis ermordeten Max Westphal, von 1921 bis 1925 Vorsitzender der Arbeiterjugendvereine Deutschlands und Mitglied des Parteivorstandes der SPD vor 1933; die Söhne und Töchter des im KZ ermordeten letzten Vorsitzenden der SPD-Fraktion im Preußischen Landtag, Ernst Heilmann; Dr. Klaus-Peter Schulz, Sohn des 1932 verstorbenen Heinrich Schulz, Kultur- und Bildungspolitiker der SPD und von 1919 bis 1927 Staatssekretär im Reichsinnenministerium; Dörte Klühs, Tochter des letzten Chefredakteurs des ›Vorwärts‹ vor 1933, Franz Klühs, der an den Folgen der Haft in Nazikerkern 1938 verstarb.

Die Aufgabe war nicht leicht, denn die Geschehnisse der vorangegangenen zwölf Jahre, in denen viele junge Menschen den Nazis voller Bewunderung gefolgt waren, hatten viele von ihnen desillusioniert. Sie wollten meist von Politik nichts mehr wissen.

Ich übernahm die Aufgabe mit dem mir eigenen Eifer. Die Arbeit in der Zentralverwaltung hatte ohnehin ihren Reiz für mich verloren. Ich avancierte sehr bald zur Kreisjugendleiterin im Kreis Wilmersdorf und hatte als solche Sitz und Stimme in einigen Parteigremien. Entsprechende Sitzungen empfand ich als große Ehre und Verpflichtung. Es war mir, als führte ich die Arbeit meines Vaters fort, der Funktionär der Partei gewesen war. Der Aufbau meiner Gruppe nahm mich voll in Anspruch. Wir ahmten in vieler Hinsicht die Arbeit der SAJ nach, feierten die Sonnenwende[70] und sangen die alten sozialistischen Lieder. Unsere Feste dehnten sich notgedrungen bis in die frühen Morgenstunden aus, weil von 22 bis 5 Uhr früh kein öffentliches Verkehrsmittel fuhr. Ich war schließlich in all meine Aufgaben derart involviert, dass mir der Gedanke, alles wieder abzubrechen und nach England zu gehen, gar nicht mehr gefiel. Ich begann den Sinn dieser Auswanderung zu bezweifeln. Meine Mutter redete mir gut zu und überzeugte mich schließlich davon, dass es zweifellos für mich von Vorteil sei, eine gewisse Zeitspanne im Ausland gewesen zu sein, wenn ich schon nach Deutschland zurückkehren wollte. Und überdies wäre mein Vater sicher sehr enttäuscht, wenn ich nicht zu ihm nach England käme, und wäre es auch nur für kurze Zeit. Im Höchstfall würde ich sechs Monate in England bleiben, gab ich nach. Mir schien dieses Land, noch bevor ich es betreten hatte, sehr ungastlich zu sein. Diese Entscheidung teilte ich auch der Sozialdemokratischen Partei mit, die mich hauptamtlich in der Jugendarbeit einsetzen wollte.

»Sind Sie Inge Deutschkron?« Eine freundliche männliche Stimme meldete sich am anderen Ende des Telefons in meinem Arbeitszimmer in der Zentralverwaltung für Volksbildung. »Ich möchte Sie gern kennenlernen.« Meine Verblüffung wuchs, als er mich aufforderte, in Zimmer 36 zu kommen. An diesem Zimmer, das stets verschlossen schien, war ich immer mit Scheu vorbeigegangen. Denn dort saß ein Vertreter des NKWD (des späteren KGB) – ein offenes Geheimnis unter den Angestellten des Hauses. Obwohl uns die fürchterlichen Verbrechen dieses Geheimdienstes nur sehr vage bekannt waren, flößte uns die Anwesenheit dieser Leute Unbehagen ein. Aber damals entschuldigte man solche Dinge noch, weil die Deutschen schließlich in Russland furchtbar gehaust hatten und die Russen sich deshalb nun das Recht nahmen, die Deutschen genauestens zu überwachen. Und ich wusste, dass sie dies auch in unserer Verwaltung taten, indem sie in regelmäßigen Gesprächen Einfluss auf die Arbeiten der führenden Dezernenten nahmen.

Umso erstaunter war ich, dass ich, eine unbedeutende Sekretärin, zu einer Unterredung gebeten wurde. Ich gestehe, dass ich unruhig war und sich zum ersten Mal in diesem Haus bei mir so etwas wie Furcht einstellte. Dr. Thaus war nicht im Haus. So ging ich zu Dr. Knolle, dem Dezernenten für das höhere Schulwesen, einem alten Sozialdemokraten. Er verstand meine Bedenken, konnte aber nichts anderes tun, als mir Mut zuzusprechen. Der Mann, der mich in Zimmer 36 empfing, trug die Uniform der Sowjetarmee. Er sprach fließend deutsch, hieß mich Platz nehmen und sprach zu mir wie ein Freund. Er hatte über meine Vergangenheit gehört und bat mich noch einmal um Einzelheiten. Teilnahmsvoll, so jedenfalls hatte es den Anschein, hörte er mir zu, stellte ab und zu Fragen, und dann sagte er plötzlich: »Wie ich höre, sind Sie politisch interessiert?« Ich erzählte von meines Vaters Tätigkeit vor 1933 in der SPD und dass ich diese Gesinnung sozusagen mit der Muttermilch aufgesogen habe. »Warum sind Sie nicht Mitglied der SED?«, fragte er mit der Miene eines Neugierigen und mit einem Lächeln auf dem Gesicht, als wolle er eine freundliche Kaffeeklatschatmosphäre schaffen. Ich aber blieb angespannt und auf der Hut. »Ich kann doch nicht Mitglied zweier Parteien sein«, antwortete ich mit gespielter Entrüstung. Wie er wisse, sei ich Mitglied der SPD. Aber diese Antwort genügte ihm nicht. Ich könne doch übertreten. Zu jener Zeit war die SED im britischen Sektor, meinem Wohnbezirk, noch nicht zugelassen. Als ich ihn darauf aufmerksam machte, meinte er leutselig, ich könne ja der SED-Betriebsgruppe des Hauses beitreten. Ich zeigte mich empört. Mir schien es unmoralisch, zwei Parteien anzugehören. Er ließ aber von diesem Thema nicht ab, schließlich hob er die Stimme und fragte in der Art eines guten Onkels: »Was würden Sie tun, wenn Sie die Möglichkeit hätten, in die Sowjetunion oder in die USA zu reisen – wohin würden Sie fahren?«

Je länger diese Befragung dauerte, desto unruhiger wurde ich, denn ich fürchtete, dass sich doch mehr dahinter verbarg, als es zunächst den Anschein hatte. Ich antwortete mit gespielter Begeisterung: »Ich würde sehr gern in die Sowjetunion fahren.« Schließlich sei ich Sozialistin und natürlich daran interessiert zu sehen, wie dieser sozialistische Staat funktioniere. Und ohne viel nachzudenken, fügte ich hinzu: »Auch Amerika würde ich gern kennenlernen. Wie kann man über die Übel des Kapitalismus urteilen, wenn man sie nicht kennt?« Meinen Triumph spielte ich nun aus: »Aber nach England werde ich sehr bald fahren.« Er horchte auf und wollte mehr wissen.

Ich erzählte, dass meine Mutter und ich so bald wie möglich zu meinem Vater nach England übersiedeln würden. »Haben Sie denn von Ihrem Vater Nachricht?«, fragte er nun gar nicht mehr so freundlich. Sein Ton war eher scharf und streng. Diese Frage war eine Falle für mich, denn es war Deutschen streng verboten, alliierte Soldaten um die Übermittlung von Post zu bitten. Das hatten wir selbstverständlich getan, denn nach dem Krieg gab es keine Postverbindung zwischen ehemaligen Feindstaaten. Ich antwortete ihm so arglos wie möglich: »Ach, es war so schwierig, mit meinem Vater in Kontakt zu kommen.« Aber nun, da es Büros jüdischer Organisationen in Berlin gebe, hätten wir die Möglichkeit, über diese eine Art kargen Briefwechsel mit ihm zu führen. Das nahm er zur Kenntnis und entließ mich schnell. Der Gedanke war ihm offensichtlich nicht angenehm, dass ich schon bald über unser Gespräch im Ausland berichten könne. Ich gebe zu, dass ich das Zimmer 36 mit weichen Knien verließ. Große Bedeutung maß ich diesem Gespräch dennoch nicht bei, und ich ging meiner vielseitigen politischen Tätigkeit ohne die geringsten Skrupel weiter nach.

Ich weiß nicht mehr, wie viel Zeit nach diesem Gespräch vergangen war, als mich ein kommunistischer Kollege, der in der Personalabteilung arbeitete, heimlich wissen ließ: »Die SMAD haben aus Karlshorst[71] deine Papiere angefordert.« Ich verstand kein Wort. Dieser Kollege, vor Hitler Mitglied der SAJ, war in russischer Gefangenschaft zu den Kommunisten übergegangen, hatte entsprechende Kurse absolviert und war einer derjenigen geworden, die meinten, dass nur der Kommunismus das Heil über die Menschheit bringen könne. Er war so ehrlich in dieser Ansicht, dass er Ungerechtigkeiten ebenso wenig ertrug wie ich. (Jahre später floh er in den Westen.) »Das bedeutet, dass deine Verhaftung bevorsteht«, klärte er mich auf. Ich guckte ihn ungläubig an. »Mach, dass du von hier wegkommst«, fügte er in dringendem Ton hinzu.

Diese Warnung schien mir übertrieben ängstlich zu sein. Eine mächtige Partei wie die Kommunistische musste doch die Kritik einer jungen Sekretärin ertragen können. Zwar wusste ich von Verhaftungen. Schon Anfang August 1945 war der Sozialdemokrat Karl Heinrich (vor Hitler Mitglied des Reichsbanners und Polizeimajor, unter den Nazis aus dem Amt gejagt und verhaftet), der im Mai 1945 Kommandeur der Berliner Schutzpolizei geworden war, auf Geheiß der SMAD inhaftiert worden. Angeblich habe er Gnadengesuche an Hitler und Himmler gerichtet. Man hörte nie wieder von ihm.[72] Im Juli wurde Willi Jesse, gewähltes Vorstandsmitglied des Vorstandes der SED, verhaftet und lange Zeit festgehalten.

Der ›Sozialdemokrat‹ meldete um die gleiche Zeit zahlreiche Fälle, nach denen SPD-Funktionäre im Ostsektor »verschwunden« waren. Franz Neumann sprach in seinem letzten Interview 1974 von 5413 Fällen von Verhaftungen und Verschleppungen aus den Westsektoren, die ihm im Laufe der Jahre durch Angehörige bekannt geworden waren. Schließlich berichtete ich auch in der SPD-Zentrale von meinem Gespräch in Zimmer 36. Und auch dort gab man mir den dringenden Rat, da nicht wieder hinzugehen. Am darauffolgenden Tag bat ich in der Zentralverwaltung um meinen Jahresurlaub, den ich bis zu meiner Abreise nach England auszudehnen beabsichtigte. Da wir im britischen

Sektor wohnten, war ich vor einem Zugriff des NKWD relativ sicher.

Wieder einmal richtete sich der Hauptkampf der Kommunisten gegen die Sozialdemokraten, trotz aller Beschwörungen, aus den Fehlern von vor 1933 gelernt zu haben. Damals verstanden die Kommunisten die Sozialdemokraten als Hauptfeind, der ihnen den Weg zur Macht versperrte. 1945/46 war es nicht anders. Nur dass sie dieses Mal die sowjetische Besatzungsmacht hinter sich wussten und dem Volk ihren Willen mit deren Hilfe aufzwingen konnten. Einen Kampf gegen die Nazis führten sie nicht, obwohl sie ständig vor der Gefahr des Wiederauflebens dieser verbrecherischen Ideologie warnten. Im Gegenteil. Sie gaben ehemaligen PGs die Möglichkeit, in ihre Partei einzutreten. Ja, sie buhlten geradezu um die Stimmen der kleinen PGs, der »gutgläubigen Mitläufer«, wie sie sie nannten: »Die SED hält den Zeitpunkt für gekommen, einfache Mitglieder und Mitläufer der ehemaligen Nazipartei in den demokratischen Aufbau einzugliedern«, so hieß es am 20. Juni 1946 in einer Erklärung »SED und nominelle PGs«.[73]

Mit dem neuen Parteibuch erhielten sie auch meist eine neue Position. Ich erinnere mich eines nicht sehr bedeutenden Wissenschaftlers, der in unserer Potsdamer Kolonie wohnte und als Nazi bekannt war. Zuerst war er so verängstigt, dass er tagelang das Haus nicht verließ. Als er eines Tages wieder auftauchte, aufrecht und selbstsicher, hatte er offensichtlich das Parteibuch gewechselt und zugleich eine neue, höhere Position als zuvor. »Und ich hatte angenommen, dass es nach dem Krieg den PGs hundertmal schlechter gehen würde als mir«, schrieb ich an meinen Vater.

Auf diese Weise hoben die Kommunisten unfreiwillig das Ansehen der Westmächte. Dabei waren die Dienststellen der westlichen Alliierten vielfach mit Menschen besetzt, die die Unzufriedenheit aus ihrem eigenen Land getrieben und die Verdienstmöglichkeiten nach Berlin gelockt hatten. Nicht zu sprechen vom Schwarzmarkt, dem die meisten von ihnen allzu leicht verfielen. Diese Leute, die nur mit einer Zigarette zu winken brauchten, um jeden Wunsch erfüllt zu bekommen, waren zuständig für Genehmigungen von politischen Versammlungen, Texten für Flugblätter oder für die Zulassung neuer politischer Gruppierungen. Es war fraglich, ob sie viel von dem verstanden, was damals zu ihren Aufgaben gehörte. Man konnte sich des Eindrucks nicht erwehren, dass vielen von diesen Besatzungssoldaten die Arbeit, die sie machten, völlig gleichgültig war. Hinzu kam noch eine verständliche Abneigung gegen die Deutschen, die so viel Unheil über die Welt gebracht hatten. Trotz allem Verständnis war es nicht leicht für die Sozialdemokraten, den westlichen Alliierten die Bedeutung ihres Kampfes, der schließlich der Freiheit und der Unabhängigkeit Berlins galt und damit auch für die freie Welt von Bedeutung war, begreiflich zu machen.

Nach diesen Erfahrungen wurde mein Interesse an England geringer, und mein Entschluss, nur kurze Zeit dort zu bleiben, um meinen Vater wiederzusehen und mich ein bisschen zu erholen, festigte sich. Danach wollte ich wieder nach Berlin zurückkehren. Es war für mich ungeheuer reizvoll geworden, an einem Neuaufbau aus dem Nichts mitarbeiten zu können.

Anfang Juli wurde uns die Genehmigung zur Einreise nach England mitgeteilt. Ein sogenannter Transport von DPs (Displaced persons), die Angehörige in England hatten, sollte in Kürze Berlin verlassen. Eine jüdische Hilfsorganisation übernahm die Organisation dieser Reise. Als Erstes erfuhren wir, dass wir die Reisekosten selbst zu tragen hätten. Daran hatten wir nicht gedacht. Meine Mutter war verzweifelt, denn über die dafür erforderlichen Mittel verfügten wir natürlich nicht. Sie weinte, wie ich sie noch nie zuvor hatte weinen sehen. Sie wusste einfach nicht mehr weiter. Wir überlegten hin und her. Da es Bankverbindungen mit dem Ausland noch nicht wieder gab, konnte mein Vater uns auch nicht helfen. Wir hatten ein paar ererbte Wertstücke, die mehr emotionalen Wert hatten. Wir dachten darüber nach, sie zu verkaufen.

Da geschah so etwas Ähnliches wie ein Wunder. Eine entfernte Verwandte in Amerika hatte uns auf einer Liste von Überlebenden entdeckt und uns spontan ein Paket geschickt. Es enthielt neben anderen nützlichen Sachen 100 Zigaretten, »Amis«, deren Schwarzmarktkurs zu jener Zeit zehn Reichsmark pro Stück betrug. Bedenkenlos verkaufte ich sie und sicherte uns damit die Reisekosten nach England.

Die Reise war beschwerlich. Sie begann in Berlin in einem Autobus der britischen Besatzungsmacht mit etwa 30 anderen Passagieren. Wir fuhren durch die russische Zone nach Bad Oeynhausen, wo die Engländer ihr Hauptquartier für die britische Zone unterhielten. Dort übernachteten wir. Am nächsten Tag fuhren wir mit der Eisenbahn durch Belgien bis an die Kanalküste. Ich stand wie gebannt am Fenster und blickte auf eine mir unbekannte Welt. Am meisten beeindruckten mich die vom Krieg verschonten Ortschaften. Es sah aus, als sei ihre pastorale Ruhe nie gestört worden. Sie schienen mir nicht zu derselben Welt zu gehören, die ich während der letzten sieben Jahre ausschließlich gekannt hatte.

An die Überfahrt über den Kanal von Ostende nach Folkestone erinnere ich mich nicht mehr, denn mittlerweile war uns bewusst geworden, dass wir nur noch Stunden von der Wiederbegegnung mit meinem Vater entfernt waren. Wir sprachen von nichts anderem mehr. Meine Mutter bat mich, meine Zukunftspläne zunächst für mich zu behalten und erst einmal das Land kennenzulernen. Ich akzeptierte ihre Ermahnungen. Aber meine Bereitschaft, in diesem fremden Land wenigstens für kurze Zeit eine neue Heimat zu sehen, hielt nur bis zu den Leuchttürmen von Folkestone an.

22
»Ich habe manchmal Heimweh, ich weiß nur nicht wonach«

(Mascha Kaléko)

»Hier«, der Beamte der englischen Einwanderungsbehörde in Folkestone hielt mir ein Papier zur Unterschrift hin. »Sie melden sich sofort nach Ihrer Ankunft bei der Polizei in Birmingham« – der Stadt, in der mein Vater seit 1940 lebte. »Man wird Ihnen dort sagen, wie Sie sich zu verhalten haben.« Ich guckte verständnislos auf den Mann, der so grau aussah wie der Himmel an jenem 2. August 1946 und genauso kühl war wie der Wind, der dort wehte. Er und seine Kollegen würdigten uns Ankömmlinge keines Blickes. Sie fragten auf Englisch: »Geburtsort? Geburtstag?« Wir antworteten. Sie schrieben. Sie machten keine unnötigen Bemerkungen. Sie müssten doch wissen, dass wir Verfolgte waren, dachte ich bei mir. Niemand anders hatte seit Kriegsende ihr Land betreten dürfen. Ich suchte, aber ich entdeckte nichts Freundliches an ihnen.

Auf dem Papier, das sie mir aushändigten, stand auch, dass ich in kein Arbeitsverhältnis eintreten und nicht länger als sechs Monate im Land bleiben dürfe. Gegen beides hatte ich eigentlich nichts einzuwenden. Ich sah indes, dass das Papier, das meine Mutter zu unterschreiben hatte, diese Zusätze nicht enthielt. Wir verstanden das nicht, rätselten herum. »Dein Vater wird das schon klären«, sagte meine Mutter beschwichtigend. Unwillkürlich hatte ich schon in Folkestone nach ihm gesucht. Ich wusste, dass er uns erst in London erwarten würde. Aber Angehörige anderer Reisender waren doch gekommen. Ich war neidisch. »Sei nicht komisch«, sagte meine Mutter. »Warum sollte er hierherkommen?« – »Ja, natürlich«, sagte ich, und es schien mir dennoch nicht in Ordnung.

Die Bahnfahrt von Folkestone nach London war sehr lang. Jedenfalls kam es uns so vor. Ich sah auf eine Landschaft, die etwas Spielzeughaftes hatte. Lange Zeilen von kleinen Häusern, eins mit dem anderen identisch, rote Backsteine, weiß abgesetzt, sehr grüne, satte Wiesen mit Bäumen dazwischen und lange Reihen von Hecken. Alles war ganz flach, und der Horizont schien weit – man konnte vergessen, dass England eine Insel ist.

Ich sah ihn schon von weitem, obwohl er einer der Letzten war, der hastig am Zug in Londons Victoria Station entlangging. Wie außer Atem schien er, bleich im Gesicht, die Augen weit aufgerissen. Die kurzen Beine schienen dem Körper voranzulaufen. Er starrte in jedes Gesicht. Ich rief »Paps«, so wie ich ihn als Kind gerufen hatte. Trotz des Türenschlagens, des Zischens der Lokomotive, der Trillerpfeife des Schaffners schien er es gehört zu haben. Er fing an, schneller zu laufen. Endlich sah er uns. Meine Mutter stand wie angewurzelt zwischen unseren armseligen Gepäckstücken, die wir wie einst, als wir vermeintliche Flüchtlinge aus Guben waren, mit Schnur und Riemen umwickelt hatten.

Ich lief ihm ein paar Schritte entgegen. Aber irgendetwas hielt mich zurück, als könne ich meine Mutter in diesem Moment nicht allein lassen. Und dann war er da, konnte nichts sagen, fasste uns nur an. Meine Mutter fiel ihm um den Hals. Ich hörte, dass sie zu weinen begann, als wenn sich die Spannung der letzten sieben Jahre nun löste. Mein Vater, der nie etwas für Rührung übrig gehabt hatte und offenbar den vom Temperament her unterkühlten Engländern keine Szene bieten wollte, entzog sich ihren Armen, klopfte ihr auf den Rücken und murmelte immer wieder: »Ist ja schon gut, nun ist ja alles gut.« Mit der anderen Hand hielt er meinen Arm. Die Worte meiner Mutter über die furchtbaren Jahre wollte er offensichtlich nicht hören. »Aber jetzt ist doch alles gut«, sagte er immer wieder und beendete die Szene mit dem Hinweis darauf, dass wir nun zu einem anderen Bahnhof müssten, um von dort nach Birmingham zu gelangen.

Ein Taxi brachte uns dorthin. Meine Mutter hatte ihre Fassung wiedergefunden, erzählte von den Strapazen der Reise und den Problemen in Berlin, erwähnte Namen von Freunden, die

Grüße schickten. Ab und zu lachte sie sogar wieder, als sie von mir erzählte und was ich alles angestellt hatte. Nie zuvor hatte sie so ihren Stolz auf mich eingestanden, als wolle sie meinen Vater für mich gewinnen. Mein Vater drückte mir die Hand, und es sah so aus, als habe er feuchte Augen. Diese erste Familienszene fand ihr Ende mit der Ankunft am Londoner Bahnhof Paddington. Während der ganzen Fahrt hatte ich mit einem Auge auf das lebhafte Getriebe in den Londoner Straßen geblickt. Alles war so ganz anders als in Berlin. Ich sah die von Waren überquellenden Geschäfte, die marktschreierischen Aufschriften an den Schaufenstern, die Massen, die sich diszipliniert in die U-Bahn-Stationen zu ergießen schienen. Aber es blieb nur ein Blick, denn sehr schnell saßen wir wieder im Zug, nun in Richtung Birmingham. Dort hatte mein Vater 1940 seine erste Lehrerstelle in einer englischen Schule gefunden, und das nur, weil englische Lehrer zu jener Zeit an der Front dienten.

Jetzt, gerade jetzt, wo er wieder eine Familie zu versorgen hatte, hatte man ihm gekündigt. Der aus Deutschland stammende Immigrant hatte nur als Notnagel gedient. Er war und blieb Bürger zweiter Klasse, der den »Makel« seiner Geburt in einem fremden Land und seine nicht akzentfreie Aussprache nicht abwerfen konnte. Nun hatte er natürlich auch keine Wohnung für uns mieten können. Die Zahl der Wohnungen war durch den Krieg dezimiert, und die Mieten waren gestiegen. Darum hatte er die Stelle eines Heimleiters angenommen. In diesem Heim waren jüdische Jungen untergebracht, die vor dem Krieg mit Kindertransporten aus Deutschland und Österreich nach England gekommen waren.

Meine Mutter sollte die Leitung der Küche übernehmen. »Aber natürlich«, sagte meine Mutter eifrig. »Ich freue mich schon darauf, wieder etwas Sinnvolles tun zu können.« Vielleicht würde er ja wieder eine Lehrerstelle bekommen, meinte mein Vater. Schließlich gebe es in England nicht sehr viele qualifizierte Deutschlehrer. Andererseits sei er auch nicht mehr so jung. Es klang nicht gerade optimistisch. »Und Inge?« Mein Vater hatte sich mir zugewandt. Aber meine Mutter brach dieses Thema schnell ab, indem sie die Meinung äußerte, ich müsse mich erst einmal erholen, zur Ruhe kommen, dann erst solle man weitersehen.

Ich schwieg. Ich fand diese Unterhaltung ohnehin ein bisschen unwürdig in Gegenwart anderer im Abteil. Sicher verstanden sie uns nicht. Sie sahen übrigens auch genauso aus, wie ich mir Engländer vorgestellt hatte. Steif, sehr still und zurückhaltend in ihren Bewegungen. Ihre Augen schienen wie blicklos auf die vorbeifliegende Landschaft gerichtet zu sein. Manche verbargen ihr Gesicht hinter einer Zeitung. Ab und zu hielt mein Vater uns zum Flüstern an. »Nicht so laut«, sagte er und streichelte wie entschuldigend meine Hände. Ihm war es offenbar peinlich, dass wir uns so ungezwungen gaben. Er sagte auch mal was in Englisch, als wolle er klarmachen, dass er eigentlich zu den anderen im Abteil gehörte. Warum sollte ich nicht zeigen, dass ich eine Fremde war?

Als der Zug in Birmingham einfuhr, wurde mein Vater nervös. Da würden Leute auf uns warten, sagte er und tat sehr geschäftig mit dem Gepäck. Tatsächlich stand da eine Art Empfangskomitee. Die Damen seien vom Birmingham Jewish Refugee Club, erklärte mein Vater. Sie kamen mit wohlwollendem Lächeln auf uns zu, drückten ihre Freude über unser Kommen aus, brachten Blumen und wünschten uns Glück. Sie sprachen deutsch. Ab und zu streuten sie ein englisches Wort in ihre Rede ein. Ihr Interesse schien hauptsächlich mir zu gelten. Sie nannten mich sofort beim Vornamen und taten so, als wäre ich ihnen seit langem vertraut. Sie störten mich. Ich fühlte unwillkürlich, dass die Neugier sie zum Bahnhof getrieben hatte.

Mein Vater war sechs Jahre lang im Unklaren über unser Schicksal gewesen. Einmal nur, 1944, hatte er einen verschlüsselten Rot-Kreuz-Brief erhalten, aus dem hervorging, dass wir noch am Leben waren. Genaueres erfuhr er erst im August 1945, als Eddie, der englische Soldat, der kurze Zeit anlässlich der Potsdamer Konferenz in Potsdam stationiert war, ihm über seine Feldpost schrieb.

Meine Mutter hatte in den letzten Wochen vor unserer Abreise öfter die Vermutung geäußert, dass mein Vater vielleicht nicht mehr allein sei. Erst später, als ich erwachsen war, begriff ich, wie sie darunter gelitten haben musste. Besonders kurz nach dem Krieg, als unser Leben nicht mehr bedroht war und wir wieder über den Tag hinaus denken konnten. Meines Vaters Briefe trafen damals nur spärlich ein. Möglicherweise fiel es ihm schwer, einen »illegalen« Weg zu finden, mit uns zu korrespondieren, da offizielle Postverbindungen noch nicht wiederhergestellt waren. Dennoch schrieb meine Mutter ihm erregt am 3. Dezember 1945: »Ich wundere mich, und wundern ist wohl der geringste Ausdruck für das, was ich dabei empfinde, dass Du Dich so wenig um uns kümmerst. Seit unserer Befreiung haben wir erst drei Briefe von Dir erhalten. Sollte Dir das Schicksal Deiner Angehörigen gleichgültig sein?« Ich bin überzeugt davon, dass es ihr in jenem Moment egal war, ob sie meinen Vater mit ihren Worten verletzte.

Tatsächlich hatte er auch vor dem Krieg zu lange gebraucht, um die Gefahr eines militärischen Konflikts richtig einzuschätzen. Und so kam es, dass wir noch in Berlin waren, als der Krieg ausbrach. »Ich glaube, Du hast noch keinen Begriff davon, was wir durchgemacht haben und noch durchmachen müssen, sonst würdest Du nicht so viel Zeit brauchen, um Dich zu besinnen.« Nein, an das alles dachte ich nicht, als wir auf diesem verrußten Bahnhof von Birmingham standen. Ich war viel zu verwirrt von der neuen Umgebung, todmüde von der Reise, zu keiner Regung fähig. Ich erinnere mich dennoch, dass ich ein wenig neidisch auf die für meine Begriffe schönen Kleider der Damen guckte, die da erschienen waren. Ich wurde mir meines ärmlichen Kleidchens bewusst – das beste, das ich besaß und das in einem der Pakete gewesen war, die mein Vater geschickt hatte. Seit 1939 hatten wir keine Möglichkeit mehr gehabt – Juden erhielten keine Kleiderkarten –, neue Sachen zu kaufen.

Am besten gefiel mir der Garten. Das Grün des Rasens, der hinter dem im viktorianischen Stil erbauten Haus lag. »Nach zweihundertjähriger Pflege kein Wunder«, lachte mein Vater, der nun viel gelöster schien, seit wir in »Elpis Lodge« (der Name des Hauses) angekommen waren. Nach der schreienden Innenstadt Birminghams – erst später wurde mir klar, dass diese eigentlich nur aus wenigen Straßen bestand – waren wir durch vorortartige

Bezirke gefahren. Da standen ein- oder höchstens zweistöckige Häuser in langen Reihen, meist wieder aus rotem Backstein, manchmal mit hellem Stuck abgesetzt, die keinen Eigencharakter aufwiesen. Das Heim für Jungen, das mein Vater nun führte, war in einem solchen Haus untergebracht. Eine alte Zeder stand wie ein Wachsoldat davor und half mir später immer bei der Identifikation unseres Hauses.

Die Köchin kam gelaufen. Auch sie sprach deutsch. Ihre Freude schien ehrlich zu sein. Jedenfalls ging von ihr nicht die gleiche Neugier aus wie von den Damen am Bahnhof. Ich war enttäuscht. Ein eigenes Zimmer, wovon ich im Krieg immer geträumt hatte und das so ein bisschen mein eigenes Reich hätte sein können, hatte ich nun wieder nicht. Gerade ein Bett und ein Stuhl passten in die Kammer, in der ich schlafen sollte. Auch meine Eltern hatten nur ein Zimmer. Beide Räume lagen unmittelbar in der Nähe der Schlafsäle der Jungen. Das Büro im Erdgeschoss war für uns drei der einzige Aufenthaltsraum, der auch im Winter so eine Art Heizung hatte. Eine jener Gasheizungen, die nur wärmt, wenn man direkt davorsteht. Und auch in diesem Raum waren wir eigentlich selten unter uns, denn abgesehen von der täglichen Büroarbeit, die hier verrichtet wurde, kamen häufig die Jungen mit ihren Sorgen zu meinem Vater hierher.

»Ihr Ausweis verpflichtet Sie, sich in regelmäßigen Abständen bei der Polizei zu melden.« Es schien mir, als solle ich für mein unvollkommenes Englisch bestraft werden, als der Beamte hinzufügte, man habe mir den Status eines »feindlichen Ausländers«[74] zuerkannt. Nein, es war kein Irrtum. Aufgrund dieses Status' war mir untersagt, nach Mitternacht außer Haus zu sein. Wenn ich mich weiter als fünf Meilen von Birmingham entfernen wollte, musste ich die Genehmigung der Polizei einholen.

Kleidung und Süßigkeiten, die in England noch rationiert waren, blieben mir vorenthalten. Und dann wiederholte der Beamte, was ich ja schon wusste, dass es mir untersagt sei, Arbeit anzunehmen, und dass ich nicht länger als sechs Monate im Lande bleiben dürfe. Mein Vater zog mich schnell aus dem Polizeirevier. Denn ich war gerade dabei, mich furchtbar aufzuregen. Ein »feindlicher Ausländer«! – ein Mensch, der von den Nazis verfolgt worden war und dessen Vater über sieben Jahre junge Engländer unterrichten durfte!

Ich war zutiefst verletzt und empfand diese Diskriminierung als eine unerträgliche Demütigung, und meine Beziehungen zu England blieben eigentlich für immer davon bestimmt. Dass ich die Ausgangssperre missachtete und dass ich die Polizei zum Narren hielt, indem ich so oft wie möglich auf dem Revier erschien, um eine Fahrtgenehmigung über fünf Meilen hinaus zu verlangen, versteht sich aus meiner Vergangenheit, in der ich auch nur die nötigsten der menschenunwürdigen Nazigesetze zu erfüllen bereit gewesen war. Bei den zahllosen Vorträgen über Nazi-Deutschland und die Nachkriegszeit in Berlin, zu denen ich von internationalen, jüdischen wie auch politischen Gremien in Birmingham aufgefordert wurde, versäumte ich niemals, auf diese für mich unglaubliche Regelung hinzuweisen. Schließlich verwandte sich ein englischer Politiker im Innenministerium für eine Änderung meines Status, und ich wurde wie meine Mutter zu einem »normalen« Ausländer »erhoben«.

»Er ist der Sohn eines Berliner Universitätsprofessors«, sagte mein Vater sorgenvoll. Peter M. hatte ein nettes Jungengesicht, dem man nichts Schlechtes zutraute. Und doch hatte er bereits alles hinter sich, was auf dem Wege vom Jugendstreich zum Kriminellen lag. Peters Eltern, deren Spuren nach dem Krieg nicht auffindbar waren, hatten es für richtig gehalten, wie so viele jüdische Eltern, den Sohn 1939 mit einem Kindertransport nach England »vorauszuschicken«. Nach der Pogromnacht im November 1938 hatten sich die englische und die schwedische Regierung bereit erklärt, wenigstens Kindern ohne Eltern Aufnahme zu gewähren.[75] Die meisten dieser Kinder hatten keine Angehörigen und kannten auch niemanden in diesem für sie fremden Land. Es kamen Kinder jeden Alters, verwirrt, verweint, verängstigt, verlassen.

Sie wurden fremden Leuten zugeteilt. »Die zukünftigen Pflegeeltern wurden meistens während der Mahlzeiten herumgeführt. Wir saßen immer in Altersgruppen zusammen. Mädchen und Jungen getrennt. Die Leute spazierten durch die Reihen der Kinder und suchten sich dieses oder jenes Kind aus, fast wie auf einem Viehmarkt«, so erinnert sich eines dieser ehemaligen Kinder. »Große Jungen waren schwerer unterzubringen als Mädchen.«[76] Manche von ihnen hatten Glück, fanden ein richtiges neues Zuhause und wurden von den Pflegeeltern wie die eigenen Kinder behandelt. »Als Mädchen von zehn Jahren kam ich in eine wunderbare Pflegefamilie. Ich war dort sehr glücklich und erinnere mich noch heute voller Freude an diese Zeit. Ich konnte mich kaum erinnern, dass meine Eltern jemals so jung, so sorglos und froh gewesen waren wie das junge Paar, zu dem ich gekommen war.« Andere wurden ausgenutzt, mussten trotz ihrer jungen Jahre schwere Arbeiten verrichten. »Als Mädchen von 14 kam ich in ein Pfarrhaus in Essex. Dort erwarteten sie, dass ich viel arbeitete, besonders die Frau des Pfarrers.« Und wieder andere enttäuschten ihre neuen Eltern, weil sie so anders waren als englische Kinder. »In der ersten Pflegefamilie, in die ich als Mädchen von elf kam, war ich sehr unglücklich. Die Leute verstanden mich einfach nicht. Da sie es selbst einsahen, wurde ich von dort weggenommen und kam zu einem anderen Ehepaar.« Diese Kinder wurden weitergereicht, kamen in Heime, und nur die wenigsten lernten das kennen, was man als Nestwärme bezeichnet.

Nach Dünkirchen[77] verschärfte sich die Situation für die Kinder. Die kleinen »feindlichen Ausländer« durften sich nicht in militärisch wichtigen Zonen aufhalten. Schulkameraden riefen ihnen »Nazis« nach oder »du Spion«. Die älteren von ihnen wurden sogar interniert. »Es war ein schrecklicher Augenblick, als ich, ein Mädchen von 17 Jahren, von zwei Polizisten abgeholt und an einen ›unbekannten Ort‹ gebracht wurde.« Und dennoch verschwamm das Bild von den »richtigen« Eltern allmählich. Komitees nahmen sich der Kinder an und suchten auszugleichen, zu verbessern, zu helfen, Beruf und Zukunft zu sichern.

Aber trotz allen Verständnisses, trotz aller Bemühungen konnten sie die Eltern natürlich nicht ersetzen. Und nicht alle Betreuer waren für diese ehrenamtliche Aufgabe geeignet. Ich lernte eine dieser Damen kennen, als sie unserem Heim einen Besuch abstattete. Wie die Karikatur einer Lady, die standesgemäß in ihrer Freizeit Sozialarbeit macht, saß sie da mit einem großen Hut auf dem Kopf und versuchte ihrer Rede einen mütterlichen Klang zu geben. Sie sprach zu den Jungen über die Not der Kinder ihres Alters, die das KZ überlebt hatten, und sie bat um Hilfe für jene Bemitleidenswerten mit dem Hinweis, sie selber hätten das Glück gehabt, vor diesem Schicksal bewahrt geblieben zu sein. »Was immer ihr entbehren könnt, gebt es für sie her. Selbst zerrissene Sachen sind für diese armen Menschen noch gut genug.« Ich konnte mich über diese Bemerkung nicht beruhigen und glaubte mir vorstellen zu können, wie diese Frau ihre Arbeit mit den Flüchtlingskindern auffasste.

Aber tatsächlich war sie eine von den wenigen, mit denen die Kinder überhaupt in Kontakt kamen. Es kamen Geldspenden von vielen aus der Stadt, aber selten menschliche Fürsorge, so heißt es in Berichten darüber.[78] Einige der Kinder waren stark genug und machten auch in der Fremde ihren Weg. Andere litten darunter, wurden ihr ganzes Leben von Problemen geplagt, gelangten nie in die Gemeinschaft gleichaltriger englischer Jugendlicher, sei es, weil sie deutsch klingende Namen hatten, sich ihrer deutschen Erziehung gemäß benahmen oder – was seltener vorkam – weil sie einen fremden Akzent in der englischen Aussprache behielten. Vielfach hielt sie die Suche nach Eltern oder Angehörigen noch Jahre nach dem Krieg davon ab, sich in England ganz integrieren zu können. Wieder andere taten alles, um nichts von der Vergangenheit zu hören, und mieden darum auch die sich ihnen bietende Gesellschaft.

Solche wie Peter hatten ein verpfuschtes Leben, das nicht unbedingt vom fehlenden Elternhaus und der Entwurzelung herrühren musste, aber doch wohl stark davon beeinflusst war. Mein Vater hatte sich bereit erklärt, Peter in »Elpis Lodge« aufzunehmen, obwohl er wusste, dass bisher niemand – kein Heim und keine Familie – ihn hatte behalten wollen und für ihn im Grunde nur noch eine Erziehungsanstalt in Frage kam. Er hatte sich in vielen Gesprächen mit ihm befasst, aber Diebstähle, Demolierungen und ein schlechter Einfluss auf andere labile Jungen im Heim brachten ihn schließlich doch dorthin.

Die anderen Jungen im Heim, die wir in »Elpis Lodge« vorfanden, gehörten meist zu denen, die Schwierigkeiten gehabt hatten, sich einzuordnen. Sie waren quasi die Letzten, die aus den Kindertransporten stammten und noch in Heimen waren. Ihre Schwierigkeiten äußerten sich meist darin, dass sie es auf keiner Arbeitsstelle aushielten, ständig mit jemandem im Streit lagen, ihr Geld in auffallender Kleidung anlegten oder »merkwürdige« Freundschaften pflegten. Die Aufgabe hielt meine Eltern oft bis spät in die Nacht wach. Ob sie dazu beitrug, die Ehe meiner Eltern nach siebenjähriger Trennung und einer zeitweiligen Bindung meines Vaters – der Klatsch darüber hatte auch meine Mutter erreicht – neu zu beleben, vermag ich nur zu vermuten.

»Es war am 14. 7. 1947, und es war die 147. Bewerbung«, so erzählte mein Vater strahlend jedem, der es hören wollte. Die County Highschool in Redditch, in der Nähe von Birmingham, hatte ihn als Lehrer engagiert. Er war schon völlig verzweifelt gewesen, sah keine Hoffnung mehr, als 54-Jähriger noch eine ihn befriedigende Lehrerstelle zu finden. Manchmal hatte er die erste Hürde genommen, war aufgefordert worden, sich vorzustellen. Aber dann scheiterte er, und das meist an seinem Namen. »Deutschkron?« Die Herren des Ernennungsausschusses in Redditch zerbrachen sich die Zunge und fragten meinen Vater zweifelnd, ob er wirklich meine, dass seine Schüler seinen Namen aussprechen könnten. Alle gutgemeinten Ratschläge, seinen Namen zu anglisieren, hatte er immer wieder ausgeschlagen. Es spielte dabei natürlich eine Rolle, dass die Gestapo ihn kurz vor seiner Ausreise aus Berlin veranlasst hatte, eine »freiwillige« Namensänderung zu beantragen, da ein Jude nicht einen Namen tragen dürfe, in dem das Wort deutsch enthalten sei. Er durfte zwischen den Geburtsnamen seiner beiden Großmütter wählen. Bevor die Bürokratie den Antrag bearbeiten konnte, war mein Vater jedoch abgereist.

»Sie können doch ›Droitwich‹ aussprechen«, sagte mein Vater, jeder Zoll ein Lehrer. Überrascht sprachen ihm die Herren den Namen dieser englischen Stadt nach. »Dann können Sie auch Deutschkron sagen«, lehrte er sie. Und zu meines Vaters Begeisterung sprachen die Herren nunmehr nicht nur seinen Namen richtig aus, sie stellten ihn auch ein.

Das war ein Freudentag für die ganze Familie. Die Anstellung ließ die Hoffnung zu, dass wir uns wieder eine Wohnung leisten und ein normales Familienleben führen konnten. Aber das schlösse die Möglichkeit keinesfalls aus, dass er eines Tages doch noch nach Berlin zurückkehren würde, sagte mein Vater auf meine Frage. Ich hatte mit meiner Begeisterung für Berlin, für den Kampf der Menschen dort, die neu gewonnene Freiheit mit allen ihnen zur Verfügung stehenden Mitteln zu verteidigen, und mit meiner Entschlossenheit, dorthin zurückzukehren, nicht hinter dem Berg gehalten. Er hatte dabei immer aufmerksam zugehört. Manchmal war es, als wolle er die alten Zeiten hervorzaubern, wenn er dann von der Parteiarbeit vor 1933 und dem politischen Kampf erzählte und daraus folgerte, was heute zu tun sei, um der deutschen Jugend neue Ideale zu geben. Aber wenn man ihn dort brauchte, würde man ihn sicherlich rufen, meinte er. Man kannte ihn ja und auch seine Fähigkeiten, und man wusste, wo er zu finden sei.

Aber dieser Ruf kam nie, weder von denen, die ihn vor 1933 als Lehrer geschätzt und gefördert hatten, noch von jenen, mit denen er gemeinsam gegen die Nazis gekämpft hatte. Er war nicht der Einzige, der so enttäuscht wurde. Ich erinnere mich an zwei Journalisten, die ihrer sozialistischen Gesinnung wegen aus Deutschland nach London geflohen waren und dort recht und schlecht ihren Lebensunterhalt verdienten. Jedes Jahr sprachen sie anlässlich ihrer Urlaubsreise bei der SPD in Bonn vor mit der Frage, ob es denn gar keine Möglichkeit mehr für sie gebe, einen Arbeitsplatz in Deutschland zu finden. Das »Nein« wurde stets verbrämt mit dem Vertrösten auf bessere Zeiten für die Sozialdemokratie und damit auf deren größeren Einfluss in Deutschland.

Ich habe mich oft gefragt, was der wahre Grund dafür gewesen sein mag, dass es so wenig Bereitschaft gab, die ehemals Verfolgten wieder in Deutschland aufzunehmen. Meinem Gefühl nach hätte alles getan werden müssen, um wenigstens den Versuch zu unternehmen, sie wieder an das Land zu binden, das sie so schmählich enttäuscht hatte. Natürlich wäre es nicht damit getan gewesen, nach den schrecklichen Geschehnissen in der Nazizeit die ehemaligen Verfolgten einfach zur Rückkehr aufzufordern, als sei nichts weiter geschehen. Aber gerade die, die frei von Schuld waren und auch selbst unter den Nazis gelitten hatten und im neuen Deutschland nun eine Rolle spielten, hätten doch die richtigen Worte finden können, um jenen, die man auf so schändliche Weise vertrieben hatte, zu sagen, dass sie beim Aufbau eines neuen demokratischen Deutschlands gebraucht würden. Eines Deutschlands, in dem Vergleichbares nie wieder geschehen dürfe, nicht nur um Deutschlands, sondern auch um der ganzen Menschheit willen.

Möglicherweise hätten einige Verfolgte ein solches Ansinnen als Beleidigung empfunden. Das hätte man in Kauf nehmen müssen. Man könnte auch einwerfen, dass die Verantwortung für einen Ruf zur Rückkehr zu groß war. Die spätere Entwicklung der Bundesrepublik gab in der Tat zu Zweifeln Anlass, ob es sich hier wirklich um ein »anderes« Deutschland handelte. Mir ist auch bekannt, dass Rückkehrer nicht unbedingt populär waren. Man nannte sie »Vaterlandsverräter« oder »Nestbeschmutzer«. Zu wenig oder gar nichts wurde damals getan, gegen solche Schändlichkeiten anzukämpfen. Es schien eher, dass die politischen Parteien zu jener Zeit mehr damit beschäftigt waren, die Stimmen der großen und kleinen Nazis zu gewinnen. Sie waren, praktisch gesehen, für sie auch viel mehr wert als die moralische Genugtuung jener Menschen, die einst Beiträge geleistet hatten zur Größe des Landes, in dem sie geboren waren. Und so blieben die ehemals Verfolgten meist im Exil. Viele – wie mein Vater – verständnislos, verbittert über den Mangel an Hinwendung aus ihrem früheren Heimatland und nie mehr irgendwo zu Hause.

Am Flügel stand eine weißhaarige, hochgewachsene Dame im langen schwarzen Samtkleid mit einer Stoffrose am Kragenaufschlag und sang das Lied ›Die Forelle‹ von Schubert. Wie einst im Konzertsaal hielt sie ihr Taschentuch verkrampft in der Hand, hob den Kopf in die Höhe, sog die Luft tief ein, sah wie beschwörend auf ihr Publikum, um dann die Töne gleichsam aus ihrem Mund herauszustoßen. Auch wenn die Stimme ihrem Alter zufolge nicht mehr jubilieren konnte, erhielt sie rauschenden Beifall. Das Publikum, Mitglieder des Jewish Refugee Clubs, waren dankbar, während ich ihren Vortrag fast komisch fand. Ich war von Berlin her, wo es im Nachkriegsjahr einen faszinierenden kulturellen Aufschwung gegeben hatte, sehr verwöhnt. Aber ich begriff sehr schnell, dass es hier nicht so sehr um den künstlerischen Genuss ging, sondern um ein Stück heimatlicher Kultur.

Tatsächlich war dieser Klub nicht ein Klub wie jeder andere, in dem sich Mitglieder einschreiben, um zu tanzen, einem Hobby zu frönen oder um sich irgendwie zu amüsieren. Seine Mitglieder verband ein gemeinsames Schicksal: ihre Heimatlosigkeit. Mit ihrer Flucht aus Deutschland hatten sie zweifellos ihr Leben gerettet. Aber sie hatten ihr Zuhause verloren und lebten auch im Exil in einem Exil. Vielfach konnten sie ihrem erlernten Beruf nicht nachgehen, hätten ein neues Studium gebraucht, um anerkannt zu werden. Die fremde Sprache behinderte sie. Andere waren als Konkurrenz gefürchtet, die Löhne drücken und englische Arbeiter aus ihren Stellungen drängen konnten. Am 21. Februar 1933 erklärte der Innenminister im Unterhaus, bei der Aufnahme der Flüchtlinge sei zu berücksichtigen, dass die »Interessen unseres Landes bei allen Überlegungen Vorrang haben müssen«.[79] Das hieß, dass international anerkannte Wissenschaftler, Künstler, Architekten usw. gern aufgenommen wurden. Weniger prominente Flüchtlinge hatten – selbst bei nachweisbarer Unterstützung durch britische Gastgeber – die Entscheidung des Innenministeriums abzuwarten, die längst nicht immer positiv war.

Nach der Pogromnacht von 1938 erleichterte die britische Regierung die Einreise für Transemigranten (die Visa für andere Länder erwarten konnten), Lehrlinge und Personen über sechzig und erhöhte die Quoten für diejenigen, die als Hausangestellte Beschäftigung finden durften. Die Britische Ärztevereinigung beschäftigte sich 1938 mit der Frage eines Berufsverbotes für ausländische Ärzte. Ein entsprechender Antrag wurde zwar abgelehnt, aber viele jüdische Ärzte aus Deutschland erinnern sich noch heute an den kühlen Empfang, den ihnen ihre englischen Kollegen bereiteten. Der Zweite Weltkrieg verhalf den meisten zur Rückkehr in ihren Beruf, da ihre englischen Kollegen eingezogen waren. Dennoch erreichten sie nur selten die berufliche und finanzielle Anerkennung, die ihnen eigentlich zukam.

Anwälte hatten es besonders schwer. Das englische Recht war mit dem deutschen nicht vergleichbar. So arbeitete Dr. Walter Seelig, ein in seiner deutschen Heimatstadt gesuchter Anwalt, in Birmingham als Fußpfleger. Im eleganten Anzug mit passender Fliege blieb er zumindest äußerlich das, was er einmal gewesen war. Die Ehefrauen fanden schneller Beschäftigung, wenn sie bereit waren, Hausarbeit zu übernehmen. Diese Art Arbeit gab es relativ oft. Aber sie hatte ihre Tücken für Menschen, die vielfach aus komfortablen Häusern stammten oder gar selbst Personal beschäftigt hatten, was in Deutschland in den zwanziger Jahren häufig der Fall gewesen war. In Birmingham arbeiteten ein Mann und seine Frau als Dienerpaar. Anlässlich einer großen Party versah der Ehemann den Dienst des Kellners. Er trug ein weißes Dinnerjackett, das er einst zu einem anderen Zweck gekauft haben mochte. Auf die Frage, wo er den Beruf des Kellners erlernt habe, antwortete er: »In den Hotels, in denen wir unsere Ferien verbrachten.«

Die Engländer, die sich gern dieses meist sehr willigen und billigen Hauspersonals bedienten, machten sich nicht die Mühe, darüber nachzudenken, wie schwer die Umstellung für Menschen war, die oft nur das nackte Leben gerettet hatten, als sie vor den Nazis flohen. Vielen Berichten darüber ist zu entnehmen, dass sie auch physisch litten. Ihre Unterbringung in eiskalten Dachkammern, schwerste Arbeit, schlechte Löhne, ungenügende Ernährung waren eher die Regel als die Ausnahme. Und dennoch waren die meisten froh, eine Stellung und einen kleinen Verdienst zu haben.

Die langen Spalten ihrer Anzeigen in englischen Zeitungen aus jener Zeit zeugen davon: »In großer Not, Ehepaar mit elfjähriger Tochter beschwört gutherzige Menschen, ihnen eine Garantie bis zum Eintreffen des Visums im Oktober zur Verfügung zu stellen. Ehefrau, 31 (katholisch), sehr gut in jeder Hausarbeit, gute Schneiderin, Mann, 40 (jüdisch), geschickt, übernimmt alle Arten von Arbeiten. Beide an harte Arbeit gewöhnt und anpassungsfähig. Antworten an Karp, Wien XX, Hannovergasse 11/7.« Oder: »Diener, Chauffeur, auch perfekter Koch, Hausmeister und Gärtner, ausgezeichnete Zeugnisse, angenehme Erscheinung, sucht dringend Arbeit, Kirstein, Berlin W 50, Nürnberger Straße 16.« Nicht selten kamen diese Hausangestellten im Persianermantel zu ihrer neuen Arbeitsstelle, das einzige Wertstück, das sie hatten retten können, da ihnen die Mitnahme ihres Geldes mit Ausnahme von zehn Reichsmark verwehrt war.

Kein Wunder, dass es den Engländern schwerfiel, diese Menschen zu verstehen. Im Allgemeinen waren die Flüchtlinge aus Deutschland so anders als sie und für viele einfach nur »deutsch« in ihrem Gehabe, in ihrer Lebensart, in ihren Gewohnheiten. Dies machte sie nicht gerade beliebt. Ein kleines Buch, Anfang des Krieges vom Board of directors of British Jewry herausgegeben, lässt daran keinen Zweifel. »Sie sind Gäste Großbritanniens. Höflichkeit und gutes Betragen werden Ihnen überall herzliche Aufnahme und Sympathie zusichern …« Der Engländer liebt Bescheidenheit, heißt es da auch, und er sagt bei jeder Gelegenheit danke. Am bedeutsamsten erschien den Verfassern dieses Büchleins aber der Rat, die Flüchtlinge sollten umgehend Englisch lernen und vermeiden, in der Öffentlichkeit deutsch zu sprechen. Es wurde weiter vermerkt, das Innenministerium würde streng darauf achten, dass britischen Männern und Frauen durch die Anwesenheit der Flüchtlinge kein Schaden zugefügt werde. »Auf keinen Fall darf es heißen, dass die Flüchtlinge britischen Arbeitern die Arbeit wegnehmen.«

Die Gründung des Birmingham Refugee Clubs wurde fast zu einer Notwendigkeit. Hier konnten die Menschen Rat bekommen und auch Trost beim Austausch von Erfahrungen. Das leitende Komitee stand den Flüchtlingen zur Seite, als Mitte September 1939 besondere Gerichte in Verhören festzustellen suchten, bei wem es sich um »echte Flüchtlinge« oder nur um »Ausländer« handelte.[80] Und schließlich tat man auch etwas für die Entspannung. Man sang – natürlich deutsche Lieder –, man spielte Theater – ebenfalls in der Muttersprache –, man las deutsche Gedichte, diskutierte ihre Bedeutung, man machte Ausflüge in die Umgebung der Stadt Birmingham.

Dies wurde jäh unterbrochen, als sich im Mai 1940 die Engländer bei Dünkirchen vom Kontinent zurückziehen mussten und eine Invasion der Deutschen nicht mehr auszuschließen war. Jeder Ausländer war nun verdächtig, ein deutscher Spion zu sein. Der Bericht des britischen Botschafters Neville Bland (der sich kurz vor der Besetzung Hollands nach England retten konnte), in dem es heißt, dass eine Fünfte Kolonne die Deutschen bei der Besetzung Hollands unterstützte, gab dafür den Ausschlag. Zu den Verdächtigen gehörten auch die jüdischen Flüchtlinge.[81] Sie wurden wie alle anderen interniert. Zu ihrem Entsetzen fanden sich manche in den Lagern nun Seite an Seite mit alten Nazis.

Mein Vater entging dieser Aktion. Als die englische Polizei um fünf Uhr morgens bei ihm klingelte, zeigte er eine Bescheinigung vor, die besagte, dass er im Bloomsbury House, der Zentralstelle für Flüchtlinge, arbeitete. Die Frage der Polizisten, ob er eine Schlüsselstellung innehabe, bejahte er. Er wurde nicht interniert. Mit Fug und Recht habe er diese Behauptung aufgestellt, so berichtete er später, denn da er morgens meist der Erste im Büro war, hatte man ihm die Schlüssel des Hauses anvertraut.

Zwar wurden die meisten Flüchtlinge noch im Laufe des Krieges aus den Internierungslagern entlassen und waren durch den Krieg dann gerade in der Lage, in einen normalen Arbeitsprozess eintreten zu können. An ihrer Isolierung innerhalb der englischen Gesellschaft änderte sich aber nichts. Den Engländern, die ein ganz anders geartetes gesellschaftliches Leben kannten, blieben die Flüchtlinge aus Deutschland fremd. Das Zusammentreffen mit anderen jüdischen Flüchtlingen blieb oft ihre einzige Erbauung. Das wurde mit den Jahren geradezu ein Bedürfnis für die Älteren, die das Erlernen der Fremdsprache als große nervliche Belastung erlebten. Dass das enge Zusammenleben auch psychische Probleme hervorrief, versteht sich von selbst.

»Deutsche Kinder? Sollen sie doch alle krepieren!« Das sagte eine gebildete Frau zu mir, Lehrerin von Beruf, und ihr Gesicht trug dabei das gleiche Lächeln wie zuvor, so als habe sie etwas ganz Normales gesagt. Nur ihre Augen schienen vor Wut aufzuflammen. Ich hatte von der Not der Kinder im Nachkriegs-Berlin gesprochen und davon, dass sie noch nicht einmal genügend Milch zu trinken hätten. Sie, eine deutsche Jüdin, hatte Vater und Mutter in Auschwitz verloren. Die Fakten über die bestialische

Ermordung von sechs Millionen Juden, die erst nach dem Krieg in ihren Einzelheiten bekannt wurden, führten zu solchen Ausbrüchen von Hass gegen Deutsche. Viele, die sich diesem Hass hingaben, wussten ihre engsten Angehörigen unter den Opfern und litten Höllenqualen bei dem, was sie nun über deren grausames Schicksal hörten. Und dazu klagten sie sich an, dass sie vielleicht nicht genug getan hatten, um ihre Angehörigen und Freunde rechtzeitig aus den Klauen der Nazis zu befreien.

Ich verstand lange Zeit nicht, weshalb mein Vater nichts über das Schicksal seiner Geschwister, die alle samt ihren Kindern in Auschwitz umgekommen waren, wissen wollte. Auch hörte er es sich offensichtlich nur unwillig an, wenn wir über unsere qualvolle Zeit in Nazi-Deutschland sprachen. Kurz vor seinem Tode entschuldigte er sich bei mir dafür, dass er wahrscheinlich nicht genug getan hatte, um uns rechtzeitig aus der Hölle zu befreien. Offenbar ein Gefühl vermeintlicher Schuld, das er sein ganzes Leben lang mit sich herumgetragen haben muss. Wie sehr mag er aber darunter gelitten haben, dass er seinem Bruder die Unterschrift auf ein gefälschtes Auswanderungspapier verweigert hatte und damit für dessen Deportation und Ermordung wie auch für die seiner Frau und seiner Tochter verantwortlich geworden war. Aber wer, wenn er so »deutsch« war in der Achtung von Recht und Gesetz wie mein Vater, war den Notwendigkeiten einer rechtlosen Zeit gewachsen?!

Zwar verstand ich auch damals schon die Ausbrüche des Hasses, mit denen die Menschen in gewisser Weise nicht nur die Opfer, sondern auch ihr eigenes Geschick beklagten, nur schienen sie mir unsinnig, wenn sie gegen Kinder und unterschiedslos gegen alle Deutschen gerichtet waren. Mein eigenes Schicksal hatte mich anderes gelehrt. Und ich sprach das auch aus. Als Folge davon wurde ich von vielen geächtet. In einer Gesellschaft von ehemaligen deutschen Juden, die davon hörten, dass ich in Kürze nach Berlin zu reisen beabsichtigte, meinte jemand: »Nach allem, was Sie durchgemacht haben, ist es wohl nicht verwunderlich, dass Sie nicht mehr ganz normal sind.«

Ich versuchte, mich aus diesen Kreisen zu befreien, und wurde, wie es meiner politischen Einstellung entsprach, Mitglied der englischen Arbeiterpartei. Dort traf ich auch auf Menschen, die ebenfalls unter dem Krieg gelitten hatten. Viele von ihnen hatten ihre Brüder, ihre Väter, ihre Söhne verloren, andere hatten Opfer in ihrer Familie als Folge der Luftangriffe zu beklagen. Aber wie ich waren sie der Ansicht, dass Hass kaum geeignet ist, eine neue, bessere Welt zu schaffen. Auf diese Weise fanden wir zueinander. Trotzdem führte es nicht dazu, dass ich ein Gefühl der Zugehörigkeit empfand.

Zunächst ignorierte ich diese Tatsache. Ich beteiligte mich mit viel Energie an ihren Aktivitäten, ging bei Wahlkämpfen mit ihnen von Wähler zu Wähler (Canvassing). Erst später kam mir zu Bewusstsein, dass ich ihnen dabei vielleicht mehr geschadet als genützt habe, denn es geschah doch ab und zu bei den unterschiedlichsten Gelegenheiten, dass Engländer mich mit »bloody foreigner« titulierten. Unter vielen war der Hass auf Deutsche, die diesen schrecklichen Zweiten Weltkrieg begonnen hatten, noch sehr fühlbar. Die Genossen der Labour Party ließen mich gewähren. Am wohlsten fühlte ich mich im Arbeiterbezirk Market Hall, der zum Teil ein richtiger Slum war mit fehlenden sanitären Anlagen und heruntergekommenen und für meine Begriffe unmenschlichen Behausungen. Dort war man stolz darauf, dass eine Ausländerin sich mit ihnen identifizierte.

Aber all das und die Gemeinsamkeit der politischen Einstellung derjenigen, die meinem Niveau entsprachen, genügte nicht, um mich dort heimisch zu fühlen. Dazu war ihre Lebensweise zu unterschiedlich von der, mit der ich aufgewachsen war. Für sie blieb ich eine Fremde. Sicher lag das auch an mir. Ich fand es komisch, wenn sie freundlich lächelnd dem verziehen, der ihnen Schmerz verursacht hatte, mit den Worten: »Oh, das macht gar nichts.« Die Disziplin, in der sie höchstens ein kurzes »Oh« äußerten, wenn man sie angriff oder einen Witz machte, ging mir zu weit. Menschen, die einander nahe waren, hatten – so schien es mir – nichts anderes zueinander zu sagen als »Was für ein schöner Tag!« oder »Möchtest du noch eine Tasse Tee, Darling?«. Nichts schien sie zu tangieren. Sie blieben immer gelassen und damit unnahbar. Ich fand keinen Weg zu ihnen, auch wenn ich das zunächst versuchte. Ein Witz, der unter den Flüchtlingen aus

Deutschland kursierte, spricht dafür, dass es nicht nur mir so erging. Auf die Frage eines Beamten des Innenministeriums, aus welchem Grunde er Engländer werden möchte, antwortet der Fremde nach einigem Nachdenken: »Des Klimas wegen.«

»Die Engländer haben mich zwar gerettet, als sie mich in ihrem Lande aufnahmen. Und weil sie mich brauchten, akzeptierten sie mich auch. Aber es wäre einfach lächerlich, wenn ich mich als Engländer bezeichnen würde«, erklärte ein Wissenschaftler, ehemaliger deutscher Jude, in einem Fernsehinterview. Ein Zweiter meinte: »Ich bin ein Wanderer zwischen zwei Welten. Wenn ich gefragt werde, sage ich, dass ich einen englischen Pass habe. Kulturell gesehen, blieb ich Deutscher. Andererseits fühle ich mich nicht als Deutscher.« Er habe so viele verschiedene Leben geführt, so viele verschiedene Erfahrungen gemacht, sagte ein anderer, dass es für ihn kein Gefühl der Kontinuität gebe.

Ich erinnere mich des Tages, an dem mein Vater seine Naturalisierungsurkunde als britischer Staatsbürger erhielt. Er hatte sie erst nach dem Kriege beantragen dürfen, und er tat dies, weil er ohne Staatsangehörigkeit – die Nazis hatten die Juden ausgebürgert – wohl noch größere Schwierigkeiten gehabt hätte, eine Stelle als Lehrer in England zu finden. Ich sehe ihn noch vor mir an jenem Morgen im Jahre 1947 mit dem Dokument in der Hand, das ihm die Post gebracht hatte. Er ging damit zum Fenster seines kleinen Büros, hielt das Papier dicht vor seine Augen, als wolle er jedes Komma darin prüfen. Dann legte er es auf den Tisch, stand davor, den Kopf gesenkt, so als empfinde er eine tiefe Niedergeschlagenheit. Als meine Mutter eintrat, glaubte sie bei seinem Anblick, es sei ihm etwas Unangenehmes widerfahren. Dann kommentierte sie kurz: »Das ist doch eigentlich nur eine Formalität.« Für meinen Vater hatte dieses Dokument offenbar sehr viel Bedeutung, war es doch, als ob die Nabelschnur erst jetzt und nun endgültig durchschnitten war.

Von da an lehrte er seine Schüler die deutsche Sprache mit einer Inbrunst, die fast religiös zu nennen war. Und er tat dies bis zu seinem 88. Lebensjahr. Mit vergleichbarem Eifer leitete er jahrelang einen Schüleraustausch zwischen einer Schule in Köln, später in Baiersbronn, und der englischen Schule in Redditch, an der er lehrte, unter dem Vorwand, dass dies der Erlernung der jeweiligen Sprache dienlich sei. Für ihn hatte es sicher tiefere Bedeutung.

Ich sann über mein Leben nach. Obwohl ich schließlich als Sekretärin des Generalsekretärs der Sozialistischen Internationale (von 1950 bis 1954) eine sehr interessante Aufgabe übernommen hatte, war England auf Dauer keine Lösung für mich. Doch bevor ich einen neuen Schritt tat, wollte ich ein bisschen von der Welt sehen, die mir so lange verschlossen geblieben war.

23
Auf der Reise zum Beruf

»Ich möchte ein Telegramm an Premierminister Jawaharlal Nehru[82] in Neu-Delhi aufgeben.« Die Beamtin am anderen Ende des Telefondrahtes in London kicherte und bat um Wiederholung. Ich begriff, dass sie an einen Scherz glaubte. Noch dazu, als ich den Text des Telegramms hinzufügte: »Erbitte Visum für Inge Deutschkron.« Mir war es schon ein bisschen peinlich, dass ich mit einer so persönlichen Bitte an diesen bedeutenden Politiker herantrat. Ihm und natürlich auch Mahatma Gandhi[83] galt damals mein großes Interesse. Jeder von diesen beiden großen Männern hatte auf seine Weise entscheidend dazu beigetragen, Indien vom Kolonialismus zu befreien. In Deutschland hatte der Widerstand gegen das nationalsozialistische Regime viele Opfer gefordert und war doch kläglich gescheitert. Indiens Befreiung von einer jahrhundertelangen Besetzung durch die Engländer wies einen anderen Weg. Überdies fand ich, dass sich die Inder im Gegensatz zu den etwas blasiert und selbstgefällig wirkenden Europäern im Kreis der Internationale durch Eifer und Begeisterung für ihre Sache auszeichneten.

Den indischen Sozialisten entging meine Neugier auf ihr Land nicht. Es führte zu einer Einladung. Nur die Überfahrt hätte ich zu bezahlen. Nach der Ankunft in Bombay würde ich ihr Gast sein, sagten sie. Mich reizte der Gedanke an eine Reise in ein so fernes und fremdes Land sehr, so dass ich die Einladung trotz meiner Bedenken, ob sie auch ernst gemeint war, annahm. Ich beschloss, sie nach der Beendigung meines Aufenthaltes in England anzutreten und aus Indien direkt nach Deutschland zurückzukehren.

Ich hatte lange darüber nachgedacht, was ich mit meinem Leben anfangen sollte. Ich wollte auf keinen Fall in England bleiben, wo ich mich als Bürger zweiter, wenn nicht gar dritter Klasse fühlte. Zu Israel hatte ich keine Beziehungen, weder personelle noch ideelle. So blieb eine Rückkehr nach Deutschland die einzige Alternative.

Es war das Jahr 1954, neun Jahre nach Kriegsende. Noch verkehrten nur wenige Flugzeuge von Europa nach Indien und ebenso wenige Schiffe in Richtung Asien. Die auf Krieg eingerichtete Wirtschaft der Welt war nicht so schnell umzustellen. Ich musste eine Schiffspassage Monate im Voraus buchen. Ich beantragte ein Visum nach Indien auf meinen deutschen Pass. Als Referenzen gab ich die Namen einiger meiner indischen Freunde an, die in ihrem Land als Abgeordnete oder Staatsminister in der Politik eine Rolle spielten. Drei Wochen wartete ich ungeduldig auf das Visum. Dann erhielt ich die knappe Antwort – es sei abgelehnt worden. Gründe wurden nicht angegeben. Die indischen Konsulatsbeamten gaben Unkenntnis vor. Ich war verzweifelt. Ich hatte meine Stellung in der Internationale bereits gekündigt, meine Londoner Wohnung aufgegeben und saß sozusagen auf gepackten Koffern. Ich wandte mich an den Abgeordneten der Labour Party, Fenner Brockway, von dem ich wusste, dass er in Indien geboren und mit Premierminister Nehru in Freundschaft verbunden war. »Senden Sie ein Telegramm an Premierminister Nehru und fordern Sie in meinem Namen ein Visum für Inge Deutschkron«, rief dieser. Es vergingen nur wenige Tage. Da traf das Visum tatsächlich ein.

Im Februar 1954 schiffte ich mich in Liverpool ein. An Bord waren Inder, offensichtlich unter ihnen einige aus reichen Familien, die in England an teuren Universitäten studiert hatten, und eine Gruppe Engländer, die nach einem Heimaturlaub zu ihrem Arbeitsplatz in Indien zurückkehrten. Noch besaß das Königreich Fabriken und verschiedene Einrichtungen in diesem Land und vertraute bei der Besetzung führender Positionen noch immer auf seine eigenen Leute. Ich fiel auf. Nach wenigen Tagen an Bord bat ein Engländer, mich sprechen zu dürfen. Ich sei doch Deutsche, meinte er freundlich, und darum sicherlich mit Kolonialvölkern nicht vertraut. »Wir«, sagte er, und meinte die Gruppe der Engländer an Bord, »haben beschlossen, Sie vor den Indern zu warnen«, man wisse nie, was sie im Schilde führten. Mit deutlichen Worten bat ich ihn, sich nicht in meine Angelegenheiten zu mischen. Es blieb meine erste und auch meine letzte Begegnung mit den Herren aus dem Königreich England an Bord.

Ich sah sie schon von weitem. Die Freunde standen am Kai des Hafens von Bombay und winkten mir zu. Etwas verwirrt starrte ich auf das Gewühl der Menschen – meist Gepäckträger, die sich barfuß laufend und laut schreiend mit ihrer Last einen Weg durch die Menge bahnten. Das Stimmengewirr lenkte mich ab von der Passkontrolle, die ich stolz auf mein Visum hatte aufmerksam machen wollen. Als ich endlich indischen Boden betrat, legten mir meine Freunde den in Indien zur Begrüßung üblichen herrlich duftenden Blumenkranz um. Die Herzlichkeit, mit der sie mich empfingen, die auch etwas wie Stolz ausdrückte, dass ich gekommen war, fegte alle meine Bedenken weg, ob ich recht getan hatte, diese Reise allein weit weg von Europa zu unternehmen. Sie begleitete mich das ganze Jahr, in dem ich in Südostasien herumreiste, in ihren Häusern wohnte und begierig aufnahm, was ich sah, was ich hörte und was mein Leben schließlich bereicherte.

Bevor ich die Reise antrat, hatte ich so viel wie möglich über Indien gelesen. Noch in den drei Wochen auf dem Schiff versank ich in Literatur, die mir manches in der fremden Welt verständlich machen sollte. Ich hatte auch über die schreckliche Armut gelesen. Doch das Gelesene hatte mir die Wirklichkeit nicht nahebringen können, oder besser gesagt, für das Ausmaß dieser Armut hatte ich keine Begriffe, reichte meine Vorstellungskraft einfach nicht aus. Tagelang irrte ich in den Arbeiterbezirken von Bombay umher. Hier waren Hunderte von Menschen zu jener Stunde in Bewegung. Sie schlenderten herum, sie liefen gehetzt, sie schrien einander an. Sie gestikulierten, sie sprachen, sie schwatzten, sie streckten ihre Hände um Almosen aus. Sie falteten sie, als ob sie Gott zum Zeugen für ihre Not anrufen wollten. Sie wuschen ihre Körper am Hydranten, sie verrichteten ihre Notdurft am Straßenrand. Sie scherten sich um nichts, auch nicht um eine heilige Kuh, die neben ihnen ihres Weges trottete oder von Auslagen der Händler ungehindert manches fraß, was sie sich nicht leisten konnten. Am Tage verkrochen sie sich, wenn sie müde wurden oder die Sonne zu heiß schien, in Hausfluren, unter Schatten spendenden Dächern, in Hütten aus Lehm, aus Lumpen oder Resten von Konservenbüchsen. Wenn es Nacht wurde, legten sich jene, die keinerlei Unterkunft hatten, auf dem Bürgersteig zur Ruhe, ein Tuch unter dem Kopf. Ich hatte Mühe, in den schlecht beleuchteten Straßen nicht über ihre Körper zu stolpern.

Einmal ließ ich in Panik das Auto halten. Ich hatte einen Menschen umfallen sehen. Ich wollte helfen. »Er hat sicher Hunger«, sagte mein Begleiter, ein Arzt, der den Menschen in den Slums beistand. Verwirrt hörte ich ihm zu, als er mir sehr ruhig erklärte: »Wenn du ihm jetzt ein paar Rupien gibst, überlebt er vielleicht den heutigen Tag. Und was ist mit morgen?« Ich schämte mich, ich schämte mich, wenn ich Scharen von bettelnden Kindern vertrieb, weil ich ihre Not und auch nicht ihre offene Lepra heilen konnte. Ich schämte mich, wenn ich vor Entsetzen erschauerte bei der Berührung einer mich um Hilfe anflehenden Kreatur. Ich schäumte vor Wut, als einer der wohlhabenden Inder, deren Reichtum für Europäer ebenso wenig vorstellbar ist wie die Armut, mir ohne die geringste Gemütsbewegung sagte, dass diese Armen nichts anderes gewöhnt seien. Sie wüssten mit Sicherheit nicht, was sie mit einem Bett anfangen sollten. Seine Diener ließ er darum auch auf den Stufen der Hintertreppe nächtigen neben seinem luxuriösen Apartment mit kostbaren Teppichen und silbernen Haushaltsgeräten ausgestattet und einem märchenhaften Blick über die Bucht von Bombay. Dabei hatte er sogar recht, wenn er sagte, dass seine Diener noch froh sein müssten, bei ihm arbeiten zu können.

»Sie hat drei Kinder.« Das war die Antwort einer Frau in holprigem Englisch auf meine Frage nach dem Alter einer anderen, um die im Dritter-Klasse-Frauencoupé der indischen Eisenbahn drei Kinder herumspielten. Offensichtlich war sie die Mutter der drei, obwohl sie selbst wie ein Kind aussah und es wohl auch nach unseren Begriffen noch war. Sie symbolisierte die Tatsache, dass viele Inder ihre Kinder den Traditionen gemäß trotz gegenteiliger Gesetzgebung so früh wie möglich verheiraten. Nur dann sei, so erklärte man mir, zahlreicher Nachwuchs gesichert. Auf Söhne käme es ihnen besonders an. Sie würden für die Alten sorgen und waren zugleich die Garantie dafür, dass die Seelen der Verstorbenen ihre Ruhe fänden. Des Öfteren fragte man mich bei solchen Gelegenheiten nach der Zahl meiner Geschwister. Auf meine inzwischen schon etwas schüchterne Antwort, ich sei das einzige Kind meiner Eltern, guckte man mich meist mitleidig an. »Dein Vater kann aber nicht viel getaugt haben«, war der häufige Kommentar.

»Denk nur, sie haben demonstriert und sind nicht verhaftet worden.« Das Büro der sozialistischen Partei Indiens in einem kleinen Ort im nördlichen Staat Uttar Pradesh war voller Menschen, die auf dem Boden eng aneinandergedrängt hockten. Der Parteisekretär war der Verzweiflung nahe. »Schlafen können sie hier«, murmelte er. »Aber woher nehme ich das Geld für ihre Verpflegung?« Aus allen Teilen Indiens waren sie einem Aufruf gefolgt. Solidarität mit den Bauern der nordindischen Provinz Uttar Pradesh zu zeigen, denen die Regierung eine hohe Steuer für die Lieferung von Wasser auferlegen wollte. Den Sozialisten schien diese Forderung ungeheuerlich angesichts der furchtbaren Armut der Bauern. Nach einem noch aus der Kolonialzeit stammenden und noch geltenden Gesetz waren Ansammlungen von mehr als fünf Personen verboten. Demonstrationen aber, die die Verhaftung von Hunderten zur Folge hat, erregt Aufsehen, die Ursache wird zum Politikum im ganzen Land. Ein Gericht muss dazu Stellung nehmen. Dies war eine Art des Kampfes in Indien während der Kolonialzeit und war es noch im demokratisch geführten Land. Mahatma Gandhi hat sie das gelehrt, »Satyagraha« oder den zivilen Widerstand, mit dem er die Kolonialmacht auf unblutige Weise zu Zugeständnissen zwang. Am folgenden Morgen betrat ich ein leeres Parteibüro. Ein strahlender Sekretär verkündete, dass die Demonstranten im 300 Kilometer entfernten Farrukhabad sofort nach ihrer Ankunft, noch am Bahnhof, verhaftet worden waren. Es war für sie wie der erste Teil eines Sieges über die vorgegebene Allmacht eines Staates.

Oft gaukelte das Grün der Palmen in manchen Gegenden fruchtbares Land vor. Es verschleierte die Realität. Die Not vieler

Bauern war so groß, dass der Ertrag ihrer Ernten vielfach nicht einmal eine Reisemahlzeit pro Tag für die eigene Familie hergab. Mit primitiven Geräten versuchten die Bauern, ihren Feldern etwas abzuringen. Doch häufig waren die Anstrengungen umsonst, wenn der große Regen nicht zur rechten Zeit kam oder so wild vom Himmel stürzte, dass er mehr zerstörte als nützte. Für mehrere Ernten im Jahr, die das Klima ohne weiteres zulässt und die dem Hunger hätten abhelfen können, reichte das Wasser nicht aus. Die Wassermassen der großen Flüsse Indiens flossen noch ungenutzt ins Meer. Moderne Bewässerungsanlagen waren aus Mangel an finanziellen Mitteln nicht vorhanden. Kunstdünger war für indische Bauern ebenso unerschwinglich, und so blieb für die eigene Ernährung oft nur Hirse, die der Dürre am ehesten standhält. Mir gelang es nur mühsam, einen Brei dieser Art hinunterzuwürgen, der Tapetenkleister glich und ihm auch im Geschmack ähnlich sein dürfte. Es war die einzige Mahlzeit des Tages der bäuerlichen Familie, bei der ich zu Gast war. Man servierte sie auf einem schlanken, blankgescheuerten Bananenblatt und bewies mir trotz Armut alle Ehren indischer Gastlichkeit.

Auf der einen Seite der Straße sah ich eine Villa. Großzügig angelegt. Breitbeinig stand sie da, als ob sie über die Straße herrschte. Hohe Palmen schienen ihre Wächter. Es war offensichtlich, hier hatte eine reiche Familie ihr Domizil. »Der Fabrikbesitzer wohnt hier, der uns Arbeit gibt.« Ein führendes Mitglied der lokalen Gewerkschaft hatte mich hergeführt. Er hieß mich, meinen Blick auf die andere Seite der Straße zu richten. Ich sah zahlreiche wackelige Hütten aus Lehm und Blech. An ihren Außenwänden trocknete Kuhdung, das »Brennholz« der indischen Küche. Sie standen um einen schmutzigen Tümpel herum. Barfüßige Kinder spielten im Matsch an seinem Rand. Ab und zu sprangen sie johlend ins dreckige Wasser, auf dem Massen von Moskitos in den Sonnenstrahlen tanzten. »Dort wohnen seine Arbeiter, die Ärmsten der Armen.« Ich begriff es nicht. Denn jeden Tag musste dieser Fabrikherr von seiner Villa aus unweigerlich auf dieses Elend gucken. Nein, es rührt ihn nicht, sagte man mir. »Er kann es gar nicht ändern«, kam die Erklärung. Sie seien »Pariahs« oder die »Unberührbaren«, die Kastenlosen der indischen Gesellschaft. Es gäbe einfach keine Möglichkeit für sie, während ihres irdischen Daseins in die nächste Kaste aufzusteigen, um ein besseres Leben führen zu können. Indiens Gesellschaft ist in Kasten und Unterkasten aufgeteilt. Man heiratet und lebt in der Kaste, in die man hineingeboren ist. »Nein«, sagte demütig ein Arbeiter auf das Angebot seiner Arbeitgeberin, eine besser bezahlte Stellung anzunehmen. »Wenn ich das tue, entgeht mir die Möglichkeit, in einer höheren Kaste wiedergeboren zu werden.«

Indiens Verfassung garantiert die Gleichberechtigung aller seiner Staatsbürger. Doch viele Inder, besonders auf dem Land und unterstützt von ihren religiösen Führern, folgen noch den Regeln des Kastenwesens. Die englischen Kolonialherren unterließen seinerzeit jeden Eingriff in das gesellschaftliche System des indischen Volkes. Einerseits, weil eine solche Einmischung zum Aufruhr hätte führen können, andrerseits war es ihnen auch egal, nach welchen Regeln das von ihnen unterdrückte Volk lebte. Die Inder hielten ganz bewusst an diesen Regeln fest, die zu den wenigen ihres Lebens gehörten, über die sie selbst bestimmen konnten. So blieb das Kastenwesen, verbunden mit dem Glauben an eine Wiedergeburt, als ein Relikt aus alter Zeit erhalten und verhinderte die Entwicklung zu einer modernen Gesellschaft.

Die schlechten Lebensbedingungen eines großen Teils ihres Volkes waren dem Kreis meiner Freunde nicht einerlei. Sie waren Anwälte, Ärzte, Politiker, Lehrer, die stundenlang überlegten, diskutierten, stritten, was zu tun sei, um Verbesserungen herbeizuführen. Oder zumindest der nach der Befreiung vom Kolonialismus vom demokratisch gewählten Parlament verabschiedeten Gesetzgebung im ganzen Land unter den Millionen Geltung zu verschaffen. Sie wollten Anregungen von mir, der Europäerin, die aus einem reichen Land stammt. Sie baten mich um Auskunft über Themen, zu denen auch ich wenig Genaues zu sagen hatte. Doch die kleinste Information über deutsche Gewerkschaften, politische Parteien, Konsumgenossenschaften war es ihnen wert. Ihre Fragen und Diskussionsbeiträge zeugten von hoher Intelligenz. Doch selten führten sie zu einer Entscheidung oder einem praktischen Ergebnis.

Sie baten mich, zu Dorfbewohnern zu sprechen. Da saßen dann oft Hunderte im Schneidersitz vor mir auf trockenem Sandboden am späten Abend, wenn die Sonne nicht mehr brannte, und starrten mich, die ungewohnte Besucherin, an. Eine einzige Glühbirne beleuchtete die Veranstaltung, um die jede Art von Insekten ihren Reigen vollführte. Ich sprach in Englisch zu ihnen über ein von meinem Freund vorgeschlagenes Thema. Irgendjemand übersetzte meine Worte in die in der Gegend gebräuchliche Sprache. Zwar ist Hindi als offizielle Sprache des ganzen Landes anerkannt. Doch die Umgangssprache der Bevölkerung hängt noch immer von der in ihrer Provinz üblichen Sprache oder dem Dialekt ab. Niemand konnte mir genau sagen, wie viele es davon gab. Ich fragte mich, ob meine Worte meine Zuhörer wohl erreichten. Meine Freunde lachten und gestanden, dass die Übersetzung der Mentalität und dem Verständnis der Zuhörer angepasst sei, also das, was ich gesagt hatte, nur sehr bedingt wiedergab. Etwa so: »Du hast eine Kuh. Dein Nachbar hat drei. Das ist ungerecht. Auch du musst ein Anrecht auf drei Kühe haben.«

»Meine Frau ist ungebildet.« Diesen Satz hörte ich mehrfach auf meine Bitte, die Frau des Hauses kennenzulernen, in dem ich untergebracht war. Das bedeutete nicht nur, dass sie kein Englisch sprach. Sie hatte meist nicht einmal die Grundschule absolviert und konnte vielfach weder lesen noch schreiben. Wozu auch, denken viele Eltern. Sie heiratet ja doch bloß und wird Kinder gebären. Nach dem Gesetz ihrer Kaste, damit verbundenen finanziellen Verpflichtungen der Brauteltern und den Auguren der Göttlichen wurden die Paare zusammengeführt – nicht nach eigener Neigung. Selten hatten junge Leute die Kraft oder gar den Wunsch, sich dieser gesellschaftlichen Fesseln zu entledigen. »Unsere Eltern wissen, was für uns gut ist«, sagten junge Menschen zu mir, von denen man der neuen Zeit entsprechend eine Abkehr von den alten Riten erwartet hätte. So gab es zwischen den auf diese Weise zusammengeführten Ehepartnern, die sich häufig vor ihrer Hochzeit nicht einmal sehen durften, oft nicht mehr als eine sexuelle Bindung, um den Nachwuchs zu sichern.

Wurde ich doch einmal von der Frau des Hauses ins Frauengemach gebeten – Inder leben oft in Großfamilien –, konnte es geschehen, dass mich die Frauen mit hasserfüllten Blicken maßen und ich vor ihnen floh. »Für sie seid ihr Europäerinnen Prostituierte, denn ihr geht mit Männern um«, vertraute mir einer meiner Gastgeber verlegen an. Es geschah aber auch, dass Frauen die Neugier trieb, mich näher zu betrachten, mich anzufassen. Vor allem meine Arme, die so viele Muskeln aufwiesen, im Vergleich zu ihren eigenen fleischigen Gliedmaßen. Sie – und das trifft natürlich nicht auf die Armen zu – verbringen den Tag meist mit Herumsitzen. Für alles haben sie Diener, körperliches Training kennen sie nicht. In einer solchen fast kameradschaftlichen Atmosphäre musste ich ihnen meine Kleidung vorführen, Strümpfe und Unterwäsche erregten ihre besondere Aufmerksamkeit. Ich war nicht sicher, ob es Entsetzen oder Mitleid war, was sich in ihren Gesichtern widerspiegelte, als ich ihnen erzählte, dass ich selber koche und auch meine Wohnung reinige. Dass dies auch die Toilette einschließe, wie ich ihnen auf ihre Frage bestätigte, erschien ihnen der Gipfel des Schrecklichen.

Die mehrere Monate dauernde Reise durch Indien lief nicht ohne Probleme für mich ab. Meist waren sie hygienischer Art. Lange rätselte ich über die entsetzten Blicke mancher meiner Gastgeber, wenn meine linke Hand beim Essen der rechten zu Hilfe kam, die ungewohnt ohne Besteck zu hantieren gezwungen war. Die linke Hand hat in Indien eine im Vergleich zu westlichen Gepflogenheiten sehr gegenteilige Funktion.

Ich musste mich auch an das Loch in der Erde gewöhnen, dessen nicht immer sauberer Anblick geradezu psychologische Folgen für mich hatte. Wie viele Kämme oder Seifenstücke gleichsam angezogen in das Loch fielen, vermag ich nicht zu sagen. Ich suchte auch vergebens nach dem für meine Begriffe unerlässlichen Toilettenpapier und begriff erst nach einiger Zeit, dass das Wasser im Töpfchen am Rande des Loches Ersatz dafür war. Natürlich kämpfte ich auch einen vergeblichen Kampf gegen alle Sorten von Ungeziefer, die den Weg zu mir fanden. Zwar hatte ich in weiser Voraussicht Mittel zu Bekämpfung von Insekten in meinem Gepäck. Aber anwenden konnte ich sie nur, wenn ich unbeobachtet war und keine »Leiche« hinterließ. Inder glauben an eine Widergeburt und sind überzeugt davon, dass auch eine Kakerlake in ihrem früheren Leben ein Mensch gewesen sein kann. Vielleicht einer, der gesündigt hatte und zur Strafe in dieser unerfreulichen Gestalt auf die Erde zurückgekehrt war.

Es war wohl meine Begeisterung für diese fremde Welt, die auch so viele Denkmäler großer alter Kultur aufzuweisen hat, und die vielen wunderbaren Menschen, die alles tun, um den Armen ihres Landes zu einem menschenwürdigen Dasein zu verhelfen, die mich das alles ohne Murren ertragen ließ. Ich will nicht verhehlen, dass ein kurzer Abstecher ins benachbarte Burma einem Erholungsaufenthalt gleichkam. Dort lief das Leben geruhsam ab im Vergleich zu der Schrillheit des indischen Alltags. Die Burmesen pflegen zu ihren Pagoden zu gehen, um zu meditieren – in Ausübung der Riten des Buddhismus, der keine Religion, eher eine Philosophie ist. Die Ausgeglichenheit und die Freundlichkeit, die ihre Gesichter ausstrahlen, mag eine Folge davon sein. Als ich am Flughafen von Rangun zur Rückkehr nach Indien stand, fragte ich mich, ob ich es wieder ertragen könnte – die große Not, das schreiende Elend, die Menschen, die so dringend der Hilfe bedurften. Doch diese Minuten der Skepsis verflogen in dem Moment, in dem ich in Indien landete und den Menschen gegenüberstand, die mir so viel Freundschaft entgegengebracht hatten.

Ich kehrte nach Europa zurück, fest davon überzeugt, dass wir dieser Welt zur Seite stehen müssen auf dem Wege zum Fortschritt – zu ihrem und zu unserem Vorteil. Daran mitzuwirken, führte mich zu meinem Beruf, dem Journalismus.

24
Das Provisorium

»Adenauers Entscheidung, Bonn als Bundeshauptstadt vorzuschlagen, hat seit der Gründung der Bundesrepublik das Gesicht der Stadt bestimmt«, so stand es in der Bonner Wochen- und Bad Godesberger Vorschau.[84] »Die Beethovenstadt wurde in seiner Ära zu einer der großen europäischen Metropolen, in denen der Glaube der christlich-abendländischen Mission zu neuem Leben erwacht ist.« Dies war eine Beschreibung der Stadt Bonn, die mich neugierig machte – war's Witz oder Wahrheit, Überheblichkeit oder Ironie? Europäische Metropole? Für eine Berlinerin, die zwar nicht in Berlin geboren, aber dennoch dem Geist dieser Stadt erlegen war, hörte sich das seltsam an. Unter christlich-abendländischer Mission konnte ich mir noch weniger vorstellen. Das Wort christlich hatte mich außerhalb seiner religiösen Bedeutung schon immer irritiert. Steht es für Menschlichkeit, soziale Gerechtigkeit und Nächstenliebe, so ist es ein Ideal, nach dem auch andere Religionsbekenntnisse und politische Parteien streben. Vielleicht war dieser Anspruch genauso hohl wie der der ehemaligen DDR, einen sozialistischen Staat geschaffen zu haben. Egal – ich wollte nicht zweifeln. Zunächst verhieß es mir einen anderen Geist im neuen deutschen Staatsgebilde, der sich von dem alten ganz wesentlich unterschied.

Meine Eltern hatten meine Rückkehr nach Deutschland im Jahre 1955 mit Unbehagen gesehen. Für mein Motiv, dass ich in England nur als geduldete Ausländerin lebte und mich darum nicht wohl fühlte, hatte besonders mein Vater, der sich als langjähriger Immigrant daran gewöhnt hatte, kein Verständnis. Noch weniger begriff er, wie ich eine so interessante Tätigkeit wie die einer Sekretärin im Büro der Sozialistischen Internationale in London, dem Zusammenschluss aller sozialistischen und Arbeiterparteien der Welt, durch die ich in der Welt herumkam und bedeutende Politiker und Staatsmänner kennenlernte, so einfach aufgeben konnte.

Die Bedenken meiner Eltern zum Umgang der Deutschen mit ihrer Vergangenheit wischte ich einfach vom Tisch. Ich erinnerte mich an das erste Nachkriegsjahr in Berlin, wo es in den Reihen der Menschen, die mir nahestanden, selbstverständlich gewesen war, die entsetzlichen Verbrechen der Nazis zu verdammen und zu schwören, alles zu tun, dass etwas Vergleichbares nie wieder geschehe. Diesen Deutschen fühlte ich mich verpflichtet, so sehr, dass ich glaubte, ich könnte ihnen beim Aufbau eines neuen demokratischen Deutschland behilflich sein. Der 1948 entstandene Staat Israel war mir fremd, ja, ich hatte noch nicht einmal wesentliche Kenntnisse, die diesen Staat für mich hätten wichtiger erscheinen lassen als irgendeinen anderen Staat in der Welt.

Ich fügte mich der Bitte meiner Eltern, wenn schon nach Deutschland, dann nicht nach Berlin zu gehen, das als Enklave inmitten der sowjetischen Besatzungszone auch noch 1955 in Gefahr schien, von den kommunistischen Machthabern mit Hilfe russischer Bajonette annektiert zu werden. Zwar war die Blockade der Stadt durch die Russen an der Hartnäckigkeit der westlichen Alliierten und der Entschlossenheit der Berliner gescheitert.[85] Aber der Kalte Krieg dauerte an. Berichte über Verfolgungen und Verschleppungen von Gegnern des Kommunismus machten auch mir den Verzicht auf Berlin leichter. So gelangte ich nach Bonn, das mir als Hauptstadt der neugegründeten Bundesrepublik Arbeitsmöglichkeiten zu versprechen schien, zumal mir Politiker, die ich von der Sozialistischen Internationale her kannte, Unterstützung bei der Arbeitssuche zugesagt hatten.

»Guck nur, da kommen sie wieder, die Juden, um ihre Geschäfte zu machen und uns auszusaugen.« Der Mann mittleren Alters, der dies zu seiner neben ihm stehenden Frau sagte, sprach es lautstark ohne die geringsten Hemmungen. Beide standen wie meine Mutter und ich – wir erwarteten die Ankunft meines Vaters aus England – auf dem Flughafen Köln/Bonn und beobachteten die Landung einer El-Al-Maschine aus Tel Aviv. Als ihre Türen geöffnet wurden, sah ich gerade noch, wie einige ältere

Menschen nach einem flüchtigen Blick auf die unbekannte Umgebung zögernd die Gangway herunterstiegen. Dann musste ich meine Mutter fast gewaltsam fortziehen, die im Begriff war, auf den Mann loszugehen. Dieses Erlebnis, das meine Mutter noch tagelang beschäftigte und auch ängstigte, schien mir nur eine Lappalie zu sein, ja eigentlich nur der trotzige Aufschrei eines Gestrigen, der mir keine Veranlassung zu Befürchtungen gab. Natürlich, es musste noch alte Nazis und Antisemiten in Deutschland geben – das war klar, doch gewiss hatten sie weder Bedeutung noch Einfluss. Anders konnte und wollte ich es mir nicht vorstellen.

Aber es sollte sich bald herausstellen, dass alles anders war, als ich angenommen hatte. Und es begann mit dieser Bundeshauptstadt, die viele verächtlich als Bundesdorf bezeichneten. Bei meiner endgültigen Ankunft in Bonn nach mehreren vorausgegangenen Besuchen hievte ich mit Mühe und Not und mit letzter Kraft meine Koffer aus dem Zug. Kaum hatte ich sie alle um mich versammelt, als der Zug auch schon wieder anfuhr. Das Schild »Bonn« überzeugte mich davon, dass ich nicht auf der falschen Station ausgestiegen war. Der Zug hatte auch keine Verspätung, die er aufholen musste. D-Züge hielten eben nur zwei Minuten auf dem Bahnhof der Hauptstadt der Bundesrepublik. Hinter der Sperre öffnete sich damals dem Reisenden eine weite, hohe Halle, die mehr versprach, als diese kleine Stadt zu bieten vermochte. Geradezu symbolisch dafür schien mir das 1909 im Stil der Gründerzeit erbaute Bahnhofsgebäude zu sein, zu dem – einer stolzen Freitreppe gleich – einige Stufen hinaufführen, die dem Bau etwas Monumentales hinzufügen.

Zu jener Zeit, als er errichtet wurde, war Bonn eine ruhige Provinzstadt gewesen. Die Glocke an den für den Verkehr hinderlichen Bahnschranken erinnert bis in unsere Tage daran. Der unwirsche Spruch der Neu-Bonner: »Entweder es regnet in Bonn oder die Schranken sind runter«, hat sicher jene, vorwiegend Pensionäre, nicht gestört, die Bonn einst als Wohnsitz bevorzugten, wegen seines milden Klimas und der Nähe zur Großstadt Köln. Die in einem ehemaligen kurfürstlichen Schloss untergebrachte Universität, die Persönlichkeiten wie Thomas

Mann die Ehrendoktorwürde verlieh, sie ihm in der Nazizeit wieder wegnahm und auch in der Nachkriegszeit nur schwer dazu zu bewegen war, sie ihm zurückzugeben, erhöht das Ansehen von Bonn noch heute. Der Bahnhofsausgang führt Ankömmlinge ganz automatisch der Stadtmitte und damit dem Rhein zu, dem großen Strom, der auf seinem »scheelen« (rechten) Ufer vom Siebengebirge mit dem sagenumwobenen Drachenfels und dem historisch gewordenen Petersberg gesäumt wird. Auf der anderen Seite tragen gepflegte Parks vor prächtigen Villen, die zu Regierungssitzen und Residenzen umfunktioniert sind, und Hotels mit gespenstischer Vergangenheit wie das »Dreesen«[86] großbürgerlichen Wohlstand zur Schau.

Eine wahre Postkartenlandschaft, deren Schönheit für einen Sonntagsmaler geeignet ist. Die dem Bahnhof gegenüberliegende Poststraße übt die Funktion eines Zubringers zu dieser für das Rheinland typischen Landschaft aus. In zwei-, höchstens dreistöckigen Häusern, auch sie um die Jahrhundertwende erbaut, zeigten nur die Geschäfte mit ihren Auslagen, die mir, der Großstädterin, zwar meist phantasielos vorkamen, etwas Leben. An Sonn- und Feiertagen hallte in der Innenstadt nach jedem Schritt nur ein Echo – so verlassen war sie dann. Einige schöne alte Gebäude im Stadtkern, die die Hauptpost, die Stadtverwaltung, die Bürgermeisterei und das Museum aufgenommen haben, versöhnten mich ein wenig mit der Provinzialität. Jedenfalls der äußerlichen.

Ich deutete es damals auch noch als Provinzialität, als eine Beamtin des Passamtes in Bonn den mir von den Nazis hinzugefügten Vornamen »Sara« in meinen neuen Pass eintragen wollte, weil es im Jahre 1938 so, samt Hakenkreuz, auf meiner Geburtsurkunde vermerkt worden war. Als ich die etwa 50-jährige Beamtin auf das Datum dieser Eintragung hinwies und ihr erklärte, dass dies nach einem der Nazigesetze erfolgt sei und längst keine Gültigkeit mehr habe,[87] sagte sie schroff, »das geht mich nichts an«, und ließ sich von ihrer Haltung auch nicht durch den Hinweis abbringen, dass die deutsche konsularische Vertretung in London meinen ersten Pass nach der Nazizeit im Jahr 1953 ohne diesen Zusatznamen ausgestellt hatte. »Der Zusatzname ist auf

Ihrer Geburtsurkunde eingetragen, folglich ist es Ihr Vorname, und ich werde ihn in Ihrem Pass vermerken«, fügte sie fast grob hinzu. Dass sie es dann doch nicht tat, war wohl meiner heftigen Reaktion zuzuschreiben. Als ich meinen am 15. Dezember 1960 ausgestellten Pass in der Bonner Stadtverwaltung abholte, sprach keiner ein Wort mit mir.

Es war fraglos reiner Opportunismus, dass die Stadt Bonn die von den Nazis 1938 zerstörte Synagoge für ihre 99 Juden und jüdischen Amerikaner, die von Zeit zu Zeit in der US-Botschaft dienten, wieder aufbaute. Denn die Bonner Stadtväter taten dies früher als die mancher anderen deutschen Stadt mit größeren jüdischen Gemeinden. Und sie errichteten die Synagoge nicht etwa wieder an ihrem ursprünglichen Platz – dort weist nur eine Tafel darauf hin. Sie stellten sie an die Straße, auf der Diplomaten und ausländische Staatsmänner auf dem Wege zum Auswärtigen Amt an ihr vorbeizufahren gezwungen sind.

Der dreieckige Marktplatz gefiel mir besonders gut mit seinen bunten Markisen und dem lärmenden Treiben vor dem schönen, mit goldenen Schnörkeln und rosa Stuck verzierten alten Rathaus und der wie Filigranarbeit wirkenden schmiedeeisernen Balustrade am Treppengeländer – ein Bild, das eigentlich nicht in unsere hektische Zeit passt. Die mächtige Beethoven-Statue auf dem Platz neben dem klotzigen Münster gibt dem Mittelpunkt der Stadt seine Würde, ist aber auch wieder ein Zeichen dafür, dass Bonn schon früher gelegentlich seine Bedeutung überschätzte. Denn dieser Große der Musik war zwar in Bonn geboren worden, zog es aber vor, sein Leben in Wien zu verbringen. Ihm – wie den Politikern dieses Jahrhunderts – muss es an Inspiration in dieser Stadt gefehlt haben, der es, im Rheintal gelegen, an frischer Brise mangelt, was dazu führt, dass man immer vergebens gegen eine lähmende Müdigkeit ankämpft.

»Aber es ist doch nur ein Provisorium«, entschuldigten jene die Stadt, die es ihrer Arbeit oder politischen Aufgabe wegen nach Bonn verschlagen hatte. Adenauers Intimus, Staatssekretär Dr. Hans Globke, ein Mann mit zweifelhafter Vergangenheit, vertraute dem Chefredakteur der Zeitschrift ›Der Monat‹[88] an: »Wir hatten einen fabelhaften Plan, aus Bonn eine wirkliche

Hauptstadt zu machen, einen wunderbaren Entwurf für ein imposantes Regierungsviertel. Aber es sollte ja nicht sein«, und er bedauerte, dass, da dieser Plan nicht zur Ausführung gelangt war, Bonns Regierungsgebäude »nicht besonders hübsch geraten (sind)« und es »unserer Hauptstadt an Atmosphäre fehlt«. Erklärend fügte er hinzu: »Bedauerlicherweise hat der Bundestag die Ankündigung, dass Bonn nur eine provisorische Hauptstadt ist, viel zu wörtlich aufgefasst.« Bundeskanzler Adenauer hatte es mit Bonn als Regierungssitz zweifellos leichter als mit Frankfurt, das ebenfalls als Hauptstadt im Gespräch gewesen war. Bonn lag in der Nähe seines Wohnsitzes Rhöndorf. Es war damals im Gegensatz zu Frankfurt eine vorwiegend katholische Stadt, und die Unterstützung für Adenauers Partei, die CDU, schien hier, der Bevölkerungsstruktur entsprechend, unerschütterlich.

Adenauers Bekundungen und Bekenntnisse zugunsten der Stadt Berlin, die der Rheinländer Adenauer wohl nie richtig verstand und zu der er zeit seines politischen Schaffens keine Bindungen hatte, hatten immer den Anstrich der Halbherzigkeit. Dennoch erforderte es die Nachkriegssituation, dass er und seine Partei die Stadt Bonn als Provisorium bezeichneten, da die einstige Hauptstadt Berlin, von den Russen bedroht, wie eine Insel der Demokratie inmitten der kommunistisch regierten DDR lag. Die Sozialdemokraten, die einen harten Kampf für die Erhaltung der Freiheit in der Stadt Berlin geführt hatten, als sie sich mit Klauen und Zähnen der Zwangsvereinigung mit den Kommunisten widersetzten, nahmen das Provisorium am wörtlichsten. Sie ließen ihre Parteizentrale aus Fertigteilen errichten, was ihr den Namen »Die Baracke« eintrug. Ein Name, der ihr bis heute anhängt, obwohl der spätere Umbau nur noch bedingt an den ersten provisorischen Bau erinnert.

»Sieh nur, die Kuhnerts haben schon wieder Besuch.« Die Dame, bei der ich zu Gast war, beugte sich vor, um besser auf den Balkon eine Etage tiefer sehen zu können. »Wer das nur wieder sein mag?« Und zu mir gewandt – fast klang es neidisch: »Sie sind genauso lange hier wie wir, aber sie kennen schon so viele Leute.« In großer Eile waren Siedlungen in Bonn hochgezogen worden, wahre Wohnsilos, die den nun in die kleine Stadt strömenden

Abgeordneten, Angestellten der politischen Parteien und der Ministerien Unterkunft bieten sollten. Die im Schnellverfahren errichteten Bauten waren nicht unbedingt schön, aber zweckmäßig. Darunter viele Kleinwohnungen für Sekretärinnen und Abgeordnete und alle jene, die an Wochenenden wie fluchtartig die Stadt verließen, um bei ihren Familien zu sein, die den Umzug nicht mitgemacht hatten. Teils weil sie in Bonn keine ihnen zusagende Unterkunft fanden, teils weil sie nicht sicher waren, ob dieses Provisorium von längerer Dauer sein würde. Nein, natürlich sei es nicht gut, dass sie alle zusammenlebten, fügte die Dame hastig hinzu. Man lerne einander zu gut kennen. Sie arbeiteten ja alle in derselben Dienststelle, sahen einander den ganzen Tag und nun auch noch nach Feierabend. Es gäbe ja in dieser Stadt zu wenig Anregungen.

Einst hatten Pensionäre die Stadt geprägt. Anspruchslos und genügsam und wohl auch müde nach einem arbeitsreichen Leben genossen sie die Behaglichkeit in Bonn. Studenten pflegten sich in den Häusern ihrer Burschenschaften auszuleben. Noch heute künden Fahnen mit ihren Symbolen in den gepflegten Teilen der Stadt von der Antiquiertheit ihrer Aktivitäten. Dazu ein paar Angestellte, wenige Arbeiter – die Stadt hatte keine nennenswerte Industrie –, das war die gesellschaftliche Struktur der Stadt Bonn, bevor das Schicksal sie ereilte, als Hauptstadt dienen zu müssen. Nun strömte ihr ein Heer von Beamten zu, das zur Stammbevölkerung nur schwer Kontakt bekam und ihn wohl auch nicht suchte. Vielfach war das Niveau zu unterschiedlich, oder die fröhliche Oberflächlichkeit des Rheinländers fand nichts Gemeinsames mit dem im Vergleich so reservierten Hamburger oder dem großschnäuzigen Berliner.

»Moby Dick« – so nannte man den Wal, der sich irgendwann, sein Leben riskierend, in den Rhein verirrte – machte eine scharfe Kehrtwendung, als er der Bundeshauptstadt ansichtig wurde, und schwamm, so schnell ihn seine Flossen trugen, zurück in Richtung Meer. Regierung und Opposition, die den merkwürdigen Gast ungeachtet ihrer üblichen Differenzen bejubelten, rätselten vergebens darüber, was ihn an Bonn so abgeschreckt haben könnte. Die Neu-Bonner hatten diese Wahl einer Umkehr nicht. Hatten sie eine Regierungskarriere gewählt, mussten sie sich in dieser Stadt ein Zuhause schaffen. Und dazu gehörte, dass sie nach Möglichkeiten der Ablenkung suchten, damit der Sonntag nicht zum Alltag wurde.

Das Theater der Stadt Bonn war von Bomben zerstört worden. Anders als bei der Synagoge eilte es den Stadtvätern nicht so sehr mit seinem Wiederaufbau. Schließlich gab es Ausweichmöglichkeiten. Da war der Contra-Kreis, der unter seinem Initiator Kurt Hoffmann in einem ehemaligen Luftschutzkeller mit unbequemen Klappsitzen gutes Theater machte. Zwar versagten die Stadtväter ihm zunächst wegen seines Avantgardismus jede Unterstützung, ja befehdeten ihn sogar, ziehen ihn der Frivolität und ähnlicher Dinge. Für die Hautevolee der Neu-Bonner, die schon vom Wirtschaftswunder profitierten, ihre Ferien auf Mallorca verbrachten, Nierentische als letzten Schrei in ihre neuen Wohnungen stellten, war dieses Theater mit seiner Bohemien-Atmosphäre nicht der geeignete Ort. Da ging man schon lieber in den »Bürgerverein«, einen Mehrzweckbau mit vielen Sälen, der später einem modernen Hotel zu weichen hatte.

Dort gab es Gastspiele und Veranstaltungen, bei denen man meist unter sich war. Einen Ballettabend zum Beispiel, der aus Anlass des Besuchs von Hamani Diori, Präsident des afrikanischen Staates Niger, veranstaltet wurde. Nur von der Regierung geladene Gäste waren anwesend. Regierungsmitglieder, höhere Ministerialbeamte, höhere Chargen des Militärs, einige wenige Journalisten. »Wir waren zwei Jahre dort«, sagte eine Diplomatengattin zur anderen, die direkt hinter mir saßen. »Zuerst waren wir selig, als wir die ersten Schwarzen sahen. Aber dann, zwei Jahre später, konnten wir sie nicht mehr ertragen.« Die zweite versicherte ihrer Nachbarin ihr vollstes Verständnis. Einmal kam sogar die große Schauspielerin Käthe Gold zu einem Gastspiel in die Bundeshauptstadt. Als sie mit zarter Stimme Ibsen sprach, dröhnten im Nebensaal die Trommeln einer Karnevalsgesellschaft, die sich schon Monate im Voraus auf ihre traditionellen tollen Tage vorbereitete. Der Genuss war getrübt. Dabei war es nicht leicht, Karten für solche Gastspiele zu ergattern. Der Hunger nach Kultur war groß.

Einmal gelang es mir, eine Karte für ein Gastspiel des Ehepaars Knef/Cameron in den Godesberger Kammerspielen – zu jener Zeit noch hauptsächlich Kino – zu bekommen. Ich verspätete mich zu dieser Aufführung um wenige Minuten; Glatteis hatte mir die Anfahrt erschwert. Das Personal verweigerte mir den Zutritt zum Zuschauerraum, stellte ihn mir für die Pause in Aussicht. Ich protestierte. Es gesellten sich andere Personen zu mir, denen es ähnlich ergangen war. In ganz Deutschland sei eine solche Anordnung unüblich, erklärten wir dem Theaterdiener und verlangten den Geschäftsführer zu sprechen. Nach langem Hin und Her wurde festgestellt, dass man uns nur den »Kommissar« bieten könne. Der als solcher bezeichnete uniformierte Polizeirat erschien, offensichtlich wütend, weil man ihn gestört hatte. Unser Anliegen sei ungerechtfertigt, sagte er unwirsch und wandte sich zum Gehen. Da verlangte einer der Besucher seinen Namen zu wissen. Er verweigerte das mit dem Zusatz: »Mit Ihnen rede ich überhaupt nicht. Sie sind mir viel zu jung und lächerlich dazu.« Dann, auf unsere Proteste hin, noch erregter werdend, rief er: »Ich lasse Sie gleich auf die Straße setzen, wo Sie auch hingehören.«

Sprach's, verschwand und kam mit einer Polizeistreife zurück, der er befahl, unsere Namen aufzuschreiben. Es handelte sich um eine Gräfin, einen Legationsrat vom Auswärtigen Amt und seine Frau, einen im Wirtschaftsministerium tätigen Gerichtsassessor und mich. Der Bonner ›General-Anzeiger‹ berichtete am nächsten Tag von den »Randalierern« im Theater und forderte Hausverbot für die »Ruhestörer«. Drei der Betroffenen strengten eine Privatklage gegen den Polizeirat an. Vor dem Schiedsmann, der dem Polizeioffizier höchst ungebührliches und an die Nazizeit erinnerndes Verhalten vorwarf, führte der Polizeirat seine zahlreichen jüdischen Verbindungen als Alibi für seine Integrität an, akzeptierte nach vielem guten Zureden von Seiten des Schiedsmanns schließlich den Vorwurf und entschuldigte sich bei uns. Wir nahmen diese Entschuldigung an und zogen die Privatklage zurück.

Bei ihren Versuchen, sich trotz allem heimisch zu fühlen, nahmen die Neu-Bonner auch am Karneval teil. Man schrie »Helau«

und »Alaaf«, hüllte sich in Vergnügen versprechende Phantasiegewänder, setzte Masken auf und glaubte sich sicher, dass der Funke überspringen müsse. Aber er tat es nur selten. Und so machten sie Miene zum langweiligen Spiel, ließen sich an Weiberfastnacht in den Büros und auf den Straßen die Krawatten abschneiden und tranken mit den Rheinländern um die Wette. Die Pointen der Karnevalswitze erfassten sie selten, oder sie fanden sie schlichtweg eindeutig obszön. Immerhin brachte der Karneval ein paar arbeitsfreie Tage mit sich. Und wer glaubte, diese tollen Tage missachten zu können, fand sich entweder ohne Sekretärin oder – selbst auf Regierungsebene – ohne den zuständigen Kollegen.

Ereignisse wie Staatsbesuche waren da schon beliebter. Allerdings ausschließlich bei den Neu-Bonnern. Für die Kleinstadt mit den engen Straßen brachten solche Besuche nur Probleme mit sich. Die Bonner stöhnten unter den Absperrungen und dem Dröhnen der Motorkavalkaden der »weißen Mäuse« und bereuten hinter vorgehaltener Hand hundertmal, dass sie die Ehre der Hauptstadt zu tragen hatten. Die Staatsdiener waren da schon eher in ihrem Element. Handelte es sich um einen dem Rang nach hohen Gast, konnten die Damen endlich ihre großen Roben ausführen an der Seite ihrer befrackten Ehemänner, denen ihre Wichtigkeit in solchen Momenten von den Gesichtern abzulesen war.

Man fühlte sich sichtlich wohl und auch zugehörig in dem wunderschönen Rahmen, den das in Brühl, zwischen Köln und Bonn, gelegene Schloss Augustusburg für derartige Anlässe bot. So wohl, dass sich die Damen nicht davon abhalten ließen, am Schluss der Veranstaltung die kunstvoll arrangierten Blumengebinde zu plündern und bündelweise nach Hause zu schleppen. Vom Büfett, überladen mit auserlesenen Köstlichkeiten der gerade angelaufenen Fresswelle, ließen sie – eines Neureichen würdig – im Höchstfall das Brot zurück. Doch bei den ersten festlichen Anlässen im Schloss stellten sich gewisse Mängel heraus, die, da sie – in den Sommermonaten – gewiss nur die Damen störten, zunächst recht wenig Beachtung fanden. Das während der Zeit des Barock erbaute Schloss verfügte nicht über die unserer Zeit entsprechenden Toiletten. Ein Besuch der Königin von England 1965 war es dann, der Bonns Verantwortliche trotz knappen Budgets – so hieß es in Bonns Gerüchteküche – dazu bewog, den Bau neuer, für das leibliche Wohl ebenso wesentlicher Anlagen zu veranlassen.

Bonns Stadtväter spielten sehr bald mit in der Manege des Lebens einer Hauptstadt. Sie lernten mühelos ihre neue Rolle und fühlten sich in der ihnen zugewachsenen Bedeutung voll zu Hause. So arrangierte Oberbürgermeister Peter Maria Busen am 6. Januar 1956 im Sternsaal des Rathauses einen Empfang zu Ehren des achtzigjährigen Kanzlers Dr. Konrad Adenauer, der Ehrenbürger und Abgeordneter von Bonn-Stadt und -Land war. Und siehe da – welch ein Zusammentreffen! –, dieser Tag war zugleich der Verlobungstag der Tochter des Oberbürgermeisters. Dr. Adenauer und Professor Theodor Heuss, erster Präsident der Bundesrepublik, waren so nicht nur von den Honoratioren der Stadt umgeben, sondern zugleich auch vom Brautpaar und deren Anverwandten. Und so war es auch bei dem nachfolgenden Frühstück. Vom Brautvater so verfügt, stellte sich das Brautpaar immer wieder an der Seite von Kanzler und Präsident den Fotografen. Eine Vermischung von Verlobungsfeier und Empfang der Stadt für die Höchsten des Staates sei ihm nicht bewusst gewesen, erklärte der Oberbürgermeister der Stadt Bonn, der nicht nur der Lächerlichkeit preisgegeben war, sondern es auch mit der Staatsanwaltschaft zu tun bekam, die gegen ihn den Straftatbestand der Untreue prüfte.

Trotz mancher Verbesserungen blieb Bonn Kleinstadt, solange ich es kannte.[89] Nie habe ich mich dort heimisch gefühlt. Zwar verband die Rheinuferbahn Bonn mit der gerade 30 Minuten entfernten Großstadt Köln und war wohl, als die Bundeshauptstadt in Bonn Formen annahm, das meistfrequentierte Verkehrsmittel in jenen Tagen. Ich aber fühlte mich auch in Köln fremd, wo die Atmosphäre zur Zeit des Kardinals Frings überaus stark von der katholischen Kirche bestimmt wurde. Jeder Ausflug nach Berlin, das auch als geteilte Stadt noch lebendiger war als Bonn, schien mir immer wie ein Abstecher ins wahre Leben. Auch eine kleine eigene Wohnung half da nicht viel. Eine Wohnung in einer Neubausiedlung übrigens, in der für Telefone keine Vorkehrungen getroffen worden waren. Meines Berufes wegen sah sich die Post nach mehreren Eingaben genötigt, eigens für mich einen Mast gegenüber meinem Hause aufzustellen, um mich mittels frei schwingender Kabel an ein entferntes Netz anzuschließen.

In Bonn machte ich auch meine ersten Erfahrungen mit der Tatsache, dass sich jene, die sich so wortreich zur Demokratie bekannten und die die Bundesrepublik in ihrem Geiste aufzubauen vorgaben, in keiner Weise von Deutschlands schrecklicher Vergangenheit bedrängt fühlten. Nach meiner Vorstellung eine Vorbedingung dafür, wenn man es mit einem neuen Geist ernst meinte. Hingegen verlangte man Vergessen und Vergeben von den Opfern – also so zu tun, als sei eigentlich nichts geschehen.

Als in Bonn der Vorsitzende der Jüdischen Gemeinde starb, der trotz bitterer Erfahrungen im KZ in seine Heimatstadt zurückgekehrt war, beschwor der Oberbürgermeister Dr. Wilhelm Daniels an seinem Grab die Juden, Vergebung zu üben für das, was man ihnen angetan hatte. Am selben Tag gab der Sprecher der Stadt Bonn bekannt, dass man beschlossen habe, dem ehemaligen Nazibürgermeister aus der Zeit von 1933 bis 1945 die Summe von 54 000 Mark als Ruhegeld nachzuzahlen. In seine Amtszeit fiel es, als jüdische Geschäfte in Bonn zertrümmert, Juden verfolgt und schließlich zum Mord deportiert worden waren. Niemand schien etwas gegen diesen Beschluss einzuwenden zu haben. Jedenfalls wurden keine Proteste laut. Geschah dies etwa im Namen des Glaubens der christlich-abendländischen Mission, der der Bonner Wochen- und Bad Godesberger Vorschau zufolge in der Bundeshauptstadt Bonn zu neuem Leben erwacht war? Es schien mir eher der Geist einer gewissen Zeit zu sein, die kein Provisorium gewesen war …

25
Ohrfeigen

»Aber gnädige Frau!« Noch heute habe ich den Ton der Empörung im Ohr, den ein kostümierter Journalist im Bonner Presseclub ausstieß, als ich seinem Freund eine deftige Ohrfeige versetzte. Dazu veranlasst hatten mich die Kostümierung und das Verhalten seines Freundes anlässlich einer der ersten Karnevalsveranstaltungen meines Lebens im Februar 1960. Diese Ohrfeige wurde zur Grundlage meiner Beziehungen zur Gesellschaft der deutschen Journalisten in Bonn. Nur wenige zeigten Verständnis für mich, und das nicht nur, was meine Handlungsweise betraf. Die Ohrfeige machte zugleich auch meinen Wunsch zunichte, endlich einmal »dazuzugehören«, nicht mehr, wie in Nazi-Deutschland, »gezeichnet« zu sein oder, wie in England, als Ausländerin nach dem Kriege nicht in die Gesellschaft aufgenommen zu werden. Ob ich das ohne diese Ohrfeige erreicht hätte, bleibt eine offene Frage.

Ich war in der Hoffnung nach Bonn gekommen, als eine unter vielen am Aufbau eines neuen Deutschland in irgendeiner Funktion mitzuarbeiten. Was ich damit praktisch meinte, wusste ich eigentlich nicht so recht. Ich glaubte nicht nur ein Recht, sondern auch die Pflicht dazu zu haben. Schließlich hatten Deutsche ihren Kopf für mich riskiert, um meine Mutter und mich vor dem Mord durch die Nazis zu bewahren. Sozialdemokratische Politiker, die ich auf Konferenzen der Sozialistischen Internationale traf, hatten mich auch zu diesem Denken ermutigt. Jedenfalls sagte niemand etwas Gegenteiliges, als ich sie daraufhin ansprach. Ja, jeder von ihnen sagte mir Unterstützung zu, als ich darum bat.

Aber als ich dann wirklich in Bonn war, fand ich die meisten »auf der Flucht« vor mir. So jedenfalls schien es mir. Sie schützten Abwesenheit vor oder unaufschiebbare Termine. Einige, die ich besonders gut kannte, luden mich zum Essen ein. Aber niemand fragte, was ich denn nun plane oder ob ich ein Auskommen hätte oder gar, ob sie etwas für mich tun könnten. Andeutungen von mir, in denen ich sehr vorsichtig an die versprochene Hilfe erinnerte, überhörten sie oder antworteten mit belanglosen Floskeln. Es schien mir sinnlos zu insistieren. Freunde in weniger einflussreichen Positionen zerbrachen sich da schon eher den Kopf. »Wie kannst du nur erwähnen, dass du Jüdin bist.« Ein Freund empörte sich. Er war selber Jude, war schon bald nach Kriegsende aus Palästina nach Deutschland zurückgekehrt und hatte eine diplomatische Karriere eingeschlagen. Er hielt auch mich für geeignet, eine Aufgabe im Auswärtigen Dienst zu übernehmen. Leute mit Sprachkenntnissen wie ich würden immer gebraucht, meinte er. Er hieß mich einen Lebenslauf schreiben, den er weiterzuleiten versprach. Es versteht sich von selbst, dass ich darin die Verfolgung als Jüdin im Dritten Reich erwähnte. Er war ganz außer sich, als er es las. Mit den Worten »Wozu das?« schob er mir den Lebenslauf wieder zu. Heutzutage müsse man so etwas verschweigen, wolle man in der Bundesrepublik Karriere machen, sagte er.

Ich war verwirrt und empört zugleich. Er zeigte sich verständnislos, als ich ihm erklärte, dass ich nicht bereit sei, meinen Lebenslauf zu »frisieren«. Nach allem, was geschehen war, hätte ich nicht die Absicht, mein Judentum je wieder zu verleugnen. Auf meine Frage gab er ohne zu zögern zu, dass er diese Tatsache bei seiner Bewerbung »natürlich« weggelassen habe. Seines Wissens sei es der Behörde nicht bekannt, dass er Jude sei, und er denke nicht daran, es ihr zur Kenntnis zu bringen. Tatsächlich dürfte es in seinem Amt nicht besonders aufgefallen sein, wenn jemand über »jene Jahre« seines Lebens ungenaue Angaben machte. Versuche deutscher Beamten, ihre nazistische Vergangenheit zu verschleiern, waren eher die Regel als die Ausnahme. Mein Freund versuchte auf seine Weise, sein »Judenproblem« zu lösen, von dem ich fälschlicherweise angenommen hatte, dass es mit dem Ende der Nazizeit nicht mehr existiere. Ich handelte darum auch entsprechend.

Am ersten Weihnachtstag im Jahre 1959 hörte ich wie gelähmt zu, als der Nachrichtensprecher die Meldung über Hakenkreuzschmierereien an der Synagoge von Köln verlas. Es war knapp ein Jahr, nachdem mich die israelische Zeitung ›Maariv‹ als Deutschlandkorrespondentin angeworben hatte. Ich hatte zunächst gezögert, diese Aufgabe zu übernehmen, die mich in Bonn festnageln, meinen Tagesablauf bestimmen und mich zwingen würde, die mir lieb gewordenen Veröffentlichungen über und für die Dritte Welt einzuschränken. Bis dahin hatte ich Beiträge für indische Zeitungen geliefert, aber auch über Indien, Burma, Nepal und Israel in deutschen Medien berichtet. Als ich schließlich die mir angetragene Aufgabe übernahm, weil eine feste Anstellung auch ein geregeltes Einkommen versprach, ahnte ich noch nicht, dass sie mein Leben verändern würde.

An jenem Weihnachtsmorgen eilte ich nach Köln, um das Unvorstellbare in Augenschein zu nehmen. Am Sockel der Synagoge in der Roonstraße, die erst am 20. September desselben Jahres neu eingeweiht worden war, stand: »Deutsche fordern: Juden raus.« Etliche Hakenkreuze »zierten« diese Schmierereien. Dieselben Täter hatten über eine Grabplatte für sieben prominente Opfer des Nationalsozialismus schwarze Lackfarbe gegossen und damit die Inschrift: »Dieses Mal erinnert an Deutschlands schmachvollste Zeit 1933-1945« gelöscht. Dieses damals für mich Unfassbare in einem neuen Deutschland ist heute leider längst keine Seltenheit mehr, sondern gehört zu den Ereignissen, die von Zeit zu Zeit als wenig beachtete Nachricht unter dem Strich in der Presse erscheinen.

Damals führte die Schmiererei an der Synagoge von Köln zu einer Welle von antisemitischen Aktionen in der Bundesrepublik, aber auch in anderen europäischen Ländern. Es war, als habe man den Deckel von einem Drucktopf genommen. Niemand konnte so recht die Ursache dafür erklären. Einige wenige Deutsche wagten bei einer Analyse der Gründe für diesen Ausbruch in ihrem Land öffentlich festzustellen, dass sie im Mangel an politischer Erziehung der deutschen Jugend und in der Beschäftigung ehemaliger Nazis in hohen Regierungsämtern zu sehen seien. Einem von der Bundesregierung herausgegebenen Weißbuch zufolge hat es bis zum 28. Januar 1960 insgesamt 684 »Folgetaten«, also Hakenkreuzschmierereien auf Gerichtsgebäuden,

Kirchen, Schändungen jüdischer Friedhöfe, antisemitische Aufschriften, anonyme Drohbriefe an in der Bundesrepublik lebende Juden gegeben, vorwiegend von jungen Menschen verübt. Das Fazit der Bundesregierung, dass es sich dabei um schwachsinnige Missetäter und Rüpel handelte und nicht um antisemitische Bewegungen oder staatsfeindliche Kader und auch nicht um nazistische Restgruppen, schien mir denn doch zu leichtfertig in einem Land, in dem nur fünfzehn Jahre zuvor Menschen wegen ihrer Zugehörigkeit zum Judentum ermordet worden waren.

Bonns erster Bundeskanzler Dr. Konrad Adenauer bewies, wie wenig er daran interessiert war, sich mit dieser Frage ernsthaft zu beschäftigen, als er empfahl, »Lümmeln«, die solche Taten verübten, eine Tracht Prügel zu verabreichen. Eine Bemerkung, die ihm bei der Opposition und vor allem im Ausland viel Kritik einbrachte. Erst später verstand ich diese Bemerkung als bezeichnend dafür, dass die Regierungen Adenauers, selbst so kurz nach dem Geschehen, nicht beabsichtigten, sich mehr als unbedingt nötig mit den Verbrechen Nazi-Deutschlands auseinanderzusetzen. Der gewiefte Politiker hatte sehr wohl erkannt, dass das deutsche Volk so wenig wie möglich von dieser Vergangenheit »belästigt« werden wollte.

So blieb es auch bis in die neunziger Jahre. Deutsche Politiker sprachen, wenn geschichtliche Daten oder die Zweckmäßigkeit sie dazu herausforderten, von Verbrechen, die »in deutschem Namen« geschehen waren. Mit dieser Wortwahl stießen sie das Thema von sich, versuchten die von Deutschen erdachten und verübten Verbrechen zu anonymisieren, zu Ereignissen ohne Täter, zu nebulösen Zwischenfällen ohne Konturen zu machen.

Die zwei 25-jährigen Täter von Köln wurden schnell gefasst. Ihre Fingerabdrücke, die man auf den in der Nähe des Tatortes weggeworfenen Farbdosen fand, waren aufgrund ihrer Vorstrafen in der Polizeikartei vorhanden. Beide waren seit 1958 Mitglieder der rechtsradikalen Deutschen Reichspartei. Einer von ihnen gestand die Tat unumwunden, er habe verhindern wollen – wie er sagte –, »dass Juden wieder die Macht in Deutschland an sich reißen.« Der andere leugnete zunächst. In seinem Zimmer fand man aber nazistische Publikationen, Bilder von Nazi-Helden, Embleme der Deutschen Reichspartei. »Juden sind Ausländer, die zurückgehen sollten, wo sie hergekommen sind. Sie stellen eine Gefahr für die germanische Rasse dar.« So rechtfertigte er schließlich seine Tat.

Das Gericht von Köln verurteilte die beiden zu vierzehn und zehn Monaten Gefängnis. Landgerichtsdirektor Metze meinte, man müsse die Tat ohne Emotionen beurteilen. Dann käme man unweigerlich zu der Erkenntnis, dass sie nicht höher zu bewerten sei. Harte Strafen würden eher zum Anwachsen des Antisemitismus beitragen. Er wies auf die geistige Beschränktheit »dieser politischen Wirrköpfe« hin, auf ihre psychopathischen Anlagen, die der Gerichtsmediziner festgestellt hatte, und meinte, dass von solchen Tätern keine Gefahr ausgehen könne. Das Gedächtnis dieses Richters schien mir absonderlich kurz. Waren unter denen, die sich unter der Fahne des Hakenkreuzes zusammengefunden hatten, nicht viele Psychopathen gewesen, Menschen wie diese beiden, unaufgeklärt, dumm, verwirrt? Überdies schien es dem Gericht nicht erwiesen, so der Landgerichtsdirektor, dass der eine Täter eine religiöse Gemeinschaft habe treffen wollen. Er habe während seiner Verteidigung von den Juden als von einer Rasse und von Ausländern gesprochen. Dies führte zu einer Straferleichterung, da der Paragraph: »Wer öffentlich eine im Staat befindliche Religionsgemeinschaft öffentlichen Rechtes beschimpft, wird mit Gefängnis bis zu drei Jahren bestraft« nicht anwendbar war.

Mir war es schier unmöglich, über dieses Gerichtsurteil ohne Empörung in meiner Zeitung zu berichten. Ebenso wenig verstand ich, aus welchem Grunde man unterließ, die Deutsche Reichspartei, die so offensichtlich nazistische Ziele verfolgte, zu verbieten. Auf Versammlungen dieser Partei fielen antisemitische Bemerkungen, wurde das Naziregime verherrlicht. Auf ihren Parteitagen wurde Naziliteratur verkauft, und ihr Parteiorgan ›Der Reichsruf‹ stand dem Tenor des ›Völkischen Beobachters‹ in nichts nach. Ein Verbot hätte sicher nicht das nazistische Gedankengut aus den Köpfen dieser jungen Wirrköpfe getilgt. Es hätte aber eine Verbreitung der gefährlichen Ideen verhindert.

Der damalige Bundesinnenminister Dr. Gerhard Schröder ließ zwar überprüfen, ob die DRP verfassungsfeindlich sei. Dem Bundesverfassungsgericht schien das nicht erwiesen. Lediglich der Kreisverband Köln, dem die beiden Täter angehörten, wurde wegen antisemitischer Tendenzen aufgelöst.

Übrigens hatte Innenminister Schröder selbst dem Nationalsozialismus nicht gerade ferngestanden. »Ich war Mitglied der NSDAP.[90] Aber das bedeutet nicht, dass ich im Innern Nazi war.« Er sei als junger Anwalt in die Partei eingetreten, weil er wusste, dass er sonst nichts erreichen konnte. »Ich war auch SA-Anwärter.« Er habe versucht, SA-Mann zu werden, weil er in der Partei keinen großen Eindruck gemacht habe. »Ich wurde nach sieben Monaten gestrichen, weil ich kein Interesse gezeigt habe.« Schröder gab auch an, aus der NSDAP ausgetreten zu sein. Tatsächlich aber ruhte seine Parteimitgliedschaft, weil er an der Front diente. Bei jeder nur passenden Gelegenheit erwähnte er seine Frau, die Tochter eines halbjüdischen Vaters, und die Gefahr, der er, Schröder, ihretwegen in der Nazizeit ausgesetzt gewesen war. Dieses Argument konnte man nicht ernst nehmen. Es war schon wie eine Manie im Nachkriegsdeutschland: Ähnlich wie man in der Nazizeit die jüdische Großmutter verschwiegen hatte, so holte man sie nun schleunigst hervor.

Mich traf dieser antisemitische Zwischenfall in Köln ausgesprochen hart. Es war, als zöge man mir den Boden unter den Füßen weg. Wie war es möglich, dass nur fünfzehn Jahre nach den Morden an den Juden Deutsche abermals bereit waren, Juden zu verfolgen, oder untätig dabei zusahen oder gar diese Tatsache bagatellisierten, wie es das Gerichtsurteil zeigte? Wirkte das schreckliche Geschehen der Vergangenheit möglicherweise wie eine stumme, immer gegenwärtige Anklage, gegen die sich die junge Generation auf irgendeine Weise zur Wehr setzen wollte?

Um diesen Gedanken, die mich lange Zeit nicht losließen, für ein paar Stunden zu entfliehen, beschloss ich, eine Karnevalsveranstaltung zu besuchen. Aber schon beim Eintritt in den Presseclub glaubte ich meinen Augen nicht zu trauen. Da hatte sich ein junger Journalist derart kostümiert, dass er meiner Meinung nach klar als Jude zu erkennen war. Mit Seitenlocken (Peies),

Käppchen und einer Art Gebetsschal, wie sie von frommen Juden getragen werden, ging er inmitten der bunten Masken einher. Ein schäbiges Köfferchen in der Hand und zerschlissene Kleider sollten wohl den Eindruck eines jüdischen Händlers vervollständigen. Entsprechende, als »jüdisch« ausgewiesene Handbewegungen taten das Ihrige dazu. Mit ihm und über ihn schien sich eine Anzahl von Journalisten köstlich zu amüsieren. Andere wieder empfanden sein Gehabe als abstoßend. Mir unbekannte junge Leute an meinem Tisch machten keinen Hehl aus ihrem Befremden. Ihnen war der Abend ebenso verleidet wie mir. Ein anderer Kollege verließ die Veranstaltung stehenden Fußes, als er dieses so kostümierten Journalisten ansichtig wurde.

Es ergab sich, dass ich – auf der Tanzfläche neben ihn geratend – diesem »Narren« schließlich mein Missfallen zu verstehen geben konnte. Ich sagte ihm, dass ich nicht begreifen könne, wie ein Deutscher nach allem, was vorgefallen war, eine dieser armen, gequälten Kreaturen zum Gaudi des Karnevals machen konnte. Ihn, der möglicherweise unter dem Einfluss von Alkohol stand, reizte dies, mich zu hänseln – mich hingegen dazu, ihm eine Ohrfeige zu versetzen. Der Bonner Journalismus hatte seinen Skandal.

Der betroffene Journalist wurde bis zur Klärung der Angelegenheit von seiner Redaktion suspendiert. Er wies sofort den Verdacht antisemitischer Regungen von sich und erklärte, er habe nicht einen Juden, sondern einen griechischen Teppichhändler darstellen wollen. Alle, die ihn näher kannten, versicherten mir, dass ihn nicht Antisemitismus, sondern nur eine gewisse Bizarrerie zu dieser Kostümierung veranlasst haben könne. Meine Handlungsweise erfuhr viel Kritik, wie es dem Geist der Bundesrepublik damals voll entsprach. Die Angelegenheit führte zu einer Aussprache aller Beteiligten unter dem Vorsitz des SPD-Abgeordneten Adolf Arndt. In einem später herausgekommenen Kommuniqué der Bundespressekonferenz, deren Mitglied der Journalist war, wurde alsbald festgestellt, es tue dem Betreffenden herzlich leid, dass »… ein von ihm nicht gewollter, falscher Eindruck entstand, durch den sich Teilnehmer der Veranstaltung herausgefordert und verletzt fühlen konnten«. Er sei bei der

Wahl des Kostüms nicht auf den Gedanken gekommen, es könne antisemitisch wirken.

Ich nahm diese Erklärung an. Ich hatte gar keine andere Wahl, obwohl ich Zweifel an der Ehrlichkeit der Behauptung hatte. Ich fühlte mich geschlagen. Das Gros der Bonner Journalisten bezeugte mir seine Abneigung. Auf einen Umgang mit mir legten sie keinen Wert. Sie standen dagegen »wie ein Mann«. Ich war isoliert. Ich begriff das nicht. Natürlich hatte ich nicht erwartet und auch nicht gewollt, dass man einer unter den Nazis verfolgten Jüdin, die trotz allem nach Deutschland zurückgekehrt war, mit Ehrfurcht oder Demut begegnete. Aber ich hatte erwartet, dass man sie aufnahm, vielleicht sogar mit Freude darüber, dass eine Jüdin durch ihre Rückkehr ihr Vertrauen zu einem neuen Deutschland bekundete. Und dass man mit ihr gemeinsam den Versuch unternehmen konnte zu verstehen, was damals geschehen und wie es zu den grausamen Verbrechen Deutscher gekommen war. Stattdessen wurde eine Barriere aufgerichtet, und sie stand nicht nur zwischen den Bonner Journalisten und mir, sondern zwischen Deutschen und Juden überhaupt.

»Ach, das ist ja alles halb so schlimm.« Mit diesen Worten reagierte ein deutscher Diplomat, einst Konsul in Kalkutta, auf die Frage von Frank Moraes, Chefredakteur des ›Indian Express‹, einer der größten Zeitungen Indiens, nach dem Antisemitismus in Deutschland. Kaum ein Jahr nach den Hakenkreuzschmierereien und der darauffolgenden antisemitischen Welle in der Bundesrepublik erklärte dieser deutsche Diplomat dem zu Besuch in der Bundesrepublik weilenden indischen Journalisten in meiner Gegenwart weiter: »Es war ja auch damals (also in der Nazizeit) alles halb so schlimm. Sie sehen ja, die meisten Juden kommen auch schon wieder nach Deutschland zurück.« Moraes, der sehr wohl über die Situation in Deutschland unterrichtet war, drückte mir gegenüber später seine Empörung über diese Behauptung aus, der von keinem der bei diesem Mittagessen zu Ehren des Inders anwesenden Diplomaten und Beamten widersprochen worden war.

Tatsächlich waren nur wenige deutsche Juden zurückgekehrt. Vielfach waren es ältere Menschen, die die Probleme des Exils nicht ertrugen und so wie ich glaubten, in Deutschland wieder unter Menschen leben zu können, die sich ihres Wissens nach mit dem Nationalsozialismus nicht identifiziert hatten. Sie blieben Außenseiter. Nur wenige fanden Aufnahme in der deutschen Gesellschaft. Die Vergangenheit hemmte die Spontaneität vieler Deutscher, die eigentlich bereit waren, mit Juden in Freundschaft zu leben. Aber auch die Juden waren voller Scheu und nie ganz sicher, wie wahr die Behauptungen von Menschen waren, dass sie niemals etwas mit dem Nazismus zu tun gehabt hätten. Einige Juden – meist aus DP-Lagern und auf dem Weg nach Israel in Deutschland hängengeblieben – gaben ihre Unsicherheit sogar an ihre Kinder weiter, die nach dem Kriege in Deutschland geboren worden waren. Sie versuchten, sie von der Außenwelt abzuschirmen.

Diese Kinder, von denen einige später nach Israel auswanderten, berichteten mir, dass ihre Eltern ihnen untersagt hätten, Sportclubs beizutreten oder gar Freundschaften mit nicht-jüdischen Gleichaltrigen zu schließen. Ein junges Mädchen erinnerte sich an ihr Studium an einer deutschen Universität, in der sie auf Geheiß ihrer Eltern jeden Umgang mit Deutschen ihres Alters, ja jedes Gespräch mit ihnen mied. Eine Ehe kam natürlich nur mit einem jüdischen Partner in Frage. In der Hoffnung, durch eine Ehe dieser gefängnisähnlichen Situation entrinnen zu können, gingen manche frühzeitige Verbindungen ein, die nicht lange Bestand hatten. Die Eltern behaupteten zwar immer wieder, dass sie über kurz oder lang aus Deutschland auszuwandern gedächten. Aber sie taten es selten, meist weil sie des Wanderns müde waren, oft auch, weil sie in Deutschland günstige Verdienstmöglichkeiten gefunden hatten. Ihre Kinder kamen ihnen daher oft zuvor.

Ich lernte viele Deutsche kennen, die feuchte Augen bekamen, wenn das Gespräch auf Juden kam, und sie überschütteten mich mit Lobpreisungen über Juden, wenn sie meiner Herkunft gewahr wurden. Ein eigentlich amüsantes Erlebnis mit dem CSU-Politiker Hermann Höcherl war bezeichnend dafür. Als Landwirtschaftsminister hatte Höcherl die Aufgabe, anlässlich der Grünen Woche in Berlin im Januar 1969 die Stände der ausländischen Vertreter zu besuchen. Als er an den Israel-Stand kam, war er offenbar bereits voll des süßen Weins, den er an den verschiedenen Ständen zu kosten bekommen hatte. Er sah mich, kam schnurstracks auf mich zu, drückte mich an seine Brust und, anscheinend dank des Alkohols, rief er ohne Hemmungen: »Ihr Juden, was seid ihr doch für intelligente Menschen.« Mich wie einen Dudelsack zum wiederholten Male an sich pressend, führte er mich zum Sektstand, und während er mich animierte, mit ihm aus einem Glas zu trinken, fügte er lauthals hinzu: »Es wär ja gar nicht auszudenken, wenn es noch mehr von euch gäbe! Niemand anders hätte dann eine Chance.« Schließlich offenbarte er mir und den vielen Umstehenden, dass den Ministern im Kabinett unweigerlich die Tränen kämen, wenn über Juden gesprochen würde. »Glauben Sie mir das«, sprach's beschwörend, küsste mich auf den Mund und ging mit seinem Tross von dannen.

Diese fatale Art des Denkens, dass Juden etwas »Besonderes« und darum unfehlbar seien, fand verständlicherweise auch viele Kritiker, vor allem unter der jungen Generation. Man prägte für diese Geisteshaltung den Begriff des Philosemitismus, der ebenso abstoßend wie schädlich war, da er selten auf ehrlicher Überzeugung beruhte. Er war in seinen Konsequenzen fast ebenso gefährlich wie der Antisemitismus, denn er war nicht logisch zu begründen. Ja, er förderte den Antisemitismus, wenn seine Haltlosigkeit erkannt wurde. Später, etwa Ende der sechziger, Anfang der siebziger Jahre, prägten Kritiker Israels, besonders unter den jungen Linken, den Begriff des Antiphilosemitismus. Ihr Kampf galt dem Phänomen des Philosemitismus, das ihnen dumm und sinnlos erschien. Er diente aber auch als Deckmantel für eine proarabische Haltung. So wurden alle Befürworter Israels zu Philosemiten erklärt, während sie sich selbst zu den einzigen objektiven Beobachtern des Konfliktes im Nahen Osten ernannten.

In anderen Kreisen aber galten Juden auch weiterhin als Verkörperung übler geschäftlicher Machenschaften. Eine Anzahl Menschen jüdischen Glaubens, die vielfach nicht deutscher Herkunft waren, hatte die Konjunktur nach Deutschland gelockt. Sie hatten sie auf ihre Weise zu nutzen gesucht. Nicht selten waren sie skrupellos, da sie meinten, Deutschen keine Rücksicht schuldig zu sein. In Frankfurt gab die Zahl jüdischer Besitzer von zweifelhaften Etablissements dieser Meinung neue Nahrung. Andererseits aber dienten Juden, die wieder in Deutschland zu leben bereit waren, den offiziellen Stellen als Aushängeschild dafür, dass das Nachkriegsdeutschland keinerlei Vorurteile mehr kannte. Und das, obwohl »Jude« zu sein bis zum heutigen Tage in Deutschland nicht einfach ein Glaubensbekenntnis ist wie Katholik oder Protestant. So findet zum Beispiel die Zugehörigkeit eines Gesetzesübertreters zum jüdischen Glauben häufig noch besondere Erwähnung in Berichten der deutschen Presse.

Ich tat, als ginge mich das alles nichts an. Ich versuchte, normal unter und mit Deutschen zu leben. Aber es gelang mir einfach nicht. Immer wieder geschah irgendetwas, was mich auf meine besondere Stellung als Jüdin zurückverwies. Einmal war es ein Erlebnis im Kaufhof in Bonn.

»Jüdische Apfelsinen rühren wir nicht an«, sagte eine gutaussehende, wohlhabend gekleidete Dame mit Nachdruck in der Lebensmittelabteilung. »Bitte geben Sie mir spanische«, bedeutete sie der erstaunten Verkäuferin. (Spanien war damals noch unter dem Franco-Regime.) Während die Dame noch ihren »reinrassigen« Einkauf verstaute, sagte ich ebenso laut und deutlich zu der Verkäuferin: »Bitte geben Sie mir Jaffa-Apfelsinen, ich esse keine spanischen.« Die Dame maß mich mit feindseligen Blicken. Die Verkäuferin konnte sich das Lachen kaum verbeißen. Sie sah der davonschreitenden Dame kopfschüttelnd nach und bemerkte sehr treffend: »Die spinnt.«

Ein andermal wollte ich gerade in meinen Wagen steigen, als ich bemerkte, wie eine Dame, die in meinem Haus wohnte, mit dem Schirm gegen den Schneesturm anzukämpfen hatte. Ich bot ihr an, sie in die Stadt mitzunehmen. Sie stieg ein, dankbar dafür, dass sie bei dem Wetter nicht möglicherweise zehn Minuten auf den Autobus warten musste. In einer Unterhaltung bemerkte sie, wie schön und ruhig es sich in unserem Hause leben ließ. Nur einen Makel hätte die Sache. Bei ihr auf dem Flur wohne eine Dame, die alle Menschen ärgere, sich ständig beschwere, mit allen Krach anfange. »Sie ist wirklich unangenehm. Aber das ist ja nicht zu verwundern. Sie ist eine rassisch Verfolgte.« Es wurmt mich noch heute, dass ich sie nicht auf der Stelle wieder in den Schneesturm entlassen habe.

Ich gehörte der Jüdischen Gemeinde in Bonn nicht an, was diese sehr übel vermerkte und mir in einem Brief das Recht absprach, mich »Jüdin zu nennen«. Ich sah einfach keinen Sinn in der Zugehörigkeit zu einer religiösen Gemeinschaft, mit der ich nichts außer der Verfolgung gemeinsam hatte. Stattdessen glaubte ich, zu denen zu gehören, die in der vorderen Front derer gestanden hatten, die den politischen Kampf für den Aufbau eines antifaschistischen demokratischen Deutschland geführt hatten. Mein Elternhaus und meine sozialistische Erziehung machten es mir leicht, ja, es war einfach selbstverständlich für mich, in die Sozialdemokratische Partei einzutreten. Das schien mir meine wahre Heimat zu sein. Aber auch das erwies sich als Illusion.

Nur sehr langsam begriff ich, dass ich auch von dieser Partei nur bedingt Stütze erwarten durfte. Schließlich ging es ihr darum, an die Macht zu gelangen. Ihre Führungskräfte hatten eben früher als ich verstanden, dass es im Nachkriegsdeutschland noch viele Nazis und Antisemiten gab und dass auch sie Wählerstimmen hatten – zahlenmäßig fraglos mehr als Juden. Aber die SPD ging sogar noch weiter, als ich annehmen konnte. Der Alt-Nazi Dr. Erhard Eckart wurde Chef der parteieigenen Nachrichtenagentur Politisch Parlamentarischer Pressedienst‹ (PPP). Eckart hatte sich als Journalist in der Nazizeit offenbar so gut bewährt, dass ihn seine Partei als Redakteur einer NS-Zeitung während des Krieges nach Wien schickte. Sein damaliger Chefredakteur war übrigens Siegfried Zoglmann, später viele Jahre im Bundestag als Mitglied der Freien Demokraten. Berichten zufolge war Erhard Eckart nach Kriegsende zum SPD-Parteivorsitzenden Dr. Kurt Schumacher gegangen und hatte seinen Wunsch nach Mitarbeit in der SPD vorgetragen. Er offenbarte Schumacher seine Vergangenheit, was diesen veranlasste, ihm vorzuschlagen, doch erst einmal zwei Jahre auf den Bau zu gehen. Eckart nahm dies wörtlich und meldete nach zwei Jahren den Vollzug dieser von ihm ernst genommenen Aufgabe. Schumacher soll verblüfft und beeindruckt zugleich gewesen sein. Zur Überraschung vieler alter Sozialdemokraten ernannte er Eckart für diese recht wichtige Parteiposition.

Eckart erwies sich als ein eifriger Arbeiter, der seine Loyalität zur SPD über alles stellte. Auf ihn war Verlass. Es ist eine nicht mehr zu beantwortende Frage, ob Schumacher dies so vorgeschwebt und bei der Ernennung beeinflusst hatte. Unter der Anwesenheit von Dr. Eckart litt wohl niemand mehr als Kurt Nemitz, der als Mitarbeiter von PPP Eckart untergeben war. Nemitz war der Sohn von Dr. Julius Moses, jüdischer Arzt und SPD-Reichstagsabgeordneter, der in Theresienstadt umgekommen war. Ähnlich erging es Albert Exler, der als Redakteur des SPD-Pressedienstes zu enger Zusammenarbeit mit Eckart gezwungen war. Exler, im Sudetenland geboren, war im Zweiten Weltkrieg hinter den deutschen Linien in der Tschechoslowakei mit dem Fallschirm abgesprungen, um Kontakt zu tschechischen Sozialdemokraten aufzunehmen in dem Versuch, die Vertreibung der sudetendeutschen Bevölkerung zu verhindern. Er wurde von der Gestapo gefasst und saß lange Zeit unter Androhung der Todesstrafe in einem Wiener Gefängnis. Sein Bruder, der an dieser Aktion völlig unbeteiligt war, mit dem er aber Kontakt gehabt hatte, wurde hingerichtet. Mir gegenüber verhielt Eckart sich auf widerliche Weise beflissen.

»Ich halte nicht viel von Juden. Ich war SS-Mann und an der Exekution von Juden zwar nicht unmittelbar, aber doch mittelbar beteiligt.« Dies sagte mir ein Hörer in der Heimvolkshochschule der Friedrich-Ebert-Stiftung in Bergneustadt, die unter anderem Kurse für Mitglieder der Sozialdemokratischen Partei durchführte. Ich referierte dort von Zeit zu Zeit über meine Erfahrungen in Entwicklungsländern. Fast regelmäßig wurde ich bei solchen Gelegenheiten gebeten, auch über Israel zu sprechen, das ich 1954 das erste Mal und von da an öfter bereist hatte. In Deutschland wusste man zu jener Zeit (Ende der fünfziger Jahre) relativ wenig über Israel und war in manchen Kreisen begierig, Näheres über diesen jungen Staat zu erfahren. Dieses Interesse war in der Sozialdemokratischen Partei besonders groß. Israel war von Sozialisten vieler Länder aufgebaut worden und hatte eine Anzahl von sozialistischen Institutionen geschaffen, die neue Formen des gesellschaftlichen Zusammenlebens erhoffen ließen. Dieser Mann, etwa Ende dreißig, fügte seinem Kommentar über die Juden noch hinzu, er stehe meinem Vortrag über dieses Land »äußerst skeptisch« gegenüber. Auf meine Bemerkung, er täte dann besser daran wegzubleiben, da ich Jüdin sei, rief er überrascht aus: »Wieso, die sind doch alle vergast worden!«

Ich gebe zu, dass ich nach diesem Zwischenspiel keinen sehr guten und überzeugenden Vortrag gehalten habe. In der Diskussion kamen dann folgende Meinungen zutage, die mir bewiesen, dass der »Genosse« mit seiner Meinung über Juden nicht allein stand. Juden hätten die Machtergreifung Hitlers mit ihrer Finanzkraft – Wall Street wurde erwähnt – leicht verhindern können. Da sie dies nicht taten, seien sie an ihrem Unglück selber schuld. Überdies stellten sie im Nahen Osten eine derartige Gefahr dar, dass man sie besser aussiedelte. Schließlich handele es sich ja nur um ein Volk von 1,7 Millionen! Noch mehr als die Ansichten dieser »Genossen« traf es mich, dass ich nach diesem »Unfall« – wohl einer Weisung der Leitung der Friedrich-Ebert-Stiftung zufolge – nie wieder gebeten wurde, über Israel zu referieren.

»Wie viel Juden sind denn nun eigentlich ermordet worden?«, fragte ein Mitglied der Jungsozialisten von Bergheim (Rheinland). Man hatte mich zu einem Referat über Israel geholt, aber die zwanzig jungen Menschen, meist über dreißig, schienen an diesem Thema wenig interessiert. Man höre immer die Zahl von sechs Millionen, aber die käme ja wohl von »interessierter Seite«, meinte einer. Andere sprächen von einer wesentlich geringeren Zahl. Ich erwiderte, dass nicht mehr genau zu ermitteln sei, ob es sich um fünfeinhalb oder sechs Millionen handelte. Im Übrigen käme es wohl kaum auf die Zahl an. Auch nur ein einziger derart bestialischer Mord sei kriminell und zu verurteilen. Aber das überzeugte nicht. »Wie lange sollen die Wiedergutmachungszahlungen noch weitergehen? Ich spreche hier als Steuerzahler!« Ich hielt diesem »Steuerzahler« entgegen, was er durch den Raub von jüdischem Eigentum gespart haben müsse. Der Vorsitzende machte diesen und ähnlichen Fragen, die er mir gegenüber als

»nicht fair« erklärte, schließlich ein Ende. Andere Fragen hatte die Versammlung von jungen Sozialisten nicht.

Aber eigentlich, so sagten mir Sozialdemokraten, die ähnlich dachten wie ich, hatte die Partei den Kampf gegen die alten Nazis und die Restauration in der Bundesrepublik schon lange aufgegeben, spätestens an jenem Tage, dem 11. Mai 1951, als sie dem Artikel 131 zum Grundgesetz zustimmte, der die Wiedereinstellung ehemaliger Angehöriger der NSDAP, ganz gleich, ob sie Kreisleiter, alte Kämpfer oder SA- oder SS-Gruppenführer gewesen waren, in den Verwaltungsapparat der BRD regelte beziehungsweise ihnen ihre Pensionsansprüche zurückgab. Ausgenommen werden sollten nur sogenannte NS-Parteibuch-Beamte. Also solche, wie es später auch von Oberverwaltungsgerichten ausgelegt wurde, die in der Nazizeit nicht aufgrund ihrer fachlichen oder sachlichen Fähigkeiten, sondern lediglich aus politischen Erwägungen eingestellt worden waren. Und so geschah es auch. Im Berliner Gesundheitswesen wurden für das beamtete Pflegepersonal der städtischen Kliniken sämtliche Planstellen gesperrt, bis alle »131er« untergebracht waren. Dagegen wurden Gegner des Nationalsozialismus, die verfolgt worden waren, bei Einstellungen benachteiligt. In Bayern sah das 1949 so aus: Von 49 121 Beamten waren 14 443 ehemalige PGs. Hingegen waren seit 1945 nur 265 politisch und 92 rassisch Verfolgte wieder in den Staatsdienst eingestellt worden.[91] Die Bundesentschädigungsgesetzgebung zugunsten der Opfer des Nationalsozialismus war zu dieser Zeit noch nicht verabschiedet worden.

Und so büßte ich auch das Gefühl der Zugehörigkeit zu dieser Partei ein, wenn ich auch die offiziellen Beziehungen erst später löste. Und das kam so: »Du hattest doch immer behauptet, Brandt sei ein anständiger Deutscher«, so und ähnlich äußerten sich israelische Freunde auf die Nachricht hin, Willy Brandt (damals noch Regierender Bürgermeister von Westberlin) habe der Familie Speer anlässlich der Entlassung Albert Speers aus dem Kriegsverbrecher-Gefängnis von Spandau am 1. Oktober 1966 Blumen übersandt. Keiner meiner Freunde begriff diese Geste. Man empfand sie als eine Verhöhnung der Opfer des Nationalsozialismus und zugleich auch als Ablehnung des Nürnberger Urteils. Der spätere Bundeskanzler bezeichnete sein Verhalten Kritikern gegenüber als eine »private Geste«, die der Tochter des Inhaftierten galt und mit der bösen Vergangenheit des Albert Speer nicht das Geringste zu tun hatte.

Mich bestärkte dieses Verhalten in dem schon längst gefassten Entschluss, aus dieser Partei auszutreten. Dass mir der Austritt aus einer Partei nicht leichtfiel, in die ich hineingeboren war und für die meine Eltern in jungen Jahren ihre ganze Kraft eingesetzt hatten, war klar. In der Partei war man überrascht und versuchte, mich umzustimmen. In einem Brief vom 19. Dezember plädierte Willy Brandt, er habe doch auch als Regierender Bürgermeister das Recht zu einer privaten Geste. Im Übrigen sollte ich doch bei denen bleiben, zu denen ich gehöre. In meiner Erwiderung schrieb ich ihm, dass nach meinem Wissen weder er noch andere führende deutsche Staatsmänner jemals eine derartige »private Geste« für rückkehrende Emigranten oder politisch Verfolgte übriggehabt hätten.

Dieser Brief blieb unbeantwortet. Stattdessen bat mich der Vorsitzende der SPD in Bonn (später Bundestagsabgeordneter) um ein Gespräch. Es änderte nichts an meinem Schritt, aber es enthielt einen Passus, den ich nicht vergessen habe. Juden, so sagte mein Gesprächspartner sinngemäß, seien nicht sehr beliebt in der Partei. Sie seien einfach zu intelligent. Kurze Zeit darauf traf ich einen jungen Mann, den ich als Mitglied der SPD kannte. Er drückte sein Bedauern und auch das anderer darüber aus, dass ich nicht mehr Mitglied der Partei sei. Durch mein Gespräch mit dem Vorsitzenden gewarnt, wies ich ihn darauf hin, dass ich doch Jüdin und daher vielleicht in der Partei fehl am Platze sei. Seine Antwort: »Da haben Sie sicher recht.«

Dennoch lebte ich nicht abgeschlossen, lernte Menschen kennen, die meine Ansichten teilten. Es entstanden enge persönliche Freundschaften, ja, jahrelange Bindungen. Eine davon endete nach sieben Jahren abrupt, als mein Partner seine eigene Mutter eines plötzlichen Antisemitismus bezichtigte und vorgab, mich der Möglichkeit einer Begegnung mit ihr nicht weiter aussetzen zu können. Ich weinte damals bitterlich. Von da an besuchte er, so behauptete er jedenfalls, seine Eltern allein. In Wirklichkeit aber nutzte er die so für sich erschwindelte Zeit, um eine neue Bindung einzugehen. Ähnlich erging es mir mit einem hohen Beamten eines Bonner Ministeriums, der, als unsere Freundschaft sehr eng wurde, sich plötzlich einer angeblichen Mitgliedschaft in der NSDAP und in der Reiter-SS entsann. Er folgerte daraus, dass es zwischen uns unweigerlich zu Spannungen kommen müsse. Deshalb sei es besser, die Bindung zu lösen.

Es hätte mich sicher weniger getroffen, wenn mein Charakter oder meine »Berliner Schnauze« einer engeren Bindung im Wege gestanden hätten. Aber es war schon ungeheuerlich und für mich bis heute kaum zu verarbeiten, dass Deutsche, denen ich vertraut hatte, sich aus Zweckmäßigkeit so skrupellos der nazistischen Vergangenheit bedienten, um eine Jüdin loszuwerden. Ich brauche wohl nicht hinzuzufügen, dass ich im Umgang mit Deutschen sehr viel vorsichtiger wurde. Ich lebte nur noch für meine Arbeit, die darin bestand, als Deutschland-Korrespondentin meinen israelischen Lesern dieses neue Deutschland vorzustellen. Es wurde mir nicht immer leichtgemacht, objektiv zu bleiben. Den Versuch dazu habe ich nie aufgegeben.

26
Ein »anderes« Deutschland?

Es mag komisch klingen, aber erst in Bonn, Jahre nach dem Ende des Dritten Reichs, lernte ich in der Wolle gefärbte Nazis kennen. Während der Nazizeit hatte ich als Jüdin weder Gelegenheit noch das Bedürfnis gehabt, ihre nähere Bekanntschaft zu machen. In Bonn konnte ich mich ihnen als Journalistin nicht mehr entziehen. Denn sie saßen überall – in den Verwaltungen, im Bundestag, in den Parteien.[92] Ja, in manchen Ministerien waren ehemalige Mitglieder der NSDAP nun zahlreicher vertreten als im Dritten Reich. Dass sie ihre politischen Werte aus dem Nationalsozialismus bezogen und nicht aus der Demokratie der Weimarer Republik, ist sicher unbestritten. Da einer des anderen Hehler war, konnten sie bleiben, was sie waren, hatten keine Veranlassung, sich entscheidend zu ändern. Sie und die, die für ihre Einstellung verantwortlich waren, fanden es offenbar völlig in Ordnung, dass sie nun am Aufbau einer von den Siegermächten verordneten Demokratie mitwirkten.

Sie sprachen weiterhin im Jargon des Unmenschen, sie verteidigten die Politik des Dritten Reiches und schienen in keiner Weise betroffen von den nun im Detail bekannt werdenden Verbrechen, die Deutsche begangen hatten. Sie hatten nicht begriffen oder wollten auch nicht begreifen, dass mit dem sogenannten Gedankengut des Nationalsozialismus, dem sie sich verschrieben hatten, Krieg, Unterdrückung und Vernichtung anderer Völker untrennbar verbunden gewesen waren. Dementsprechend schien es sie auch nicht zu interessieren, dass das Naziregime einen Weltkrieg vom Zaun gebrochen hatte, in dem 55 Millionen Menschen ihr Leben lassen mussten, und dass sie dafür Mitverantwortung trugen.

»Gott hat etliche zu Jägern über das jüdische Volk bestellt, es zu jagen und dorthin zu bringen, wo Gott es haben will.« So schrieb im Jahre 1935 Gustav Adolf Gedat, der von 1953 bis 1965 als Abgeordneter der CDU den Wahlkreis Reutlingen im Bundestag vertrat, in seinem Buch ›Ein Christ erlebt die Welt‹. Er habe nur »Forderungen gestellt, die ein Christ erheben müsse«, »entschuldigte« er sich im Jahre 1958. Im selben Buch schwelgte er in Lobeshymnen über die »neue Ära«, die angebrochen sei, über den »Führer, der erstanden ist, dem die braunen Massen zujubeln«. Die Zitate seien korrekt wiedergegeben, gab er unumwunden zu. Allerdings seien sie aus dem Zusammenhang gerissen.

Die publizistischen Ungeheuerlichkeiten aus der Nazizeit des Gustav Adolf Gedat wurden einer Gruppe Verfolgter und junger Sozialdemokraten bekannt, als der Deutsche Gewerkschaftsbund ihn am 13. März 1958 nach Bonn einlud, als Sachkundiger über die »sozialpolitischen Probleme in Afrika« zu referieren. Der DGB, über Gedats Vergangenheit rechtzeitig informiert, zeigte sich zunächst entsetzt und versprach, den Abgeordneten auszuladen, besann sich dann aber eines anderen. Vielleicht weil er um seine Überparteilichkeit besorgt war. Als an jenem Abend der Vorsitzende des DGB Bonn Herrn Gedat »besonders herzlich« begrüßte, brach Tumult los, der die Schließung der Versammlung zur Folge hatte. Nochmals bestätigte Gedat im persönlichen Gespräch seine damalige nazistische Einstellung. Er habe anfangs den Nationalsozialismus bejaht, weil das Dritte Reich nach Hitlers Versprechungen »auf beiden Säulen, der evangelischen und der katholischen Kirche«, aufgebaut werden sollte. Später habe er wegen seiner betont christlichen Einstellung den Nazis Widerstand geleistet und Reise-, Rede- und Schreibverbot erhalten. Konsequenzen für Gedat hatte dieser Abend, über den weidlich in der Lokalpresse berichtet wurde, nicht.

Für mich war dies der erste Zusammenstoß mit einem alten Nazi, der nun in Bonn als Politiker wirkte. Ich hielt es noch für ein Versehen, dass eine politische Partei, die das Wort »demokratisch« in ihrem Namen führt, einen solchen Mann in die vorderste Reihe ihrer Repräsentanten stellte. Noch immer wollte ich die Wahrheit nicht wissen. Natürlich brachte ich ein gewisses

Maß an Verständnis auf für Menschen, die passive Mitglieder der NSDAP geworden waren, weil sie glaubten, nur so ihre berufliche Karriere nicht zu gefährden. Sie schienen mir feige, vor allem, da ich andere Deutsche kennengelernt hatte, die es vorgezogen hatten, lieber auf eine Karriere zu verzichten, als sich mit Verbrechern zu liieren. Allerdings war ich nicht bereit, denen zuzustimmen, die meinten, damals könne sich doch jemand »geirrt« haben und nun ein überzeugter Demokrat sein – eine sehr gängige Formel zu jener Zeit. Schließlich hatten die Nazis ihre Politik und ihre verbrecherischen Absichten ganz offen dargelegt und keine Irrtümer zugelassen.

Tatsächlich kann es mit einem Wechsel in der politischen Einstellung dieses Gedat nicht weit her gewesen sein. Denn noch im Jahr 1965 sorgte er dafür, dass der von Kurt Hoffmann gedrehte Film ›Das Haus in der Karpfengasse‹ nach dem gleichnamigen Roman von Y. Ben-Gavriel auf dem Filmfestival von Cannes nicht gezeigt wurde. Der Roman, dessen handelnde Personen frei erfunden sind, schildert das Schicksal von Flüchtlingen aus Prag während der Nazizeit.[93] Gedat erklärte Bundestagsabgeordneten und Filmexperten der Ministerien in einer geschlossenen Veranstaltung, dass der Film, »ein Politikum ersten Ranges, aus politischen Gründen im Ausland nicht gezeigt werden darf …«, dass auch im Inland die Jugend sich für ein solches Thema nicht interessiere, und ältere Generationen solle man doch endlich damit in Ruhe lassen. Gedat beschwichtigte »besorgte« Gäste mit den Worten: »Die deutsche Botschaft in Paris hat bereits bei der Festspielleitung interveniert, um die Vorführung des Films zu verhindern.« Über seinen Anteil daran ließ er keinen Zweifel.

Meine Tätigkeit als Korrespondentin der israelischen Zeitung ›Maariv‹ (von 1958 bis 1972) ließ es nicht zu, dass ich die Politiker mit brauner Weste mied. Im Bonner Auswärtigen Amt waren mehr ehemalige PGs tätig als zu Zeiten des Nazi-Außenministers Joachim von Ribbentrop, wie ›Der Spiegel‹ (19. Oktober 1955) berichtete.[94] Ein auf Empfehlung höchster Bundesstellen von der Bundeszentrale für Heimatdienst[95] aus dem Englischen übersetztes Buch über den Antisemitismus musste kurz vor der Auslieferung zurückgezogen werden. Durch Zufall war entdeckt worden, dass sich im Anhang dieses Buches eine Liste von rund 100 Namen prominenter Antisemiten befand, unter denen mehr als ein halbes Dutzend leitende Beamte des Bonner Auswärtigen Amtes aufgeführt waren.

So machte ein gewisser Dr. Sonnenhol, der seine nazistische Vergangenheit nicht einmal tarnen konnte, wenn er es gewollt hätte, nach 1945 eine bemerkenswerte diplomatische Karriere. In den Personalakten der SS hieß er übrigens Adolf mit Vornamen, nach 1945 nannte er sich Gustav Adolf. Bereits 1931 war er der NSDAP beigetreten, 1939 der SS, und am 20. April 1941 wurde er zum SS-Obersturmführer befördert. Im Auswärtigen Amt bekleidete er 1944 den Posten eines Referenten in der Abteilung, der die Zusammenarbeit mit dem Reichssicherheitshauptamt oblag (Inland IIB). Zu jener Zeit wurde der Mord an den Juden im von den Nazis besetzten Ausland eben von dieser Dienststelle mit aller Gründlichkeit vorangetrieben. Sonnenhols Anteil daran dürfte unbestreitbar sein.

Nichtsdestoweniger arbeitete er bereits 1949 nach dem Aufenthalt in einigen Internierungslagern der Alliierten in der deutschen Sektion der Organisation für die europäische wirtschaftliche Zusammenarbeit (OEEC) mit. 1957 wurde er stellvertretender Leiter der deutschen OEEC-Mission in Paris, jener Stadt, in der er während der Jahre 1940/41 als Rundfunkattaché an der deutschen Botschaft tätig gewesen war. 1962 wurde er in den Stand eines Ministerialdirektors im Bundesministerium für wirtschaftliche Zusammenarbeit erhoben. Sinnigerweise ernannte ihn Außenminister Willy Brandt 1968 zum Botschafter in Südafrika. Sonnenhol beendete seine Karriere 1977 als Botschafter in der Türkei.

Ganz anders verlief da die Karriere des Georg Ferdinand Duckwitz. Als Schifffahrtsexperte an der deutschen Botschaft im besetzten Dänemark erfuhr er am 28. September 1943 von Hitlers Reichsbevollmächtigtem in Dänemark, Dr. Werner Best, dass am 1. und 2. Oktober alle dänischen Juden nach Auschwitz deportiert werden sollten. »Ich habe nicht mehr viel Zeit mit Gesprächen verschwendet. Ich wusste, was ich zu tun hatte.«[96] Als Erstes nahm Duckwitz Kontakt zu Hans Hedtoft auf, einem der

Führer des Widerstandes (nach dem Krieg Vorsitzender der Sozialdemokraten und Ministerpräsident Dänemarks). Hans Hedtoft erwähnt dieses Zusammentreffen mit Duckwitz im Vorwort zu seinem Buch ›Oktober 1943‹.[97] »Das Unheil ist nun da. Alles ist bis auf das kleinste Detail geplant. Im Hafen von Kopenhagen werden Schiffe vor Anker gehen, auf die Ihre jüdischen Mitbürger von der Gestapo gebracht werden sollen«, vertraute ihm Duckwitz an. »Er war kreideweiß vor Empörung und Scham«, erinnerte sich Hedtoft.

Duckwitz überließ die Rettungsaktion der Juden nicht allein der dänischen Widerstandsbewegung. Dem deutschen Hafenkommandanten legte er ans Herz, Order zu geben, dass die Wachen am Hafen von Kopenhagen, von wo aus die 6000 Juden in allen nur verfügbaren Booten über den Sund nach Schweden in Sicherheit gebracht werden sollten, in den folgenden Nächten ein Auge zudrückten. »Das Wunder klappte, es war eine ganze Portion Glück dabei«, sagte Duckwitz. Die Gestapo verhörte ihn später. Aber sie fanden keine Beweise gegen ihn. »Ich wusste, was für mich auf dem Spiel stand. Aber wenn ich es nicht getan und zugesehen hätte, wie die dänischen Juden nach Auschwitz deportiert worden wären, wäre ich meines Lebens nicht mehr froh geworden.« Duckwitz, Persona grata in Dänemark, wurde dort Bonns erster Botschafter. Damit aber endete merkwürdigerweise seine Karriere in der Adenauer-Ära, der ehemalige Nazi-Diplomaten hingegen so viel verdanken. Erst Außenminister Willy Brandt[98] holte Duckwitz aus seiner Versenkung einer unbedeutenden Position und ernannte ihn zu einem seiner Staatssekretäre.

In manch besonders krassen Fällen von Kooperation mit den Nazis war ich nicht bereit, Konzessionen zu machen, obwohl sie zweifellos für meine Arbeit als Journalistin gute Quelle gewesen wären. Bedeutend unter ihnen war der langjährige Staatssekretär im Bundeskanzleramt Dr. Hans Globke, Adenauers rechte Hand, der aufgrund seiner Vertrauensstellung großen Einfluss auf die Politik der Bundesrepublik nahm. Er hatte 1935 als Oberregierungsrat im Innenministerium gemeinsam mit dem Staatssekretär im Justizministerium die Einführung zu den Kommentaren zur deutschen Rassengesetzgebung verfasst,[99] die als Nürnberger Gesetze in die Geschichte eingegangen sind. Sie wurden zur ideologischen Grundlage der nazistischen Rassenpolitik, die schließlich zur Ermordung der Juden führte.

Über die Person des Globke sagte der später in Nürnberg hingerichtete Reichsminister des Innern Wilhelm Frick 1938, als er ihn zur Ernennung zum Ministerialrat vorschlug: »Oberregierungsrat Globke gehört unzweifelhaft zu den befähigtesten und tüchtigsten Beamten meines Ministeriums.«[100] Globke wurde zum Symbol dafür, dass der Geist des Nationalsozialismus zumindest die ersten 20 Jahre der Bundesrepublik beeinflusste. Seine Existenz und Stellung in Bonn machten es den ehemaligen Mitstreitern des Nationalsozialismus leicht, ohne die geringsten Hemmungen Posten in der Verwaltung und Führung der damaligen Bundesrepublik, die die Demokratie auf ihre Fahnen geschrieben hatte, zu übernehmen und so zu tun, als sei das Dritte Reich durch nichts weiter belastet als durch den verlorenen Zweiten Weltkrieg. Ja, Globke diente ihnen sogar als Alibi für ein »mangelndes Unrechtsbewusstsein« – ein Terminus, von dem später, zur Begründung von Freisprüchen in Naziverbrecher-Prozessen, häufig Gebrauch gemacht wurde.

Es gab zwar von Zeit zu Zeit ein Aufmucken gegen diesen Nazidiener in so hoher Position. Besonders bei der Opposition, den Sozialdemokraten. Aber Adenauer hielt an ihm wie an keinem anderen fest. Die Frage, was den Kanzler dazu bewog, ist nie beantwortet worden. Manche meinen, dass die Fähigkeiten Globkes als graue Eminenz unübertroffen waren – ein Mann, der offensichtlich fähig war, jedem Herrn zu dienen. Es gab auch Gerüchte, die besagten, dass die katholische Kirche, insbesondere der damalige Kardinal von Köln, Josef Frings,[101] ein enger Freund des ebenfalls stark im katholischen Glauben verhafteten Adenauer, hinter Globke stand und dies für den Kanzler ausschlaggebend war.

Einem Ondit zufolge wurde Globke später zum »Anwalt« der Juden, da er für jüdische Belange im Kabinett Adenauers einzutreten pflegte. Politische Beobachter jener Zeit behaupten, dass die ›Allgemeine Wochenzeitung der Juden in Deutschland‹ ihre damalige Existenz im Wesentlichen den großzügigen Zuwendungen der Bundesregierung verdankte, wobei Globke eine entscheidende Rolle zugekommen sein soll. Ein jüdischer Journalist, der für einen Posten in dieser Zeitung vorgesehen war, fragte bei der Redaktion an, um seine Selbständigkeit in der ihm zugedachten Aufgabe zu testen, ob er zum Beispiel in jeder Ausgabe der Zeitung gegen Globke polemisieren könne. Er bekam darauf keine Antwort – aber auch nicht den Posten.

Adenauer selbst hatte nicht zum Widerstand gegen die Nazis gehört. Aber er hat sich auch in keiner Weise mit dem verbrecherischen Regime der Nazis identifiziert. Nach dem Putsch vom Juli 1944 wurde er, den die Nazis 1933 aus dem Amt des Oberbürgermeisters von Köln gejagt hatten, als Verdächtiger, diesen Putsch unterstützt zu haben, verhaftet. Als er 1949 mit einer (seiner) Stimme Mehrheit zum ersten Bundeskanzler gewählt wurde, da schien eine neue Äre in Westdeutschland zu beginnen, wie man sie von seiner Partei damals nicht hatte erwarten können. So enthält zum Beispiel das erste Parteiprogramm der CDU, angenommen vom Parteikongress in Aalen im Jahre 1947, eine Reihe von Forderungen, die auch Sozialisten hätten stellen können. »Das kapitalistische Wirtschaftssystem ist den staatlichen und sozialen Lebensinteressen des deutschen Volkes nicht gerecht geworden … die neue Struktur der deutschen Wirtschaft muss davon ausgehen, dass die Zeit der unumschränkten Herrschaft des privaten Kapitals vorbei ist.« Diese neue Struktur müsse auch wegweisend sein in seiner Forderung »nach Beteiligung der Arbeitnehmer am Ertrag ihrer Unternehmen …« Die Form dieser Beteiligung könne verschiedenartig sein und unterliege besonderen Vereinbarungen.

Was immer der Grund für diesen fortschrittlichen Trend in der CDU in jenen Jahren gewesen sein mag, Adenauer, der nur zwei Jahre später an die Macht kam, stützte sich ohne Zögern auf die »Ehemaligen« beim Aufbau der Bundesrepublik, der ihm im wirtschaftlichen Bereich wichtiger zu sein schien als etwa im moralischen. Man mag dazu meinen, dass es ganz sicher bedeutungsvoll war, der Wirtschaft den Vorrang zu geben, um im zerstörten Deutschland Arbeitsplätze zu schaffen. Aber dabei hätte er ohne Frage auf die Fachleute verzichten können, die zuvor ihre Fähigkeiten in den Dienst eines verbrecherischen Regimes gestellt hatten. Adenauer aber kannte in dieser Hinsicht keine Skrupel und versicherte sich dabei der Mehrheit des deutschen Volkes, die sich in irgendeiner Weise mit den Nazis arrangiert hatte. Er klammerte dabei auch die Erfahrungen aus der Vergangenheit aus, die zeigen, dass es gerade die Wirtschaftsbosse waren, die schon die Demokratie der Weimarer Republik unterminierten, die Nazis in beachtlicher Weise stützten und ihnen zur Macht verhalfen.

Es ist auch kein Zufall, dass er die Schuld des deutschen Volkes am Mord an den Juden jahrelang zu erwähnen unterließ. Für ein offizielles Schuldbekenntnis, so Dr. Herbert Blankenhorn, ein enger Vertrauter Adenauers, hätte erst die psychologische Basis im deutschen Volk vorbereitet werden müssen, damit es den Bemühungen der Regierung um eine Versöhnung mit den Juden zustimmte. Es wäre Deutschlands Ansehen in der Welt abträglich gewesen, sagte er, wenn die deutsche Bevölkerung diesen Bemühungen Widerstand geleistet hätte.[102]

Anzeichen dafür hätte es wohl gegeben. Aber dann war es nicht mehr zu umgehen, sechs Jahre nach dem Ende des Zweiten Weltkrieges und dem fürchterlichen Morden. Der Staat Israel war zu Verhandlungen mit der Bundesrepublik über die Frage der Rückgabe gestohlenen jüdischen Eigentums und einer Art Abfindung für die Aufnahme Hunderttausender von jüdischen Flüchtlingen und ehemaligen KZ-Insassen in Israel nur nach einer offiziellen Stellungnahme zum Mord an den Juden bereit. Dr. Adenauer erkannte das Interesse der amerikanischen Regierung an diesem Thema, die er schließlich bei der politischen Anerkennung und dem wirtschaftlichen Aufbau der Bundesrepublik brauchte.[103]

Er gab später sehr offen zu (zuletzt an seinem 90. Geburtstag am 5. Januar 1966 im Deutschen Fernsehen), dass er dies auch getan habe, weil das »Weltjudentum« – er gebrauchte wohl aus Unkenntnis diese nazistische Formel – erheblichen Einfluss auf die Welt habe.

Am 27. September 1951, also sechs Jahre nach dem Kriegsende und zwei Jahre nach Gründung der Bundesrepublik, unterbreitete Adenauer dem Bundestag eine Regierungserklärung, in der eine tolerante und verständnisvolle Haltung der Deutschen gegenüber dem Staat Israel und dem jüdischen Volk festgelegt wurde.[104] Wohlgemerkt, diese Erklärung beginnt nicht mit einem Schuldbekenntnis gegenüber den Juden, wie man es hätte erwarten können. Im Gegenteil, in den ersten Absätzen erklärt die Bundesregierung, dass sie alles getan habe, um ihren jüdischen Mitbürgern gleiche Chancen zu gewährleisten und sie gegen neue Verfolgungen zu schützen. Als ob das in der neu geschaffenen Bundesrepublik nicht eine Selbstverständlichkeit hätte sein müssen! Erst im dritten Teil werden die Leiden der Juden in der Vergangenheit erwähnt. Und es heißt da: »Das deutsche Volk hat in seiner überwiegenden Mehrheit die an den Juden begangenen Verbrechen verabscheut und sich an ihnen nicht beteiligt.«

Die Wahrheit aber ist, dass ohne die Mithilfe unzähliger deutscher Handlanger und Organisatoren, die darüber nachsannen, wie mordet man schneller, sauberer und rationeller, die Verbrechen nicht möglich gewesen wären. Als Beweis für die erstaunliche Behauptung in der Regierungserklärung heißt es weiter: »Es hat in der Zeit des Nationalsozialismus im deutschen Volk viele gegeben, die mit eigener Gefährdung aus religiösen Gründen, aus Gewissensnot, aus Scham über die Schändung des deutschen Namens ihren jüdischen Mitbürgern Hilfsbereitschaft gezeigt haben.« Fürwahr eine merkwürdige Feststellung! Denn wäre dies tatsächlich in einem solchen Umfang geschehen, wären sicher mehr als nur 1700 von den mehr als 160 000 Juden, die im Zweiten Weltkrieg innerhalb Deutschlands Grenzen gefangen gewesen waren, vor den Mördern versteckt und gerettet worden.

Der Bundestagsabgeordnete Dr. Walter Becher[105] ist – als ein Beispiel von vielen – für das Gegenteil anzuführen. Er forderte noch 1968 in aller Öffentlichkeit, ohne dass Widerspruch laut wurde, wer es im Osten wage, Deutschland wegen Auschwitz anzuklagen, müsse erst seine Schuld an den Vertreibungsverbrechen zugeben. Wer nach Lidice pilgere, müsse auch der toten Sudetendeutschen gedenken.[106]

Becher, 1912 geboren, war während des Krieges Kulturschriftsteller des NS-Organs ›Die Zeit‹ (amtliche Tageszeitung der NSDAP, Gau Sudetenland). Als solcher hatte er »die Zersetzungstaktik des Judentums« angeprangert und sich für die »Entjudung des sudetendeutschen Kulturlebens« eingesetzt. Sein Vokabular enthielt Ausdrücke wie »Gönnerjuden«, »fette Judenfrau« oder »jüdische Kulturwanze«. Becher setzte seine politische Laufbahn im Nachkriegsdeutschland ungehindert fort. Er war nacheinander Mitglied des bayerischen Landtags und Fraktionsvorsitzender des »Bundes der Heimatvertriebenen« (BHE). 1962 erhielt er den Bayerischen Verdienstorden und spielte eine Rolle in der 300 000 Mitglieder starken sudetendeutschen Landsmannschaft, deren Sprecher er 1968 wurde. SPD-Parlamentarier hatten ihn ungerügt im bayerischen Landtag mit dem Zuruf »Obernazi« bedacht.

Die Frage stellt sich, aus welchem Grund die Juden diese ungenügende Erklärung der Bundesregierung akzeptierten und damit indirekt den Trend zur Restauration in der Bundesrepublik förderten. Allen Äußerungen nach ist sie ein hart umkämpfter Kompromiss, den die Juden schließlich annahmen, obwohl sie die Entwicklung in der Bundesrepublik nicht übersehen hatten. Die israelische Regierung glaubte aber keine andere Wahl zu haben, wenn sie ihre finanziellen Schwierigkeiten meistern wollte, deren Ursache zu einem großen Teil in den Anstrengungen um die Integration von etwa 500 000 verarmten, kranken, gebrochenen Menschen zu suchen war, die zwischen 1933 und 1951 als Flüchtlinge oder ehemalige KZ-Insassen in das Land Palästina gekommen waren.[107]

Die nach langen Verhandlungen erarbeitete Wiedergutmachungsgesetzgebung hatte nicht nur Fürsprecher in Bonn. Sogar einige Kabinettsmitglieder taten alles, um sie zu torpedieren. Dabei zeichnete sich Finanzminister Fritz Schäffer besonders aus, ein Mann, der sich in den zwanziger Jahren als Antisemit und ideologischer Sympathisant der Nazis hervorgetan hatte.[108] Nur mit den Stimmen der Opposition, die sich geschlossen für den Vertrag aussprach, konnte das Gesetz schließlich den Bundestag passieren.[109] So stark fühlten sich damals, in den fünfziger Jahren, jene, die die Restauration in der Bundesrepublik vorantreiben wollten!

»Israel ist an der Entwicklung der Bundesrepublik mitschuldig geworden«, klagte der Schriftsteller Günter Grass.[110] »Ben Gurions bedingungslose Unterstützung Adenauers hat dazu beigetragen, das ›andere‹ Deutschland abzuwerten.« Grass bezog sich dabei auf jene Deutschen, die aus politischer Feindschaft zu den Nazis in den KZs gelitten oder in der Emigration ausgeharrt hatten, nun wieder in Deutschland waren und den Kampf gegen die Restauration und die alten Nazis in Regierungsämtern führten. »Allein aus materiellen Gründen unterstützt Israel eine Mannschaft, die es dazu gebracht hat, dass man nicht mehr unterscheiden kann zwischen Willy Brandt und Kurt Georg Kiesinger,[111] Anne Frank und Hitlerjunge Quex.«

Die Liste der alten Nazis ist lang, denen Adenauer ungeachtet ihrer Vergangenheit zu hohen Funktionen im »anderen« Deutschland verhalf. Nur einige wenige können hier Erwähnung finden, sie stehen aber als Beispiel für eine Vielzahl. »Wissen Sie, so ein Todesurteil, das macht ein Richter doch rein routinemäßig«, erwiderte Hans Krüger, Vertriebenenminister in Bonn im Jahre 1963, auf Beschuldigungen, er sei in seiner Funktion als Beisitzer an einem Sondergericht in Konitz (Westpreußen) für zahllose Terrorurteile mitverantwortlich geworden. Einschließlich Todesurteilen gegen Polen, denen vielfach nur Diebstahl von Lebensmitteln anzulasten war. Er könne sich nicht auf ein Todesurteil besinnen und auch nicht an seine Mitwirkung an einem solchen Urteil. Die ganze Sache sei frei erfunden, hatte er anfänglich behauptet. Und als Beweis stellte er die Behauptung auf, bei Amtsgerichten habe es keine Sondergerichte gegeben.

Daraufhin präsentierten die Ostberliner Behörden unter anderem ein Schreiben, datiert vom 26.1.1942, in dem der Danziger Oberlandesgerichtspräsident die Errichtung eines Sondergerichtes beim Landgericht Konitz verfügte. Darin hieß es: »Stellvertreter in erster Linie Amtsrichter Krüger.« Krüger, seit 1957 Mitglied des Bundestages und langjähriger Präsident der Vertriebenenverbände, war bereits 1933 in die NSDAP eingetreten. Dazu der Sprecher der Bundesregierung, Karl-Günther von Hase: »Es war immer bekannt, dass der Bundesminister nominales Mitglied der NSDAP gewesen ist. Der Bundesminister hat keinerlei Anlass gesehen, näher darauf einzugehen, dass er drei Monate lang in der Tat die (Partei-)Ortsgruppe in Konitz stellvertretend geleitet hat. Irgendwelche Folgerungen sind aus dieser Situation nicht zu ziehen.«[112] Bundeskanzler Erhard suspendierte Krüger Ende Januar 1964, sehr bald also, nachdem er Kanzler geworden war.

»Vergessen« hatte auch Dr. Hermann Conring, Bundestagsabgeordneter der CDU seit 1953, dass er als Vertreter des Reichskommissars Seyß-Inquart in der Provinz Groningen (Holland) fungiert hatte. Die Holländer riefen es ihm ins Gedächtnis zurück, als ihm im Sommer 1965 anlässlich seines 70. Geburtstages das Bundesverdienstkreuz verliehen wurde für seine langjährige Tätigkeit im Parlament von 1953 an.

Im Handbuch des Bundestages hatte Conring lediglich erwähnt, er sei im Zweiten Weltkrieg in die Zivilverwaltung im besetzten Holland versetzt worden. Conring habe sich als bester Anwalt der Hitler'schen »neuen Ordnung« bewiesen, schrieb die holländische Regierung in einem offiziellen Protest vom 1. Juli 1965. Er sei mitschuldig geworden an der Deportation von 5000 bis 6000 Juden. Hauptbelastungsmaterial war ein Bericht von Conring aus dem Jahr 1942 an seine Vorgesetzten, in dem es hieß, »für die Provinz Groningen wäre es sehr wünschenswert, wenn die Juden möglichst bald aus der Nachbarschaft des Küstenplatzes Delfzijl, insbesondere aus Appingedam und Winschoten, bevorzugt verschwänden.« Conring bestritt das nicht, wollte aber glaubhaft machen, er habe damals nichts von den Vernichtungslagern gewusst und angenommen, die Juden sollten in Arbeitslagern für die durch Einberufungen geschwächte deutsche Kriegswirtschaft eingesetzt werden.

Befragt, aus welchem Grunde er die Angaben über seine Tätigkeit in Holland im Bundestagshandbuch unterlassen habe, meinte Conring schlicht, er habe es »vergessen«. Vier Wochen nach der Ordensverleihung und dem holländischen Einspruch gab er den Orden zurück mit der Erklärung, dies sei keineswegs als »Anerkennung einer Schuld« zu werten. Wenige Monate später wurde Conring wiederum als Kandidat der CDU für die Bundestagswahlen 1965 aufgestellt und auch wieder gewählt.

Andere hatten ihre Vergangenheit keineswegs »vergessen«. Im Gegenteil, sie sprachen darüber, als sei das nichts Ehrenrühriges, eher etwas Selbstverständliches. Ein israelischer Diplomat ging kurz nach seiner Ankunft in Bonn in dienstlichen Angelegenheiten zu einem höheren Beamten des Bonner Wirtschaftsministeriums. Bevor er noch zur Sache kommen konnte, sagte dieser zu ihm: »Ich möchte, dass Sie etwas über mich wissen. Ich bin nämlich einer von denen, die jüdisches Eigentum beschlagnahmt haben. Ich war bei der sogenannten Devisenstelle in Berlin.« Später, als er »genug davon hatte«, wie er sich ausdrückte, arbeitete er in einem Leichenbestattungsinstitut. Nach einem kurzen Lachen fuhr er fort: »Meine Freunde kommentierten das immer so: Erst zog er den Leuten das Hemd aus, dann zog er es ihnen wieder an.«

Der Israeli war sprachlos und starrte in das Gesicht des Mannes, der offensichtlich Vergnügen an seiner Geschichte hatte. »So, jetzt wissen Sie, mit wem Sie es zu tun haben«, beendete der seinen ihn so erheiternden Bericht, »und nun können Sie entscheiden, ob Sie mit mir reden wollen oder nicht.« Der israelische Diplomat, der als Beamter seiner Regierung gekommen war, hatte keine Wahl, denn der »Herr« vor ihm war nun einmal der für israelische Angelegenheiten zuständige Referent.

Mir gegenüber hat dieser Beamte seine Vergangenheit verschwiegen und mir des Öfteren wertvolle Informationen gegeben. Einmal sagte er zu mir: »Ich habe von Ihrem Schicksal gehört. Das ist ja furchtbar.« Und seine Augen füllten sich mit Tränen, wie es so oft bei Deutschen der Fall ist, die ein schlechtes Gewissen haben. Dann fügte er hinzu: »Aber wissen Sie, es ist auch ein wahres Wunder, dass ich noch am Leben bin. Was haben wir alles riskiert damals. Wir standen ja immer mit einem Bein im KZ.«

Der Direktor des Deutschen Bundestages, Hans Trossmann, wurde im April 1965 beschuldigt, in den Jahren der Judenverfolgungen in der Gettoverwaltung von Lodz tätig gewesen zu sein.[113] Als ich die Richtigkeit dieser Behauptung überprüfen wollte, antwortete mir sein Pressereferent: »Na und, was ist dabei? Einer musste die Gettos doch verwalten.« Über die Zustände dort sei ihm nichts bekannt, behauptete der Pressereferent, und er erwies sich als treuer Diener seines Herrn, als er sagte, Herr Trossmann habe das Getto nie betreten und sich auch nie über die Zustände dort informiert.

Ich gab meinen Unglauben darüber zu verstehen, Lodz sei schließlich nicht so groß wie Berlin, woraufhin der Pressereferent erklärte, er habe dieses Gespräch mit mir satt und würde »gleich zornig«. Ich hängte daraufhin ein, um zu verhindern, dass ich »zornig« wurde. Am folgenden Tag meldete er sich überraschend bei mir. Offenbar hatte er Erkundigungen über mich eingezogen. Er sagte: »Als ich gestern die Erklärung über Herrn Trossmann abgab, wusste ich nicht, mit wem ich sprach.« Ich fragte ihn, ob das an seiner Antwort etwas geändert hätte. »Aber selbstverständlich, Sie müssen das ja ganz anders sehen als wir.« Herr Trossmann, seit 1935 in der NSDAP, ist übrigens bis zu seiner Pensionierung im Amt geblieben.

Ab und zu gab man sich auch in Bonn den Anschein, als tue man alles nur Erdenkliche, um die braune Vergangenheit »zu bewältigen«, wie man zu sagen pflegte. So kaufte das Auswärtige Amt eine größere Anzahl meines Buches › … denn ihrer war die Hölle – Kinder in Gettos und Lagern‹. Dieses Buch entstand als Folge des Auschwitz-Prozesses. Bei jeder Erwähnung von Kinderschicksalen in KZs und Gettos zeigten sich Anwälte, Richter und Zuhörer besonders erschüttert. Ich sah daher in der Herausgabe von Berichten über Schicksale verfolgter Kinder eine Möglichkeit, den Deutschen ganz deutlich zu machen, was in ihrem Namen in jenen Jahren geschehen war.

Mit dem Ankauf meines Buches plante das Auswärtige Amt eine Verteilung im Ausland. Hingegen hatte es die Bundeszentrale für politische Bildung abgelehnt, das Buch zur Verbreitung in Schulen und ähnlichen Institutionen innerhalb Deutschlands zu erwerben. Aus führenden Kreisen dieser Organisation erfuhr ich, dass die Verbreitung von Literatur, die sich mit der Verfolgung von Juden und Andersdenkenden während der Nazizeit befasste, nicht mehr gefördert werden sollte. »Denn«, so mein Informant, »derartige Literatur zu kaufen und zu verbreiten ist sinnlos. Sie liegt ja doch bloß rum.«

Diese Gedanken müssen den Abgeordneten der CDU Dietrich Rollmann dazu bewogen haben, die folgende mündliche Anfrage an die Bundesregierung in einer Fragestunde des Bundestages zu stellen: »Hält die Bundesregierung es fast 25 Jahre nach dem Ende des nationalsozialistischen Regimes noch für angezeigt, für die deutsche Kultur im Ausland dadurch zu werben, dass jetzt noch Literatur über die Konzentrationslager – wie das Buch von Inge Deutschkron › … denn ihrer war die Hölle – Kinder in Gettos und Lagern‹ – in großer Stückzahl an die Goethe-Institute zur Versendung gelangt, dort ausgelegt und ausgeliehen wird?«[114]

Er erhielt eine schriftliche Antwort (27. März 1969) vom parlamentarischen Staatssekretär Gerhard Jahn, in der es hieß, die Bundesregierung halte es grundsätzlich für falsch, bei der kulturpolitischen Werbung für das deutsche Buch im Ausland Veröffentlichungen mit einer bestimmten Thematik auszuschalten. Die Auseinandersetzung mit der jüngsten deutschen Vergangenheit sei darüber hinaus ein kennzeichnendes Element der deutschen Gegenwartsliteratur, die nicht zuletzt deshalb internationale Anerkennung gefunden habe. Diese Tendenz würde bei jeder deutschen Selbstdarstellung sichtbar, ohne dass es einer amtlichen Akzentuierung bedürfe. Mit dieser Auskunft gab sich der Abgeordnete Rollmann zufrieden. Ungewollt hatte er für mein Buch auch im Inland geworben. Im Jahr 1985 erlebte es seine vierte Auflage.

Dass das neue Verteidigungsministerium beziehungsweise die Führungskräfte der 1955 neu gegründeten Bundeswehr samt und sonders aus Hitlers Wehrmacht stammten und auch dort schon führende Positionen innehatten, schien das Ausland schon nicht mehr zu stören. Sie glaubten, die Deutschen als militärisches Bollwerk zu brauchen im heißer werdenden Kalten Krieg, ganz gleich, wie ihre Armee zusammengesetzt war. Einige dieser in einen verbrecherischen Krieg verwickelten Generäle hatten ihre ersten Sporen bereits in der Schwarzen Reichswehr verdient. Ungeheuerlichkeiten, die keiner von uns, die an ein neues, »anderes« Deutschland geglaubt hatten, für möglich gehalten hätte.

War wenigstens die deutsche Gerichtsbarkeit frei von alten Nazis? Für die Entwicklung der Demokratie in der Bundesrepublik wäre eine von allen Einflüssen freie Justiz von größter Bedeutung gewesen. Aber ähnlich wie in der Weimarer Republik, in der Richter und Staatsanwälte stets Milde walten ließen, wenn es sich um Missetäter aus dem Lager der Rechten handelte, konnte man ihr wenig Vertrauen entgegenbringen. 80 Prozent der Richter am Bundesgerichtshof waren zuvor im Staats- und Justizdienst des Dritten Reiches tätig gewesen. Und dies gilt – mit Ausnahme des Bundesverfassungsgerichts – für andere Gerichte in vergleichbarem Maße.

Sämtliche Richter, die der nationalsozialistischen Despotie gedient haben und dabei mindestens 32 000 Todesurteile verhängt haben, sind nicht in einem einzigen Verfahren zur Rechenschaft gezogen worden.[115] Deutsche Richter und Staatsanwälte werden auf Lebenszeit ernannt, sind also unkündbar. Daraus ergab sich, dass ehemalige Richter und Staatsanwälte, die in der Nazizeit Urteile gegen jedes Menschenrecht gefällt hatten, in der Bundesrepublik legal in Amt und Würden saßen.

Sie, mehr noch als alles andere, gaben dem zu Recht misstrauischen Ausland und im Besonderen den der Bundesrepublik feindlich gesinnten Ostblockstaaten immer wieder Gelegenheit, in ihnen einen Beweis für die Fortsetzung des Nazireiches zu sehen. Das schien mit der Zeit auch der Bundesregierung peinlich zu werden, ob nur aus Erwägung politischer Nützlichkeit, sei dahingestellt. So verabschiedete man im Sommer 1961 ein Gesetz (Deutsches Richtergesetz),[116] nach dem Richter und Staatsanwälte, die an Terrorurteilen beteiligt gewesen waren, freiwillig aus dem Amt scheiden konnten. Die vollen Pensionsbezüge wurden ihnen zugesichert. Man gestand den Juristen ein Jahr zu, in dem sie sich entscheiden konnten.

Der Bundestag machte diesen Richtern und Staatsanwälten klar, dass es ihm ernst sei mit diesem Erlass. Man werde die im Grundgesetz verankerte Unantastbarkeit der Richter zumindest zeitweilig aussetzen, wenn es auch nur ein einziger Schuldiger unter den Juristen versäume, von diesem Erlass Gebrauch zu machen. Die in der Bundesrepublik zusammengefassten Länder versprachen eine Überprüfung der an ihren Gerichten tätigen Richter und Staatsanwälte aus der Nazizeit.

In Hamburg gab der Senator für Justiz, Biermann-Ratjen, zu verstehen, wie er mit dieser Frage umzugehen gedachte. Der Staatsanwalt Ernst Löllke, damals im Hamburger Gerichtswesen tätig, hatte für den Fahrer Alfred Fischer im Jahre 1942, weil dieser ein Paar Handschuhe gekauft hatte, das aus Wehrmachtsbeständen gestohlen worden war, die Todesstrafe beantragt. Hamburgs Senator für Justiz meinte, dies sei zwar eine grausame Strafe, aber schließlich habe Löllke die Verurteilung Fischers genau nach dem damals geltenden Recht beantragt. Herr Löllke könne somit im Amt bleiben.

In Baden-Württemberg entschied der Minister für Justiz, Haußmann, dass neun Richter und Staatsanwälte, von denen keiner mehr als fünf Todesurteile nazistischer Art gefällt hatte, im Amt bleiben konnten. Allerdings würde man die Herren nicht mehr bei Strafsachen einsetzen, sondern sie in der Zivilkammer beschäftigen.

In Nordrhein-Westfalen hatte der Justizminister dem Bonner Landgerichtspräsidenten Heinrich Becker empfohlen, von dem genannten Erlass Gebrauch zu machen. Becker war 1933 in die NSDAP eingetreten, hatte dem Regime während des Krieges zwei Jahre lang als Beisitzer am Sondergericht von Köln gedient und später am Landgericht im besetzten Den Haag. Es ist bekannt, dass Becker in der Nazizeit ein Todesurteil wegen einfachen Diebstahls gefällt hatte. »Ja, ich war beim Sondergericht. Aber ich bin immer ein Gegner des Nationalsozialismus gewesen«, so Beckers Kommentar, der 1950 Oberlandesgerichtsrat im Düsseldorfer Justizministerium war, dort 1953 zum Ministerialrat avancierte und schließlich 1959 Gerichtspräsident in Bonn wurde. Becker sah keinen Grund, von seinem Posten zurückzutreten.

Ähnlich war es im Fall des Richters Adolf Paulus in Bayern, der einen polnischen Arbeiter hatte zum Tode verurteilen lassen, weil er eine deutsche Bäuerin auf dem Feld unsittlich berührt hatte. Auch er nahm deswegen nicht seinen Abschied. Warum sollte er auch? Es begehrte ja niemand ernsthaft auf gegen die Amtsführung dieser ehemaligen Blutrichter im sogenannten »anderen« Deutschland.

Schließlich wurde sogar bekannt, dass auch der fest im Sattel sitzende Generalbundesanwalt Wolfgang Fränkel in ähnlicher »Mission« – also bei der Abfassung von Todesurteilen für geringfügige Straftaten – während der Nazizeit tätig gewesen war. Es gehörte zu seinem Aufgabenbereich beim Reichsgericht (der obersten Anklagebehörde), Urteile der Amts-, Landes- und Sondergerichte zu bewerten und seinen Vorgesetzten Korrekturvorschläge zu unterbreiten. In allen bekannten Fällen votierte er für Strafverfolgung, was gleichbedeutend mit Todesstrafe war. »Niemand war zu einer derartig grausamen Rechtsprechung gezwungen.« So betonte Max Güde, der Vorgänger im Amt des Generalbundesanwalts Fränkel und Mitglied des Bundestages. »Ich kenne keinen Fall, in dem ein Richter deswegen Schaden an Leib und Leben zugefügt wurde.« Er erinnerte an den Senatspräsidenten am Reichsgericht, Vogt, der sich geweigert hatte, bestimmte Wünsche des Reichsjustizministers zu erfüllen. Vogt wurde deshalb 1944 in den Ruhestand versetzt. Sonst geschah ihm nichts.[117] Nur 149 Richter und Staatsanwälte machten vom § 116 Gebrauch und schieden freiwillig aus dem Amt aus. Dennoch wurde die Unantastbarkeit der Richter und Staatsanwälte nicht, wie im Gesetz von 1961 angedroht, ausgesetzt.

Ab und zu kam es zu Empörung und Protesten aus dem Ausland gegen die alten Nazis im neuen deutschen Staats- und Regierungsgefüge. Dies traf besonders das Land Schleswig-Holstein. Dort waren die meisten alten Nazis angesiedelt. Die Gründe waren zahlreich: Als Grenzland hatte es dort schon vor Hitlers »Machtergreifung« nationalistische Strömungen gegeben. Gegen Kriegsende war eine Reihe von Nazibehörden zum Schutz vor Luftangriffen dorthin ausgelagert worden. Die letzte Reichsregierung unter Großadmiral Dönitz nahm in Flensburg Zuflucht. Flüchtlinge aus den Ostgebieten, die von den Nazis dort als vertrauenswürdige »Volksgenossen« angesiedelt worden waren, kamen über die Ostsee nach Schleswig-Holstein.

Zu den besonders berüchtigten Nazis, die in jenem Bundesland mit offenen Armen empfangen wurden, gehörte Professor Dr. Werner Catel, dessen Tätigkeit bei nationalsozialistischen Mordaktionen an Behinderten und Kranken bekannt war. Catel wurde im Mai 1954 zum ordentlichen Professor der Kieler Kinderklinik berufen. Proteste führten schließlich zu seiner Emeritierung im Jahr 1960. Dr. Hertha Oberheuser, die der Menschenversuche im Frauenkonzentrationslager Ravensbrück schuldig gesprochen worden war, eröffnete nach ihrer Entlassung aus der Gefängnishaft im Jahre 1952 eine Privatpraxis. Internationale Empörung bewirkte, dass diese 1956 wieder geschlossen wurde. Ebenso wirksam waren internationale Proteste im Falle von Ernst Lautz, Chefankläger beim berüchtigten Volksgerichtshof, dem man schließlich 1959 die Pension entzog.

Einer der Hauptverantwortlichen für Morde an Behinderten und Kranken, Professor Dr. Werner Heyde, war 1947 den Justizbehörden entkommen. In Schleswig-Holstein nahm er den Namen Dr. Sawade an, eine Tatsache, die den zuständigen Verwaltungen wohlbekannt war. Dennoch berief man ihn zum neurologisch-psychiatrischen Gutachter. 1959 erzwangen internationale Proteste die Absetzung dieses Verbrechers. Die internationale Aufmerksamkeit richtete sich auf solche Ausnahmefälle. Tatsächlich aber war Schleswig-Holstein eine Oase für alte Nazis. Der Ausspruch des Justizministers von Schleswig-Holstein, Leverenz (FDP): »Ich kann doch nicht jemanden, der SS-Führer gewesen ist, nur wegen dieser Tatsache disqualifizieren«, sagt genug über die Haltung der Schleswig-Holsteiner im Nachkriegsdeutschland.[118]

»Ich wäre heutzutage weit besser dran, wenn ich Nazi gewesen wäre.« Diese bittere Bemerkung machte Dr. Eugen Gerstenmaier, der 1969 wegen einer relativ hohen Wiedergutmachungszahlung angegriffen worden war. Gerstenmaier, 15 Jahre lang Bundestagspräsident und führendes Mitglied der CDU, war in den Verdacht geraten, aufgrund seiner hohen Stellung die Gesetze über Gebühr zu seinem Vorteil strapaziert zu haben. Tatsächlich konnte man ihm, der bis 1966 der einzige Mann des Widerstands gegen Hitler in führender Position im politischen Leben der Bundesrepublik gewesen war, nichts nachweisen. Aber seine Empörung über die Unterstellung führte dazu, dass ihn seine eigene Partei fallen ließ. Er trat daraufhin von seinem Posten zurück.

»Meine Frau und ich haben sogar erwogen, ob es nicht ratsamer wäre, nach Norwegen zurückzukehren.« Der dies sagte, war kein Geringerer als Willy Brandt, damals, 1965, noch Regierender Bürgermeister von Westberlin. Wenige Tage nach den Wahlen zum fünften Bundestag, am 19. September 1965, gab er eine Pressekonferenz vor in Bonn akkreditierten Journalisten, in der er zum zweiten Mal seine Niederlage als Kanzlerkandidat der Sozialdemokratischen Partei eingestehen musste.

Mit vor Emotion verhaltener Stimme gab er seine Absicht bekannt, sich nicht noch einmal als Kanzlerkandidat aufstellen zu lassen. In Gegenwart seiner damaligen Frau Rut, einer Norwegerin, sprach er von den Verleumdungen und Anwürfen, die er in den zwei Wahlkämpfen – 1961 und 1965 – hatte einstecken müssen. Brandt bezog sich dabei auf Behauptungen, die von konservativen Politikern in der Bundesrepublik in die Welt gesetzt worden waren (an denen auch Bundeskanzler Adenauer Anteil hatte), die dazu gedacht waren, Brandt bei den Wählern zu diskreditieren. Erklärungen wie, er sei unehelich geboren, habe jede Menge amouröser Abenteuer, sei eigentlich ein Landesverräter, da er 1933 aus Deutschland geflohen und 1945 in norwegischer Uniform zurückgekehrt war, stießen zu jener Zeit zweifellos bei einer Vielzahl von Wählern in der Bundesrepublik auf Empörung und strikte Ablehnung des sozialdemokratischen Kandidaten. Und das war ja auch der Sinn dieser unappetitlichen Kampagne. Brandt gab zu, dass ihn diese aufs Tiefste verletzt hatte. Er sei nach Deutschland mit sauberen Händen zurückgekehrt und habe sich nichts vorzuwerfen. Mit Bitterkeit habe er diese Kampagne durchgestanden. Aber auch sie würde ihn nicht davon abbringen, sich stets für die Anerkennung des deutschen Volkes in der Welt einzusetzen. Selten habe ich deutsche Journalisten so schweigsam und so betreten erlebt wie auf dieser Pressekonferenz.

Die hier aufgeführten Erlebnisse mit nazistischem Charakter sind nur einige wenige von vielen, die ich in der Zeit als Korrespondentin der israelischen Zeitung ›Maariv‹ in Bonn hatte. Sie sind hier sehr komprimiert dargestellt. Dass ich mich für alte Nazis im angeblich neuen Geist der Bundesrepublik interessierte und auch über sie berichtete, führte dazu, dass deutsche Beamte in Bonn den Satz kolportierten, ich litte an »Naziphobie«.

Glücklicherweise konnte ich in meiner Zeitung auch immer wieder von Menschen und Politikern berichten, die, wie ich, diese Entwicklung in der Bundesrepublik mit Entsetzen verfolgten und gegen sie ankämpften. Ihre Existenz war für mich der einzige Halt und Trost, sonst hätte ich wohl kaum 14 Jahre in meiner Position in Bonn durchhalten können.

27
»Ach, wär ich doch kein Deutscher!«

»Was wurde aus Ihrer Frau und den Kindern?«, fragte der Gerichtsvorsitzende, Landgerichtsdirektor Hans Hofmeyer, am 31. Juli 1964, dem 72. Verhandlungstag, den Zeugen David Schmidt, der als Zeuge der Anklage gegen Oswald Kaduk im ersten Frankfurter Auschwitz-Prozess geladen war.[119] »Was aus ihnen wurde?« David Schmidt, ein einfacher Mann, guckte verständnislos in die Runde. »Sie wurden umgebracht«, sagte er zögernd, als ob er den Eindruck hätte, man wolle ihn hier auf den Arm nehmen. »Woher wissen Sie das?«, fragte der Vorsitzende. »Aber sie sind doch nicht mehr da!«, rief Schmidt verzweifelt aus, der nicht begriff, dass seine Aussage wertlos war, wenn er nicht lückenlos nachweisen konnte, dass Kaduk seine Angehörigen eigenhändig ermordet oder sie persönlich in die Gaskammern geführt hatte.

Die Berichterstattung vom Frankfurter Auschwitz-Prozess gehörte zu meinen Aufgaben als Korrespondentin der israelischen Zeitung ›Maariv‹. In Israel verfolgte man diesen Prozess mit besonderem Interesse, ja eigentlich mit angehaltenem Atem. Denn die Mehrzahl der jüdischen Opfer war in dem größten aller Vernichtungslager, Auschwitz, ermordet worden. Je länger ich in diesem schrecklichen Prozess saß, desto klarer wurde mir, wie untauglich die in Deutschland angewandte Strafprozessordnung für diese Art der Verbrechen war.

Sie sieht vor, dass dem Angeklagten die Schuld nachzuweisen ist. Die Todeslager aber waren so konstruiert, dass Gefangene nur durch Zufall überlebten. Die Zahl der Zeugen war entsprechend gering, viel zu gering, um den Regeln des deutschen Strafrechts zu genügen. Ein präzises Bild vom Ablauf auch nur eines einzigen Mordes war selten nachzuzeichnen. In diesen Todeslagern aber, die zu nichts anderem bestimmt waren als zur Vernichtung von Menschen, musste jeder schuldig werden, der dort

Dienst tat. Das damals gültige Strafrecht war daher für diese Art von Verbrechen ungeeignet. Nur ein Strafrecht, nach dem jene, die in Massenvernichtungslagern dienten, ihre Unschuld nachzuweisen hatten, hätte die Schuldigen einer gerechten Strafe zuführen können.

Im Frankfurter Auschwitz-Prozess waren zunächst einmal elf von den 20 Angeklagten nicht in Haft, sie kamen jeden Morgen aus ihren jeweiligen Hotels zum Prozess.[120] Es ließ sich kaum vermeiden, dass Zeugen – also Opfer – und Angeklagte beim Frühstück im Hotel oder beim Mittagessen in der Gerichtskantine einander begegneten. Eine zusätzliche Pein für jedes der Opfer dieser Verbrechen. Das interessierte aber deutsche Justizbehörden nicht. Sie hielten sich strikt an die Gepflogenheiten ihrer Prozessordnung.

So verlohnt es sich auch nicht, über die Urteile zu räsonieren, denn auch sie sind eine Konsequenz dieser Art deutscher Gerichtsbarkeit. Nur sechs Angeklagte erhielten eine lebenslängliche Zuchthausstrafe. Elf Angeklagte wurden zu Freiheitsstrafen zwischen 14 Jahren und drei Jahren und drei Monaten verurteilt, während drei Angeklagte aus Mangel an Beweisen straffrei ausgingen. Entscheidend bei der Urteilsfindung der zu Freiheitsstrafen Verurteilten war offenbar der Grundsatz (der auch in vielen späteren NS-Prozessen angewandt wurde), Angeklagte, die nicht nachweislich über den empfangenen Befehl hinaus aus eigenem Antrieb gemordet hatten, lediglich wegen Beihilfe zum Mord zu verurteilen. Im Verlauf dieses Prozesses wurde dabei häufig über die Teilnahme an Selektionen ermittelt, die Tausende von Ausgesonderten zum Tode in die Gaskammern führte.

Die Folge dieser Praxis, die im Auschwitz-Prozess deutlich erkennbar wurde, war, dass Tätern mit niedrigem Dienstgrad, die die Verbrechen auszuführen hatten, diese als Morde nachgewiesen werden konnten; den höheren Chargen, die die Befehle dazu gegeben hatten, wurden aus dem eben genannten Grunde mildernde Umstände zuerkannt.[121] Die Angeklagten, vielfach mit Anwälten versehen, die sich ihre Karrieren durch die Verteidigung von Naziverbrechern aufgebaut hatten,[122] machten sich diese Tatsache zunutze, beriefen sich auf ihre Befehle und gaben vor, von sich aus niemandem ein Leid angetan zu haben. Der Zeuge David Schmidt verstand das alles nicht.

»Das verstehe ich nicht. Ich, ein Jud, verwandt mit dem Angeklagten? Er ist ein Volksdeutscher, ich ein Jud!«, antwortete er auf die stereotype Frage des Richters, ob der Zeuge mit dem Angeklagten verwandt oder verschwägert sei. Der Vorsitzende überhörte diese Bemerkung. Er belehrte den Zeugen, dass er vor Gericht »die Wahrheit, und nur die reine Wahrheit« sagen müsse. »Was kann ich hier Falsches aussagen …«, wunderte sich Schmidt. Der Vorsitzende überhörte auch diese Bemerkung und bat den Zeugen zu berichten, aus welchem Grunde er nach Auschwitz kam. »Das ist eine Frage …«, begann Schmidt. »Warum sind alle Juden verhaftet worden? Waren sie schuldig?«

Der Vorsitzende bat ihn dann, eine Spur amüsiert, die Ankunft in Auschwitz zu schildern. »Wir sind angekommen aus Neustadt. Im November 1942 war's. Ich, meine Frau und drei Kinder. Da hat der Kaduk selektiert. Ich hab ihn gesehen. Wir waren 1800, von denen sind nur 300 ins Lager gekommen. Die anderen …« Langsam zog er die Schultern hoch und vollendete den Satz nicht, weil er offensichtlich eine Erklärung nicht für nötig hielt. Plötzlich begann er hemmungslos zu weinen. Offenbar hatte er das Gefühl, man glaube ihm nicht, dass seine Frau und die drei Kinder mit Gas umgebracht worden waren. Aber dann erinnerte er sich noch unter Tränen, dass ihn ein Vorarbeiter gefragt hatte, damals, kurz nach der Ankunft in Auschwitz: »Hast du Frau und Kinder?« Als er dies bejahte, bemerkte der Vorarbeiter: »Die sind jetzt schon da oben«, und zeigte gen Himmel.

Schmidt, der schwerste Arbeiten verrichten musste, unter anderem in einer Munitionsfabrik von Krupp, erzählte dann: »Einmal, in der Mittagspause, kamen Kaduk und Clausen[123] zu uns und schrien ›antreten‹, und dann nahmen sie 300 Mann mit. Sie führten sie ins Krematorium.« Der Gerichtsvorsitzende wollte es genauer wissen: »Wer brachte sie ins Gas?« Schmidt war wieder hilflos: »Woher soll ich denn das wissen? Wenn ich es gesehen hätte, wäre ich heute nicht hier.« Unter diesen 300 war auch sein Vetter Gottfried Leiser. Der Vorsitzende verlangte wiederum Genaueres: »Wissen Sie genau, dass er dabei war?« Schmidt schrie es fast heraus: »Aber er ist doch nicht mehr da!« Auf die Frage, ob er anderen, die damals von Kaduk weggeführt worden waren, noch einmal begegnet sei, antwortete Schmidt, immer verzweifelter werdend: »Wo sollte ich sie denn treffen? In der anderen Welt?«

»Im Sommer 1944 wurden 170 Menschen ausgesondert«, erinnerte sich Schmidt. Sie standen stundenlang zwischen zwei Blöcken. »Ich bin zu ihnen gegangen und habe sie gefragt: ›Warum geht ihr nicht in die Blöcke zurück?‹ Und sie haben mir geantwortet: ›Der liebe Gott weiß, was mit uns geschehen wird.‹ Dann sah ich, wie Kaduk zu Fuß mit ihnen ins Krematorium ging.« Und als wolle er weitere, ihm unbegreifliche Fragen des Vorsitzenden abwehren, rief er beschwörend aus: »Das, was ich sage, ist heilig!« Aber er konnte ungestört fortfahren. »Es war am Versöhnungstag. Im September 1944. An diesem Tag kamen Kaduk und Clausen und führten Selektionen durch. 200 Personen mussten antreten. Auch ich war darunter. Mir war klar, jetzt ist es aus. Wir wurden in einen Waschraum geführt. Dort sollten wir uns ausziehen. Mein Neffe, der dort arbeitete, sprang herzu, kippte ein Fass um, so dass das Wasser auslief, und stülpte das Fass über mich. Dann schob er mich dicht an die Wand. Ich blieb in diesem Fass, während die anderen abgeführt wurden. Sie sind vergast worden.« Wieder kam die Frage des Vorsitzenden: »Haben Sie das gesehen?« – »Ich habe es nicht gesehen, aber das ist doch ganz sicher!«, rief er. »Später habe ich in der Wäscherei ihre Kleidung gewaschen. Da waren die Nummern dran von den Vergasten.« Den letzten Satz sagte Schmidt schon ganz resigniert.

Er verließ weinend den Zeugenstand. Ich ging zu ihm, obwohl ich kein Wort des Trostes für ihn hatte. Das Leid dieses Mannes war so groß, dass er einer solchen rücksichtslosen und grausamen Art der Vernehmung nicht standhalten konnte. Andere Zeugen, deren Leid nicht geringer war, waren stärker und überzeugt von der Notwendigkeit ihrer Zeugenaussage. David Schmidt erlebte noch einmal die Qualen, die er damals durchlitt. Die Vernehmung hatte die alten Wunden auf brutale Weise wieder aufgerissen.

Im Urteil gegen Kaduk hieß es am 20. August 1965, dem 183. Verhandlungstag, im Zusammenhang mit der Behauptung, Kaduk habe Menschen zur Vergasung bestimmt: »... viele Zeugen bekundeten, dass Kaduk im Stammlager selektiert hat. Einige Aussagen sind aber nicht eindeutig, vor allem konnte nicht immer zweifelsfrei erwiesen werden, dass die Selektierten tatsächlich vergast und nicht etwa in ein anderes Lager überstellt worden sind. Trotz starken Verdachts ließen sich einige Unsicherheiten nicht völlig ausräumen.«

In diesem ersten Auschwitz-Prozess wurden die Namen dreier ehemaliger Vertreter der IG-Farben genannt, die für die Errichtung der Buna-Werke in Monowitz (Auschwitz), in denen Häftlinge unter unmenschlichen Bedingungen schwerste Arbeit leisten mussten, in erster Linie verantwortlich waren.[124] Dr. Otto Ambros, Dr. Walter Dürrfeld und Heinrich Bütefisch. Alle drei sollten vor dem Frankfurter Gericht aussagen. Dürrfeld und Bütefisch brachten Atteste bei, dass sie aus gesundheitlichen Gründen nicht erscheinen könnten. Ihre schriftlich niedergelegten Aussagen waren nichtssagend. Ebenso wie die vor Gericht gemachte Aussage des Herrn Ambros, der sich dagegen verwahrte, als Betriebsführer der Buna-Werke bezeichnet zu werden.[125]

Tatsächlich aber war Ambros als ehemaliges Vorstandsmitglied der IG-Farben und Betriebsführer der IG-Farben in Monowitz von einem Nürnberger Kriegsverbrechergericht zu acht Jahren Gefängnis verurteilt worden. Ich glaubte meinen Ohren nicht zu trauen, als bekannt wurde, dass dieser Mann zur Zeit des Auschwitz-Prozesses Aufsichtsratsmitglied in einer Anzahl bundeseigener Betriebe war. Er fungierte als solcher in der Bergwerksgesellschaft Hibernia AG, Herne, in der Scholven-Chemie AG, Gelsenkirchen-Buer, in den Vereinigten Industrie-Unternehmungen AG, Berlin-Bonn, in der Süddeutschen Kalkstoff AG, Trostberg, und in der Phenolchemie GmbH, Gladbeck. Aber auch sein Kollege Dürrfeld, der in Nürnberg als ehemaliger Direktor der IG-Farben-Werke in Monowitz ebenfalls zu acht Jahren Gefängnis verurteilt worden war, war Mitglied des Vorstands der bundeseigenen Scholven Chemie AG und – wie sein Kollege Ambros – Aufsichtsratsmitglied der Phenolchemie GmbH, Gladbeck.[126]

Es entbehrt nicht der Ironie, dass Dürrfeld und Ambros ausgerechnet in Betrieben leitend mitwirkten, die Phenol herstellten. Mit Phenol pflegte man in Auschwitz arbeitsunfähige Häftlinge »abzuspritzen«.[127] Der ehemalige technische Leiter von Monowitz, Bütefisch, war vom Nürnberger Gericht zu sechs Jahren Gefängnis verurteilt worden und hatte zur Zeit des Prozesses den Posten eines stellvertretenden Aufsichtsratsvorsitzenden der Ruhr Chemie, Oberhausen (einer Konzernfirma der IG-Farben), inne. Noch während des Auschwitz-Prozesses wurde Bütefisch auf Vorschlag anderer Großindustrieller für Verdienste um die deutsche Wirtschaft aus der Hand des Bundespräsidenten das Bundesverdienstkreuz verliehen. Unter dem Eindruck der Enthüllungen im Auschwitz-Prozess über die Tätigkeit der IG-Farben machte Bundespräsident Heinrich Lübke schon wenige Tage nach der Verleihung diese Ehrung wieder rückgängig.

Nicht rückgängig gemacht wurden indessen die Berufungen der drei in Nürnberg Verurteilten in Aufsichtsgremien der deutschen Wirtschaft. Dass diese drei nicht mehr vor ein deutsches Gericht gestellt werden konnten, auch nicht, wenn sich neue Anklagepunkte gegen sie ergeben hätten, lag am 1955 unterzeichneten Deutschland-Vertrag, der dies für alle von alliierten Tribunalen Verurteilten verbot. Wohl in der Befürchtung, dass deutsche Gerichte zu milde mit deutschen Kriegsverbrechern umgehen würden. Tatsächlich aber waren es schließlich die Alliierten, die im Zuge des Kalten Krieges deutsche Kriegsverbrecher vorzeitig aus den Gefängnissen entließen. Sie glaubten, die Deutschen im Kalten Krieg gegen die Sowjetunion zu brauchen und die Gunst des deutschen Volkes auf diese Weise erringen zu können.

Und was bedeuteten schon noch die Nürnberger Prozesse in der Bundesrepublik der sechziger Jahre! Der damalige Staatssekretär und spätere Minister im Bundeskanzleramt (und enge Vertraute von Kanzler Erhard), Dr. Ludger Westrick, machte mir das während eines Gesprächs im Mai 1964 klar, als er mit lässiger Gebärde auf andere ehemalige Angeklagte oder Verurteilte von Nürnberg verwies, die in der Bundesrepublik längst wieder eine Rolle spielten. Auf meine Anfrage beim Bundesschatzministerium, ob die vor dem Auschwitz-Gericht erwähnten Fakten den Tatsachen entsprächen, lud mich zu meiner Verwunderung Bundesschatzminister Werner Dollinger zu einer Unterredung ein. Meine Verwunderung wuchs noch, als ich die Staatssekretäre Westrick und Ludwig Kattenstroth (Schatzministerium) ebenfalls im Büro des Schatzministers vorfand.

Westrick nannte als Beispiele für einige, die in Nürnberg verurteilt worden waren und in der Nachkriegswirtschaft Karriere gemacht hatten, Krupp und Flick im industriellen Bereich und gab mir zu verstehen, dass diese Liste beliebig verlängert und auf anderen Gebieten ergänzt werden könnte. Er fand dies völlig in Ordnung und betonte, dass er in seiner ehemaligen Funktion als Staatssekretär im Wirtschaftsministerium die Herren Dürrfeld und Ambros in die genannten Aufsichtsräte entsandt hatte. »Indem wir sie auf diese Posten beriefen, beuteten wir doch bloß ihr Wissen aus!«, rief er aus. Niemals sei dies als eine Ehrung anzusehen. »Die Herren Ambros und Dürrfeld haben maßgeblich daran mitgewirkt, die deutsche Wirtschaft, 1945 demontiert und zerstört, wiederaufzubauen«, erklärte Westrick.[128] Ganz nebenbei sagte er jovial zu mir, dass seine Integrität, aus der er das Recht ableite, so sprechen zu können, durch seine Freundschaft mit dem Leiter der Israel-Mission in Köln, Dr. Felix Shinnar, und mit führenden Vertretern der Jüdischen Gemeinde in Deutschland hinreichend bewiesen sei. Er widerte mich an.

Und mit großer Beredsamkeit fuhr Westrick fort: »Die Gefahr, die vor Deutschlands Toren stand, nämlich der Kommunismus, machte den schnellen Wiederaufbau der deutschen Wirtschaft dringend erforderlich.« Ich antwortete ihm sehr energisch, dass er so gut wie ich wisse, dass eine solche kommunistische Gefahr in der Bundesrepublik in Wahrheit nie bestanden habe. Aber Westrick war anderer Meinung. Um seine Behauptung zu untermauern, erinnerte er an ein Dorf in der amerikanischen Besatzungszone, in dem ein Kommunist zum Bürgermeister gewählt worden war. »Und so verdanken wir ihnen (den Herren Ambros und Dürrfeld), dass die Gefahr des Kommunismus mit Hilfe des wirtschaftlichen Aufschwungs, zu dem sie beigetragen haben, gebannt werden konnte.« Der Staatssekretär zog als Argument auch den Hunger, die Not, das Elend des Volkes und die elf Millionen darbender Flüchtlinge in den ersten Nachkriegsjahren heran, um die Ernennung dieser von amerikanischen und deutschen Gerichten[129] wegen Kriegsverbrechen verurteilten Herren zu gut dotierten Aufsichtsräten zu begründen.

Sein letztes mit Vehemenz vorgetragenes Argument erregte mich besonders: »Und schließlich wäre die Bundesrepublik ohne diesen wirtschaftlichen Aufschwung, an dem die Herren Ambros und Dürrfeld mitwirkten, nicht in der Lage gewesen, Wiedergutmachungen zu zahlen.« Ich drückte meine Empörung aus über diesen Satz und erinnerte daran, dass Bundeskanzler Adenauer die Zahlung von Wiedergutmachung als eine »moralische Verpflichtung« des deutschen Volkes bezeichnet hatte,[130] »auch wenn dabei von uns … Opfer verlangt werden, vielleicht schwere Opfer …«. Aber das beeindruckte Westrick nicht im Geringsten. Im Gegenteil, man ließ mich fühlen, wie unerheblich derartige Argumente einer Jüdin im heutigen Deutschland waren.

»Mussten diese Menschen nicht froh und glücklich sein, dass sie überhaupt arbeiten durften?«, wandte Staatssekretär Kattenstroth ein, der es offenbar, wie so viele Menschen in Deutschland, nicht für nötig gehalten hatte, sich über »Lebensbedingungen« in KZs zu informieren. Das Lager Monowitz war das größte Arbeitslager im Bereich des KZ Auschwitz, das zunächst »Buna« genannt wurde. Im Laufe der Zeit wurden noch weitere 39 Nebenlager, Zweiglager, Außenlager und Arbeitslager eingerichtet, in denen die Häftlinge für die IG-Farben-Industrie hauptsächlich die zur Benzinproduktion notwendige Kohle zu schlagen hatten.[131]

Im Lager der IG-Farben, Monowitz, mussten sich fünf Häftlinge ein Bett teilen, auf dem keine Decke, sondern nur stinkendes Stroh lag. Zwei Waschräume standen für 3500 Mann zur Verfügung. Wasser zum Waschen gab es allerdings nur drei- oder viermal in der Woche. Sechs Toiletten waren für 900 Mann gedacht. Zu den von der SS verteilten Hungerrationen lieferte der Arbeitgeber, also die IG-Farben, zusätzlich die berüchtigte Buna-Suppe, ein Gebräu aus heißem Wasser und schlechten Kohlrüben, ohne Fett, ohne Fleisch, das die Kräfte der schwer arbeitenden Häftlinge »stärken« helfen sollte. Seuchen waren bei diesen Zuständen an der Tagesordnung, eine 80-prozentige Sterblichkeit die Folge. Medikamente oder Verbandszeug wurden den Häftlingen nur dann zuteil, wenn die Gefahr der Ansteckung für die Herren der SS oder der IG-Farben bestand. Wer für die elfstündige Arbeit und die Zement-Kabelkommandos (auch Todeskommandos genannt) bei IG-Farben zu schwach war, wurde ausgesondert und in den Gaskammern von Birkenau »liquidiert«. Neues »Material« war ständig zur Stelle. Von 35 000 Häftlingen, die im Laufe der Zeit im Buna-Werk der IG-Farben arbeiteten, starben 25 000. Die Lebenserwartung in Monowitz betrug fünf bis sechs Monate. In den dazugehörigen Kohlengruben sogar nur einen Monat.

Am Ende dieses immerhin zweistündigen Gespräches, das von beiden Seiten sehr erregt geführt worden war, forderte mich Staatssekretär Westrick auf, meine Behauptungen, dass sich die drei ehemaligen führenden Mitarbeiter der IG-Farben beim Aufbau der Fabrik in Monowitz und bei der Behandlung der Häftlinge schuldig gemacht hatten, durch Dokumente zu beweisen. Der Frankfurter Anwalt und Nebenkläger im Auschwitz-Prozess Henry Ormond versorgte mich mit entsprechenden Unterlagen, die er anlässlich der IG-Farben-Prozesse 1953 und 1955 gesammelt hatte.

Da hieß es unter anderem, Dr. Otto Ambros habe nach einer Inspektion im Januar 1941 die Gegend von Auschwitz für die Errichtung chemischer Fabriken seiner Firma für geeignet erklärt. Er sagte darüber: »Am 5. April 1941 fand eine Gründungssitzung der Buna-Werke in Monowitz statt ... Ich lernte bei dieser Sitzung den Kommandanten Höß kennen. Wenige Tage später fand die Besichtigung (des Lagers) unter der Führung von Höß statt. Ich war davon beeindruckt ...«[132] Schon am 27. März 1941 war in einer Sitzung des Kommandanten von Auschwitz und Ingenieuren der IG-Farben, unter ihnen Dürrfeld, vereinbart worden, dass dem neuen Werk 1000 Häftlinge zur Verfügung gestellt werden sollten. Die Anzahl sollte im folgenden Jahr auf mindestens 3000 steigen. Die Arbeitszeit wurde im Sommer auf zehn bis elf Stunden, im Winter auf neun Stunden festgelegt.

Die IG-Farben zahlten der Kommandantur des KZs für jeden Facharbeiter vier Mark pro Tag, für jeden als Hilfsarbeiter verwendeten Häftling drei Mark, denn diese Arbeiter wurden quasi ausgeliehen, verwaltet und verpflegt von der SS – dem Motto entsprechend, das am Tor des IG-Farben-Lagers zu lesen war: »Alle Häftlinge sind Eigentum des Reiches.« Wenig später, am 12. April 1941, pries Ambros in einem Brief die Zusammenarbeit mit der SS: »… und außerdem wirkt sich unsere neue Freundschaft mit der SS wirklich sehr segensreich aus. Anlässlich eines Abendessens, das uns die Leitung des Konzentrationslagers gab, haben wir weiterhin alle Maßnahmen festgelegt, welche die Einschaltung des wirklich hervorragenden Betriebes des KZ-Lagers zugunsten der Buna-Werke betreffen.«[133]

Aus einem Wochenbericht für die Zeit vom 8. bis 21. Februar 1943, verfasst vom Bauingenieur der IG-Farben, Max Faust, geht hervor, dass die Firma nicht mit den Leistungen aller Häftlinge zufrieden war. Es heißt da, dass die SS sich verpflichtet habe, »alle schwachen Häftlinge abzuschieben«. »Abschieben« bedeutete im Wortschatz der SS Vergasung, da die Firma nur für voll einsatzfähige Häftlinge zahlte.

»Die Herren Ambros, Dürrfeld und Bütefisch wussten nichts von alledem, was in Auschwitz oder Monowitz vor sich ging.« Das war das Ergebnis des Studiums der von mir übergebenen Unterlagen, das sich ein junger Referent im Auftrag des Kanzleramtes vorgenommen hatte. Er gab vor, dass keiner der Herren der IG-Farben auch nur die Möglichkeit gehabt hätte zu wissen, was sich in Auschwitz zutrug. Selbst wenn er die Anwesenheit eines der Herren in Auschwitz nicht leugnen konnte, sprach er noch die Überzeugung aus, dass dieser nichts sah, nichts hörte, nichts roch, nichts wusste. Im Einzelnen führte der junge Assistent aus, dass Monowitz schließlich sieben Kilometer von Auschwitz entfernt war und noch weiter von den Gaskammern von Birkenau.

Was er verschwieg – und vielleicht wirklich nicht wusste –, war, dass der Feuerschein der Krematorien meilenweit sichtbar war und dass auch der Gestank von verbranntem Menschenfleisch die Umgebung in weitem Umkreis verpestete. Überdies hat Ambros nachweislich das Lager Auschwitz I im Jahr 1941 einmal betreten. Er ist auch, wie die von mir vorgelegten Dokumente einwandfrei bewiesen, an der Baustelle von Monowitz gewesen, dort, wo die Häftlinge im Laufschritt Zementsäcke tragen mussten, unter deren Last viele von ihnen zusammenbrachen.

Die Sitzungen der Planungskommission der SS und der IG-Farben, an denen Ambros im Laufe von vier Jahren regelmäßig teilnahm, hätten nicht im Lager stattgefunden, erklärte der Assistent. Natürlich nicht – es gab zweifellos angenehmere Aufenthaltsorte als das Lager von Auschwitz. Wie die »Hilfsarbeiter« (sprich Häftlinge) lebten, habe Ambros, späteres Aufsichtsratsmitglied von Betrieben mit mehreren Tausend Arbeitern, nicht interessiert, so bedeutete man mir als Beweis für seine Schuldlosigkeit. Der junge Mann wiederholte dann eine oft angewendete Zwecklüge: Die Produktion sei in den Buna-Werken von Monowitz niemals aufgenommen worden. Aus den Niederschriften der Baubesprechungen zwischen den Herren der IG-Farben und der SS geht hingegen klar hervor, dass mindestens zwei der Werke tätig wurden. Den Lug-und-Trug-Behauptungen setzte der junge Mann die Krone auf mit der Bemerkung, Ambros habe nie Kontakt mit den KZ-Gewaltigen gehabt. Und wie pries er doch selbst »die Freundschaft mit der SS«!

»Ungeheuerlich!«, stieß ich hervor und schrie den jungen Mann an, ob er sich nicht schäme angesichts des Lügengespinstes, das er vorgetragen habe. Wahrscheinlich glaube er, bei dieser Gelegenheit die Grundlage für eine gute Karriere in Staatsdiensten gelegt zu haben. Westrick, der diesmal allein mit mir sprach, sprang dem jungen Mann bei und schrie seinerseits zurück, was ich mir wohl dächte, seinen Mitarbeiter der Lüge zu bezichtigen. Die Lage sei nun klar, den Herren der IG-Farben, verurteilt in Nürnberg im Zusammenhang mit ihrer Tätigkeit für die Buna-Werke in Monowitz, könne nicht nachgewiesen werden, dass sie etwas über Auschwitz und die Vernichtung von Menschen dort wussten, geschweige denn, dass sie daran beteiligt waren. »Spräche man sie schuldig, müsste man das ganze deutsche Volk anklagen«, das nach Ansicht des Herrn Ministers ebenso wenig unterrichtet war wie die Herren von der IG-Farben.

Die Herren Ambros, Dürrfeld und Bütefisch waren also nach Meinung der damaligen deutschen Bundesregierung integre

Leute. Sie, die von deutschen und internationalen Gerichten für schuldig befunden worden waren, am Massenmord in Auschwitz beteiligt gewesen zu sein! 20 Jahre nach dem unfassbaren Geschehen war die Beteiligung an Judenmorden in den Augen der damaligen bundesrepublikanischen Regierung und ihrer Justizbehörden ohnehin nur noch ein Bagatelldelikt, wie einige der Gerichtsurteile beweisen.[134] Ich habe mich selten in meinem Leben so hilflos gefühlt. Allerdings war ich noch nie zuvor und auch nachher nicht wieder das Opfer einer derartigen Konspiration der Lüge von Verantwortlichen des Staates.

Ganz anders verlief die »Inaugenscheinnahme« des Lagers Auschwitz durch das Frankfurter Gericht vom 14. bis 16. Dezember 1964. Zwei Tage zuvor standen 22 Herren in der Halle des Frankfurter Flughafens. Ihre sportliche Winterkleidung ließ auf einen Skiausflug schließen. Man lächelte einander zu, lauschte den Wettermeldungen, die einen Start in den nächsten Stunden ausschlossen, erzählte sich Witzchen und blinzelte ab und zu in die Fernsehkameras, wohl wissend, dass diese eigentlich nur einem von ihnen galten – dem Dr. Franz Bernhard Lucas.

Der ehemalige Lagerarzt im Konzentrationslager Auschwitz hatte sich als einziger Angeklagter im Auschwitz-Prozess (ihm wurden Selektionen vorgeworfen) bereitgefunden, mit dem Vertreter des Frankfurter Schwurgerichtes, Amtsgerichtsrat Walter Hotz, den drei Staatsanwälten Grossmann, Kügler und Wiese und elf Verteidigern die Reise nach Auschwitz anzutreten. Das Ziel der Reise war eine »Inaugenscheinnahme« des ehemaligen Vernichtungslagers, kein Lokaltermin, bei dem das gesamte Gericht und alle Angeklagten hätten anwesend sein müssen. Politische und technische Schwierigkeiten standen nach Meinung der deutschen Behörden einem solchen Unterfangen im Wege. Nun reiste man also leger und freiwillig. Als die österreichische Fluggesellschaft den Vorschlag machte, wegen des schlechten Wetters die erste Etappe der Reise im Autobus zurückzulegen, stürzten alle, froh, der Untätigkeit entronnen zu sein, zum Flugschalter. »Hier wäre ein Kaduk[135] nötig, die Ordnung wiederherzustellen«, ließ sich ein Verteidiger vernehmen, überzeugt davon, einen Witz gemacht zu haben. Die Dunkelheit im Bus machte die Herren schläfrig. Nur einmal fuhren sie mit einem Satz hoch. Ein amerikanischer Lastwagenfahrer hätte beinahe einen schweren Unfall verursacht. »Verdammtes Amischwein«, brüllte einer aus tiefster Seele. Im Stuttgarter Flughafenrestaurant besänftigte die reichhaltige Speise- und Weinkarte die Gemüter. Im Flugzeug nach Wien nahm man auch noch das zweite Abendbrot genussvoll zu sich. In Wien traf die »Herrenpartie« ein wenig mitgenommen ein. Wahrscheinlich tröstete es sie, dass sie mit diesem Umweg – Frankfurt-Stuttgart-Wien-Warschau-Krakau – die von der Bundesrepublik nicht anerkannte DDR umgehen würden. Manche der von Schmissen gezeichneten Gesichter der Verteidiger wirkten am folgenden Morgen noch angegriffen. Sie hatten wohl das nächtliche Wien erkundet. »Antreten zum Appell«, schnarrte ein Verteidiger grinsend – eine Anspielung auf die Auschwitz-Terminologie –, als sich die Gruppe der Herren nur langsam fortbewegte. »Sie sind müde?«, fragte ein anderer seinen Nachbarn süffisant, »schade, dass Klehr[136] nicht unter uns ist. Er hätte Ihnen schon die richtige Injektion verpasst!«

An der Gangway in Warschau stand Professor Dr. Jan Sehn, Direktor des kriminologischen Institutes der Universität Krakau und Untersuchungsrichter im ersten Auschwitz-Prozess in Krakau im Jahre 1945 »gegen Höß und andere«; er schüttelte jedem die Hand, auch dem Angeklagten Lucas. Das verwirrte ein wenig, ebenso der Anblick der Warschauer Straßen, die noch deutlich die Spuren des Krieges zeigten.

Im vornehmen Hotel »Europejski« machte man erste Bekanntschaft mit der polnischen Bürokratie. Papier für die Ankunft, Papier für die Devisen, Papier für den Bus, Papier für die Fahrt nach Auschwitz. Spitze Bemerkungen über Sozialismus und Planwirtschaft waren zu hören. Hier trennte man die Presseleute von den Prozessbeteiligten, einem Wunsch der deutschen Richter entsprechend, die eine Behinderung ihrer Arbeit befürchteten. Zusammen mit den polnischen Pressevertretern hatten sich schließlich fast 200 Zeitungsleute aus aller Welt für die »Inaugenscheinnahme« eingefunden. 100 polnische Sicherheitsbeamte begleiteten die »Reisegesellschaft« auf ihrer Weiterfahrt nach Krakau und Auschwitz.

Im ehemaligen SS-Lazarett von Auschwitz übergab Professor Sehn als Vertreter des polnischen Justizministeriums dem deutschen Richter die Befehlsgewalt über die polnische Sitzungspolizei. In einer Gedenkminute im Hof von Block elf, vor der schwarzen Wand, an der Tausende erschossen worden waren, ehrte man die Opfer von Auschwitz – auch der Angeklagte Lucas nahm den Hut vom Kopf.

Dann fuhr man nach Birkenau. Genau an der Stelle der ehemaligen Rampe, an der einst die Selektionen für Tod oder Leben stattfanden, stiegen die Prozessbeteiligten aus ihrem Bus und begannen ihre Arbeit. Richter Hotz hatte eine Liste von 32 Punkten, die an Ort und Stelle geklärt werden sollten. Zeugenaussagen, die hier widerlegt oder erhärtet werden konnten. Man maß, man fotografierte. Von wo aus waren die Geschehnisse auf der Rampe klar zu beobachten? Wo konnte der Schlauch zu Tötungszwecken angeschlossen werden? Noch herrschte Skepsis unter den Herren aus Deutschland. Richter Hotz diktierte seinem Protokollführer: »Hier steht das Gericht vor einer der Verbrennungsgruben, die mit der Asche von Leichen angefüllt ist …«, »sein soll«, unterbrach ein Verteidiger und bemerkte, dass er nur bereit sei, einem Fachmann zu glauben, dass es sich um Asche dieser Art handele.

Bei der Prüfung der Sichtmöglichkeiten deutete ein Verteidiger auf einen Baum, der »ohne Frage die Sicht behinderte«. Darauf hingewiesen, dass dieser Baum zur Zeit des Geschehens erst zwei Jahre alt und dementsprechend klein gewesen sein muss, gab er sich zaudernd zufrieden. Lucas, über Einzelheiten befragt, klagte auch hier noch über sein schlechtes Gedächtnis. »Es ist doch schon so lange her …« Nach diesen Prüfungen wandelten die Herren zwischen den nackten Schornsteinen umher, die, da die SS noch 1945 ihre Spuren zu tilgen suchte, als einzige Überbleibsel vieler stallähnlicher Unterkünfte anklagend in den Himmel ragten. Ein grauer Horizont und die harte, lehmige Landschaft bestimmten die Atmosphäre. An den Ruinen der Krematorien und der Gaskammern entdeckte man noch deutlich den technischen Perfektionismus der Mordmaschinerie. Rationalisierung war hier die Devise gewesen. Wer hatte das erdacht?

Sicher nicht die Bogers und Kaduks, die in Frankfurt auf der Anklagebank saßen! Richter Hotz stand für einige Sekunden versunken vor einem Wiesenblümchen – wie absurd in dieser Landschaft des Todes! Eine schwedische Journalistin fand auf der Rampe ein deutsches Fünfpfennigstück aus dem Jahre 1940. Ein israelischer Journalist zog angekohlte Fetzen eines jüdischen Gebetbuches aus einer Grube hervor. Die Worte des Todesgebetes waren noch zu entziffern.

Im Block elf des Stammlagers (Auschwitz I) musste einer der Frankfurter Justizbeamten in einer Stehzelle das Lied ›Sah ein Knab' ein Röslein stehn‹ singen. Man wollte beweisen, dass man in den benachbarten Zellen das Geschehen in den Stehbunkern verfolgen konnte. Kurz vor seinem Ableben – so Zeugenaussagen – hatte einer der Todeskandidaten gesungen. Wie ein Echo hallte es durch den Block. 90 × 95 cm maß eine Stehzelle, in der bis zu vier Menschen eingesperrt wurden. »Das Einschlupfloch ist 50 × 78 cm groß«, meldete der Beamte. Die Mehrzahl der Anwälte hatte genug von diesem grausigen »Spiel« und wandte sich ab, als man im Block 20 die Türfüllungen zu messen begann, um zu prüfen, ob dies wohl noch dieselbe Tür war, die damals den »Abspritzer« Klehr bei seiner Tätigkeit abschirmte.

»Für mich war die Inaugenscheinnahme schon beim Betreten des Lagers beendet«, sagte mir ein Verteidiger. Die Enge des Lagers, in dem schließlich Tausende von Häftlingen »leben« mussten, habe ihn davon überzeugt, dass keines der Ereignisse hier der Aufmerksamkeit der Häftlinge entgehen konnte. »Nicht drei Tage hätte ich hier überlebt«, murmelte ein Anwalt neben mir und fröstelte in der feuchten Luft, die von der Sola, einem Nebenfluss der Weichsel, und den Sumpfgebieten ringsum aufstieg. »Ach, wär ich doch kein Deutscher!«, stöhnte ein junger Journalist. »Wär ich doch Schweizer!« Die Verzweiflung war echt angesichts des Konzentrationslagers Auschwitz, der Gaskammern, der Krematorien.

»Hier komme ich wieder hin, aber mit meiner 14-jährigen Tochter«, versprach der Anwalt Kaduks. »Sie muss sehen, wohin dieser Irrsinn geführt hat.« Die Besichtigung des Museums und der Film über die Befreiung des Lagers wurden angeboten. Keiner der Deutschen wagte es, sich dieser Aufforderung zu entziehen. Und hier geschah es: Der Anblick der Kinderschuhe, der Frauenhaare, der Krücken, der mit Namen und Adressen zurückgelassenen Koffer riss denen die Maske herunter, die wie verbissen nicht hatten glauben wollen, was Auschwitz, was Treblinka, was Maidanek gewesen waren. Es zerbrach die anderen, die es geahnt und auch gewusst hatten. Die Anonymität des Mordes war dahin. Der Koffer der Clara Sara Nadelmann aus Berlin W 15, Xantener Straße 2, ließ keine Spekulationen mehr zu über das Schicksal eines Menschen, der Auschwitz erreichte.

Kaduks Anwalt weinte wie ein Kind. Die anderen taumelten fast aus dem Kinosaal. Richter Hotz konnte nicht sprechen. Seine Augen drückten die Not aus, die ein Mensch empfindet, wenn er vergebens nach einem Hoffnungsschimmer sucht. Am Abend im Hotel in Krakau löste sich die Spannung. Selbst die Skeptischsten unter den Anwälten gaben zu, wie wichtig dieser Besuch in Auschwitz für den Prozess und für sie selber gewesen war. Ein Jahr Auschwitz-Prozess mit seinen furchtbaren Anklagen hatte also nicht ausgereicht, menschlicher Vorstellungskraft das wahre Bild dieser perfektioniertesten Mordmaschinerie aller Zeiten zu vermitteln. Dr. Lucas, der zu Beginn der Reise nie über Einsamkeit hatte klagen können, wurde jetzt kaum noch beachtet.

Es war in der Tat eine veränderte Gesellschaft, die nach abermals sechsstündiger Busfahrt in Warschau ausstieg, um über Wien nach Frankfurt zurückzufliegen. Die meisten waren sehr schweigsam und in sich gekehrt. Es war, als sei etwas in ihnen aufgebrochen und schmerzhaft in Bewegung geraten – ein starres, von nazistischem Gedankengut errichtetes Lügengebäude, das ihnen Schutz und Halt geboten hatte. Der Angeklagte Dr. Franz Bernhard Lucas, der bis zu dieser Reise nach Auschwitz jede Mittäterschaft an den Morden geleugnet hatte, legte am 11. März 1965, also nach über einjähriger Prozessdauer, ein Geständnis ab. »Ich bin gegen meinen Willen zur Dienstleistung im KZ abgestellt worden. Das Furchtbarste war, zum Rampendienst befohlen zu werden. Ich bemühte mich, möglichst viele Juden am Leben zu erhalten.«[137]

28
Justiz mit zweierlei Maß

»Die Leute lehnen die Aufhebung der Verjährung für Mord und Völkermord ab. Sie wollen diese Naziverbrecher-Prozesse nicht mehr.« So sprach der Justizminister Ewald Bucher (FDP) in aller Offenheit vor Pressevertretern in Bonn im November 1964,[138] zu einer Zeit, als die bevorstehende Verjährung von Naziverbrechen heiß diskutiert wurde. Es sei nicht gut, gegen die öffentliche Meinung anzugehen, fügte er hinzu. Nach den im Grundgesetz festgeschriebenen Fristen für die Verjährung von Kapitalverbrechen sollte am 8. Mai 1965 auch für die Naziverbrechen eine Verjährung einsetzen. Mir gegenüber gestand der Minister unter vier Augen, dass er im Grunde seines Herzens einer Verlängerung der Verjährungsfristen oder sogar einer völligen Aufhebung der Verjährung zuneige. Als Anwalt müsse er jedoch den juristischen Gründen für ein Festhalten am 8. Mai 1965 den Vorrang geben. Ein demokratischer Staat, so betonte er, sollte keine Gesetze erlassen, die im Gegensatz zum gültigen Recht stehen. Man müsse sich damit abfinden und es sei eben das Schicksal der deutschen Nation, auch Kaduks in ihrer Gesellschaft dulden zu müssen und »mit Mördern zu leben«. Eine Meinung, die keinem einleuchten konnte, der wusste, wer diese »Kaduks« waren, mit denen Ewald Bucher glaubte leben zu müssen.

Oswald Kaduk, geboren 1906, Fleischer von Beruf, trat früh der SS bei und wurde 1940 zur Waffen-SS eingezogen. 1942 wurde er nach Auschwitz versetzt, wo er anfangs in der Wachtruppe, bald aber als Blockführer und schließlich als Rapportführer im Range eines Unterscharführers Dienst tat. Das Frankfurter Gericht überführte ihn des Mordes in Mittäterschaft in zwölf Fällen, bei denen mindestens 1012 Menschen den Tod fanden. »Er hat diese Taten als eigene gewollt. In allen Fällen ist Mordlust erwiesen. Durch seinen Eifer bewies Kaduk, dass

Menschen auch nach seinem Willen sterben sollten. Er ist daher mit zwölfmal lebenslänglichem Zuchthaus zu bestrafen. Die bürgerlichen Ehrenrechte werden ihm auf Lebenszeit aberkannt.« So das Urteil des Frankfurter Gerichtes vom 20. August 1965.[139]

Wie anders reagierte die deutsche Öffentlichkeit in den siebziger und achtziger Jahren, als einige Hundert junger Mitglieder der Rote-Armee-Fraktion irrigerweise meinten, mit Gewalt diesen in vieler Hinsicht reaktionären Staat verändern zu können. Zur Abwehr dieser gewalttätigen Truppe fiel den Gesetzgebern von Bonn ein Sondergesetz nach dem anderen ein, was sie bei Naziverbrechen stets brüsk von sich gewiesen hatten. Deutsche Richter entwickelten bei der Auslegung dieser Sondergesetze ungewöhnlich viel Phantasie. Sie fanden sogar eine Möglichkeit, einen Angeklagten auch dann verurteilen zu können, wenn er an der Tat nicht beteiligt gewesen war, sie jedoch nach Überzeugung des Gerichts gewollt hatte.

Eine solche Möglichkeit hätte zu Zeiten der Naziverbrecherprozesse genügt, um »die Kaduks« aus der deutschen Gesellschaft auszugrenzen, ihre Taten in ordentlichen Prozessen anzuprangern und sie entsprechend zu bestrafen. Stattdessen zog man sich bei Naziverbrechen auf den Grundsatz zurück, dass es bei den Nazis üblich gewesen war, Sondergesetze zu erlassen. Und Unrecht könne nicht durch neues Unrecht getilgt werden. Es scheint mir daher nicht übertrieben festzustellen, dass selbst noch im Nachkriegsdeutschland Unterschiede gemacht wurden zwischen Mördern und Mördern – gemäß der politischen Motivation.

Justizminister Bucher hatte die Stimmung im deutschen Volk schon richtig eingeschätzt. Tatsächlich ergaben Meinungsumfragen stets, dass über 60 Prozent der deutschen Bevölkerung nichts mehr über die Verbrechen aus der Nazizeit hören wollten. Selbst viele von denen, die sich nicht schuldig gemacht hatten, empfanden die Aussagen vor Gericht über die von Deutschen verübten Verbrechen als schier unerträglich. Sei es, weil sie die erwähnte Zwiespältigkeit einer Sühne erkannten oder weil sie ihr eigenes Gewissen belastet fühlten, denn selbst wenn sie sich nichts vorzuwerfen hatten, so hatten sie doch damals geschwiegen, es geschehen lassen, die Augen verschlossen. Die jungen, nach dem Krieg geborenen Deutschen hatten in den Schulen viel zu wenig über die verbrecherische Politik der Nazis gehört, um sich ihr eigenes Urteil zu bilden. Je nach ihrem Elternhaus entschieden sie sich meist für Schweigen über eine Zeit, die nichts Gutes hervorgebracht zu haben schien und in der die Rolle ihrer Eltern häufig unklar blieb.

Viele Jahre hatten Deutsche überdies annehmen können, von der Erinnerung an die Nazis und ihre Gräueltaten befreit zu sein. Prozesse gegen Naziverbrecher fanden kaum statt, und Politiker, ganz gleich welcher Couleur, sahen keinen Sinn in der Erwähnung der Vergangenheit, die womöglich ihre Chancen beim Wähler nur schmälern würde. Auch glaubten Deutsche, dass ihre eigenen Leiden nach dem Krieg Sühne genug gewesen waren für die Anklage, politischen Verbrechern nachgelaufen zu sein. Schließlich hatten die ihnen doch in vieler Hinsicht auch gute Jahre beschert, ihr Ego gestärkt und sie zu Meistern über andere Nationen gemacht, nach all der Schmach des Versailler Vertrages – wie es damals hieß – eine besondere Genugtuung. Ja, die Deutschen erlangten sogar eine gewisse Sicherheit zurück – die ihnen in den ersten Nachkriegsjahren abhandengekommen war –, da sie doch so selten an diese unerfreuliche Vergangenheit erinnert wurden. »Wenn Sie so weitermachen, dann werden wir eben wieder Nazis«, trumpfte eine Dame der Bonner Gesellschaft auf, als ich es gewagt hatte, die Ernennung des ehemaligen PGs und stellvertretenden Leiters des rundfunkpolitischen Referats des Auswärtigen Amtes, Kurt Georg Kiesinger, zum Kanzler zu kritisieren.

Tatsächlich war die Verfolgung nazistischer Verbrechen in den ersten Nachkriegsjahren sehr sporadisch gewesen. Bis 1949 hatten die Alliierten in Deutschland Recht gesprochen, hatten zunächst in den Nürnberger Prozessen mit den Großen der Nazis aufgeräumt. So schien es jedenfalls. Viele Verurteilte profitierten allerdings wenig später vom Kalten Krieg. Die Amerikaner entließen viele von ihnen vorzeitig aus den Gefängnissen im Glauben, so die Unterstützung der Deutschen im Kampf gegen den Kommunismus gewinnen zu können. Und so war der Sühne, wie jedenfalls viele Deutsche glaubten, Genüge getan, wofür auch die Amerikaner mit den Entlassungen der Kriegsverbrecher ihnen Beweise zu liefern schienen. Wer nicht in Morde verstrickt gewesen war, konnte darangehen, sein Leben neu aufzubauen, die Gedanken nach vorn gerichtet, die Vergangenheit aus dem Gedächtnis gelöscht.

Da geschah es, dass im Jahr 1956 ein Staatsanwalt namens Erwin Schüle durch puren Zufall die Wahrheit über ein Naziverbrechen aufdeckte, die entscheidende Konsequenzen für die zukünftige juristische Verfolgung von derartigen Verbrechen haben sollte. Vor dem Schwurgericht in Ulm machte ein Angeklagter, der sich für die Erschießung von Juden zu verantworten hatte, geltend, dass es sich in diesem Fall nicht um Juden, sondern um Partisanen gehandelt habe. Er habe nur das Urteil eines Standgerichts vollstreckt.

Staatsanwalt Schüle, der auch Soldat gewesen war, erinnerte sich sofort, dass Partisanen in Übereinstimmung mit internationalem Recht ohne Gerichtsurteil erschossen zu werden pflegten, so dass ihretwegen kein Standgericht zusammengetreten sein konnte. Der Angeklagte hatte also gelogen. Ohne die mehr zufällige Sachkenntnis des Staatsanwaltes wäre der Angeklagte mit seiner Lüge davongekommen. Es waren schließlich zwölf Jahre seit den Verbrechen vergangen. Die Opfer waren tot. Es gab nur wenige Zeugen, und die waren meist gleichen Geistes. Ihre Aussagen waren nicht viel glaubhafter als die der Angeklagten, denn vielfach waren sie in die gleichen Aktionen verstrickt gewesen.

Ähnlich verhielt es sich bei den Verbrechen, die in dem berüchtigten Lager von Auschwitz begangen worden waren. Niemand kannte ihr ganzes Ausmaß. Die wenigen Überlebenden wollten oft nicht daran erinnert werden, oder sie konnten nur über einen kleinen Ausschnitt der Geschehnisse berichten, deren unmittelbare Zeugen sie geworden waren. Personen und genauere Einzelheiten konnten sie nicht mehr angeben.

Auch hier brachte der Zufall eine Lawine ins Rollen. Ein ehemaliger Soldat fand zehn Jahre nach Kriegsende beim Sichten seiner Kriegsandenken Dokumente, die er während der Belagerung der Stadt Breslau auf der Straße aufgelesen hatte. Sie enthielten Berichte über Vernichtungsaktionen im Konzentrationslager Auschwitz. Diese Dokumente bildeten später die Grundlage für die Anklageerhebung zum gesamten Auschwitz-Komplex.[140]

Die deutsche Justiz sah nun ein, dass sie systematischer vorzugehen hatte, wenn sie wenigstens den Versuch machen wollte, die von Deutschen begangenen Verbrechen aufzuklären und die Schuldigen zu bestrafen. Auch dem Ausland blieben die neu aufgedeckten Verbrechen nicht verborgen, und besonders die Länder, die unter der Nazibesatzung gelitten hatten, verfolgten Bonns Reaktionen mit wachsendem Interesse. So richtete man im Jahre 1958 die Zentralstelle für die Verfolgung von Naziverbrechen in Ludwigsburg ein.

Nun erst begann die systematische Jagd auf Naziverbrecher. Eine Handvoll Staatsanwälte mühte sich redlich in einem schier unmöglichen Unterfangen, die Tausende von Naziverbrechen aufzuklären. Leiteten sie diese zur weiteren Ermittlung an Polizeidienststellen weiter, konnten sie noch dazu nie sicher sein, ob eine Aufklärung jemals oder nur lax erfolgte. Schließlich wurde die Polizei zu jener Zeit in erheblichem Maße von ehemals leitenden Funktionsträgern der SS beherrscht. Von den 33 leitenden Stellen der Kriminalpolizei in Nordrhein-Westfalen waren 20 von ehemaligen SS-Sturmbannführern und SS-Hauptsturmführern besetzt.[141]

Der Mann übrigens, der für den Aufbau der Zentralstelle verantwortlich wurde, jahrelang ihr Leiter war und die Aufgabe mit gleichem Eifer betrieben hatte wie seine Mitarbeiter, wurde plötzlich als langjähriges Mitglied der NSDAP entlarvt und seines Amtes enthoben. Eine Behauptung der Russen, er habe auch Kriegsverbrechen begangen, konnte nicht bewiesen werden. Ein Kuriosum? Ein reuiger Sünder? Man vergaß ihn schnell, obgleich zu fragen bleibt, ob er nicht eher typisch war für viele Deutsche seiner Zeit.

Wie anders ging der Staat bei der Verfolgung der jungen Politverbrecher der RAF vor. Tausende von Beamten des Bundeskriminalamtes und der Bundesanwaltschaft wurden eingesetzt. Ein technischer Apparat, aufs Modernste ausgerüstet, wurde – einem engmaschigen Netz gleich – über die Bundesrepublik ausgebreitet, um sie dingfest zu machen. Ein besonderes Sicherheitsgefängnis, Isolationshaft, Zwangsernährung – die Bundesregierung wehrte sich mit allen Mitteln gegen die jungen Mörder, an deren Entwicklung die deutschen Politiker mit ihrer restaurativen Politik seit dem Bestehen der Bundesrepublik nicht unschuldig waren.

Material über Naziverbrechen und -verbrecher kam natürlich im Wesentlichen aus ehemals von Deutschen besetzten Gebieten. Zwar öffneten nicht alle Ostblockstaaten den westdeutschen Fahndern ihre Archive. Besonders die ehemalige DDR zog es vor, diese Art Dokumentation als politisches Spielmaterial zu benutzen, um die Bundesregierung bei passender Gelegenheit durch Enthüllungen über die Vergangenheit ihrer Repräsentanten zu desavouieren.

Am 8. Mai 1965 sollte, so wollte es das Grundgesetz, diese Tätigkeit der Fahnder von Ludwigsburg enden. Dann sollte es nicht mehr möglich sein, Verbrecher vom Typ des SS-Hauptsturmführers und Lagerarztes Dr. Josef Mengele zur Verantwortung zu ziehen, der Tausende für die Gaskammern »selektierte« und medizinische Versuche an Menschen vornahm und der sich dem Vernehmen nach, wie so viele alte Nazis, mit Hilfe der katholischen Kirche nach Südamerika abgesetzt hatte.[142] Es sei denn, ihre Verbrechen waren bekannt und die Verjährung rechtzeitig unterbrochen.

Die Bundesregierung, die sich dessen bewusst war, dass die meisten Deutschen eine fortgesetzte Aufdeckung derartiger Verbrechen ablehnten, machte zunächst nicht viel Federlesens. Am 11. November 1964 erklärte der Sprecher der Bundesregierung vor der Presse in Bonn, das Kabinett sei zu der Überzeugung gelangt, dass eine Verlängerung der Verjährungsfristen für Verbrechen »mit rückwirkender Kraft« durch Artikel 103 des Grundgesetzes ausgeschlossen sei.[143] Rückwirkende Ausnahmegesetze widersprächen dem Grundsatz der Rechtssicherheit. Gerade durch rückwirkende Ausnahmegesetze sei dieser Grundsatz im Hitlerstaat durchbrochen worden.

An diesen Grundsatz klammerten sich die Gegner einer Aussetzung der Verjährung von Mord. Und sie taten es meist, so hatte es den Anschein, aus voller Überzeugung. Viele von ihnen waren dem Legalitätsprinzip derart verhaftet, dass sie gar nicht darüber nachdachten, nachfolgende Generationen könnten eines Tages die Frage an sie richten, wie es ihnen möglich gewesen war, mit Verbrechern in ihrer Mitte zu leben, deren Taten an Grausamkeit alles Vorstellbare übertrafen. Und sie verschwendeten auch keinen Gedanken daran, wie unerträglich es für die überlebenden Opfer sein musste, ihre Peiniger ungestraft und gut behütet in der neuen deutschen Volksgemeinschaft leben zu sehen. Im Gegenteil.

Mir hingegen fiel es schwer mitanzusehen, mit welchem Eifer, ja mit welcher übertriebenen Geschäftigkeit die Westdeutschen nach der »Wende« in der Vergangenheit ihrer ostdeutschen Brüder bohrten, um die Schuldigen, die Komplizen, die Handlanger jenes schändlichen Regimes der ehemaligen DDR auszusondern. Natürlich bin ich der Ansicht, dass, wo Unrecht geschah, es aufgedeckt und verurteilt werden muss. Der Eifer indes beleidigte mich, er beleidigt die damals Gemordeten. Man sagte mir, er sei psychologisch erklärbar. Eben weil die Westdeutschen es unterlassen hatten, sich mit den Naziverbrechern auseinanderzusetzen, entwickelten sie nun diese besondere, diese hektische Aktivität beim Aufspüren jener ostdeutschen Verräter am Menschen. Ich will das nicht werten. Aber: Ein wenig von diesem Eifer bei der Verfolgung von Naziverbrechern hätte es leichter gemacht, die Überzeugung zu gewinnen, die Deutschen hätten das Verbrecherische am Nationalsozialismus erkannt und sich davon losgesagt.

»Sie sollten uns gegenüber nicht so misstrauisch sein. Wir müssen einander doch unbefangener begegnen«, meinte der persönliche Referent des Justizministers, als ich bei ihm meine Zweifel an der Ehrlichkeit der Aussagen deutscher Politiker zum Thema Verjährung anmeldete. Und er fügte mit Nachdruck hinzu: »Sie müssen vergessen können.« Vergessen? Mir schien dieser Begriff in diesem Zusammenhang höchst unangemessen. Ich verstünde das alles nicht, erklärte ich ihm, schließlich habe man schon 1933 das Verbrecherische am Naziregime erkennen können, als man Menschen ins Konzentrationslager sperrte, Bücher verbrannte, Juden demütigte. »Aber KZs waren doch damals noch nicht für Juden bestimmt«, meinte er, »die waren doch nur für politisch Andersdenkende!« Er begriff meine Entrüstung über diese Bemerkung überhaupt nicht. »Wieso?«, fragte er. »Mein Vater hat mir erzählt, dass ein Kommunist aus unserem Nachbardorf drei Monate im KZ Dachau war und quietschvergnügt wieder rausgekommen ist.« So schlimm könne es also dort nicht gewesen sein. Ja, was galt damals schon ein Verfolgter in Deutschland! Er war eigentlich nur noch ein störendes Element, das eine Erinnerung wachhielt, die man vergessen wollte.

Nur die Sozialdemokraten waren sich in der Ablehnung der Verjährung jener fürchterlichen Verbrechen zum Termin des 8. Mai 1965 einig. Ihnen waren Bestrafung und Sühne der Täter wichtiger als die Einhaltung eines Legalitätsprinzips, dessen Gültigkeit sie ohnehin anzweifelten. Die leidenschaftlichen Auseinandersetzungen, die diese Frage begleiteten, zeigten, wie stark viele deutsche Politiker der geltenden Rechtsprechung verhaftet waren oder sich daran klammerten und ihr den Vorrang vor der Moral gaben. Aber das war nicht neu in Deutschland. Die Bundesregierung erließ am 20. November 1964 einen Aufruf an die Weltöffentlichkeit, ihr alle etwa noch vorhandenen Unterlagen über Naziverbrecher und -verbrechen zugänglich zu machen, damit diese noch vor Ablauf der Frist am 8. Mai des nächsten Jahres von der deutschen Justiz erfasst werden konnten. Sie erfüllte damit eher eine Pflicht, um in aller Öffentlichkeit die Ehrlichkeit ihrer Absichten zu beweisen, die Naziverbrecher zu bestrafen.

Ganz sicher hatte sie nicht erwartet, was nun geschah. Dieser Appell fand ein ungeahntes Echo. Material wurde in einem Umfang nachgewiesen, der eine rechtmäßige Erfassung bis zum 8. Mai 1965 illusorisch machte. Das sollte nur einen Monat nach der entschiedenen Ablehnung der Bundesregierung, die Verjährungsfristen verlängern zu können, zu einem vollkommenen Sinneswandel führen, wollte man nicht in den Verdacht der Unehrenhaftigkeit geraten. So hieß es dann in Bonn: Wenn sich herausstellen sollte, dass das am 1. März 1965 vorliegende Material über Naziverbrechen bis zum 8. Mai nicht mehr gesichtet werden könne, sei »zweifellos eine Lage entstanden, die sicherlich neu überprüft werden muss«.[144] Mit anderen Worten, die Regierung hielt nun eine Verlängerung der Verjährungsfristen nicht mehr für ausgeschlossen.

Im Januar 1965 war es ganz klar, dass die Bundesregierung ihre bisherige Überzeugung revidieren musste, nach der nach dem 8. Mai kaum noch Täter bekannt werden könnten. Am 24. Februar kündigte sie an, »... dass entgegen der bisherigen Annahme die Möglichkeit nicht ausgeschlossen werden kann, dass nach dem 8. Mai 1965 neue Straftaten bekannt werden, die Anlass zu weiteren Ermittlungen geben müssten«.[145] Dies bestätigte Justizminister Bucher am 10. März 1965. Dennoch blieb der Minister auf der Seite derer, die eine Verlängerung der Verjährung ablehnten, und er bat dafür um Verständnis von Seiten der Opfer der nationalsozialistischen Brutalität. Wer die Verlängerung der Verjährung ablehne, täte dies nicht, »um sich schützend vor nazistische Mordgesellen zu stellen. Er tut es auch nicht, um die grauenvollen Untaten zu bagatellisieren oder den Schleier des Vergessens oder Schweigens darüberzubreiten. Für eine solche Haltung sind vielmehr rechtliche Gesichtspunkte entscheidend ...« Die immer wieder aufgeworfene Frage, ob Paragraphendenken über die Moral zu stellen sei, führte zu einer der erregtesten Parlamentsdebatten der Nachkriegszeit in Bonn.

Für die Opposition wandte sich der Abgeordnete Gerhard Jahn (SPD) gegen diese Auffassung und stellte die Frage, ob dieses in seiner Größenordnung und in seiner Grausamkeit einmalige Verbrechen einfach nur mit juristischen Erwägungen beantwortet werden könne oder ob es galt, eine politisch-moralische Entscheidung zu fällen. »Um diese politisch-moralische Entscheidung kommen wir nicht dadurch herum, dass wir hier sagen, der Rechtsstaat sei den politischen Entscheidungen vorgegeben.« Niemand wolle eine Lösung, so Jahn, die die Grundsätze des Rechtsstaates außer Acht ließe. Aber es hieße, die Rolle der Juristen in dieser Angelegenheit zu verkennen, wenn es nicht ihr Auftrag wäre, dabei zu helfen, eine Lösung zu finden und nicht das Gegenteil zu tun.[146]

Mit Vehemenz wandte sich Dr. Thomas Dehler (FDP) gerade gegen diese Auffassung. »Zum Recht, zu unserem Willen zum Recht, gehört auch, dass Schuld, dass jede Schuld verjährt.« Auch das gehöre zu den Erfahrungen seines Lebens, »dass der Mangel an Recht, der Mangel an Rechtsstaatlichkeit Schaden bringt.« Der Weg zum Staat des Unrechts sei dadurch gebahnt worden, dass der Wille zur unbedingten Rechtsstaatlichkeit nicht lebendig genug war. Weil das Recht, weil der Wille zum Recht im deutschen Volk schwand, kam »die Macht über uns in die Hand eines rechtlosen, eines ruchlosen Mannes«. Der rechtsstaatliche Gleichheitsgrundsatz und das Verbot der Willkür schlössen jedes Ausnahmegesetz aus, jede Regelung, die sich gegen einen bestimmten Personenkreis wenden oder aus einem bestimmten Anlass heraus die Rechtsfolgen für einen bereits abgeschlossenen Tatbestand ändern wolle.

An diesem Grundsatz scheiterte der Versuch, die Verjährungsfrist für Mord der nationalsozialistischen Zeit, für die Beihilfe hierzu, für den Versuch des Mordes mit rückwirkender Kraft zu ändern. Dehler schloss mit den Worten: »Die Verjährung hat einen tiefen politischen Sinn, auch bei den Straftaten, die wir hier im Auge haben. Die Verjährung verzichtet auf die Rechtssicherheit und wegen des Rechtsfriedens auf die letzte Gerechtigkeit.« Dieser Ansicht schloss sich die gesamte FDP-Fraktion an.

Anders war es in der CDU, in der die Auffassungen zu diesem Thema auseinandergingen. Eine Mehrzahl neigte der Verjährung zu, andere hatten Zweifel. Rainer Barzel, CDU-Fraktionsvorsitzender, stellte klar, dass es in seiner Fraktion Bedenken in beiderlei Hinsicht gab. Er selbst sei eigentlich gegen eine besondere Gesetzgebung, sagte er. Andererseits handele es sich bei diesem Komplex um Schwerstverbrecher. »Wir machen keinen Hehl daraus. Wir ringen noch mit uns.«

Für den CDU-Abgeordneten Ernst Benda,[147] der von Anfang an im Gegensatz zur Mehrheit seiner Fraktion Gegner einer Verjährung von Mord und Völkermord war, gab es keine Konflikte. Mit Leidenschaft verwahrte er sich gegen die Unterstellung, dass irgendjemand das geltende Recht zu politischen Zwecken zurechtbiegen wolle. Und er wandte sich gegen jene, die in der Öffentlichkeit diesen Eindruck erwecken wollten, »als ob die Befürworter einer Verlängerung der Verjährung die Verfassung manipulieren wollten.« »Irrig« nannte er auch die Auffassung, die unter anderem der Justizminister vertrat, dass eine Verlängerung der Verjährungsfrist gegen Artikel 103 des Grundgesetzes und gegen rechtsstaatliche Prinzipien verstoße. Wichtiger war ihm, gegen jene aufzutreten, die im Zusammenhang mit der Verjährungsfrist von Verzeihung sprächen. »Verzeihung kann nur von den Opfern gewährt werden«, rief Benda aus. »Es gehört für mich zum Begriff der Nation zu sagen, dass dieses deutsche Volk kein Volk von Mördern ist und dass es diesem Volk erlaubt sein muss, ... dass es nicht mit diesen Mördern identifiziert wird, sondern ... sich selbst von diesen Mördern befreien kann.«

Von seinen Gewissenskonflikten sprach Linus Mennel (CSU). Er empfinde es als die größte Ungerechtigkeit, dass man im Falle der Euthanasie die Krankenschwestern vor ein Schwurgericht zitiere, dass aber die Leute, die damals Oberlandesgerichtspräsidenten und Generalstaatsanwälte waren und die auf der Wannsee-Konferenz[148] kein Wort gesagt hätten, ... jetzt frei herumliefen. »Das ist die weit größere Ungerechtigkeit. Trotz dieser schreienden, für mich schreienden Ungerechtigkeit kann ich nicht verstehen, ein Gesetz mit rückwirkender Kraft zu machen. Ich kann das einfach nicht.« Er war einer der wenigen, dem man nach der Art, wie er sprach, den Gewissenskonflikt ohne weiteres glaubte.

Alle atmeten auf – die Befürworter einer Verjährung wie auch diejenigen, die für eine Verlängerung oder Aufhebung der Verjährungsfristen eintraten, und besonders jene, die mit ihren Zweifeln zu keiner Entscheidung fähig schienen –, als man schließlich einen Ausweg ersann, der keiner Rechtsauffassung widersprach: Man verlängerte die Verjährungsfristen um vier Jahre mit der Begründung, dass die Gerichtsbarkeit erst im Jahre 1949 wieder in deutsche Hände übergegangen war. So verschob man die Entscheidung zu dieser Frage und die Verjährung auf den 31. Dezember 1969. Die meisten Politiker waren der festen Überzeugung, dass bis zum Jahr 1969 mit Sicherheit alle verfolgbaren Naziverbrechen den Gerichten überantwortet sein würden.

Dem FDP-Abgeordneten Busse hörte man ungläubig zu, als er prophezeite, dass nach der »Galgenfrist« von vier Jahren, die sich das Bonner Parlament gegeben hatte, die Gesetzgeber in einer vergleichbaren Situation sein würden. Die Mächte, die Deutschland nicht wohlgesinnt seien und die sich heute noch weigerten, den westdeutschen Behörden einschlägiges Material auszuhändigen, würden sich dann noch genauso verhalten wie heute: »Wir werden die ganze Debatte noch einmal zu führen haben.«[149]

Die deutsche Justiz übernahm die ihr neuerlich auferlegte Verfolgung von Naziverbrechen. Trotz aller Verschleppungstaktiken von Polizei und Staatsanwaltschaft kam es doch zu Prozessen gegen einige Täter. Ich berichtete in meiner Zeitung über viele solcher Prozesse – und die unterschiedliche Urteilsfindung im Vergleich zu Prozessen von in der Nachkriegszeit begangenen Morden. Im Einklang mit dem »gesunden Volksempfinden«, wie die Nazis es zu nennen pflegten, wurden diese stets voll zur Sühne gebracht. Da gab es keine geistigen »Verrenkungen« der Richter, wie es bei Naziverbrecherprozessen oft der Fall war, keine Überlegungen über ein eventuell bestehendes Unrechtsbewusstsein des Angeklagten, keine misstrauischen Fragen, wenn Zeugen nicht die genaue Stunde des Verbrechens angeben konnten. Ein festgestellter Mord war ein Mord und wurde als solcher geahndet.

Mit dem 47-jährigen Albert Brieden aus Freienohl (Kreis Arnsberg) zum Beispiel, der seine 38-jährige Geliebte Anneliese Habereck, die ein Kind von ihm erwartete, erschlagen und ihre Leiche in der Möhnetalsperre versenkt hatte, sollte die deutsche Nation offenbar nicht leben müssen. Das Schwurgericht in Arnsberg verurteilte Brieden zu lebenslangem Zuchthaus.[150] Die ehemaligen SS-Obersturmführer August Haefner und Adolf Jansen wurden im November 1968 vom Darmstädter Schwurgericht zu jeweils neun und elf Jahren Zuchthaus verurteilt. Beide hatten im September 1941 die Ermordung der Juden aus Kiew und Umgebung geleitet. 33 771 Frauen, Männer und Kinder waren unter Schlägen in die Schlucht von Babij Jar getrieben und dort innerhalb von 36 Stunden von 150 SS-Männern erschossen worden. Jansen erhielt das höhere Strafmaß, weil er außerdem noch an der Ermordung weiterer 50 000 Juden aus der Gegend von Kiew und Charkow beteiligt war. Das höchste Urteil in diesem Prozess für Erschießungen von vielen Tausenden belief sich auf 15 Jahre Zuchthaus für den ehemaligen SS-Hauptsturmführer Kuno Callsen. Drei Angeklagte wurden wegen »Geringfügigkeit« ihrer Verbrechen freigesprochen. Darunter auch Georg Pfarrkirchner: »Für mich war das eine Kriegshandlung. Ich konnte mich nicht dagegen wehren …«

Der als gefährlich bezeichnete Gewohnheitsverbrecher Günter Tornow wurde vom Westberliner Schwurgericht zu 15 Jahren Zuchthaus verurteilt wegen versuchten Mordes an einem Polizisten, Widerstands gegen die Staatsgewalt, wegen eines Autodiebstahls und eines versuchten schweren Rückfalldiebstahls.

Zehn ehemalige Angehörige des Polizeibataillons 316 hatten 1941 aus den Gebieten von Mogilev, Bialystok, Naranowiczi, Bobruisk und im Jahre 1944 in der Nähe von Cholm 8800 Menschen umgebracht. Das Schwurgericht in Bochum sprach sie im Mai 1968 schuldig. Gleichzeitig aber ließ es sie straffrei mit der Begründung, es sei nicht nachweisbar gewesen, dass die Angeklagten aus freien Stücken gemordet hätten. Es schiene eher, die Angeklagten hätten sich an ihren Befehl gebunden gefühlt. Der Gerichtsvorsitzende glaubte auch, dass seinerzeit keine Möglichkeit bestanden habe, sich diesen Befehlen zu widersetzen. Andererseits konnte nicht bewiesen werden, dass in einem solchen Falle die Angeklagten für ihr Leben zu fürchten gehabt hätten.[151]

Wegen zweifachen Mordes in Tateinheit mit besonders schwerem Raub hat das Osnabrücker Schwurgericht im Oktober 1971 den 25 Jahre alten Melker Johannes Thomas aus Laer (Kreis Osnabrück) zu zweimal lebenslanger Freiheitsstrafe verurteilt. Thomas hatte in der Volksbank von Bad Rothenfelde die 26 Jahre alte Filialleiterin Antje Simon ermordet und über 14000 Mark aus der Kasse geraubt. Außerdem hatte er die 29-jährige Hausfrau Lieselotte Gittel aus Erpen erdrosselt.

Elf ehemalige Angehörige des Polizeibataillons 101 wurden vom Hamburger Schwurgericht für schuldig befunden, in den Jahren

1942/43 am Mord von 25 000 Menschen aus dem Bezirk Lublin mitgewirkt zu haben. Nach fünfmonatiger Prozessdauer hielt es die Angeklagten für überführt, sich an der Deportation dieser Juden in die Vernichtungslager beteiligt zu haben. Sechs der elf Angeklagten wurden jedoch freigesprochen. Aufgrund ihrer geistigen Beschränktheit hätten sie den Umfang des Verbrechens nicht erfassen können. Acht Jahre Zuchthaus war die höchste Strafe, die gegen zwei der Beteiligten ausgesprochen wurde.

Das Nürnberger Schwurgericht verurteilte (Oktober 1971) den 29-jährigen Zimmermann Alfred Schülein aus Neumarkt wegen Mordes und Notzucht an der zwölfjährigen Beate Oldersdorff zu lebenslänglich Zuchthaus. Er hatte das Mädchen in sein Auto gelockt und in einem Wald vergewaltigt und erwürgt.

Das Darmstädter Schwurgericht hatte im April 1968 den ehemaligen SS-Oberscharführer Wilhelm Findeisen des Mordes für schuldig befunden, ihn aber freigesprochen, da nach seiner Ansicht die Hauptschuldigen an solchen Verbrechen Hitler, Himmler und Heydrich gewesen seien. Findeisen hatte im Jahr 1942/43 15-mal einen Gaswagen gefahren, das Gas in das Wageninnere geleitet und auf diese Weise 600 Personen aus der Gegend von Charkow und Kiew getötet.

Der 19-jährige Metzgergehilfe Jürgen Bartsch aus Langenberg gestand, von 1962 bis 1966 vier schulpflichtige Jungen misshandelt und ermordet zu haben. Am 15. Dezember wurde er zu lebenslänglicher Haft verurteilt. Die Presse nannte diesen Prozess den »Prozess des Jahrhunderts«.

Der Mann, der nach Eichmann für die Deportationen der ungarischen Juden nach Auschwitz im Jahre 1944 verantwortlich war, wurde am 3. Februar 1965 wegen Beihilfe zum Mord an 300 000 Menschen zu fünf Jahren Zuchthaus verurteilt. Das entspricht einem Jahr Zuchthaus für 60 000 Morde. Das Frankfurter Schwurgericht war der Ansicht, Hermann Krumey, ehemaliger Obersturmführer und Stellvertreter Adolf Eichmanns in Budapest, sei lediglich »aus Schwäche mitschuldig« geworden.

Die Liste der Beispiele ließe sich beliebig verlängern. Für mich, die Berichterstatterin einer israelischen Zeitung, gab es wohl kaum etwas Verwirrenderes. Oft wegen meiner Unnachgiebigkeit und Härte angeklagt, stellte ich meinen Gesprächspartnern in Bonn immer wieder die gleiche Frage: Ob sie einmal überlegt hätten, wie sie wohl reagieren würden, wüssten sie, dass man ihren Liebsten, weil sie einer ungeliebten Minderheit angehörten, Gas zu schlucken gegeben hätte, um sie umzubringen. Und dass daran mehr als nur ein Deutscher beteiligt gewesen war, beteiligt auch an der Überlegung, wie mordet man schneller, sauberer und rationeller. Ich bekam darauf selten eine Antwort.

Wie recht der Abgeordnete Busse mit seiner Prophezeiung gehabt hatte, trat bereits drei Jahre später, 1968, zutage, als die Debatte um eine Verlängerung der Verjährungsfristen erneut aufflammte. Abermals wiesen die Experten darauf hin, dass sie nicht mit Sicherheit sagen könnten, ob sie bis Ende 1969 alle Verbrechen der Nazizeit erfasst haben würden.

Justizminister Gustav Heinemann (SPD) legte bereits im August 1968 – also über ein Jahr vor einer möglichen Verjährung – dem Kabinett einen Entwurf vor, nach dem die Verjährungsfristen für alle Arten von Mord abgeschafft werden sollten. Es war klar, dass nicht alle Abgeordneten der CDU – SPD und CDU waren in einer Großen Koalition miteinander verbunden – diesem Vorschlag zustimmen würden. Es gab einige Abgeordnete, die glaubten, nur eine Verlängerung der Verjährung akzeptieren zu können, wenn es sich um »große« Täter handelte. Ihre Gedanken fanden Anklang. Tatsächlich berichtete der Regierungssprecher am 23. April 1969, dass das Kabinett bereit sei, die Verjährung für Mord und Völkermord in der bisherigen Form aufzuheben. Es sollten jedoch jene Mörder ausgenommen werden, die »als Gehilfen« auf Befehl gehandelt hatten.

Dabei »... denke das Kabinett an die Fälle, wo jemand, der keine verbrecherische oder Täterabsicht hatte, durch Abkommandierung irgendwohin in schuldhafte Handlungen verstrickt wurde und auch effektiv schuldig wurde, wo man aber dem Umstand Rechnung tragen muss, dass er selber dadurch, dass das Regime ihn schuldig machte – er war es ja nicht aus eigenem Willen –, auf eine andere Beurteilung Anspruch hat als in den

Fällen, wo die verbrecherische Absicht und der Wille zur Tat und zur verbrecherischen Handlung von vorneherein deutlich waren«. So die umständliche Erklärung des Sprechers der Bundesregierung, der offensichtlich befriedigt anmerkte, dass deutsche Gerichte heute schon nach diesem Prinzip handelten.

Befragt, ob dies nicht eine Art von Teilamnestie sei, antwortete Günther Diehl: »Der Gedanke der Teilamnestie gewinnt an Boden.« Schließlich seien Menschen, die auf Befehl gemordet hätten, selber »Opfer des Nazisystems« geworden, so Diehl. Es lohnt sich anzufügen, dass Diehl Mitglied der NSDAP war, 1939 als wissenschaftliche Hilfskraft in die Kulturabteilung des Auswärtigen Amtes unter Ribbentrop eintrat, wo er Karriere machte und wo er den späteren Bundeskanzler Kiesinger kennenlernte. Justizminister Horst Ehmke lehnte die Kodifizierung einer solchen Regelung als unvollstreckbar ab. Hätte diese Vorlage Gesetzeskraft erlangt, wäre wohl keiner der Naziverbrecher auch nur in die Nähe eines Gerichtes gekommen. Die Behauptung, nur den Befehlen Hitlers und Himmlers gehorcht zu haben, hätte genügt, sie für alle Zeiten zu freien und dem Gesetz nach schuldlosen Männern zu machen. Ehmke schlug wiederum die Abschaffung der Verjährung für Mord vor. Und wiederum suchten Rechtsexperten der CDU/CSU nach Wegen, dies zu verhindern. Es gelang ihnen nicht.

Aber auch die Sozialdemokraten konnten nur einen Teilerfolg verbuchen. Die Verjährungsfristen wurden zwar abermals verlängert. Dieses Mal um weitere zehn Jahre, also auf insgesamt 30 Jahre, bis 1979. Dies lag in Übereinstimmung mit der in Angriff genommenen Justizreform, die eine Verjährung von Mord aufgrund der gestiegenen Lebenserwartung auf 30 Jahre festlegte. Wiederum gab es Gegner dieses Kompromisses, aber die Zahl der CDU-Anhänger, die für diese Verlängerung stimmten, war – zusammen mit der SPD – stark genug, um das Gesetz durchzubringen.

Die Diskussion musste 1979 erneut aufgenommen werden. Abermals verhielten sich die politischen Parteien wie zuvor. Die FDP war generell gegen eine Verlängerung oder Abschaffung der Verjährungsfristen von Mord, die CDU/CSU war gespalten in ihrer Ansicht, und die Sozialdemokraten legten einen Entwurf für die endgültige Abschaffung der Verjährung für Mord vor. Sie begründeten ihren Antrag damit, dass die Ludwigsburger Fahnder noch immer nicht die Versicherung abgeben könnten, bis Ende 1979 die Verjährung für alle diejenigen unterbrechen zu können, deren Verbrechen erst jetzt bekannt geworden sei. Dies könne zur Folge haben, dass Nazimörder nicht mehr vor Gericht gestellt werden könnten. »Mord soll, nein, Mord darf in unserer Republik nicht mehr verjähren. Jeder Mord, der nach Dezember 1979 bekannt wird und nicht mehr verfolgt werden kann, wird den Rechtsfrieden aufs Schärfste erschüttern«, bekräftigte Justizminister Dr. Hans-Jochen Vogel.

Und tatsächlich: Eine knappe Mehrheit der Abgeordneten – 253 gegen 228 Stimmen – sprach sich für die endgültige Abschaffung von Verjährung für Mord und Völkermord aus. Damit war ein Kapitel, das die Abgeordneten in Bonn über mehrere Jahre hinweg mehr als manches andere Thema beschäftigt und bewegt hatte, abgeschlossen. Jene also, die dem legalistischen Denken den Vorrang vor der Moral geben wollten, hatten die Schlacht verloren. Für die anderen aber, die meinten, Nazimörder dürften nicht ungestraft im »anderen« Deutschland leben, die schließlich mit Erfolg für die Aufhebung der Verjährungsfristen gekämpft hatten, war es ein Pyrrhussieg.

Die deutschen Richter hatten sie längst überfahren oder von rechts überholt. Nur jeder Zehnte, der wegen Naziverbrechen von der Zentralstelle für die Verfolgung von Naziverbrechen erfasst und vor Gericht gestellt worden war, wurde überhaupt verurteilt. »Ein dunkles Kapitel« in der Nachkriegsgeschichte der Bundesrepublik nannte es Professor Dr. Eberhard Jäckel, Leiter des historischen Instituts der Universität Stuttgart. Die Verfolgung von Naziverbrechen sei voll von Verhängnissen und Versäumnissen, sagte er und stellte fest: »Damit bleibt das Verbrechen weiterhin ungesühnt.«[152] Die Haltung der deutschen Justiz, die trotz ihrer bluttriefenden Vergangenheit nun auch in einem dem Anspruch nach demokratischen Staat Recht sprach, passte ins Bild, ja war ein Spiegelbild dafür, dass sich die Bundesrepublik in den ersten 20 Jahren ihrer Existenz im Grunde der von den Alliierten verordneten Demokratie widersetzte. Sollten die im Recht sein, die dieses Deutschland, wie das vorherige Deutschland, als verbrecherisch im Charakter ablehnten? Ich wurde diesen Verdacht nicht los, und daran änderten auch meine Freunde nichts, die meinem Empfinden nach als Minderheit auf verlorenem Posten kämpften.

29
Das Milliardending

Vor mir saß ein deutscher Beamter, etwa Ende dreißig, einer jener Typen, von denen man annimmt, dass sie morgens pünktlich um 8:00 Uhr an ihrem Schreibtisch sitzen und um 17:00 Uhr die Feder aus der Hand fallen lassen. Es war nicht das Interview mit mir, das ihn jetzt so verschreckt aussehen ließ. Es ging vielmehr um das, was er in mühevoller, mehrjähriger Kleinarbeit aufgedeckt hatte und was eigentlich über sein Fassungsvermögen ging: Die deutsche Bundesregierung hatte mindestens zehn Jahre lang Entschädigungsrenten falsch und zuungunsten der Naziopfer berechnet. Der Sprecher des Bonner Finanzministeriums verneinte noch im Februar 1966 in einer Pressekonferenz, dass es jemals zu irgendwelchen Fehlern in der Rentenberechnung für Opfer des Nationalsozialismus gekommen sei. Alle Nachrichten, die in der deutschen wie auch in der ausländischen Presse darüber erschienen seien, entbehrten jeder Grundlage, sagte er kategorisch.

Jeder im Raum wusste, dass er nicht die Wahrheit sprach. Aber das konnte er auch ohne weiteres tun, denn ihm war klar, dass die Juden die Angelegenheit nicht an die große Glocke hängen würden. Dazu war die Wiedergutmachung in der deutschen Bevölkerung viel zu unbeliebt. Nur die Sozialdemokraten drückten ihre Empörung darüber aus, dass der Sprecher des Finanzministeriums es gewagt hatte, eine solche unwahre Behauptung aufzustellen. Tatsache sei nun mal, so der SPD-Abgeordnete Martin Hirsch, Vorsitzender des Wiedergutmachungsausschusses des Bundestages und späterer Richter am Bundesverfassungsgericht, dass Wiedergutmachungsrenten »aufgrund von Netto- und nicht von Bruttoberechnungen« ausgezahlt worden waren und dass auch die Tabelle für die neuen Zahlungen, also nach der zwölf- bis 15-prozentigen Erhöhung im September 1965, noch immer große Irrtümer enthielt.[153] Aber die Regierung blieb bei ihrem großen Schweigen.

Mathematik war das Steckenpferd jenes deutschen Beamten. Sein eigenes Schicksal – er war Halbjude – hatte ihn daran gehindert, während der Nazizeit eine Laufbahn einzuschlagen, die seinen Neigungen entsprach. Und so verbrachte er nun seine Freizeit mit der Lösung mathematischer Aufgaben. Eines Tages nahm er sich ohne ersichtlichen Grund die Rentenberechnungen für die Opfer des Nationalsozialismus vor. Und die sollten ihn jahrelang beschäftigen. Vor allem, weil sie nicht zu stimmen schienen, und das schien ihm wiederum unglaublich. Er rechnete und rechnete immer wieder. Aber die Tatsachen ließen sich nicht wegleugnen: Das Bonner Finanzministerium, für die Berechnung dieser Renten zuständig, hatte von Anfang der Rentenzahlungen an, also ab 1953, verabsäumt, die Renten, die an die Beamtenbesoldung gebunden sein sollten, entsprechend den Erhöhungen der Beamtengehälter anzuheben. Hinzu kam, dass – im Widerspruch zum Gesetz, welches besagte, dass Entschädigungsrenten von jeder Steuerabgabe befreit sind – Hunderttausende von Entschädigungsrenten mit Steuern belegt worden waren.

Als erste Konsequenz führte diese Enthüllung zu Schwierigkeiten für den Beamten selbst. In seinem Ministerium – es war nicht das Finanzministerium – wollte man diesen »Schnüffler« loswerden. Aber auf Bitten jüdischer Organisationen übernahm es Dr. Adenauer, in dessen Regierungszeit die Zahlung von Wiedergutmachung beschlossen worden war, den Beamten vor Anfeindungen zu schützen. Die jüdischen Organisationen hatten allen Grund, dem Mann dankbar zu sein. Sie hatten es nie für nötig gehalten, die Renten nachzurechnen – so überzeugt waren sie von der Korrektheit deutscher Behörden. Konrad Adenauer, sichtlich entsetzt über die Enthüllungen, versicherte ihnen, dass alles getan werden solle, die Fehler zu beseitigen und den Rentnern Gerechtigkeit widerfahren zu lassen. Aber war das denkbar?

Als eine »Geste des guten Willens« bezeichnete im Februar 1966 der Sprecher des Bonner Finanzministeriums, das zu keiner Zeit die Fehler in der Rentenberechnung für Opfer des Nationalsozialismus eingestand, die zwölf- bis 15-prozentige Erhöhung der Renten rückwirkend ab September 1965. Tatsächlich aber war dies eine erste Abschlagszahlung der Schulden, von denen man von vorneherein wusste, dass man sie nie ganz begleichen würde. Das war schon in verwaltungstechnischer Hinsicht unmöglich. Es hätte bedeutet, die Akte eines jeden Einzelnen der annähernd 300 000 Rentenempfänger in die Hand zu nehmen, um zu prüfen, was der Staat ihm schulde. Damit wäre die gesamte Finanzverwaltung auf unbestimmte Zeit lahmgelegt gewesen.

Was die Summe von circa ein bis zwei Milliarden als solche anging, so war nicht daran zu denken, sie zusätzlich zum laufenden Etat der Wiedergutmachungszahlungen vom Bund anzufordern. Das Thema Wiedergutmachung war nicht gerade populär in der Bundesrepublik. Gegen weitere Ausgaben für Wiedergutmachung hätte es möglicherweise Proteste, vielleicht auch antisemitische Ausschreitungen gegeben. Selbst das Zugeben eines Fehlers von Seiten der Bundesregierung hätte das nicht verhindern können. Das wussten auch die jüdischen Organisationen. Deshalb bestanden sie auch nicht auf der vollständigen Nachzahlung der geschuldeten Renten, sondern verlegten sich aufs Verhandeln mit der Bundesregierung, um einen Kompromiss zu finden.

Aber weder die Bundesregierung unter Kanzler Ludwig Erhard noch die unter Kurt Georg Kiesinger kam zu einer Regelung, die die Rentner nur annähernd für den Ausfall entschädigen konnte. Erst die Bundesregierung unter Kanzler Willy Brandt beschloss eine endgültige Regelung, indem sie von April 1969 an die vollen Rentenbezüge auszahlen ließ, eine Summe von ungefähr 300 Millionen Mark für 272 000 Rentner, zusätzlich zu einer Milliarde, die die Rentenzahlungen bis dahin ausmachten. Einen Ausgleich für die ihnen vorenthaltenen Zahlungen für die zurückliegenden Jahre bis 1953 erhielten sie, außer der Erhöhung ab September 1965, nie. Die Frage, wie diese Fehlberechnungen zustande kamen – ob sie absichtlich oder zufällig erfolgten –, ist nicht mehr zu klären. Der Versuch dazu ist meines Wissens auch nie unternommen worden.

Es war nicht verwunderlich, dass man in Bonn unter der Hand dem ersten Finanzminister der Bundesrepublik, Fritz

Schäffer, die Schuld zuschob. Als Bundesjustizminister verlangte Schäffer im Dezember 1957 vom Bundestag »das Eingeständnis, dass die Wiedergutmachungszahlungen an die Juden in der jetzigen Form eine Gefahr für die Währungspolitik darstellen. Sie müssen zwangsweise zu einer Entwertung der D-Mark führen«.[154] Dieses »Eingeständnis« hätte die Bundesregierung nie geben können, auch wenn es den Tatsachen entsprochen hätte. Die freie Welt hätte darauf sicher sehr unmutig reagiert.

Schäffers Haltung war keine zufällige. Dieser Mann, der Adenauers erster Finanzminister war, es bis 1957 blieb und schließlich noch sein Justizminister wurde (bis 1961), trat in den zwanziger Jahren, noch vor dem Hitlerputsch, mit antisemitischen Reden und als ideologischer Sympathisant der Nazis auf. Allerdings widersetzte er sich als Mitglied der Bayerischen Volkspartei der Machtergreifung Adolf Hitlers und zog sich von 1933 bis 1945 von der Politik zurück. Das hinderte die Nazis jedoch nicht, ihn der Zusammenarbeit mit den Putschisten des 20. Juli 1944 zu verdächtigen und ihn im Oktober 1944 ins KZ Dachau zu sperren. Nach Kriegsende setzten ihn die Amerikaner als ersten Ministerpräsidenten Bayerns ein. Als ihnen jedoch bekannt wurde, dass Schäffer eine antisemitische Vergangenheit hatte und nun auch seine Regierung mit ehemaligen Nationalsozialisten durchsetzt war, enthoben sie ihn nach wenigen Monaten seines Postens.[155] Trotzdem schien er Adenauer als aktives Mitglied der bayerischen Christlich-Sozialen Union (CSU) für einen der wichtigsten Ministerposten in der Bundesregierung geeignet zu sein.

Gegen die Wiedergutmachung kämpfte Schäffer in seiner Eigenschaft als Finanzminister von Anfang an mit finanzpolitischen Argumenten. Antisemitismus war schließlich noch tabu in der Bundesrepublik. Auch Adenauers Direktive an Schäffer, im Falle der Wiedergutmachung »die Verhandlungen unter weitgehender Hintanstellung aller Bedenken, die in einem anderen Falle sehr verständlich wären, in einem Geist« vorzubereiten und durchzuführen, »der dem moralischen und politischen Gewicht und der Einmaligkeit unserer Verpflichtungen entspricht«, half nichts. Schäffer tat alles, um die Wiedergutmachungsverhandlungen zu torpedieren.

Das ging so weit, dass Kanzler Dr. Adenauer, der Schäffers »Abneigung« gegen die Wiedergutmachung kannte, einmal sogar versuchte, den Finanzminister in der Angelegenheit des »Luxemburg-Vertrages« auszumanövrieren. Er setzte die darüber entscheidende Kabinettssitzung auf einen Termin fest (10. September 1952), an dem er Schäffer im Ausland wähnte. Schäffer aber erschien ganz plötzlich und unerwartet, um mit seinem Veto den ersten Vertrag zwischen Israel und der Bundesrepublik zu verhindern. In einem Interview mit der neonazistischen ›Deutschen National- und Soldatenzeitung‹ schilderte er 1963, wie er gegen die Wiedergutmachung gekämpft hatte. Auf die Feststellung des Chefredakteurs Dr. Gerhard Frey: »Sie wollen mehr und mehr«, antwortete Schäffer: »Der Fehler war, dass wir nicht von Anfang an klar die Grenzen gekennzeichnet haben, die zu überschreiten uns unmöglich ist. Je mehr wir zahlen, desto mehr müssen wir uns sagen lassen.« Er habe von sich aus alles versucht, dagegen anzugehen. »Aber ich habe mich im Kabinett nicht durchsetzen können.« Frey dankte dem ehemaligen Minister (am 31. März 1963) in einem abschließenden Kommentar: »Die Frontgeneration« werde des Ministers Haltung »nie vergessen«.

Nun ist natürlich nicht auszuschließen, dass des Ministers Anweisungen an seine die Wiedergutmachung bearbeitenden Beamten so ausgelegt werden konnten, dass Rentenzahlungen an die Opfer des Nationalsozialismus nicht voll zur Auszahlung kommen sollten. Schäffer konnte da volles Vertrauen in seine Mitarbeiter haben. Der Mann, der zu jener Zeit als oberster Beamter mit Wiedergutmachungsfragen betraut war, war der ehemalige Nazi Ernst Féaux de la Croix. Er hatte (1906 geboren) ab 1934 in der völkerrechtlichen Abteilung des Reichsjustizministeriums gearbeitet. Wes Geistes Kind ein Mann sein musste, der in der Nazizeit zwischen »fremdvölkisch« und »deutsch« unterschied, bedarf keiner Erläuterungen. Im Jahre 1938 beteiligte er sich an einer Denkschrift »Rasse, Volk, Staat und Raum in der Begriffs- und Wortbildung«. Darin heißt es, »Deutsche sind alle jene Arier, die der deutschen Volksgemeinschaft zugehören … Fremdrassige können nicht zum deutschen Volk gehören.« In seinen Ausarbeitungen aus der Nazizeit finden sich Ausdrücke wie »Weltjudentum«, »Judenschaft« und so weiter, die der nazistischen Sprachregelung entstammen.[156]

»30 bis 50 Prozent aller Wiedergutmachungsansprüche, die von rumänischen Juden eingereicht werden, sind gefälscht.« Dies erklärte sehr bestimmt und ohne die geringsten Hemmungen der Leiter der Abteilung Wiedergutmachung im Bonner Finanzministerium im April 1965 in einem Interview mit mir. Dies sei auch der Grund, so Hermann Zorn, warum Bonn beschlossen habe, keine Zahlungen an Personen zu leisten, die ihre Wiedergutmachungsansprüche erst nach 1953 angemeldet hätten. (Rumänische Juden bekamen erst 1953 die Genehmigung auszuwandern.) Ergänzend fügte er hinzu, dass die verschiedensten Papiere, von den Geburtsscheinen angefangen, gefälscht würden, um Wiedergutmachungsansprüche zu rechtfertigen. Es handele sich hier um Tausende von Fällen, so würden schon jetzt Pensionen an angebliche Witwen gezahlt, deren Männer aber noch lebten. Oder wenn sie umgekommen seien, so keineswegs als Folge von Naziverfolgungen. Diese Fälle, so gab er zu, seien zum ersten Mal von israelischen Behörden aufgedeckt worden. Daraufhin sei Bonn zu der Ansicht gekommen, dass mit weiteren Betrügereien zu rechnen sei, wenn Wiedergutmachungsansprüche auch noch nach 1953 angemeldet werden könnten. Bei solchen Spätmeldungen handele es sich weitgehend um Ansprüche von rumänischen Juden. Es gebe schon jetzt in Israel Vermittler, die sich darauf vorbereiteten, Anmeldungen von Ansprüchen nach 1953 einzureichen mit der Absicht, mehr von diesen Ansprüchen zu profitieren als ihre Klienten.

Die westdeutschen Behörden, so Zorn, hätten keine Möglichkeiten, solche Fälle zu untersuchen, und müssten sich auf diese Anwälte verlassen. Nur in wenigen Fällen enthüllten anonyme Briefe die Wahrheit. Die Bonner Behörden hätten sich lediglich aus humanitären und moralischen Gründen bereit erklärt, gewisse Zahlungen auch an solche Naziopfer zu leisten, die ihre Ansprüche erst nach 1953 angemeldet hätten, obwohl die Bundesrepublik da keinerlei Verpflichtung hatte.

So weit die Erklärungen von Zorn, dem die Ungeheuerlichkeiten, die Deutsche an ihren Opfern, auch in den heutigen Ostblockstaaten, verübt hatten, entgangen sein müssen. Bonn wisse, fügte er wohlwollend hinzu, dass diese Personen ihre Ansprüche oft nicht vor 1953 anmelden konnten, weil sie die kommunistisch regierten Länder nicht verlassen konnten. Westdeutschland könne jedoch nicht für die Übel des Kommunismus verantwortlich gemacht werden.

Zorn, 1924 geboren, war von Anfang seiner Beamtenkarriere an mit Wiedergutmachungsfragen befasst. Er lernte sein »Handwerk« in der Abteilung des Féaux de la Croix, wo in der Ablehnung der Wiedergutmachung völlige Übereinstimmung geherrscht haben muss. Was Zorn tun konnte, um zu verhindern, dass Juden aus kommunistisch regierten Ländern Entschädigung bekamen, das tat er. So arbeitete er maßgeblich an dem Regierungsentwurf für ein BEG-Schlussgesetz mit, in dem alle Ansprüche von Verfolgten, die notgedrungen erst nach 1953 aus kommunistisch regierten Ländern ausgewandert waren und ihre Anträge demzufolge erst dann gestellt hatten, abgelehnt wurden. Sie sollten aus einem Härtefonds ein Almosen erhalten.

Erst 1971 erklärte das Bundesverfassungsgericht diese Regelung für nichtig und »als mit dem Artikel 20 des Grundgesetzes unvereinbar«. Zu dieser Zeit aber hatten viele Anspruchsberechtigte bereits resigniert oder waren verstorben. Im Jahre 1968 wurde Zorn auch noch zum Richter am Bundesgerichtshof ernannt und war dort der einzige Kenner des Wiedergutmachungsrechts. Es gehört nicht viel Phantasie dazu, sich seine Entscheidungen über Ansprüche, »die vielfach an den Haaren herbeigezogen waren«,[157] vorzustellen.

Aber es war nicht nur das für die Wiedergutmachung verantwortliche Finanzministerium, in dem Beamte jeglichen guten Willen, jegliches Verständnis oder gar Mitgefühl für die Leiden der Naziopfer vermissen ließen. Die Überlebenden deutschen Folterns und Mordens begegneten den Nazitätern in der Bundesrepublik auf Schritt und Tritt beim Durchlaufen der bürokratischen Maschine zur Erlangung ihrer Rechte, die ihnen die Wiedergutmachung zusprach. Alte Nazis saßen in den Amtsstuben, in denen die Anträge auf Wiedergutmachung bearbeitet werden sollten. Es handelte sich vielfach um sogenannte »131er«, Angehörige jenes Personenkreises also, der aufgrund des 1951 vom Bundestag verabschiedeten Paragraphen 131 zum Grundgesetz wieder in den Staatsdienst eingestellt werden musste[158] und just in diesen relativ neuen Behörden Beschäftigung gefunden hatte. Mit welchen Gefühlen sie an die Bearbeitung von Anträgen Verfolgter des Naziregimes herangingen, kann man nur ahnen. Dabei war Verschleppungstaktik noch die mildeste aller Formen von Opposition, eine Taktik, gegen die nur schwer anzugehen ist.

Unter den weißen Kitteln der Ärzte, die den Opfern des Nationalsozialismus ihre Leiden als verfolgungsbedingt zur Erreichung einer Rente bestätigen sollten, verbargen sich viele alte Nazis. Zu ihnen gehörte Professor Dr. Carl Ludwig Trüb, der 1933 in die NSDAP und in die SS eingetreten war. Im Laufe seiner Karriere stieg er 1940 zum leitenden Medizinaldezernenten in der Unterabteilung für Volksgesundheit und Volkspflege beim Reichsstatthalter in Wien auf. Hier war er unter anderem verantwortlich für die Ressorts Erb- und Rassenpflege, die Durchführung des Gesetzes zur Verhütung erbkranken Nachwuchses sowie für das Ressort Kranken- und Irrenanstalten.

Nach 1945 wurde er Medizinaldezernent beim Regierungspräsidenten in Köln, Referent für Seuchenbekämpfung und allgemeine Hygiene beim Landesarbeitsministerium und Vorsitzender der Prüfungsausschüsse an den Medizinallehranstalten im Regierungsbezirk Düsseldorf. Von 1952 bis zu seiner Pensionierung 1959 war er Medizinalhauptdezernent beim Regierungspräsidenten in Düsseldorf. Trüb war einer der ersten und entscheidenden Männer in der Begutachtung von Verfolgten in Nordrhein-Westfalen. Er verfasste 1954 einen Leitfaden für die Entschädigungsbegutachtung. Bis in die sechziger Jahre hinein war er als Prüfarzt für die Behörde tätig. Im Januar wurde er offiziell von den Länderbehörden und vom Auswärtigen Amt zur Auswahl und Schulung der dortigen Vertrauensärzte nach Paris entsandt.

Professor Dr. Dr. h. c. mult. Gotthard Schettler, 1917 geboren, meldete sich im Zweiten Weltkrieg freiwillig zur Luftwaffe und trat gleichzeitig der NSDAP bei. Er stieg zum Studentenführer des »Gaus« Thüringen auf. Schettler entwickelte sich nach 1945 zu einem der einflussreichsten Männer der deutschen Medizin und wurde Vorsitzender zahlloser nationaler und internationaler Fachgesellschaften. Sein Spezialgebiet: Fettstoffwechselstörungen und Arteriosklerose. Schettler pflegte Arteriosklerose bei Heimkehrern aus der Kriegsgefangenschaft als Versorgungsleiden zu befürworten. Er lehnte gleichlautende Ansprüche von Verfolgten in seinen Gutachten in der Regel ab. Da Schettler in der Bundesrepublik als der maßgebende Fachmann galt, hatte seine Haltung zu Arteriosklerosefällen für die Begutachtung von Entschädigungsanträgen quasi Gesetzeskraft.

Dr. Armin Schütt, 1919 geboren, trat 1937 in die NSDAP in Hamburg ein. Nach dem Krieg war er Facharzt für innere Medizin und Obermedizinalrat und Gutachter des Amtes für Wiedergutmachung der Hansestadt Hamburg. Dr. Fritz Struwe, geboren 1915, 1938 Eintritt in die Marine-SA, war nach dem Krieg Medizinalrat und Amtsarzt sowie Gutachter des Bezirksamtes für Wiedergutmachung in Mainz.[159] Auch diese Liste könnte beliebig fortgesetzt werden.

Ich brauchte meine ganze Überredungskunst, um meine Mutter dazu zu veranlassen, einen Antrag auf eine Entschädigungsrente zu stellen. Ihre Erblindung nach dem Krieg war von einem Professor als Folge ihres illegalen Lebens im Zweiten Weltkrieg mit ungenügender und unzureichender Ernährung diagnostiziert worden. Der Gedanke, bei entsprechenden Untersuchungen Naziärzten gegenüberzustehen, war ihr unerträglich. Erst als ich sie darauf hinwies, mit welcher Unverfrorenheit alte Nazis ihre Anträge auf Nachzahlung ihrer Pensionen stellten und sie auch ohne Verzögerung bekamen, nahm sie es auf sich, sich dieser Konfrontation auszusetzen.

In den Gerichtssälen sprachen Richter, deren Vergangenheit ebenso anfechtbar war, in Sachen Wiedergutmachung selten unvoreingenommen Recht. Hier einige Beispiele dafür:

Kurz nach dem Abrücken der SS am Abend des 4. Mai 1945 besetzten US-Truppen das KZ. Einige Stunden später wurden die ersten Häftlinge befreit. Für einen von ihnen war der 4. Mai der 30. Tag seiner Inhaftierung. Bei Antrag auf Wiedergutmachung wurde er von der entsprechenden Behörde belehrt, dass ihm für diesen Monat Lagerhaft die Wiedergutmachung versagt werden müsse, weil der Freiheitsentzug an jenem 4. Mai keinen ganzen Tag gedauert habe und der Monat im KZ somit nicht vollständig sei. Das Landgericht pflichtete dieser Ansicht bei; erst vor dem Oberlandesgericht drang der frühere Häftling mit seiner Meinung durch. Aber das zuständige Land gab sich mit dieser richterlichen Entscheidung nicht zufrieden und bemühte den Bundesgerichtshof, der die Ansicht des Oberlandesgerichtes bestätigte.[160] Es ist eigentlich unfassbar, dass sich ein deutsches Bundesland gegenüber einem Opfer des Nationalsozialismus als so kleinlich erweisen konnte und es für nötig hielt, wegen der Zahlung von Wiedergutmachung für den Zeitraum von einem Monat drei Gerichte heranzuziehen.

Jüdische Eltern wollten ihre 14-jährige Tochter in Sicherheit bringen und schickten sie 1939 nach Dänemark. Als die Deutschen auch nach Dänemark kamen, retteten die Dänen die Juden vor der bevorstehenden Deportierung nach Auschwitz, indem sie sie über Nacht in allen verfügbaren Booten nach Schweden schleusten. Nach dem Kriege verweigerte Schweden der nun 20-jährigen jungen Frau den weiteren Aufenthalt. Nachdem sie erfahren hatte, dass ihre Familie in Deutschland umgebracht worden war, beschloss sie, zu ihrer Schwester, der einzigen noch lebenden Verwandten, nach Palästina auszuwandern. Auf diese Auswanderung musste sie zwei Jahre in Lagern warten, in denen sie sich gesundheitliche Schäden zuzog. Die damalige Mandatsmacht England verweigerte die Einwanderung von Juden nach Palästina. Drei Instanzen (Amts-, Land- und Kammergericht) lehnten ihren Antrag auf Entschädigung ab. In der Begründung heißt es: Wenn sie, frei von Verfolgungszwang, »ausgerechnet Israel« zum Ziel ihrer Weiterwanderung gemacht habe, sei, was ihr zugestoßen, nicht mehr verfolgungseigentümlich.[161] Was Wunder, dass nach solchen Entscheidungen viele der Opfer auf eine Antragstellung verzichteten, die sie darüber hinaus gezwungen hätte, sich mit ihrer schrecklichen Vergangenheit noch einmal auseinanderzusetzen.

Der SPD-Abgeordnete Dr. Adolf Arndt kommentierte die Situation in einer Bundestagsdebatte so: »Auf keinem anderen

Rechtsgebiet ist in Verwaltung und Rechtsprechung so engherzig, so kleinlich, mit einer solchen Silbenstecherei und Wortklauberei verfahren worden wie bei der Wiedergutmachung. Es ist dies das faule Klima eines schleichenden Antisemitismus.«[162] Aber dieser Mahnruf des Abgeordneten Arndt verfehlte seine Wirkung in Deutschland.

Wiedergutmachung war nun mal unpopulär. Der Begriff Wiedergutmachung, unter dem die verschiedenen Formen von Entschädigung zusammengefasst waren, war zufällig in Anwendung gekommen. Er war 1943 ins deutsche Jugendstrafrecht eingeführt worden, um jungen Menschen die Möglichkeit zu geben, begangenes Unrecht durch gute Taten anstatt durch Verbüßung einer Gefängnisstrafe »wiedergutzumachen«. Der Ausdruck soll von einem namhaften jüdischen Emigranten in Amerika verwendet worden sein, der gewiss nicht die Auffassung teilte, dass die Verbrechen der Deutschen in der Nazizeit durch materielle Leistungen gebüßt werden könnten.

Denn tatsächlich handelte es sich bei den meisten Wiedergutmachungszahlungen nicht um eine Buße, sondern in erster Linie um eine teilweise Rückgabe von Besitz und um finanzielle Hilfen für die durch die Verfolgung gesundheitlich Geschädigten oder um Beihilfen für eine durch die Nazizeit verhinderte Berufsausbildung. Die unglückliche Definition des Wortes Wiedergutmachung bürgerte sich ein und hinterließ bei den deutschen Bürgern den Eindruck, es handele sich hier um finanzielle Geschenke an Menschen, die im Ausland ohne die geringsten Schwierigkeiten den Krieg überlebt hatten und die noch dazu ihren Hass gegen Deutsche und Deutschland konservierten und in die Welt hinausschrien. Ebenso wenig »gönnten« Deutsche diese »Wiedergutmachung« Überlebenden aus den KZs, weil sie der Meinung waren, sie selbst hätten durch Vertreibungen, Bombenkrieg und den Tod oder die Invalidisierung ihrer Männer und Söhne an der Front ebenso schwer gelitten.

Selbst Bundeskanzler Adenauer konnte daran nicht viel ändern, obwohl er einmal klar und eindeutig sagte: »So weit überhaupt durch unsere Kraft etwas für die Beseitigung der Folgen geschehen kann – ich denke hier an die entstandenen materiellen

Schäden, die der Nationalsozialismus den von ihm Verfolgten zugefügt hat –, hat das deutsche Volk die ernste und heilige Pflicht zu helfen, auch wenn dabei von uns, die wir uns persönlich nicht schuldig fühlen, Opfer verlangt werden, vielleicht schwere Opfer.«[163] Diese schweren Opfer, die Adenauer voraussah, brauchten nicht gebracht zu werden, denn die Bundesrepublik hatte dank des Marshallplans, ihres großen Industriepotentials und ihrer tüchtigen Arbeiterschaft sehr bald große wirtschaftliche Erfolge.

Und dennoch blieb das Thema Wiedergutmachung unbeliebt, so unbeliebt, dass nur wenig in der Presse darüber berichtet wurde. Das wiederum führte dazu, dass Verfolgte von neuen Maßnahmen, die zu ihren Gunsten beschlossen worden waren, oft gar nicht oder nur durch Zufall erfuhren. Lebten sie im Ausland, dann mussten sie einen gesetzlichen Vertreter in Deutschland benennen, der sich um ihre Wiedergutmachungsanträge kümmerte. Manchmal waren sie ohnehin des komplizierten bürokratischen Verfahrens wegen gezwungen, ihre Anträge auf Entschädigung durch einen Rechtsanwalt einreichen oder – bei restriktiven Behördenentscheidungen – ihre Rechte mit Hilfe eines Anwalts einklagen zu lassen. Diese Anwälte verlangten für diese Aufgabe sogenannte Erfolgshonorare.

Im deutschen Recht sind Erfolgshonorare im Grunde nicht zulässig. Einige deutsche Anwälte hielten sich an diesen Grundsatz und forderten Honorare nach der Gebührenordnung für Anwälte. Die meisten aber verlangten wenigstens zehn Prozent der Entschädigungssumme. Anwälte im Ausland verstiegen sich vielfach zu horrenden Honorarforderungen, die bis zu 30 Prozent der Entschädigungssumme ausmachen konnten. Israelische Anwälte schlossen sich dieser Praxis sehr bald an.

In meinem Falle hieß das, dass ich von den 843 Tagen, die ich in der Illegalität verbringen musste und für die ich fünf Mark pro Tag erhielt, 84,3 Tage für meinen Anwalt gelitten hatte. Ein Auflehnen der Opfer gegen diese Praktiken wäre sinnlos gewesen. Kein Anwalt hätte sich dazu bereitgefunden, diese Fälle vor einem hohen deutschen Gericht zur Anklage zu bringen. Viele Anwälte – deutsche und ausländische – haben die Notlage der

Entschädigungsberechtigten ausgenutzt und sind dabei Millionäre geworden. Die Notwendigkeit, einen Anwalt mit dem Wiedergutmachungsanspruch zu betrauen, ergab sich auch daraus, dass der Laie sehr bald nicht mehr aus dem Gestrüpp der Bestimmungen und Regelungen herausfinden konnte. Mich störte dabei ganz besonders die Praxis, dass Renten für einen an Leben und Gesundheit geschädigten Verfolgten nicht ausschließlich nach dem Prozentsatz seiner Invalidität berechnet wurden, sondern gleichzeitig noch nach seinem wirtschaftlichen und sozialen Stand. Bei Menschen, die zur Zeit der Verfolgung Kinder waren, wurde der wirtschaftliche und soziale Stand der Eltern bei der Rentenberechnung herangezogen.

Diese Art der Festsetzung der Renten war dem deutschen Beamtenrecht angepasst (siehe auch am Anfang dieses Kapitels). Die Opfer wurden entsprechend ihrer Einkommen aus der Zeit vor der Verfolgung in eine vergleichbare Beamtengruppe eingereiht. Das deutsche Beamtenrecht kennt vier Laufbahnen: die einfache, die mittlere, die gehobene und den höheren Dienst. Informationen zufolge war diese Regelung für die Juden besonders günstig, denn viele von ihnen stammten aus gutsituierten Familien oder konnten Ausbildungen für gehobene Berufe nachweisen. Sie akzeptierten diese Regelung also, obwohl sie dem Geist des Kaiserreiches und nicht demokratischer Denkweise entspricht. Die durchlittene Pein im KZ, bei der Zwangsarbeit oder im Getto war wohl für alle Verfolgten gleich – ob nun ehemals Bankdirektor oder Arbeiter. Die Art unterschiedlicher Rentenzahlung für gleiche Leiden schuf Klassenunterschiede unter den Opfern, die während ihrer Leidenszeit nicht existiert hatten.

Ich habe in meiner Arbeit als Journalistin der israelischen Zeitung ›Maariv‹ sowohl in Bonn wie auch in Tel Aviv viele Verfolgte kennengelernt, die bei mir Rat suchten. Sie verstanden diese ganze verzwickte Gesetzgebung nicht und wurden im Zweifelsfall übervorteilt. Bei diesen Gelegenheiten habe ich die Geschichten ihrer Leiden zu hören bekommen, Leiden, von denen sich kein Deutscher auch nur eine Vorstellung machen kann – es sei denn, er ist einer der Täter.

»Wer hier auf zwei Beinen hereinkommt, geht auf vieren wieder heraus«, so die Beschreibung des Kommandanten des Konzentrationslagers Wapnierka (Stadt in der Ukraine, an der Bahnlinie Kiew-Odessa), wie sie einer der 160 israelischen Überlebenden wiedergab. 1000 Juden und 300 Ukrainer, Gegner des nazistischen Regimes in Rumänien, waren dort eingesperrt. Die Ernährung der Gefangenen bestand einzig und allein aus einer giftigen Erbsenart (lat. Latirus satibos), die im Wald in der Nähe des Lagers wuchs. Das in der Erbse enthaltene Gift wirkte bei den meisten Gefangenen sofort. Sie litten unter Blasenentzündungen, Sehstörungen, Lähmungen aller Art. Viele starben. Als ein jüdischer Arzt den Lagerkommandanten darauf aufmerksam machte, meinte dieser gut gelaunt: »Glauben Sie, dass wir interessiert daran sind, dass diese Menschen am Leben bleiben?«[164]

Einige Gefangene, besonders junge Menschen, spürten zunächst keine Folgen dieser tödlichen »Diät«. Das Gift machte sich oft erst Jahre nach der Befreiung bemerkbar. Lähmungen, gegen die es keine Medizin gab, griffen allmählich auf den ganzen Körper über. Die Opfer quälten sich viele Jahre lang. Sie erhielten keinen Pfennig Wiedergutmachung, denn, so entschied das Bundesministerium für Finanzen, das Lager war zwar unter deutscher Aufsicht, aber in rumänischer Verwaltung.

Als die deutsche Journalistin Charlotte Petersen aus dem kleinen Ort Dillenburg (Westdeutschland) im Jahre 1959 Israel besuchte und von diesen Opfern hörte, nahm sie es auf sich, diesen Menschen Hilfe zu bringen. Sie gründete einen Fonds, der dank ihres Einsatzes und ihrer Überredungskunst von vielen Institutionen, Kirchen, Verbänden und auch Privatpersonen gespeist wird. So war sie jahrelang in der Lage, den Opfern von Wapnierka eine kleine monatliche Unterstützung zuzusichern und ihnen oft auch orthopädische Schuhe oder Rollstühle zu beschaffen, die sie sich selbst nicht leisten konnten.

Nein, die Wiedergutmachung ist kein Ruhmesblatt in der Geschichte der Bundesrepublik. Sie hat alles vermissen lassen, was in diesem Zusammenhang von Bedeutung gewesen wäre: Großzügigkeit, Menschlichkeit, Scham.

30
… und am Anfang war es peinlich

»In diesem Fall wird es keine Scherereien für uns geben.« Der Pressesprecher des Auswärtigen Amtes in Bonn sagte es fast froh gestimmt. »Dr. Török kann nicht Mitglied der NSDAP gewesen sein – er ist nämlich Ungar von Geburt.« Geradezu triumphierend hielt er mir den Lebenslauf des Dr. Alexander Török hin, der Ende Juli 1965 zum Botschaftsrat und Geschäftsträger der ersten deutschen Botschaft in Tel Aviv ernannt worden war. Ein flüchtiger Blick auf das Papier, auf dem fein säuberlich die Lebensdaten des Török verzeichnet waren, machte mich bereits stutzig. Dieser Dr. Török hatte jahrelang dem faschistischen Regime Horthys als Diplomat gedient, war zur Zeit der Deportationen von 400 000 ungarischen Juden nach Auschwitz an der Botschaft seines Landes in Berlin tätig gewesen, also am Ort des »Befehlsstandes« dieser Verbrechen. Ich sagte nichts.

Nur wenige Wochen zuvor hatte die Ernennung des Dr. Rolf Pauls zum ersten Botschafter der Bundesrepublik in Tel Aviv bereits erhebliche Diskussionen verursacht. In Israel war man »verwundert«, um es milde auszudrücken, dass man es in Bonn für richtig hielt, einen ehemaligen Berufssoldaten des Dritten Reiches nach Tel Aviv zu entsenden. Die Zeitungen waren voll davon. Pauls war bereits 1934 in die Reichswehr eingetreten, die Hitler – entgegen den Bestimmungen des Versailler Vertrages – wieder aufbauen ließ. Während des Zweiten Weltkrieges kämpfte Pauls in Frankreich und in Russland. Dort verlor er seinen linken Arm. Im Verlauf des deutschen Rückzugs im Osten wurde ihm, da die meisten höheren Offiziere gefallen waren, ein höheres Kommando zugeteilt. Später wurde er für Tapferkeit vor dem Feind mit dem Ritterkreuz ausgezeichnet.

Im von den Nazis besetzten Polen und Russland sind die meisten Verbrechen an den Juden verübt worden. Ihre Ausführung war der SS und den Einsatzgruppen nicht zuletzt durch die Anwesenheit der Wehrmacht ermöglicht worden. Überlebende erinnern sich daran, dass deutsche Soldaten an ihnen vorbeimarschierten und keinen Finger rührten, um ihnen zu helfen, auch wenn sie die Möglichkeit dazu hatten. Außerdem ist bekannt, dass auch die Wehrmacht in Verbrechen verstrickt war.[165] In der Bundesrepublik der fünfziger und sechziger Jahre hatte man es bewusst vermieden, sich mit der Vergangenheit auseinanderzusetzen.

Und dies ganz besonders im Zusammenhang mit der Wehrmacht, die man als Vorbild für die neu erstehende Bundeswehr zu brauchen glaubte. Die Benennung von Kasernen, Schiffen der Bundesmarine und Einheiten der Bundeswehr nach von den Nazis ernannten Helden mit zweifelhafter politischer Gesinnung ist sichtbarer Beweis dafür. So wollte man in Bonn auch nicht begreifen, dass die Kritik an der Ernennung von Pauls zum ersten deutschen Botschafter in Israel reale Gründe hatte. »Wenn ein deutscher Mann Soldat gewesen ist, der ist nicht gefragt worden, sondern er hat seine Pflicht getan. Da besteht kein Grund, ihn irgendwie zu diskriminieren.« Das war die Antwort von Bundeskanzler Professor Erhard auf eine entsprechende Frage, mit welchem Recht die Israelis Kritik an dem ernannten ersten deutschen Botschafter in Tel Aviv übten.[166]

Israel war die Aufnahme diplomatischer Beziehungen zu Bonn nicht gerade leichtgefallen. Zwar hatten israelische Regierungen, und insbesondere jene unter dem Ministerpräsidenten David Ben Gurion, solche Beziehungen seit Jahren angestrebt. Ben Gurion, ein sehr realistischer Politiker, erkannte die Zweckmäßigkeit und damit die Notwendigkeit, diplomatische Beziehungen zum Nachfolgestaat des Hitler-Deutschlands zu unterhalten. Schließlich war die Bundesrepublik mit den Jahren in viele internationale Gremien aufgenommen worden. Sie spielte eine immer entscheidendere Rolle in der Europäischen Gemeinschaft und war schon ihrer wirtschaftlichen Kapazität wegen ein wichtiger Faktor in der Welt.

Die Bundesrepublik hingegen hatte die Beziehungen zum jüdischen Staat jahrelang vor sich hergeschoben, hatte sie nicht gewollt, denn sie befürchtete einen Konflikt mit den arabischen Staaten. In Bonn glaubte man, Grund zu der Annahme zu haben, dass die Araber im Falle der Aufnahme diplomatischer Beziehungen zu Jerusalem die DDR diplomatisch anerkennen würden. Dann müsste Bonn im Gegenzug – um den Zielen der Hallstein-Doktrin[167] zu folgen – die Beziehungen zu den arabischen Staaten abbrechen. Dass dabei auch die für Bonn sehr lukrativen Handelsbeziehungen zu den arabischen Staaten eine Rolle spielten, blieb unausgesprochen.

Um die Verweigerung normaler Beziehungen ein wenig zu mildern, hatten Bundeskanzler Adenauer und sein damaliger Verteidigungsminister Franz Josef Strauß Israel durch geheime Waffenlieferungen zu helfen versucht. Israel war realistisch genug, diese Hilfe anzunehmen. Der damalige israelische Verteidigungsminister Shimon Peres sagte später dazu: »Ich hielt Sicherheit für wichtiger als diplomatische Beziehungen. Grenzen können nicht mit Botschaftern verteidigt werden.«[168] Im November 1964 flog das Geheimnis auf. Den Arabern waren die geheimen deutschen Waffenlieferungen an Israel nicht entgangen. Der daraus resultierende Konflikt führte zur abrupten Einstellung dieser Waffenlieferungen, im Gefolge aber auch zu diplomatischen Beziehungen zu Israel.

Jerusalem nahm das Angebot der Regierung Erhard nach langwierigen Verhandlungen, die im Wesentlichen dem Ersatz für die versprochenen und nun nicht mehr gelieferten Waffen galten, schließlich an. Der Gedanke an einen engeren Kontakt zur Bundesrepublik, die zwar, wie jeder wusste, kein Hitlerstaat war, wog dennoch schwer. Da waren die vielen alten Nazis in entscheidenden Organen der Bundesregierung, die mangelnde Aufarbeitung der Vergangenheit, die unverständlich niedrigen Gerichtsurteile für Naziverbrecher und nicht zuletzt auch die jahrelange Bevorzugung der Araber gegenüber dem jüdischen Staat, dessen Existenz immerhin eine direkte Folge von Auschwitz war. Normale Beziehungen zur Bundesrepublik, ähnlich denen von Israel zu Dänemark oder Italien, schienen den meisten Israelis undenkbar.

Die Berufung des Rolf Pauls, die, da der Kandidat sich keiner Verbrechen schuldig gemacht hatte, von der Regierung in Jerusalem nicht abgelehnt werden konnte, machte die Sache für die Israelis nicht gerade leichter. In politischen Kreisen Israels hatte man erwartet, dass Bonn entweder einen Widerstandskämpfer gegen Hitler zum ersten Botschafter ernennen würde oder einen politisch völlig unbelasteten Mann. Stattdessen wählte man Pauls, einen Karrierediplomaten, einen jener Deutschen, die sich mit dem Hitlerstaat arrangiert, sich dabei aber offenbar nicht kompromittiert hatten. Er war also kein Held in der Ablehnung des Hitlerstaates gewesen, wohl aber auch kein Nazi. Er war 1943 Soldat geworden, also zu einer Zeit, da das einer Unterstützung des Hitler-Regimes gleichkam. Er tat es, so gab er vor, um nicht in die NSDAP eintreten zu müssen. Eine Behauptung, die man nicht nachprüfen kann.

Pauls war offenbar, ähnlich wie Millionen von Deutschen, den Weg des geringsten Widerstandes gegangen, hatte aller Wahrscheinlichkeit nach die Augen vor den Verbrechen des Regimes, dem er diente, verschlossen. Die Israelis hätten sich sicher schneller mit der Tatsache von diplomatischen Beziehungen zur Bundesrepublik abgefunden, hätte Bonn bei der Ernennung seines ersten Botschafters mehr Verständnis für die Opfer der Nazis gezeigt. Andererseits hatte die Ernennung von Pauls auch ihre Vorteile. Sie ließ keine Illusionen über das neue Deutschland aufkommen. Denn in Pauls lernten die Israelis einen Deutschen kennen, der typisch war für die Mehrheit des deutschen Volkes, das nach 1945 in den Grenzen der Bundesrepublik lebte.

Als nun auch noch Dr. Török eine führende Position an dieser neu zu schaffenden Botschaft einnehmen sollte, waren allerdings die meisten Israelis überzeugt davon, dass dieses Nachkriegsdeutschland doch dem Nazistaat in vieler Hinsicht glich. »Wie können Sie Dr. Töröks politische Vergangenheit anzweifeln, nur weil er Horthy diente?« Der Leiter des Pressereferates, Dr. Jörg Kastl, fragte es empört und fügte hinzu: »Ist Ihnen denn nicht bekannt, dass Horthy ein Gegner Hitlers war?« Ich klärte ihn darüber auf, dass Nikolaus von Horthy ein Faschist war, der sein Land von 1920 an mit diktatorischen und faschistischen Methoden regiert hatte. Seine politischen Gegner ließ er in Konzentrationslager einsperren, lange bevor Hitler derartige Stätten zur physischen und psychischen Vernichtung von Menschen in Deutschland einführte. Horthy rebellierte erst angesichts der herannahenden alliierten Truppen Mitte Oktober 1944 gegen die von den Deutschen seit März 1944 durchgeführten Deportationen ungarischer Juden nach Auschwitz.

Ebenso wenig wusste der Leiter des Pressereferates des Auswärtigen Amtes etwas über Ferencz Szalasi, der im Oktober 1944 von den Deutschen an die Stelle Horthys gehievt wurde und nichts weiter war als ein Strohmann der Nazis. Auch unter diesem diente Török in der ungarischen Botschaft von Berlin bis zum Kriegsende, die fraglos dazu bestimmt war, die Befehle der deutschen Reichsregierung zu empfangen und nach Budapest weiterzuleiten. Darunter natürlich auch die, die den Mord an den ungarischen Juden betrafen. Török blieb nach dem Krieg in Berlin, wohl weil ihm die kommunistische Herrschaft in seiner ungarischen Heimat nicht behagte. Er wurde Sekretär des ungarischen Roten Kreuzes und 1948 Dozent am Institut für politische Wissenschaften in Berlin.

1950 trat Török, 36-jährig, in den Auswärtigen Dienst der Bundesrepublik ein und nahm zur gleichen Zeit die deutsche Staatsbürgerschaft an. Ich publizierte die Fakten seines Lebenslaufes in meiner Zeitung ›Maariv‹ ohne Kommentar. Dafür sorgten dann die deutschen Zeitungen, die ohne Unterschied ihrer politischen Tendenz Kritik an dieser Ernennung übten. Die ›Stuttgarter Zeitung‹ deutete die Möglichkeit an, dass das Auswärtige Amt Diplomaten mit einer fragwürdigen Vergangenheit für die Botschaft in Tel Aviv auswählte, um seinen Unwillen darüber auszudrücken, dass es ohne sein Zutun zur Aufnahme diplomatischer Beziehungen zu Israel gekommen war.

Tatsächlich hatte das Kanzleramt die Initiative bei der Herstellung der Beziehungen zu Israel übernommen. Der damalige Außenminister Dr. Gerhard Schröder war ohnehin für seine proarabische Haltung bekannt und für seine Ablehnung von engeren Kontakten zum jüdischen Staat. ›Die Welt‹ meinte, jeder Posten vom Süden der Sahara bis nach Nordamerika wäre für Török passend gewesen, aber nicht dieser in Tel Aviv. Es sei nicht überraschend, fügte die Zeitung hinzu, dass viele Israelis, und vor allem diejenigen, die aus Ungarn ausgewandert waren, einem Diplomaten, der die Geschäfte des Staates zu einer Zeit besorgt habe, als sie in ebendiesem Staat um ihr Leben bangen mussten, mit unverhohlenem Misstrauen begegneten.

»Pauls, go home«, schrien Hunderte Demonstranten jeden Alters am 19. August 1965 in Jerusalem, und ihre Augen loderten vor Hass, als sie gegen die Polizeibarrieren anstürmten. Sie trugen Plakate, auf denen das jüdische Volk beschworen wurde, den Mord an seinen sechs Millionen Brüdern nie zu vergeben. Mit leeren Flaschen und Steinen bewarfen sie den streng bewachten Wagen des ersten deutschen Botschafters auf seinem Weg nach Jerusalem, wo er sein Beglaubigungsschreiben überreichen sollte.

Der damalige Vizekanzler und Vorsitzende der Freien Demokratischen Partei, Erich Mende, gab angesichts der Demonstrationen gegen den ehemaligen Wehrmachtsoffizier Rolf Pauls in Jerusalem seiner Entrüstung Ausdruck.[169] Die Argumente gegen Pauls enthielten abermals Vorwürfe der Kollektivschuld, sagte Mende – auch er ein Träger des für Tapferkeit vor dem Feind verliehenen Ritterkreuzes –, und sie seien gegen diejenigen gerichtet, die kaum 18 Jahre alt waren, als Hitler an die Macht kam. »Als Mitglied dieser Generation von Soldaten« protestierte Mende energisch gegen solche »kommunistisch-faschistischen Methoden«. In gleicher Weise könne man auf die Leiden des deutschen Volkes verweisen, dessen Städte wie Köln und Dresden ohne militärische Notwendigkeit bombardiert worden seien, brauste er auf. Die Tätigkeit der beiden ersten führenden Diplomaten der Bundesrepublik in Israel, Pauls und Török, wirkte sich sehr segensreich für Israel aus. Dieser besondere Einsatz ist oft zu beobachten bei Deutschen, deren Vergangenheit nicht unbedingt »lupenrein« ist.

Aber auch sie konnten nicht verhindern, dass sich die diplomatischen Beziehungen zwischen der Bundesrepublik und Israel schwierig gestalteten. Immer wieder gab es Anlass für die Israelis, am ehrlichen Willen der Deutschen, den Geist des Nazismus nie wieder aufkommen zu lassen, zu zweifeln. Außer den milden Urteilen gegen Naziverbrecher, die durch nichts zu rechtfertigen waren, gab es immer wieder Hakenkreuzschmierereien und Schändungen jüdischer Friedhöfe, ja, es erschienen sogar Zeitungen mit nazistischen und antisemitischen Hetztiraden, die bewiesen, dass auch im Nachkriegsdeutschland Nazis fast ohne Widerspruch aktiv sein und ihr ideologisches Gift verspritzen konnten. Für Israelis war die geringe Beachtung dieser Symptome, die einst zum Massenmord an Juden, Sinti und Roma und Andersdenkenden geführt hatte, unverständlich und unverzeihlich.

Nur einmal in den seit 1965 bestehenden Beziehungen zwischen Deutschen und Israelis stellten sich viele Deutsche uneingeschränkt auf die Seite Israels. Und sie sprachen es auch deutlich aus. Das war im Sechstagekrieg im Juni 1967, als die Araber keinen Hehl daraus machten, dass sie Israel zu vernichten beabsichtigten. In Hunderten von Aufrufen, öffentlichen Manifestationen und Demonstrationen wandten sich Deutsche gegen die Araber, die durch eine Blockade der Wasserstraße von Tiran für israelische Schiffe den Casus belli lieferten. Außenminister Willy Brandt entsprach damals der Mehrheit des deutschen Volkes, als er im Bundestag unter dem Beifall aller Fraktionen beteuerte, dass es »keine Neutralität des Herzens« sei, wenn die Bundesrepublik sich ihrem Grundsatz entsprechend auch in diesem Falle nicht in einen Weltkonflikt einmische.[170]

Diesem Krieg war ein peinlicher Vorfall vorausgegangen. Die israelische Regierung hatte die Bundesregierung um die leihweise Überlassung von 20 000 Gasmasken aus deutschen Beständen gebeten. Denn sie befürchtete, dass die Ägypter in einem bewaffneten Konflikt Giftgas verwenden würden, wie sie es nach Angaben des Internationalen Roten Kreuzes im Krieg mit dem Jemen getan hatten. Bundeskanzler Kiesinger reagierte, wie man es von ihm erwarten musste. Er stimmte sofort zu. Seine Vergangenheit als Mitglied der NSDAP und stellvertretender Leiter der rundfunkpolitischen Abteilung des Auswärtigen Amtes unter Ribbentrop ließ keine andere Haltung zu, wollte er sich nicht Angriffen aus der ganzen Welt aussetzen. »Es ist grausig, dass das ehemalige Nazimitglied Kiesinger Kanzler werden konnte, ohne dass es den geringsten Protest in der Bundesrepublik gegeben hätte. Das höchste Amt hätte für ihn tabu sein sollen.«[171] Günter

Grass' Meinung war zu jener Zeit gar nicht populär, als sich die Sozialdemokraten nach endlosen Diskussionen in den eigenen Reihen zu einer Großen Koalition mit dem von der CDU nominierten Kiesinger entschlossen.

Kiesinger selbst war unsicher. Amerikanische Kollegen berichteten, dass er sie gefragt habe, wie wohl die Reaktion in den USA auf seine Wahl als deutscher Kanzler sein würde. Den Hinweis, dass er in erster Linie verpflichtet sei, den Juden gegenüber eine verständnisvolle Haltung einzunehmen, verstand er wohl. Besonders da er immer behauptet hatte, er habe nie etwas gehört oder gewusst über die Ermordung von Juden. Ihm seien diese Verbrechen erst nach dem Krieg bekannt geworden.[172] Er bestritt, dass im sogenannten »Seehaus-Dienst«, in dem Berichte aus dem Ausland zusammengestellt und im Auswärtigen Amt verbreitet worden waren, jemals ein Hinweis auf Berichte ausländischer Sender über den Mord an den Juden zu lesen war.

Diese Aussage war fadenscheinig, zumal die BBC in den letzten Kriegsjahren mehrfach darüber berichtet hatte. Sie wurde noch unglaubwürdiger nach der Aussage des Staatssekretärs Globke,[173] dass man zwar in den Naziministerien offiziell nichts über die Verbrechen erfahren, aber über Auslandssender davon gehört habe. Als ich auf diesen Widerspruch in meiner Zeitung aufmerksam machte, zieh mich ein Beamter des Bundespresseamtes der »Manipulation von Nachrichten« und fügte mit erhobener Stimme und in Gegenwart ausländischer Kollegen hinzu: »Bei Ihren Vorurteilen kann man natürlich nichts anderes erwarten.«

Kiesingers Verständnis für seine eigene Situation kam im Falle der Bitte der Israelis um die Gasmasken klar zum Ausdruck. Unterstützung fand er bei Außenminister Willy Brandt. Hingegen widersetzten sich der zuständige Minister für Verteidigung, Dr. Gerhard Schröder, der schon als Außenminister Israel eher ablehnend gegenübergestanden und die Aufnahme diplomatischer Beziehungen zu Israel immer wieder torpediert hatte, und sein Staatssekretär Professor Karl Carstens (später Bundespräsident), auch er ehemals Mitglied der NSDAP.[174]

Man werde die Gasmasken nicht liefern, so hallte es aus dem Verteidigungsministerium, denn die Bundesrepublik liefere kein

Kriegsmaterial in Spannungsgebiete. Man bezog sich dabei auf die entsprechende Entscheidung der Bundesregierung im Februar 1965. Schröder fügte dem noch hinzu, dass man, käme man der Bitte der Israelis nach, nur Gefahr laufe, in den Nahost-Konflikt hineingezogen zu werden. Sein größter Widersacher im Kabinett, Finanzminister Franz Josef Strauß, verurteilte diese Auffassung aufs Schärfste. Er konnte der Unterstützung der Mehrheit der Deutschen gewiss sein, wie die Reaktionen der deutschen Presse bewiesen. Die Situation war peinlich für die deutsche Bundesregierung, brachte sie doch die Tatsache in Erinnerung, dass Millionen Juden durch Gas von Deutschen ermordet worden waren.

Bundeskanzler Kiesinger vermied es, trotz seiner Unterstützung für die Sache, sich öffentlich dazu zu äußern. Entschuldigend sagte er zu Israels Botschafter Asher Ben-Nathan: »Sie müssen verstehen, dass ich nicht öffentlich für Israel eintreten kann.« Er fürchtete, man würde das als einen Versuch des »alten Nazi« interpretieren, der sich bei den Juden anbiedern wolle.[175] Man suchte nach einem Ausweg, ohne dass es zu einem Eklat und einer vor aller Welt zu führenden Diskussion kommen würde. Man fand ihn schließlich. Das Kabinett beschloss, die Angelegenheit dem Innenministerium zu übergeben, da man Gasmasken zum Bereich Zivilschutz zählen konnte, und dafür war das Innenministerium zuständig. Innenminister Paul Lücke hatte keine Einwände. So entsprach die Bonner Regierung nach einer Verzögerung von einer Woche offiziell dem Ersuchen der Israelis.

Diese ganze Episode war umso erstaunlicher, als die Bundesregierung in der Anwendung der Bestimmungen, keine Waffen in Spannungsgebiete zu liefern, im Falle der arabischen Staaten viel weniger penibel war. Nur wenige Monate nach der Annahme dieses Grundsatzes erfuhr ich durch den Bericht eines englischen Kollegen, dass die Deutsche Merex GmbH den arabischen Staaten Kampfflugzeuge aus den Beständen der Bundeswehr angeboten habe. Dass sie dies nicht ohne Zustimmung, sondern sogar auf Anregung entsprechender Bundesbehörden getan hatte, lag auf der Hand.

Dieser Handel kam nicht zustande, weil keiner der arabischen Staaten, die für diese Flugzeuge Interesse zeigten, die nötigen finanziellen Mittel dafür aufbringen konnte. In meinem Bericht darüber an ›Maariv‹ hatte ich die Merex als eine Firma charakterisiert, deren Ruf zweifelhaft war, wie es so häufig bei Firmen der Fall ist, die sich im Dunkel des internationalen Waffenhandels betätigen. Hinzu kam, dass die führenden Herren dieses offenbar vorzüglich florierenden Unternehmens eine sehr unsympathische Vergangenheit hatten. Mein Bericht war vom Bundespresseamt nicht dementiert worden. Bei anderen Gelegenheiten geschah dies sehr schnell und war oft auch sehr bösartig. Ich hatte allen Grund, von der Richtigkeit meiner Informationen überzeugt zu sein.

»Besuchen Sie uns. Bei Kaffee und Erdbeertorte werden Sie uns besser kennenlernen.« Mit diesen Worten hatte mich der Hauptaktionär der Firma Merex, Gerhard Mertins, in sein Haus in Bonn-Beuel eingeladen. Man habe meinen Artikel in ›Maariv‹ gelesen und wolle mir nun beweisen, dass sie anständige Leute und vor allem keine Nazis seien. Mertins war ehemaliger Berufsoffizier und im Zweiten Weltkrieg Fallschirmspringer der deutschen Wehrmacht gewesen, der nach der Eroberung Kretas für Tapferkeit vor dem Feind mit dem Ritterkreuz ausgezeichnet worden war. Nach dem Zusammenbruch des Hitlerreiches war er zusammen mit Dr. Hansen, einem der Direktoren der Firma Merex, nach Ägypten gegangen, da ihnen die Heimat kein Betätigungsfeld mehr bot. Dieser Hansen war schon während des Krieges eine Art Gauleiter der NSDAP in Kairo gewesen. In Ägypten hatten die beiden fünf Jahre lang ägyptische Fallschirmspringer mit Ziel Israel ausgebildet.

Seit ihrer Rückkehr in die Bundesrepublik handelten sie mit Waffen. Überall, wo es in der Welt zu Konflikten gekommen war, sollen sie ihre Tätigkeit entfaltet und die Gegensätze durch ihre Lieferungen geschürt haben. Es ging ihnen aber nicht um Sieg oder Niederlage der einen oder anderen Seite, sondern ausschließlich um ihren eigenen Gewinn. Nicht widerlegte Andeutungen von Mertins besagten, dass gute Beziehungen – unter anderem zu Bonner Ministersöhnen – Kontakte zum Verteidigungsministerium eröffnet hatten, die sie brauchten, um an ausgediente Waffen heranzukommen. Entwicklungsländer, deren technisches Niveau hinter dem des Westens herhinkt, hatten noch immer Verwendung dafür. »Wir arbeiten viel mit Juden zusammen. Schließlich ist in Amerika der gesamte Waffenhandel in jüdischen Händen«, behauptete Mertins, jovial lächelnd.

Es war nicht schwer herauszufinden, dass sich hinter dem Lächeln dieses robusten Mannes von etwa 50 Jahren ein harter, brutaler Ausdruck verbarg. Gegen das Argument, Deutsche hätten allen Grund, ihre Finger von solchen Geschäften zu lassen, wehrte er sich mit Empörung. Deutsche hätten eine solche Diskriminierung nicht nötig. Überdies seien die meisten von ihnen jung und könnten nichts für das Geschehene. Er wies auf seine Mitarbeiter, die alle angetreten waren zu »Kaffee und Erdbeertorte«, wie der Chef es befohlen hatte.

Die Ausnahme machte ein älterer Herr von P., angeblich ehemals Gewerkschaftsfunktionär und auch der SPD verbunden. Mertins hob dies hervor, weil er offensichtlich meine Verbindung zur Arbeiterbewegung kannte – wie er überhaupt alles über mich zu wissen vorgab. Jedenfalls deutete er es während des Gesprächs immer wieder an.

Der Alte saß etwas vertrottelt am Tisch und hatte dem Gespräch nichts beizusteuern. Horst B. wurde mir als ständiger Vertreter der Firma in Saudi-Arabien vorgestellt. Die Runde wurde vervollständigt durch einen jungen Österreicher unter dreißig, schnöselhaft und stets zu einer lauten Zusatzbemerkung während der Rede seines Chefs bereit, einen sehr stillen, als ehemaliger Seemann vorgestellten jungen Mann mit einem schiefen Gesicht, der wie die Karikatur eines Piraten wirkte, und eine Frau um die dreißig mit straff nach hinten gekämmter und zu einem Knoten zusammengesteckter Frisur, die sie einer einstigen BdM-Führerin ähnlich machte.

»Wir verdienen Geld für unser Land.« Und dann kam, wie so häufig in Deutschland, der Hinweis auf die Wiedergutmachung, die Bonn nur zu zahlen in der Lage sei, wenn genug verdient würde. »Davon profitiert doch auch Israel«, sagte der Chef mit Nachdruck, als sei Wiedergutmachung keine Verpflichtung der

Bundesrepublik, sondern hinge vom Wohlergehen der deutschen Wirtschaft ab. »Sie sind doch auch Deutsche, Sie müssen das doch verstehen. Sie fühlen doch sicher wie eine Deutsche«, brach es aus der Frau mit dem Dutt plötzlich heraus. Auf meine amüsierte Frage, wie man wohl »deutsch fühle«, starrten sie mich alle mit offensichtlichem Unverständnis an. Man schwieg betreten. »Was halten Sie eigentlich von den Morden an den Juden?«, fragte mein englischer Kollege, den ich um seine Begleitung zur Firma Merex gebeten hatte, in die Stille hinein.

»Das ist Privatsache«, sagte die Dame und warf ihren Kopf trotzig zurück. »Ein KZ war doch nichts anderes als ein Gefängnis«, meinte der Österreicher. Sein Kollege echote: »Die Engländer hatten sie doch zuerst, die KZs«, und er verwies auf den Burenkrieg. Der ehemalige Seemann, nun gar nicht mehr so schweigsam, bemerkte mit ungehaltener Stimme: »Wir haben doch genauso gelitten wie Sie. In Kriegsgefangenenlagern von Workuta und so. Denken Sie an die Bombardierung von Dresden!«

Mertins selber war etwas »geschickter«. »Was daran wahr ist an den Berichten über Verbrechen, ist fürchterlich. Aber da ist ja nicht alles wahr dran.« Wieder war da das joviale Lächeln. »Sehen Sie doch den Fall Deutsch[176] und den des Dentisten in Hannover, der behauptet hatte, seine Mutter sei vergast worden. Dabei lebte sie glücklich und zufrieden in Amerika. Das sind doch so zweifelhafte Sachen.« Mertins redete schnell und wie eingelernt. Im Übrigen frage ihn sein Sohn des Öfteren, woher denn der Antisemitismus komme. »Naja, die Juden sitzen doch überall drin in Amerika. So war es ja doch auch in Deutschland in den zwanziger Jahren«, sagte er. Ich entgegnete nichts mehr. Es war ja so sinnlos. »Als meine Töchter in Amerika in die Schule gingen«, fuhr Mertins fort, »da hat die Lehrerin auch von diesen grässlichen Dingen erzählt, die wir Deutschen verbrochen haben sollen, in einer Weise … Na, Sie können sich's denken. Da bin ich hingegangen und habe mich beschwert: ›Schonen Sie die Gefühle meiner Töchter‹, habe ich gesagt.«

Warum er gerade arabische Länder beliefere? »Es ist uns doch gleich, wer unser Kunde ist«, so Mertins' Meinung. Übrigens wolle er mit Ägypten nicht mehr zusammenarbeiten. Angeblich habe er Einreiseverbot, nachdem er, noch in Ägypten, zu Hakim Amer[177] gesagt habe: »Sie sind ja so dumm, dass Sie in der deutschen Armee nicht einmal Gefreiter geworden wären!« Nun arbeite die Firma Merex mit Feisal (König von Saudi-Arabien) zusammen. Aber auch Israel wolle Geschäfte mit ihm machen, behauptete er mit einem maliziösen Lächeln. »Sie sehen, wir haben weltweite Verbindungen.« Ja, und nun verstünde ich sicher auch, dass sie keine Nazis seien, und würde hoffentlich nie wieder so etwas schreiben. Zynisch fragte ich zurück: »Sie sehen durch meine Berichte Ihre Geschäfte in Amerika gefährdet, nicht wahr?« Die joviale Miene machte blitzschnell einer wütenden Fratze Platz – das erste Mal in unserer langen Unterhaltung. Ich hatte genau ins Schwarze getroffen.

Aber der Waffenhandel der Firma Merex erlitt keine Einbußen. Der Bundesregierung war es offenbar egal, ob Israels Feinde Waffen aus dubiosen deutschen Quellen erwarben und der jüdische Staat gefährdet war. Hier ging es um Profit und politischen Einfluss. Schließlich war es auch ein Leichtes für Merex und ähnliche Unternehmen, das von der Bundesregierung verhängte Waffenembargo für Spannungsgebiete zu umgehen.

So zum Beispiel, indem man Waffen an ein Nato-Land lieferte, das keine Beschränkungen im Waffenhandel kannte und das diese an ein drittes Land weitergab. Auch gaben Staaten Waffen zur Wartung an Länder in Spannungsgebieten. Von dort kamen sie – in beiderseitigem Einverständnis – nicht immer vollzählig zurück. Israel aber gab man in der Bundesrepublik keine Gelegenheit mehr, Waffen zu erwerben.

Im Grunde war dies Ausdruck einer Haltung in der Bundesrepublik, die mit der Herstellung diplomatischer Beziehungen zu Israel ihren Anfang nahm. Mit ebendiesen Beziehungen, die man jahrelang vermieden hatte, schien der Zustand erreicht, der Israel zu einem »normalen« Partner machte. Die Deutschen sahen keine Veranlassung mehr, dem jüdischen Staat einen Vorrang vor allen anderen Staaten in ihren Beziehungen einzuräumen oder gar eine Garantie für seine Existenz und Sicherheit zu übernehmen. Israel war für sie nichts weiter als ein kleiner Staat im Nahen Osten. Die Vergangenheit sollte nun keine Rolle mehr spielen.

Außenminister Walter Scheel (FDP) sagte dies frank und frei in einem Interview am 18. Dezember 1969: »Unser Verhältnis zu Israel ist wie mit anderen Ländern. Die Normalisierung besteht darin, dass wir die früheren vertraglichen Abmachungen abgelöst haben durch eine ganz normale Zusammenarbeit. Es gibt nichts Besonderes daran.« Die Israelis muckten auf gegen diese Erklärung. Sie fanden schließlich Verständnis bei Bundeskanzler Brandt, der die diplomatischen Beziehungen zu Israel ganz anders charakterisierte, als er sagte: »Wir wollen statt von einer Normalisierung besser von einer Versachlichung der Beziehungen reden.«[178] Und er erläuterte: »Es [unser Verhältnis] trägt in der Tat weiterhin das Zeichen einer Besonderheit, der Unauslöschlichkeit des millionenfachen Mordes an den Juden.«

Doch den meisten Deutschen schmeckte diese »Besonderheit« der Beziehungen zu Israel nicht. Sie waren der Meinung, dass die Aufnahme diplomatischer Beziehungen zu Israel gleichzusetzen sein müsse mit einem Schlussstrich unter die Vergangenheit. In Bonn hatte diese Haltung die meisten Befürworter im Auswärtigen Amt, jedenfalls zu Zeiten der Minister Schröder und Scheel. So sollten auch alle Aktivitäten der deutschen Botschaft in Tel Aviv sich in nichts von denen der deutschen Vertretungen in anderen Ländern unterscheiden.

Deutsche Kulturwochen hatten dabei verständlicherweise einen besonderen Stellenwert. Die Deutschen haben auf diesem Gebiet eine Menge anzubieten. Für viele Israelis aber war deutsche Kultur durch die fürchterlichen Verbrechen der Deutschen in der Vergangenheit unerträglich geworden. Und es gilt noch heute ein Beschluss der Knesset vom 9. Januar 1962, nach dem kulturelle Beziehungen zwischen der Bundesrepublik und Israel unterbunden sind. Danach bedürfen sie einer Sondergenehmigung eines eigens dafür geschaffenen ministeriellen Ausschusses.

Tatsächlich aber wurde dieser Ausschuss nie um eine Entscheidung gebeten. Dennoch traten deutsche Musiker in Israel auf, hielten deutsche Wissenschaftler Vorträge in Israel, erweiterte man die von einem deutschen Emigranten gestiftete Bibliothek in Tel Aviv. Israelische Dienststellen nahmen dies schweigend zur Kenntnis. Auch israelische Künstler hielten sich nicht an die Weisungen ihrer Regierung. Musiker traten in der Bundesrepublik auf, Maler stellten in deutschen Städten aus. Es wäre falsch, daraus auf eine geänderte Haltung der Israelis zu schließen. Es ging vielmehr darum, Künstlern ein breiteres Publikum und damit größere Anerkennung zu ermöglichen.

Beides war in Deutschland unweigerlich zu finden, schon weil man neugierig war auf einen Menschen aus einem unbekannten Land. Die Tatsache, dass man trotz der stetig wachsenden kulturellen Beziehungen zwischen beiden Staaten noch immer am Beschluss der Knesset vom Jahr 1962 festhält, ist vielsagend. Sicher würde es beim Versuch einer Änderung erneut zu heftigen Diskussionen kommen über dieses Deutschland, das nun als wiedervereinigtes Land eine Macht in Europa darstellt, die zu neuerlichen Befürchtungen Anlass gibt. Man mag dies als Heuchelei bezeichnen, die es in mancher Hinsicht auch ist. Aber im Falle von Deutschland und den Deutschen folgt man in Israel verständlicherweise noch immer nicht rationalen Erwägungen.

Es mag wohl sein, dass die deutsche Botschaft in Tel Aviv die existierenden kulturellen Beziehungen zwischen der Bundesrepublik und Israel für so selbstverständlich hielt, dass sie mit Genehmigung und Förderung des Auswärtigen Amtes in Bonn 1971 eine »Deutsche Kulturwoche« in den drei wichtigsten Städten Israels ansetzte. Die Bürgermeister dieser Städte hatten zunächst keine Einwände dagegen, viele Israelis aber wollten von deutscher Kultur, zu der sie in der Vergangenheit vielfach Wesentliches beigetragen hatten, nichts mehr hören. Deutsche Künstler, die sich so willig von den Nazis hatten missbrauchen lassen, waren ihnen zutiefst zuwider. Sie sahen in dieser deutschen »Kulturwoche« eine Herausforderung, ja eigentlich eine Beleidigung.

Erschwerend kam noch hinzu, dass die Deutschen den Eröffnungsabend dieser »Kulturwoche« auf den 9. November festsetzten. So als sei dieser Tag ein Tag wie jeder andere. Tatsächlich aber organisierte die deutsche Reichsregierung am 9. November 1938 das erste Pogrom. Tausende von Juden wurden damals unter dem Vorwand der Ermordung des Legationsrates Ernst vom Rath durch den polnischen Juden Herschel Grynszpan in der deutschen Botschaft von Paris verhaftet und in Konzentrationslager gesperrt. Synagogen wurden angezündet, jüdische Geschäfte zerstört und geplündert. Die Empörung der Israelis, auch derer, die zunächst nichts gegen die »Kulturwoche« einzuwenden hatten, über ihre für den 9. November angesetzte feierliche Eröffnung kannte keine Grenzen.

In der Tat war die Anberaumung der »Deutschen Kulturwoche« zu diesem Termin nicht nur Ausdruck deutscher Gedankenlosigkeit. Sie zeigte vielmehr, wie wenig die Vergangenheit und alles, was damals geschehen war, die Mehrzahl der Deutschen wirklich interessierte. Da war nur eins, was sie erreichen wollten – die Welt sollte aufhören, von ihren Verbrechen zu sprechen.

So störte es sie auch nicht, dass ihr Staatsoberhaupt Heinrich Lübke in Verbindung gebracht wurde mit dem Bau von Baracken für Häftlinge des Nazistaates. Die DDR hatte behauptet, über entsprechende Unterlagen zu verfügen. Aber Lübke gab vor, sich nicht mehr erinnern zu können, ob er als Mitarbeiter des Berliner Architektenbüros Schlempp im Zweiten Weltkrieg Pläne zur Unterbringung von Häftlingen unterschrieben hatte. Mit entsprechenden Worten wandte er sich über Funk und Fernsehen an seine Mitbürger: »Selbstverständlich kann ich mich nach Ablauf von fast einem Vierteljahrhundert nicht mehr an jedes Schriftstück erinnern, das ich unterzeichnet habe.«[179] Lübke konnte ungehindert weiteramtieren.

Solche Äußerungen von Deutschen hätten natürlich auch vor der Aufnahme diplomatischer Beziehungen zur Bundesrepublik Abscheu in Israel hervorgerufen. Jetzt aber, da es offizielle Beziehungen zu diesem deutschen Staat gab, erschauderte man – so als käme man nun in physische Berührung mit den Mördern von damals. Und so blieben diplomatische Beziehungen zwischen Bonn und Jerusalem über viele Jahre hinweg, als Folge von immer wiederkehrenden Taktlosigkeiten von Seiten der Deutschen, für die meisten Israelis eine mehr oder minder peinliche Angelegenheit. Dass ich in meiner Arbeit als Journalistin einer israelischen Zeitung davon direkt betroffen war, versteht sich von selbst.

31
Die Abrechnung

Im Jahre 1966 suchte ich um die israelische Staatsbürgerschaft nach. Ich gab damit zu, dass ich mich geirrt hatte. In der Bundesrepublik hat es keinen radikalen Bruch, ja überhaupt keinen Bruch mit der Nazivergangenheit und damit auch keinen vollkommenen Neuanfang gegeben. Die DDR, in der es ihn gab, wurde zu einer Diktatur, einer roten anstelle der braunen, umfrisiert. Eine »Bewältigung der Vergangenheit«, das missverständliche Schlagwort, das man so gern im Munde führte, hat in der alten Bundesrepublik nie stattgefunden. Im Grunde nahm man die Vergangenheit gar nicht zur Kenntnis. Die meisten Deutschen fühlten sich ohnehin als Opfer des Krieges, als Ausgebombte, als Vertriebene, als vom Kalten Krieg Bedrohte.

Was Wunder, dass die Entnazifizierung, ein sich jahrelang hinziehendes bürokratisches Verfahren, auf breite Ablehnung in der Bevölkerung stieß, ja eigentlich belächelt wurde. Die Aussonderung der Schuldigen bewirkte es jedenfalls nicht. Die Haltung dazu kam in einem Ausspruch des angesehenen niedersächsischen Ministerpräsidenten Hinrich Kopf zum Ausdruck: »Wenn ich das Wort Entnazifizierung höre, sage ich ›Ober, einen Cognac‹.«[180] Eine Täterschaft? Es waren nie sie selbst, immer nur andere gewesen. Gelegenheit zu dieser Distanz gaben die Nürnberger Prozesse, obwohl man sie im Grunde ablehnte, weil diese Art der Rechtsprechung nach der Ansicht vieler nirgends kodifiziert und damit nicht rechtmäßig war.

Die von außen verordnete Demokratie befolgte man. Wie es einem Deutschen geziemt, hielt man sich an Vorschriften und Regeln. Da gab es keine Deutungen, keine Auslegungen, es galt nur die Vorschrift. Gesetze waren heilig und wurden ohne Murren befolgt. Und wo es keine gab, wurden flugs welche geschaffen. Ein Mann wie der CDU-Abgeordnete Herbert S., der vom

Krankenbett aus alle falsch geparkten Autos notierte und die Nummern zur Strafverfolgung der Polizei übergab, konnte nur ein Deutscher sein. Gewiss, es wurden faire Wahlen abgehalten, im Bundestag wurde zweifellos fair gestritten, in den politischen Parteien um Meinungen gerungen. Aber dort, wo Menschlichkeit gefordert war, um diese Demokratie mit Leben und Bedeutung zu erfüllen, blieben nur leere Floskeln. Der Birnbaum, der in einer Bonner Vorstadt auf behördliche Anordnung gefällt wurde, weil er keinem gehörte und seine reifen Früchte »nur« Kindern Freude machten, ist ein treffendes Beispiel dafür.

Ich war im Jahre 1955 gern nach Deutschland zurückgekommen. Ich war überzeugt davon gewesen, dass es nun ein »anderes« Deutschland sei, ein Deutschland, das mit Entsetzen auf seine Vergangenheit zurückblickte und auf die Tatsache, dass es sich nicht aufgelehnt hatte oder glaubte, sich nicht auflehnen zu können gegen die Verbrecher und deren Propagandisten, die es mit falschen Werten erfüllten. Das erste Nachkriegsjahr in Berlin hatte diese Annahme in mir gefestigt, damals, als die Westberliner um ihre Freiheit kämpften und auch siegten. Überdies war ich sicher, dass neue Menschen an der Macht sein müssten, Menschen wie jene, die für mein und meiner Mutter Überleben ihren Kopf riskiert hatten – geachtet, geehrt, den heranwachsenden Generationen zum Vorbild.

Ja, es gab solche Menschen noch in der Bundesrepublik, nur galten sie nichts, spielten bei der Gestaltung des neuen Staates in den ersten zwei Jahrzehnten keine Rolle. Warum ich blieb? Das frage ich mich heute manchmal selbst. Natürlich war es nicht so einfach zuzugeben, dass ich mich geirrt hatte. Viele Menschen hatten mich vor Deutschland gewarnt, mich als naiv bezeichnet, dass ich an einen Wandel dort glaubte. Später packte mich die Neugier zu ergründen, wie es möglich war, dass diese Deutschen, die die Unmenschlichkeit der Nazizeit erfahren hatten, im gleichen Stil weitermachen konnten und dass sie so taten, als sei nichts geschehen. Adenauer, dessen Partei die Mehrheit des Volkes zur Führung des neuen Staates erwählt hatte und ihn damit zum ersten Bundeskanzler, konnte man keine Kumpanei mit den Nazis vorwerfen. Wenn man es nüchtern analysierte, war der damals 73-Jährige für die meisten Deutschen eine Art Vaterfigur, von der sie hofften, dass er sie vor den Folgen des verlorenen Krieges beschützen könne.

Sein Gegenspieler, Dr. Kurt Schumacher, der zwölf Jahre lang im KZ geschunden worden war, wirkte schon rein äußerlich – eine hagere, fast schon abgezehrte Gestalt mit nur einem Arm – wie eine personifizierte Anklage gegen die von seinen Landsleuten begangenen Verbrechen gegen Andersdenkende. Seine Partei, die SPD, hatte damals keine Chance in diesem Deutschland. Auch als sie sich bereit zeigte, viele alte Traditionen abzubauen – die rote Fahne, die Anrede »Genosse«, das »Du« im Umgang miteinander –, um zu beweisen, wie weit sie von den im Osten regierenden Kommunisten und deren sogenanntem Sozialismus entfernt und wie nahe sie ihr, der Mehrheit der Deutschen, war. Dazu gehörte auch, dass sie ihre Stimme gegen die Übernahme vieler alter Nazis in die Staats- und Regierungsführung längst nicht so laut erhob, wie ich und viele andere es erwartet hatten. Aber auch das brachte der SPD in den ersten 20 Jahren des Bestehens der Bundesrepublik keinen politischen Profit ein. Man strebte eben in dieser Bundesrepublik nach so viel Kontinuität wie möglich und so wenig Wandel wie möglich, und dafür bot die Sozialdemokratie trotz allem keine Garantie.

Der Ost-West-Konflikt war eine der Ursachen dafür, dass dieses neue, wenig gewandelte Deutschland viel zu früh rehabilitiert und in die westliche Völkergemeinschaft aufgenommen worden war. Anfangs hatte die Masse der Deutschen noch nachdenklich zugeschaut, wie die Alliierten bemüht waren, jeder auf seine Weise, eine neue Ordnung in Deutschland zu errichten. Dann suchten sie sich zu arrangieren. Als der Kalte Krieg die Allianz der Sieger mehr und mehr auseinanderriss, glaubten die westlichen Staaten, dass Deutschland in diesem Konflikt eine Rolle zu übernehmen habe. Auf ihrer Seite natürlich. Sie entließen sogar die von ihnen als Kriegsverbrecher vor den Nürnberger Gerichten Verurteilten vorzeitig aus den Gefängnissen, weil sie meinten, den Deutschen damit gefällig zu sein.

Und die Deutschen? »Mit einer gewissen Schadenfreude, mit Triumph, denn es schien uns ganz amüsant, nun die Alliierten in

Schwierigkeiten zu sehen«, so beschrieb der Schriftsteller Heinrich Böll in einer Rede im Jahre 1956 die deutsche Reaktion.[181] »Später, später begriffen wir, dass Schadenfreude nicht das angebrachte Gefühl war. In diesem Konflikt lag eine Chance.« Und diese Chance ergriffen die Deutschen, und es machte sie reich und selbstzufrieden, da alle Welt bei ihnen vorsprach.

Die sozial Schwachen im Lande, wie etwa die Rentner, hatten dabei das Nachsehen. Ein Volk, das so reich geworden war, hätte sich fürwahr öfter daran erinnern dürfen, dass es in seiner Mitte Menschen gab, die beim »Tanz ums Goldene Kalb« auf der Strecke geblieben waren. Stattdessen erschienen jedes Jahr um die Weihnachtszeit Anzeigen in den Zeitungen, die um Spenden für die Armen warben.

Aber das gehört wohl in das gleiche Kapitel wie der Mangel an Nachdenklichkeit im Umgang mit den Opfern des Naziregimes, das vom deutschen Volk auch auf demokratische Weise gewählt worden war. Sie, die Opfer, störten nur den beispiellosen wirtschaftlichen und politischen Aufschwung durch ihre Versuche zu erinnern, die Schuldigen zur Sühne zu bringen. »Stück um Stück haben wir uns unsere Nachdenklichkeit abkaufen lassen«, sagte Böll in derselben Rede und fügte hinzu: »Doch werden wir den genauen Preis (dafür) erst erfahren, wenn unsere Nachdenklichkeit wiedererwacht ist.«[182] Und so kam es auch. Die Vergangenheit holte die Deutschen immer wieder ein, sei es durch immer neu aufgedeckte Verbrechen oder im Umgang mit anderen Völkern, die unter Deutschen gelitten hatten.

Aber gehörte ich nicht doch irgendwie nach Deutschland? Wohin gehörte ich denn sonst? Ich war in Berlin aufgewachsen, Deutsch war meine Sprache, ich kannte keine andere Kultur. Gewiss, ich war hier auch gequält und verfolgt worden. Der Staat Israel bedeutete mir zunächst gar nichts. Ich hatte als Folge meiner Erziehung und meiner Vergangenheit keinen Zugang zum Judentum und wusste auch nichts über diesen neuen Staat, der unter so vielen Schmerzen geboren worden war.

Ich war 1954 das erste Mal in Israel gewesen. Ich fand Israel interessant und sah mit Bewunderung auf das blühende, fruchtbare Land, das in harter Arbeit aus einer Wüstenlandschaft entstanden war. Aber Konsequenzen zog ich daraus nicht. Menschen, die mir klarmachen wollten, dass ich nach Israel und nicht nach Deutschland gehöre, belächelte ich nur. Was sollte ich in einem Land, dessen Bedeutung ich noch gar nicht begriffen hatte, schon gar nicht für mich selbst? Meine Funktion und Mission schienen mir vielmehr mit Deutschland verbunden zu sein. Das änderte sich erst, als ich in dieser Bundesrepublik mehrere Jahre gelebt hatte und empfinden musste, wie störend, ja eigentlich unerwünscht ich im Grunde in diesem Nachkriegsdeutschland war.

Zur gleichen Zeit lernte ich Israel kennen. Im Wesentlichen durch meine Arbeit. Im Jahre 1958 suchte die Abendzeitung ›Maariv‹ einen Korrespondenten in Bonn. Ich nahm die Aufgabe nach einigem Zögern an, in erster Linie als Broterwerb. Das brachte mich nun des Öfteren nach Israel. Es lehrte mich den Sinn und die Bedeutung dieses Staates für die in aller Welt verstreuten und so oft verfolgten Juden verstehen. Ich sah mit großem Interesse die Bemühungen der damaligen israelischen Führung, eine sozialistische Gesellschaftsordnung auf der Basis neuer Gemeinschaftseinrichtungen zu schaffen. Ich war nicht die Einzige in Deutschland, und nicht nur in Deutschland, die ihre Hoffnung für die sozialistische Idee auf den Erfolg dieses jungen Staates gründete.

Im Mai 1965 wurden endlich die längst überfälligen diplomatischen Beziehungen zwischen Israel und der Bundesrepublik hergestellt. Sie waren in der Bundesrepublik populär, nicht so sehr, weil viele Deutsche zu jener Zeit noch Sympathien für Israel hatten und die Araber wegen ihrer Andersartigkeit nicht liebten, sondern weil es einfach dem Ordnungssinn der meisten Deutschen entsprach, diplomatische Beziehungen zu jedem Staat zu unterhalten, mit dem man nicht in einen kriegerischen Konflikt verwickelt ist.

Im August 1965 eröffnete Asher Ben-Nathan die Botschaft seines Staates in Bad Godesberg. Dieser erste israelische Botschafter, in Wien gebürtig, ehemaliges Mitglied eines Kibbuz und einer der ersten Jäger von Naziverbrechern, brachte genau den Stolz und die selbstbewusste Haltung mit, die den Staat Israel auszeichnen. Faktoren, die ich bei den Juden in der Diaspora, besonders während der Verfolgungen, so sehr vermisst hatte. In den Verhandlungen mit deutschen Staatsmännern und Politikern bewies er diese Qualität und machte von Anfang an klar, dass sich dieser Staat der Juden von niemandem gängeln oder unterdrücken lassen, sondern den von ihm gewählten Weg gehen würde.

Ich konnte dies bei vielen Gelegenheiten beobachten. Als einmal der damalige Bundespräsident Heinrich Lübke die Meinung aussprach, jetzt sei genug Wiedergutmachung gezahlt worden, sprach Ben-Nathan bei ihm vor und erläuterte ihm sehr klar und deutlich, dass diese sogenannte Wiedergutmachung nichts anderes sei als die Rückgabe eines kleinen Teils des von den Deutschen geraubten Besitzes der Juden und dass auch ein Bundespräsident nicht das Recht habe, dies in Frage zu stellen. Mir gefiel diese Haltung auf Anhieb. Ich bekam das Gefühl, nun Verbündete in meinem Umgang mit deutschen Politikern und der deutschen Beamtenschaft zu haben. Das Haus des Botschafters, das der ehemalige Kibbuznik und seine Frau Erika wie selbstverständlich jeden Sonnabendnachmittag seinen Mitarbeitern und deren Familien öffneten, wurde auch mir fast zu einem Zuhause. Ähnlich erging es mir später mit Pnina und Jizchak Ben-Ari, der Anfang der siebziger Jahre Gesandter in Bonn war und später dorthin als Botschafter versetzt wurde.

Trotz meines deutschen und für viele Israelis schwer lesbaren Namens wurde ich in Israel durch meine Berichterstattung über die zahlreichen Konflikte zwischen Deutschen und Israelis sehr bekannt. Eine Tatsache, die wiederum den deutschen Beamten nicht behagte, denn ich berichtete in extenso über die Restauration in Deutschland oder, deutlicher gesagt, über die alten Nazis, die im Gefolge Adenauers in die Regierung und die Verwaltung des neuen Staates eingezogen waren.

Natürlich verheimlichte ich nicht, dass es auch »andere« Deutsche gab, die der Nachkriegsentwicklung in Deutschland genauso kritisch gegenüberstanden wie ich. Ja, mir war es wichtig, dass die Israelis das wussten. Aber die Berichte über die alten Nazis in verantwortlichen Positionen wogen schwerer in der Berichterstattung; vor allem aber erhielten sie stets eine nicht übersehbare Platzierung in meiner Zeitung. Das erboste die Beamten des Auswärtigen Amtes und des Bundespresseamtes, und sie ließen es an mir aus, obwohl ich weder für die Redaktion noch die Platzierung dieser Nachrichten verantwortlich war. Jeder musste sich eigentlich vorstellen können, dass Israelis, die in ihrer Mehrheit kaum jemals andere als eben Nazideutsche kennengelernt hatten, diese Tatsachenberichte über Nazis oder nazistische Tendenzen in der Bundesrepublik besonders bedeutungsvoll fanden.

Aber dafür hatte in der Bundeshauptstadt niemand Verständnis. Sätze wie »Von Ihnen kann man ja gar nichts anderes erwarten« oder »Ihre Deutschfeindlichkeit ist ja bekannt« wurden mir an den Kopf geworfen. Man bewies mir gegenüber jedenfalls wenig Fairness und Verständnis und glaubte noch dazu, mich einschüchtern zu können. Sicher hat damals auch die Tatsache, dass ich eine Frau bin, in den Jahren der mangelnden Gleichberechtigung eine Rolle gespielt. Ich erlebte des Öfteren, wenn ich einem höheren Beamten gegenüberstand, dass er zunächst die Frau sah – er rückte spontan seine Krawatte zurecht, setzte sich in Positur und blickte freundlich. Als diese Frau dann aber Fragen stellte, die dem Interviewten nicht unbedingt behagten, sah man, wie sich seine Haltung von einer Art väterlichen Wohlwollens zu einem unwirschen »Was denkt die sich eigentlich?« wandelte. Meine von mir nie verborgene sozialistische Einstellung mag noch dazu in Regierungskreisen in jenen Jahren gegen mich gesprochen haben.

Ob bei Gelegenheit auch meine Zugehörigkeit zum Judentum dieser Fairness mir gegenüber im Wege stand, vermag ich nicht zu sagen. Aber es ist nicht ganz auszuschließen. Bundeskanzler Ludwig Erhard sagte im November 1965 im Bundestag: »Die Nachkriegsära ist vorbei«, womit er zum Ausdruck bringen wollte, dass die Bundesrepublik ein in der Welt anerkannter Staat sei und sich nichts mehr sagen zu lassen brauche. Dazu gehörte auch, dass der Mord an den sechs Millionen Juden keine Belastung mehr darstellte. Tatsächlich aber war diese Behauptung verfrüht, denn die Nazivergangenheit lebte noch fort. Dass man nicht über sie sprechen wollte, zeigte vielmehr, wie gegenwärtig sie noch war.

Nur einmal in den 14 Jahren meiner Tätigkeit in Deutschland fühlte ich mich mit Deutschen solidarisch. Es war an jenem 13. August 1961, als die ehemalige DDR die Sektorengrenze in Berlin schloss und die Mauer baute. Berlin bedeutete für mich immer etwas anderes als die Bundesrepublik. Und das nicht nur, weil ich aus Berlin stamme, von Berlinern gerettet worden bin und nur dort sprachlich und gedanklich so verstanden werde, wie ich es mir wünsche. Anders als in der Bundesrepublik hat die Stadt Berlin unmittelbar nach dem Krieg den alten Nazis den Besitz abgenommen, den diese häufig von Juden gestohlen hatten. Berlin hat die »unbesungenen Helden« geehrt, Menschen also, die unter Einsatz ihres eigenen Lebens Juden gerettet hatten. Diese für meine Begriffe wahren Helden Deutschlands haben nirgendwo sonst in Deutschland eine Anerkennung erfahren. Die Stadt bot ihnen sogar finanzielle Unterstützung an, wenn sie sie benötigten. Berlin war auch die erste Stadt, die ihre ehemaligen jüdischen Mitbürger zu einem Besuch in ihre alte Heimat einlud. Einige andere deutsche Städte haben dies später nachgemacht.

Selbstverständlich schloss ich mich den Journalisten an, die, vom Presseamt dazu eingeladen, nach der Schließung der Sektorengrenzen sofort nach Berlin reisten. Ich erinnere mich noch gut daran, wie fassungslos wir alle vor den ostdeutschen Grenzsoldaten standen, die als Erstes Stacheldraht zogen, bevor sie die Mauer bauten. Die fahlen, ausdruckslosen Gesichter dieser jungen Hörigen eines kommunistischen Regimes habe ich nie aus meinem Gedächtnis verdrängen können.

Ich sah sie später an den Grenzübergängen wieder. Sie waren denen so ähnlich, die einem anderen Regime genauso willig gehorcht hatten. Mit Eifer führten sie die ihnen übertragene Aufgabe aus. Nicht weit entfernt von ihnen waren jene Menschen, die mir ebenso unvergessen sind und die nun von den Ihren getrennt, weinend an dieser neuen Grenze einander gegenüberstanden, ihren Lieben Worte zuriefen, ihnen zuwinkten, sie mit Blicken liebkosten und schließlich schluchzend davongingen, jeder in die ihm verordnete Welt. Wahrscheinlich verstand ich das besser als mancher Westdeutsche, der für die Metropole Berlin meist nicht viel übrig hatte – auch nicht in den Stunden ihrer Bedrängnis.

Aber auch Berlin gehörte zur Bundesrepublik, gehörte zum Einflussbereich des Adenauer-Staates. Ob ich dort mehr Verständnis gefunden hätte? Die Frage ist abwegig. Denn der Beruf der Journalisten einer israelischen Zeitung ließ mir keine Wahl zwischen dem Regierungssitz Bonn und Berlin.

Und so kam mein Entschluss zustande, die israelische Staatsbürgerschaft anzunehmen. Sie wurde mir ausnahmsweise sofort gewährt. Ich war selig, nach wenigen Wochen mit dem blauen Pass nach Bonn zurückfahren zu können. Der »normale« Einwanderer muss ein Jahr auf die Ausstellung eines Passes warten. Diese Staatsbürgerschaft gab mir den Halt, den ich jahrelang entbehrt hatte. Aber sie schien mir zunächst keine Verpflichtung zu sein, meine Zelte in Deutschland sofort und für immer abzubrechen. Sie war für mich eher der symbolische Akt einer Zugehörigkeit.

Als in den sechziger Jahren der Aufruhr der Studenten auch nach Deutschland übergriff, war ich begeistert. Junge Deutsche, die gegen die restaurativen Erscheinungen ihres Landes revoltierten, schienen mir ein hoffnungsvolles Zeichen für eine demokratische Entwicklung ihres Landes. Von Anfang an war klar, dass diese Bewegung, die, von Berkeley (USA) als Opposition gegen den Vietnamkrieg ausgehend, nach Deutschland gekommen war, in der Bundesrepublik andere Aspekte haben musste. Sicher war auch hier die Empörung über den Vietnamkrieg der Auslöser.

Amerika, das jungen Menschen in den fünfziger Jahren zunächst eine antifaschistische Erziehung hatte angedeihen lassen, büßte durch diesen Krieg sein Image als fortschrittlicher Staat ein. Die Bundesrepublik konnte keinen Ersatz bieten. Im Gegenteil. Der nahtlose Übergang vom Nazistaat zur von außen verordneten und befolgten Demokratie hatte genügend Raum für eine Restauration gelassen. Den Jungen begegnete sie in den »alten Zöpfen«, denen sie in den jahrhundertelang nach feudalistischen Grundsätzen verwalteten Universitäten ausgesetzt waren, wo es weder Gleichberechtigung noch modernes akademisches Lernen und Leben gab. Sie hatten Grund zur Klage, da Versprechungen auf Änderungen von denen, die von dieser antiquierten Ordnung profitierten, nie eingehalten wurden.

Zugleich aber gingen sie gegen ihre Eltern-Generation an, die in der Nazizeit so kläglich versagt hatte. Auf Fragen, wie es zu jenem Verbrecherstaat gekommen war und wie sie, die Eltern, sich verhalten hatten, bekamen sie nur selten eine plausible Antwort. Es ging meist nicht über ausweichende Phrasen wie »Das verstehst du nicht« oder »Ich wusste nichts von alldem« hinaus. In manchen Familien müssen sich Tragödien abgespielt haben, denn die Kinder waren oft danach nicht mehr bereit, ihre Eltern ernst zu nehmen. Wohl kaum jemals ist die Kluft zwischen den Generationen größer gewesen als damals. Es begann unter diesen Jungen, die sich Linke nannten, eine ernsthafte theoretische Auseinandersetzung mit der Nazizeit, so weit folgte ich diesen Jungen willig und mit viel Verständnis.

Dann aber begannen sie die Welt einzuteilen in Gut und Böse, in Unterdrücker und Unterdrückte, in Imperialisten und Antiimperialisten. Es war der Versuch, ihrer Bewegung eine ideologische Grundlage zu geben, ein philosophisches Weltbild zu erarbeiten, in dem sich ihre Ideen wie Steine eines Mosaiks hübsch zusammenfügten. Sie erhoben Ho Chi Minh, Che Guevara, Mao Tse-tung zu ihren Idolen. Sie übersahen geflissentlich – oder wussten sie es tatsächlich nicht? –, dass zu jener Zeit die »Kulturrevolution« in China wütete und Hunderttausende von Opfern forderte. In nicht-»sozialistischen« Ländern, vornehmlich in der Dritten Welt, standen nach ihrem Verständnis vielfach glorreich kämpfende Oppositionelle den sie aussaugenden Großmächten gegenüber. Und auch hierbei beachteten sie nicht, dass ihre Vorbilder nicht selten ähnliche »imperialistische« Attitüden zeigten – Menschenrechte verletzten oder einen staatlich gelenkten Terror verfolgten – wie die, die sie bekämpften.

Es kam zu Kundgebungen und zu Demonstrationen in den Universitätsstädten Deutschlands mit bösen Folgen auf der Seite der Jungen wie auch auf der der Gesetzeshüter, die vielfach durch eine Gummiknüppel-Politik der Situation Herr werden wollten. Durch ihre äußere Erscheinung – langhaarig, unrasiert, finster dreinblickend, unkonventionelle Kleidung – und ihre drohenden Gebärden entwickelten sich die Studenten zum Bürgerschreck. Die nicht gerade faire Berichterstattung der Springer-Presse über diese in Deutschland ungewöhnliche »Aufmüpfigkeit« junger Menschen gegen die restaurativen Erscheinungen in ihrem Land heizte die Situation noch an. Die »Law and order«-Mentalität, die in Deutschland immer vorgeherrscht hat, wandte sich in ihrer Mehrheit gegen die Jungen, die schließlich mehr Feinde als Freunde für ihre Sache gewannen. Es war aber auch in ihrem Gedankengut so viel falsch verstandene Romantik, Naivität und Unwissenheit enthalten, die sie angreifbar machten.

Dennoch ist heute klar, wie viel diese Bewegung dazu beigetragen hat, den Charakter der Bundesrepublik zu verändern. Dazu gehört, dass sie die erste wirkliche Auseinandersetzung mit dem Nationalsozialismus führte, die Abschaffung der alten Zöpfe im Universitätswesen erreichte, die Gleichberechtigung besonders der Frauen vorantrieb, Verständnis für Umweltprobleme weckte und vieles mehr.

Nach der Logik ihrer Ideologie war Israel ein Ableger Amerikas, ergo ein Vorposten des Imperialismus im Nahen Osten, dem keine Gnade gewährt werden durfte. Israel befand sich auf fremdem Boden, hielt ihn besetzt, Israelis waren darum »Feinde des Volkes«, welches – nach ihrer Interpretation – die Palästinenser waren. Diese erklärten sie zu Revolutionären, die es zu unterstützen galt, und waren gleichgültig gegenüber deren Drohungen, Israel den Todesstoß versetzen zu wollen. Israel war für sie ein mit allen Mitteln zu bekämpfender Imperialist. Ich glaubte meinen Ohren nicht zu trauen: Israel, das den Verfolgten des Naziregimes zur einzigen Zufluchtsstätte, das Unzähligen zur Heimat geworden war, wie sie nie zuvor eine gekannt hatten, ein Staat, der sozialistischer war als alle jene Länder zusammen, die diesen jungen Leuten als Vorbilder dienten, sollte nun nichts weiter sein als ein Unterdrücker, ein Rassist, den Weißen in Südafrika vergleichbar?

Man brauchte wahrlich nicht Zionist zu sein, um sich nun mit Israel verbunden zu fühlen. Wie viel Unwissen lag in diesen

Theorien, wie viel Unkenntnis der Problematik des Nahen Ostens und schließlich auch wie viel Intoleranz! Allein die Tatsache, dass die Springer-Presse in Deutschland und Franz Josef Strauß, ein bei den Jungen ganz und gar unbeliebter Politiker, zu Israel hielten, kritiklos alles guthießen, was Israel tat, genügte ihnen als Beweis für die Richtigkeit ihrer Einschätzung des jüdischen Staates. Dies führte zu hässlichen Zwischenfällen.

Als im Oktober 1968 Israels Botschafter Asher Ben-Nathan zur Friedenspreisverleihung des deutschen Buchhandels an den senegalesischen Präsidenten Leopold Senghor vor der Paulskirche in Frankfurt vorfahren wollte, blieb er in der Menge stecken. Junge Demonstranten, die gegen Senghors Anwesenheit protestierten, weil er ihren Informationen nach Studenten in seinem Land aus politischen Gründen in Haft hielt, drohten den Wagen des Botschafters umzustürzen. Andere versuchten, die israelische Standarte vom Wagen zu reißen. Ben-Nathan rettete sich durch einen Sprung über eine Barriere und rief den Demonstranten zu: »Ihr benehmt euch wie die Nazis.« Als er kurz darauf von jüdischen Studenten eingeladen wurde, gab es Proteste, weil er es gewagt hatte, sie mit Nazis zu vergleichen. Jüdische Studenten, Mitglieder der Jüdischen Gemeinde und Israelis – Polizei war auf dem Campus nicht zugelassen – verhinderten mit ihren Körpern und ihren Fäusten, dass die Demonstranten die Bühne stürmten.

Ähnlich ging es in Hamburg zu, wo es anlässlich eines nie gehaltenen Vortrages zu einer Schlägerei zwischen linken Studenten und Palästinensern auf der einen Seite und jüdischen Studenten und israelischen Matrosen auf der anderen Seite kam. Die Universitäten von Nürnberg und München wurden im Dezember 1969 ebenfalls Schauplätze unerfreulicher Demonstrationen gegen den Vertreter des Staates der Juden. Als der Botschafter das Auditorium maximum in München betrat, konnte er nicht übersehen, was da über der Rednertribüne angeschrieben war: »In Israel wird erst Frieden herrschen, wenn noch weitere 50 Bomben in Supermärkten Israels hochgegangen sind.« Bevor Ben-Nathan seinen Vortrag beginnen konnte, polemisierte man gegen ihn: »Es ist eine Provokation, wenn dieser

Botschafter vor uns spricht. Man kann das nur damit vergleichen, dass Adolf Hitler vom Himmel zu uns heruntergekommen ist, um mit uns über Konzentrationslager zu diskutieren.« Diese Bemerkungen wurden mit donnerndem Applaus aufgenommen.

Dass diese Krawalle beim Erscheinen des israelischen Botschafters vielfach von Arabern inszeniert worden waren, ahnten wir damals bloß. Ben-Nathan traf Jahre danach in Gaza auf einen jungen Araber, der ihm erzählte, dass er ihn in Deutschland von Universität zu Universität »begleitet« hatte, um die Demonstration anzufachen und den deutschen Studenten »Munition« zu liefern.[183] Aber das befreit jene deutschen Studenten nicht von ihrer Schuld, auf militante Weise den jüdischen Staat und seinen Vertreter angegriffen zu haben, ja sogar tätlich gegen ihn vorgegangen zu sein.

Keine der anderen Gruppen, die diese Art der Auseinandersetzung nicht guthießen, wie viele von ihnen heute glaubhaft versichern, hielt es für nötig, sich von diesen Aktivitäten zu distanzieren oder gar zu protestieren. Da packte ich meine Koffer.

32
»Der Brief«

Der Zollbeamte im Hafen von Haifa nahm die Nummernschilder meines Autos zwischen seine starken Hände und verbog sie bis zur Unkenntlichkeit. Auf meinen entsetzten Aufschrei, dass man ein bundesdeutsches Nummernschild mit dem Hoheitszeichen des Staates nicht so behandeln dürfe, dass es vielmehr »ordnungsgemäß« zurückgeschickt werden müsse, dorthin, wo es ausgegeben worden war, damit es mit der Bemerkung »Besitzer ausgewandert« abgelegt werden könne, beeindruckte den israelischen Beamten überhaupt nicht. Nein, so, nur so, war es rechtens, beruhigte er mich. Ohne Widerrede, ja geradezu eifrig zahlte ich fünf israelische Pfund für das hässliche schwarze Nummernschild, das mir der Zollbeamte als Ersatz für mein deutsches gab – ein Provisorium, wie er tröstend verhieß. Wie konnte ich auch Einwände haben einem Mann der Obrigkeit gegenüber, der noch dazu mit dem Stempel des Staates Israel betraut worden war?

Am 2. Februar 1972 hatte ich die Station meiner Sehnsucht erreicht. Das Wort ist in diesem Zusammenhang nicht mal übertrieben und gewiss nicht zionistisch im politischen Sinne gemeint. Meine Redaktion hatte mich zwar ermutigt, den Antrag auf Einwanderung zu stellen. Aber sie hatte offenbar nicht damit gerechnet, dass ich den entscheidenden Schritt auch tun würde. Andere jüdische Kollegen aus dem Ausland, die ebenso viele Jahre wie ich für ›Maariv‹ berichteten, haben immer darüber gesprochen, aber den Schritt nie vollzogen.

Am Hafen von Haifa zeigte ich stolz meinen blauen Pass, den zweiten übrigens. Den ersten hatten israelische Bürokraten für null und nichtig erklärt, kaum dass er ausgestellt war. Denn ich hatte ihn, wie ich es in Deutschland gewohnt war, nur mit Inge Deutschkron unterzeichnet und nicht mit Ingeborg, wie es in meiner Geburtsurkunde vermerkt ist. Ich lachte damals noch entschuldigend. Dass ich aber bei dieser Gelegenheit einen ersten Blick hinter die Kulissen der israelischen Bürokratie geworfen hatte, wusste ich damals noch nicht. Jedenfalls hatte ich keine Probleme, den Hafen von Haifa zu passieren mitsamt meiner Habe, wie jeder Einwanderer, ohne Zoll zu zahlen.

Das war durch einen »Brief« bewirkt worden, den ich vorgezeigt hatte und der bestätigte, dass ich von dem Tag an, an dem ich in Israel Wohnung nahm, drei Jahre lang alle Privilegien eines Einwanderers in Anspruch nehmen konnte. Ich hatte diesen »Brief« erbeten, weil ich, wohl einer dumpfen Ahnung folgend, nach Erhalt des israelischen Passes nicht sofort nach Israel umzog wie jeder andere Einwanderer.

Bedauerlicherweise, so sollte sich bald herausstellen, teilten nicht alle Würdenträger des Staates Israel meine Meinung hinsichtlich des »Briefes«, ja, sie zweifelten sogar seine Echtheit an oder spöttelten darüber. Die Unterschrift des Unterstaatssekretärs Mr Sherman schien ihnen nicht das Gleiche zu bedeuten wie mir. Die Odyssee begann in seiner eigenen Behörde, dem Einwanderungsministerium. Ein Beamter las den »Brief«. Er las ihn lange. Er schien jedes der 26 Worte zu studieren. Seine beiden fleischigen Hände, gestützt von starken, auf dem Tisch ruhenden Armen, hielten den Brief ganz fest. Der kleine Mann mit einem relativ großen Kopf, träumerisch blauen Augen und vollem grauen Haar, das der Mode entsprechend bis zum Nacken reichte, sah ein wenig nach einem weltfremden Intellektuellen aus.

Ich sei doch im Jahre 1966 in Israel eingetroffen, hatte damit doch meine Rechte und Privilegien als Einwanderin längst verwirkt? Er sah mich fragend an. Was wollte ich jetzt eigentlich? Die Erklärung fiel mir leicht. Er nahm sie entgegen wie ein Mann, der weiß, dass nach ihm noch andere prüfen, kontrollieren, fragen, in Zweifel ziehen würden. Als er Formulare auszufüllen begann – in Blau, Gelb und Rosa –, atmete ich erleichtert auf. Ich musste noch lernen, dass dies nicht das Ende, sondern erst der Anfang des Leidensweges durch israelische Behörden ist.

»Der Brief? Was für ein Brief?« Der höchste Chef der Einwanderungsbehörde in Tel Aviv schnarrte bissig, während er den

»Brief« mit einer Unwilligkeit entgegennahm, die klarmachte, dass er ihn nicht zu lesen beabsichtigte. »Sie kam im Jahre 1966. Die drei Jahre, in denen sie Anspruch auf die Rechte und Privilegien eines Einwanderers hatte, sind vorbei.« Und dabei sah er mich und Alex durchdringend an. Alex begleitete mich auf all meinen schweren Gängen zu israelischen Behörden. Er war ein junger Redakteur meiner Zeitung, der, wie alle Israelis, schon von der »Via dolorosa« der Einwanderer, wie er es nannte, gehört hatte und es nun selber einmal miterleben wollte.

Um es gleich vorweg zu sagen, ich halte es nicht für ausgeschlossen, dass ich ohne Alex den Kampf mit den israelischen Behörden eines Tages verzweifelt aufgesteckt hätte. Alex erklärte zum zigsten Male, dass ich die israelische Staatsbürgerschaft angenommen hatte mit der festen Absicht, in Israel einzuwandern, dass aber meine Redaktion mich nicht so bald aus Deutschland entlassen wollte. Tatsächlich hatte ich spätestens 1969 darum gebeten, endlich aus Bonn »erlöst« zu werden. Aber mein Chefredakteur verschob meine Einreise nach Israel immer wieder. Ich war schließlich eine der Letzten in der Redaktion, die deutsch sprachen, und er hatte es schwer, einen Nachfolger für mich zu finden. Mehrmals bat er mich, noch sechs Monate in Bonn auszuhalten, dann wieder waren es drei und abermals sechs. Das war nicht angenehm. Ich saß gewissermaßen auf gepackten Koffern und konnte nichts dazu tun, mir in Israel eine feste Bleibe zu suchen, denn ich wusste nicht, ob und wann ich endlich aus Bonn abreisen durfte.

Als ich einmal ganz verzweifelt aus dem Zimmer meines Chefredakteurs in Tel Aviv kam, der mich wieder einmal vertröstet hatte, zog mich einer seiner Stellvertreter zur Seite und sagte: »Warum fragst du eigentlich so viel? Setz den Termin deiner Abreise aus Bonn fest, und teil der Redaktion deine Ankunft mit.« Das leuchtete mir ein. Ich hatte schließlich keinen festen Vertrag mit der Zeitung, der mir die Entscheidung der Redaktion hätte aufzwingen können. Und so verfuhr ich dann auch und war ziemlich sicher, von niemandem dafür bestraft werden zu können.

Die Redaktion teilte mir mit, dass sie mich gebührend empfangen und mir jede Hilfe zuteil werden lassen würde. Ohne diese Hilfe wäre ich wohl auch kaum ausgekommen, denn die Tatsache, dass ich 1966 nach Erhalt der Staatsbürgerschaft nicht sofort eingewandert war, machte mir nun den ohnehin schweren Weg eines jeden Einwanderers zum wahren Martyrium.

Ich wollte etwas finanzielle Hilfe vom Einwanderungsministerium erbitten, eine kleine Anleihe nur, die jedem Einwanderer dem Gesetz nach zusteht. Ich hatte eigentlich nur wenig materielle Hilfe nötig. Ein Arbeitsplatz war mir sicher, und ich hatte auch eine Wohnung, meist die zwei größten Probleme für Einwanderer. Ich fühlte mich aber doch ein wenig unbehaglich, da ich mittlerweile den Boden meiner Geldbörse durch die immer spärlicher werdenden Münzen durchschimmern sah. 20 Pfund für die Bestätigung, dass ich einen Wagen eingeführt hatte, weitere 19 Pfund für ein israelisches Nummernschild, noch einige Pfunde für Stempelgebühren, ohne die keines der vielen von mir unterschriebenen Formulare verbindlich war. Vier Pfund für einen Anwalt, ohne den ich das mir von der israelischen Regierung geschuldete Geld niemals zurückbekommen hätte – in weiser Voraussicht, dass ich vielleicht doch nicht alle Rechte einer Einwanderin zugesprochen bekommen würde, hatte man mir beim Kauf der Wohnung Steuern abgezogen –, und so weiter, und so weiter. Diese kleinen Beiträge, die schnell zu einer stattlichen Summe wurden, waren in meinem Budget nicht vorgesehen gewesen.

»Sie will von uns Hilfe, während sie im Ulpan (Hebräischkurse für Einwanderer) lernt?« Der Mann sagte es mit Missbilligung und fügte hinzu: »Nachdem sie 30 000 Pfund für eine Wohnung gezahlt hat?« Ein Lächeln des Unglaubens auf den Lippen. »Ihr Vater gab ihr das Geld?« Er sprach mit Alex, als ob ich nicht existierte. »Konnte er ihr nicht 31 000 Pfund geben?« Der Beamte fand es einigermaßen schwierig zu begreifen, dass Großzügigkeit und Mittel Begrenzungen haben. Aber dann leuchtete sein unbestimmbares, konturenloses Funktionärsgesicht plötzlich auf: »Ha«, stieß er heiser hervor, »und was ist das?« Mit dem Ausdruck eines Mannes, der einen Dieb ertappt hat, zog er mit hastigen Bewegungen ein Exemplar des ›Maariv‹ aus seiner Schreibtischschublade hervor und warf es vor uns hin. »Hier!«, rief er, und seine Faust dröhnte auf den Schreibtisch herunter. »Hier ist ein Artikel von ihr angekündigt.« Und mit einem kurzen, an Hysterie grenzenden Kichern: »Also arbeitet sie und verdient natürlich auch.«

Und während seine Augen nun siegesgewiss auf mich blickten, machte ihm Alex in aller Ruhe meinen zeitweiligen Status als freie Mitarbeiterin der Zeitung klar. »Hm«, zu meinem Erstaunen hörte der Mann jetzt sogar zu. Er schien nachzudenken. Schließlich sagte er im gleichen unfreundlichen Tonfall wie zuvor: »Na ja, wir können ihr ja mit einem kleinen monatlichen Betrag unter die Arme greifen und auch für den Ulpan bezahlen, als Anleihe, versteht sich.« Er selber könne dies natürlich nicht entscheiden, ein Komitee würde zusammentreten, um den Antrag zu prüfen. Immer vorausgesetzt, dass es mit diesem »Brief« seine Richtigkeit habe. Er reagierte weder auf meinen Dank noch auf mein »Auf Wiedersehen«. Er schnarrte längst wieder Anweisungen an seine sich servil um ihn scharenden Mitarbeiter.

Geld oder kein Geld – ich musste in einem Ulpan angemeldet werden, dort, wo der neue Bürger von rechts nach links zu schreiben und auch zu denken lernt, wie manche meinen. Dieses Mal saß ein junger Mann hinter dem Schreibtisch. Er war perfekt gekleidet, sein Haar fein gescheitelt – wie zu einer militärischen Inspektion freigegeben. Ab und zu steckte er die Pfeife zwischen die Lippen, so als brauchte er sie zur Stabilisierung seines unverbindlichen Lächelns. In seiner Art, die grenzenlose Geduld ausdrückte, war er in der Tat eine ungewöhnliche Erscheinung in einem Büro der israelischen Einwanderungsbehörde. Was band ihn dort an seine Aufgabe? Die in einem Einwanderungsbüro herrschende gespannte Atmosphäre? Die Klagen? Die Sorgen der noch nicht Eingegliederten?

»150 km von Tel Aviv entfernt!« Der Russe greinte es in allen kehligen Lauten des Russischen und des Jiddischen. In seinen Augen spiegelte sich der Schmerz wider, den ihm jeder Kilometer verursachte. Seine Seele schien nackt und bettelnd vor dem Beamten auf den Knien zu rutschen. »150 km!« Er hörte nicht auf die beruhigenden Worte eines anderen Russen, der, vor ihm stehend, seine Argumente mit den Händen und Bewegungen seines Kopfes unterstrich, als ob er in das Herz seines Landsmannes eindringen wollte, der zuvor so weit weg von Tel Aviv hatte sein wollen, um dort im Kibbuz bei seiner Tochter zu leben. Jetzt hatte er seine Meinung geändert. »Wos willste? Is' doch nicht schlecht!«

Aber der grauhaarige, etwa 60-jährige Russe wollte einfach nicht verstehen. Als alles nichts zu fruchten schien, knöpfte er mit hastigen Bewegungen sein graues Jackett auf, riss es auseinander, wölbte seine Brust, schob das Kinn hoch, und während er das Jackett mit seinen dicken Bauernhänden offen hielt, rief er: »Ich bin Hauptmann der Roten Armee!« Die Orden, die in Herzhöhe fein säuberlich nebeneinander aufgereiht waren, klimperten die Melodie dazu. Der junge Beamte blieb ungerührt. Nicht einmal ein Augenzwinkern ließ erkennen, dass ihn die Situation amüsierte. Sehr ruhig und sachlich erklärte er, dass es nicht anginge, jeden Tag etwas anderes zu verlangen.

Und damit sah er für einen Augenblick, der wie ein sehr langes Schweigen erschien, den Russen in scheinbar ungerührter Freundlichkeit fest an. Der Russe muss dies missverstanden haben. Mit einer weiteren schnellen Bewegung stieß der Hauptmann der Roten Armee seine beiden Hände tief in die Taschen seines Jacketts, und bevor noch irgendjemand ahnen konnte, was er vorhatte, klapperten ein goldenes Armband und einige Goldmünzen auf den Tisch vor dem Beamten. Mit offenen Händen stand der Russe nun da, starrte den Beamten wie ein Tier an, das seine Beute beobachtet. Aber zu seiner Überraschung stimmten die Werte seiner alten Welt nicht mit denen der neuen überein. Der israelische Beamte stieß die Schätze des Russen mit einer Geste von Desinteresse beiseite und sagte schlicht: »Nimm es weg. Hier ist nicht Moskau.«

Mit den nötigen Papieren versehen – rosa, blau, gelb –, die mir eine kleine Anleihe sichern sollten, mischten wir uns in ein zunächst unübersehbares Gewirr von Menschen. Eine Bank sollte es sein, aber wahrlich keine Bank im üblichen Sinne. Hier kam das Proletariat der Einwanderer zusammen, das nicht im BMW oder im Volvo in Israel einwandert, wie Israelis oft von Einwanderern gehässig und neiderfüllt behaupten. Hier hörte man das Englisch von Whitechapel – und nicht das Französisch von Paris, wenn die meisten jungen Einwanderer ihre Anleihen von ein paar Hundert Mark erbaten oder sie in kleinen Raten zurückzahlten. Es war eine stille, bescheidene Klientel – vor den Schaltern. Dahinter aber war Israel: ungezählte Angestellte, klappernde Teetassen, mahnende Stimmen ungeduldiger Chefs, von Gekicher untermalte Privatgespräche, rasselnde Telefone, Getucker von Computern.

Ein kleines, dickes Mädchen nahm sich schließlich meiner an. Zweimal versuchte sie vergebens, meinen schwierigen Namen in hebräische Buchstaben umzusetzen. Beim dritten Mal gelang es ihr dank Alex' Hilfe. Nachdem sie die Formulare ausgefüllt hatte – gelb, rosa, blau –, gab sie sie an einen fetten, gelangweilt aussehenden Mann weiter, der sich gewiss seit dem frühen Morgen nicht von seinem Sitz erhoben hatte. Er öffnete seinen Mund nicht, was vielleicht ein Segen war; seine dicken Finger fuhren über die Formulare. Er fügte schließlich das noch fehlende Datum ein und gab uns die Formulare mit einer müden Armbewegung zurück.

Dann bekam der Chef des Hauses die Papiere; ein Mann, der, einer Windmühle ähnlich, mit vielen Armen zu sprechen und Papiere zu halten schien. »Was ist das?«, brüllte er los. »Habe ich Ihnen nicht schon hundertmal gesagt, dass die Formulare anders auszufüllen sind?« Zornig sah er das kleine Mädchen an, das trotz des harten Tones keinerlei Interesse am Gesagten zeigte. Dann nahm er höchstpersönlich eine Schere, schnitt ein Stück Papier ab und klebte es auf das Formular, um so den »Fehler« zu verbergen. »Diese Computer«, sagte er entschuldigend zu uns. Sie seien verantwortlich für so viele neue Instruktionen und damit ebenso viele Fehler.

Nun wurden wir einer Dame zugeführt, die zu meinem Entsetzen wiederum anfing, Formulare auszufüllen – gelb, rosa, blau. Schließlich gelangten wir mit einem Stoß von Papieren, die Farben hübsch gefächert, zum Kassierer. Er zählte gerade seine Barschaft und ließ sich nicht stören. Er sah aus wie ein Mensch mit einer entzündeten Gallenblase. Und tatsächlich, zwischen den Scheinen griff er nach einer Pille, schluckte sie hastig hinunter, schüttete etwas Wasser hinterher. Erst nachdem er das alles hinter sich hatte, fragte er nach unserem Begehr. Er versah die Vielzahl meiner Papiere mit Steuermarken, die zu begleichen meine Aufgabe war, und schickte uns zum Chef zurück, der alles noch einmal prüfte und es auf seine Weise bestätigte. Endlich schloss sich der Kreis – wir kamen wieder bei dem dicken Mädchen an. Sie war die siebente Anlaufstelle in dieser Prozedur. Nach 45 Minuten Aufenthalt in der Bank verfügte ich über einen Scheck von einigen Hundert Mark, der allerdings wertlos war, da ihm noch das Siegel der Einwanderungsbehörde fehlte.

Dort nun war meine Akte verschwunden. Ein Angestellter mit hochrotem Kopf suchte sie verzweifelt. Rote, grüne, blaue, schwarze Akten – meine war nicht dabei. »Vielleicht im Archiv?«, rief ein wohlmeinender Kollege dem verzweifelt Suchenden zu. »Ins Archiv!«, brüllte der Chef nun eine der Sekretärinnen an. Sie blieb nicht einmal lange weg. Die Akte in der Hand schwenkend, rief sie strahlend: »Was Sie für ein Glück haben! Sie lag noch ganz obenauf – sonst …« Den Rest konnte man sich denken. Als ich die Anleihe schließlich ausgezahlt bekam, fühlte ich mich ungleich reicher, als der Betrag mich tatsächlich machte.

Ich hatte mich bisher eigentlich wenig mit dem Parkinson-Gesetz beschäftigt, nach dem ein aufgeblähter Verwaltungsapparat sich logischerweise immer mehr aufbläht. Hier machte ich seine Bekanntschaft. Wobei mir klar wurde, dass dieser aufgeblähte Apparat in Israel nicht zufällig war. Es galt, die neuen Einwanderer einzugliedern, ihnen eine Aufgabe zu geben, und sei sie noch so unbedeutend – sie würde sie sicherer machen, ihnen das Gefühl vermitteln, dass sie von Nutzen waren. Arbeitslose durfte es unter ihnen auf keinen Fall geben. Diese Regelung hatte sicher ihre Vorteile. Aber auch Nachteile, wie man sieht. Es war wirklich ein gutes Gefühl – der Staat Israel schuldete mir 2475 Pfund, sagten jene, die es wissen mussten, eben weil man mich zu Anfang nicht als Einwanderin hatte einstufen wollen.

Es war nicht Herr Cohn, und es war nicht Herr Levy, sondern der Staat Israel, genauer gesagt, seine Regierung, und die Regierung ist schließlich gleich Staat und der Staat gleich drei Millionen Bürger. Und jeder Bürger ist Millionen von Schulden wert.

Das nehmen Israelis ganz selbstverständlich hin, und durch Wohnungs- und Autokauf verschulden sie sich seelenruhig, weil es in ihrem Leben eben nicht anders geht. Ich hatte also allen Grund, Vertrauen zu haben. Und doch war ich enttäuscht – ich hatte erwartet, dass einer der Computer es aussagen oder andeuten würde: »2475 Pfund an Inge Deutschkron.« Das aber geschah nicht. Bevor mein Anwalt, dessen Hilfe mir ebenso unentbehrlich war wie die von Alex, meine Angelegenheit aufnehmen konnte, musste das Innenministerium meine Forderung anerkennen. »Der Brief« musste sich noch einmal bewähren.

»Dieser Brief?«, der Beamte in einer der vielen Zellen auf den vielen Fluren der Tel Aviver Zweigstelle des Innenministeriums lächelte herablassend. »Wir sind das Innenministerium«, sagte er in einer Art, die klarstellen sollte, dass kein anderes Ministerium dem seinen an Wichtigkeit gleichkam. »Dieser Brief wurde von irgendeinem Beamten des Einwanderungsministeriums geschrieben«, sagte er abwertend. »Die Dame behauptet, sie sei im Jahre 1966 nicht eingewandert.« Ich konnte meine eigene Geschichte nicht mehr hören und schaltete ab, während Alex zum Kampf ansetzte, zum zigsten Male. »Ihren Pass bitte.« Ich fuhr zusammen. Was in aller Welt hatte mein Pass damit zu tun, dass mir der Staat Israel 2475 Pfund schuldete? Es war an einem dieser Tage, wo ich schon gar kein Geld mehr wollte, es satt war, eine Einwanderin mit Privilegien zu sein, sogenannten Privilegien. Der Pass würde beweisen, dass ich seinerzeit nicht länger als drei Monate im Lande, also nicht eingewandert war.

Tatsächlich waren es nur drei Wochen gewesen – meine Ferien, die ich in Israel verlebt hatte. Ja, und dann war da noch meine Akte. Sie musste mit den Eintragungen im Pass übereinstimmen. Aber diese Akte, eine perfekte Wiedergabe meiner israelischen Seele, befand sich in Jerusalem, im Ministerium, das natürlich in Israels Hauptstadt angesiedelt war. Es würde höchstens vier Tage dauern, bis sie nach Tel Aviv herunterkommen würde. Der Beamte war eifrig. »Kommen Sie am Sonntag. Dann wird die Akte vorliegen.« Des Beamten Eifrigkeit nützte rein gar nichts. Die Akte war nicht da. Sie blieb dort, wo sie die ganze Zeit gewesen war, eben in Jerusalem. Keiner hatte daran gedacht, dem Wunsch der Tel Aviver Zweigstelle des Innenministeriums nachzukommen.

Aber es fand sich in Jerusalem ein ungewöhnlicher Beamter, der sich zu der in Israel einzigartigen Handlung bereitfand, über Telefon Einzelheiten aus meiner Akte vorzulesen. »Es ist alles in Ordnung«, der Beamte freute sich mit mir. Ich hatte tatsächlich im Jahre 1966 weniger als drei Monate in Israel verbracht und war deshalb noch berechtigt, als Einwanderin angesehen und behandelt zu werden. In spätestens drei bis vier Wochen würde ich im Besitz des mir geschuldeten Geldes sein, versicherte der Beamte. Es dauerte Monate. Aber was tut das zur Sache angesichts der Tatsache, dass das Geld tatsächlich eintraf, auf Heller und Pfennig?

»Sie zahlen keine Einkommensteuer! Was sind Sie für ein Glückspilz!« Diesen Satz hörte ich Hunderte, ja Tausende von Malen von neidischen Israelis. Wie Einwanderer in Israel Freunde finden sollen, solange sie im ersten Jahr keine Einkommensteuer zahlen und in den kommenden zwei Jahren durch abgestufte Zahlungen langsam an die hohen und höchsten Einkommensteuerzahlungen der Welt herangeführt werden, ist mir ein Rätsel. Ich fragte mich und meine Freunde manchmal, ob ich nicht auf diese Privilegien verzichten sollte, um eine der Ihren zu werden. »Aber nein, nein, nimm alles, was du nur kriegen kannst!« Sie schlugen die Hände vors Gesicht vor Schreck ob solch eines frevlerischen Gedankens.

Alex und ich gingen nun zum Finanzministerium, um, wie wir naiv annahmen, eine Formalität zu erfüllen, die besagt, dass ich als Einwanderin drei Jahre eine ermäßigte Einkommensteuer zu entrichten hätte. Am Eingang war ein Auskunftsbüro. Der junge Mann wollte dort schon alles über mich wissen. Hatte ich Besitz? Geld auf der Bank? Nein, ich sei nur eine normale Einwanderin, eine der ärmeren. Er schien enttäuscht. Ich brauchte erstaunlicherweise nur ein Formular auszufüllen. Damit schickte er mich in Zimmer 106. »Einwanderer, bringen Sie alle Ihre Unterlagen mit«, stand an der Tür von 106 geschrieben. Ich fragte mich, welcher Einwanderer nach einem Tag in diesem Land wohl noch ohne eine Mappe voll von Dokumenten unter dem

Arm herumlaufen würde, Dokumente, die er noch nicht einmal zu lesen imstande war, denn alle waren in hebräischer Sprache.

Im Zimmer 106 saß ein junger Mann an einem Tisch. Daneben stand ein Stuhl. Der andere Stuhl war mit Akten vollgepackt. Allem Anschein nach kommen Einwanderer nie zu zweit. Er sah sich meinen Einwanderer-Ausweis an. »Aber Sie kamen doch schon im Jahre 1966?« Da war wieder der vermaledeite Satz. Wir zeigten den »Brief«. O nein, das fiel nicht in seine Kompetenz. Dafür sei Zimmer 115 zuständig. Eine Dame präsidierte dort. Ich setzte mich auf den einzigen freien Stuhl. Alle anderen waren auch hier belegt mit Akten, die der Staub mit der Zeit sanft zuzudecken schien. Im Finanzministerium war man entweder knapp an Aktenschränken oder hatte zu viele Akten. Alex bemerkte im Hinblick auf den einzigen Stuhl, dies sei ähnlich wie in einem bestimmten afrikanischen Land, in dem die Leute auf einem Bein zu stehen gezwungen wurden, um ihre Reden abzukürzen.

Die Dame reagierte nicht, aber es war zu sehen, dass ihr die Bemerkung nicht gefiel, wie auch alles andere, was wir zu sagen hatten. Ältlich, müde, schien sie noch nicht einmal richtig zuzuhören. Alex setzte an: »Ich habe ein Problem.« Bevor er noch fortfahren konnte, schossen aus ihrem Mund die Worte: »Ich weiß, ich weiß ganz genau, was Sie wollen.« – »Nein«, sagte Alex, »das wissen Sie nicht.« Das gefiel ihr noch weniger. Sie war es offensichtlich gewöhnt, im Recht zu sein, und zwar immer. Dann schnappte sie nach meinem Einwanderer-Ausweis. »Ha, sie kam im Jahre 1966.« Ihre Hand und ihre Miene drückten Bedauern aus – ihre Art von Bedauern. Dann kam abermals die Sache mit dem »Brief«. Mit dem uns schon bekannten überheblichen Lächeln sagte sie: »Mr Sherman interessiert mich nicht. Wir sind das Finanzministerium, wir schreiben unsere eigenen Briefe.« Mit ausgesprochener Feindseligkeit schob sie mir meine Unterlagen mitsamt dem »Brief« über den Tisch wieder zu.

Und da war auch noch Neumann. Ein Mann, der seine Religiosität durch ein Käppchen auf dem Kopf kenntlich machte. Er hatte bisher schweigend zugehört. Der Dialog zwischen Alex und der Dame war inzwischen lauter geworden. Jetzt meldete er sich zu Wort: »Sie (damit meinte er mich) kann diesen ›Brief‹ ja auf unehrenhafte Weise erworben haben. Was wissen wir?!« Neumann war offensichtlich in Abhängigkeit von der Dame. Aber heute wollte sie seine unterwürfige Unterstützung nicht. »Schweig, Neumann«, entschied sie und versuchte, die Diskussion, die über drei Räume hinweg zu hören gewesen sein muss, wieder zu steuern. Dann gab sie Anweisungen – an sich selbst, versteht sich. Ein Brief müsse nach Jerusalem geschrieben werden. Sie würde ihn gleich aufsetzen.

Und dann schrieb sie ihn in unserer Gegenwart. Die Buchstaben sahen so neurotisch aus wie die Dame selbst. Neumann stand ihr mit »Eizes« (Tipps) zur Seite. Es ist erwähnenswert, dass dieser Brief den zuständigen Beamten in Jerusalem nach einer Woche erreichte. Der schließlich nichts weiter als das tat, was die vielen anderen längst vor ihm getan hatten – nämlich zu bestätigen, dass ich trotz allem noch die Rechte einer Einwanderin besaß.

»Erst die Möbel, dann eine Sekretärin!« Alex war unerbittlich, und mir war vollkommen klar, dass dies einer Erpressung gleichkam. Aber es blieb uns keine andere Wahl. Ich wartete nun schon Wochen auf mein Umzugsgut, obwohl den Angaben der deutschen Schiffsagentur zufolge das Schiff mit meinen Sachen längst in Haifa hätte eingetroffen sein müssen. Die »Galilaea« hatte Antwerpen wie geplant verlassen, hatte es dann allerdings vorgezogen, sich Haifa ein wenig von der See aus anzusehen, bevor sie entladen wurde. Ein Streik der Schauerleute sei der Grund dafür gewesen. Trotz meiner Beziehungen zu Zeitungen und Nachrichtenagenturen war nicht so recht feststellbar, wann der Streik zu Ende gegangen war. Die Auskünfte meines israelischen Spediteurs waren besonders ungenau. Als er nichts mehr vom Streik anführen konnte, erklärte er, mir zu seinem Bedauern mitteilen zu müssen, dass mein Container unauffindbar sei.

In jedem anderen Menschen hätte diese Nachricht ein ungutes Gefühl in der Magengrube ausgelöst. Mir erschien es nur sonderbar und nicht der Wahrheit entsprechend. Der Anruf eines leitenden Redakteurs des ›Maariv‹ ließ ihn dann auch tatsächlich wieder auftauchen. Aber dennoch blieb ich weiter in Ungewissheit, ob und wann der Container vor meiner Haustür stehen würde. Unter den deutlichen Worten meines Freundes

Alex brach der israelische Spediteur zusammen. Er gab zu, dass er mangels Personals meinen Container eine Zeitlang einfach hatte verschwinden lassen. Könnte Alex ihm vielleicht helfen, wenigstens eine Aushilfskraft zu finden? Alex konnte, jedenfalls tat er so: »Okay. Sie liefern uns den Container und ich eine Sekretärin.« Und nun klappte tatsächlich alles wie am Schnürchen. Am nächsten Tag schon fuhren wir zum Hafen.

»Oh, mein Gott, Lagerhaus 18.« Der Spediteur, der mit mir fuhr, stöhnte auf. »Nur das nicht«, sagte er und wischte sich den Schweiß ab. Es war Punkt 9 Uhr. Vor dem Lagerhaus 18 stand ein Glashaus, einem Käfig ähnlich. Die Tür war abgeschlossen. Von drinnen starrte uns jemand an. Eigentlich waren es nur Augen, dunkle, böse, harte Augen. Nichts anderes schien in dem Gesicht zu sein, das keine Konturen hatte, rund und schwammig war und sich bewegte, weil der Mund etwas kaute. Ich war froh, dass die Tür verschlossen war. Er fuhr fort zu kauen und uns anzustarren, wie ein Tier im Zoo seine Besucher.

»Ein Irrtum! Welch ein Glück!«, mein Spediteur murmelte ein Dankgebet. Es war Lagerhaus 14. Der Beamte dort, klein von Gestalt, war sehr eifrig. Er sprach nicht viel, aber wenn, dann mit Strenge in der Stimme. Mit offenem Hemd lief er im Lager umher wie auf einem Kartoffelfeld. Er nahm sich Zeit, meinen Einwanderer-Ausweis und den »Brief« zu prüfen. Ich hatte längst zu schweigen gelernt, während israelische Beamte Dokumente studieren. Er bestätigte mir, dass mein Container sich in seinem Lagerhaus befand. Nun seien noch Formulare im Hafenbüro auszufüllen. Natürlich. Dort ging es erstaunlich schnell. Ohne Kommentar studierte man meine Papiere, einschließlich des »Briefes«. Wie aus der Pistole geschossen, beantwortete ich Fragen nach den Preisen von vor Jahren gekauften Gegenständen – der Schreibmaschine, des elektrischen Ofens, des Kochherds, der Waschmaschine und so weiter. Das trugen sie in meine Papiere ein; nicht eine Angabe dürfte den Tatsachen entsprochen haben. Aber ich hatte schon gelernt, wie man israelische Beamte entwaffnet.

Als ich schließlich von dort zum Lagerhaus zurückkam, glaubte ich meinen Augen nicht zu trauen: Die Matratze meines Bettes, meines geliebten Bettes, das ich schon so lange entbehrt hatte, lag auf dem Boden des Hafens von Haifa. Ohne darüber nachzudenken, ob sie schmutzig geworden war, stieß ich Begeisterungsrufe aus. Der Zollbeamte erklärte mir, dass er gerade dabei sei zu prüfen, ob auch alles, was ich auf der Liste aufgeführt hatte, im Container enthalten sei. Dies geschehe lediglich aus Sorge um mein Wohlergehen. Wären die Gegenstände nämlich nicht vorhanden, ohne dass er es registriert habe, verlöre ich doch das Recht, sie erneut zollfrei zu erwerben. Und da stand er nun und befahl, ihm alles vor Augen zu führen – die Waschmaschine, den Herd, die Nähmaschine … – und er war erst zufrieden, als er alle diese Gegenstände in Augenschein genommen hatte. Alles in allem dauerte es drei Stunden, bis ich meine Sachen aus den Klauen des Zolls befreit hatte. Aber was sind schon drei Stunden, wenn es darum geht, ein neues Leben in Israel zu beginnen?

33
Die unkündbare Lebensversicherung

»Ja, das Leben hier ist schwer.« So viel war mein stets gesprächiger Gemüsehändler zu bestätigen bereit. »Aber glauben Sie mir, nur hier in Israel kann ein Jude leben. Nur hier unter Juden kann er sich sicher fühlen.« Fast wütend hatte er schließlich die Kartoffeln auf die Waage geworfen, als ich auf seine Frage nach meinem Wohlergehen so anders reagierte, als er es erwartet hatte. Ich hatte keine Begeisterungsschreie ausgestoßen über die Tatsache, dass ich endlich im Gelobten Land angekommen war, sondern hatte es gewagt, zu klagen über die Schwierigkeiten bei der Einwanderung, über die hohen Steuern, die den Menschen die Lust auf Initiativen nehmen, über die Last, die die Verteidigung des Landes den Bürgern auferlegt. »Glauben Sie mir, wir haben viel aufgegeben, um hier zu leben. In Brasilien war es so leicht, Geld zu verdienen«, mischte sich ein Kunde in unser Gespräch ein. Wie es so oft geschah in Israel, weil man sich damals als Gemeinschaft, ja, als Familie fühlte. »Aber hier sind wir glücklicher, mit sehr viel weniger Aussichten, reich zu werden.«

Und er erzählte den gar nicht so witzigen Witz: Auf die Frage eines Einwanderers, wie man in Israel zu einem kleinen Vermögen komme, lautet die Antwort: »Indem man ein großes mitbringt.« Ein Arzt aus Südafrika fügte dem hinzu, dass alle, die aus westlichen Ländern einwanderten, als Erstes ihren Lebensstandard senken müssten. »Aber wir tun es ohne Murren, denn nur hier kann ein Jude sich frei entfalten und sich zugleich beschützt fühlen.« Ich war beschämt.

Diese Menschen, die in der Diaspora keine Zionisten gewesen waren, hatten nach dem Zweiten Weltkrieg in ihren Geburtsländern das Fremdsein zu spüren bekommen. Es hatte ihnen die Sicherheit genommen, der sie sich jahrzehntelang gewiss geglaubt hatten. Auch wenn sie zunächst unbehelligt geblieben waren.

Dazu hatten die Ereignisse in Nazi-Deutschland beigetragen, wo die Juden plötzlich aus der Gesellschaft ausgestoßen und schließlich ermordet worden waren. Die Juden in der Welt wurden sich nun ihrer jüdischen Identität stärker bewusst, deren Vorhandensein in gleicher Weise von ihrer nichtjüdischen Umwelt erlebt wurde.

Und dann war da Israel, die 1948 geschaffene Heimstatt, die allen Juden offensteht. Selbst wenn ein Jude nicht den Entschluss fasst, in Israel einen neuen Anfang zu machen, ist für ihn allein die Existenz des jüdischen Staates zu einer unkündbaren Lebensversicherung geworden.

Natürlich bedeuteten die Drohungen der arabischen Staaten ringsum und die Übergriffe arabischer Terroristen auf Israel und seine Menschen sehr viel mehr für mich, als ich dort zu leben begann. Die Alteingesessenen gaben vor, dass diese Geschehnisse sie nicht berührten. Der Stolz auf ihren Staat ließ das wohl nicht zu. »Wir sind das gewohnt. Es war ja noch nie anders.« Man spürte eine gewisse Überheblichkeit in dieser Aussage und eine Spur von Verachtung für die »Neue«. Die Gegenangriffe der israelischen Armee auf arabische Stellungen, wo man die Angreifer vermutete, wurden von den meisten Israelis mit Genugtuung aufgenommen. Zweifel an dieser Einstellung – nämlich, dass derartige Angriffe nichts bewirkten, nur zu einer Eskalation der Gewalt führten und nicht zu einem friedlichen Zusammenleben, das doch schließlich das Ziel sein müsse – fanden nur wenig Zustimmung. »Araber verstehen nur die Sprache der Gewalt«, war die sehr bestimmte Antwort, die keine Gegenrede duldete.

Ich war bereit zu lernen. Aber dieses Lernen war qualvoll. Fast täglich geschah etwas. Ein Ereignis jagte das andere. Ich kam nicht zur Ruhe. Kaum hatte ich eines dieser Ereignisse registriert, war das nächste da, und mein Versuch, über die Implikationen des ersten nachzudenken, wurde vom nächsten überrollt.

Nur wenige Tage nach meiner Ankunft im Februar 1972 wurden in der Bundesrepublik fünf Jordanier von Mitgliedern des »Schwarzen September« ermordet,[184] weil diese angeblich Kontakt zu Israel gehabt hatten. Zwei Wochen später entführte die »Organization of Victims of the Zionist Conquest of Palestine«

eine Lufthansa-Maschine auf dem Flug von Indien nach Beirut. Die Entführer erhielten von der Bundesregierung die geforderten fünf Millionen Dollar Lösegeld und gaben daraufhin Maschine und Passagiere frei. Die Empörung über das Nachgeben der Deutschen kannte in Israel keine Grenzen. Schließlich, so wusste doch jeder, würde das Lösegeld nur einem Zweck dienen: dem Erwerb von Waffen, die auf Israel gerichtet sein würden.

Von der syrischen Grenze her feuerten wenige Tage später Terroristen eine ganze Nacht lang auf israelische Siedlungen auf den Golanhöhen. Eine solche Nachricht wäre in den Medien außerhalb Israels, wenn überhaupt, nur mit wenigen Zeilen bedacht worden. Zumal kein Schaden entstanden war. Die Bevölkerung, vornehmlich in Kibbuzim, verbrachte viele Nächte in Bunkern. Die Kinder hatten ihre Spielplätze unter der Erde. Eine Nacht später fielen Raketen auf die nördliche Stadt Kirjat Schmona. Auch sie trafen glücklicherweise ins Leere. Präsident Sadat erinnerte die Welt in jenen Tagen (in einer Ansprache am 3. Mai 1972 vor Marinesoldaten) daran, dass der Beschluss der arabischen Staaten, gegen Israel in den Krieg zu ziehen, unabänderlich sei und dass kein Opfer zu groß sei, um arabisches Land zu befreien. Etwas später fügte er noch hinzu, dass sie als weiteres Ziel anstrebten, Israel kleiner zu machen, als es vor dem Sechstagekrieg gewesen war.

Nur der ständige Griff nach dem Radio, das alle Stunden Nachrichten sendet, verriet, dass die Ereignisse nicht ganz so spurlos an den Menschen vorübergingen, wie sie vorgaben. Das tägliche Leben in Israel aber ging seinen normalen Gang, so als sei nichts Besonderes geschehen.

Die Angriffe auf Israel hielten die Juden in der weiten Welt nicht davon ab, in den Grenzen des kleinen Staates ihren Frieden zu suchen, wenn sie in Not waren. Als im September 1973 der Präsident Chiles, Salvador Allende, ermordet wurde und eine menschenverachtende Militärjunta an seine Stelle trat, flüchteten jene Juden nach Israel, die zusammen mit dem Präsidenten einen sozialistischen Staat in Chile hatten schaffen wollen. In Argentinien verfolgte und ermordete eine Militärjunta Ende der siebziger Jahre junge Linke, die sich ihnen entgegengestellt hatten. Bis heute sind ihre Gräber unauffindbar. Ihre Angehörigen, sofern sie Juden waren, sahen aus berechtigter Sorge vor Sippenhaft in Israel eine Zuflucht. Juden aus Äthiopien nahmen tagelange Fußmärsche in Kauf, um heimlich aus ihrem Staat, der ihnen die Ausreise verwehrte, in das ihnen von ihren Vorvätern verheißene Gelobte Land zu entkommen.

Und schließlich sahen auch die Juden in der einstigen Sowjetunion keinen anderen Ausweg, um dem Schwelbrand des Antisemitismus in ihrem Staat zu entkommen, als in das Land zu fliehen, das den meisten von ihnen nie etwas bedeutet hatte. Dass die Mehrheit der wohlhabenden Juden aus Südafrika, die keiner rosigen Zukunft in dem von Kämpfen zwischen Weißen und Schwarzen geschüttelten Land entgegensehen können, nicht unbedingt nach Israel kommen will, schmerzt. Aber es gibt niemanden in Israel, der nicht der Gewissheit Ausdruck geben würde, dass eines Tages auch diese Juden in »ihr« Land heimkehren werden.

Zu jener Zeit kamen auch viele Besucher aus der ganzen Welt nach Israel. Sie waren neugierig auf das gelungene Experiment, das aus Wüste fruchtbaren Boden und aus Menschen so vieler Länder eine Nation hatte werden lassen. Und tatsächlich fanden sie, was sie suchten. Wohl am meisten überraschte sie, trotz der Schwere des Lebens, die lockere Atmosphäre, die so gut zu dem fast neun Monate des Jahres strahlenden Blau des Himmels passt. Intuitiv wollten dies die Israelis auch glauben machen, der Welt ihr Glück demonstrieren über das eigene kleine, durch schwere Arbeit errungene Land. Die Heiterkeit, der Witz, die Sorglosigkeit – all dies waren Waffen, mit denen man die oft unüberwindlich scheinenden Probleme und Sorgen überspielte. Damals, gerade 25 Jahre nach der Staatsgründung, gelang das noch. Und auch ich genoss das, lernte, dass man Sorgen »weglachen« kann, zumindest eine Zeitlang.

Mehrmals hatte ich einem offenbar sehr jungen Mann am Telefon erklärt, dass das Mädchen namens Zippi, das er suchte, unter meiner Telefonnummer nicht zu erreichen sei. Schließlich fragte er schlicht und sachlich: »Bist du schön?« Ich ging lachend auf ihn ein und bestätigte das. »Hast du einen Freund?« Er tat neugierig. Ich bejahte auch das, in der Hoffnung, ihn loszuwerden. Aber er gab nicht auf. »Möchtest du einen zweiten Freund?« Da legte ich auf. Es blieb nicht mein einziges Erlebnis vergnüglicher Art. Es schien mir, als sei jeder geradezu darauf aus, einen Grund zum Lachen zu suchen.

Aber im Grunde ist dieses Volk Israel nicht anders als andere Völker, es hat nicht nur gute Seiten. Viele Israelis machten keinen Hehl daraus, dass die Einwanderer sie störten, denen so viele Privilegien zugestanden wurden, die sie, als sie in den dreißiger Jahren oder noch früher einwanderten, nicht gehabt hatten. Aber hätte man einen Neueinwanderer sofort mit den üblichen Steuern belegt, den höchsten der Welt, wäre er wohl kaum auch nur einen Monat in Israel geblieben.

Also gibt es ein Gesetz, nach dem Einwanderer erst allmählich, im Laufe von mehreren Jahren, an die Höhe der in Israel festgesetzten Steuern herangeführt werden. Ähnlich ist es mit Autos, die ein Neueinwanderer innerhalb von drei Jahren noch ohne die höchsten Importsteuern der Welt erwerben kann. Einwanderer haben auch ein Anrecht auf eine Wohnung, die sie zu sehr günstigen Bedingungen zunächst mieten und dann kaufen können. Diese und ähnliche Privilegien sind nicht gerade dazu angetan, Neueinwanderer im Lande beliebter zu machen. Das weiß umrandete Nummernschild, das ein Auto damals als das eines Neueinwanderers auswies, machte ihn geradezu zur Zielscheibe der Wut vieler alteingesessener Israelis.

»Du hast da ein Geschenk bekommen«, sagte ein Fremder zu mir an einer Tankstelle mit bissigem Gesicht. Mein Hinweis, dass auch im Ausland ein Auto nur für viel Geld zu haben sei, das man erst verdienen müsse, beeindruckte ihn herzlich wenig. »Als wir ins Land kamen«, so pflegten Alteingesessene trotzig ihre Erzählungen zu beginnen, »da hat uns keiner geholfen.« »Da waren nur Sand und Steine, Steine und Sand, und Hunger haben wir auch kennengelernt.«

Die Arbeit war hart, aber sie gaben nicht auf, weil sie fest entschlossen waren, dieses Land ihrer Väter wiederaufzubauen und für sich, ihre Kinder und Kindeskinder endlich eine sichere Heimat zu schaffen. »Sollen sie doch erst einmal so leben wie wir damals!«, geiferten eilige Alteingesessene ungeniert und unfreundlich und ohne den leisesten Hauch von Mitgefühl für die Menschen, die ihre ersten Schritte in einem neuen Land machten, dessen Lebensbedingungen ihnen ganz fremd waren. Dabei wusste jeder in Israel, wie nötig Neueinwanderer gebraucht wurden, die mithelfen konnten, das Land weiterzuentwickeln, es auf allen Gebieten funktionsfähig und fortschrittlich zu machen.

Die meisten, die nun einwanderten, waren keine Idealisten, wie es die »Pioniere« einst gewesen waren. Die Bedingungen von damals hätten die »Neuen« wohl kaum im Lande gehalten. Neid und Missgunst ihnen gegenüber waren irgendwie begreiflich, wenn man bedachte, dass junge Israelis, die nach ihrer harten dreijährigen Militärzeit heiraten wollten, ungleich mehr Mühe hatten, eine Wohnung zu finden, als Neueinwanderer. An ein Auto konnten nur jene denken, deren Arbeitsstelle den Unterhalt des Wagens durch Spesen erleichterte.

Es traf mich natürlich, als ich eines Tages feststellen musste, dass jemand drei der vier Reifen meines Autos angestochen hatte, um seinem Ärger über meine Vorteile Luft zu machen. Ach, ich war hin und her gerissen zwischen Verständnis und Verzweiflung, dass man gerade mir diesen Tort angetan hatte. Sicher ist es ungerecht, dass dieses leidgeprüfte Volk noch immer in einem harten Überlebenskampf steht, während der überwiegende Teil der freien Welt sicher und im Wohlstand lebt. Einwanderung, Aufbau und Verteidigung verschlangen die Früchte seiner harten Arbeit. Und selbst die Hilfe der Vereinigten Staaten und der Juden der ganzen Welt, ohne die die Existenz des Staates in Frage stünde, kann die Situation nicht verbessern, solange die umliegenden arabischen Staaten sich nicht mit Israel in ihrer Mitte abfinden.

Aber es gab natürlich auch andere Israelis. Da hielt ein junger Autofahrer und half mir, als er sah, dass ich mit einer Reifenpanne nicht allein fertig wurde. Auf meine Frage, was ich ihm schuldig sei, antwortete er beleidigt: »Ist denn Hilfsbereitschaft in diesem Lande nicht mehr etwas Selbstverständliches?«, und verschwand, bevor ich antworten konnte. Auch Nachbarn boten sich an, mir mit Rat und Tat zur Seite zu stehen. Die Bürokratie sei doch für einen Fremden ein undurchdringliches Labyrinth.

In der Redaktion gab es stets mehr als einen Kollegen, der die richtige »Protektzie« hatte, um mir meine Sorgen abzunehmen.

Vor allem aber waren da noch immer auch solche Menschen, deren Idealismus ungebrochen war und die darum auch Neueinwanderern uneigennützig zur Seite standen. Schoschana gehörte zu dieser Generation der »Pioniere«. Sie nahm sich meiner an. Einst die erste Oberbefehlshaberin der weiblichen Armee, liebte sie ihr Land und ertrug es nicht, wenn man es kritisierte. Ja, sie konnte geradezu ausfallend werden, wenn man nicht alles als gut befand. Meist besann sie sich dann, versuchte zu erklären, bettelte fast um Verständnis, dass dies schließlich ein neues Land sei mit Menschen aus aller Welt, die – entwurzelt – noch ihren Standort suchten und die neben ihren kulturellen Gewohnheiten und ihren Traditionen auch »sich selbst« mitbrachten. Menschen also mit all ihren Fehlern und Eigenheiten. Und dann sagte sie triumphierend: »Aber Menschen, denen eins gemeinsam ist – sie alle sind Juden!«

Ja, und diese Juden waren auch rücksichtslos gegeneinander, waren aggressiv und unduldsam. Aber das ist wohl, glaubt man den Psychiatern, kein Wunder bei einem Volk, das ständig in Spannung und Unruhe zu leben gezwungen ist. Es schien oft so, als mache es ihnen Freude, einander zu ärgern nach dem Motto: Ich leide, warum sollst du es besser haben. Die Haltung eines Lastwagenfahrers mag als typisches Beispiel dienen. Fast zehn Minuten lang versperrte er eine Durchfahrt, obwohl nur eine kleine Bewegung seinerseits das Problem hätte lösen können. Das Geschrei und das Gehupe der anderen, die seinetwegen an der Weiterfahrt gehindert wurden, ließen ihn offensichtlich kalt. Man war unfreundlich zueinander. »Du sagst uns jeden Morgen Schalom«, stellte einer meiner Kollegen in der Redaktion fest. »Wir ›Sabras‹ tun das nicht«, sagte er ehrlich. Tatsächlich hatte ich auch selten eine Antwort auf meinen Gruß bekommen. »Aber es kostet doch nichts, freundlich zu sein«, entgegnete ich. Er überlegte kurz und sagte dann zu meiner Genugtuung: »Ja, du hast recht. Ich finde es eigentlich auch sehr nett.«

Beamten schien es Freude zu machen, Vorgänge zu komplizieren, jedenfalls machten sie es einem eher schwerer als leichter.

Entschuldigungen für Fehler waren selten. Eine Geldsendung aus Deutschland, für die ich bereits die Unterlagen hatte, erreichte mein Konto lange Zeit nicht. Meine für dieses Land relativ leise vorgebrachten Klagen führten schließlich zu einer Untersuchung. Dabei stellte sich heraus, dass die mir zustehende Summe einem anderen Konto gutgeschrieben worden war. Der Inhaber hieß der Übersetzung nach »Ingenieur« – mein Vorname Inge hatte dies verursacht. Wortlos wurde der Fehler beseitigt. Einen Ausgleich für ausgefallene Zinsen erhielt ich nie. Die Geldsumme, die ich aus Deutschland zu bekommen hatte, war sicher höher als das Monatsgehalt des Bankbeamten, so versuchte ich mir seine Unfreundlichkeit zu erklären, und fast fühlte ich mich schuldig.

Aber keine Erklärung konnte mich darüber hinwegtrösten, dass am helllichten Tag in meine kleine Wohnung eingebrochen worden war. Erinnerungsstücke an geliebte Menschen, die in Auschwitz umgekommen waren, waren gestohlen worden. Auf der Suche nach Wertsachen hatten die Diebe alles aus den Schränken und Kommoden gerissen und damit ein heilloses Durcheinander angerichtet. Die Polizei? Ja, sie kam, mit Unmut. Ich glaube doch nicht im Ernst, dass man mir helfen könne. Derartige Einbrüche seien an der Tagesordnung. Wie hatte man mir doch vor kurzem noch so stolz berichtet? In den dreißiger Jahren ließ man die Wohnungstüren einfach offen, niemand wäre auf die Idee gekommen, einem anderen etwas zu entwenden! Inzwischen aber gab es soziale Spannungen im Land.

Für Einwanderer, meist aus den arabischen Staaten, von denen nur wenige den sozialen und wirtschaftlichen Stand der Juden aus Europa oder den Vereinigten Staaten erreicht hatten – die Reichen zogen es meist vor, in ein europäisches Land auszuwandern –, waren die Vorbedingungen, in ihrer neuen Heimat mehr als nur eine untergeordnete Rolle zu spielen, denkbar schlecht. Wie selbstverständlich akzeptierte man sie als Putzfrauen, Müllmänner oder Straßenkehrer. Und sie lebten natürlich nicht in den feinen weißen Häusern des Nordens von Tel Aviv, wo sich die Elite der europäischen und amerikanischen Juden angesiedelt hatte.

Die den Neueinwanderern zugewiesenen Wohnungen waren weit weniger luxuriös. Sie waren meist in aller Eile hochgezogen worden, da Einwanderungswellen, von politischen Ereignissen abhängig, nicht voraussehbar sind. Mangelnde Kenntnis im Umgang mit europäischen Installationen führte vielfach dazu, dass diese Behausungen sehr bald einen slumähnlichen Charakter annahmen. So entstand von Anfang an eine Kluft zwischen Neueinwanderern und Alteingesessenen. Und die waren ohnehin davon überzeugt, dass sie es besser wussten, alles besser wussten als jene Menschen aus dem Jemen, aus Marokko oder Indien. Eine Überheblichkeit, die ihnen nicht einmal als solche bewusst war. Ganz abgesehen von der Tatsache, dass die Menschen aus den Entwicklungsländern mit ihren Traditionen und ihrer Kultur vieles zur Bereicherung Israels mitbrachten.

»Sieh nur, wie diese Leute aussehen«, der Vertreter der israelischen Einwanderungsbehörde in Bombay, natürlich ein Europäer, wies mit dem Finger auf die Gruppe Inder, die zusammen mit mir auf dem Flughafen von Bombay auf das Flugzeug wartete, das uns nach Israel bringen sollte. Sie hatten die dunkle Hautfarbe und die kleine Statur des Südinders. Höchstens ihre Vornamen – Rachel oder Isaak – erinnerten daran, dass Juden, ähnlich wie andere Völker, vor einigen Jahrhunderten an der Westküste Indiens gelandet waren.

Noch heute zeugen alte Synagogen davon. In ihren Behausungen in der Provinz Kerala (einst Travancore-Cochin) fand man vielfach jüdische Kultgegenstände neben Abbildungen hinduistischer Götter. Die Frauen trugen den Sari, hatten schwere Ohrgehänge und breite Fußringe und manche auch einen schimmernden Stein in einem Nasenflügel. Zahlreiche Kinder schwärmten um sie herum. Die Männer waren meist in Pyjamas gekleidet. Ihrem schwerfälligen Gang nach hatten sie ihre Füße das erste Mal in feste Schuhe gepresst. Sie alle trugen Wolljacken über dem Arm, weil sie meinten, dass es in der Höhe des Fluges kalt sein müsse. Es war schwer, mit ihnen zu kommunizieren, denn sie sprachen nur Malyala, die Sprache ihrer Provinz. Wie so viele Inder waren auch sie Analphabeten und unterschrieben ihre Auswanderungspapiere mit einem Daumenabdruck.

Mit religiösen Gesängen stiegen sie in das Flugzeug, eine norwegische Maschine, die für ihren Flug nach Israel gechartert worden war. Niemals hätten arabische Staaten einem israelischen Flugzeug ihre Einwilligung zum Überfliegen ihres Territoriums gegeben. Willig ließen die Einwanderer alles mit sich geschehen. Sie nahmen die ihnen angewiesenen Sitze ein und ließen sich anschnallen. Als man die Gurte nach Erreichen der Flughöhe löste, glitten sie flugs auf den Fußboden, so wie sie es von zu Hause gewöhnt waren. Die ihnen angebotenen Sandwiches europäischer Art verweigerten sie freundlich. Als das Flugzeug schließlich Gegenwinden ausgesetzt war, ergaben sie sich hilflos der Luftkrankheit. Es war eine Gruppe von traurigen, verstörten Menschen, die da in befleckter Kleidung, erschöpft vom langen Flug, in Israel eintraf.

Und dennoch nahmen sie wahr, was nun geschah: Irgendjemand öffnete die Tür des Flugzeugs einen Spalt und schob eine Flitspritze hinein. Nach mehreren Stößen aus diesem Instrument wurde die Tür wieder verschlossen – offensichtlich um das Mittel einige Minuten einwirken zu lassen. Danach erschien eine Frau im Flugzeug. Aus einem Beutel streute sie DDT auf unsere Köpfe. Zu mir sagte sie nur kurz: »Sorry, du bist mit denen zusammen gewesen.« Ich sah meine Inder zum letzten Mal, als sie mit weiß gepuderten Haaren verwirrt und zögernd die Gangway hinunterstiegen, nicht singend wie bei der Abfahrt und nicht den heiligen Boden küssend, wie so viele Einwanderer es tun. Einige von ihnen fanden sich nicht zurecht im Land und mit der ihnen zugewiesenen ungewohnten Landarbeit; sie ließen sich wieder nach Indien zurückfliegen. Manche versuchten es nach einiger Zeit ein zweites Mal, nachdem ihnen die Vorteile der Lebensbedingungen in Israel gegenüber denen in Indien bewusst geworden waren. Aber die Flitspritze und das DDT bei der Einreise blieben ihnen als Zeichen der Demütigung fest in Erinnerung, es richtete von Anfang an eine Barriere zu den »Weißen« in Israel auf, die bis heute fortwirkt.

Doch es gibt Gelegenheiten, da steht das israelische Volk zusammen wie ein Mann. Am 8. Mai 1977 brachten vier arabische Terroristen – zwei junge Frauen unter ihnen – ein Sabena-Flugzeug auf dem Flug Brüssel-Wien-Tel Aviv mit 90 Passagieren und zehn Mann Besatzung an Bord in ihre Gewalt. Bei der Landung auf dem israelischen Flughafen Lod forderten sie die Freilassung von 100 arabischen Terroristen, die in israelischen Gefängnissen gefangen gehalten wurden. Sie drohten, das Flugzeug in die Luft zu jagen, sollte Israel es wagen, nicht auf diese Bedingungen einzugehen. 23 Stunden lang tat die israelische Regierung so, als sei sie verhandlungsbereit. Dann stürmten israelische Soldaten, als Techniker verkleidet, die Maschine, töteten zwei der Terroristen und nahmen die anderen gefangen. Eine israelische Passagierin starb später an Verletzungen, die durch den Kampf an Bord verursacht worden waren. Es gab wohl niemanden in Israel, der nicht auf seine Regierung stolz gewesen ist, weil sie, anders als andere Regierungen in der Welt, den Luftpiraten nicht nachgegeben hatte. Aber diese Einigkeit hielt nicht lange an.

Indes sind in Israel die Familienbande stärker als in vielen anderen Ländern der entwickelten Welt. Eine Ursache dafür ist Auschwitz. »Warum habe ich keinen Onkel und keine Tante wie die anderen Kinder?« Eine Frage, die vielen Überlebenden schwerfällt zu beantworten, denn sie hat meist im Gefolge die noch quälendere Frage, warum die Juden sich nicht gegen ihre Unterdrücker und Mörder zur Wehr gesetzt haben. Dass die Erniedrigungen und Demütigungen den Juden das Rückgrat brachen, noch bevor es zum Mord kam, ist für die junge Generation der Israelis schwer verständlich. Eine Tatsache übrigens, die den Kampfgeist der Israelis von heute sehr stark bestimmt. Entdeckt ein Israeli durch Zufall entfernte Verwandte, so werden sie nicht nur sofort in die Familie aufgenommen, sondern auch fest an sie gekettet.

Die zweite Ursache für den Zusammenhalt der Familien ist, dass trotz der ständig wiederholten Betonung der Zugehörigkeit zum gleichen Volk jeder Einwanderer irgendwie doch in der Fremde ist: der ehemalige deutsche Jude, der häufig mit der schweren Sprache nicht zurechtkommt und trotz seines großen Beitrages zum Aufbau des Landes wegen seiner übertriebenen Korrektheit belächelt und nicht immer seiner Leistung entsprechend gewürdigt wird; der Einwanderer aus Marokko, der sich den europäischen Juden unterlegen fühlt – da helfen auch die

Versuche wenig, gerade ihn durch besondere Förderung in führenden Stellen einzusetzen. Ehemalige Amerikaner, denen das Land viel zu klein ist in Ausdehnung wie auch in Lebensbedingungen, fliegen bei jeder Gelegenheit zu Besuchen in ihre frühere Heimat. Und schließlich die Russen, deren Ausbildung häufig dem Wissensstand des Westens nicht entspricht und sie zu für sie demütigenden Umschulungen oder zur Herabsetzung ihrer Ansprüche zwingt.

Die Familie erhält dadurch eine besondere Funktion. Von ihrem Zusammenhalt bezieht man Kraft und Sicherheit. Dass sich die Familien an Feiertagen zusammenfinden und ihre Speisen denen in ihren Geburtsländern ähneln, ist nur das äußere Zeichen dafür. Der Umstand, dass es in Tel Aviv nur wenige Kleinwohnungen für Junggesellen gibt und man auch keine Veranlassung sieht, welche zu bauen, deutet ebenfalls auf die große Bedeutung der Familie hin. Ein aus Südafrika stammendes Ehepaar, das als Einwanderer ein Anrecht auf eine Wohnung zu haben glaubte, wurde abgewiesen, weil es noch keine »Familie« gegründet hatte.

Dieser Geisteshaltung entsprechend schien vielen meiner Freunde die Tatsache, dass ich unverheiratet bin, ein unhaltbarer Zustand. »Überlege es dir noch einmal. Er ist Zahnarzt.« Fast verzweifelt über meine Hartnäckigkeit, nicht heiraten zu wollen, hob eine Bekannte beschwörend ihre Hände hoch. Nicht nur ihr war es dringend notwendig erschienen, mich zu verheiraten. Sosehr ich mich auch dagegen wehrte. Versuche dieser Art, die man als israelisches Gesellschaftsspiel bezeichnet, die aber durchaus ernst gemeint waren, wurden immer wieder gemacht. Der Zahnarzt, den man mir ans Herz hatte legen wollen, war nun absolut nicht mein Typ. Aber wie alle Zahnärzte in Israel übertraf sein wirtschaftlicher und sozialer Stand den vieler anderer Berufe. Zum Leidwesen meiner Freunde überzeugte mich auch diese Tatsache nicht.

»Du lebst allein?« Der Offizier, der mich um eine Mitfahrgelegenheit nach Jerusalem gebeten hatte, schien überrascht. »In deinem Alter?« Ich fragte erstaunt, was das wohl mit meinem Alter zu tun habe. »Ich muss dich doch wohl nicht erst aufklären«, sagte er verwundert. »Selbst ich muss einmal die Woche zu meiner Freundin gehen.« Nach meiner etwas verwirrten Antwort, dass es da wohl Unterschiede gebe zwischen Mann und Frau, dachte er einen Moment nach. Dann schoss es fast aus ihm heraus: »Weißt du was, mein Major, der ist auch allein. Ich bin überzeugt davon, dass er gern eine passende Frau hätte.«

Während ich Mühe hatte, mir das Lachen zu verbeißen, pries er diesen Major in den höchsten Tönen und versprach, ohne mich auch nur um mein Einverständnis zu fragen, jenen sofort auf mich aufmerksam zu machen. Ein Schild an meinem Auto wies mich als Journalistin aus. Im kleinen Israel war es nicht schwer, mich ausfindig zu machen. Immer wieder betonte er, was für einen wundervollen Charakter dieser Major habe, was für ein herrlicher Mann er sei. »Er hinkt ein bisschen«, fügte er hastig hinzu, »aber das macht gar nichts, absolut gar nichts.«

Den gesellschaftlichen Mittelpunkt spielt, zumindest für die erste Generation, die Landsmannschaft. Dort trifft man sich regelmäßig, spricht seine Muttersprache, lässt sich durch Vorträge und Kontakte über die ehemalige Heimat informieren. Die ehemaligen deutschen Juden sind in dieser Hinsicht besonders aktiv. Sie sind aufgeteilt in Gruppen ehemaliger Danziger, ehemaliger Leipziger, ehemaliger Frankfurter und so weiter. Eine Dachorganisation verbindet sie und sorgt auch für einen sozialen Dienst, um ehemaligen Landsleuten in Not beizustehen. Natürlich ist keiner von ihnen frei von einer gewissen Nostalgie, ob es sich nun um ehemalige Deutsche oder ehemalige Rumänen handelt.

In einem Supermarkt erzählte der Verkäufer einer Kundin nicht ohne Stolz, dass er die Sprachen Deutsch und Rumänisch beherrsche. Die Kundin, im Küchenkittel, gebeugt, grauhaarig, wohl weit über 60, übertrumpfte ihn mit den Worten, sie spreche Türkisch und fließend Französisch und Spanisch. Sie sei nämlich in der Türkei geboren und habe in Paris gelebt. Darauf nannte der Verkäufer den Ort in Rumänien, aus dem er stammte. Wie verwandelt rief die Kundin lebhaft aus: »Aber den Ort kenne ich doch.« Nun begann eine lebhafte Unterhaltung über das Land, den Ort und was wohl aus ihm geworden sei. Die beiden schienen in diesem Moment Israel ganz entrückt zu sein.

Tatsächlich hat dieses Land Israel mit Menschen aus so vielen Nationen einen ganz provinziellen Charakter bekommen. Verstoßen oder geflohen, scharen sich die Menschen um Gleichgesinnte. Der Blick nach draußen trifft vielfach auf eine ihnen feindliche Welt. Eine Welt, die oft unverständliche Forderungen an sie stellt und anscheinend bereit ist, sie abermals preiszugeben, wenn es ihren politischen oder wirtschaftlichen Interessen dient. So wurde Israel Heimat, Trost und Horizont zugleich.

Am 30. Mai 1972 landeten drei Japaner mit einer Maschine der Air France in Lod, holten aus ihrem Gepäck Maschinenpistolen und Handgranaten und schossen blind in die Menge in der Ankunftshalle. 24 Menschen starben auf der Stelle. Unter ihnen waren elf Pilger aus Puerto Rico. Professor Aharon Katzir, ein international anerkannter Wissenschaftler des Weizmann-Institutes, war unter den fünf israelischen Opfern. 80 Personen wurden verletzt, viele von ihnen schwer. Die israelische Schauspielerin Hanna Maron, der zwei Jahre zuvor nach einem Angriff arabischer Terroristen auf die Passagiere einer El-Al-Maschine in München-Riem ein Bein teilweise abgenommen werden musste, besuchte die Verletzten im Krankenhaus. Vor dem Bett eines jungen Mädchens aus Puerto Rico, dem man ebenfalls ein Bein hatte amputieren müssen, begann sie zu tanzen, um zu beweisen, dass man auch mit einer Prothese ein vollgültiges Leben führen könne.

»Ich mordete, nicht weil ich die Juden hasse, sondern weil ich den Befehl dazu hatte«, erklärte der japanische Terrorist Kazo Okamoto (am 2. Juni 1972), der gefasst wurde und sich als Mitglied der Internationalen Roten Armee vorstellte. Ein Zweiter wurde getötet, der Dritte entfloh. Die Popular Front for the Liberation of Palestine (PFLP) übernahm stolz die Verantwortung für diesen Angriff, der an den Sechstagekrieg vor fünf Jahren erinnern sollte. Ohnmächtige Wut packte die Israelis. Es gab niemanden, der nicht Rache schwor, ohne indes zu wissen, wie er das anstellen sollte. »Wie immer stehen wir allein da«, sagten sie bitter und wiesen auf die Vereinten Nationen, die nichts, aber auch gar nichts zu dieser empörenden Tat zu sagen hatten, geschweige denn etwas zum Schutz von Israel unternahmen.

Daran hatten sich die Israelis mit den Jahren gewöhnen müssen. Im Frühjahr 1967 blockierte Präsident Nasser die Straße von Tiran und damit für Israel den Weg nach Afrika. Zur gleichen Zeit gehorchten die Vereinten Nationen sofort und ohne Widerrede dem Wunsch des ägyptischen Präsidenten auf Abzug der UN-Truppen, die den Frieden zwischen Israel und Ägypten zu überwachen hatten. Dies führte zum Ausbruch des Sechstagekrieges im Juni 1967, in dem Israel die Sinai-Halbinsel eroberte,[185] das Westjordanland, den Gaza-Streifen, die Golan-Höhen und den östlichen Teil von Jerusalem.

Im Sommer 1969 hatte ein geistig verwirrter Australier Feuer in der Al-Aksa-Moschee in Jerusalem gelegt und schweren Schaden angerichtet. Der Sicherheitsrat der Vereinten Nationen klagte Israel an,[186] so als habe Israel und niemand anders den »abscheulichen Akt der Schändung und Entweihung der Moschee« zu verantworten. Am 4. Juli 1972 »bedauerte« der UN-Sicherheitsrat einen israelischen Angriff auf Flüchtlingslager im Libanon, von denen jeder wusste, dass sie den arabischen Terroristen als Operationsbasen für ihre ständigen Angriffe auf Israel dienten. Nur kurz und ohne genaue Angaben wurde auch auf »alle Gewaltakte« verwiesen, die diesem Angriff vorausgegangen waren. Israels Außenminister Abba Eban stellte dazu fest,[187] dass in der Geschichte des Sicherheitsrates keine Entschließung existiere, in der jemals besonders auf die israelischen Opfer von Angriffen arabischer Terroristen hingewiesen wurde.

Die uneingeschränkte Unterstützung der arabischen Staaten in den Vereinten Nationen war nicht zufällig. Schließlich waren sie in der Überzahl in internationalen Gremien im Verband mit dem Ostblock und den Staaten der Dritten Welt. Auch westliche Länder wollten es nicht mit ihnen verderben, hofften auf Einflussmöglichkeiten im Nahen Osten, trotz der kommunistischen Vorherrschaft in diesem Gebiet. Und dazu war das kleine Israel ungeeignet. Nicht sehr viel später, kurz nach dem Jom-Kippur-Krieg, brachten die arabischen Staaten noch ihr Öl ins Spiel – die Materie also, ohne die die Erhaltung der Arbeitsplätze in Europa nicht garantiert werden konnte und damit auch nicht der Wohlstand. Die Entschließungen der Vereinten Nationen waren zu jener Zeit, um 1973/74, ausgesprochen einseitig. Sie gipfelten in der Resolution, die den Zionismus dem Rassismus gleichsetzte.[188]

Kein Wunder, dass die Israelis die Vereinten Nationen nicht mehr ernst nahmen. Es war ja zu Zeiten des Holocaust nicht anders gewesen, bestätigten sie einander in ihren Gesprächen. Als die Welt damals von den schrecklichen Morden an den Juden erfuhr, unternahmen selbst die gegen Nazi-Deutschland Krieg führenden Nationen nichts, um die Gasöfen von Auschwitz zum Erlöschen zu bringen. »Vielleicht interessiert sich die Welt dieses Mal mehr für die Opfer, weil es sich doch hauptsächlich um Christen und nicht um Juden handelt?«, gaben einige anlässlich des Überfalls japanischer Terroristen am 30. Mai zu bedenken. »Gerade darum, weil sie uns bekämpfen, müssen wir hier in Israel leben und zusammenstehen.«

Die Lehrerin Dina hatte Tränen in den Augen, als sie den Neueinwanderern die Richtigkeit ihrer Entscheidung bestätigte. Und dann, als Kazo Okamoto zu lebenslänglich Zuchthaus und nicht, wie erwartet, zum Tode verurteilt wurde, war wohl jeder Israeli stolz auf seine Richter. »Das muss doch der Welt endlich beweisen, dass wir bessere Menschen sind als andere Völker, was unsere Moral angeht.« Daraus sprach die große Sehnsucht, wenn schon nicht geliebt, so doch wenigstens geachtet zu werden.

»Ich muss hier raus!« Einmal im Jahr, und zwar meistens im heißen Sommer des Orients, war das wie ein Ausdruck von Klaustrophobie, die viele Israelis erfasste. Zu viel stürmte täglich auf sie ein. Und das nicht immer nur im Zusammenhang mit Israels außenpolitischer Situation. Da riefen die Angestellten von 15 Krankenhäusern einen Streik aus, um ihren Geldforderungen Nachdruck zu verleihen, und gefährdeten die ärztliche Betreuung im Lande.[189]

Oder Beate Klarsfeld[190] entdeckte den ehemaligen Gestapochef von Lyon, Klaus Barbie, in La Paz (Bolivien), dem viele Morde an Juden, besonders an französischen Freiheitskämpfern und jüdischen Kindern, zur Last gelegt wurden. In Frankreich war er Jahre zuvor in absentia zum Tode verurteilt worden. Eine solche Meldung musste die Israelis erregen, zumal bekannt war, dass dieser Naziverbrecher, wie so viele andere, nach dem Krieg von der katholischen Kirche außer Landes gebracht worden war, um seiner gerechten Strafe entgehen zu können.[191] Inflationäre Tendenzen ließen viele Israelis um ihr Erspartes fürchten. Und so jagte eine Meldung die andere, ein Ereignis folgte dem anderen. Die Menschen brauchten ab und zu Ruhe und Abstand von ihrem Land, in dem sie ständig in Spannung gehalten wurden.

Aber wer konnte schon reisen? Jede Reise, ganz gleich in welches Land, musste per Flugzeug unternommen werden. Das arabische Umland blieb Israelis verschlossen.[192] Den hohen Flugpreisen fügte der Fiskus über viele Jahre eine erhebliche Reisesteuer hinzu. Die Mitnahme ausländischer Währung war der schlechten finanziellen Lage des Landes wegen begrenzt. Diejenigen, die nach langem Sparen reisen konnten, ließen nichts aus: Amsterdam, Rom, London, Paris, und das alles möglichst in 14 Tagen, mehr gaben die Finanzen nicht her. Sie wussten nur zu gut, dass ihnen eine solche Reise so bald nicht wieder beschert werden würde.

Mit Paketen und Päckchen beladen – Geschenke für die Familie oder Sachen, die im Ausland billiger oder in Israel nicht zu haben waren – kehrten sie zurück, wie jeder Mensch froh, wieder daheim zu sein. »Es war so still im Ausland, dass ich immer unruhiger wurde.« Man lachte über sich selbst. In Wahrheit hatten sie auch im Ausland mit Akribie die Geschehnisse in ihrem kleinen Land und seiner Umgebung verfolgt. Die Explosion im Gepäckraum einer Boeing 707 der El Al auf dem Wege von Rom nach Lod erregte sie nicht nur ihrer eigenen Sicherheit wegen. Der Sprengstoff war in einem Plattenspieler versteckt, den zwei britische Mädchen von arabischen Terroristen »als Geschenk« erhalten hatten.[193]

Als ich einmal in einem Blumenladen unschlüssig herumstand, was für einen Strauß ich kaufen sollte, bot mir der Verkäufer seinen Rat an: Für wen die Blumen denn seien, fragte er. Ich gab bereitwillig Auskunft: »Für die Frau meines Vetters.« – »Ach«, sagte er mit einer wegwerfenden Gebärde, »da reichen doch sechs Rosen, und Zellophanpapier (das extra bezahlt werden muss) ist auch nicht nötig.« Dieser trockene Humor, der dem des

Berliners ähnelt, fehlte mir, wenn ich im Ausland war. Ich wusste allerdings damals noch nicht, dass es ihn schon bald nicht mehr geben würde.

Das Land hielt den Atem an an jenem 5. September 1972. Am frühen Morgen waren acht arabische Terroristen in das unbewachte Quartier der israelischen Olympiamannschaft im Olympischen Dorf, Connollystraße 31, in München eingedrungen. Zwei israelische Sportler, die sich ihnen entgegenstellten, wurden sofort erschossen. Die übrigen neun Sportler und Funktionäre wurden von den Terroristen, die sich als Mitglieder des »Schwarzen September« ausgaben, in Geiselhaft genommen. Sie sollten für 200 in israelischer Haft befindliche Araber ausgetauscht werden. Die Terroristen drohten, die Geiseln eine nach der anderen zu erschießen, falls die israelische Regierung ihren Forderungen nicht nachzugeben bereit sei. In Israel stand die Arbeit still. Niemand konnte an etwas anderes denken. Nun müsste die Welt doch endlich verstehen, mit wem man es zu tun habe, wer den Frieden im Nahen Osten wirklich störte. Bundeskanzler Brandt kommentierte das entsprechend mit den Worten: »Das sind verabscheuungswürdige Methoden. Es gibt keine politischen Ziele, welche solche Methoden rechtfertigen können.«[194] Aber das interessierte die Terroristen überhaupt nicht. Den ganzen Tag über wurde verhandelt.

Ich hatte viele Stunden jenes Tages in schrecklicher Spannung in der Redaktion verbracht, um die eingehenden Nachrichten zu verfolgen. Als schließlich der deutsche Regierungssprecher Conrad Ahlers in den frühen Morgenstunden des 6. September mitteilte, alle Geiseln seien gerettet, ging ich erschöpft, aber beruhigt schlafen. Wenige Stunden später weckte mich mein Chefredakteur mit der Mitteilung, alle Geiseln seien ermordet worden, und ich müsse sofort nach Bonn fliegen.

Was war geschehen? Am Abend jenes langen Tages waren die Deutschen schließlich auf die Forderungen der Terroristen eingegangen, ihnen samt ihren Geiseln ein Flugzeug nach Kairo zur Verfügung zu stellen, wo angeblich der Austausch der Geiseln gegen die von ihnen geforderten 200 arabischen Gefangenen, die sich in israelischer Haft befanden, stattfinden sollte. Offensichtlich hatten die deutschen Behörden die Absicht, bei dieser Gelegenheit die Terroristen zu überwältigen. Ein solcher Versuch wurde auch unternommen. Im Verlauf des Kampfes wurden zwar fünf Terroristen getötet, zwei verwundet und der achte verhaftet. Von den Geiseln aber überlebte keine, denn der letzte nicht verwundete Araber erschoss acht von ihnen im letzten Augenblick, die neunte erstickte im durch eine Handgranate in Brand gesetzten Hubschrauber.

In Israel war man zutiefst erschüttert. Man begriff gar nicht, wie das hatte passieren können. Wie hatte es möglich sein können, dass ihre Sportler ungeschützt gewesen waren, und wie hatte es den Deutschen misslingen können, die Mörder zur Strecke zu bringen. Aber die Israelis hatten nicht viel Zeit zu trauern; die Wirklichkeit unserer Welt holte sie sehr schnell ein.

»Sie werden nicht eine einzige Erwähnung des Wortes ›arabisch‹ in seiner Rede finden«, sagte der stellvertretende Bonner Regierungssprecher Rüdiger von Wechmar.[195] Er bezog sich dabei auf die Rede des Bundespräsidenten Gustav Heinemann, der in der wenige Stunden nach dem Mord stattfindenden Trauerfeier die Schuldigen angeprangert hatte: »Im Vordergrund ist eine Verbrecherorganisation, die da glaubt, dass Hass und Mord Mittel des politischen Kampfes sein können.« Dann fügte er unmissverständlich hinzu: »Verantwortung tragen aber auch jene Länder, die diese Menschen nicht an ihrem Tun hindern.« Es gab niemanden in der Bundesrepublik, der diese Bemerkung nicht auf die arabischen Staaten bezog, die Terroristen gegen Israel nicht nur gewähren lassen, sondern ihnen auch noch Unterschlupf bieten. Aber die Regierung in Bonn wollte sich ihre Beziehungen zu den arabischen Staaten nicht von einem Mord an elf israelischen Sportlern diktieren lassen.

Daran konnte schließlich niemand mehr zweifeln, als die Regierung in Bonn den Bedingungen arabischer Luftpiraten der Organisation »Schwarzer September«, die drei inhaftierten Terroristen von München unverzüglich freizulassen, ohne viel Aufhebens Folge leistete. Diese hatten am 29. Oktober ein Lufthansa-Flugzeug auf dem Weg von Beirut nach München in ihre Gewalt gebracht und drohten, es mit 13 Passagieren und sieben

Besatzungsmitgliedern an Bord in die Luft zu jagen, falls ihre Bedingungen nicht erfüllt würden.

Man konnte kaum so schnell denken, wie Bonn die Freilassung der drei Mörder von München verfügte. Dass die zeitweilige Abberufung des israelischen Botschafters aus Protest Bonn nicht sonderlich störte, liegt auf der Hand. Ich habe mich in Bonn selten so einsam gefühlt wie in jenen Tagen. Ich sehnte mich nach dem Land, vor allem nach den Menschen zurück, denen ich mich trotz aller Schwierigkeiten im ersten Jahr meiner Einwanderung mehr denn je verbunden fühlte.

34
Von Krieg und Frieden

»Ist heute nicht ein herrlicher Tag? Wir haben Frieden!«, rief die Telefonistin in Jerusalem ihrer Kollegin in Kairo zu, mit der sie gemeinsam für mich ein Gespräch mit der Frau des Präsidenten Sadat herstellen sollte. Sie saß in der Zentrale des internationalen Pressezentrums, das im Theater der Stadt für Hunderte von Journalisten aus aller Welt hergerichtet worden war, die über den spektakulären Besuch des ägyptischen Präsidenten Sadat in Israel berichten wollten. Ein provisorisches Kabel war speziell für diesen Zweck von Jerusalem nach Kairo gelegt worden. Die Telefonistin in Kairo pflichtete ihrer israelischen Kollegin bei. »Kein Krieg mehr! Keine Toten! Wie wunderbar!« Die Israeli, die seit ihrer Flucht aus Kairo die Stadt nicht mehr hatte besuchen können, da die Grenzen arabischer Länder für Israelis hermetisch verschlossen waren, war neugierig. »Wo wohnst du?«, fragte sie ihre Kollegin am anderen Ende der Leitung in Arabisch, ihrer Muttersprache. »Abu Bakr«, antwortete diese und erklärte den Stadtteil und die genaue Lage. »Nein, so was!«, die Israeli war außer sich vor Freude. »Aber dort haben wir doch auch gewohnt.« Und dann fragte sie nach Einzelheiten, ob es den Bäcker an der Ecke noch gebe und die Apotheke neben ihm. Fast vergaßen die beiden Telefonistinnen, die eine in Kairo, die andere in Jerusalem, dass sie im Dienst waren, im Dienst des Friedens zwischen Israel und Ägypten.

Die Teilnahme an der Berichterstattung vom 19. November 1977, dem Tag, an dem der ägyptische Präsident Anwar Sadat israelischen Boden betrat, um nach Jahren der Feindschaft und der Kriege den Israelis Frieden anzubieten, gehört zu den Höhepunkten meiner journalistischen Karriere. Diese unerwartete Entwicklung begeisterte uns alle. Es schien uns, als sei ein Ende aller Feindseligkeiten in Sicht, denn wir waren ganz sicher, dass die übrigen arabischen Staaten dem Beispiel Ägyptens folgen würden, ja müssten, und dass Israel nun inmitten der arabischen Welt endlich in Frieden würde leben können. Es kam nicht so. Auch nach dem Abschluss des Friedensvertrages kam es noch zu Krisen und Konflikten in den Beziehungen zwischen Israel und Ägypten, die zeitweise das Verhältnis der beiden Staaten zueinander zu einem sehr frostigen Frieden herunterstuften.

Am 6. Oktober 1981 wurde Präsident Sadat von islamischen Extremisten ermordet, und das nicht nur wegen seiner Haltung zu Israel. Dennoch spielt der erste Friedensvertrag zwischen Israel und einem arabischen Land eine bedeutende Rolle in der Entwicklung des Nahen Ostens, und wie viel Leid dessen Völkern dadurch erspart geblieben ist, kann man nur vermuten.

Es war der 6. Oktober 1973, der Tag, der eigentlich diese dramatische Wende im Nahen Osten eingeleitet hat. Ich erlebte Jom Kippur zum ersten Mal in Israel. Um die Mittagszeit, am Freitag, dem 5. Oktober, erstarb das Leben in der Stadt Tel Aviv. Die Straßen leerten sich. Bald störte kein Autogeräusch mehr die Stille. Kein Flugzeug war zu hören. Der Flugplatz Israels blieb während des Feiertages für den internationalen Luftverkehr gesperrt. Kinder übernahmen die Straße, bemalten die leeren Fahrbahnen mit Kreidezeichnungen. Cafés und Restaurants hatten geschlossen. Die Leuchtreklame der Kinos und der großen Firmen flammten nicht auf wie sonst, wenn es dämmerte. Gegen Abend beobachtete ich Fußgänger, die in festlicher Kleidung, das Gebetbuch unterm Arm, zur Synagoge gingen – gemächlich, wie der Charakter dieses Tages es vorschreibt.

Für die Gläubigen ist es der Gerichtstag, an dem, nach jüdischer Religion, Gott über Leben und Tod entscheidet. Um der Buße für ihre Sünden Gewicht zu geben, fasten sie 24 Stunden lang. Die weniger Gläubigen machen es oft ebenso – wohl mehr aus Pietät als aus Überzeugung. Es ist der einzige jüdische Feiertag, den die Mehrheit des jüdischen Volkes ernst nimmt.

In der Nacht erwachte ich. Es war mir, als hätte ich ein Flugzeug gehört. Es musste ein Traum gewesen sein. Denn eine solche Verletzung des heiligsten aller Feiertage war undenkbar. Ich schlief wieder ein. Dann meinte ich Autos über die nahe Chaussee rasen zu hören. Ich verstand das nicht, ahnte aber nichts Böses. Am Morgen nahm diese Geschäftigkeit noch zu. Ich blieb gleichgültig. Israels Radio- und Fernsehanstalten blieben wegen des Feiertages stumm. Ich hätte ausländische Sender einschalten können. Aber ich hatte gar nicht das Bedürfnis danach. Ich wollte Freunde anrufen, wollte mich lustig machen über die Abwendung von der Religion, die auch Israel erreicht zu haben schien. Aber mein Telefon gab keinen Laut von sich, so als beteilige es sich an diesem perfekten Ruhetag. Über Mittag schlief ich ein. Es war noch sehr warm in Israel.

Ein schriller Ton weckte mich aus tiefem Schlaf. Ich hörte mich selbst aufschreien. Ich glaubte mich in Berlin, irgendwann in den Jahren des Zweiten Weltkrieges. Fliegeralarm! – Der Ton der Sirene konnte nicht deutlicher sein. Ich sprang hoch. Langsam, nur sehr langsam kam ich zu mir. Im Treppenhaus hörte ich Stimmen. Ich öffnete die Wohnungstür. »Ja, wissen Sie denn nicht, was geschehen ist?« Ungläubig sah meine Nachbarin mich an. »Es ist Krieg, die Syrer sind in Israel eingedrungen, und die Ägypter haben den Suezkanal überschritten.« Und während sie das sagte, bereitete sie Brote für ihren Mann vor, der im Nebenzimmer seine Uniform anzog. Der Abschied war kurz und, wie mir schien, ohne jegliche Emotionen, so als würde er irgendeine Geschäftsreise antreten. Sie sah ihm nicht einmal nach, als er, das Gewehr auf den Beifahrersitz werfend, sich in seinen Wagen schwang und davonbrauste. Im Augenblick schien ihr die Betreuung der drei Kinder wichtiger zu sein, die mit großen Augen die Vorbereitungen beobachtet hatten. »Meinen Sohn haben sie schon vor zwei Stunden geholt«, berichtete eine andere Nachbarin. »Und den Sohn von Bracha haben sie vom Gebet weg aus der Synagoge herausgerufen.«

Die älteren Männer räumten den Keller aus, der natürlich nicht so bereitstand, wie das Gesetz es vorschreibt. Wir Frauen und Kinder standen auf den Gängen und im Treppenhaus herum und lauschten hinaus. Auf der Straße nicht ein Laut, kein Schuss, kein Motorengeräusch, keinerlei Bewegung. Geisterhafte Stille. Nach 30 Minuten – Entwarnung. »Ich habe keine Ahnung, wo mein Sohn ist. Seine Frau hat ein Baby bekommen.« Man sprach miteinander. Die Wohnungstüren blieben geöffnet. Man war wieder eine Familie. Frauen und Kinder waren allein und die Kinder ungewöhnlich still. Kurze Zeit darauf ein zweiter Alarm. Und wieder die gleiche Szene – kein Laut, keine Bewegung. Die Straße sah aus wie eine Bühne vor Beginn einer Aufführung. Aber es geschah nichts. Nach der Entwarnung fuhr ich in die Redaktion. Auf der Straße hielten Oberschülerinnen mein Auto an. Sie übermalten die Scheinwerfer mit dunkelblauer Farbe. Die Verkehrsampeln waren abgeschaltet. Die Vorbereitungen für die Verdunkelung waren angelaufen.

In der Redaktion wartete man bereits auf mich. Einige Redakteure waren schon an der Front. Andere kamen noch einmal kurz vorbei auf dem Weg in den Krieg, das Gewehr über der Schulter. Auch die Belegschaft der Druckerei war nicht mehr vollzählig. Kurz erklärte man mir, dass ich das Material der ausländischen Nachrichtenagenturen sichten solle, das in Massen anfiel und viele Nachrichten aus den arabischen Staaten enthielt. Große Sachlichkeit bestimmte die Atmosphäre. Und doch wurden Fragen gestellt. Wie konnte das geschehen? Wie war es möglich, dass man uns so überraschen konnte ? Oder waren wir aus irgendeinem Grunde nicht vorbereitet? Dayan? Zweifel am Verteidigungsminister, dem Helden des Sechstagekrieges, wurden laut. Ich hörte von Alex, der wenige Tage zuvor wie viele andere Soldaten wegen des Feiertages auf Urlaub geschickt worden war. Er ließ seine Sachen am Kanal, von wo aus die Vorbereitungen der Ägypter zu sehen gewesen waren. »Manöver«, hatten die Vorgesetzten erklärt. Er gehörte zu den fünfen von den 20 Mann seiner Einheit, die ihres Urlaubs wegen ungeschoren davonkamen. Sieben Soldaten fielen, vier kamen in Gefangenschaft, vier weitere wurden verletzt.

Aber zu diesem Zeitpunkt wusste man nichts, gar nichts. Ich arbeitete die Nacht durch. Die Stenotypistinnen baten darum, dass man ein Telefon frei hielt. Es könne doch sein, dass der Mann, dass der Sohn anriefe. Schließlich gebe es doch Telefon an der Front. Und »sie wissen doch alle, wie wir uns sorgen«. Aber der einzige Anruf, der in dieser Nacht kam, war für Ella. »Wo bist du?«, brüllte sie ins Telefon. Sie beugte ihr Gesicht auf die

Sprechmuschel herunter, als könne sie ihm so näher kommen. Sie lauschte intensiv, sprach aber nur ein paar belanglose Worte und hängte wieder ein. Ihr Gesicht, das zuvor nichts von ihrer Not verraten hatte, strahlte. »Mein Mann«, sagte sie wie außer Atem, »dem Himmel sei Dank.« Er befände sich in der Nähe von Safad (Galiläa), also nicht in Gefahr. Er habe seinen Pullover vergessen, und es sei bitterkalt dort. Sie begann zu telefonieren, gab Botschaften an andere Frauen weiter, die ihr Mann ihr aufgetragen hatte. Ella merkte gar nicht, dass sie beneidet wurde.

Als ich am frühen Morgen nach Hause fuhr, war tiefdunkle Nacht. Ich fuhr schrittweise, wie blind, denn meine verdunkelten Scheinwerfer gaben so gut wie kein Licht her. Ich gewöhnte mich schließlich daran, denn auch die folgenden Nächte verbrachte ich an den Tickern von Reuters, AP und Agence France-Presse. Unsere Zeitung erschien nur noch in wenigen Blättern, denn immer mehr Redakteure und Drucker wurden eingezogen. Sie enthielt nur noch die wichtigsten Kriegsnachrichten. Ich versuchte, am Tage den Schlaf nachzuholen. Aber das gelang nicht. An den ersten zwei Kriegstagen waren die Schulen geschlossen und die Kinder zu Hause. Danach fand der Unterricht verkürzt statt, denn auch die Lehrer fehlten natürlich. Mein Telefon ging wieder. Freunde vermuteten, dass ich vielleicht mehr wüsste, da doch die Militärzensur nicht alles zur Veröffentlichung freigebe, um die Menschen nicht noch mehr zu beunruhigen.

Die Berichte klangen ohnehin nicht sonderlich günstig in den ersten Kriegstagen. Die Syrer habe man zurückgeworfen, hieß es, aber wohl noch nicht weit genug, um die Gefahr entscheidend abzuwehren. So las man es zwischen den Zeilen. An der Sinai-Front sah es zunächst nicht so aus, als habe man so leichtes Spiel mit den Ägyptern wie in früheren Kriegen. In den Zeitungen erschienen weiße Stellen, oder manches war unleserlich gemacht worden. Der Beweis, dass die Zensur noch in letzter Minute Streichungen vorgenommen hatte. Ab und zu gab es Fliegeralarm. Darum kümmerte sich schon keiner mehr. Die Menschen blieben einfach in den Kaffeehäusern sitzen. Die Nachbarn fragten an, ob sie für mich einkaufen gehen sollten. Die Geschäfte schlossen der Verdunkelung wegen früh.

Man begann zu hamstern, stand stundenlang an. Manches Regal war bereits leer. In den Postämtern »amtierten« Schulkinder. Freiwillige, meist Frauen und alte Männer, halfen aus, wo sie nur konnten. Ein älterer Kollege bat mich, einen Teil seiner Schicht mitzuübernehmen, weil sie sonst nichts zu essen haben würden. Seine Frau – wie alle Ehefrauen und Mütter Israels – säße am Telefon, immer am Telefon. »Der Sohn, wissen Sie.« Man merkte es, wenn am anderen Ende der Leitung jemand umgehend den Hörer abnahm. Die wenigsten wussten etwas über ihre Männer oder ihre Söhne. Jüdische Künstler, allen voran der Geiger Isaak Stern, kamen nach Israel, um ihre Solidarität zu demonstrieren. Der indische Dirigent und Musikdirektor des Israelischen Philharmonischen Orchesters, Zubin Mehta, eilte aus irgendeinem Lande herbei, um die Menschen durch Musik zu trösten und zu beruhigen.

Am 22. Oktober, dem 19. Tag nach Ausbruch des Krieges, stimmte Israels Regierung den vom Sicherheitsrat der Vereinten Nationen ausgearbeiteten Waffenstillstandsbedingungen zu. Die Erleichterung war spürbar. Trotz der noch anhaltenden Verdunkelung kehrte Leben auf die Straßen von Tel Aviv zurück. Es war, als ob die Kinder wieder lauter schrien als Tage zuvor. Die Frauen schienen wieder Muße zu haben, an den Auslagen der Schaufenster vorbeizuschlendern, und an den Kiosken schlürften die Alten wieder in aller Ruhe ihren Kaffee.

Am 24. Oktober hörte das Morden endgültig auf. Ägypten hielt noch zwei wichtige Brückenköpfe auf der Ostseite des Kanals, während seine Dritte Armee auf der Westseite tief auf ägyptischem Boden von den Israelis umzingelt war. Im Norden hatten die Israelis die Syrer wieder in ihr Land zurückgeworfen und waren bis zu den Vorstädten von Damaskus vorgedrungen. Schätzungen nach hatte Israel 2700 Tote zu beklagen, Syrien 3500 und Ägypten 15 000. Am 18. Dezember begann unter der Schirmherrschaft der Vereinigten Staaten und der Sowjetunion die Genfer Friedenskonferenz, die eine Entflechtung der Truppen herbeiführen sollte. Syrien lehnte die Teilnahme ab. Durch die Vermittlung des amerikanischen Außenministers Dr. Henry Kissinger führten die Verhandlungen zwischen Israel und Ägypten schließlich am 18. Januar 1974 zu einem guten Ende.[196]

Vom militärischen Standpunkt aus hatten die Israelis einen beachtlichen Erfolg zu verzeichnen, wenn man noch dazu ihre prekäre Lage beim Ausbruch des Krieges bedachte. Sie haben klugerweise diesen Sieg nie zu ihren Gunsten ausgeschlachtet. Denn es offenbarte sich sehr schnell, dass der anfängliche Erfolg der Ägypter, die die israelischen Linien am Suezkanal durchbrochen und die Israelis zunächst weit zurückgedrängt hatten, einem psychologischen Durchbruch gleichkam. Ägypten, das in mehreren Kriegen von Israel geschlagen worden war und Gebiete hatte abtreten müssen, sah darin eine Wiederherstellung seiner Ehre. Ohne diesen psychologischen Erfolg wäre es mit großer Wahrscheinlichkeit nicht so schnell zu dem Entflechtungsabkommen und ganz sicher nicht zu dem späteren Friedensvertrag zwischen Israel und Ägypten gekommen.

»Schalom, Herr Doktor.« Der übergroße Portier deutscher Herkunft des »King David«-Hotels in Jerusalem in seiner grauen Livree zog seinen ebenso grauen, hohen Zylinder und verbeugte sich tief, um den amerikanischen Außenminister in seiner Muttersprache zu begrüßen. Henry Kissinger, der aus Fürth stammt, guckte eine Sekunde irritiert hinter seinen Brillengläsern hervor. Dann schritt er schnellen Schrittes auf die ihn erwartenden Menschen zu. Amerikanische Touristen hinter einem Sicherheitskordon klatschten Beifall, während die Kameras der Fernsehstationen vieler westlicher Staaten surrten. Kellner und Putzfrauen stürzten herbei, um den Mann zu sehen, der es als Emigrant bis zum Außenminister gebracht hatte. Aber sie sahen nur noch den breiten Rücken des legendären Henry K. und den ihn begleitenden, auf ihn einredenden israelischen Außenminister Abba Eban. Der extra reservierte Lift schwebte schon in die sechste Etage, die dem Außenminister, den ihn begleitenden Beamten und den Sekretärinnen samt ihren Telefonen und Telexmaschinen zur Verfügung gestellt worden war.

Nach der ersten gelungenen »Pendeldiplomatie«, die am 18. Januar 1974 zum ersten Entflechtungsabkommen zwischen Israel und Ägypten geführt hatte, unternahm Henry Kissinger am 28. April 1974 einen zweiten Versuch, den Nahen Osten dem Frieden näherzubringen. Dieses Mal ging es um ein Entflechtungsabkommen zwischen Israel und Syrien. Dass diese Aufgabe schwerer sein würde als die vorige, war allen Beteiligten klar, da Syrien nicht einmal bereit gewesen war, an der Genfer Friedenskonferenz teilzunehmen.[197]

Henry Kissinger begann seine Mission mit einem Gespräch mit seinem sowjetischen Kollegen Gromyko am 28. April 1975 in Genf. Die Russen waren offensichtlich daran interessiert, bei diesen Verhandlungen nicht nur Zaungäste zu sein. Den Amerikanern war dies recht, denn eine Friedensordnung im Nahen Osten ohne die Sowjetunion war entweder nicht zu erreichen oder in Gefahr, torpediert zu werden. Aus »informierten Kreisen« wurde bekannt, dass Kissinger vor seinem russischen Kollegen die Meinung geäußert habe, Israel müsse den ersten Schritt tun, um zu einem Abkommen mit Syrien zu gelangen. Gromyko versicherte ihm, dass die Sowjetunion seine Bemühungen nicht behindern werde. Wir israelischen Journalisten, die Kissinger von seiner Landung in Israel bis zu seinen häufigen Ab- und Anflügen beobachteten, mussten erst lernen, dass die »informierten Kreise« der Außenminister selbst war, der seinen 14 ihn begleitenden Journalisten im Fluge Brosamen von Informationen zuwarf, die aber als gezielte Indiskretion ein Teil seiner Verhandlungstaktik waren.

Einen Tag später sprach Kissinger bei Algeriens Houari Boumedienne vor, den er als entscheidenden Staatsmann der arabischen Welt ebenfalls von seinen Absichten in Kenntnis setzen wollte. Hier fügte er, deutlicher werdend, hinzu, dass Israel den Syrern Zugeständnisse machen müsse. Dann flog er zu dem wohl zu der Zeit bedeutendsten Mann im Nahen Osten, Präsident Sadat von Ägypten, dem er versicherte, dass er den Vertrag zwischen Israel und Syrien innerhalb von zehn Tagen unter Dach und Fach haben werde. Und dann bestieg er seine Boeing 707, die speziell von der amerikanischen Luftwaffe für ihn als Hotel und Büro hergerichtet worden war. Von diesem Flugzeug aus war er über das Pentagon elektronisch mit jedem Telefon der Welt verbunden.

Am 2. Mai nahm er seine Gespräche mit einer israelischen Delegation unter Leitung der israelischen Premierministerin

Golda Meir auf, die ihm versicherte, dass Israel im Prinzip zu Konzessionen im »Schritt-für-Schritt-Tempo« bereit sei. Mit dieser Information flog er am nächsten Morgen nach Damaskus, verbrachte den Tag in allgemeinen Gesprächen mit den Syrern, um einen Tag darauf Präsident Sadat wiederum in Alexandria über den Stand der ersten Gespräche zu unterrichten. Am selben Abend kehrte er nach Jerusalem zurück.

Und nun entwickelte sich eine Art Routine: Am Morgen verhandelte er mit den Israelis, am Mittag flog er nach Damaskus, in der Nacht war er wieder in Jerusalem, um die auf ihn wartenden Israelis über die letzte Meinung ihrer Gegenspieler zu informieren. Ab und zu legte er noch einen Abstecher zu Präsident Sadat ein, um ihn auf dem Laufenden zu halten. Zwischen den beiden entwickelte sich eine sehr freundschaftliche Beziehung. Sadat sprach nur noch von »Bruder Henry«. Kein Zweifel, dass diese Beziehung später zur Entstehung des Friedensvertrages zwischen Israel und Ägypten beitrug. Über Kissinger lernte der ägyptische Präsident die Israelis und ihre Art zu denken und zu handeln kennen.

Meine Aufgabe bestand im Wesentlichen aus »Warten auf Henry« oder, genauer gesagt: auf die Brosamen der Verlautbarungen des Henry K., die uns einige unserer amerikanischen Kollegen bereitwillig zuspielten und die mit den inzwischen bekannt gewordenen Informationen über seine Vormittagsgespräche mit den Israelis kombiniert und analysiert werden mussten. Während Henry, »der Pendler«, meist noch nachts bei seiner Rückkehr ins Hotel »mit sprühender Energie« ausschritt, sah man seinen Mitarbeitern täglich mehr die Erschöpfung an. Von den Journalisten gar nicht zu reden, die erst nach seiner Rückkehr und den nächtlichen Gesprächen mit den Israelis ihre Berichte absetzen konnten. Ich verdanke dieser Aufgabe, dass ich in früher Morgenstunde einen der prachtvollsten Sonnenaufgänge über der Stadt Jerusalem miterleben durfte. Wenn ich mich dann endlich zur Ruhe begeben konnte, war Henry Kissinger meist schon wieder auf den Beinen.

Bereits am siebten Tag seiner Verhandlungen, die Kissinger gelegentlich als »dramatisch« bezeichnete, sprach er die Überzeugung aus, dass beide Seiten einem Vertrag sehr nahe seien. So jedenfalls verkündeten die »informierten Kreise«. Er flog noch kurz nach Riad, um König Feisal von Saudi-Arabien um Unterstützung für seine Bemühungen zu bitten, so wie es Präsident Sadat und Präsident Boumedienne zu tun bereit waren. Schließlich traf er sich auch noch einmal auf Zypern mit dem sowjetischen Außenminister Gromyko, der Kissingers »Solodiplomatie« nun doch mit einem gewissen Argwohn zu verfolgen schien. Dabei schlug der sowjetische Außenminister dem Amerikaner vor, die Israelis müssten gezwungen werden, die Hälfte der Golan-Höhen zu räumen. Kissinger meinte daraufhin nur zynisch, der sowjetische Kollege solle doch an seiner Statt nach Jerusalem fahren.

Aber wann immer Kissinger glaubte, den Vertrag bereits in der Tasche zu haben, fiel es den Syrern ein, noch weitere Konzessionen von den Israelis zu verlangen. Es wurde bald klar, dass Kissinger die Zehntagefrist, die er sich zur Erlangung des Vertrages gesetzt hatte, nicht einhalten konnte. Er schlug vor, entweder die Verhandlungen zu unterbrechen, da er dringend an seinen Arbeitsplatz in Washington zurückkehren müsse, oder aber, beide Seiten sollten sich auf einen Vertrag einigen und dessen Einzelheiten bis zu einer neuerlichen Friedenskonferenz in Genf geheim halten. Auf diese Weise würden sie ihre innenpolitischen Schwierigkeiten, die ihnen ein solches Abkommen zweifellos bereitete, leichter überwinden können.

Aber diese Vorschläge fanden keine Gegenliebe. Kissinger, der eine Niederlage seiner Bemühungen fürchtete, verschob nun doch seine Abreise und nahm die Verhandlungen wieder auf. Wenige Tage darauf, am 17. Mai, musste er sie unterbrechen. Palästinensische Terroristen hatten eine Schule in Maalot (Galiläa) überfallen. Sie nahmen die Kinder in Geiselhaft und forderten die Freilassung von 23 palästinensischen Terroristen aus israelischen Gefängnissen. Israelische Soldaten stürmten schließlich die Schule, konnten aber nicht verhindern, dass die Terroristen 22 Kinder töteten. Die Empörung in Israel und der darauffolgende Vergeltungsangriff der israelischen Armee auf Operationsbasen der Terroristen im Libanon machten Kissinger seine

Aufgabe nicht gerade leichter. Überdies hatten es sowohl Ägyptens Präsident Sadat wie auch Syriens Präsident Assad trotz der Bitte Kissingers unterlassen, ihren Abscheu über den Angriff auf die Schulkinder auszudrücken. Und so schien es Kissinger sinnlos, weiter zu verhandeln. Die Journalisten zahlten ihre Hotelrechnungen, die Koffer wurden verladen. Frau Meir dankte Henry Kissinger bei einem Abschiedsessen für seine Bemühungen. Der Kampf um einen kleinen Schritt zum Frieden schien gescheitert zu sein. Kissinger wollte über Damaskus und einen kurzen Zwischenstop auf dem Flughafen von Tel Aviv nach Washington zurückfliegen.

Ich war enttäuscht und total erschöpft in meine Wohnung nach Tel Aviv zurückgekehrt. Die Aufgabe – die Erlangung von Nachrichten, das viele Warten – war hart gewesen. Dazu hatten technische Probleme die Schwierigkeiten noch erhöht. Einmal hatte der Schnee, der in Jerusalem selten fällt, die Ankunft meines Berichtes in der Redaktion in Tel Aviv verhindert. Ein anderes Mal hatten die Kollegen in Tel Aviv versäumt, das Telexgerät mit Papier auszustatten. In solchen Fällen wurde ich noch der wenigen Stunden meines Schlafes beraubt; denn nun musste ich meinen Bericht noch einmal telefonisch durchgeben. Ich hatte mich gerade zur Ruhe gelegt, als die Redaktion mich erneut aufscheuchte. Kissinger war nach Jerusalem zurückgekehrt. Die Gespräche in Damaskus hatten ihn dazu ermutigt. Zehn Minuten später raste ich die Hügel zur Heiligen Stadt wieder hinauf.

Und wieder begann das gleiche Spiel. Kissinger sprach von Fortschritten und behauptete, die Parteien seien sich eigentlich schon einig. Dann hörte man wieder von neuen Forderungen der Syrer. Kissinger drohte wiederum abzureisen. Aber schließlich pendelte er weiter zwischen Jerusalem und Damaskus hin und her. Und am 31. Tag seiner Bemühungen war es so weit. Um 2:30 Uhr morgens traf er, aus Damaskus zurückkehrend, noch einmal mit der israelischen Delegation zusammen, um ihr die Zustimmung der Syrer zu den so schwer erarbeiteten Bedingungen des Abkommens mitzuteilen.

Noch einmal sprach man alles durch, während wir Journalisten vor dem Amtssitz des israelischen Premierministers in der

Kälte einer Jerusalemer Nacht bis 5 Uhr morgens ausharren mussten. Trotz der ungewöhnlichen Stunde gab man noch einen Toast auf den Abschluss aus. Als Kissinger die israelische Premierministerin zum Abschied küsste, meinte Golda Meir nur trocken: »Ich wusste gar nicht, dass Sie auch Frauen küssen.« Sie bezog sich dabei auf die »Bruderküsse« von Präsident Sadat und Kissinger. Das Ergebnis der Verhandlungen – Rückzug Israels aus der syrischen Stadt Kuneitra und ihren umliegenden Dörfern, Stationierung von UN-Truppen und Austausch von Gefangenen – schien karg im Verhältnis zu den Anstrengungen des amerikanischen Außenministers.

Es kam fast einem Symbol gleich, als sich Henry Kissinger an einem arbeitsfreien Sabbat, dem 22. März, nach Massada am Toten Meer fliegen ließ. Im Februar 1975 war er wiederum nach Jerusalem gekommen, um ein drittes Mal mit Hilfe seiner Pendeldiplomatie die Staaten des Nahen Ostens einander näherzubringen. Dieses Mal ging es um ein zweites Entflechtungsabkommen zwischen Ägypten und Israel. Ägypten verlangte die Rückgabe der Gebirgspässe Mitla und Giddi auf der Sinai-Halbinsel und der Ölfelder von Abu Rodeis, aus denen Israel seit dem Sechstagekrieg fleißig zapfte.

Aber dieser Versuch gestaltete sich noch schwieriger als das Abkommen mit Syrien, denn Israel verlangte im Gegenzug von Ägypten einen Nichtangriffspakt. Jener Sabbat, so wusste jeder Beteiligte, sollte über einen Fortgang der Verhandlungen entscheiden. Henry Kissinger war ganz der Harvard-Professor, als er auf dem historischen Felsplateau von Massada in der Wüste erschien: dunkler Anzug, passende Krawatte, schwarze Socken, die über ebenso schwarzen Halbschuhen sichtbar waren. Er wurde geführt von Israels renommiertestem Archäologen, der Massada entdeckt und die Ausgrabungen geleitet hatte. Professor Jigael Jadin trug kurze khakifarbene Hosen, ein offenes Hemd und ein Kibbuz-Hütchen auf dem Kopf. Er ließ keine Gelegenheit ungenutzt, um dem Amerikaner anhand von Beispielen zu beweisen, dass Israel nicht an dem sogenannten »Massada-Komplex« leide, wie vielfach behauptet wurde. Auf Massada hatten sich 73 v. Chr. 960 jüdische Krieger und ihre Familien das Leben genommen, um sich nicht einer Übermacht von 15 000 römischen Legionären ergeben zu müssen.

Aber niemand konnte sich von diesem Gedanken befreien, als bekannt gegeben wurde, dass die Verhandlungen fehlgeschlagen waren. Israel war nicht bereit, auf die Unterzeichnung eines Nichtangriffspaktes mit Ägypten zu verzichten. Präsident Sadat hatte ihnen in zwölf Punkten Konzessionen gemacht – Kissinger ließ eine entsprechende Liste veröffentlichen –, auf einen Nichtangriffspakt war er noch nicht bereit einzugehen. Stolz kam auf bei vielen Israelis, dass ihre Regierung sich ihre Handlungen nicht vom großen Bruder hatte diktieren lassen. Kissinger aber war den Tränen nahe, als er den Fehlschlag zugeben musste, und das sicher nicht nur wegen seines Misserfolges.

Aber dann kam doch noch eine Wende. Und sie kam in Schloss Gymnich bei Bonn. Israels Premierminister Jizchak Rabin war vom 8. bis 11. Mai 1975 auf Staatsbesuch in Deutschland, der erste eines israelischen Premierministers. Zufällig hielt sich auch Kissinger in Deutschland auf. Journalisten aus aller Welt warteten mit mir im Hof des Schlosses, der nicht eine einzige Sitzgelegenheit zu bieten hatte, drei Stunden lang auf ein Ergebnis. Tatsächlich fanden die beiden Staatsmänner neue Aspekte, die eine Wiederaufnahme der Verhandlungen rechtfertigten. Im August war es dann so weit. Kissinger pendelte wieder. Am 4. September wurde ein zweites Abkommen zwischen Israel und Ägypten unterzeichnet,[198] das man »Interimsabkommen« nannte.

War es ein Traum, konnte es wahr sein, was sich da vor unseren Augen am Bildschirm am 14. November 1977 um 21 Uhr abspielte? CBS-Reporter Walter Cronkite fragte über Satelliten den israelischen Premierminister Menachem Begin, ob er bereit sei, den ägyptischen Präsidenten Anwar Sadat nach Jerusalem einzuladen. Am 9. November, also eine Woche zuvor, hatte Präsident Sadat im ägyptischen Parlament angekündigt: »Ich bin bereit, persönlich die Frage eines Friedens mit Israel im israelischen Parlament zu diskutieren.« Begin griff die Herausforderung auf. Sadat, der auf der anderen Hälfte des Bildschirms zu sehen war, hörte ihm zu. In Geheimverhandlungen, in denen König Hassan von Marokko und Rumäniens Präsident Ceaucescu eine Rolle spielten, war diese Sensation vorbereitet worden. Über den amerikanischen Botschafter in Tel Aviv, Sam Lewis, liefen die diplomatischen Fäden nach Kairo. Sadat nahm Begins offizielle Einladung an. Die Israelis waren erregt wie nie zuvor. Am selben Abend war es so gut wie unmöglich zu telefonieren. Alle Leitungen waren besetzt. Jeder wollte dem anderen seine Vermutungen, seine Freude, ja seine Begeisterung mitteilen.

Dabei hatte man dem Mann Begin, der im Mai 1977 so unverhofft die Wahlen in Israel gewonnen hatte, nicht zugetraut, dass gerade er bereit sein würde, Frieden mit einem arabischen Land zu schließen. Mit Begin, der am 20. Juni das Amt des Premierministers übernommen hatte, war zum ersten Mal in Israel ein Mann des rechten Flügels an die Macht gekommen, die 29 Jahre lang in den Händen der Arbeiterpartei gelegen hatte. Begin gehörte schon in Polen während der dreißiger Jahre zu den Radikalen, die das »Heimatland« mit Gewalt erobern wollten. 1942 war er nach Palästina eingewandert und sogleich einer geheimen militanten Untergrundorganisation beigetreten, deren Führer er schließlich wurde. Nach der Staatsgründung kämpfte er im Parlament für ein Groß-Israel, das das Westjordanland einschloss.

»Ich kann es nicht fassen. Das ist ein Traum, dass ich auf israelischem Boden stehe«, so drückte ein ägyptischer Journalist seine Gefühle und die seiner Kollegen aus, die einen Tag vor der Ankunft Sadats nach Israel geflogen waren, um sich auf eine der bedeutendsten Aufgaben ihrer beruflichen Laufbahn vorzubereiten.

Im Theater der Stadt Jerusalem war innerhalb von 24 Stunden das wohl größte internationale Pressezentrum eingerichtet worden, das es je gab. Für Tausende von Journalisten, die von Japan bis Kanada, von Norwegen bis Südamerika nach Jerusalem eilten, standen in der Halle des Theaters Hunderte von Telefonen bereit. In den Garderoben der Schauspieler befanden sich zahlreiche Telexmaschinen. Auf der Bühne spannte man einen überdimensionalen Bildschirm, der sie alle Ereignisse des ungewöhnlichen Besuches miterleben lassen sollte. An den Glaswänden des Theaters drückten viele neugierige Israelis ihre Nasen platt, um wenigstens einen flüchtigen Eindruck von den Vorbereitungen für das unfassbare Ereignis zu erhaschen und uns Journalisten bei unserer Geschäftigkeit zuzusehen. Die Spuren davon waren noch tagelang sichtbar.

Als dann am Sonnabend pünktlich um 20 Uhr Präsident Anwar Sadat an der Gangway seiner Maschine erschien, da war es kein Traum mehr. Hunderte erwarteten ihn am Flughafen. Viele von ihnen hatten Tränen in den Augen, einige vor Freude, andere in Erinnerung an die fürchterlichen vier Kriege, die beide Staaten gegeneinander geführt hatten. Nach den ersten Minuten des Umschaltens auf die Wirklichkeit wurde Beifall laut, der immer stärker zu werden schien. Ein sekundenlanges Lächeln huschte über Sadats Gesicht, der sich wie jeder andere bewusst war, dass er in diesem Moment Geschichte machte. »Ich habe lange darauf gewartet, Sie kennenzulernen«, sagte er zu Golda Meir, der ehemaligen Premierministerin, die zur Zeit des Jom-Kippur-Krieges die Regierung führte, als ihm die führenden Politiker des Landes vorgestellt wurden. »Aber Sie kamen doch nicht her«, antwortete sie. »Jetzt bin ich aber hier.«

Später überreichte ihm Frau Meir ein kleines Geschenk für seine gerade geborene Enkelin und sagte unter allgemeinem Gelächter: »von der Großmutter« – so pflegte Sadat sie hämisch zu nennen – »für den Großvater«. Aber das war schon, als die Spannung der ersten Stunden des Zusammentreffens mit dem Mann, der Israel in die Knie hatte zwingen wollen, vorüber war. Jetzt aber, so hatte Sadat einem Reporter versichert, werde er gemeinsam mit Begin alles tun, dass Friede werde im Nahen Osten.

Das Volk von Israel sah den Mann und glaubte ihm aufs Wort. Wenn es bis zu seiner Ankunft noch Zweifel gehabt hatte, ob es nicht doch träumte, erwachte in ihm nun eine fast übermenschliche Begeisterung. Eine seelische Befreiung und eine Sehnsucht nach Frieden drückten sich aus, wie ich sie nie zuvor und nie wieder in Israel gespürt habe. In den Straßen tanzten die Menschen. »Frieden, es ist Frieden«, riefen sie. Und es würde auch Frieden geben mit den anderen arabischen Staaten. Davon waren sie nun fest überzeugt. Fremde küssten einander. Bis spät in die Nacht saßen sie vor den Bildschirmen oder in den Cafés, um das Ereignis in allen seinen Einzelheiten durchzusprechen. Vor dem Jerusalemer Theater hatte der Händler reißenden Absatz, der über Nacht T-Shirts mit den Köpfen der beiden Staatsmänner Israels und Ägyptens bedruckt hatte. »Das ist die erste Begegnung eines ägyptischen Herrschers mit einem jüdischen Führer, seit Pharao dem Moses befahl, mit seinem Volk das Land zu verlassen«, sagte jemand nachdenklich. Tatsächlich war mit Sadat 29 Jahre nach der Staatsgründung Israels der erste arabische Staatsmann nach Israel gekommen. Er fuhr nach zwei Tagen mit der Versicherung ab, dass sein Besuch zu einem Friedensvertrag und zu normalen Beziehungen zwischen den beiden Staaten führen würde.

Aber auch er hatte wohl nicht bedacht, dass die Kluft zwischen den Grundpositionen der beiden Staaten so groß sein würde. Sadat wollte mit Hilfe eines Friedensvertrages mit Israel einen Schritt zu einem umfassenden Frieden für den ganzen Nahen Osten tun, der eine Lösung der Palästinenserfrage einschließen sollte. Begin hingegen hoffte, mit der Rückgabe der gesamten Sinai-Halbinsel an Ägypten freie Hand im Westjordanland zu bekommen und durch eine Form der Autonomie für die Bevölkerung dort der Sache Genüge getan zu haben. Sadats Position musste sich noch verhärten, als selbst die mehr gemäßigten arabischen Staaten ihm ihre Unterstützung versagten und Ägypten sogar aus der Arabischen Liga ausgeschlossen wurde. Ägypten war somit im arabischen Lager isoliert.

Und dennoch gelang es mit Hilfe der Amerikaner und der Sadat eigenen Hartnäckigkeit, am 17. September 1978 in zwölf Tage währenden Verhandlungen zwischen Ministerpräsident Begin, Präsident Sadat und Präsident Carter in Camp David wenigstens zwei sogenannte »Rahmenabkommen« für Frieden im Nahen Osten abzuschließen. Ein Friedensvertrag zwischen Israel und Ägypten kam nach weiteren fünf Monaten und nach nicht minder harten Verhandlungen, wiederum mit der persönlichen Unterstützung von US-Präsident Carter, am 26. März zustande. Israels Begin hatte die Verhandlungen durch den Bau neuer Siedlungen im Westjordanland erheblich erschwert. Die Normalisierung der Beziehungen – der Austausch von Botschaftern, die Öffnung der Grenzen, der Luftverkehr und die Postverbindungen – wurde erst Anfang 1980 bewirkt. Sadat und Begin wurde am 10. Dezember 1979 der Friedensnobelpreis überreicht.

»Beeilen Sie sich, sonst verpassen wir die Fähre über den Suezkanal«, drängte der Reiseleiter, Vertreter eines Reisebüros in Tel Aviv, das das Erste sein wollte, welches Touristen von Israel nach Ägypten brachte. 47 Touristen und Journalisten (ich unter ihnen) mit nicht-israelischen Pässen sollten diesen ersten Tag der Normalisierung der Beziehungen am 28. Januar 1980 in Kairo mit Ägyptern des Touristengewerbes feiern. Das Reisebüro hatte die Zusicherung aus Kairo, so wurde glaubhaft versichert, dass diese Touristen auch ohne Visum anlässlich dieses ungewöhnlichen Tages die Grenze nach Ägypten überschreiten könnten. In den Straßen von Tel Aviv winkte man dem Bus zu, auf dem in großen Lettern geschrieben stand »Nach Kairo«. An der israelischen Grenze erhielten wir Ausreisepapiere. Nach einer kurzen Fahrt durch Niemandsland sahen wir die ägyptischen Grenzbaracken vor uns. Aber anstelle eines freundlichen Empfanges marschierte eine Kolonne ägyptischer Soldaten auf – martialisch anzusehen – und riegelte, Gewehr bei Fuß, die Grenze ab.

Der Reiseleiter diskutierte, beschwor, versicherte, aber nichts konnte den Offizier der Grenztruppen erschüttern. »Ohne Visum keine Einreise.« Der israelische Reiseleiter gab so schnell nicht auf. Da kristallisierte sich plötzlich von der ägyptischen Seite her ein schwarzer Mercedes aus einer Sandwolke heraus, der auf die Grenze zugefahren kam. Ihm entstieg ein untersetzter, freundlicher Mann, der Gouverneur der nahen Provinz El Arisch und ein persönlicher Freund von Präsident Sadat. »Ach ja, dies ist ein besonderer Tag«, sagte er väterlich. »Da sollen Sie auch ohne Visum die Grenze überschreiten können«, sprach's und gab Anweisung, die Pässe einzusammeln. Dann fuhr er freundlich winkend in seine Wüste zurück.

Zu diesem Zeitpunkt verließen uns die israelischen Journalisten im Glauben, dass es nur noch Minuten dauern könne, bis wir die Grenze nach Ägypten überschreiten würden. Über Radio hörten wir dann den ganzen Tag über ihre Meldungen, dass der erste Autobus aus Israel bereits in Kairo sei. Es verging eine gute

Stunde, in der unsere Ungeduld wuchs. Wir standen in der Wüste herum, um uns nichts als Sand und der Horizont in weiter Ferne. Dann erschien ein Grenzbeamter mit der Ankündigung, dass ein Norweger und der israelische Busfahrer die Grenze passieren könnten. Wir anderen ..., er bedaure. Wieder diskutierte man, äußerte Erstaunen, da der Gouverneur uns doch hatte einlassen wollen. Aber nichts half.

Und wieder tauchte eine Sandwolke am ägyptischen Horizont auf. Aus diesem Mercedes entstieg ein wenig freundlicher Mann, klein und schmächtig und seines Zeichens Polizeichef von El Arisch. Niemand von uns würde die Grenze überschreiten, sagte er energisch. Wir sollten uns von dannen scheren. Er wurde milder, aber nicht nachgiebiger, als ein Tourist empört ausrief: »Ich bin im Besitz eines Passes Ihrer Majestät der Königin von England und eine solche Behandlung nicht gewöhnt.« Noch nicht einmal ein Getränk habe man uns während der vielen Stunden des Wartens in der trockenen, warmen Wüstenluft angeboten, fügte er anklagend hinzu. Der Polizeichef ließ uns daraufhin einen Kasten Limonade bringen. Schweren Herzens bestiegen wir den Bus und fuhren in Richtung Israel zurück.

Die israelische Grenze war allerdings bereits seit zwei Stunden geschlossen. Wir standen im Niemandsland herum, bis es gelang, über Funk einen israelischen Grenzbeamten aus der Stadt Ashkalon herbeizurufen. Als ich nach diesem Ausflug von zwölf Stunden hungrig und durstig in der Redaktion ankam, glaubten meine Kollegen, die sich auf die Radiomeldungen verlassen hatten, ihren Augen nicht zu trauen. Eine Woche später versuchten wir es noch einmal, dieses Mal mit Visum. Der Polizeichef kam persönlich zu unserer Begrüßung an die Grenze. Und dann fuhren wir in den Fußstapfen des Erzvaters Abraham von vor 3500 Jahren in Richtung Kairo.

Damals begriffen wir noch nicht, dass wir mit dem Gouverneur und dem Polizeichef von El Arisch Vertreter zweier verschiedener politischer Richtungen in Ägypten getroffen hatten, wobei der Unnachgiebige die Oberhand behielt. Es schienen jene recht zu haben, die meinten, Sadat habe erkannt, dass sein Land keinen weiteren Krieg brauchen könne, wenn es sich weiterentwickeln sollte, und dass darum, ungeachtet aller Opposition, ein Weg zum Frieden mit Israel gefunden werden müsse. Aus diesem Grunde habe er einen engeren Kontakt zu den Amerikanern gesucht und ihren Einfluss auf den jüdischen Staat in Anspruch genommen, während er die Russen ausschaltete, indem er ihre Berater sehr plötzlich des Landes verwies. Wie groß die Opposition gegen diese Pläne und seine Bemühungen wirklich war, lässt sich auch nach seiner Ermordung nicht festlegen, da sein Nachfolger Husni Mubarak den Frieden mit Israel aufrechterhielt, wenn auch mit viel weniger Enthusiasmus als Präsident Sadat.

Aber nichts deutete auf Verstimmung hin, als Jizchak Navon am 26. Oktober 1980 zum ersten Staatsbesuch eines israelischen Präsidenten in Ägypten weilte. Präsident Sadat und seine Frau Jihan taten alles, um der israelischen Delegation einen herzlichen Empfang zu bereiten. Ja, es entwickelte sich im Laufe des Besuches zwischen dem Arabisch sprechenden Navon und Sadat sowie den beiden Ehefrauen eine Beziehung, die die Bemerkung eines ägyptischen Ministers verdiente: »Sie benehmen sich wie alte Bekannte«, während wir Journalisten verwundert registrierten, dass ägyptische Soldaten sofort nach einer feierlichen Kranzniederlegung des israelischen Präsidenten am Grabe des Unbekannten Soldaten die israelischen Fahnen ganz schnell wieder einzogen.

Aber unser Misstrauen vergaßen wir bald, als wir auch die Herzlichkeit der Bevölkerung zu spüren bekamen. Ein Taxichauffeur lehnte es ab, von mir Bezahlung anzunehmen, als er hörte, dass ich mit dem israelischen Präsidenten nach Kairo gekommen war. Auf den Landstraßen riefen junge Menschen dem israelischen Präsidenten freundliche Worte zu, als er von Sehenswürdigkeit zu Sehenswürdigkeit gefahren wurde. In dem ägyptischen Dorf im Nildelta Mit Abu 'l Kom, wo Sadat in einer Bauernfamilie geboren worden war und noch das elterliche Haus unterhielt, war man allerdings schon ein wenig blasiert. Staatsbesuche waren für die dortigen Einwohner eine fast alltägliche Angelegenheit. Die Atmosphäre war eine völlig andere im Nachbardorf Tala, in dem Jihan Sadat die Betreuung und Förderung von Frauen übernommen hatte.

Dorthin lud sie Navons Frau Ophira ein. Die Straßen, die zum Dorf führten, waren angefüllt von Neugierigen, hauptsächlich jungen Menschen, die Plakate mit Worten der Begrüßung hochhielten und begeistert die Namen der beiden Präsidenten Sadat und Navon schrien. In einer Art Gemeindezentrum hatten sich Hunderte von Frauen, offensichtlich meist Arbeiterinnen, eingefunden. Eine Kapelle von Jugendlichen spielte auf arabischen Musikinstrumenten die Hymnen der beiden Staaten. Danach unterhielten sie die Gäste mit arabischer Musik. Es mag sein, dass ich mich im Rhythmus der Musik gewiegt habe, als eine der Frauen auf arabische Weise auf mich zuzutanzen begann – die Arme erhoben, mit denen sie die schwingenden Bewegungen des Körpers zu bestimmen schien. Als sie schließlich dicht vor mir tanzte, begriff ich, dass dies einer Aufforderung gleichkam. In einer meiner erhobenen Hände den Kugelschreiber, in der anderen den Notizblock, begann auch ich zu tanzen. Die übrigen Frauen brachen in Rufe der Begeisterung aus, deren Inhalt meist etwas mit Frieden zu tun hatte. Es war eine bewegende Atmosphäre, unvergesslich für viele, die dabei waren, für mich im Besonderen. Gab es einen besseren Beweis, dass Frieden zum höchsten Glück der Menschen gehört, als dieses Erlebnis?

35
Nahöstliche Bilanz

»Siehst du den dort?« Machmud zeigte auf einen Araber, der, im blütenweißen, wehenden Gewand feinster Qualität, seiner mit viel Gold behangenen Frau vorausgehend, dem Äußeren nach aus wohlhabender Familie stammte. »Sie sind mitschuldig an unserer jetzigen Not.« Machmud bezog sich auf die Hunderttausende von Flüchtlingen, die seit 1948 in Lagern vegetierten, von den Vereinten Nationen notdürftig ernährt. Sie waren bei der Staatsgründung 1948 vom israelischen Territorium geflohen, viele aus Angst, andere beeinflusst durch arabische Propaganda und schließlich solche, die von jüdischer Seite dazu ermuntert worden waren.

Ich hatte Machmud, der meine Identität nicht kannte, auf Zypern kennengelernt, wo ich über die Evakuierung der PLO berichten sollte, die vom 25. August bis 4. September 1982 Zwischenstation auf der Insel machte auf dem Wege in ein neues Exil. 11 000 bis 14 000 Funktionäre und Kämpfer der PLO waren gezwungen worden, den Libanon zu verlassen, in dem sie eine Art Staat im Staat aufgebaut und von wo aus sie immer beängstigender werdende Angriffe auf Israel geführt hatten. Eine in Israel und in der Welt sehr umstrittene Invasion israelischer Truppen des in sich zerfallenden Libanons zur Beendigung dieser Militanz der PLO im Juni 1982 führte schließlich mit internationaler Hilfe zu ihrer Ausweisung. »Damals schon, 1948, benutzten diese unsere sogenannten Brüder, uns als Instrument für ihre Politik«, sagte Machmud fast hasserfüllt.

Machmud, der mich gebeten hatte, ihn ein Stück in meinem Auto mitzunehmen, war Palästinenser. Seine Eltern lebten noch im von Israel besetzten Westjordanland. Einem Beschluss des Familienrates folgend, hatte sich einer seiner Brüder der PLO angeschlossen. Er selber hatte sich Dänemark als Exil ausgesucht. Nun war er auf Zypern, um unter den Evakuierten seinen Bruder auszumachen. »Sie sperrten die Palästinenser in Lager und ließen es nicht zu, dass wir in ihren Staaten aufgenommen wurden.« Die Welt aber wiesen sie immer auf die Not der Flüchtlinge hin, um Israel anzuklagen, stellte er mit Bitterkeit fest. »In Wahrheit ging es ihnen um die Wahrung ihrer feudalistischen Ordnung.«

Zweifellos war das von Anfang an auch einer der Gründe für die Feindschaft der arabischen Staaten gegenüber Israel. Mit seinen sozialen Neuerungen stellte Israel eine Gefahr dar für das Feudalsystem, das in dieser Region vorherrschte. Aber die »Scheichs«, wie er die arabischen Herrscher verallgemeinernd nannte, hatten noch einen anderen Grund, ihre Brüder und Schwestern in Lagern ein elendes Leben führen zu lassen. »Sie hatten Angst vor uns Palästinensern, sie fürchteten, dass wir ihre feudale Ordnung angreifen würden.« Und mit einem breiten Lächeln fügte er hinzu: »Damit hatten sie gar nicht so unrecht.«

Natürlich hasste Machmud Israel, für dessen staatliche Existenz er den Nationalsozialismus schuldig sprach. Er war heimatlos geworden. Im Juni-Krieg von 1967 hatte Israel das Westjordanland besetzt, in dem er zu Hause war. Die damalige, von der Arbeiterpartei geführte Regierung wollte diese Gebiete als Pfand für einen Frieden eintauschen, da selbst militärische Niederlagen die arabischen Staaten nicht an den Verhandlungstisch zum Abschluss eines Friedens mit Israel hatten führen können.

In den ersten Jahren der Besetzung kam dies auch zum Ausdruck. Die Israelis arbeiteten mit den Arabern nach Art der Missionare. Als Experten für landwirtschaftliche Entwicklung zeigten sie ihnen, wie man besser und rationeller wirtschaftet. Sie eröffneten Schulen und Universitäten und förderten die Einrichtung von Polikliniken, selbst in so entlegenen Gebieten wie der Sinai-Halbinsel. Israelische Besatzungssoldaten waren so gut wie nicht zu sehen. Juden und Araber bewegten sich frei und ungezwungen miteinander. Aber das hielt nicht lange an. Die arabischen Staaten ringsum mobilisierten die Flüchtlinge und jene, die in den von Israel eroberten Gebieten unter der Besatzung lebten. Es war nicht schwer, vor allem jene, die in Lagern ein hoffnungsloses Dasein führten, dazu zu bringen, ihre Feindschaft gegenüber Israel im aktiven Kampf auszudrücken. Hauptsächlich junge Menschen waren bereit dazu, sie waren schon in Lagern geboren und hatten die Heimat der Eltern nie gekannt.

Das hatte zur Folge, dass Israel sich nur noch fester an die Gebiete klammerte, dass diese quasi zum Prellbock wurden, um den Staat Israel zu schützen. Im Laufe der Auseinandersetzungen, die immer heftiger wurden, nahm der Zusammenschluss der Palästinenser den Charakter einer Freiheitsbewegung an, die die besetzten Gebiete den Israelis mit Gewalt aus den Händen reißen wollte. Aufseiten der Israelis bekamen nun Kreise die Oberhand, für die strategische oder religiöse Gründe als Vorwand dienten, die Gebiete unbedingt behalten zu wollen. Mit der Wahl Menachem Begins zum Regierungschef im Jahr 1977 wurde es ganz klar, dass Israel eine Rückgabe dieser Territorien nicht in Betracht zu ziehen gedachte.

»Ich fürchte mich, wenn ich frühmorgens auf meinem Schulweg Arabern begegne, die aus den besetzten Gebieten nach Tel Aviv zur Arbeit kommen. Es passiert so viel. Woher weiß ich denn, ob der Araber, der neben mir geht, ein guter oder ein schlechter Mensch ist?« Dana, 17 Jahre alt, ist die Enkelin polnischer und russischer Einwanderer, die, den Pogromen in ihren Heimatländern entflohen, nach Palästina gekommen waren, um einen jüdischen Staat auf der Basis sozialistischer Ideale aufzubauen. Für sie war es keine Frage gewesen, dass sie auch mit den Arabern in Frieden zusammenleben würden. In diesem Geiste war Dana erzogen worden. Aber dieser Geist und die Ideale jener Pionierzeit sind abhandengekommen – als Folge einer traurigen und gefahrvollen Entwicklung. Die Wirklichkeit im Nahen Osten hat andere Normen geschaffen.

Der Kampf der Palästinenser wurde mit den Jahren immer intensiver. Die PLO war 1964 als Dachorganisation verschiedener palästinensischer Gruppierungen gegründet worden mit dem Ziel, ganz Palästina von israelischer Besetzung zu befreien. Der ersten Charter entsprechend, sollte der Staat Israel verschwinden und an seiner Stelle ein arabisch-palästinensischer Staat in ganz Palästina entstehen. 1968 wurde diese Charter revidiert, in der es nun hieß, das Heimatland der Palästinenser solle durch bewaffneten Kampf befreit werden. Juden könnten nur als Palästinenser angesehen werden, wenn sie schon vor der »zionistischen Invasion« in Palästina gelebt hatten. Den übrigen Juden wurde jedes Recht auf Palästina abgesprochen.

Unter internationalem Druck hat der seit 1969 amtierende Führer der PLO, Jassir Arafat, in den letzten Jahren mehrfach, wenn auch zögernd und nicht sehr laut, sich von dieser rigorosen Politik distanziert und indirekt die Existenz des Staates Israel akzeptiert, indem er die UN-Resolutionen 242 und 338 anerkannte.[199] Überhaupt wuchs mit den Jahren die Überzeugung, dass Arafat zum gemäßigten Flügel gehörte, aber gezwungen war, den Aggressiveren in seiner Organisation Konzessionen zu machen, um diese zusammenzuhalten. Man sagt ihm nach, dass er seit Mitte der siebziger Jahre kein Verfechter von Terroranschlägen mehr gewesen sei, die im Namen der einzelnen Gruppierungen der PLO durchgeführt wurden.

»Man hat uns heute in der Schule beigebracht, wie wir uns verhalten sollen, wenn Terroristen unsere Schule angreifen.« Udi war 13 Jahre alt, als er seiner Mutter dies berichtete. Die Erregung des Kindes, dessen Schule wie alle anderen in Israel stets unter Bewachung stand, war spürbar. Das war nach dem Überfall von Terroristen auf eine Schule in Maalot gewesen.[200] Die Mutter reagierte sehr beherrscht. In Abwesenheit des Kindes aber sagte sie: »Ich weiß nicht mehr, was ich ihm antworten soll, wenn er mich fragt, ob Araber nicht doch schlechte Menschen seien, da sie Kinder morden.« Die Familie hatte in Jerusalem bis zur Gründung des Staates Israel im Jahre 1948 immer in Freundschaft mit ihren arabischen Nachbarn gelebt. Am Ende des Sechstagekrieges im Juni 1967, als es israelischen Truppen gelungen war, den Ostteil der Stadt zu erobern und Jerusalem wieder zu vereinigen, waren die geflohenen Araber sofort gekommen, um die Freundschaft mit den ehemaligen jüdischen Nachbarn zu erneuern. Aber die Lage ließ derartige freundschaftliche Beziehungen zwischen Juden und Arabern nicht lange zu.

»Juden nach rechts«, mit diesen oder ähnlichen Worten, die an den Holocaust erinnerten, hatten deutsche Terroristen die Passagiere eines Air-France-Flugzeuges »selektiert«. Zusammen mit arabischen Terroristen, die sich der Unterstützung terroristischer und neonazistischer Organisationen in Europa erfreuten, hatten sie am 27. Juni 1976 die aus Tel Aviv kommende Maschine nach einer Zwischenlandung in Athen in ihre Gewalt gebracht und sie nach Entebbe (Uganda) entführt. Unter den Passagieren waren 98 Israelis und Juden aus aller Welt. Die nichtjüdischen Passagiere wurden sehr bald entlassen. Der Herrscher Ugandas, Idi Amin, der sich einst als Freund Israels gebärdet hatte, machte mit den Terroristen gemeinsame Sache und dachte gar nicht daran, an der Befreiung der jüdischen Passagiere mitzuwirken.

Daraufhin unternahm Israels Luftwaffe eine Befreiungsaktion ungewöhnlichen Ausmaßes. Die detaillierte Kenntnis des Flugplatzes von Entebbe, den Israelis zu Zeiten freundschaftlicher Beziehungen zu Idi Amin gebaut hatten, war dabei von Nutzen. In vier Transportflugzeugen und aus 4000 Kilometer Entfernung brachten die Israelis unter anderem einen schwarzen Mercedes mit sich, so wie ihn Amin zu benutzen pflegte, um die Terroristen glauben zu machen, der hohe Herr komme persönlich zu Besuch. In Wirklichkeit aber drangen israelische Soldaten in diesem Wagen auf den Flugplatz vor. Es gelang ihnen, die Geiseln zu befreien und sie nach einer Zwischenlandung in Nairobi nach Israel zurückzubringen.

Drei Israelis starben bei diesem Unternehmen. Unter ihnen eine alte Dame, die einer Verletzung wegen im Krankenhaus von Entebbe zurückbleiben musste und dort ermordet wurde. Die arabischen und viele afrikanische Staaten sowie die Länder des Ostblocks verurteilten Israels Vorgehen als einen »Akt der Piraterie«. Der Sicherheitsrat der Vereinten Nationen konnte sich nicht zu irgendeiner Resolution in dieser Angelegenheit durchringen. In Israel war man wie trunken vor Begeisterung über die gelungene Aktion. Sie trug auch dazu bei, das durch den Jom-Kippur-Krieg angeschlagene Ansehen der Armee wieder zu heben.

Aber Entebbe war nur der spektakulärste der vielen Terrorangriffe auf und in Israel aus jener Zeit. Und die vielen Gräueltaten an Frauen und Kindern, die immer wieder auftauchenden Bomben palästinensischer Untergrundzellen in Israel und in den besetzten Gebieten verstärkten das Misstrauen, ja den Hass gegenüber den Arabern, gegenüber jedem Araber, und machten es denen schwer, die meinten, es müsse alles getan werden, um Formen des friedlichen Zusammenlebens zu finden. Die regelmäßigen Vergeltungsschläge der israelischen Armee nach einem Terroranschlag erwiesen sich als sinnlos. Denn sie machten weder der PLO den Garaus, noch beendeten sie die Angriffe oder führten die Araber an den Verhandlungstisch, wie es die Israelis wiederholt gefordert hatten.

»Bitte, wer liefert die Ware?«, fragte eine Dame in einem Supermarkt in Tel Aviv. »Araber?« Die Kassiererin wusste keine Antwort. »Ich will nicht, dass Araber mein Haus betreten«, sagte die Frau erklärend. Als ich mich umwandte und ihr sagte, dass ich aus eigener Erfahrung wisse, was es hieße, gezeichnet zu sein, bemerkte sie nur kurz: »Ich habe vier Kinder« und »Ich habe Angst«. Dagegen konnte man nur schwerlich argumentieren.

Bei dieser Entwicklung spielte noch mit, dass sich die demographische Zusammensetzung Israels verändert hatte. Kurz nach der Staatsgründung strömten 685 000 Juden nach Israel. 400 000 von ihnen kamen aus Staaten Nordafrikas und des Nahen Ostens. Juden also, die als Folge der Gründung des Staates Israel und der kriegerischen Konflikte mit seinen arabischen Nachbarn allen Grund zur Furcht hatten, in der moslemischen Welt zu bleiben. Sie und nun auch ihre Kinder, in Israel aufgewachsen, sind in ihrer Haltung den Arabern gegenüber weniger zu Konzessionen bereit als Juden aus europäischen Ländern. Sie sind ohne Frage geprägt von den Demütigungen, die ihre Elterngeneration in ihren arabischen Herkunftsländern erfahren musste.

Aufgrund ihrer hohen Geburtenrate machen sie noch heute einen hohen Prozentsatz der Gesamtbevölkerung Israels aus. Sie wurden bestimmend für den Wahlerfolg des rechten Flügels in Israel im Jahre 1977. Ihnen war die aggressive, Macht und Kraft repräsentierende Politik eines Menachem Begin weit eher verständlich als die der zu Kompromissen neigenden Arbeiterpartei, die sich ohnehin nach 29 Jahren an der Macht verschlissen hatte.

Sicherheit für den Staat und für ihre Kinder bedeutet für sie einzig und allein militärische Macht, und nur die wenigsten von ihnen sehen die Möglichkeit eines Ausgleichs. Von dieser Bevölkerung und nach all den schrecklichen Erfahrungen mit palästinensischen Terroristen war es undenkbar, Konzessionen zu erwarten oder gar Verständnis für jene Palästinenser, die, in Lagern aufgewachsen, eine Heimat suchten.

»Ohne die Berücksichtigung der Existenz und der Rechte der Palästinenser wird ein dauerhafter und gerechter Friede im Nahen Osten nicht möglich sein. Wir sind uns heute darüber im Klaren, dass das nicht mehr nur ein humanitäres Problem ist, sondern auch eine politische Frage«, das sagte kein Geringerer als der deutsche Bundeskanzler Willy Brandt,[201] dessen Integrität auch in Israel immer unbestritten war. Er war Widerstandskämpfer gewesen, hatte im Exil gelebt, und sein Kniefall vor dem Mahnmal des Warschauer Gettos (am 7. Dezember 1970) hatte einen tiefen Eindruck hinterlassen. Umso mehr überraschte seine Äußerung. Wenige Jahre zuvor, am 25. Februar 1970, hatte er mir in einem Interview versichert, dass er nie eine Politik unterstützen würde, die Israel Schaden zufügen könnte. Genau das aber, so sahen es die Israelis, schien diese neue Erklärung zu bewirken. Sie war ihrer Meinung nach eine klare Hinwendung zu Israels Feinden.

Aber Brandts Äußerung war in Wahrheit nur ein Markstein in einer Entwicklung. Die Europäische Gemeinschaft hatte bereits 1971 insgeheim ein »Papier« entworfen, in dem es hieß: »Maßnahmen sollten getroffen werden, den (palästinensischen) Flüchtlingen freie Wahl zwischen einer stufenweisen Rücksiedlung (nach Israel) und einer Wiederansiedlung in anderen Staaten einschließlich einer Entschädigung zu garantieren.«[202] Dass dieser Vorschlag der Rücksiedlung von Menschen in einen Staat, dessen Einwohner sie hassten, weil sie ihrer Ansicht nach schuld waren an ihrer langjährigen Not, nicht praktikabel war, lag auf der Hand. Dieses »Papier« war offensichtlich sehr stark von den Franzosen beeinflusst worden, deren Politik aus vielerlei Gründen eindeutig den Arabern zuneigte. Es sah nie das Licht des Tages; dennoch wurde dieses »Papier« zum Signal.

Es führte später (am 13. Juni 1980) zur »Erklärung von Venedig«, in der die Europäische Gemeinschaft unter anderem forderte, die PLO solle an den Friedensbemühungen im Nahen Osten teilhaben. Diese Hinwendung zu den Arabern schien damals im Wesentlichen noch des politischen Einflusses und wirtschaftlichen Wohlergehens wegen zu geschehen. Für die Israelis bedeutete es aber, zur Kenntnis nehmen zu müssen, dass ihnen eine veränderte Welt gegenüberstand. Dazu waren sie nicht bereit; sie verstanden diese Welt einfach nicht mehr.

Als Willy Brandt am 7. Juni 1973 nach Israel kam – ein Besuch, den er später als »einen der größten Momente meines politischen Lebens« bezeichnete –, warnte er die Israelis, dass es so etwas wie eine Ölwaffe in den Händen der Araber gebe, die in Zukunft gegen sie wirken könne.[203]

Dem Nachrichtenmagazin ›Der Spiegel‹[204] zufolge hat Brandt in Israel das Bild von geschlossenen Fabriken und von Millionen Arbeitslosen als Folge eines Einsatzes dieser Waffe gemalt. Was hätten die Israelis schließlich von einem Verbündeten, bei dem zu Hause mangels Energie die Räder der Produktion stillstehen und die Revolution ausbricht.

Von nun an kam es wie eine Lawine auf die Israelis zu, auf die sie nicht vorbereitet waren. Alle ihre Proteste, Hinweise auf die fürchterlichen Angriffe der Araber auf ihre Menschen und ihr Land und das Erinnern daran, dass Israel seit Anbeginn den Arabern direkte Verhandlungen vorgeschlagen habe, die stets ausgeschlagen wurden, brachten nichts ein. Der Jom-Kippur-Krieg und das darauffolgende Öl-Embargo der arabischen Staaten gaben zweifellos denen recht, die die Macht der Araber anders sahen als die Israelis. Auch als sich das Öl-Embargo als stumpfe Waffe erwiesen hatte und im März 1974 wieder aufgehoben wurde, wirkte es als Signal weiter.

Und so rollte (im November 1974) die Lawine unaufhaltsam voran. Vor den Vereinten Nationen trat der deutsche Vertreter Rüdiger von Wechmar als erster Diplomat des Westens für die Selbstbestimmung des palästinensischen Volkes ein. Er plädierte dafür, ihm das Recht einzuräumen, selbst zu entscheiden, ob es »auf dem von Israel zu räumenden Gebiet eine eigene Autorität«

errichten oder eine andere Lösung wählen wolle. Die Palästinenserfrage sei eines der Kernprobleme für eine friedliche Lösung der Konflikte im Nahen Osten und des palästinensischen Volkes als eines der Hauptbetroffenen. Zu lange habe man die Frage der besetzten Gebiete losgelöst vom Schicksal der Menschen betrachtet. Mit keinem Wort ging er auf die Terrorakte gegen Israel ein oder zeigte Verständnis für Israels schwierige Lage.

Außenminister Hans-Dietrich Genscher, der sich immer als Freund Israels bezeichnet hatte, versicherte dann prompt (am 22. November 1974): »Wir werden Israel nicht im Stich lassen.« Für einen Israeli, selbst wenn er nicht zu den Unnachgiebigen gehörte, die eine Annäherung an die Palästinenser kategorisch ausschlossen, war dies alles nicht logisch. Denn die Möglichkeit der Schaffung eines palästinensischen Staates, eines militanten Feindes also, in dessen Programm noch immer die Vernichtung Israels deutlich zu lesen stand, in nächster Nachbarschaft schien eher eine der größten Gefahren für ihren Staat zu sein. Immer wieder jedoch wurde ihnen diese Möglichkeit als Lösung vorgestellt.

Aber es schien, als wollten Radikale auf der arabischen Seite – jene also, die Israel vernichten wollten – verhindern, dass Israel dieses Risiko wagte. Es war einer der ersten Frühlingstage, der 11. März 1975, als ich mit dänischen Touristen, von einem Ausflug kommend, auf die Schnellstraße Haifa – Tel Aviv einbiegen wollte. Da raste plötzlich ein Polizeiauto mit ungewöhnlich hoher Geschwindigkeit an mir vorbei, und ein Polizist, sich weit aus dem Wagen lehnend, rief mir zu, ich solle unbedingt auf die alte Landstraße ausweichen. Ich hatte keine Ahnung, aus welchem Grunde.

Erst Stunden später wurde ich gewahr, dass ich das Schicksal vieler Israelis hätte teilen müssen, die Opfer eines schweren Angriffs von Terroristen geworden waren, wenn ich nur Minuten früher auf die Schnellstraße eingebogen wäre. Palästinensische Terroristen waren, vom Libanon übers Meer kommend, in Israel gelandet. Sie hatten, als sie die Schnellstraße erreichten, wild um sich geschossen, auf Autos und Menschen, und schließlich einen Autobus mit Ausflüglern in ihre Gewalt gebracht. 34 Passagiere wurden ermordet, 74 verletzt. Von den Terroristen starben insgesamt neun, zwei von ihnen ertranken, bevor sie die Küste erreichten, zwei wurden gefasst. Derartige Angriffe stärkten auch in Israel die Radikalen, die erneut eine harte Antwort auf solche Überfälle forderten und immer deutlicher in ihrer Forderung wurden, die Gebiete einfach zu annektieren.

Es war für die israelische Arbeiterpartei nicht gerade hilfreich, dass es sich bei den lautstärksten Verfechtern einer Politik der Annäherung an die PLO um »linke« Politiker handelte. Neben dem noch relativ gemäßigten Willy Brandt tat sich Österreichs Bundeskanzler Dr. Bruno Kreisky besonders hervor. Er ließ keine Gelegenheit aus, um seine Verbundenheit mit den Palästinensern auszudrücken. Bilder, die den Palästinenserführer Arafat und den Bundeskanzler (jüdischer Herkunft) beim Austausch von Küssen zeigten, gingen durch die Welt. Für Israel aber hatte Kreisky kein gutes Wort. Ganz sicher hatte sein Judentum, von dem er sich in seiner Jugend losgesagt hatte, etwas mit dieser Haltung zu tun. Ein Jude meint oft, in solchen Fällen besonders »objektiv« sein zu müssen, um nicht einer einseitigen Meinung zugunsten der Juden bezichtigt zu werden.

Ich erinnere mich an eine Tagung der Sozialistischen Internationale im Sommer 1979 in Stockholm, die sich mit Nahostfragen befasste und an der auch Kreisky teilnahm. Als sich vor dem Tor des Tagungsgebäudes eine Handvoll palästinensischer Demonstranten mit Spruchbändern und Plakaten einfand, ging Kreisky als einziger der anwesenden Politiker zu ihnen hin, schüttelte jedem Einzelnen die Hand und sprach mit ihnen.

Er war es dann auch, der Willy Brandt zu einem Treffen mit Jassir Arafat überredete (am 8. Juli 1979). »Arafat gab mir den Eindruck, dass man mit ihm argumentieren kann.« Er sei bereit gewesen, zuzuhören und auf Argumente einzugehen, sagte Brandt vor der Presse und in einer späteren Bewertung des Gesprächs:[205] »Die Begegnung war mir sehr aufschlussreich, weil sie mir bestätigt hat, was ich wusste: dass die PLO ein wichtiger Faktor ist. Auch in der arabischen Welt, und weil ich gefunden habe, dass sich das Denken auch in jenem Lager weiterentwickelt hat.« Beschuldigungen, seinen politischen Freunden in Israel einen schlechten Dienst erwiesen zu haben, beantwortete mir Brandt (am 9. Juli 1979) so: »Niemand hat das Recht, noch kann jemand ernsthaft den Eindruck gewinnen, an meiner Loyalität meinen Freunden in Israel gegenüber sei zu zweifeln.« Dennoch, das Gespräch Arafat-Brandt belastete gleichzeitig auch die deutsch-israelischen Beziehungen.

Olof Palme,[206] Ministerpräsident von Schweden von 1969 bis 1976 und von 1982 bis 1986, war der Dritte der europäischen Staatsmänner, der sich für die Palästinenser starkmachte. Er lud Arafat zu einem Besuch nach Schweden ein (am 12. April 1983), der sich zu einem wahren Staatsbesuch ausweitete. Wo immer Arafat auftauchte, wurde er wie ein Held gefeiert. In einem Gespräch mit mir erklärte Palme seine Hinwendung zu Arafat auch damit, dass seine israelischen Freunde zu wenig Bereitschaft zeigten, die Palästinenser und ihre Lage zu verstehen. In einem Streitgespräch mit der ehemaligen Ministerpräsidentin Israels, Golda Meir, anlässlich einer Tagung der Sozialistischen Internationale in Berlin[207] sei das klar zutage getreten. Golda Meir habe sogar die Tatsache geleugnet, dass die Palästinenser ein Volk seien. Eine Ansicht, die rechtsgerichtete Kreise in Israel noch heute vertreten, während die Arbeiterpartei sie längst revidiert hat.

Den Gipfel der Auseinandersetzung mit europäischen Staatsmännern bildete wohl die Kontroverse zwischen Bundeskanzler Helmut Schmidt und Israels Premier Menachem Begin. Schmidt hatte nach einem Besuch in Riad vor dem Deutschen Fernsehen (am 30. April 1981) im Zusammenhang mit der PLO gesagt: »Wenn wir im Westen die PLO grundsätzlich als Terrororganisation betrachten und nicht lernen zu unterscheiden zwischen den verschiedenen Fraktionen, dann ist das die sicherste Methode, die PLO in die Arme Moskaus zu treiben … Abgesehen davon, dass es für mich auch eine moralische Frage ist, ob wir gegenüber Vertriebenen und Flüchtlingen von der Westbank und von der Ostbank … uns auf den Standpunkt stellen, das ginge uns weniger an.«

Begin reagierte mit beißender Schärfe, in der er seinen ganzen wohlbekannten Hass auf Deutsche und Deutschland spüren ließ. »Dem deutschen Volk im Jahre 1981 zu sagen, dass es gegenüber den Arabern Verpflichtungen habe, dagegen aber dem deutschen Volk nicht zu sagen, dass es in dieser und allen kommenden Generationen dem israelischen Volk verpflichtet sei – es ist nackte Arroganz und Frechheit, meiner Generation, der Generation der Vernichtung und der jüdischen Wiedergeburt zu sagen, dass Deutschland Schuld gegenüber den Arabern habe.«

Die Bemerkungen Helmut Schmidts waren nicht gerade sehr geschickt. Selbst die Arbeiterpartei musste zugeben, dass die Äußerungen des Sozialdemokraten Schmidt Zweifel an der Ernsthaftigkeit seiner sozialistischen Wertvorstellungen erweckten. Die Haltung zum jüdischen Volk sei ein Prüfstein für den wahren Sozialismus, stellte Shimon Peres, einer der Führer der Partei, fest. Der Präsident Israels, Jizchak Navon, äußerte seine Bestürzung über die Ignoranz des Kanzlers, weil dieser behauptet hatte, die Juden hätten die Araber aus dem Westjordanland vertrieben. Derartige Erklärungen, wie die des deutschen Kanzlers, waren nicht nur ungeschickt, sie bestärkten vielmehr die Israelis nur noch in ihrer feindlichen Haltung den Palästinensern gegenüber. Auf keinen Fall bewirkten sie eine Sinnesänderung, zumal die Europäer es vermieden, öffentlich auf die Araber einzuwirken, ihre mörderischen Angriffe auf Israel einzustellen, die nur eine Eskalation der Gewalt in der Region zur Folge hatten.

Dennoch gab es in Israel Kreise, die erkannten, dass die Politik der Regierungen Begin und Schamir nicht dazu geeignet war, den Frieden im Nahen Osten voranzutreiben. Es entging ihnen nicht, dass Vergeltungsschläge auf Operationsbasen der Terroristen im Libanon nicht das Ende des Terrors herbeiführten, sondern vielmehr die Gefahr für den kleinen Staat vergrößerten. Es schien ein Teufelskreis zu sein, den man einmal durchbrechen musste.

Eine nicht parteigebundene Bewegung, die sich »Frieden Jetzt« nannte, trat immer mehr in Erscheinung.[208] Von 350 Reserveoffizieren der israelischen Armee ins Leben gerufen, versuchte sie, dem israelischen Volk klarzumachen, dass Friede mit den Nachbarn wichtiger sei als territorialer Besitz, denn um den geht es der israelischen Regierung in erster Linie – ob aus vorgegebenen strategischen oder aus religiösen Gründen. Aber sie fanden wenig Gegenliebe für ihre Vorschläge bei einer Regierung, die ganz offensichtlich bestrebt war, die besetzten Gebiete Israel zuzuschlagen, und die zu diesem Zweck israelische Siedler ermutigte, dort ihre Häuser zu bauen.

Seit diese Regierung durch die Unterstützung religiöser Parteien, die dafür größere Rechte und Privilegien bekommen hatten, als ihnen ihrer Anhängerschaft nach zukam, an der Macht war, verwehrte sie den Palästinensern das Recht auf eine Heimstatt. Sie wies stets darauf hin, dass es bereits einen Staat im Nahen Osten gebe, dessen mehrheitliche Bevölkerung palästinensisch sei, nämlich Jordanien. Die Friedensbewegung und die linken Parteien blieben mit ihrer Meinung, diese Haltung sei dazu angetan, die Sicherheit des jüdischen Staates aufs Spiel zu setzen, in der Minderheit. Nur eine Verständigung mit den Palästinensern könne Frieden und Ruhe in der Region herstellen, darauf beharrten sie. Die regierende Rechte hielt dem entgegen, dass die Politik der Linken, die 1986 die Palästinenser als ein Volk anerkannt hatten, zur Schaffung eines feindlichen palästinensischen Staates führen und so die Sicherheit Israels gefährden würde. Die beiden Meinungen blieben unversöhnlich.

Die Rechten übersahen dabei geflissentlich, dass Menachem Begin anlässlich der Verhandlungen von Camp David,[209] mehr oder weniger gezwungenermaßen, die »legitimen Rechte« der Palästinenser anerkannt hatte, um die vom amerikanischen Präsidenten Carter geförderten zwei Rahmenabkommen für Frieden im Nahen Osten nicht zu gefährden. Aber Begin interpretierte diese »Rechte« lediglich als ein Anrecht auf eine Art Autonomie, die die persönliche Freiheit der Bewohner des Westjordanlandes vorsah, nicht aber die nationale.

Ein von der Mehrheit der Knesset verabschiedetes Gesetz, das Treffen mit PLO-Aktivisten oder gar mit PLO-Chef Arafat unter Strafe stellt, führte tatsächlich zu Prozessen vor israelischen Gerichten und auch zu Verurteilungen. Es zeigt, dass die Bereitschaft zum Frieden mit den Nachbarn bei denen, die Israel weit von dem sozialistischen Staat – den sich die Pioniere erträumt hatten – entfernt haben, nur über das Gewehr geht. Niemand kann aber erwarten, dass die Palästinenser sich mit Brosamen der

Freiheit zufriedengeben und die Abhängigkeit von und Unterdrückung durch Israel weiter ertragen werden.

Menachem Begin stärkte seine Position noch, als er am 7. Juni 1981 den von Franzosen erbauten Atomreaktor Osiraq in der Nähe von Bagdad bombardieren und zerstören ließ, von dem er behauptete, er solle militärischen Zwecken dienen. Die Welt verurteilte diesen Angriff, der Begin auch als Wahlpropaganda für die im gleichen Monat stattfindenden Wahlen in Israel diente. Derselbe Begin aber wurde ein Opfer des von ihm getragenen Libanon-Krieges oder »Friedens für Galiläa«, wie er in Israel genannt wurde, da er den Angriffen der Palästinenser aus dem Süden des Libanon auf den Norden Israels ein Ende setzen sollte.[210]

Der Vorwand für die Operation war ein Mordanschlag auf den israelischen Botschafter in London. Der auch in Israel wegen seiner Radikalität gefürchtete Verteidigungsminister Ariel Scharon plante eine militärische Aktion, die die Basen der Terroristen im Libanon, ihr Hauptquartier und die Infrastruktur der Organisation in Beirut zerstören sollte. Wie sich später herausstellte, waren die Israelis noch dazu von der etwas naiven Vorstellung geleitet, dass der mit ihnen kooperierende Führer der »Phalange«,[211] Baschir Jumajil,[212] nach einer gelungenen militärischen Operation Präsident von Libanon werden und einen Friedensvertrag mit Israel unterzeichnen würde.

Israels Truppen gelangten trotz großer Verluste und einer unerwarteten Konfrontation mit den Syrern bis vor Beirut, das sie belagerten und damit schließlich auch die Evakuierung der PLO aus dem Libanon bewirkten. Dieser Krieg, der der erste war, den Israel initiierte, war auch in Israel äußerst umstritten. Die Kritik wuchs sich zur Empörung aus, als die mit Israel verbündeten Phalangisten in zwei palästinensischen Flüchtlingslagern – Sabra und Schatilla – ein Massaker ohnegleichen anrichteten (am 16. September 1982). Israel wurde angeklagt, von diesem beabsichtigten Blutbad gewusst und es nicht verhindert zu haben.

Der Krieg und dieses Verbrechen im Besonderen wühlten die israelische Öffentlichkeit auf wie nie zuvor. Unter ihrem Druck wurde eine Untersuchungskommission eingesetzt – mit dem Ergebnis, dass Ariel Scharon als Verteidigungsminister zurücktreten musste. Die Welt war voller Entrüstung, und es erübrigt sich zu sagen, dass Israels internationales Ansehen weiter sank. Begin, der gesundheitlich angeschlagen war, hielt alldem nicht mehr stand, zumal sich herausstellte, dass er von seinem Verteidigungsminister im Unklaren über den vollen Umfang der Aktion gelassen worden war. Er trat am 15. September 1983 als Regierungschef zurück und entsagte von da an jeglicher politischer Arbeit.[213]

Dieser Krieg spaltete Israels Gesellschaft in zwei Lager, die nichts mehr miteinander gemeinsam zu haben schienen. Die Parteien der Mitte und der Rechten blieben der Ansicht, dass dieser Krieg ein gerechter und richtiger Krieg gewesen sei, und beschimpften die Linken, sie hätten mit ihrer lautstarken Kritik den Krieg sabotiert. Die Arbeiterpartei hatte eine militärische Aktion bis zu 40 Kilometern nördlich von Israel zum Schutz der im Norden befindlichen und ständigen Angriffen ausgesetzten Siedlungen befürwortet, aber sich gegen den Vormarsch nach Beirut ausgesprochen. Sie wies auf die Sinnlosigkeit des Krieges hin, der so wenig erbracht hatte. Die PLO existierte weiter und kehrte in den folgenden Jahren in den Libanon zurück, um von dort aus weiterhin Angriffe auf Israel zu führen. Israel bewirkte auch nicht, dass sich eine ihr freundlich gesinnte Regierung im Libanon etablierte. Auch die Syrer waren weiterhin im Libanon und bedeuteten eine zusätzliche Bedrohung. Die hohen Verluste, die Israel hatte hinnehmen müssen, standen nach israelischer Ansicht in keinem Verhältnis zu den Ergebnissen dieses Krieges.

Die Spaltung der israelischen Gesellschaft wurde noch deutlicher, die Meinungsverschiedenheiten noch schärfer, als im Dezember 1987 die »Intifada«,[214] verursacht durch einen Verkehrsunfall, in den Israelis und Araber verwickelt waren, in den besetzten Gebieten ausbrach. Arabische Jugendliche, die israelische Soldaten mit Steinen traktierten, verschafften der palästinensischen Sache mehr Anerkennung in der Welt, als es der bewaffnete Kampf und die Terroranschläge jemals getan hatten. Die israelischen Soldaten, die für einen solchen Kampf nicht gerüstet waren, versuchten mit allen Mitteln, diesen Aufstand zu unterdrücken. Wenn sie die Steinewerfer fassten, zerstörten sie die Häuser der Eltern oder blockierten Fenster und Türen mit Beton, so dass die Häuser nicht mehr bewohnbar waren. Sie wiesen Anführer aus, verhafteten Täter und hielten sie nach einem Gesetz aus der Mandatszeit ohne Gerichtsentscheid in sogenannter Vorbeugehaft. Sie schossen mit Gummipatronen, aber auch mit scharfer Munition, Ausgangssperren waren an der Tagesordnung.

Aber sie erreichten lediglich, dass der Hass der arabischen Bevölkerung auf die Israelis stetig wuchs und die Israelis zum Symbol ihres Leides wurden. Zwar setzte im vierten Jahr der »Intifada« eine gewisse Beruhigung ein. Dennoch bildete sich eine kleine Gruppe von Extremisten, die Schusswaffen gebrauchten, jüdische Siedler angriffen, aber auch Palästinenser, die sie der Zusammenarbeit mit den Israelis bezichtigten. Die Israelis hatten keine andere Antwort auf all das, als die Strafmaßnahmen zu verstärken.

Die in »Gusch-Emunim« (Block der Gläubigen) zusammengeschlossenen Rechten vergrößerten ihre Anstrengungen, mehr und mehr jüdische Siedlungen in den besetzten Gebieten zu errichten, um die Berechtigung ihres Anspruchs auf dieses Land in Tatsachen umzusetzen. Die Regierung Schamir ermutigte das Tun dieser Fanatiker, die die besetzten Gebiete als Teil ihres ihnen von Gott versprochenen Heimatlandes bezeichneten. »Das gehört uns doch«, erklärte mir Daniella Weiß, Vertreterin des Gusch Emunim.[215] »Gott versprach dieses Land dem Abraham«, sagte sie zu mir. »Es ist unser.« Frau Weiß ist eine gutaussehende Frau, der man den Fanatismus nicht ansieht, die aber dabei angetroffen wurde, wie sie Steine auf arabische Autos warf als »Vergeltung« für ähnliche Taten der Palästinenser.

Viele Israelis verfolgten diese Entwicklung mit Scham und Empörung. Die Friedensbewegung machte sich zwar zu ihrem Sprecher, aber ihre Proteste waren viel zu schwach und zu leise. Zermürbt durch den ständigen Kampf und die schweren Lebensbedingungen hatten viele Israelis längst resigniert. So wie ich standen sie fassungslos vor einer erschreckenden Bilanz des Hasses, der Feindschaft und der Hoffnungslosigkeit. Die seit 1977 amtierende Mitte-Rechts-Regierung verfolgte ihre Ziele blind und schien zu keinem Kompromiss bereit. Aus diesem Grunde ließ auch eine von den Amerikanern erzwungene Nahost-Friedenskonferenz am 31. Oktober 1991, auf der Delegierte arabischer Staaten und Israels zum ersten Mal in aller Öffentlichkeit zusammentrafen, wenig Hoffnung aufkommen.

Endlich – am 23. Juni 1992 – entschied die Hälfte aller Wähler Israels, dass dieser Politik ein Ende gesetzt werden müsse. Mit einer hauchdünnen Mehrheit gelang es der Arbeiterpartei, eine Koalitionsregierung zu bilden. Sie versprach einen grundlegenden Wandel der Politik ihrer Vorgänger und kündigte ihre Absicht an, zusammen mit den arabischen Staaten und den Palästinensern eine Lösung des Nahostkonflikts zu suchen. Das Volk war zunächst skeptisch. Zu oft schon waren seine Hoffnungen enttäuscht worden. Die Gegner einer solchen Politik – die rechten und die religiösen Parteien – protestierten, denn die neue Regierung machte deutlich, dass sie, um zum Frieden zu gelangen, besetzte Gebiete zurückzugeben gedachte. Dies sei Verrat an der zionistischen Idee und bedeute Gefahr für die Existenz des Staates, die nach Meinung der Gegner nur durch eine Politik der Stärke dem Feind gegenüber zu bannen sei.

Die von der Arbeiterpartei geführte Regierung hatte die Chance erkannt, die ihr die Veränderungen im Ostblock boten. Über 40 Jahre galt Israel im Osten als imperialistisches Gebilde, das mit allen Mitteln zu bekämpfen war. Als Vorwand dienten Israels Bindungen an die Vereinigten Staaten von Amerika. Unter den Ländern der Dritten Welt, die eine antiwestliche Position bezogen, spielten die arabischen Staaten hingegen eine maßgebliche Rolle und kamen somit als Einflusssphäre für den Kommunismus in Frage. Die Sowjetunion und die Satelliten unterstützten daher die arabischen Staaten auf diplomatischen Wegen und in internationalen Gremien. Sie rüsteten Israels Feinde mit modernsten Waffen auf und bildeten arabische Terroristen gegen Israel aus. Das änderte sich erst, als die Sowjetunion und ihre Satelliten Anfang der neunziger Jahre dem Kommunismus abschworen und sich dem Westen zuwandten.

PLO-Chef Arafat und später auch Syrien erkannten die Konsequenzen, die sich aus der neuen Konstellation in der Welt für ihre Politik ergaben. So gingen sie schließlich auf die Vorschläge ein, gemeinsam mit Israel Schritte zur Lösung des Nahostkonfliktes zu unternehmen. Erste Vorbereitungen dazu wurden in aller Heimlichkeit zwischen den Vertretern der PLO und Israels in Norwegen getroffen. In Israel war man sprachlos über diese Wende, die nach 50 Jahren Feindschaft und grausamster gegenseitiger Terrorangriffe wahrlich revolutionären Charakter trug.

Natürlich führten die ersten Treffen noch zu keiner Lösung, indes zu dem Beschluss, die Versuche, zu einem friedlichen Zusammenleben zu kommen, fortzuführen. Fragen der Zukunft der von Israel besetzten Gebiete, der Zusammenarbeit auf den Gebieten des Handels, des Tourismus, der Wasserwirtschaft stießen immer wieder auf Schwierigkeiten. Alte Probleme schienen unüberwindlich zu sein, neue türmten sich auf. Und doch war es offensichtlich, dass beide Seiten eine Verständigung herbeiführen wollten. Es war ein Prozess in Gang gekommen, der eine Rückkehr zur bedingungslosen Feindschaft nicht mehr zuzulassen schien. Und so kam es schließlich zum ersten Autonomieabkommen zwischen Israel und der PLO für einen Teil der von Israel besetzten Gebiete, den Gazastreifen und die Stadt Jericho, das am 13. September 1993 unterschrieben worden und im Mai 1994 in Kraft getreten ist. Weitere Abkommen folgten so rasch, dass es schwerfiel, mit der neuen Entwicklung Schritt zu halten.

Radikale arabische Kräfte, insbesondere die vom Iran gesteuerte islamisch-fundamentalistische Hamas-Bewegung, die sich dem Terror und der Vernichtung Israels verschrieben haben, verstärkten daraufhin ihre Angriffe auf Israel und begannen auch mit der Zerstörung jüdischer Einrichtungen im Ausland. Diese Aktionen arabischer Radikaler schienen denen in Israel recht zu geben, die auf der Seite der Rechten und der Religiösen ein friedliches Zusammenleben mit Arabern für unmöglich halten und jeden Versuch dieser Art als zu gefährlich für die Existenz des Staates ablehnen.

Sie stürzten sich in einen fanatischen Kampf gegen die von ihrer Regierung ausgehandelten Abmachungen mit den Palästinensern. Lautstarke Massenkundgebungen, Sitzstreiks vor dem Haus des Premierministers, Demonstrationen waren nun überall in Israel an der Tagesordnung und hinterließen den Eindruck, als sei der überwiegende Teil der Israelis gegen die Friedenspolitik ihrer Regierung. Nur der Frieden mit Jordanien, der am 25. Juli 1994 in Washington mit Handschlag zwischen König Hussein und Premierminister Rabin besiegelt wurde, fand bei allen politischen Richtungen in Israel Zustimmung. König Hussein hatte bereits 1988 den Anspruch auf das Westjordanland zugunsten eines möglichen palästinensischen Staates aufgegeben. Die Probleme zwischen Israel und Jordanien sind daher eher geringfügig und nicht grundsätzlicher Natur.

Diese ersten Abkommen zwischen den ehemaligen Feinden erwiesen sich als Teil eines Prozesses, dessen Ende noch heute nicht abzusehen ist. Sie wurden keine Garantie für eine friedliche Entwicklung im Nahen Osten. So musste die PLO, die die von Israel besetzten Gebiete in Selbstverwaltung übernommen hat, der palästinensischen Bevölkerung erst noch beweisen, dass sich der Frieden mit Israel wirklich lohnt.

Die radikale Hamas-Bewegung tat alles, um dies – ihren terroristischen Zielen folgend – zu verhindern. Die in Jerusalem von der Arbeiterpartei geführte Regierung, die 1996 vor Neuwahlen stand, war gezwungen, ihre Bevölkerung davon zu überzeugen, dass Abkommen mit Arabern und Palästinensern dem Volk und dem Staat Israel lebenswichtige Vorteile bringen würden.

Doch das gelang nicht. Mörderische Angriffe der Hamas-Bewegung auf israelisches Territorium bewiesen das Gegenteil und stärkten jene Kräfte in Israel, die nicht an einen Friedenswillen der Araber glauben wollen und politisch immer stärker nach rechts tendieren. Entsprechende Regierungskoalitionen, so steht zu befürchten, werden Bemühungen um einen Frieden in dieser Region aus diesen Gründen keine Chance geben wollen. Und so fahren die Feinde fort, sich mit ihren Raketen zu messen.

Menschen sterben – Frauen, Kinder und Jugendliche, die auf Befehl die tödlichen Waffen in ihrem Köcher tragen und deren

Leben oft endet, bevor es begann. Prozesse, in denen ab und zu Hoffnung auf einen Frieden aufglimmt, werden ebenso oft wieder zerstört. Ein Volk, das schon so viel Leid erfuhr, muss damit leben.

Mich begleitet die Sorge um dieses Land und seine Menschen, wo immer ich auch bin.

36
›Sara‹
oder: Ein Theaterstück verlässt die Bühne

»Wie war denn das mit der Angst damals?«, fragte die Schauspielerin. »War sie immer gegenwärtig?« Nina Lorck-Schierning probte die »Inge« in dem Stück ›Ab heute heißt du Sara‹. Im Jahre 1987 hatte der Leiter des Berliner Grips-Theaters, Volker Ludwig, beschlossen, mein Buch ›Ich trug den gelben Stern‹ zur Grundlage eines Theaterstückes zu machen. Ende 1988 begannen die Proben. Zu diesem Zweck kam ich nach Berlin. Ich war begeistert. Ich war wie in einem Rausch. Ich hatte das Buch geschrieben, um denen ein Denkmal zu setzen, die ihren Kopf für unser Überleben riskiert hatten, und auch um zu zeigen, dass Hilfe für verfolgte Juden selbst in Nazi-Deutschland möglich gewesen war. Und schließlich hatte ich auch die Leiden und Qualen schildern wollen, die Juden noch vor ihrer Deportation in den Tod in Berlin erdulden mussten. Das Buch war 1978 erschienen und ist inzwischen in vier Sprachen übersetzt worden.

Als ich »meine Mutter« auf der Bühne zu mir sagen hörte: »Wir sind Juden, Inge. Für die Nazis sind wir ihre Feinde«, da glaubte ich es nicht aushalten zu können. Und ich begriff zum ersten Mal, wie tief die Erfahrung der Verfolgung, der Flucht, des Verlustes lieber und liebster Menschen saß, wie wenig sie zu verarbeiten ist, auch wenn man annimmt, nach über 40 Jahren davon frei zu sein. Ich saß zwischen den beiden Autoren, Volker Ludwig und Detlef Michel. Sie sagten später, ich hätte geweint. Ich war mir dessen nicht bewusst. Ich weiß nur, dass ich im Stillen mit mir haderte, mich einen Feigling schalt, der nicht begriffen hat, dass diese beiden Männer mit ihrem Stück das Gleiche erreichen wollten wie ich, nämlich vor allem der Jugend zu zeigen, was damals geschehen war, was Menschen anderen Menschen angetan hatten, nur weil sie angeblich »anders« waren als das deutsche Volk, und dass diese irre Denkweise zu den bestialischsten aller Morde geführt hatte. Langsam wich mein anfänglicher Schock und machte einem Gefühl des Vertrauens Platz, das durch den Kontakt mit den meist jungen Schauspielern entstand und wuchs.

Natürlich war es nicht leicht, der jungen Nina zu erklären, dass diese Angst eigentlich immer gegenwärtig war, dass ich mit dieser Angst aufwuchs.

Auch heute noch bin ich manchmal nahe daran, Ängsten zu erliegen – ganz anderer Art natürlich –, kann aber damit schnell fertig werden, da ich mir der Ursachen bewusst bin. Die Angst, so erklärte ich ihr, zeigten wir nicht, ja, wir überspielten sie. Wir suchten und fanden immer wieder Gelegenheiten zum Lachen. Oft lieferten uns die Nazis mit ihrem albernen Gehabe den Anlass dafür. Wir bezogen Kraft und Vergessen aus Theater- und Konzertbesuchen, aus Spaziergängen im Grünen – all das war uns natürlich verboten. Dass die Angst uns aber nie verließ, zeigte sich in der Schnelligkeit, mit der wir reagierten. Wir erfassten eher als andere die Gefahren, in denen wir uns befanden oder die auf uns zuzukommen schienen. Ob Nina mich verstand?

Die gleiche Frage nach der Angst wurde mir immer wieder von den Schauspielern gestellt, die sich seitdem mit dem Stück beschäftigt haben. 25 Theater in der alten Bundesrepublik haben es in der Zeit von 1989 bis Juni 1994 nachinszeniert. Viermal ist es im Ausland (Linz, Salzburg, Tel Aviv, Toronto) nachgespielt worden. In der ehemaligen DDR stand es bisher nur bei drei Theatern auf dem Spielplan. Das Grips-Theater hat ›Ab heute heißt du Sara‹ bis Frühjahr 2009 über 300 Mal aufgeführt. Es war zu Gastspielen in Wien, Ost-Berlin, Bonn und Moskau. Zweimal wurde die Inszenierung im Fernsehen gezeigt, wo hohe Einschaltquoten das Interesse einer großen Zahl von Deutschen bewiesen.

In der Rolle meines Vaters hatte Thomas Ahrens einen Mann darzustellen, der um einige Jahre älter ist als der Schauspieler selbst. Einen ganzen Abend lang ließ er sich meinen Vater schildern. Diesen Mann, der bis 1933 ein unerschrockener Kämpfer gewesen war, Reden gegen Hitler hielt, in Demonstrationen gegen die Nazis immer an der Spitze ging und sich dann, als man ihn aus seinem geliebten Lehrerberuf verstieß und als Juden und Sozialdemokraten zu verfolgen begann, völlig verwandelte. Nichts erinnerte mehr an den Kämpfer. Die Begeisterung der Mehrheit der Deutschen für die Nazis verstand er nicht, sie verwirrte ihn, ließ ihn zweifeln an sich selbst, an seinem Verstand, an dem Gedankengut des Sozialismus, das ihm seit seiner Jugend heilig gewesen war.

Wohl am verwirrendsten für jeden Leser meines Buches ist die Figur des fast blinden Otto Weidt, der mit unglaublichem Mut, ungeachtet der Gefahren für sich selbst, für die in seiner Blindenwerkstatt arbeitenden Juden eintrat, sie beschützte, »untergetauchte« Juden unterstützte und schließlich auch eine ihm nahestehende Jüdin aus dem KZ Christianstadt rettete. Der Schauspieler Dietrich Lehmann spielt diesen Mann mit großer Hingabe und dem offensichtlichen Wunsch, ihn vor allem der jungen Generation nahezubringen – diesen Mann, für den ein jeder Mensch das Recht auf Leben hat. Otto Weidt starb 1947. Bei seinen Recherchen entdeckte er, dass ein Sohn Weidts aus erster Ehe in Frankfurt lebt.

Dieser Sohn fiel aus allen Wolken, als er die Geschichte seines Vaters hörte, von dem er seit frühester Kindheit getrennt gewesen war. Auf die Frage, was den Vater wohl zu seinen aufopfernden Hilfeleistungen für Juden geführt haben mochte, erzählte er, dass sein Vater, der vor seiner Erblindung Tapezierer gewesen war, immer versucht habe, eine ihm in der Jugend entgangene Bildung nachzuholen. Literaten, unter denen sich in den zwanziger Jahren auch viele Juden befanden, hatten ihn stets angezogen. Stunden habe er in ihrem Kreis im »Romanischen Café« in Berlin verbracht. Einmal, mitten im Krieg, hatte Weidt plötzlich seinen Sohn gebeten, sich anlässlich eines Heimaturlaubs bei ihm zu melden. Als sie im Café »Haus Vaterland« zusammentrafen, war Weidts wichtigste Frage an den Sohn, was er denn von den Nazis und dem Krieg halte. Die Antwort des Sohnes, man müsse den Krieg gewinnen, die Opfer könnten doch nicht umsonst gewesen sein, muss Otto Weidt enttäuscht haben, denn das Treffen war daraufhin sehr bald beendet. Der Sohn hörte nie wieder etwas von seinem Vater. Es scheint mir nicht ausgeschlossen, dass Weidt von seinem Sohn Unterstützung für die versteckten Juden erhofft hatte, etwa durch Papiere gefallener Soldaten oder Ähnliches.

Das Haus Rosenthaler Straße 39, in dem die Blindenwerkstatt Otto Weidts gewesen war, stand, als ich im Frühjahr 1988 mit den Autoren des Theaterstückes die Stätten meiner Illegalität aufsuchte, zu meiner Überraschung unversehrt da, ja, war durch die im Osten übliche Vernachlässigung völlig unverändert geblieben. Die hölzernen Stiegen, die zur Werkstatt im Quergebäude des Hinterhofs führten, waren noch genauso ausgetreten wie vor 40 Jahren und knarrten bei jedem Tritt – wie damals, als uns dieses Geräusch in Angst und Schrecken versetzte. Denn unter der Treppe hatten wir unser Versteck, in das wir hasteten, wenn Gefahr im Verzuge schien oder »unerwünschte« Besucher, also Gestapo, auftauchten.

Ungehindert konnten wir die Räume der ehemaligen Blindenwerkstatt betreten. Ich glaubte meinen Augen nicht zu trauen, als ich die Büroräume wiedersah, in denen selbst die weißen Zwischenwände mit dem Blumenmuster noch die gleichen waren, das schadhafte Linoleum wie damals die ausgedienten Dielen kaum bedeckte und die fast blinden Fensterscheiben in gesplitterten Holzrahmen steckten. Im Geiste sah ich die Menschen vor mir, die hier einmal gearbeitet hatten – zum großen Teil blinde und taubstumme Juden, die täglich die Angst verzehrte, ob nicht ihr Name am nächsten Tag auf der Liste der zu Deportierenden aufgeführt war. Ich brauchte meine ganze Kraft, um mich meiner Gefühle zu erwehren, die beim Anblick dieser Stätte in mir hochkamen. Als wir zwei Wochen später die Werkstatt noch einmal besuchten, um zu fotografieren, waren neue Zwischenwände gezogen, die Stiegen notdürftig ausgebessert und Vorkehrungen getroffen worden, um saubere Büros aus den verwahrlosten Räumen zu machen. Es war, als habe man die Renovierung hinausgezögert, damit ich die alten Räume, in denen sich so viel Leid abgespielt hatte, noch einmal sehen konnte.

Die Wirren der Nachkriegszeit haben dazu geführt, dass wir Geretteten einander aus den Augen verloren. Von Alice (Ali) Licht, die Otto Weidt ihre Rettung aus Auschwitz zu verdanken hatte, wusste ich nur, dass sie so bald wie möglich nach der Befreiung in die USA ausgewandert war und einen aus Berlin stammenden Amerikaner geheiratet hat. Bei einer Lesung aus meinem Buch ›Ich trug den gelben Stern‹ in Ost-Berlin, nach der »Wende« im April 1990, erfuhr ich von einem Zuhörer, der sich als Verwandter von Ali zu erkennen gab, dass sie zwei Jahre zuvor in Israel, nur wenige Kilometer von meinem Wohnsitz entfernt, gestorben war. Ihr Verwandter war überrascht, von mir etwas über Alis Schicksal während des Krieges zu erfahren, über das sie nie gesprochen hatte.

Hans Rosenthal, der Mann, dem ich während des Krieges nahegestanden hatte, war ebenfalls nach Amerika ausgewandert und hatte, sicher aus Enttäuschung über meine Absage, ihn heiraten zu wollen, keinen Kontakt zu mir aufrechterhalten. Vor wenigen Jahren erfuhr ich seine Adresse und schrieb ihm. Die Antwort aber kam nur noch von seinem Bruder, der mir mitteilte, dass auch Hans vor wenigen Jahren gestorben war. Dieser Bruder fiel ebenfalls aus allen Wolken, als er nun über das Schicksal von Hans im Berlin der Nazis erfuhr, über das Hans Rosenthal nie gesprochen hatte. Aufgefallen war nur, dass er gelegentlich im Schlaf aufgeschrien oder furchtbar gestöhnt hatte. Wie so viele, hatte auch er es vorgezogen, die durchlebten Schrecken für sich zu behalten.

Das Theaterstück ›Ab heute heißt du Sara‹ ist in jeder Hinsicht authentisch, auch wenn aus theatertechnischen Gründen Figuren zusammengezogen oder andere unwesentliche Veränderungen vorgenommen werden mussten. Zwar enthält das Stück eine Szene, die nicht meinen unmittelbaren persönlichen Erlebnissen entspricht, gegen die ich aber nichts einzuwenden hatte, denn sie war im Nachkriegsdeutschland fast alltäglich: Ein ehemaliger Gestapobeamter forderte von Weidt einen »Persilschein«, weil er angeblich nur ein kleines Rädchen im Getriebe gewesen sei. Er habe im Grunde Juden geholfen und Schlimmeres verhütet. Zu jener Zeit lebte in Ost-Berlin eine Dame, die als Ehefrau eines jüdischen Arztes und Nachbarin der Blindenwerkstatt Otto Weidt nahestand. Als ich sie 1989 dort in einem Altersheim besuchte, erklärte sie, dass mein Buch einen Fehler enthalte: Der stellvertretende Leiter des Judenreferats der Berliner Gestapo,

Prüfer, sei nicht, wie mir die Berliner Staatsanwaltschaft glaubhaft versichert hatte, kurz vor Kriegsende bei einem Bombenangriff ums Leben gekommen. In den ersten Wochen nach dem Kriege sei sie Zeugin geworden, wie Frau und Tochter des Prüfer einen solchen »Persilschein« für den ehemaligen Gestapobeamten von Weidt forderten. Ein Beweis also, dass Prüfer den Krieg überstanden und möglicherweise, wie so viele Nazis, ungestört und in Frieden in dem neuen demokratischen deutschen Staatsgebilde lebte. So war auch diese zunächst erdachte Szene authentisch geworden.

›Ab heute heißt du Sara‹ hat auch für mich persönlich große Bedeutung. Ich muss zugeben, dass mich jede Aufführung aufs Neue erregt, ich lebe es immer noch mit, was da auf der Bühne geschieht, denn es ist ja mein Leben, mein Schicksal. Es sind Worte, die mein Vater, meine Mutter oder ermordete liebe Freunde und Verwandte gesprochen haben, die auf der Bühne zu hören sind. Aber ungeachtet der emotionalen Belastung für mich gehe ich oft ins Theater, um die Reaktionen des Publikums auf die ›Sara‹ zu beobachten. 80 Prozent des Publikums im Grips-Theater sind junge Leute. Es fasziniert mich mitzuerleben, wie sie mit Spannung dem Geschehen auf der Bühne folgen, wie sie mitgehen, wie sie mitleiden und wie sie am Schluss geradezu begeistert applaudieren – Ausdruck ihres Verständnisses für das, was das Stück ihnen sagen will.

Das blieb nicht ohne Folgen für mich. Viele Lehrer baten mich, mit ihren Schülern über die Nazizeit zu diskutieren. Ohne Ausnahme fand ich bisher junge Menschen vor, die – anders als ihre Eltern und Großeltern – begierig waren zu erfahren, wie es zu dem Schrecklichen kommen konnte, die ohne Scheu zuhören und ihre Fragen stellen. Tatsächlich handelt es sich hier um eine Generation, deren Eltern den Nationalsozialismus nicht mehr erlebten und in einer Zeit aufwuchsen, in der in den Schulen der Bundesrepublik die schlimme Vergangenheit Deutschlands nur selten zum Lehrstoff gehörte. Sie haben ihre Kinder zu diesem Geschehen kaum oder gar nicht beeinflusst.

In den meisten Fällen sind die Schüler durch mein Buch oder den Besuch des Theaterstückes auf das Thema vorbereitet. Der ihnen gebotene Stoff geht zweifellos über das hinaus, was die meisten ihrer Großeltern zu erzählen bereit waren. Trockene Geschichtsforschung würde im Falle der Nazizeit auch nicht ausreichen, will man den Versuch unternehmen zu verstehen, wie es dazu kam, dass Menschen ihrer Herkunft wegen diskriminiert, verfolgt und schließlich kaltblütig ermordet wurden.

Daher habe ich gewöhnlich keinen Grund, mich in den zwei Schulstunden oder 90 Minuten über einen Mangel an Fragen zu beklagen. »Wusste man schon zu Beginn des Naziregimes, was die Ziele und Absichten der Nazis waren?« Eine häufig gestellte Frage, die sicher ihren Ursprung in der Behauptung vieler älterer Deutscher hat, man habe die wahre Politik der Nazis nicht erkannt. »War die Existenz der Konzentrationslager bekannt, und wusste man, was dort geschah?« Auch dies sicherlich eine Frage, die sich aus Gesprächen mit den Großeltern ergeben hat. »Wie gelang es Hitler und den Nazis, die Masse des Volkes auf ihre Seite zu ziehen, so dass sie sogar zu seinen Verbrechen schwieg?« Eine Frage, die beweist, wie schwer es für die heutige Jugend ist, die in vollkommener Freiheit und Demokratie aufwächst, zu begreifen, was ein Leben in Unfreiheit, in einer Diktatur und unter Terror bedeutet. Schließlich habe auch ich bis zum heutigen Tage Probleme mit der Frage, wie es möglich war, dass die Nazis in diesem Prozess der qualvollen Entrechtung der Juden so viele Helfer im deutschen Volk fanden, von denen Tausende zudem noch nach Möglichkeiten suchten, sie schneller, sauberer und rationeller zu morden.

Diese Gespräche und die vielen Lesungen und Vorträge, zu denen ich aufgefordert werde und die unzweifelhaft durch das Theaterstück angeregt worden sind, hatten mich wieder nach Berlin gebracht, in die Stadt, in der ich so viel Unmenschlichkeit, aber auch so viel Menschlichkeit erfuhr – im Gegensatz zu früheren Blitzbesuchen nun zu längeren Aufenthalten. Dabei habe ich feststellen müssen, wie viel mich mit dieser Stadt verbindet, wie sehr ihre Atmosphäre und ihre Kultur meinem Wesen entsprechen und dass das Berlinern die einzige Sprache ist, in der ich mich richtig verständlich machen kann. Ich gebe zu, dass es Gegenden in dieser Stadt gibt, mit denen mich schlimme Erinnerungen verbinden und die ich meide. Bedeutsamer aber ist für mich persönlich die Bekanntschaft mit dieser jungen Generation, die sich so frei und offen gibt und die mir und meinem Anliegen so viel Sympathie und Verständnis entgegenbringt.

Und dennoch – nichts, gar nichts schien sich geändert zu haben, als Ende 1991 jugendliche Rechtsradikale gegen Ausländer vorzugehen begannen, sie mit Knüppeln und Steinen verfolgten und nicht einmal vor Morden zurückschreckten. Es waren schlimme Bilder, die auf dem Fernsehschirm zu sehen waren und die mich unweigerlich in jene Zeit zurückversetzten, in der in Deutschland Mensch nicht gleich Mensch war. Und wieder haben Deutsche ihre Fenster geschlossen, ähnlich wie bei den Judenverfolgungen in den dreißiger Jahren, um nicht vom Brandgeruch oder den Schreien der Menschen belästigt zu werden, denen der Zufall eine dunkle Hautfarbe oder geschlitzte Augen beschert hat. Deutsche Politiker, deren einziges Interesse der Erhalt ihrer Macht zu sein scheint, schauen der Mehrheit aufs Maul, die dem Andersartigen die Zuflucht in Deutschland verweigern möchte aus Sorge vor seiner Fremdartigkeit und vor möglicher Konkurrenz. Die Verwässerung des im Grundgesetz verankerten Asylrechts schien ihnen die Lösung.

Als in der Berliner Öffentlichkeit bekannt wurde, dass auch ich seit Ende 1991 durch nazistische Schmähschriften belästigt und am Telefon durch antisemitische Hetzparolen beleidigt wurde, erhielt ich Hunderte von Briefen, deren Verfasser ihr Entsetzen und ihre Scham darüber ausdrückten. Unter diesen Briefen waren auch Zuschriften von Kindern und jungen Leuten, die mich wissen ließen, dass sie zu mir stehen. »Wenn jemand Ihnen etwas antun will, kommen Sie zu uns, wir helfen Ihnen«, schrieb ein Dreizehnjähriger. Diese Briefe und auch die Blumen, die Unbekannte vor meine Wohnungstür legten, ermutigen mich, geben mir die Kraft, die ich brauche, um weiterhin vor jungen Menschen Zeugnis abzulegen über meine Vergangenheit und die dieses Landes, die für mich immer gegenwärtig bleibt.

Doch offenbar wenig beeindruckt von den Protesten ihrer Landsleute, fuhren jugendliche Radikale fort, ihr Unwesen gegen Ausländer in Deutschland zu treiben. Auch Vorfälle mit antisemitischem Hintergrund mehren sich. Urteile von Richtern, die die ganze Tragweite neonazistischer Umtriebe offenbar nicht erkennen wollten, mögen sie dazu ermutigt haben. Ebenso Erklärungen von Politikern, die sich vielfach nicht deutlich genug von den Verbrechen, deren sich Deutsche schuldig gemacht haben, distanzieren. Eine Haltung, die wohl auch darauf zurückzuführen ist, dass die deutsche Nachkriegsdemokratie es versäumte, mit dem mordenden, folternden Nationalsozialismus gründlich und eindeutig abzurechnen.

Es bleibt mir unverständlich, dass über die Möglichkeit eines Verbots der rechtsradikalen NPD, von deren Verfassungsfeindlichkeit demokratische Kräfte aller Parteien überzeugt sind und von denen jugendliche Rechtsradikale zumindest Unterstützung beziehen, ständig gestritten, das Handeln aber ausblieb. Mir klangen die mehrmaligen Ablehnungen eines solchen Verbots wie fadenscheinige Vorwände. Jene, die meinen, dass ein Verbot der Partei nicht zur Beendigung ihrer antidemokratischen Handlungen führen würde, vergessen, dass, solange die Rechtmäßigkeit der Partei besteht, sie ein Anrecht auf Steuermittel hat, mit denen sie ihre martialische Musik und Propagandaschriften finanzieren kann. Und Steuern zahlen wir alle, auch jene, die einmal Opfer der Nazis waren.

Es dürfte niemanden überraschen, dass selbst meine Bindung an Berlin und an meine vielen Freunde in dieser Stadt nicht meine Sorgen vertreiben kann, dass ich eines Tages hier noch einmal unerwünscht sein könnte. Ich überlegte lange, wie ich mich verhalten sollte. Schließlich kam ich zu der Erkenntnis, dass mir die Gespräche mit jungen Menschen dieses Landes zu wichtig sind, um sie einfach aufzugeben. Und so führte ich viele Jahre eine Art Pendelverkehr zwischen Berlin und Tel Aviv, um hier die Aufgaben zu erfüllen, die mir in gewisser Hinsicht gestellt schienen. Doch die stetig steigende Beanspruchung kostete mich viel Kraft, und ich begann darüber nachzudenken, ob eine Übersiedlung nach Berlin nicht doch sinnvoller wäre. Ich rang mich schließlich dazu durch und gab meine Wohnung in Tel Aviv auf. Berlin, diese interessante Stadt, nahm mich sofort gefangen. Mit den Menschen habe ich es jedoch schwerer. Es gibt viele, die auf Distanz gehen, wenn sie meinen Namen hören oder mit mir zusammentreffen. Vielleicht aus Scheu oder aus dem Wissen, dass ihre Vorfahren in die grausamen Verbrechen der Nazis verstrickt waren, oder aus vererbtem antisemitischen Denken. Man stellte auch Fragen an mich, die dies bestätigen: »Sind Sie nun Jüdin oder Deutsche?« Oder: »Wo kommen Sie her?« Auf meine Antwort, dass ich aus Berlin stamme, kam die erneute Frage: »Ja, aber wo kommen Sie wirklich her?« Erfahrungen dieser Art führten dazu, dass ich ganz im Kreise meiner Freunde untertauche und mich auf meine Kontakte zu jungen Menschen konzentriere, von denen viele zu mir kommen, um die schlimme Vergangenheit ihres Landes zu verstehen. Ihnen gilt auch die Gründung der Inge-Deutschkron-Stiftung, die nicht nur die Aufgabe hat, Rassismus, Antisemitismus und Intoleranz zu bekämpfen, sondern auch die Ursachen zu erforschen, die für Deutschlands dunkelste Periode verantwortlich wurden. Denn die Menschheit wird von den Gefahren solcher Verbrechen erst frei sein, wenn die gesellschaftlichen, sozialen und politischen Hintergründe, die den Nationalsozialisten den Weg zur Macht bereiteten, wirklich aufgeklärt sind.

Anmerkungen

1 Die ›New York Times‹ meldete dazu, dass 195 Synagogen angezündet, 800 Läden zerstört und 7500 geplündert worden waren.
Aus: Arthur D. Morse, Die Wasser teilten sich nicht, Wien, Berlin, München 1968, S. 110.

2 »Es werden in ganz Deutschland in kürzester Frist Aktionen gegen die Juden, insbesondere ihre Synagogen stattfinden. Sie sind nicht zu stören ... Es ist vorzubereiten die Festnahme von 20 000 bis 30 000 Juden im Reich. Es sind auszuwählen vor allem vermögende Juden ...«, so hieß es in einem geheimen Fernschreiben der Gestapo an alle ihre Dienststellen in Deutschland.
Aus: Raimund Schnabel, Macht ohne Moral, Frankfurt 1957, S. 78f.

3 H. G. Adler, Der verwaltete Mensch, Tübingen 1974, S. 494.

4 A. D. Morse, Die Wasser teilten sich nicht, Wien, Berlin, München 1968, S. 116.

5 Ebd. S. 240-250.

6 Das Stuttgarter US-Konsulat war ermächtigt, 850 Visa pro Monat auszustellen. Es gingen jedoch 110 000 Anträge auf Einwanderung ein.
Aus: A. D. Morse, Die Wasser teilten sich nicht, S. 215.

7 Am 17. Mai 1939 beschränkte Großbritannien die Einwanderungsquote nach Palästina für die folgenden fünf Jahre auf 75 000.

8 H. G. Adler, Der verwaltete Mensch, Tübingen 1947, S. 12.

9 Bis 1931: Ernste Bibelforscher.

10 Franz-Wilhelm Prüfer ist bei einem Bombenangriff auf Berlin getötet worden. Auskunft: Staatsanwaltschaft Berlin und Robert W. Kempner, Morde an 35 000 Berliner Juden, S. 46.

11 117 Transporte gingen nach Theresienstadt mit insgesamt 14 797 Personen.

12 63 Todestransporte mit ca. 35 000 Juden verließen Berlin in der Zeit von Oktober 1941 bis zum Kriegsende.

13 NSV = Nationalsozialistische Volkswohlfahrt.

14 1944 wurden noch monatlich Transporte von Berlin nach Auschwitz abgefertigt. Die Zahl der Deportierten war selten höher als dreißig, zumeist Menschen, die es in der Illegalität nicht ausgehalten haben oder gefasst worden waren. Am 5. Januar 1945, wenige Tage vor der Befreiung von Auschwitz, wurden noch sieben Männer und sieben Frauen aus Berlin nach Auschwitz deportiert. Im März und April 1945 wurden gefasste Juden in die Lager Bergen-Belsen, Sachsenhausen und Frauen nach Ravensbrück verschickt.

15 »›Die Organisation Todt‹ ist eine Einrichtung zur Durchführung kriegsentscheidender Bauaufgaben aller Art.« (Führererlass 2.9.1943) Die OT-Lager wurden gegen Kriegsende in Zwangsarbeitslager umgewandelt, in denen viele »Mischlinge«, aber auch nichtjüdische Männer aus Mischehen zur Arbeit gezwungen wurden.

16 Chassene = Jiddisch für Hochzeit.

17 Nach Ermittlungen aus dem Jahr 2008 haben 1700 Menschen in Berlin als Illegale überlebt.

18 Die jüdischen Partner aus Mischehen ohne Kinder wurden nicht deportiert. War der Ehemann Jude, musste er den »Stern« tragen. Das galt nicht für jüdische Ehefrauen. Außerdem wurden Juden aus sogenannten privilegierten Mischehen nicht deportiert. Es handelte sich dabei um Mischlinge mit Kindern, die nicht jüdisch erzogen waren.

19 Bereits am 25. Juli erließ die Sowjetische Militäradministration den Befehl Nr. 17, mit dem elf deutsche Zentralverwaltungen ins Leben gerufen wurden, die der SMAD unterstehen und nach ihren Direktiven arbeiten sollten. Der Befehl wurde aber erst am 11. 9. 45 bekanntgemacht, denn die Alliierten einigten sich erst auf der Potsdamer Konferenz Anfang August darauf, »zentrale deutsche Verwaltungsabteilungen« für ganz Deutschland zu bilden. Die Vorbereitungen zur Bildung dieser Zentralverwaltungen für die russisch besetzte Zone Deutschlands liefen sofort nach dem Befehl an. (DDR-Lesebuch I, Köln 1989)

20 Hans Mahle im Gespräch mit der Autorin am 24. 8. 1989 in Berlin. Mahle war von 1937 an im Exil in Moskau und kehrte im April mit der »Gruppe Ulbricht« nach Berlin zurück.

21 Diese Briefe fand ich im Archiv meines Vaters nach seinem Tod.

22 In Berlin überlebten nach neuesten Erkenntnissen ca. 1500 Juden, die mit Hilfe von Berlinern versteckt gelebt hatten. Die Quellenlage ließ es bis jetzt nicht zu, genaue Zahlen zu ermitteln.

23 Chupa = Trauhimmel.

24 Die Einreise nach Amerika ohne Einwanderungspapiere war ein Privileg, von dem damals nur Überlebende der KZs oder »Untergetauchte« Gebrauch machen durften.

25 Die erste zehnköpfige Gruppe (die »Gruppe Ulbricht«) traf schon am 2. Mai 1945, dem Tag der Kapitulation Berlins, ein und nahm ihre Arbeit in Berlin-Friedrichsfelde, Prinzenallee 80, auf. Insgesamt umfasste diese Gruppe 300 bis 500 Personen. (Der Kampf um Berlin 1945, Augenzeugenberichte, Düsseldorf 1970)

26 Paul Wandel wurde am 13. 9. 1945 zum ersten Präsidenten der Zentralverwaltung für Volksbildung ernannt, später wurde er Volksbildungsminister der DDR. 1952 avancierte er zum Leiter der Koordinierung und Kontrollstelle für Unterricht, Wissenschaft und Kunst. Ab 1953 Sekretär des ZK der SED, dann Botschafter in China.

27 Siehe auch Harold Hurwitz, Demokratie und Antikommunismus in Berlin nach 1945, Bd. I, Köln 1984.

28 Ernst Hadermann war Angehöriger einer Kommission für die Umgestaltung des Unterrichtswesens im Nationalkomitee Freies Deutschland (SU). Am 1. 5. 1937 trat Hadermann in die NSDAP ein (Mitgl.-Nr. 5698532); später SED-Mitglied; Leiter der Schulabteilung in der ZV für Volksbildung; später Institutsdirektor und Dekan an der Päd. Hochschule Potsdam; danach Professor in Halle; gestorben 1968.

29 Die Sozialdemokratische Partei Deutschlands wurde am 17. 6. 1945 wieder gegründet.

30 Erste Volkszählung am 12. 8. 1945: 2,8 Millionen Berliner Einwohner (ehem. 4,3 Mill.).

31 Quelle: Günther Lange, Jeanette Wolff, Neue Gesellschaft, 1968.

32 Friedrich Luft im Gespräch mit der Autorin am 13. 10. 1989 in Berlin.

33 In der ersten Ausgabe des ›Tagesspiegels‹ am 27. 9. 1945 heißt es, dass auf 1000 Männer 4585 Frauen kamen.

34 Walter Rieck wurde später Bezirksbürgermeister von Berlin-Wilmersdorf.

35 W. Leonhard, Die Revolution entlässt ihre Kinder, Köln 1955.

36 Quelle: ebd. Walter Ulbricht, geboren 1893 in Leipzig; von Beruf Tischler; seit 1919 Mitglied der KPD, von 1928-33 Mitglied des Reichstags; Emigration Paris, Prag, ab 1938 Moskau; 1945 Rückkehr; zuletzt Erster Sekretär des ZK der SED, von Honecker 1971 gestürzt.

37 B. Chamberlin, Kultur auf Trümmern (Berliner Berichte der amerikanischen Information control section July-December 1945), Stuttgart 1979.

38 Am 14. 5. 1945 – zwölf Tage nach der Kapitulation Berlins – trafen sich Berliner Künstler, unter ihnen Gustaf Gründgens, Paul Wegener, Heinz Tietjen, Ernst Legal, mit dem russischen Stadtkommandanten, General Bersarin, um über das Wiederaufleben der Kultur zu beraten. Am 6. 6. 1945 konstituierte sich die Kammer der Kunstschaffenden unter dem 70-jährigen Wegener (parteilos) als Präsidenten.

39 Barlog im Gespräch mit der Autorin, Berlin, 6. 9. 1989.

40 Siehe Anm. 35.

41 Aus einem Bericht für den Senator für Arbeit und Soziales zum Thema »Berlin nach dem Kriege, wie ich es erlebte«.

42 Die Russen demontierten in den späteren Westsektoren acht Wochen vor dem Einzug der Westalliierten 85 Prozent der gesamten industriellen Ausrüstung. (DDR-Lesebuch I, Köln 1989)

43 Beschluss des Bezirksamtes Friedrichshain vom 19. 7. 1945.

44 Mahle im Gespräch mit der Autorin, Berlin, 24. 8. 1989.

45 Premiere ›Nathan der Weise‹ am 7. 9. 1945, 250-mal aufgeführt.

46 Premiere ›Professor Mamlock‹ am 17. 1. 1946.

47 Premiere ›Hokuspokus‹ am 3. 11. 1945.

48 Energiequoten: 500 Watt Grundstromverbrauch, für jede Person über sechs Jahre weitere 50, für jedes Kleinkind 100.

49 Quelle: I. Spittmann/G. Helwig (Hrsg.), DDR-Lesebuch I, Köln 1989.

50 Resolution der Parteiführung der KPD von 1923 (siehe Handbuch der DDR, Köln 1979).

51 Edith Baumann war vor 1933 Jugendfunktionärin der SAP und wegen Vorbereitung zum Hochverrat von 1933 bis 1936 im Gefängnis. Sie wurde später die Frau Erich Honeckers in erster Ehe.

52 Der Zentrale Jugendausschuss war der Vorläufer der Freien Deutschen Jugend. Am 25. 6. 1945 verkündete Walter Ulbricht, dass es nur eine »einheitliche freie Jugendbewegung« geben würde.

53 Die Freie Deutsche Jugend wurde am 26. 2. 1946 gegründet.

54 Pajok (russ.) = Lebensmittelration, Marschverpflegung.

55 Besprechung mit Frau (Lore) Pieck im ZK der KPD, Berlin, Wallstraße, am 25. 9. 1945.

56 Rede Walter Ulbrichts am 19. 6. 1945 beim ersten Treffen des ZA (SPD) mit dem ZK (KPD).

57 Quelle: H. Lippmann, Honecker, Köln 1971.

58 M. Rexin, Heft 5, Schriftenreihe, Franz-Neumann-Archiv; Amtlichen Fernsprechbüchern aus dem Jahre 1946 zufolge hatte die KP 50 Anschlüsse, die SPD 14, CDU 10, LDPD 7.

59 Quelle: Erich Gniffke, Jahre mit Ulbricht, Köln 1966.

60 Zu Edith Baumann siehe Anmerkung 51.

61 Nach Richard Fuchs wurde später eine Berufsschule in Berlin-Mitte, Große Hamburger Straße 27, benannt.

62 Dr. Siegfried Nestriepke war von 1920 an 13 Jahre lang Generalsekretär der Berliner Volksbühne, außerdem über mehrere Jahre auch Leiter des Verbandes der deutschen Volksbühnenvereine. Von 1931 bis 1933 geschäftsführender Leiter des Berliner Hauses am Bülowplatz. Nach einem kurzen Gastspiel in der Zentralverwaltung für Volksbildung für die russisch besetzte Zone wurde er nach den Wahlen vom Oktober 1946 Stadtrat für Volksbildung im Magistrat von Berlin. (Quelle: Archiv der Volksbühne Berlin)

63 Die Sechziger-Konferenz bestand aus Vertretern der SPD und der KPD zur Prüfung der Möglichkeiten einer Vereinigung.

64 Wie Anm. 59.

65 Franz Neumann, Interview 1974, Franz-Neumann-Archiv, Heft Nr. 1.

66 Manfred Klein war in sowjetischer Kriegsgefangenschaft in einer Antifa-Schule des Nationalkomitees Freies Deutschland in einem Sechs-Wochen-Kurs in die geistigen Grundlagen des Kommunismus eingeführt worden, in der Hoffnung, dass er Kommunist würde. (M. Klein, Jugend zwischen den Diktaturen, Mainz 1968)

67 Quelle: I. Spittmann/G. Helwig (Hrsg.), DDR-Lesebuch I, Köln 1989.

68 M. Rexin, Heft 5, Dezember 1989, Franz-Neumann-Archiv, Berlin.

69 Heinz Westphal war von 1965 bis 1992 Mitglied des Bundestages und von 1987 bis 1990 dessen Vizepräsident. Vom 28. 4. 1982 bis 1. 10. 1992 war er Bundesminister für Arbeit und Sozialordnung.

70 Die erste Sonnenwendfeier fand unter dem Motto »Welt, werde froh« am 22. Juni 1946 statt.

71 In Karlshorst war der Sitz der SMAD.
72 Quelle: E. Gniffke, Jahre mit Ulbricht, Köln 1966, Wiederauflage 1989.
73 Siehe Anm. 35.
74 Feindlicher Ausländer: eine Person, die weder britischer Staatsbürger ist noch unter britischem Schutz steht oder die Nationalität eines Staates besitzt, der sich im Kriegszustand mit der Regierung Seiner Majestät befindet. (M. Seyfert, Im Niemandsland, Berlin 1984)
75 »The Movement for the care of children from Germany« brachte auf diese Weise 10 000 Kinder bis zum Alter von 18 Jahren vor Kriegsausbruch nach England. Der erste Transport traf am 2. 12. 1938 in Harwich ein.
76 Alle Auszüge stammen aus: We came as children, London 1966.
77 Die letzten englischen Truppen verließen den Kontinent nach dem Fall von Frankreich bei Dünkirchen im Mai 1940.
78 Quelle: Survivors, Birmingham 1988.
79 M. Seyfert, Im Niemandsland, Berlin 1984.
80 112 Tribunale prüften die Loyalität von 73000 deutschen und österreichischen Flüchtlingen gegenüber dem englischen Staat.
81 Die Internierungen begannen am 25. Juni 1940. Anfang Juli waren bereits 27 000 Flüchtlinge aus Deutschland und Österreich interniert, darunter auch Frauen mit Kindern. Ausgenommen waren die unter 16- und über 70-Jährigen, Kranke und Gebrechliche.
82 Jawaharlal Nehru, von 1947 Premierminister und Außenminister von Indien, geboren 1889, gestorben 1964.
83 Mahatma Gandhi, Führer der Freiheitsbewegung Indiens, 1948 ermordet.
84 Quelle: ›Der Spiegel‹, 2. Oktober 1955.
85 Während der Blockade Berlins 1949/1950 wurde die Stadt von den Alliierten auf dem Luftwege versorgt.
86 Im »Dreesen« pflegte Hitler abzusteigen.
87 Die von den Nazis 1938 erlassene Anordnung, dass Juden »Sara« bzw. »Israel« ihrem Vornamen hinzufügen mussten, wurde am 20. 9. 1945 durch Verordnung des Alliierten Kontrollrates außer Kraft gesetzt.
88 Siehe auch Juniheft 1955 von ›Der Monat‹. ›Der Spiegel‹ enthüllte, dass es sich bei dem erwähnten hohen Beamten der Bundesregierung um Staatssekretär Globke handelte. Dr. Hans Globke war Oberregierungsrat, später Ministerialrat in Hitlers Innenministerium gewesen. 1935 schrieb er zusammen mit Wilhelm Stuckart, ehemaliger Staatssekretär im Reichsinnenministerium den Kommentar zu den Nürnberger Rassengesetzen.
89 Ich blieb bis 1972 in Bonn.
90 Quelle: ›Der Spiegel‹, 3. Februar 1960.
91 Quelle: Chr. Pross, Wiedergutmachung, Frankfurt 1988.
92 Im ersten Bundestag (1949-1953) saßen mindestens 53 (von 402) ehemalige Mitglieder der NSDAP, drei waren sogar in der SS, einer in der SA gewesen. Bis auf zehn gehörten sie alle den Regierungsparteien an – CDU/CSU, FDP und DP. Neun Prozent aller in diesen ersten Wahlen

abgegebenen Stimmen fielen auf rechtsgerichtete Parteien, von denen die Hälfte ausgesprochen nazistischen Charakter hatten.

93 Siehe ›Die Zeit‹, 28. Mai 1965.

94 Nazi-Außenminister von Ribbentrop hatte nicht alle Bereiche seines Amtes mit SS-Kumpanen durchsetzen können, da vielen die diplomatische Erfahrung fehlte und auch ein entsprechender Bildungsstand. Aber dessen bedurfte es auch nicht, da zahlreiche Diplomaten, die weder der NSDAP noch der SS angehörten, beim Vollzug nazistischer Politik eifrig mitwirkten, sei es aus Karrieredenken, Furcht vor Prestigeverlust, antisemitischem Denken usw. (Hans Jürgen Döscher, Das Auswärtige Amt im Dritten Reich, Berlin 1987).

95 Bundeszentrale für Heimatdienst = amtliches Propaganda-Institut der Bundesregierung.

96 Duckwitz im Gespräch mit der Autorin am 15. Oktober 1968.

97 H. Hedtoft, Oktober 1943, München 1960.

98 Willy Brandt hatte das Amt des Außenministers von 1966 bis 1969 inne.

99 Stuckart/Globke, Kommentare zur deutschen Rassengesetzgebung, München, Berlin 1936; Auszug: »Artfremdes Blut ist alles Blut, das nicht deutsches Blut, noch dem deutschen Blut verwandt ist. Artfremden Blutes sind in Europa regelmäßig nur Juden und Zigeuner.«

100 ›Der Spiegel‹, 19. Oktober 1955.

101 Kardinal Frings unterstützte nach dem Kriege Nazikriegsverbrecher aller Art. »Eine besondere Tätigkeit erforderte damals die Sorge für die sogenannten Kriegsverbrecher, also Soldaten, denen man irgendein Verbrechen zur Last legte.« (Aus: Für die Menschen bestellt. Erinnerungen des Alt-Erzbischofs Josef Kardinal Frings, Köln 1973.) Siehe auch: Ernst Klee, Persilscheine und falsche Pässe, Frankfurt 1991.

102 Quelle: Die zweite Schuld, Hamburg 1987.

103 Inge Deutschkron, Israel und die Deutschen, Köln 1970.

104 »Deutschland und das Judentum«, Erklärung der Bundesregierung zum deutsch-jüdischen Verhältnis, Bonn 1951.

105 Walter Becher, Mitglied des Deutschen Bundestages von 1963 an.

106 Quelle: ›Die Zeit‹, Januar 1968.

107 Wie Anm. 103.

108 Schäffer widersetzte sich aber der »Machtergreifung« und wurde im Oktober 1944 im Zusammenhang mit dem Putsch gegen Hitler verhaftet. Nach Kriegsende setzten ihn die Amerikaner als ersten Ministerpräsidenten Bayerns ein. Wegen seiner antisemitischen Vergangenheit und der vielen Nazis in seiner Regierung wurde er bald wieder abgesetzt. 1949 bis 1957 war er Finanzminister in Bonn; von 1957 bis 1961 Justizminister in Bonn. Siehe auch S. 327.

109 Von den 214 Abgeordneten der Koalitionsparteien CDU/CSU, FDP, DP stimmten nur 106 für den Vertrag. Es gab 39 Enthaltungen und sogar fünf Neinstimmen. Nur 360 von allen 402 Abgeordneten beteiligten sich an der Abstimmung. Mit Ja stimmten 239, mit Nein 35 Abgeordnete, 86 enthielten sich der Stimme.

110 Günter Grass im Gespräch mit der Autorin am 6. Februar 1967.

111 Kurt Georg Kiesinger (CDU), von 1966 bis 1969 Bundeskanzler, war 1944/45 stellvertretender Leiter des rundfunkpolitischen Referats im Auswärtigen Amt und Mitglied der NSDAP.

112 Quelle: ›Der Spiegel‹, 4/1964.

113 H. Trossmann, Reichskommissar für Preisbildung. Im Monatsbericht vom Mai 1941 heißt es: »... Regierungsrat Trossmann wird zusammen mit dem Management der Gettoverwaltung die Preise prüfen ...« 1943 wurde Trossmann noch in Lodz Oberregierungsrat.

114 Fünfte Wahlperiode, Drucksache V/4020, Frage 121.

115 Quelle: Joachim Perels, Universität Hannover, siehe auch ›Frankfurter Rundschau‹ vom 23. April 1992.

116 Quelle: Im Namen des deutschen Volkes. Justiz und Nationalsozialismus, Katalog zur Ausstellung, Köln 1989.

117 Ebd.

118 Informationen aus: ›Die Zeit‹, vom 26. 1. 1990.

119 In meiner Eigenschaft als Korrespondentin der israelischen Zeitung ›Maariv‹ berichtete ich viele Monate über diesen Prozess, der vom 20. 12. 1963 bis 20. 8. 1965 andauerte.

120 Im Laufe des Prozesses wurden acht der Angeklagten in U-Haft genommen.

121 Siehe auch H. Langbein, Der Auschwitz-Prozess, Frankfurt 1965.

122 Anwälte waren u. a. Dr. Erich Schmidt-Leichner, Herausgeber der »NS-Richterbriefe«, Dr. Hans Laternser, Verteidiger von hohen Wehrmachtsoffizieren vor dem Nürnberger Gericht.

123 Wilhelm Clausen, Rapportführer, starb 1948 in einem polnischen Gefängnis.

124 29. und 30. 6. 1948, Trials and War criminals before the Nuremberg Military Tribunals, Bd. 7.

125 Quelle: Hermann Langbein, Der Auschwitz-Prozess, Bd. I und II.

126 Das industrielle Bundesvermögen im Jahre 1963/64, herausgegeben vom Bundesschatzministerium, März 1964.

127 Terminus technicus für Töten mittels Phenol-Spritze ins Herz des Opfers.

128 Dieses Argument von der »Unersetzlichkeit der Fachleute«, mit der man die Wiedereinsetzung alter Nazis begründete, fand eine erstaunliche Resonanz im Nachkriegsdeutschland, die weit in die demokratischen Führungsschichten von Staat, Parteien und Wirtschaft hineinreichten; siehe auch ›Die Neue Gesellschaft‹, Mai/Juni 1955, Kurt Nemitz, Das Regime der Mitläufer.

129 Norbert Wollheim kontra IG-Farben, Frankfurt, Urteil 1. Instanz 10. 6. 1953, 2. Instanz 1. 3. 1955.

130 Rede Adenauers vor dem Bundestag am 4. 3. 1953, erste Lesung der Ratifizierung des Luxemburg-Vertrages; siehe auch: Deutschkron, Israel und die Deutschen.

131 Aus der Anklageschrift des Auschwitz-Prozesses, Frankfurt, Dezember 1963.

132 Aussage von Otto Ambros vor dem Frankfurter Schwurgericht am 12. 4. 1965; siehe auch H. Langbein, Der Auschwitz-Prozess, Bd. I.
133 Brief an IG-Farben-Direktor Fritz ter Meer, aus: Reinhard Henkys, Die nationalsozialistischen Gewaltverbrechen, Stuttgart 1964.
134 Siehe auch: Im Namen des deutschen Volkes. Justiz und Nationalsozialismus, Köln 1989: »Was damals Recht war, kann heute doch nicht Unrecht sein.«
135 Oswald Kaduk, einer der Hauptangeklagten im Auschwitz-Prozess.
136 Josef Klehr, ehemaliger Sanitäter in Auschwitz, war beschuldigt, Tausende durch Phenol-Injektionen getötet zu haben.
137 Bestätigt von Zeugen und Angeklagten, nahm das Gericht es als erwiesen an, dass Lucas viermal an der Rampe »selektiert« und auch Dienst an den Gaskammern getan hatte. Da das zur Zeit der Ungarn-Transporte geschah, wurde angenommen, dass in jedem Fall aufgrund der Tätigkeit des Lucas mindestens 1000 Menschen ums Leben gekommen sind. Da er schließlich doch noch geständig war, erhielt Lucas die Mindeststrafe von drei Jahren und drei Monaten Zuchthaus für zirka 4000 Morde.
138 Quelle: ›Die Welt‹, 12. November 1964.
139 Wie Anm. 125.
140 Vgl. Kapitel 27: Ach, wär ich doch kein Deutscher!
141 Wie Anm. 115.
142 Siehe Ernst Klee, Persilscheine und falsche Pässe, Frankfurt 1991.
143 Artikel 103 Grundgesetz: Eine Tat kann nur bestraft werden, wenn die Strafbarkeit gesetzlich bestimmt war, bevor die Tat begangen wurde.
144 Archiv der Bundespressekonferenz.
145 Ebd.
146 Bundestagsprotokolle 10. März 1965, Bd. 57, S. 8516 ff.
147 Professor Ernst Benda war später Präsident des Bundesverfassungsgerichts.
148 Wannsee-Konferenz, Januar 1942, auf der die »Endlösung« der Judenfrage beschlossen wurde.
149 Bundestagsprotokolle, 10. März 1965, Bd. 57, S. 8537.
150 ›Der Tagesspiegel‹, 13. Oktober 1959.
151 Es ist kein Fall bekannt, der eine Bestrafung bei Verweigerung, eine Ermordung durchzuführen, zur Folge hatte.
152 Eberhard Jäckel in seiner Laudatio für Oberstaatsanwalt Dr. Adalbert Rückerl, dem nach 20-jähriger Leitung der Zentralstelle für die Verfolgung von Naziverbrechen die Ehrendoktorwürde zuerkannt wurde.
153 Quelle: Jedioth Chadashoth, Tel Aviv, 18. Februar 1966.
154 Quelle: ›Die Welt‹, 16. Dezember 1957.
155 Quelle: Christian Pross, Wiedergutmachung, Frankfurt am Main 1988.
156 Ebd.
157 Ebd.
158 Siehe auch Kapitel 25: Ohrfeigen.
159 Alle Beispiele aus: Pross, Wiedergutmachung.

160 Entscheidung des Bundesgerichtshofes vom 5. Oktober 1960, RzW 1961, 28.
161 Ebd. RzW 1963, 264, Nr. 16.
162 Bundestagsdebatte vom 15. Oktober 1954, S. 1532 f.
163 Bundestagsprotokolle vom 4. März 1953, Bd. 15, S. 12092.
164 Aussagen von Dr. Kessler, Tel Aviv, und Nathan Simon, Haifa (›Maariv‹, 17. April 1985).
165 Zwei Befehle beweisen das: 1. der »Barbarossa-Befehl«, erlassen am 4. Mai 1941 vom Chef des OKW, Generalfeldmarschall Wilhelm Keitel. Der Befehl gab jedem Offizier im Osten freie Hand, die in seinem Besatzungsgebiet lebende Bevölkerung nach eigenem Ermessen ohne Gerichtsverhandlung abzuurteilen. Er diente zur Rechtfertigung von Hinrichtungen von Zivilisten, vor allem in Gebieten mit Partisanentätigkeit. 2. Der »Kommissar-Befehl«, erlassen am 6. Juni 1941 vom Chef des OKH, General von Brauchitsch, nach dem alle politischen Kommissare, Juden usw., deren Existenz den Nationalsozialismus »gefährdeten«, hingerichtet werden konnten. Er wurde zum Vorwand für den Massenmord an russischen Kriegsgefangenen.
166 Pressekonferenz in Bonn, 9. Juni 1965.
167 Hallstein-Doktrin, genannt nach dem Diplomaten Walter Hallstein, seit 1955 in Kraft.
168 Interview in ›Der Spiegel‹, 24. Februar 1965.
169 Anlässlich einer Wahlversammlung in Lehmbruch (Niedersachsen), 28. August 1965.
170 111. Sitzung des Bundestages, Protokoll 64, S. 5268-81.
171 Günter Grass im Gespräch mit der Autorin, 1967.
172 Aussage im Prozess gegen den deutschen Diplomaten Gerhard von Hahn, angeklagt der Teilnahme an Deportationen von vielen Tausenden von Juden nach Auschwitz, 5. Juli 1968.
173 Aussage Globkes vor einem Darmstädter Gericht, 9. Juli 1968.
174 Carstens wurde 1979 zum Bundespräsidenten gewählt und blieb es bis 1984.
175 Notiz eines Gesprächs Ben-Nathans mit der Autorin, das am 1. Juli 1991 in Tel Aviv stattfand.
176 Professor Hans Deutsch wurde 1964 verhaftet unter dem Verdacht, die Bundesrepublik als Anwalt in einem Wiedergutmachungsfall um 17,5 Millionen Mark betrogen zu haben.
177 Mohammed Abdul Hakim Amer, Oberbefehlshaber der ägyptischen Armee und enger Freund Präsident Nassers. Er beging im August 1967 Selbstmord. Nasser hatte ihn und andere Generäle für die Niederlage im Juni-Krieg desselben Jahres verantwortlich gemacht.
178 Rede von Willy Brandt anlässlich der Woche der Brüderlichkeit in Köln, 21. März 1971.
179 Bulletin des Presse- und Informationsamtes der Bundesrepublik Nr. 28, S. 221, 2. März 1968.
180 Quelle: H. Sieglerschmidt, AVS-Informationsdienst, August 1990.

181 Quelle: ›Geist und Tat‹, Juni 1956.
182 Ebd.
183 Gespräch der Autorin mit Asher Ben-Nathan, 1. Juli 1991, Tel Aviv.
184 6. Februar 1972; der Name »Schwarzer September« bezieht sich auf die Vertreibung der PLO aus Jordanien im September 1970. Von ihren dort errichteten militärischen und politischen Operationsbasen hatte sie Terrorangriffe auf Israel und gegen Israelis geführt.
185 Die Sinai-Halbinsel wurde schrittweise wieder zurückgegeben; im April 1982 war dieser Prozess beendet.
186 UN-Resolution 271, 15. September 1969.
187 Quelle: Jerusalem Post‹ vom 5. Juli 1972.
188 UN-Resolution vom 10. November 1975; am 16. Dezember 1991 annulliert.
189 Streik der Krankenhausangestellten am 14. Juli 1972.
190 Beate Klarsfeld, eine in Frankreich mit einem französischen Juden verheiratete Deutsche, hatte es sich zur Pflicht gemacht, Naziverbrecher ihrer Strafe zuzuführen.
191 Quelle: Ernst Klee, Persilscheine und falsche Pässe, Frankfurt 1991.
192 Nach Unterzeichnung des Friedensvertrages zwischen Israel und Ägypten am 26. März 1979 wurden Anfang der achtziger Jahre die Grenzen beider Staaten für den Reiseverkehr geöffnet.
193 Bombenattentat arabischer Terroristen am 16. August 1972.
194 Vergl. I. Deutschkron, Israel und die Deutschen, Köln 1970, S. 357.
195 R. v. Wechmar bezieht sich auf die Rede des Bundespräsidenten Gustav Heinemann am 6. September 1972.
196 18. Januar 1974: Das Abkommen sah vor, dass israelische Truppen sich aus ihren Stellungen auf der ägyptischen Seite des Suezkanals zurückzogen, dass Ägypten die Zahl seiner Truppen auf der Ostseite des Kanals reduzierte und dass Truppen der Vereinten Nationen Stellungen in einer zehn Kilometer breiten Pufferzone zwischen den beiden Armeen bezogen.
197 Genfer Friedenskonferenz am 21. Dezember 1973. Anwesend waren die USA, die UdSSR, Ägypten, Israel, Jordanien und Vertreter der Vereinten Nationen.
198 Das Interimsabkommen sah u. a. vor, Israel die freie Durchfahrt durch den Suezkanal zu garantieren, Ägypten die Ölfelder zurückzugeben sowie die strategisch wichtigen Pässe Mitla und Giddi, eine dreijährige Nichtangriffsgarantie und die Erstellung eines Frühwarnsystems auf beiden Seiten.
199 Die Resolution des UN-Sicherheitsrates 242 vom 22. November 1967 fordert u. a. den Rückzug israelischer Truppen aus den im Sechstagekrieg besetzten Gebieten, die Anerkennung der Souveränität, der territorialen Integrität und der politischen Unabhängigkeit aller in der Region befindlichen Staaten. Die Resolution des UN-Sicherheitsrates 338 vom 22. Oktober 1973 fordert den Waffenstillstand (nach dem Jom-Kippur-Krieg) und die Durchführung der Resolution 242.

200 Siehe auch Kap. 34.
201 18. April 1974. Bulletin der Bundesregierung, siehe auch I. Deutschkron, Israel und die Deutschen.
202 Mai 1971, vgl. auch I. Deutschkron, Israel und die Deutschen.
203 Gespräch mit der Autorin am 24. Mai 1982.
204 Quelle: ›Der Spiegel‹, Nr. 25, 1973.
205 Gespräch mit der Autorin am 24. Mai 1982.
206 Er wurde 1986 ermordet.
207 Tagung der Sozialistischen Internationale in Berlin vom 18. bis 23. Februar 1975.
208 »Frieden Jetzt« – gegründet im Frühjahr 1978.
209 Unterzeichnung der Verträge von Camp David am 17. September 1978.
210 Am 6. Juni 1982.
211 Phalange = 1936 gegründete paramilitärische Jugendorganisation im Libanon. Sie entwickelte sich zu einem christlich-konservativen Lager, bekämpfte die PLO und unterhielt geheime Verbindungen zu Israel.
212 Baschir Jumajil wurde im August 1982 zum Präsidenten des Libanon gewählt, aber am 14. September ermordet, bevor er sein Amt antreten konnte.
213 Begin starb am 9. März 1992.
214 Intifada = Aufstand.
215 Gusch Emunim = Block der Gläubigen, tritt für die Einverleibung der besetzten Gebiete zur Schaffung eines Groß-Israel ein.

Inge Deutschkron wurde 1922 in Finsterwalde geboren und wuchs in Berlin auf. Ihr Vater war Gymnasiallehrer und Sozialdemokrat und wurde 1933 als Jude entlassen. 1939 gelang ihm die Flucht nach Großbritannien. Von 1941 bis 1943 arbeiteten Inge Deutschkron und ihre Mutter in der Blindenwerkstatt des Otto Weidt, der sie und andere verfolgte Juden vor der Deportation bewahrte. Danach versteckten Freunde die beiden. Bis zur Befreiung am 8. Mai 1945 waren sie fast ständig auf der Flucht. Deutschkron wanderte nach dem Krieg nach Großbritannien aus, studierte dort und arbeitete danach im Londoner Büro der Sozialistischen Internationale. Ab 1956 lebte sie als freie Journalistin in Bonn. 1958 wurde sie Deutschland-Korrespondentin der israelischen Zeitung ›Maariv‹. 1972 zog sie aus Verärgerung über den neu aufflammenden Antisemitismus und die anti-israelische Haltung der 68er nach Tel Aviv. Für das Theaterstück ›Ab heute heißt du Sara‹, eine Bühnenadaption ihrer Erinnerungen, kehrte sie 1988 erstmals nach Berlin zurück, wo sie seit 2001 wieder lebt. Inge Deutschkron wurde für ihr Werk mit vielen Preisen ausgezeichnet, zuletzt mit dem Carl-von-Ossietzky-Preis für Zeitgeschichte und Politik.

Veröffentlichungen:
Israel und die Deutschen (1970)
Denn ihrer war die Hölle: Kinder in Gettos und Lagern (1979)
Berliner Juden im Untergrund (1983)
Ich trug den gelben Stern (1983, aktualisierte Ausgabe 1995)
Milch ohne Honig. Leben in Israel (1988)
Mein Leben nach dem Überleben. Die Fortsetzung von ›Ich trug den gelben Stern‹ (1995)
Sie blieben im Schatten. Ein Denkmal für stille Helden (1996)
Papa Weidt. Er bot den Nazis die Stirn (1999)
Das verlorene Glück des Leo H. (2001)
Emigranto. Vom Überleben in fremden Sprachen (2001)
Offene Antworten. Meine Begegnung mit einer neuen Generation (2004)
Blindenwerkstatt Otto Weidt. Eine Dokumentation der Stiftung Gedenkstätte Deutscher Widerstand (2007)
Blindenwerkstatt Otto Weidt. Ein Ort der Menschlichkeit im Dritten Reich (2008)